改革教育學
起源、內涵與問題的探究

梁福鎮 著

五南圖書出版公司 印行

前　言

　　「改革教育學」（Reformpädagogik）是「普通教育學」課程中的一門學科，兩者關係非常密切。如果從教育科學的演變來看，「普通教育學」雖然是一門「常規教育學」（Normalpädagogik），但是由於教育學者不斷的進行論辯，使得「普通教育學」在概念上不斷的推陳出新。因此，「普通教育學」（Allgemeine Pädagogik）也是一門「改革教育學」。如果從庫恩（Thomas S. Kuhn）科學理論的觀點來看，「普通教育學」是一門「常規科學」（Normal Science），那麼「改革教育學」就是一門「革命科學」（Revolutionary Science），兩者不斷的循環，促成教育科學的進步。其次，「改革教育學」與「歷史教育學」（Historische Pädagogik）也有密切的關係，因為「改革教育學」不僅涉及教育改革理念的演變，也涉及教育改革運動歷史的探討。「改革教育學」起源於歐洲大陸的德意志共和國，由哥廷根大學的教育學家諾爾（Herman Nohl, 1879-1960）在1933年所創立。改革教育學是指一門從教育反思的觀點出發，探討歐洲啟蒙運動時期迄今，各國重要的教育改革政策、教育改革運動和教育改革思想，提出教育改革理論，以改善教育實際的學科。在德國的教育學術體系中，「改革教育學」包含「德國改革教育學」（Deutsche Reformpädagogik）和「外國改革教育學」（Reformpädagogik des Auslands）兩大類。隨著國與國之間政治的合作、經濟的競爭和學術的交流，兩者的關係愈來愈密切。因此，個人希望整合這些觀點和內容，嘗試建立一門「國際改革教育學」（Internationelle Reformpädagogik），採用後設分析的方法，詮釋啟蒙運動時期、文化批判時期到國家主導時期教育改革的運動和教育改革的思想，以提供我國作為建立教育改革理論和推展教育改革活動的參考。

　　教育改革運動的興起通常與當時的政治情勢、社會狀況、經濟發展和文化交流有關，由於國家政治發展的需要，政治人物經常藉由教育改革活

動的提倡，改善國家制度的缺失，促成國家政治的穩定發展。其次，社會狀況的需要也會影響教育制度的變革。許多教育改革運動的興起，與社會要求倫理道德的改善，或是滿足社會大眾接受教育的權利有關。再次，國家經濟發展的現況也對教育制度的興革具有決定性的力量，特別是教育國家化之後，整個國家經濟發展的狀況，深深的影響教育的改革。另外，文化的交流使得教育制度受到不同文化觀念的挑戰，隨時有可能因為批評的反省，造成教育改革活動的興起。因此，教育改革的歷史深受整個國家政治、社會、經濟、文化等因素的影響。近年來，我國也積極進行各項教育改革，解決教育實際產生的問題，以滿足社會大眾的需求，提升國家的競爭能力。我國的教育改革主要受到下列三大因素的影響：一是人類求好心理的驅使；二是國內各種條件改變的要求；三是國際思潮與成就的影響。根據謝文全（2005）的分析，一般教育改革可以歸結成三大改革層面，即學校制度、課程教學和行政措施。但是，這些教育改革的層面都僅只注重教育實際問題的解決，忽略教育理論方面的反省批判。因為教育改革如果缺乏理論的指引，往往無法獲得令人滿意的結果。有鑑於此，我們迫切需要從事改革教育學的研究，建立具有特色的教育改革理論，以正確的指導教育改革活動的進行。

　　個人的《改革教育學》出版於2004年，隨著各國教育改革理論和運動的更迭，許多內容已經有所改變，因此作者重新檢視原來內容，補充改革教育學方面新的研究成果，包括蒙特梭利的學校改革、邊納爾、歐克斯和溫克勒改革教育學的理論，並且更新各國教育改革政策的文獻，包括美國和英國的教育改革機構、法國和德國教育改革的內容，刪除連琛改革教育學的部分，完成修訂版的《改革教育學》一書，希望詳盡的探究改革教育學的起源，分析改革教育學的主要內涵，指出改革教育學的相關問題，以協助學者瞭解世界各國教育改革的情況，掌握教育改革的核心原理，作為我國建立教育改革理論和解決教育改革問題的參考。

　　本書分為六章：第一章緒論，旨在說明改革教育學的起源、建立、內涵和研究；第二章啟蒙運動時期的教育改革，敘述啟蒙運動時期國家主

義、泛愛主義、康拉第主義和新人文主義的教育改革運動；第三章文化批判時期的教育改革，分析文化批判時期文化批判運動、藝術教育運動、鄉村教育之家運動、工作學校運動、學校改革運動、進步教育運動和新教育運動等改革活動；第四章國家主導時期的教育改革，探討國家主導時期英、美、法、德、日、俄、中等國教育改革的內涵；第五章改革教育學的後設分析，批判樂爾斯、佛利特納、伊里希、邊納爾、歐克斯和溫克勒等人改革教育學理論的缺失，提出一些教育改革問題的看法；第六章改革教育學的未來展望，敘述改革教育學的現況、問題、評價和展望。

　　本書的完成首先要感謝柏林洪保特大學第四哲學院院長邊納爾（Dietrich Benner, 1941-）博士，他贈送的改革教育學著作，非常具有參考的價值。其次，要感謝臺灣師範大學賈馥茗名譽教授、歐陽教名譽教授、黃光雄教授和楊深坑教授的教誨和栽培，奠定我從事教育學術研究的基礎。再次，要感謝國立臺灣師範大學溫明麗教授和國立政治大學馮朝霖教授，他們對後學的鼓勵和提攜，足以作為後進治學做人的榜樣。接著，要感謝南華大學陳宏模博士和國立中正大學朱啓華博士，他們提供許多相關的文獻和寶貴的建議，對這本書的撰寫幫助很大。然後，我要感謝親愛的妻子和孩子們，要不是你們可愛的歡聲笑語，伴我度過艱苦漫長的歲月，讓我悠遊自在的寫作，恐怕無法如此順利的完成本書。最後，我也要感謝五南圖書出版公司楊士清先生慨允本書的出版。由於世界各國的教育改革千頭萬緒，觀點見解南轅北轍，個人才疏學淺，錯誤之處在所難免，敬請教育界先進不吝指教！

梁福鎮　謹誌
國立中興大學
2016年12月

目　錄

第一章

緒　論

　　「改革教育學」（Reformpädagogik）起源於歐洲大陸的德意志聯邦共和國，由哥廷根大學的教育學家諾爾（Herman Nohl, 1879-1960）在1933年所創立。傳統的定義主張改革教育學是一門研究19世紀以來，一些重要教育改革運動的學科。這些重要的教育運動包括藝術教育運動、鄉村教育之家運動、工作學校運動、青少年運動、學校改革運動、社會教育運動和進步教育運動等等（Böhm, 2000: 443-444）。經過80幾年來的發展，改革教育學的定義已經開始改變。到了今天，改革教育學是指一門從教育反思的觀點出發，探討歐洲啟蒙運動時期迄今，各國重要的教育改革政策、教育改革運動和教育改革思想，提出教育改革理論，以改善教育實際的學科（Benner & Kemper, 2000: 9）。根據教育學家邊納爾（Dietrich Benner, 1941- ）和康培爾（Herwart Kemper）在《改革教育學的理論與歷史原典》（*Quellentexte zur Theorie und Geschichte der Reformpädagogik*）和《改革教育學

的理論與歷史》（*Theorie und Geschichte der Reformpädagogik*）兩書序言中指出，歐美改革教育學的歷史可以劃分為下列三個階段[1]（Benner & Kemper, 2000: 9-12; Benner & Kemper, 2001: 9-11）：

第一個階段——開始於啟蒙運動時期，從1762至1872年。主要重點在探討啟蒙運動到新人文主義的教育運動。18世紀時，英格蘭、荷蘭、法蘭西和德意志的啟蒙運動相繼而來，社會體制逐漸從封建制度進入公民社會。由於絕對主義國家和經濟制度的發展，促成盧梭《愛彌兒》（*Emilé*）一書的出版、普魯士王國學校的改革和泛愛主義教育機構，「學校教育學」（Schulpädagogik）和「社會教育學」（Sozialpädagogik）改革的興起。當時，泛愛主義者巴斯道（Johann Bernhard Basedow）在德紹（Dessau），薩爾茲曼（Christian Gotthilf Salzmann, 1744-1811）在斯納芬塔（Schnepfenthal）都設立了學校，進行教育機構的改革，並且提出許多教育理論、陶冶理論和教育機構理論。這些教育改革的思想，後來在普魯士王國的學校改革中，才得到實現。在這個教育改革的階段中，人類個體的可塑性、傳統兩代關係的互動和師生之間的關係獲得了新的確定。這些教育改革者主要受到盧梭、康普（Joachim Heinrich Campe, 1746-1818）、康德、費希特、赫爾巴特、洪保特和史萊爾瑪赫教育思想的影響。

第二個階段——開始於文化批判時期，從1872至1945年。主要的重點在探討世紀轉換到威瑪共和國結束的教育運動。這個階段的改革教育學開始於學校的批判，相當具有國際性，包括美國和俄國教育學的發展。他們從行動理論反省、教育學的歷史研究和教育科學的實證研究出發，致力於新的教育職業和專業性師資培育制度的建立。第二個階段的教育改革並非銜接費希特、赫爾巴特、洪保特和史萊爾瑪赫所建立的教育理論、陶冶理論和教育機構理論，而是受到「兒童本位教育學」（Pädagogik vom Kinde aus）兼顧自然天賦和社會地位觀點的影響。但是，這種觀點曾經受

---

[1] 改革教育學演變時期的劃分，參考邊納爾的觀點，至於各個時期的名稱則由作者根據該時期的主要特徵加以命名。

到新康德主義者、精神科學和實證科學反省形式和理論形式的批判。後來，實證教育科學（Empirische Erziehungswissenschaft）擴充了「兒童本位教育學」有關「教學方法」、「教學內容」和「教學結果」可以獨立研究的觀點。詮釋教育科學（Hermeneutische Erziehungswissenschaft）則將「兒童本位教育學」，有關直接引導和任其生長的教育改革策略擴充，以便獲得未成年人「主體化成」與客觀文化內容傾向之間的關係。先驗—批判教育學（Transzendental-kritische Pädagogik）則藉此證明了教育不是一種兒童的活動，而是一種經由教育和陶冶的協助，所建構的一種自由的自我活動。

　　第三個階段——開始於國家主導時期，從1945年到現在。主要的重點在探討國家教育政策、學校改革和現代教育科學的發展。我們可以從1960年代教育科學的擴張、學校教育批判和教育改革批判，看到第三次大規模教育改革運動的形成。在這次教育改革運動中，教育行動理論、社會科學經驗與歷史傳記學關係的確定，教育制度、政治制度、職業制度之間，相互依賴關係的探討，將成為核心的問題。其次，教師與學生關係的新取向，教育領域中理論（Theorie）、經驗（Empirie）與實踐（Praxis）的關係，教育過程和陶冶過程成功的社會前提，都是第三個改革教育學階段重要的問題。本書採用文獻分析法和教育詮釋學方法，進行改革教育學相關問題的探討。茲詳細說明如下。

第一節　改革教育學的起源

　　改革教育學探討的教育改革運動最早開始於啟蒙運動時期，哈勒斯（G. C. Harles）是德國第一位撰文探討教育國家化問題的學者。到了泛愛主義教育運動時，教育學家巴斯道（J. B. Basedow）和薩爾茲曼（C. G. Salzmann）也提出改革傳統學校的主張，引起許多熱心教育人士的討論。他們對於泛愛教育學校制度、教學方法、學生管理和課程設計方面的改革貢獻很大，使得學校生活更加人性化。其後，教育學家亞赫曼（R. B. Jachmann）、帕梭（R. B. Passow）、愛佛斯（E. A. Evers）、赫爾巴特（J. F. Herbart）也對當時的學校教育、課程內容和教育理論提出批評，使得德國

教育在學校教育制度、教學方法、課程設計、學生管理和教育理論方面大有進步。在這個時期當中，教育學家特拉普（C. E. Trapp）、洪保特（W. V. Humboldt）、赫爾巴特、黑格爾（G. W. F. Hegel）和史萊爾瑪赫（F. E. D. Schleiermacher）等人，都曾經撰文說明教育、學校、國家與社會的關係。特拉普主張公共的學校教育，並且說明其與國家和教會的關係。洪保特也主張國家的教育，以改善普魯士國民的素質，達成富國強民的目標。赫爾巴特則說明公共教育的作用，主張公共教育的重要性。黑格爾在其紐倫堡中學校長演說中，主張教育可以協助學生準備未來的生活，並且強調教育對於培養倫理行動是必須的。史萊爾瑪赫也主張國家的教育，因為國家具有培養健全國民的義務，並且能夠改善教育的實際。

到了文化批判時期，哲學家尼采（Friedrich Nietzsche, 1844-1900）1872年在巴塞爾的「研究學會」（Akademische Gesellschaft）作了一場演講，講題是「論我們教育機構的未來」（Über die Zukunft unserer Bildungsanstalten）。在這一篇演講文中，尼采對當時教育機構注重職業教育，忽略人格教育，追求金錢的獲得和偏差的教育目的，提出深刻的批判與建議（Nietzsche, 1995: 37-41）。隨著尼采「文化批判」（Kulturkritik）觀點的提出，促成德國鄉村教育之家（Landerziehungsheim）、藝術教育（Kunsterziehung）、教學改革（Unterrichtsreform）、工作學校（Arbeitsschule）、倫理政治教育（Ethisch-politische Erziehung）和青少年運動（Jugenbewegung）等教育改革運動的興起，對於德國教育學術的進步有很大的貢獻。教育學家諾爾是德國第一位有系統的探討教育改革理論和教育改革運動的學者，他在1933年出版的《德國教育運動及其理論》一書中，非常詳細的說明德國19世紀以來的青少年運動、民眾高等學校運動、藝術教育運動、工作學校運動、倫理自我活動與學校基本法、鄉村教育之家運動、統一學校運動等教育改革的歷史與理論（Nohl, 1933: 3-130），開啟了改革教育學研究的風潮。因此，可以將諾爾尊稱為「改革教育學之父」。

諾爾（Herman Nohl, 1879-1960）1879年出生於柏林，1885年進入小學就讀，1889年就讀古文中學，1898年進入柏林大學就讀，主修哲學與教育學。諾爾是哲學家狄爾泰和教育學家包爾生（Friedrich Paulsen）在柏林

大學的學生，深受席勒、狄爾泰和包爾生哲學思想的影響。諾爾在獲得博士學位以後，成為狄爾泰的助理。1908年任教於耶納大學，擔任教育學教授。1902年轉任哥廷根大學，出任教育學教授，並且建立哥廷根學派（Göttingener Schule），發揚文化教育學的精神。1937年納粹執政，使他離開哥廷根大學。第二次世界大戰結束，諾爾於1945年在哥廷根大學復職，一直擔任教育學教授，到1949年退休為止，1960年9月27日逝世於哥廷根。諾爾的主要著作有《蘇格拉底與倫理學》（*Sokrates und Ethik*）、《繪畫的世界觀》（*Die Weltanschauungen der Malerei*）、《教育學與政治學論文集》（*Pädagogische und politische Aufsätze*）、《德國教育運動及其理論》（*Die Pädagogische Bewegung in Deutschland und ihre Theorie*）、《哲學概論》（*Einführung in die Philosophie*）、《審美的實際》（*Die ästhetische Wirklichkeit*）、《性格與命運》（*Charakter und Schicksal*）、《道德基本經驗》（*Die sittliche Grunderfahrung*）、《三十年來的教育學》（*Pädagogik aus 30 Jahren*）、《現代教育的課題》（*Die Pädagogische Aufgabe der Gegenwart*）、《席勒演講錄》（*Friedrich Schiller.Eine Vorlesung*）、《教育學的過錯與課題》（*Schuld und Aufgabe der Pädagogik*）、《社會教育學的課題與途徑》（*Aufgaben und Wege zur Sozialpädagogik*）、《學校教育學論文集》（*Ausgewälte schulpädagogische Schriften*）、《教育學論文集》（*Ausgewälte Pädagogische Abhandlungen*）、《德意志運動》（*Die Deutsche Bewegung*）、《教育學手冊》（*Handbuch der Pädagogik*）等書（Bartels, 1968: 314-315）。

諾爾繼承狄爾泰的教育思想，重視普通教育學、社會教育學與審美教育學問題的探討。諾爾認為教育關係是一種存在師生之間的「互動關係」（Interaktionsverhältnis），教育關係以師生的接觸作前提，它不是強迫的，而是以自由意志為基礎。教育與生活有密切的關係，它的目的在於精神生活的喚醒，只有經由統一的精神生活，教育的目的才能達到。諾爾主張社會教育就是對青少年的幫助，就是透過教育建立受教者的勇氣與信心，而產生「自助」（Selbsthilfe）的力量。教育的意義在於協助下一代返回主體，使其獲得自由獨立的能力，以改善其生活（Nohl, 1949: 279-280）。

諾爾是精神科學教育學重要的代表人物，非常贊同其師狄爾泰所倡

議的教育關係研究。所以，他在《德國教育運動及其理論》一書中，主張教育的基礎建立在成熟的人對於未成熟的人的熱情關係上（Nohl, 1933: 226）。這種熱情關係便是一種教育關係，同時也是一種師生關係，也就是教師與學生所創造的一個瞭解的協同體之間的關係（詹棟樑，1992：139）。諾爾主張教育的目的在於促進學生身心的發展，以符合生活的目的。他強調教師與兒童之間的關係，通常由下列過程所決定：從教育愛到他的實際，從教育愛到他的目的，也就是他的理想。目的與理想二者是不能分開的，教師對兒童所要做的是陶冶兒童，使他能過高級生活，也就是引導他完成人的生活。教育愛對兒童來說，是將愛施之於他的思想，為他解決生活上的問題。所以教育愛所要求的是讓兒童感覺到溫暖，老師感覺出兒童可塑性的可能性，期望將來過完整的生活（Nohl, 1933: 135）。

　　諾爾認為社會教育就是對青少年的幫助，這種幫助包含了「照顧」在內，即用教育的力量使受教育者建立勇氣與信心，而產生「自助」（Selbsthilfe），他在1947年〈現代教育的課題〉（Die pädagogische Aufgabe der Gegenwart）和1952年〈教育即生活幫助〉（Erziehung als Lebenshilfe）兩篇論文中提出上述的概念。諾爾是文化學派重要的教育學家，而文化學派的教育學家大都把教育視為是一種幫助，諾爾自然也不例外。尤其他認為教育是一種生活的幫助，也就是在日常生活中給予學生幫助（詹棟樑，1995：370-371）。諾爾將教育學的基礎分為三方面：第一是「實際的─世俗的」基礎，第二是「社會的」基礎，第三是「人文的」基礎。他認為所有的生活指向建立在我們國家意志統一與力量集中上，這就是早期所謂的國家公民教育。所謂國家公民教育就是一個民族用政治的方法來形成它；換句話說，就是政治陶冶理想的實現，也就是政治教育的目的在於自由民主的實現，並且使一個國家成為文化的國家（詹棟樑，1992：122）。

　　諾爾在1920年所撰的〈新德意志教育〉（Die neue deutsche Bildung）一文中，批評以前教育的缺失。諾爾主張傳統教育將人類視為科學進步的工具，雖然一再以人文主義的教育自居，但是卻淪為一種技術的教育，一味強調客觀的知性，使得身體與精神合一，生動活潑、深具價值和別具創意的人性逐漸喪失。其次，這種科學的教育區分了「有教養者」（Gebildete）和「無教養者」（Ungebildete），使得團體共同的生活不再可能，並且造成民族文化中個人精神性的喪失。最後，科學的教育不再具有理想，完全被專家主義和無所不知所占據。面對這種教育發展的危機，諾爾主張教育最終的課題在發展人性（Nohl, 1933: 9-11）。

　　諾爾在1933年出版的《德國教育運動及其理論》一書中，指出傳統的文化是一種有意識的意志文化，在這種文化中，個人受到目的和成就的統治，思想和意志功能的教育占有重要的地位，精神原理優勢地位的過度緊張，造成安排意志的文化產生深度的抑制。諾爾認為要解決這個問題，新的審美教育必須發現自然的韻律，以解放人類所有被壓抑的力量，也就是將人再度教育成為一個人，使人的感性與理性兩方面得到均衡的發展（Nohl, 1933: 46）。教育學的課題不在於培養一位公民、牧師、法官或軍人，而在培養一位具有人格統一性和人性理想的人，這才是教育學最終的使命（Nohl, 1933: 178）。

　　諾爾在《審美的實際》一書中，探討文藝復興以來的美學相關問題。他將美學區分為客觀美學，興趣美學，創造美學，先驗美學，完滿美學和無窮美學等六類。並且，主張狄爾泰和尼采的美學無法與人類的生活分離，而且會隨著經驗和成就，逐漸顯現出生活的重要性。不僅藝術的創造無法與生活分離，就是審美的實際也存在生活之中（Nohl, 1973: 195）。綜合前面所述，諾爾的審美教育理論在審美教育的目的上，主張培養一個理性與感性和諧的人。在審美教育的功能上，諾爾相信審美教育能夠提高人性，改變個人的氣質，使個人的道德完美。在審美教育的課程上，諾爾認為審美教育活動的進行，應該與我們的生活產生密切的關聯，無論是審美教育課程的選擇，還是審美教育理論的建立，都應該以我們的生活為基礎，才能夠被施教者和受教者所接受。諾爾的教育改革理論注重當時學校教育缺失的批判，強調人格教育、教育關係和審美教育理論的建立，從社會教育的觀點出發，實際參與民眾高等學校的創立，對德國的社會教育運動貢獻很大。

第二節 改革教育學的內容

近年來，由於許多教育學者的參與，改革教育學領域出版的著作逐漸增多。但是，有的學者從德國改革教育學的觀點出發，有的學者從國際改革教育學的角度出發。論述的內容相當繁雜，缺乏共同的焦點。因此，造成無法確定改革教育學內容的困難。所幸，在汗牛充棟的著作中，有些比較重要教育學家的著作，可以幫助我們來確定改革教育學的內容。例如：1933年諾爾（Herman Nohl）出版的《德國教育運動及其理論》、1979年樂爾斯（Hermann Röhrs）出版的《改革教育學》、1989年歐克斯（Jürgen Oelkers）出版的《改革教育學》、1993年溫克勒（Michael Winkler）主編的《具體的改革教育學》和2001年邊納爾（Dietrich Benner）和康培爾（Herwart Kemper）出版的《改革教育學理論與歷史》，都是著名的經典之作，這些著作可以讓我門一窺改革教育學的堂奧，進而歸納出改革教育學一些比較重要的內容。茲詳細說明如下：

一、諾爾（Herman Nohl）《德國教育運動及其理論》一書的主要內容如下（Nohl, 1933）：

㈠導論：包括教育國民運動、教育改革運動和學校教育運動。

㈡教育理論：包括普遍有效理論的可能性和教育學的自主性。

㈢精神和立場：包括教育的理想和國民教育。

㈣教育者的本質。

㈤可塑性和教育的意志：包括教育的使命和精神建構的基礎、精神過程的建構及其教育的意義、活動的價值、想像媒介的功能、精神生活和記憶中格式塔建構的歷史性質、精神的清晰、意識和自由、責任。

㈥教育內容和教育形式：包括經由生活自我教育的形式、遊戲、習慣、教育團體中道德意志的發展、意志教育的形式、方法、沉思、真實性和真理、精神的基本方向、目標和內容、教育運動及其法則。

㈦ 教育學的兩種形式。

二、樂爾斯（Hermann Röhrs）《改革教育學》一書的主要內容如下（Röhrs, 1979）：

㈠ 導論：改革教育學作為歷史的現象。

㈡ 文化批判作為改革教育學的源頭：包括文化批判的起源和目的、尼采的文化批判、拉嘉德的文化批判、朗邊的文化批判、文化批判的觀點和從教育學建立的教育批判。

㈢ 改革教育學作為國際運動的先鋒和形式：包括改革教育學的開展和多元性、國際上一些特定國家的現象形式、進步主義教育運動、道爾頓制或學校生活的個別化、世界教育運動的論述。

㈣ 改革教育運動：包括藝術教育運動、鄉村教育之家、青少年運動、工作學校運動。

㈤ 科學引導的教育改革：包括人類學—精神科學取向、人類學—自然科學取向、人類學—社會科學取向、布伯對話原理的取向。

㈥ 改革教育學中社會教育學的衝擊：包括國際範圍中發展的趨勢、經由國民教育和婦女教育的自由化。

㈦ 改革教育學的收穫：包括改革教育學的基本觀察、改革教育學的批判、政治的立場、改革教育學作為現在發展的基礎、回顧、展望與發展的趨勢。

三、歐克斯（Jürgen Oelkers）《改革教育學》一書的主要內容如下（Oelkers, 1989）：

㈠ 導論：改革教育學作為時代的概念。

㈡ 改革教育學之前的改革教育學：包括19世紀教育反思的重建、改革動機的連續性、文化批判、衰落與教育學。

㈢ 改革教育學作為教育新聞學：包括學校批判與學校改革、兒童導向心理學與神話、發展作為教育的主要概念。

㈣ 學校改革的概念：包括學校模式、教學模式和教育模式。

㈤ 社會改革的概念：包括團體、民族和教育、社會主義的學校實驗、反文化和另類的教育。

㈥ 審美的標記。

四、溫克爾（Rainer Winkel）主編的《具體的改革教育學》一書的主要內容如下（Winkel, 1993）：

㈠ 主題的導論。

㈡ 蒙特梭利和蒙特梭利學校。

㈢ 皮特森和耶納計畫學校。

㈣ 佛雷納（Célestin Freinet）和佛雷納學校。

㈤ 李茲和鄉村教育之家。

㈥ 改革教育學家卡爾森的生平和著作。

㈦ 斯泰納和華德福學校。

㈧ 改革教育學和今天的學校日常生活。

五、邊納爾（Dietrich Benner）和康培爾（Herwart Kemper）《改革教育學理論與歷史》一書的主要內容如下（Benner & Kemper, 2001; Benner & Kemper, 2002; Benner & Kemper, 2004; Benner & Kemper, 2007）：

㈠ 導論：改革教育學和常規教育學的關係，以及教育學和教育科學歷史形成和建立的關係。

㈡ 17世紀和18世紀教育學中新的問題：包括師生關係、人類與公民關聯的問題、新教育機構化的問題、啟蒙時期德國教育家對洛克《教育漫談》和盧梭《愛彌兒》的評論。

㈢ 教育啟蒙時期，新人文主義的實驗學校和普魯士的教育改革：包括泛愛主義學校、康拉第主義學校、洪保特與普魯士王國的學校改革。

㈣ 現代教育科學的行動理論：包括教育理論的問題、陶冶理論的問題和教育機構理論的問題。

㈤ 德國的鄉村教育之家、自由學校區和歐登森林學校。

㈥ 奧圖的家庭教師學校、凱欣斯泰納的工作學校和皮特森的耶納計畫學校。

㈦ 羅提希（William Lottig）和漢堡的生活團體學校、包爾生和柏林的盧特利學校、卡爾森（Fritz Karsen）和卡爾‧馬克斯學校、歐斯特

萊希（Paul Oestreich）和彈性的統一學校。

(八) 蘇聯占領區和東德的國家教育改革和教育政策、教學計畫、學科教學法、學校書籍和教學協助的改革、改革學校、實驗學校和研究學校的探究。

(九) 西德學校和普通教育民主化和科學化的討論、德國教育制度改革的決議法案、德國教育諮詢委員會等教育改革機構。

綜合前面所述，我們可以歸納出改革教育學所探討的主要內容如下：

一、改革教育學的起源：探討改革教育學起源的背景、主要的問題和改革教育學遭遇的困難。

二、改革教育學的方法：說明改革教育學常用的研究方法，主要包括語言記號學、傳統邏輯學、構成現象學、教育詮釋學、思維辯證學和教育傳記學等方法。

三、改革教育學的歷史：描述改革教育學發展的歷史，主要包括三個階段：第一個階段──開始於啟蒙運動時期。從1762至1872年。第二個階段──開始於文化批判時期，從1872至1945年。這個階段的改革教育學開始於學校的批判，相當具有國際性，包括美國和俄國教育學的發展。第三個階段──開始於國家主導時期，從1945年到現在。主要的目的在教育政策、改革教育學和教育科學的發展。

四、改革教育學家的思想：分析不同階段改革教育學家的思想，以瞭解當時教育實際所產生的問題。

五、改革教育學的問題：探討改革教育學所遭遇到的問題，瞭解不同教育學者的見解。

六、教育改革相關活動：分析學校改革和教育改革的相關活動，提供教育改革的方法和策略。

七、教育科學思潮的演變：論述教育科學主要思潮的發展和演變，說明這些教育科學思潮和改革教育學的關係。

八、改革教育學的學校：分析各種教育改革學校的創立、理念、課程、教學、演變和影響。

九、改革教育學的概念：探討各種改革教育學重要的概念，以及這些

概念相互之間的關係。

　　十、改革教育學的趨勢：說明改革教育學最新的趨勢，作為改革教育學研究的基礎。

第三節　改革教育學的範圍

　　由於改革教育學起源於德意志共和國，所以改革教育學探討的範圍主要以德國為主，其他國家的教育改革運動為輔。從啟蒙運動時期、文化批判時期、國家主導時期到現在，在思想方面涵蓋了許多重要的教育學家。各國教育歷史演進中，主要的教育改革運動包括下列幾項：

　　一、啟蒙運動時期：啟蒙運動時期普魯士王國開始的國家教育制度改革，教育學者提倡的各種實驗學校和教育科學觀念的革新。主要包括國家主義教育運動，泛愛主義教育運動、康拉第主義教育運動、新人文主義教育運動等等。

　　二、文化批判時期：哲學家尼采（Friedrich Nietzsche, 1844-1900）、拉嘉德（Paul de Lagarde, 1827-1891）和朗邊（August Julius Langbehn, 1851-1907）對於當時教育機構、教會組織和社會文化的批判，以促進國家和社會文化的進步。

　　㈠文化批判運動：德國哲學家尼采、拉嘉德和朗邊等人所倡導的「文化批判運動」（Bewegung der Kulturkritik）。

　　㈡藝術教育運動：德國教育學家李希特華克（Alfred Lichtwark）所提倡的「藝術教育運動」（Kunsterziehungsbewegung）。

　　㈢鄉村教育之家運動：德國教育學家李茲（Hermann Lietz）所提倡的「鄉村教育之家」（Landerziehungsheim）運動。

　　㈣工作學校運動：德國教育學家凱欣斯泰納（Georg Kerschensteiner）和高第希（Hugo Gaudig）所提倡的「工作學校運動」（Arbeitsschulbewegung）。

　　㈤學校改革運動：義大利教育學家蒙特梭利（Maria Montessori）

所倡導的「蒙特梭利學校」、奧地利教育學家斯泰納（Rudolf Steiner）所倡導的「華德福學校」（Waldorfschule）、德國教育學家皮特森（Peter Petersen）所提倡的「耶納計畫學校」（Jena—Plan—Schule）。

(六) 進步主義運動：美國教育學家杜威（John Dewey）等人所倡導的「進步主義運動」（Progressivism Movement）和英國教育學家倪爾（Alexander Neill）所建立的「夏山學校」（summerhill school）。

(七) 新教育運動：法國教育學家傅立葉（Adolphe Ferrière）等人所倡導的「新教育運動」（Neu Education Movement）。

三、國家主導時期：自從1945年之後，各國紛紛進行教育改革，以促進國家社會的進步。主要包括：

(一) 英國的教育改革運動：探討英國教育改革的歷史、機構、內容和啟示。

(二) 美國的教育改革運動：探討美國教育改革的歷史、機構、內容和啟示。

(三) 法國的教育改革運動：探討法國教育改革的歷史、機構、內容和啟示。

(四) 德國的教育改革運動：探討德國教育改革的歷史、機構、內容和啟示。

(五) 日本的教育改革運動：探討日本教育改革的歷史、機構、內容和啟示。

(六) 俄國的教育改革運動：探討俄國教育改革的歷史、機構、內容和啟示。

(七) 中國的教育改革運動：探討中國教育改革的歷史、機構、內容和啟示。

其次，改革教育學家的思想和理論也是改革教育學探討的重點，主要的改革教育學家有下列幾位：

一、啟蒙運動時期：盧梭、康德、裴斯塔洛齊、特拉普、洪保特、赫爾巴特、黑格爾、史萊爾瑪赫和福祿貝爾……。

二、文化批判時期：尼采、拉嘉德、朗邊、麥希萊恩、李茲、李希特華克、諾爾、佛利特納（Wilhelm Flitner）、龐迪、奧圖、高第希、凱欣斯泰納、皮特森、蒙特梭利、包爾生、諾爾……。

三、國家主導時期：樂爾斯、佛利特納（Andrea Flitner）、伊里希、邊納爾、歐克斯和溫克勒（Michael Winkler）……。

當然，改革教育學的範圍尚未完全確定，而且還在不斷擴展之中。因為改革教育學是一門相當年輕的科學，許多相關的議題都陸續被教育學者引進到改革教育學的研究當中。而且，隨著改革教育學的國際化和教育學術交流的頻繁，除了幾個歐美主要國家的研究之外，很多新興國家教育改革問題的研究也日漸受到重視。除了前述的教育學家之外，還有很多重要的教育學家未被列入。所以，改革教育學研究的範圍也愈來愈大。

第四節　改革教育學的研究

有關改革教育學的研究，最早從教育學家諾爾（Herman Nohl）開始，他在1933年出版《德國教育運動及其理論》一書，從歷史哲學的觀點出發，探討德國的教育國民運動、教育改革運動和學校教育運動，並且分析教育理論和教育學的自主性，說明教師的本質、教育的內容、教育的理想和教育的形式（Nohl, 1933），不僅奠定德國改革教育學研究的基礎，同時開啟德國改革教育學研究的風潮。1961年佛利特納發表〈德國改革教育學導論〉（Zur Einführung in die deutsche Reformpädagogik）一文，從教育科學的觀點出發，討論文化批判的地位、新的教育風格、改革運動的重建綜合、改革教育運動的批判和修正等問題，系統地說明了李茲的鄉村教育之家、奧圖對話的整體教學、凱欣斯泰納和高第希的工作學校、佛斯特（Friedrich Wilhelm Foerster）的品格和國家公民教育、李希特華克的藝術教育運動和青少年運動的理念，奠定了德國改革教育學研究的基礎（Flitner, 1961）。1965年樂爾斯主編出版《外國改革教育學》一書，從選擇重要原典的觀點出發，介紹杜威、蒙特梭利、克伯區、愛倫凱（Ellen Key）、德克洛利（Ovide Decroly）、倪爾等幾位重要教育改革者的理論，對蒙特梭

利學校、進步主義學校、夏山學校、生活學校的教育理念有非常詳盡的討論（Röhrs, 1965）。1974年塞柏（Wolfgang Scheibe）出版《改革教育運動》（*Die reformpädagogische Bewegung*）一書，從歷史傳記學的觀點出發，論述19世紀末到第二次世界大戰之前德國重要的教育改革運動，並且探討一些重要改革教育學家的思想（Scheibe, 1974）。1979年樂爾斯（Hermann Röhrs）出版《改革教育學》（*Die Reformpädagogik*）一書，從國際的觀點出發，探討改革教育學的起源和過程。他認為文化批判是改革教育學的源頭，開始於1890年，一直延續到現在。並且將改革教育學的演變劃分為五個階段，強調改革教育學具有國際性的特徵（Röhrs, 1979）。1984年涅勒（George F. Kneller, 1908）出版《當代教育思潮》一書，從教育哲學的觀點出發，探討分析哲學、現象學、詮釋學、結構主義、實證主義、馬克斯主義、浪漫主義和保守主義的教育思潮（Kneller, 1984）。

　　1986年盧曼（Niklas Luhmann, 1927-1998）發表「編碼化與程式化：教育系統中的教育與選擇」（Codierung und Programmierung. Bildung und Selektion im Erziehungssystem）一文，從結構功能論的觀點出發，批判傳統教育機構的缺失，提出教育系統理論，說明教育系統具有「自我創化」（Autopoiesis）的功能，教師扮演一位諮詢者的角色，可以用「好－壞」二分編碼的方式，進行學校教學的活動，判斷學生學習的結果，發揮學校選擇的功能（Luhmann, 1986）。1989年歐克斯出版《改革教育學》（*Reformpädagogik. Eine kritische Dogmengeschichte*）一書，從歷史發展的觀點出發，重建19世紀教育的反省，將改革教育學探討的範圍擴大到改革教育學之前。主張改革教育學具有連續性，而且是一種教育新聞學。分析學校改革和社會改革的概念，強調改革教育學除了論證的語義學和教條的分析之外，其公開的作用還有美學的層面。沒有美學的層面，改革教育學的成效是無法被解釋的（Oelkers, 1989）。1993年溫克爾（Rainer Winkel）編輯出版《具體的改革教育學》一書，邀請七位學者共同撰文，討論蒙特梭利學校、耶納計畫學校、佛雷納學校、鄉村教育之家、卡爾森（Fritz Karsen）的改革教育學、華德福學校和學校日常生活的問題，對於當代盛行的改革教育學理論和教育改革運動有非常詳盡的分析（Winkel, 1993）。1994年樂

爾斯和連哈特（Volker Lenhart, 1939-）主編《幾個大陸之間的改革教育學》（*Die Pädagogik auf den Kontinenten*）一書，從全球的觀點出發，將「改革教育學」一詞作為世界性的教育運動，揭露改革教育學在歐洲的基本結構，以便使比較的研究、教育的溝通和學術的旅遊更加容易。並且奠基在世界性改革教育學內容和目的的解釋上，以達到新教育學會改革教育意向全球化的目標（Röhrs & Lenhart, 1994）。同年，駢克（Andreas Pehnke）出版《東西對話中，教育制度的改革》（*Die Reform des Bildungswesens im Ost-West-Dialog*）一書，主張改革教育學的思想財，如果想要對學校和學校外的教育工作有豐富成果的話，應該承認古典的教育改革工作，並且應用到更廣泛的範圍，進行改革教育學及其傳統的整合（Pehnke, 1994）。

1995年佛利特納和庫德利茲基（Gerhard Kudritzki）主編出版《德國改革教育學》（*Die Deutsche Reformpädagogik*）一書，從傳統改革教育學的觀點出發，介紹諾爾、李茲、魏尼肯、格黑柏、李希特華克、高第希、凱欣斯泰納、皮特森、古爾利特、奧圖、斯泰納等人教育改革的理論，對於鄉村教育之家、自由學校區、歐登森林學校、藝術教育運動、工作學校運動、青少年運動、耶納計畫學校、家庭教師學校、華德福學校的教育理念有非常詳盡的討論（Flitner & Kudritzki, 1995）。1996年司徒本勞赫（Michael Seyfarth-Stubenrauch）和斯琦拉（Ehrenhard Skiera）出版《改革教育學與歐洲的學校改革》（*Die Reformpädagogik und Schulreform in Europa*）一書，從教育科學的觀點出發，選出一些著名學者的論文，探討改革教育學歷史的基礎、承載的基本動機和改革教育學學校的制度，同時分析學校制度建立者的人格、概念、影響和歐洲國家改革教育學的研究（Seyfarth-Stubenrauch & Skiera, 1996）。同年，佛利特納（Andreas Flitner）出版《教育改革》（*Reform der Erziehung*）一書，從教育實際的觀點出發，主張教育改革是20世紀重要的主題，不僅涉及學校結構的改造，而且包括了學校內外、職業工作場所、家庭中和工作世界中的教育。先前幾個世紀的改革教育學，經由思想和實際累積下來的財富，開啟了這個主題。他認為20世紀的教育改革，主要受到古典改革教育學、佛洛伊德的心理分析學、女性主義教育學和生態教育的影響（Flitner, 1996）。1998年柯普曼（Jörn

Koppmann）出版《萊希麥恩的改革教育學》（*Adolf Reichweins Reformpäda-gogik*）一書，從傳記研究的觀點出發，分析教育學家萊希麥恩改革教育學的生平著作、思想淵源和理論內涵，探討其社會觀點的教育理論和改革教育學，對當代教育科學發展的意義和貢獻（Koppmann, 1998）。同年，樂爾斯將他自1977年以來，有關改革教育學的論文集結成冊出版《改革教育學與內部的教育改革》（*Reformpädagogik und innere Bildungsreform*）一書，從教育科學的觀點出發，探討不同改革教育學的任務和問題，分析改革教育學的國際性和世界教育改革運動的關係，而且提出他對當前學校教育改革的看法（Röhrs, 1998）。

1999年波姆（Winfried Böhm）和歐克斯（Jürgen Oelkers）出版《改革教育學的爭論》（*Reformpädagogik kontrovers*）一書，從比較分析的觀點出發，探討改革教育學發展中，有關：什麼是改革教育學的歷史研究、改革教育學歷史研究的目的是什麼、改革教育學的真相和歷史、改革教育學與基督宗教的關係、改革教育學是否從成人的觀點出發、改革教育學與華德福學校的關係、德國改革教育學概念中的民主和未來改革教育學應該採取何種觀點的問題（Böhm & Oelkers, 1999）。同年，林克（Jörg W. Link）出版《介於威瑪、世界大戰和經濟奇蹟之間的改革教育學》（*Reformpäda-gogik zwischen Weimar, Weltkrieg und Wirtschaftswunder*）一書，從傳記研究的觀點出發，探討德國自威瑪共和國建立，歷經兩次世界大戰，到1970年代經濟起飛期間改革教育學的演變。這本書對各種教育政策的提出、教育改革思想的辯論和學校教育改革嘗試，都有非常詳細的討論和說明（Link, 1999）。2000年邊納爾和康培爾出版《改革教育學理論與歷史原典》一書，從教育科學的觀點出發，將改革教育學的演變劃分為三個時期，並且蒐集了啟蒙運動到目前為止的文獻（Benner & Kemper, 2000）。同年，優爾根斯（Eiko Jürgens）出版了《新的改革教育學與開放教學運動》（*Die neue Reformpädagogik und die Bewegung Offener Unterricht*）一書，從教育運動的觀點出發，分析開放教學運動的理念，對改革教育學發展的影響。主張從開放教學的角度出發，可以建構一門新的改革教育學（Jürgens, 2000）。2001年有許多改革教育學的著作陸續被發表：一是德瑞斯（Ursula Drews）的

《德國的教學：改革教育學的學校報告》（*Unterricht in Deutschland. Schul-reports zur Reformpädagogik*），從學校改革的立場出發，探討德國學校中的教學問題，對當前學校中的教學活動，提出許多批評的意見和改革的建議（Drews, 2001）。二是杜德克（Peter Dudek）的《皮特森：1945至1950年蘇聯占領區和東德的改革教育學》（*Peter Petersen: Reformpädagogik in der SBZ und der DDR 1945-1950*），從歷史傳記學的觀點出發，不僅分析1945至1950年蘇聯占領區和東德改革教育學的發展，而且探討皮特森改革教育學的內涵，對皮特森耶納計畫學校的改革有相當詳盡的討論（Dudek, 2001）。三是康徹（Arne Kontze）的《改革教育學家古爾利特》（*Die Reformpädagoge Prof. Dr. Ludwig Gurlitt*），從傳記研究的觀點出發，探討教育學家古利特的生平著作、思想淵源和理論內涵，說明他在改革教育學歷史上的地位，究竟是一位重要的學校改革者，還是一位教育的無政府主義者（Kontze, 2001）。四是邊納爾和康培爾的《改革教育學理論與歷史》，從教育科學的觀點出發，分析實際改革教育學、國家教育改革、教育科學理論發展和研究，進行改革教育學思潮發展和學習過程的重建，探討啟蒙運動以來，改革教育學相關的問題（Benner & Kemper, 2001）。

2002年有三本比較重要的改革教育學研究著作出版：一是夏柏格（Inge Hansen-Schaberg）和休尼希（Bruno Schonig）的《改革教育學概念史》（*Rezeptionsgeschichte der Reformpädagogik*），從概念分析的觀點出發，分析改革教育學歷史的演變，以闡明一些重要概念的意義，使改革教育學重要的概念更加清楚，避免不必要的誤解，造成改革教育學研究的困難（Hansen-Schaberg & Schonig, 2002）。二是駢克（Andreas Pehnke）的《來自學生觀點的改革教育學》（*Reformpädagogik aus Schülersicht*），從改革教育學的觀點出發，介紹柯姆妮茲（Chemnitz）實驗學校教育學的發展條件、穆勒集團的實驗學校工作、洪保特實驗學校的發展途徑和當時學生對洪保特實驗學校的回憶，批判傳統改革教育學忽略學生觀點的缺失，指出改革教育學中學生觀點的重要性，進而建立一種學生觀點的改革教育學（Pehnke, 2002）。三是邊納爾和康培爾的《改革教育學理論與歷史》，從教育科學的觀點出發，分析實際改革教育學、國家教育改革、教育科學理

論發展和研究，進行改革教育學思潮發展和學習過程的重建，探討世紀轉換和威瑪共和國改革教育學相關的問題（Benner & Kemper, 2002）。2003年斯琦拉（Ehrenhard Skiera）出版《歷史和現在中的改革教育學》（*Reformpädagogik in Geschichte und Gegenwart*）一書，從歷史傳記學的觀點，分析改革教育學概念和思想的演變，比較過去和現在改革教育學觀點的不同之處，以闡明現代改革教育學的意義和課題（Skiera, 2003）。2004年也有不少改革教育學的研究著作出版：一是愛賀貝爾格（Harald Eichelberger）和威廉（Marianne Wilhelm）的《改革教育學作為學校發展的發動機》（*Reformpädagogik als Motor für Schulentwicklung*），從學校改革的觀點出發，探討改革教育學在學校發展中所扮演的角色，強調改革教育學的理論不但非常重要，而且是學校發展的動力來源（Eichelberger & Wilhelm, 2004）。二是瑞特爾（Hein Retter）的《改革教育學》（*Reformpädagogik*），從教育科學的觀點出發，分析教育改革概念的意義，描述教育運動的發展，探究改革教育學的演變和提出改革教育學的課題（Retter, 2004）。三是克隆哈格爾（Kristian Klaus Kronhagel）的《宗教教學與改革教育學》（*Religionsunterricht und Reformpädagogik*），從神學家葉柏哈德（Otto Eberhardt）宗教教育學的觀點出發，分析宗教教學的現況和遭遇的問題，提出宗教教學改革的建議，作為當前改革教育學探討的重點，以改善學校宗教教學的實際（Kronhagel, 2004）。

2007年赫爾米希（Achim Hellmich）和泰格勒（Peter Teigeler）主編出版《蒙特梭利、佛雷納和華德福學校：概念與真正的實際》（*Montessori-, Freinet-, Waldorfpädagogik: Konzeption und aktuelle Praxis*）一書，探討蒙特梭利、佛雷納和華德福學校的理論與實踐（Hellmich & Teigeler, 2007）。2010年希爾雷（Dennis Shirley）出版《國家社會主義中的改革教育學：1910-1945的歐登森林學校》（*Reformpädagogik im Nationalsozialismus: Die Odenwaldschule 1910 bis 1945*）一書，探討1910至1945年國家社會主義時期，歐登森林學校的歷史演變、主要理念與相關問題（Shirley, 2010）。2011年歐克斯出版《愛與統治：改革教育學的黑暗面》（*Eros und Herrschaft: Die dunklen Seiten der Reformpädagogik*）一書，探討愛、經濟和統治的關係，

說明愛與實踐的關聯,指出智識上的一些發現,並且對德國的改革教育學進行評價(Oelkers, 2011)。2012年波姆(Winfred Böhm)出版《改革教育學:蒙特梭利、華德福及其他學說》(*Die Reformpädagogik: Montessori, Waldorf und andere Lehren*)一書,探討改革教育學的拼圖遊戲、進步作為過去的返回、其他國家的新教育、基本概念和選擇、先鋒與概念、改革教育學的界限等問題(Böhm, 2012)。同年,赫爾曼(Ulrich Herrmann)和斯律特(Steffen Schlüter)主編出版《改革教育學:批判—建構的想像》(*Reformpädagogik - eine kritisch-konstruktive Vergegenwärtigung*)一書,探討改革教育學的基本概念和重要問題(Herrmann & Schlüter, 2012)。2014年柯倫茲(Ralf Koerrenz)出版《改革教育學:一種導論》(*Reformpädagogik. Eine Einführung*)一書,探討改革教育學的問題,包括改革教育學的意義、文化發展的印記、現代的結果、20世紀開始時期、現代的要求等等(Koerrenz, 2014)。同年,米勒(Damian Miller)和歐克斯(Jürgen Oelkers)主編《歐登森林學校之後的改革教育學—如何繼續下去》(*Reformpädagogik nach der Odenwaldschule - Wie weiter?*)一書,探討歐登森林學校之後改革教育學的發展,並且指出其存在的問題(Miller & Oelkers, 2014)。2015年布拉赫曼(Jens Brachmann)出版《介於再教育、教育擴張與濫用醜聞之間的改革教育學:德國鄉村教育之家1947-2012年的歷史》(*Reformpädagogik zwischen Re-Education, Bildungsexpansion und Missbrauchsskandal: Die Geschichte der Vereinigung Deutscher Landerziehungsheime 1947-2012*)一書,探討德國鄉村教育之家1947至2012年的歷史,以及期間遇到的相關問題(Brachmann, 2015)。

綜合而言,有關世界各國教育改革的研究,彼此之間差異相當大。我國從過去移植外國改革的策略,建立教育發展的法則,到1990年代後現代主義的盛極一時,強調局部的真理與商品的邏輯,主導社會文化的發展。雖然世界性的教育改革主要以市場機制,來進行教育標準、課程、教學、評量、學校體制、終身教育和全民教育等重大的改革,但是國家仍然以法治化的方式,訂定教育市場的規則,以維護社會的公平與正義(楊深坑,2000:1)。歐美主要受到新人文主義、文化批判思潮、馬克斯主義、人

智學教育學、心理分析理論、進步主義、社會批判理論、建構主義、女性主義教育學、生態教育觀念和後現代主義的影響，比較注重教育改革運動和教育改革思想的研究，藉以建立教育改革的理論，解決教育實際遭遇到的問題。經由前述教育改革文獻的分析，可以印證這種看法。傳統改革教育學的研究，在研究的範圍上，有的注重臺灣教育改革問題的探討；有的強調歐美教育改革問題的研究。在研究的重點上，有的注重教育理論的批判；有的強調教育實際的革新。在時期的劃分上，有的從啟蒙運動時期開始；有的從文化批判時期開始。這些改革教育學的著作，在研究主題的論述上，大多偏重在教育改革運動的探討上，比較忽略各國教育改革思想的研究。不但在教育改革的議題上彼此爭論不休，沒有一致的見解。而且，經常未能從全球性的觀點出發，以至於陷入獨斷的論述當中。因此，有必要建立一門國際性的改革教育學，從全球性的觀點出發，整合本國改革教育學和外國改革教育學，明確地劃分改革教育學演變的階段，從啟蒙運動時期開始，一直延續到現在，系統的說明教育改革思想的演變，描述教育運動的發展，探討教育改革理論的內涵和分析各國教育政策的要義。如此，才能使改革教育學成為一門理論內涵完備，能夠有效指導教育改革活動，而且具有國際性觀點的教育科學。

第二章

啓蒙運動時期的教育改革

　　18世紀的歐洲歷史被歷史學家定名為「啟蒙時期」（The Stage of Enlightenment），由於人們對於理性的推崇，認為理性是真理、知識與正義的規準，理性已經成為指導人們判斷的一項依據。同時，在理性的崇拜聲中，人們已經醉心於理性的效用，因為人們相信理性的應用，可以改善社會制度，發現社會的真理，而且可以促進社會大眾的幸福。所以「啟蒙時期」也被稱為「理性的時代」（The Age of Reason）。啟蒙運動時期的學者，在理性的運用下，敢於創造新的觀念，建構新的學說；在理性的促使下，他們敢於批判以往的傳統、信仰、社會制度、政治制度和價值體系（徐宗林，1991：359-360）。這個世紀開始的時候，在中歐地區就有近360個王國，在如此紛亂的情況下，想要產生一個全國性的政府，是相當困難的一件事情。不過，普魯士王國就在此時，開始吞併鄰邦的土地，逐漸向中央集權政體演進。在此一過程中，中產階級扮演了重要的角色。他們在

許多王國中，充任行政官吏，擔任民政官員。因此，高等教育就負起培養政府人才的功能，同時大學也把科學與工藝容納在課程內，使德國大學的現代化居於領先的地位。而且，隨著普魯士王國的興起，迅速的組成中央性的教育制度，清晰的依階級結構而區分，並且重視實用科學的研究。不過，在教育實施上，宗教的色彩至為濃厚（Butts, 1973）。

　　普魯士國王腓特烈一世（Friedrich Wilhelm I）以教育學家法蘭克（August Hermann Francke, 1663-1727）的主張為典範，設立了幾百所學校；而且在1713和1717年頒布教育法令，強迫父母令其子女接受教育，當地政府為貧苦兒童負擔學費。1737年一般教育法規通過後，授權政府支應學校建築校舍，並且支付教師薪俸。當教育學家海克爾（Johann Julius Hecker, 1707-1768）與腓特烈二世一起推動教育發展時，普魯士王國境內國家控制的教育，又向前邁進了一大步。海克爾是一位虔敬派的教士和教育學家，而腓特烈二世對貧民和城市遊民極其關心，因為他們無法表達自己的事務。腓特烈二世打算拯救貧民的靈魂，使他們變成良好的工人，並且成為忠誠的臣民，與其他開明的統治者完全相似。海克爾以經驗的觀點設立新式的學校，將這種學校稱為實科學校，顯示他對感覺唯實論的興趣。在說明課程的內容時，他利用實物進行教學，特別看重數學和科學，明顯的是教育上的一種革新。腓特烈二世指示海克爾草擬1763年的教育法規，奠定了普魯士王國小學教育制度的基礎，比法蘭西帝國早了70年之久。這項教育法規是以成就導向為原則，注重宗教和文字的教學，占著相當重要的地位。政府並擬定標準，要求教會的教師遵行，從5至13歲的兒童，一律強迫入學，而且指定學校教學的時間，兒童必須通過全國性的考試。各邦必須設置邦督學，監督學校的教學。教師在僱用之前，必須經由邦督學和教會人員的認可，先獲得教師證書，才能夠在學校任教，對於課程、教科書和教師資格，都有詳細的規定。1765年，腓特烈為他征服的奧地利西來希亞（Silesia）郡，頒布了一個類似的學校法規，這些都是邁向全國性教育制度的改變（Butts, 1973）。本章將從教育反思的觀點出發，探討啟蒙運動時期重要的教育改革。

第一節 國家主義教育運動

　　國家主義教育運動的興起，主要受到政治、經濟和社會因素的影響。在政治因素方面，當時普魯士王國建立不久，四周強國環伺，對其生存造成嚴重的威脅。普魯士王國想要從教會手中，奪回教育的主控權。透過學校教育強化國民的向心力，培養民族精神和愛國情操，對抗鄰近國家的侵略。在經濟因素方面，普魯士王國希望經由公共學校制度的建立，彌補行會職業學校的不足，廣泛的培養各種職業所需的人才，促進經濟的繁榮發展，達到富國強民的目標。在社會因素方面，傳統的私人教育收費昂貴，往往不是一般家庭所能負擔。而且師資素質良莠不齊，學校教學設備不佳，課程內容偏頗不全，環境衛生情況惡劣，無法給予學生完善的照顧。因此，許多學者和社會大眾主張國家主義的教育制度。1766年教育學家哈勒斯（G. C. Harles）在布萊梅革奧格─路德維希─佛斯特出版社刊行的〈實科學校的想法〉（Gedanken von den Real-Schulen）一文中，討論到教育國家化和學校設置的問題。在這篇文章中，哈勒斯主張嬰兒在出生之後，需要父母的照顧與等待。等到兒童稍長之後，必須接受身體與心靈並重的教育，才能成為一位國家需要的公民。但是在父母的家庭教育之下，不是偏重身體方面的教育，忽略了心靈方面的教育。就是偏重心靈方面的教育，而忽略了身體方面的教育。因此，有必要由國家設立學校來教育兒童，才能培育未來國家所需要的公民。這是普魯士王國最早主張教育國家化的開始，對於後來德國由國家來興辦教育的制度影響相當深遠。哈勒斯認為國家應該負起教育公民的責任，而最重要的就是由國家來設立學校。但是究竟要設立哪一種學校呢？哈勒斯主張設立「實科學校」（Real Schule），為什麼應該設立「實科學校」呢？哈勒斯從幾個觀點來決定：首先，從培養未來學者的階級來看：一位學者如果只瞭解「謀生科學」（Brotwissenschaft）的知識，成為神職人員、法律學者、醫藥學者和哲學家，將無法融入社會大眾的生活。相反的，如果一位學者能夠熟悉經濟、自然、農業、歷史、耕作和家務管理，將可以使其善於與人相處，並且適

應鄉村的生活，有助於「主要科學」（Hauptwissenschaft）的學習，使理論與實際結合起來。其次，從未來非學者的階級來看：實科學校能夠提供藝術家、手工業者、屠夫、金工、木工等行業的人，學習到數學、幾何、歷史、地理、宗教、園藝、光學、機械、天文、經濟等知識，使其獲得各種職業的專門知識和技能。因此，哈勒斯主張設立實科學校。在實科學校中區分為三種不同的班級：第一種是非學者的普通班級；第二種是教導神學和歷史的特殊班；第三種是培養未來學者的班級。根據不同的需要，採用不同的課程進行教學，培養國家未來需要的公民（Harles, 1766: 13-28）。

但是也有一些學者和社會大眾，從教會和私人的觀點出發，反對國家主義的教育制度。1788年一位不願具名的讀者投書《布朗斯麥雜誌》（Braunschweigisches Journal）的主編，討論德紹地區學校規定的問題。這位無名氏反對教育國家化，他提出下列理由來加以說明：㈠ 國家沒有教育兒童的權利，因為國家聽任父母為兒童的教育付出憂慮與費用，這就表示國家實行的是一種專制政治。如果教育國家化，那麼國家應該如何運用這些經費呢？㈡ 國家強制的命令是一種反對所有理性的幻想，對社會大眾而言，只是一種巨大的災難。因此，只會激起社會大眾的反對。㈢ 目前只發現了比較好的教學方法，而不是最好的教學方法，如果教育國家化將教學方法固定，那將會妨礙教學方法的進步，無法幫助父母將孩子真正的教好。㈣ 完全禁止私人教育是沒用的，因為不能給與教師豐厚的薪俸，並且不必討好父母的特權，這對於教育不僅是錯誤的，同時傷害是很大的。㈤ 目前尚未發現好的方法來培養學校校長和教師，普魯士國王和德紹公爵要能夠任命好的校長，並且選擇優秀的教師，將學校教育辦好，那是不可能的。㈥ 在國家設立學校教育孩子之下，由於教師教學態度不同，有的教師輕聲細語，有的教師大聲喊叫，誰來為孩子選擇教師呢？如果教育國家化，由政府來替孩子選擇教師，就會傷害到父母為孩子選擇優良教師的權利（Anonymus, 1788: 32-33）。基於這些原因，這位不願具名的讀者堅決反對教育國家化。

同年，教育學家費勞梅（P. Villaumer）也在《布朗斯麥雜誌》發表一篇討論教育國家化問題的文章。在這一篇文章中，費勞梅主張教育一方面

必須培養公民，另一方面必須培養人，兩者不能有所偏廢，而且必須相互修正和組合，才能同時兼顧國家公民和真正人性培養的目標（Villaumer, 1788: 36）。他相信下列幾項看法（Villaumer, 1788: 42）：㈠ 國家無法單獨的興辦教育，但是卻必須為教育負責。㈡ 國家必須制定相關的考試，不斷的留意應徵的人員和允許特定的人員，對兒童進行教學和教育。㈢ 國家必須對有意從事教育工作的人負責，進行師資培育的工作。㈣ 國家必須禁止未獲資格認證的人對兒童進行教育，即使是接受自己的孩子也不行。㈤ 國家必須證實教師教學和教育的經驗，因為國家必須對父母、兒童和公民的安寧福祉負責。㈥ 國家自己無法在教育的細節方面著墨太多，但是在學校方面可以聽任其詳細的規定。㈦ 國家不能允許固定使用一種方法進行教育的活動。㈧ 在教育國家化之下，父母的權利不會受到損害，而是父母認同的要求經由國家獲得實現。因此，費勞梅非常贊成由國家來興辦教育，並且培育學校的師資，設立教師資格認證的考試，選擇優良的學校教師，進行國家公民的教育。

　　1789年有一位無名氏在《布朗斯麥雜誌》投書，討論德紹地區的學校規定，反對教育國家化的看法。這位無名氏提出下列理由（Anonymus, 1789: 45-46）：㈠ 國家不必也不允許為教育而憂心，因為國家根本無法負起教育的責任。㈡ 國家既無法考核認證青少年的教師資格，也無權利要求、監督和進用學校教師。㈢ 國家根本不需要為師資的培育而憂心，父母可以輕易的找到足夠的教師，國家壟斷的師資培育制度是非常不理性的決定。㈣ 國家不能認證教師的資格，決定誰有資格擔任教學的權利，誰沒有教學的權利，因為父母決定孩子接受教育的權利不能被國家所取代。㈤ 國家毫無蒐集、分類和考核教學經驗的能力，如果讓國家來制定教學和教育的法律，那是非常不恰當和專制的決定。

　　1790年教育學家瑞瑪魯斯（J. A. H. Reimarus）在《布朗斯麥雜誌》發表一篇文章，討論國家是否應該為兒童的教育與教學制定命令。瑞瑪魯斯主張國家管理無疑的可以對學校制度作出貢獻，國家可以舉辦活動推廣有用的著作，可以鼓勵和要求能幹的教師，可以協助無法自己照顧兒童的父母，能夠給予兒童良好的教育方法，使其不僅學到許多學科知識，同時也

能培養其道德的行為（Reimarus, 1790: 49）。因此，瑞瑪魯斯也同意由國家來辦理教育。

綜合前面所述，由國家來主辦教育有其優點與缺點，主要的優點如下：(一) 教育由國家興辦，學校制度完善，實施同樣的課程，具有統一民族文化的作用。(二) 教育經費由國家支出，學校不必為經費憂心，比較能夠正常的運作。(三) 由國家負責師資培育的工作，制定國家教師資格考試，可以選擇優良的教師，提高學校教育的水準。(四) 教育國家化之後，國民有接受教育的權利與義務，可以減少文盲的產生，提高國民的素質，促進國家的富強。(五) 教育由國家興辦，國民可以免費就學，不會因為貧富差距，造成教育機會不均等的現象，有助於國民教育的普及。當然，由國家來主辦教育也有以下缺點：(一) 教育由國家興辦之後，國家必須支付龐大的教育經費，增加國家財政的負擔。(二) 教育國家化之後，父母必須將子女送到公立學校就讀，從此喪失為子女選擇教師的權利。(三) 國家經費有限，而學校數量眾多，因此學校能夠分配到的資源相當有限，所以恐怕無法得到最好的發展。(四) 學校教師雖然有國家法律的保障，但是由於教師人數眾多，國家經費有限。所以，待遇福利恐怕很難獲得大幅的改善。(五) 在教育國家化之下，學校教育與國家的存亡息息相關，如果國家發生戰亂或危機，將會影響國民接受教育的權利。啟蒙運動時期，許多學者從國家的觀點主張教育國家化；也有一些學者從教會的立場出發，反對國家壟斷教育興辦的權力；還有一些學者從大學的角度出發，關切師資培育制度的建立和教育國家化的優劣得失。這些不同立場的學者對於教育國家化的問題，提出贊成或反對的意見。在激烈的爭論之後，經由教育顧問法蘭克的建議，最後由普魯士王國國王決定，由國家來興辦教育，但是仍然保留教會辦理教育的權利。至此，國家、教會和大學在教育發展的過程中，三種勢力彼此互相影響，占有相當重要的地位。普魯士王國教育改革的歷史剛剛揭開序幕，隨著泛愛主義學校的建立，許多教育改革的想法被提出來，對於學校教育制度的建立，課程教材的選擇，教學方法的改進，班級經營管理的創新和師生關係的增進有相當大的貢獻。這一次教育國家化的改革運動主要由學者發起，經過熱烈的討論之後，雖然並未形成共

識，但是已經突顯了教育國家化問題的重要性。最後，在1787年由普魯士國王腓特烈二世，建立了完整的國家教育制度。在這項學校法規中，將學校的監護權，從教會手中接管過來，而置於各邦教育廳之下。教育部為各邦中央的教育機構，負責監督境內的中小學。另外，設有「高中畢業會考」（Abiturprüfung），凡是想要進入大學就讀者，都必須通過這個考試。總而言之，啟蒙運動時期教育國家化政策的決定，奠定了德國兩百多年來的教育制度，使得教育機會均等的理念能夠落實，國家在教育上扮演著相當積極的角色，但是並未干預學術自由的傳統，不僅對於德國教育學術的發展影響相當深遠，同時也使得其他國家群起效尤，將中小學教育納入義務教育的範圍，由國家負起教育國民的責任，這一項教育改革運動，將在人類教育史上占有重要的地位。

第二節　泛愛主義教育運動

　　啟蒙運動時期第二個比較重要的教育運動就是泛愛主義教育運動，這個教育運動深受教育學家巴斯道實驗概念和學校批判觀點的影響，是一種由巴斯道和薩爾茲曼倡導而興起的學校改革運動。茲詳細說明泛愛主義學校興起的原因、代表人物、教育理念和綜合的評價。

一、泛愛主義教育運動興起的原因

　　根據相關教育文獻的分析，泛愛主義學校興起的主要原因有下列幾個（Benner & Kemper, 2000）：

(一)對於傳統學校設施的不滿

　　當時傳統學校不僅學校建築簡陋，同時環境衛生欠佳。傳統學校的教育重視知識的學習，忽略人格教育的實施。整個學校教學設備不夠理想，而且未能制定明確的教育目標，深受學生家長和社會人士的批評。因此，許多教育學者紛紛設立新的學校，改善傳統學校的教學方法和課程教材，注重學校與世界關係的確定，提出新的教育目的，以培養具有完美人性的下一代。

㈡受到啟蒙運動思想的影響

啟蒙運動強調人類理性的精神，希望經由理性的培養，擺脫中世紀以神為中心的觀念，從真、善、美的理念出發，實施人文主義的教育，培養完美的人性，注重身體和精神的教育，使學生能夠具有堅定的宗教信仰，過著理性的生活。因此，設立泛愛主義學校，實踐啟蒙運動的教育理想。

㈢強調民族精神的教育觀念

啟蒙運動時期的學校教育存在著許多問題，而且普魯士王國建立不久，學校缺乏民族精神教育，學生沒有熱愛祖國的觀念，令許多家長深感失望。因此，促成「泛愛主義學校」（Philanthropinum）的興起，強調民族精神和愛國觀念的教育。

㈣改革傳統學校的課程與教學

傳統學校中教師經常體罰學生，使用形式訓練的方式進行教學，要求學生背誦記憶，對學習內容不求甚解，忽略兒童的興趣和需要，同時課程內容枯燥乏味，教師和學生的關係淡薄，教育的效果不彰。因此，促成巴斯道建立「泛愛主義學校」。

㈤建立人類教育理想的學校

巴斯道認為傳統的學校實施體罰的教學，根本無法讓學生自然和快樂的進行學習，擁有快樂的童年和滿足求知的慾望，培養健全的人格，將來成為國家良善的公民。因此，主張建立一所泛愛主義學校，實現人類教育的理想。

二、泛愛主義學校的代表人物

㈠巴斯道

巴斯道（Johann Bernhard Basedow, 1723-1790）1723年出生於漢堡，父親是一位假髮商人，母親很早就發瘋而死。因此，巴斯道從小就缺乏母愛。1746年巴斯道畢業於萊比錫大學，主修神學與哲學。曾經在1749年擔任過家庭教師，1753年應聘擔任「梭羅道德騎士學院」（Moral Ritterakademie Soroe）的教授。1761年轉任阿托納（Altona）古文中學的教師，1768年在德紹（Dessau）創立「泛愛主義學校」。巴斯道是一位著名的神學家、教

育學家和出版商，不僅是啟蒙時期教育學的主要代表人物，同時也是「泛愛主義」（Philanthropismus）的創立者，其教育理論深受盧梭思想的影響，對於「學校教育學」（Schulpädagogik）[1]和「教學理論」（Didaktik）的改革貢獻相當大，1790年逝世於馬德堡（Magdeburg）。巴斯道的主要著作有《青少年道德性與自然宗教的準備》（*Vorbereitung der Jugend zur Moralität und natürliche Religion*）、《德紹建立的泛愛主義學校》（*Das in Dessau errichtete Philanthropinum*）、《教育學著作選集》（*Ausgewählte pädagogische Schriften*）等書（Böhm, 2000：51）。

　　1768年，巴斯道提出向富人和慈善人士說明學校重要性，以及學校教育對社會公共福利影響的陳情書，要他們捐資興學。由於巴斯道能言善道，並有誇大的本領，因此許多達官顯要和王公貴人都踴躍捐獻。募集足夠的經費之後，巴斯道在德紹創辦了第一所「泛愛主義學校」。巴斯道以「愛彌麗」（Emilie）為其女命名，可見他受盧梭影響之深。在「泛愛主義學校」之中，他把學生看作兒童，而非成人的複寫。學生不施脂粉，不燙頭髮，不穿鑲金的衣飾；女生也不著有藤圈的裙擺，而代以簡單活潑的服裝。特別注意遊戲與玩耍，並以交談方式學習外語。每天五小時讀書，三小時學習劍術、體育競技、舞蹈和音樂，而且每個兒童都要學習一種手工技藝。同時，實施男女同校的制度和自然感官的教學（林玉体，1997：315-316）。

　　巴斯道在1768年〈對慈善和富有人士有關學校、學習及其對公共福利影響的演說〉中，主張當時的學校存在著許多缺失，根本無法達成培育國家公民的目標。因此，有必要在國家組織「委員會」（Collegium）的監督之下，依國家的性質和需要，設立一定數量和特定修業年限的學校。這樣才能培育具有豐富知識、愛國情操和有教養的公民，這對於公共福利有很大的影響，希望慈善和富有的人士，能夠捐資興學。巴斯道主張公立學校和私立學校的區別相當明顯。公立學校必須為公民和居民的國家福祉著

1　學校教育學是德國教育科學領域的一門學科，主要在研究課程理論、教學理論和學校理論。

想，但是公立學校不能是強迫性的教育。而不論是家庭或私立學校的教育和教學，都必須維持自由的型態。巴斯道認為國家應該聘請愛國主義者、學者和相關人士組成委員會，在委員會的監督之下，建立公民學校、古文中學和大學（Basedow, 1768: 51-61）。

公民學校（Bürgerliche Schulen）招收滿6歲的學生就讀，分為三個年級：6至10歲；11至13歲；14至15歲，15歲畢業。公民學校除了校長和行政人員之外，配置5位教師：1位訓育教師，1位基礎教師，1位德育教師，1位體育教師和1位歷史教師。學校經費由國家和家長共同負擔，訓育教師負責學生常規的訓練；基礎教師負責學生讀、寫、算等基本知識的學習；德育教師負責宗教、道德學說和國家法律的介紹；體育教師負責學生身體的保健和鍛鍊；歷史教師負責公民歷史知識和實用科學的教學。訓育教師和基礎教師必須使用德文上課，德育教師必須使用法文上課，體育教師和歷史教師則必須使用拉丁文上課。古文中學（Gymnasien）招收滿15歲的學生就讀，修業五年，到20歲畢業。古文中學除了校長和行政人員之外，配置4位教師：1位訓育教師，使用法文或英文教學；1位修辭教師，使用德文和拉丁文教學；1位哲學和數學教師，使用德文教學；1位希臘文和古物學教師，最好使用拉丁文教學。訓育教師負責學生道德、日常義務和必要娛樂的教學；修辭教師負責學生拉丁文和德文文法，拉丁文選集和古典著作的教學；哲學和數學教師負責學生數學和哲學知識的教學；希臘文和古物學教師則負責學生希臘作家、希臘文選集和古代文物的教學。至於特殊的古文中學，例如騎士學院和軍官學院，則除了前述課程之外，還特別重視軍事訓練、舞蹈藝術、騎術和音樂的教學（Basedow, 1768：62-77）。

大學（Universität）招收滿20歲的學生就讀，但是必須通過科學和技能的考試。大學的學生在入學之後，應該穿著制服。大學教師可以從古文中學聘請，因為大學的學習注重練習和自學，所以特別需要完善的圖書館、博物館、實驗室、法院、孤兒院、救濟院、軍醫院和各種學校，而且必須距離城市不遠，以利學生進行各種學科的實習。大學沒有特定的教學方法，因為學生來自古文中學，具有足夠的判斷能力，可以選擇學習的課程和方式。但是大學為了培養學生愛國的情操，特別需要具有祖國知識的教

授，熟悉祖國歷史、政府組織、公務人員和一般法令的知識。如此，才能
擴展學生愛國的情操，培養熱愛祖國的公民。最後，巴斯道認為如果要實
現這樣的教育理想，必須編輯一套人類知識的基本叢書，並且列舉了編輯
這套叢書的一些重要原則（Basedow, 1768: 78-83）。

(二)薩爾茲曼

　　薩爾茲曼（Christian Gotthilf Salzmann, 1744-1811）是巴斯道「泛愛主義
學校」的教師，1744年出生於梭莫達（Sömmerda）。1763年進入耶納大學
就讀，主修基督宗教神學。1768年通過國家神學考試，成為一位牧師。
1781年應聘巴斯道的「泛愛主義學校」，擔任宗教教師的職務。在康培之
後接掌泛愛主義學校，他是一位泛愛主義的實踐者。薩爾茲曼1784年在斯
納芬塔（Schnepfenthal），建立了自己的「泛愛主義學校」，一直到1811
年在斯納芬塔逝世為止。1784年薩爾茲曼在〈教育機構的宣告與有關教育
的點滴〉（Noch etwas über Erziehung nebst Ankündigung einer Erziehungsanstalt）
一文中，指出當時的學校依然採用棍棒和鞭子體罰學生，進行各種教學的
活動。他主張傳統的學校教育應該進行革新，注重拉丁文的教學，取消體
罰學生的管教方式，應用溫柔親切的教育措施，進行小班的教學，才能建
立人性化的學校，培養具有知識、技能和品德的個體（Salzmann, 1784: 227-
228）。

　　薩爾茲曼認為傳統學校有下列幾項缺失（Böhm, 2000: 468）：

1. **身體教育的忽視**：當時一般學校、古文中學和大學的計畫都是由
　　修道士所提出，他們認為身體的發展會阻礙心靈的能力。因此，
　　刻意壓抑人類各種身體能力的發展，使得學校忽視體育的教學和
　　學生身體健康的維護。他認為從體育的實施來看，可以將學校分
　　成三種；（Salzmann, 1784: 230）：第一種學校完全忽視學生的身
　　體，而且未能注重學生的營養，對人性的福祉危害最大。第二種
　　學校給予學生各種身體的運動，例如：擊劍、舞蹈、騎馬等等。
　　雖然在學生體能的訓練上比較好一些，但這只是對於整個人靈活
　　敏捷和行為舉止的修飾而已。第三種學校採用小班的型態，給予
　　學生所有體育的教學。除了舞蹈、騎馬、擊劍之外，還提供其他

的活動，訓練學生跑步、跳躍、攀登、行走、伸展、游泳、徒步等等，而且讓學生有從事耕種和園藝等身體勞動的機會，這種學校在體育的實施上最為理想（Salzmann, 1784: 231-232）。

2. **忽視自然的認識**：薩爾茲曼認為傳統的學校只重視聖經的學習，忽視自然的認識。他主張自然是上帝之書，蘊含了力量、智慧和善德，學校應該重視自然的教學。在認識自然的教學上，薩爾茲曼認為首先應該從事自然的教學，在大自然中學習各種事物。其次是自然史的教學，教師必須將自然各種不同產物的名稱和功用教授給學生。最後是顯示自然產物的圖片給學生認識，讓學生學習到許多無法親自見到的自然產物，增進學生對自然的瞭解（Salzmann, 1784: 232-235）。

3. **忽略現代事物的學習**：傳統學校比較重視古代語言的學習，重視聖經的信仰，講述古代的歷史，注重外國地理的介紹，雖然有助於學生對古代事物和外國文化的瞭解，但是卻無助於學生現在生活的改善和對於本國語言、歷史、地理和文化的瞭解。因此，主張學校要注重現代事物的教學（Salzmann, 1784: 235-237）。

4. **限制兒童的自我活動**：傳統學校強調教師的教學，很少有機會讓學生主動的探索和學習，不利於學生觀察、研究和知識的獲得。薩爾茲曼認為教師在學校中，應該扮演監督者、建議者和協助者的角色，幫助學生運用自己的能力，進行觀察、研究和學習（Salzmann, 1784: 237-239）。

5. **缺乏獎勵學生措施**：薩爾茲曼認為傳統的學校只有處罰學生的規定，而沒有獎勵學生的措施，這對於鼓勵學生注意、學習和工作相當不利。因此，主張學校應該設置獎勵的辦法，以鼓勵和刺激學生表現良好的行為（Salzmann, 1784: 239）。

6. **學校遠離自然**：薩爾茲曼認為傳統學校大多設置在城市，遠離自然環境，無法讓學生接觸真理、智慧和滿足的泉源，接受大自然的陶冶，這對於學生品德的養成非常不利。因此，主張學校該設置在接近自然的地方（Salzmann, 1784: 240）。

7. **缺乏旅行的機會**：薩爾茲曼認為傳統學校注重學校的教學，很少有機會讓學生出外旅行，這不利於學生的成長。他主張學校應該讓學生外出作短程的旅行，讓學生認識地理課程中提到的自然景觀、河流、山岳、森林、農田、城市和鄉村，瞭解人們的生活、工廠、省份、采邑和區域等概念（Salzmann, 1784: 240-241）。

薩爾茲曼的積極思想，對於德國的國民教育著作，產生相當廣泛的影響。他所創辦的斯納芬塔「泛愛主義學校」，校園極富自然美景，除了教師穆斯（Johann Christoph Friedrich Guts Muths, 1759-1839）在校內設置健身館聞名於世外，該校也培養了著名的地理學者李特（Karl Ritter, 1779-1859）。在兒童文學上，李特著有《卡爾斯堡農奴》（*Carl of Carlsberg*）一書，1778年間問世，非常受到兒童的喜愛。當時由於對兒童的注意，兒童故事書的出版非常風行，其中《格林童話集》是家喻戶曉的文學作品。以兒童角度來撰寫兒童讀物，可以說是泛愛主義學校直接的貢獻（林玉體，1997：317-318）。

三、泛愛主義學校的教育理念

巴斯道是第一位在德紹（Dessau）創立泛愛主義學校的人，這個新學校的任務在於協助個別的公民和整個社會，使未成年人自己能夠決定其未來，並且使成年人經由學習的過程，實現其未知人格層面的瞭解。為了達成前述的目的，必須發展一種新的教學形式，這種形式不同於中世紀時期的教學，不再建立於交往和學習的統一上，而在於開放知識與技能，自己在發展中聯結概念應用的情境。這種新的知識不僅屬於普通教育、特定職業傾向的書寫語言、算術和幾何的起因，同時聯繫自然、實物和社會課程的內容，甚至涉及植物學、動物學、礦物學、考古學等被使用的分類。所有這些知識的聯結，傳統出生地位伴隨之過程學習轉換的傾向，在人為的、減輕過程負擔的教學形式中被要求。為了達成這項目的，泛愛主義者運用教學形式來實驗，這些教學形式能夠解決傳統應用情境的問題，同時應該能夠連接任何應用的情境（Benner, 1999: 10）。

　　巴斯道主張人類應該在自然、學校和生活之中被教育成為人，人類應該擁有快樂的童年和歡樂與渴求知識的青少年，而成為一位滿足與有用的人。但是，如果自然被學校擯棄，而學校被人類的生活鄙視。在這種情況下，人類將成為三頭六臂的怪胎，天天陷入分崩離析的吵鬧中。因此，有必要建立一所泛愛主義學校，達成人類教育的理想。巴斯道指出泛愛主義學校的教育規定如下（Basedow, 1774: 84-86）：㈠ 青少年的教導和教育不只是最重要的，而且是最具藝術性的工作。㈡ 讓青少年在一群受過良好教育的學者命令或學生自願之下，接受特定書籍的教育進行學習的活動。㈢ 記憶學習和翻譯無法理解的字詞和措辭在任何地方都是主要練習的一部分。㈣ 如果先前的狀態要求的理解和德行比青少年現在擁有的更多，則現在的世界顯然並沒有更好。青少年沒有家庭教師的協助，無法被教育成為一個人，這不僅需要認識教師的義務或管理的兒童，而且需要不斷的練習加以實現。㈤ 在一個完善的學校討論課程中，人類或公民的教學和教會的教學必須分開，以便青少年在各種不同的教會之下，不會產生精神的衝突，使青少年在第一年就能適應公民和宗教知識的教學。㈥ 除了祖國的語言（德文）之外，所有的學生都必須學習拉丁文。

　　巴斯道於1768年在德紹創立第一所泛愛主義學校，招收至少滿6歲的兒童就讀，也招收有年紀較大的學生。學校的課程主要包括德行、科學和語言三個部分，透過實例、練習和教學的方式進行，使學生獲得一些技能。在語言課程方面，主要包括德文、拉丁文和法文，學生到了10歲，如果想要學習英文，學校也會設法滿足他的要求。語言教學首先注重理解、對話和書寫，然後強調文法的正確性。在討論課程中，學生必須具有掌握拉丁文和法文的能力，因為在普魯士王國，德文不會有那麼多的困難。在科學課程方面，學生必須學習神學、法律、藥品科學、哲學、自然課程、數學、談話藝術、地理、歷史和政治世界課程，同時學校設置有實物、模型、儀器和各種設備供教學之用。除了學校的教師之外，學校也聘請來自大學熟悉歷史和國家的學者進行教學，並且採用旅行的方式，補充學校教學的不足。泛愛主義學校的教學除了運動的原因和為了刺激學生之外，不採用強制的方式，讓學生能夠自由自在的進行學習的活動（Basedow, 1774:

86-87）。

　　學生入學時必須繳交250塔勒[2]（Taler）的學費，學校必須提供學生監督、住宿、床舖、住所、暖氣、清洗和照明等服務，對於剛入學需要特別協助的學生加收20塔勒的費用。在德行課程方面，學校利用時間進行道德學說的教學，學生在校必須穿著制服，學校會隨著季節變化調整學生的服裝，但是週日和假日，學生可以自己決定穿著的服裝。中餐學校只提供兩道菜餚，晚餐只提供一道菜餚，但是學生可以從許多菜單中加以選擇。一週當中，除了週日休息之外，兩天是功績日，兩天是財富日，兩天是地位日，學校按照當日的性質進行教學的活動。學生可以從清寒生（Famulanten），經由良好行為的表現，獲得教師的肯定，逐漸晉升為一般生（Pensionisten）或監督者（Unteraufseher）。每個月有一天是「卡蘇爾日」（Casualtag），一般生必須白天吃齋兩小時，晚餐只吃乾糧和水，天氣晴朗的夜晚，在穿好衣物的情況下，讓學生在冷的房間地板或草墊上睡覺，訓練到學生能夠感到滿意為止，因為教育必須為偶發的事件作準備。從12歲開始，學校會訓練學生做到盲目的和修道士般的服從，在命令的時間之外，學生可以在良好命令的時機自由的行動。但是只有年紀較大的優秀生，在事物會受到延遲時，才允許其說出與命令相反的意見和願望（Basedow, 1774: 87-89）。

　　泛愛主義學校的作息，夏天早上5點起床，晚上10點就寢；冬天則早上6點起床，晚上11點就寢。為了確保學生能夠勤勞的學習，除了就寢的時間之外，每天工作17個小時：6個小時進食、喝水、著裝和娛樂；1小時整理房間、衣服、用品、書籍、計算和寫信。5小時從事學習工作；3小時從事運動、舞蹈、騎馬、音樂等娛樂活動。2小時從事手工活動，雖然工作吃重，但是並不會非常骯髒。如果學生犯錯或產生惡習，學校會扣除學生功績的點數，從事手工活動或獨自禁閉在看不見窗外景色的房間內。如果學生表現良好的行為，則學校會給予學生規定的獎勵。如果學生在精神

2　塔勒（Taler）是普魯士王國時期的一種銀幣。

上產生疾病，學校會像照顧生理疾病的學生一樣，給予適當的醫療照顧，同時在房間和床上保持安靜，給予舒適的物品，服用健康的藥品，以去除不健康和阻礙理性的事物。確定的法則會在每週、每月和每季自由的向所有的學生或班級宣讀，學生可以進行法庭的會議，朋友可以為朋友書寫辯護或請求原諒的書面訴狀，當真理的表象受到傷害時，這種做法有其優點，而對陪審員和參與決定者也是一種獎賞（Basedow, 1774: 89-92）。

　　薩爾茲曼1783年在哥塔公爵領地的斯納芬塔購買了一塊土地，建立了另一所泛愛主義學校。這所學校招收6歲的兒童就讀，收取每年50個路易斯鐸爾[3]（Louisdor）的學費，學校的教育目的是希望培養國家善良的公民和虔誠的基督徒。在語言課程方面，包括德文、拉丁文和法文；學科課程方面包括書寫、計算、畫圖、音樂、歷史、地理、自然史、數學、宗教和哲學。體育課程方面則包括跑步、跳躍、投球、舞蹈和騎馬等等。兒童在學校可以受到身體的照顧，注重學生身體和周圍環境的乾淨。學校會提供兒童營養的餐點，讓學生有機會學習社交的禮儀。並且注重學生身心的健康，教導學生保持健康的藝術。如果學生身心患有疾病，可以從學校得到醫生的協助。教育學生認識實物及其名稱，學習自然的產物和藝術的產物。同時允許年長的學生每年從事幾次旅行，見識學校學習過的事物。教師應該經由範例、教學和考試，培養學生不僅學習知識，同時能夠真正的付諸行動，透過宗教控制輕率的判斷，使學生學習到良好的生活方式（Salzmann, 1783: 260-262）。

四、泛愛主義教育運動的評價

　　綜合前面所述，啟蒙運動時期傳統的學校存在著許多問題，在學校環境上非常簡陋而黯淡；在教學方法上相當呆板而保守；在學習方式上注重記憶和背誦；在課程教材上侷限於書本和講義；在學生管教上採用打罵和體罰的方式；不僅學校教育的方式非常不人性；並且忽略學生的興趣和

3　路易斯鐸爾（Louisdor）是法蘭西帝國國王路易八世時所鑄造的金幣。

需要。因此,受到許多教育學者和學生家長的反對,促成泛愛主義學校的興起。泛愛主義教育運動的參與者包括了巴斯道、康培、特拉普、薩爾茲曼等人,他們深受法國教育家盧梭的影響,從泛愛主義的觀點出發,在許多城市當中,建立泛愛主義學校,注重兒童的本性,採用教育心理的技術,實施學生自治的策略,改革傳統學校教育的弊端,滿足學生的興趣和需要,建立人性化的學校,並且促進社會國家的進步。總而言之,泛愛主義教育運動有以下幾項重要的貢獻:㈠ 批評傳統學校環境的惡劣,提出許多重要的意見,使得學校開始重視物理環境和學校建築的改善,對於傳統學校教育的革新深具意義;㈡ 指出傳統學校教育方法的缺失,採用新穎的教學方法,改善學生學習的效果,促進教學方法的進步;㈢ 反省傳統學校課程教材的錯誤,深入瞭解學生的興趣和需要,配合學生的日常生活,進行課程教材的改革;㈣ 採用合作、競爭、比賽等教育心理的技術,進行學生行為的管理,提高學生學習的興趣,改善學生學習的效果;㈤ 批判傳統學校教育忽略兒童的本性,以成人的期望來要求兒童的缺失,尊重兒童的興趣和需要,充分發展兒童的潛能。㈥ 批評傳統學校採用打罵和體罰的方式進行教育的活動,主張尊重兒童的本性和興趣,採用人性化的教育方式,進行學生行為的管理和學校教育活動的實施。這些教育改革的理念到了今天,依然受到教育改革者的重視,成為許多教育改革運動追求的理想。

第三節　康拉第主義教育運動

　　啟蒙運動時期第三個比較重要的教育運動就是康拉第主義教育運動,這個教育運動深受費希特國家主義觀念的影響,是一種由教育學家亞赫曼和帕梭的倡導而興起的學校改革運動。茲詳細說明康拉第學校興起的原因、代表人物、教育理念和綜合的評價。

一、康拉第主義學校興起的原因

　　根據相關教育文獻的分析,康拉第主義學校興起的主要原因有下列幾

個（Benner & Kemper, 2000）：

(一)對於傳統學校教育的不滿：當時傳統學校的教育重視知識的學習，忽略審美教育和道德教育的實施。整個學校環境衛生和基本設備不夠理想，同時未能制定明確的教育目標，深受學生家長和社會人士的批評。因此，許多教育學者紛紛設立新的學校，改善傳統學校的教學方法和課程教材，注重學校與世界關係的確定，提出新的教育目的，以培養具有完美人性的下一代。

(二)受到啟蒙運動思想的影響：啟蒙運動強調人類理性的精神，希望經由理性的培養，擺脫中世紀以神為中心的觀念，從真、善、美的理念出發，實施人文主義的教育，培養完美的人性，注重身體和精神的教育，使學生能夠具有堅定的宗教信仰，過著理性的生活。因此，設立康拉第主義學校，實踐啟蒙運動的教育理想。

(三)強調民族精神的教育觀念：康拉第主義學校的建立受到普魯士王國政治情勢的影響，因為當時周遭強敵環伺，普魯士王國建國不久，亟需統一國民的思想。後來，經歷了第一次普法戰爭，普魯士王國戰敗，整個國家幾乎被法蘭西帝國滅亡。當時哲學家費希特在柏林發表《告德意志同胞書》，主張德意志忽略民族精神教育，如果要德意志民族能夠復興，必須實施民族精神的教育。唯有從教育著手，德意志民族的復興才能實現。在這種情況下，傳統的學校已經無法滿足這樣的要求，因此許多教育家開始設立新制的學校，強調民族精神的教育和熱愛祖國的觀念，康拉第主義學校的興起也受到這種觀念的影響。

(四)新人文主義觀念的影響：早期康拉第主義學校從泛愛主義的概念出發，讓學生自然和快樂的進行學習，擁有快樂的童年和滿足求知的慾望，培養健全的人格，將來成為國家良善的公民。但是後來也受新人文主義思想的影響，注重人類多種能力的和諧發展，對個性、歷史和民族予以尊重，追求自由力求解放。亞赫曼和帕梭就是從這種觀念出發，建立康拉第主義學校。

(五)對傳統學校課程內容的不滿：傳統學校的課程內容完全和日常生

活脫節，注重古典語言的學習，忽略母語的教學，受到許多教育學者和社會大眾的批評。因此，設立康拉第主義學校，進行學校課程內容的改革，注重學校與世界的關係，使學校課程與日常生活配合，並且進行母語的教學，以彌補傳統學校只重視古典語言，忽視母語教學的缺失。

二、康拉第主義學校的代表人物

康拉第主義教育運動的代表人物有兩位：第一位是亞赫曼；第二位是帕梭。茲詳細說明其教育理論如下：

㈠亞赫曼的教育理論

亞赫曼（R. B. Jachmann）1811年在〈論學校與世界的關係〉一文中，指出他在嚴考（Jenkau）創立「康拉第主義學校」（Conradinum）的教育理念。亞赫曼主張學校和世界有兩種關係：第一種是從屬的關係（subordoniertes Verhältnis）或合作的關係（koordiniertes Verhältnis），學校在這種關係中，必須依照世界的真相和學生未來世界生活的需要，來制定學校教育的目的，必須應用與世界有關的各種科學的原理，培養學生理性的概念，形成理想美和道德性的動機，使其適應世界的生活。安排適當的教學活動，教導學生從事知識的學習，達成人類教育的目標。第二種是預先建議的關係（präordiniertes Verhältnis），學校在這種關係中，不能借用世界的目的，而是必須將自己視為世界的目的，努力邁向人性的目標，以證明人類理性的特質，這樣的學校才是一種人性培養的學校（Jachmann, 1811: 348-349）。在從屬關係或合作關係中的學校，班級會按照教學的對象加以區分，並且設置各種必要的紀律。使學生能夠針對學習的對象，進行學習的活動，而不會去和其他人發生接觸。在這種情況下，學生需要世界服務和適應的系統。相反地，如果學校到世界被導向預先建議的關係，從感官知覺到理想生活的人性，從動物的刺激到完整的道德行動，只有經由包含生理層面和精神層面人類的天性，符合自然與和諧的刺激、發展和教育，才能逐級的提升和改進人性，使學校成為人性的建構者，並且在這條路途上引導學生，朝向人性的理想前進（Jachmann, 1811: 349）。亞赫曼強調學校

的目的應該從真、善、美的理念出發，廣泛的運用哲學、數學、宗教、古典語言學、古代科學和其他科學，培養學生的知性、理性、精神能力、知識、觀審能力和虔誠的宗教性，以不斷的改善人性，使人性臻於完美，並且在真實的世界中追求理想的生活（Jachmann, 1811: 351-355）。

　　亞赫曼1812年在〈民族國家教育學說的觀念〉一文中，說明「民族國家」（Nation）和「一般國家」（Staat）的差異，並且指出「一般人類教育」（Allgemeine Menschenbildung）、「民族國家教育」（Nationalbildung）和「個體教育」（Bildung des Individuum）三者之間的關係。亞赫曼主張「民族國家」的概念是指一群人具有一致的自然性質和內在本質，使用同一語言表達，組成一個公民社會，選出一位領袖，共同建立一個國家。「一般國家」的概念則是指一群人在一位領袖之下，由外在聯結成一個公民社會，這個國家可能由數個民族組成，具有不同的血緣，使用不同的語言。亞赫曼強調在教育學之中，迄今尚未對「民族國家教育」和「一般國家教育」（Staatsbildung）加以區分。因此，至今還沒有提出一套「民族國家教育的學說」（Nationalbildungslehre）。亞赫曼認為「個體教育」是一種特別注重個人感官和精神特性的「民族國家教育」；而「民族國家教育」則是一種特別注重國家特性的「一般人類教育」。他主張「民族國家教育」必須從理性的觀念出發，注重「民族國家性」（Nationalität）內在本質和人性道德目的的培養，其教育計畫應該應用各種教學的媒介和教育的媒介，經由語言來培養一個民族的靈魂、自我意識和自我的理解。「民族國家教育」的目的在於發展來自國家自然天賦的人性，民族國家應該帶領人民朝向完美人性的理想發展；而一般國家的教育目的則在於促使公民社會達成國家特定的目的。亞赫曼指出「民族國家性」是「民族國家教育」的關鍵，但是我們對於「國家性」的瞭解相當有限。因此，他主張在民族國家中從事「民族國家性」的研究。他相信在深入瞭解「民族國家性」以後，才能建立一套「民族國家教育學說」。亞赫曼特別提倡「德意志民族性」（Deutschheit）的研究，他認為唯有瞭解德意志的民族性，才能建立德意志民族國家教育學說，以推展德意志民族國家教育，闡明德意志民族國家教育學說的意義（Jachmann, 1812a: 358-367）。

㈡帕梭的教育理論

帕梭（R. B. Passow）1812年在〈德國青少年教育中希臘文的意義〉一文中，探討青少年是否應該學習外語和到底學習外語為了哪些目的的問題。帕梭主張德國青少年的教育應該從「民族國家學校的理念」（Idee der Nationalschule）出發，注重母語的教學──也就是德語的教學，才能使學生不僅進行語言的實際練習，而且能夠建立自我的意識。表達青少年內在的生活，發展各種精神的能力，學習去意識其個人的習慣，並且引導民族性的發展。在這種觀點之下，母語的教學占有最重要的地位（Passow, 1812: 383-384）。但是除了母語的教學之外，外語的學習也非常重要。因為透過外語的學習可以讓學生瞭解其他國家的文化，並且使學校和世界建立密切的關聯。帕梭認為在許多的外語之中，希臘文的學習非常重要。主要有下列幾項原因（Passow, 1812: 384-387）：

1. **提供精神的糧食**：希臘文含有豐富的內容，能夠提供學生必要的知識和人性問題的看法，學校想要達成教育理念和職業生活的目標，經由希臘文的教學可以滿足這樣的需求。

2. **提供母語作為對照**：希臘文可以作為青少年學習母語的類比對象，幫助學生進行母語的學習。瞭解不同語言的特性，在理想的形式中指出所有人類的事物，語言與概念的聯結，作為母語的「相對圖像」（Gegenbild），達成語言教育的目的。

3. **有助於知性和意識能力的培養**：許多人主張作為青少年第一次教學的對象，應該形式簡單，容易瞭解。但是希臘文往往被嚴重的誤解，並且與精神上已經死亡、精神折磨、注意細節和純粹遊戲的錯誤印象相關聯。事實上，希臘文不但形式簡單，容易瞭解，而且有助於學生知性能力和意識活動的培養。

4. **結構簡單與聲音優美**：帕梭認為希臘文的結構具有固定的法則，原音和輔音的關係簡單，而且聲音優美和諧，能夠給予學生秩序、規則和確定的想法，可以說是一種優美的語文。

5. **有助於學習者天賦的和諧發展**：經由希臘文的學習，學生可以接觸到希臘的文學、哲學和文化，有助於充實學生的生活，表達學

生的情感，促進學生天賦的和諧發展。因此，帕梭非常重視民族精神教育、母語教學和希臘文的教學，以培養具有民族精神、豐富知識、道德品格和完美人性的個體，達成康拉第主義學校的教育理想。

三、康拉第主義學校的教育理念

亞赫曼為了改革傳統學校教育的缺失，實現民族國家教育的理想，1800年於單齊希（Danzig）的嚴考村（Dorf Jenkau）成立「康拉第主義學校」（Conradinum），這是按照亞赫曼、普魯士王國國王和單齊希議會的規定所建立的一所學校。總共招收52名學生，家長必須繳交200塔勒的學費，家長可以全數繳交或只繳交一半的學費。在入學時，學生必須接受校長的考試，招收滿10足歲的男學生，曾經接受過基礎教學，具有閱讀和計算的技能，不能患有慢性疾病或身體殘障，而且不能在道德上有瑕疵，也就是要身心健全的孩子，才能進入康拉第主義學校就讀，如果校長發現學生有違反上述規定的情形，可以將學生退學。學生在繳交學費之後，可以住宿在學校，擁有傢俱、暖爐、燈光、飲食、基本需求、清洗衣物、醫療照顧和課業教學等服務。如果有其他特別開支，學校會向家長收取費用，並且開立收據，以作為證明之用。「康拉第主義學校」位於單齊希的嚴考村，距離東海邊的單齊希市區只有幾哩遠，附近有一些森林，空氣非常清新。康拉第主義學校中設有花園和乾燥的地面，在天氣不好的季節可以作為散步的步道。學校裡總共有七棟建築，包括行政大樓、圖書館、大禮堂、教師和學生宿舍、餐廳、經營者住所和醫務室等，不僅採光良好，而且設備相當齊全（Jachmann, 1812b: 388-389）。

㈠教育的目的

康拉第主義學校的教育目的主要經由科學、藝術和自然的教學，實施人文主義的教育，發展學生的精神能力和身體的能力，充實學校的生活，學習知識和技能，教育學生獨立和自主的過理性的生活，培養完美的人性和適應未來職業工作的能力，從真、善、美的理念出發，朝向人類活動的道德目的前進，成為一位公民社會的成員，關心祖國福祉和世界改善的人

（Jachmann, 1812b: 388）。

㈡日常的規定

康拉第主義學校的學生，冬天必須在6點左右，夏天則在5點半左右起床。在盥洗著裝之後，開始進用早餐，並且利用時間準備當天上課的教材。7點整，集合在禮拜堂，由校長帶領進行晨禱。8點整，學生進入各種不同的教室，開始一天的課程。9點和11點各有10分鐘休息的時間，可以讓學生稍事休息和準備上課的教材。午餐時間從12點到12點半，從12點半到下午2點是休閒時間，學生可以依照自己的興趣，從事各種休閒的活動。下午2點到4點是上課的時間，4點到5點學生從事體操練習或音樂課程的活動。5點到7點45分是個人學習的時間，這個時段每週有2個小時歌唱的活動。晚上8點吃晚餐，晚餐後學生可以從事遊戲或慶祝的活動，如果天氣不好，學生可以從事閱讀、音樂或其他自己選擇的活動。10點整所有的學生必須上床睡覺，早上則允許學生提早起床，從事學習或身體鍛鍊的活動，這是康拉第主義學校日常生活作息的規定（Jachmann, 1812b: 390-391）。

㈢體育的教學

康拉第主義學校在身體的教育方面，首先注重學生的營養，早餐讓學生食用牛奶、全麥麵包；午餐供應湯類、肉類和各種蔬菜；每週提供兩三次豬肉，週日供應蛋糕；晚餐則提供水果和濃湯、點心則供應肉類或奶油和起司。學校每個月開始，會提供校長、教師和學生餐廳的菜單，讓師生瞭解學校餐廳餐點供應的情形。其次，注重學生身體的鍛鍊，學生寢室不供應暖氣，只有在極端寒冷的時候，可以打開通向客廳的房門，使寢室稍微暖和一些。學生的衣服和床舖雖然會尊重家長的意見，但是也必須依照四季的變化而更換，使學生適應學校生活的環境。同時，康拉第主義學校非常重視環境的清潔乾淨，要求學生身體的衛生，並且設置有專門的人員，負責清潔的工作。另外，康拉第主義學校也相當重視學生的運動，提倡體操、游泳、運動、擊劍和溜冰等活動，實施體育教學，以促進學生身心的健康。最後，學生如果生病了，學校設置有護理人員，可以給予學生完善的照顧。如果學生的病情比較嚴重，學校無法處理時，會聘請單齊

希的醫生前來治療。校長也會多次的探視學生的病情，瞭解學校處理的情況，並且在校長的允許之下，開放學生的家屬、同學和朋友探視（Jachmann, 1812b: 391-392）。

㈣精神的教育

1. 學科的教學（wissenschaftliche Unterricht）

康拉第主義學校的教學，鼓勵學生自己思考和認識真理，體驗自然美和藝術美，追求善和對神的愛。學校總共有五個年級，一年級為期3年；二年級為期2年；三年級為期1年半；四年級為期1年；五年級為期半年。總計8年，從10歲入學到18歲畢業。五年級的課程內容包括德文、希臘文、宗教演說、形式學說、實際的計算、自然歷史、地理學、書寫練習和歌唱。每週德文8小時，希臘文10小時，宗教演說2小時，形式學說2小時，計算4小時，自然歷史4小時，地理學4小時，書寫4小時和歌唱2小時，總共40個小時。四年級的課程內容包括德文、希臘文、拉丁文、幾何學、生態地理學、傳記紀錄、宗教演說、自然歷史、書法和歌唱。每週德文4小時，希臘文6小時，拉丁文8小時，宗教演說2小時，幾何學4小時，計算4小時，自然歷史2小時，地理學和傳記學4小時，書寫4小時和歌唱2小時，總共40個小時。三年級的課程內容包括德文、希臘文、拉丁文、宗教、幾何學、自然歷史、特殊地理學、書法、歌唱、歷史的箴言、法文、科學、算術和生理人類學。每週德文4小時，希臘文6小時，拉丁文8小時，法文4小時，宗教2小時，算術和幾何學4小時，自然歷史和生理人類學2小時，特殊地理學和歷史的箴言4小時，書法2小時和歌唱學說2小時，總共38個小時。二年級的課程內容包括德文、希臘文、拉丁文、法文、英文、義大利文、宗教、哲學、代數、幾何學、三角、自然學說、歷史和歌唱學說。每週德文4小時，希臘文6小時，拉丁文8小時，法文4小時，英文或義大利文4小時，宗教2小時，哲學2小時，計算、代數、幾何、三角4小時，自然學說2小時，歷史2小時和歌唱學說2小時，總共40個小時。一年級的課程內容包括古典文學、宗教、自然歷史和各種科學。在這個階段學校非常強調學生的自我學習。在古典文學方面注重希臘文學作品和拉丁文學作品的學習，特別注重希臘和拉丁古典作家散文和詩歌的學習。

學習的時間長達3年，學生可以從事比較專精的探討（Jachmann, 1812b: 393-395）。

2. 道德的教學（moralische Unterweisung）

康拉第主義學校為了培養學生具有道德的觀念，能夠過理想的理性生活，特別注重道德的教學。經常運用晨禱的機會，進行道德教育的活動。有時利用課程中的宗教演說，讓學生瞭解人類內在的善和神聖。喚起學生對德行和上帝的愛好，培養道德的情感。有時則利用堅信禮的教學和慶祝節日的活動，對青少年的心靈產生影響。康拉第主義學校也常常運用週日彌撒的機會，介紹命運的幸與不幸，探討家庭的關係、自然的結果、祖國的命運和世界的事件，或是進行布道的活動，來進行學生的道德教育，使學生達到對上帝內在信仰的建立、人類意志的改善、情緒的引導和道德精神的培養（Jachmann, 1812b: 396）。

3. 其他的活動（äußere Veranstaltungen）

亞赫曼主張德行只存在於道德的信念之中，道德教育只有經由教師的理性和心靈，才能和學生的理性與心靈展開對話，並且產生影響的作用。康拉第主義學校採用下列方式，進行學生課業和道德的教育：

(1)觀察紀錄：每週記錄學生在學校中的表現，包括感官方式和行為。然後送交教師會議，根據室內紀錄和班級紀錄，對學生的勤勞、進步情況和行為提出討論（Jachmann, 1812b: 397）。

(2)教師會議：每週由校長召開一次，根據學生室內紀錄和班級紀錄的資料，討論學生的學術表現和道德狀況，以作為進行學校教育實施的參考（Jachmann, 1812b: 397-398）。

(3)檢查報告：學校除了定期的室內紀錄和班級紀錄之外，還會在每年年終時，對個別的學生展開一般的檢查，瞭解學生在課業和道德方面的情形，而且將資料寄送給家長，報告家長孩子在校的表現，使家長能夠參與教育學生的活動，對學生產生共同的影響（Jachmann, 1812b: 398）。

(4)道德班級：學校在學生入學時，會發給學生一本守則，詳細記載學校公開的法令和日常規定，如果學生能夠遵守這些規定，就能

進入學校設置的「道德班級」（Sitten-Klassen），享有自由使用的時間和享有一些權利，來鼓勵學生重視道德的實踐（Jachmann, 1812b: 398-399）。

(5)舉辦考試：學校為了提高學生課業學習的效果，在復活節和聖米歇爾日會舉行公開的考試，瞭解學生學習的情況。或是在一年結束時，舉辦私下的考試，在教師監督之下，運用各種語言進行書面的考試。然後由校長記錄考試的對象和考試的過程，告知學生考試結果的好壞，並且批評考試的結果，作為學生轉換安置的依據（Jachmann, 1812b: 399）。

(6)提供讀物：根據學生的能力和需要，由圖書館館長推薦重要的德國詩人和散文作家的作品，給學生作為課外閱讀的材料，並且由擔任德文課程的教師，就學生閱讀的內容進行觀察和交談，以瞭解學生學習的狀況（Jachmann, 1812b: 399）。

(7)進行交流：邀請學生的家人參與學校的歌唱、演奏會、表演、舞蹈和社交活動，或是利用假期提供機會給學生，讓學生能夠回家與家人團聚，促進學校與家庭的交流，共同關心學生課業和道德的發展（Jachmann, 1812b: 399）。

(8)處罰違規：康拉第主義學校制定有校規，對於忽視義務、不服管教、好逸惡勞的學生，強迫學生留在自己的房間學習，減少一部分的餐點或是給予身體的處罰，但是只有在告知校長和校長的同意之下，才能實施學生違規的處罰，以引導學生朝向正確的教育目標前進，達成教育的理想（Jachmann, 1812b: 399-400）。

四、康拉第主義教育運動的評價

康拉第主義教育運動有下列幾項具體的成就：

㈠ 建立了第一所實施民族國家精神教育的學校，注重母語的教學，對於普魯士王國國民思想的統一貢獻很大。

㈡ 注重學校硬體設施的建設，各項空間規劃和學校設施非常完善，有助於學生課業和道德的學習。

㈢採用人性化的管教措施教育學生，注重學生和學校環境的整潔，兼顧營養的照顧、精神的教育和身體的教育，有助於增進學生身心的健康。

㈣注重各種外語的學習，有助於學生瞭解其他國家的文化，同時經由地理和歷史課程的教學，可以幫助學生更瞭解生活的世界，增進學生適應社會生活的能力。

㈤注重學校和家庭的合作，經常邀請學生的家人參與學校的活動，或是讓學生利用假期與家人相處，有利於學生課業的學習和人格的健全發展。

當然，康拉第主義教育運動也有下列幾項問題：

㈠強調宗教教學的實施，雖然有助於堅定學生基督宗教的信仰和道德品格的養成，但是限制在狹隘的基督宗教觀念上，可能造成對其他不同宗教信仰的敵視，不利於學生與其他宗教文化的交流。

㈡注重民族國家精神的教育固然有助於國民思想的統一，卻也容易造成對其他民族的歧視，阻礙學生對於其他民族的尊重和欣賞，形成種族優越的錯誤觀念，妨礙不同民族的交往與相處。

㈢應用身體處罰和減少餐點的方式來控制學生課業和常規的學習，這種措施並不妥當。因為青少年時期正在發育之中，減少餐點可能影響學生的發育。而且身體的處罰無法教導學生正確的行為，如果使用不當還可能造成終身的傷害。所以，這些管教學生的措施應該進一步改進，才能增進學生學習的效果。

㈣古典語言的學習雖然相當重要，但是占去大部分學習的時間，對於當代語言的學習時間稍嫌不足，而且在手工藝教學方面幾乎完全付諸闕如，比較偏重普通教育的實施，而忽略職業教育的陶冶，這對於學生人格的全面發展相當不利，還有改善的空間存在。

第四節 新人文主義教育運動

「人文主義」（Humanismus）一詞，意謂著一種奮鬥，也就是努力從古代的文獻中，學習到認識人的完全意義，或對人的地位作更深入的瞭解。人文主義表示一種純粹的歷史範疇，這種關聯到古代偉大的著作和人格的思想，無非是要對人類的前途有所貢獻（王文俊，1983：22）。歐洲的人文主義運動，發生於文藝復興時代。當時的一切活動，都以人為中心，不似中世紀完全以神為中心，人只是為神而工作，本身沒有價值可言。因此，文藝復興的真實意義，乃是對教會統治的反動。人們追求生活自由，思想的解放，就是要恢復人之所以為人的地位。文藝復興發生在義大利南部，然後由南而北，越過阿爾卑斯山到達歐洲中部和西部，甚至跨越海峽到達英國，形成西方世界的偉大文化潮流，開闢了西方文化的新路。這一運動之所以發生於義大利，自有其歷史地理的因素。義大利是羅馬文化的根源，義大利人保留其遺產，自然比較容易。發掘羅馬文化精華，當然是他們的職責。因此，人文主義運動的發生，對義大利人而言，富有民族意識與愛國情操。他們發揚希臘文化，因為羅馬文化深受希臘的影響。發揚希臘文化，正是發揚羅馬文化的手段。這一點和18世紀興起的新人文主義不同，新人文主義在發揚人文主義的文化，並不怎麼注重羅馬文化（王文俊，1983：11-12）。

在18世紀後半，新人文主義運動，把萊布尼茲（Gottfried Wilhelm Leibniz, 1646-1716）的形上學，溫克爾曼（Johann Joachim Winckelmann, 1717-1768）的倫理學與美學，盧梭的教育學，康德的批判哲學等觀點合而為一，形成一種新的教育理論，其最高的原理原則，乃是發展個體的自由。康德可以說是新人文主義的倡議者，文學家賀爾德（Johann Gottfried Herder, 1744-1803）、哥德（Johann Wolfgang von Goethe, 1749-1832）、席勒；教育學家裴斯塔洛齊、洪保特、史萊爾瑪赫等人，都參加了新人文主義的運動，可謂聲勢相當浩大。這種運動自浪漫心情出發，但卻嚮往歷史和宗教價值，而克服了浪漫主義。而且，站在德意志觀念論和萊布尼茲的單子論

上，逐漸形成了古典的形態。這些人雖然在教育理想方面，傾向未必相同，但有三點中心思想卻是一致的：第一，人類多種性能的和諧發展；第二，對個性、歷史和民族的尊重；第三，重視愛的結合。根據這幾點，教育把人性中理論的、倫理的和審美的三大根本傾向，以道德為基礎加以調和發展。因此，新人文主義的特徵，要從人本身裡面發現完整的人，要在人本身裡面認識人。認為世界萬有最後的意義，乃在個體人格的陶冶，把人陶冶成為名符其實的人。人類必須從以往的神學和社會壓力之下，把人視為一種在現象中生根的理念來瞭解，人類在約束的生活過程中，追求自由力求解放。在自由活動中，充實他本身的力量，實現和諧的理想（王文俊，1983：13-14）。在新人文主義教育運動中，哲學家盧梭、康德、特拉普、裴斯塔洛齊、席勒、費希特、洪保特、赫爾巴特、黑格爾和史萊爾瑪赫等人的思想，對於啟蒙運動時期的教育改革影響最大。茲詳細說明如下：

一、盧梭的教育理論

盧梭（Jean-Jacques Rousseau, 1712-1778）1712年出生於瑞士日內瓦（Geneva），先祖原來是法國巴黎人，為了追求宗教自由於1549年遷居日內瓦。父親以鐘錶為業，母親賢慧而美麗，兩人伉儷情深，但是在生下盧梭後不久，就因病去世了。因此，盧梭自幼年起即在父親和姑母的養育下長大成人。13歲那年父親受誣入罪，他才出走里昂（Lyon），寄居舅舅家，其後與表哥一起到波塞（Bossey）求學，拜在牧師蘭柏爾（Demoiselle Lambercier）門下。1724年在舅父安排下學習書記職務，不久，因為自覺不適於此業，遂改行學習雕刻，從事學徒的工作。1728年春天，利用關閉城門的機會離開故鄉，北從法蘭西的巴黎（Paris），南至義大利的杜利諾（Turino），開始流浪的生活，這段時間裡，盧梭曾熱衷於音樂的學習，後來投靠香柏里（Chambery）的華倫絲夫人（Madame de Warens）。這是他一生當中最幸福的時期，但是華倫絲夫人的財政狀況日漸拮据，而且兩人的關係逐漸冷淡，因此盧梭終於1740年離開香柏里，遷居里昂，擔任馬柏里（Jean Bonnet de Mably）的家庭教師。1742年夏天回到當時歐洲文化中

心的巴黎，在巴黎的一個沙龍（Salon）與哲學家狄德羅（D. Diderot, 1713-1784）結識。當時狄德羅正在撰寫百科全書，鑑於盧梭嫻習音樂，因此邀請盧梭編寫音樂部分。在這段期間，他也參與「音樂新記普法」（Nouveaux signes la musique）的工作，從事幾齣歌劇的創作，並且出任法蘭西駐威尼斯大使的隨從。由於盧梭性格敏感內向與當時社會現況不合，因此社交生活相當失意。為了尋覓安慰遂與泰勒莎（Therese le Vasseur）發生關係，但是因為經濟不佳，生活難以為繼，不得已將子女送交孤兒院，而帶來終身的遺憾。這使得盧梭開始批評社會不合理的現象，1749年參加第昂學院（The Academy of Dijon）有關「科學和藝術的進步，對於道德是破壞或是改善」（Si le progris des sciences et desarts a contribne a carrompre ou a epurer les maeurs）問題的徵文獲得首獎（黃遙煌，1964）。

1750年出版《關於法蘭西音樂的信函》（*Lettre sur la musique francaise*）、《納爾西斯序文》（*Preface de Narcise*）、《論人類不平等起源》（*Discours l'origine de l'inegalite parmi les hommes*）和《政治經濟論》（*De l'economie politique*），使得盧梭在學術思想界聲名遠播。1756年春天，盧梭接受艾比妮夫人（Madame de Epinny）的邀請，在巴黎郊外的蒙特莫蘭西（Montmorenci）講學，後來由於盧梭深愛的胡德歐夫人（Madame de Houdetot）與艾比妮夫人交惡，造成不歡的局面，盧梭遂於1759年遷居孟特路易斯（Montlouis），撰寫《新愛洛依斯》（*La nouvelle heloise*）、《社會契約論》（*Du contrat social ou principle du droit politique*）和《愛彌兒》（*Emilé ou de l'education*）等三本著作。這些著作使盧梭的學術聲望達到巔峰。但是盧梭也被法蘭西和日內瓦政府通緝，他的許多作品也被列為禁書。然而，盧梭對於社會政治的批評卻未停止，其後他又出版了《致克里斯多福信函》（*Lettre a christophe de beaumont*）和《山居尺牘》（*Lettres ecrites de la montagne*），以控訴各國政府的迫害。在盧梭困頓潦倒時，英國哲學家休姆（David Hume, 1711-1776）邀請他渡海到英倫，英王喬治三世（George III）有意賜以年金，但是他拒絕接受。後來，因為懷疑休姆等人意在陷害他，終於成為被迫害狂。1767年潛返法國，徘徊於弗勒利（Fleury）、泰爾（Tyre）、孟格茵（Monguin）等地，1770年夏天回到巴黎，重

新撰寫樂章，生活逐漸適意，終於和泰勒莎結婚。在這時間裡，盧梭完成了《懺悔錄》（*The confessions*）、《盧梭對話錄》（*Dialogue de rousseau juge de Jean-Jacques*）、《科西嘉憲法草案》（*Projekt de constitution pour le corse*）和《波蘭統治論》（*Considerations sur le gouvement de la pologne*）等著作，1778年在巴黎近郊病逝，結束他坎坷的一生（黃遙煌，1964）。

　　根據個人對盧梭相關文獻的分析，其哲學思想的淵源主要有下列幾個：

(一) 柏拉圖的國家主義：柏拉圖（Plato, 427-347 B. C.）在《共和國》一書中，論述其共和國的教育制度。他將人類的心靈分為理性、意志和情慾三部分，哲學家以理性為主，注重智慧的追求；衛國武士以意志為主，注重名譽的追求；普通人民以情慾為主，注重財富的追求。教育的目的在培養人類的理性，教人過合理的生活，使每個個體能夠自我實現，進而達到理想社會的形成（高廣孚，1995：79-82；Plato, 1997: 971-1223）。盧梭曾經應波蘭女王的邀請，為波蘭規劃整個國家的教育制度，盧梭深受柏拉圖思想的影響，從《共和國》一書的觀點出發，撰寫《波蘭統治論》，詳細論述其國家主義的教育主張（Rousseau, 1972）。

(二) 舊約聖經的影響：舊約聖經中有關人類在伊甸園的描述，對盧梭的思想產生很深的影響，人本來就是生活在樂園之中，後來因為人的墮落，而遠離樂園，盧梭認為自然社會就是樂園。盧梭認為人的墮落就是起因於不平等，不平等是文化所造成的，一個人占有了土地之後，是私產制度的形成，不平等也由此而生。盧梭認為人有財產之後，就會想要更多的財產，因此就會發生鬥爭的問題，隨之有法律的產生，造成社會上貧富的差別，因為要執行法律，而產生了政府，也就有了貴賤的分野。官吏和機構為了個人利益執法不公，君主和貴族為了私有利益走向專制，於是造成了真不平等。盧梭認為追思往昔的自然社會，雖然也有不平等的可能，但是這樣的不平等是自然而合理的不平等。從政府制度形成之後，則不平等的現象愈來愈嚴重（Rousseau, 1992）。

㈢洛克的經驗主義：洛克（John Locke, 1632-1704）在《人類悟性論》一書中，陳述了先天觀念不能被視為人類本有的觀念。因為幼童、白痴、蠻人並不知悉人們所謂的一些先天自明的定律，例如：邏輯學中的同一律、矛盾率和排中律。至於人們所有的觀念，例如：性質、數量、實體、正義或者神，都可以說是個人經驗認知活動形成的；就連人們對價值的觀念，亦常常因時間空間的變動而有所改變。因此，他相信人們所擁有的觀念，當不是與生具有的，而跟個人後天的經驗活動密切相關（徐宗林，1991：383；Locke, 1975）。盧梭深受洛克經驗主義的影響，在《愛彌兒》一書中，主張應用消極教育的方式，讓愛彌兒去體驗外在的世界，而且強調實物教學，重視經驗的學習（Rousseau, 1993）。

盧梭教育理論的性質一直是教育學家爭論的焦點，有些教育學家從盧梭著作的《論人類不平等的起源》、《愛彌兒》和《新愛洛依斯》出發，認為盧梭的教育理論是一種「自然的教育」（natürliche Erziehung）；另外也有一些教育學家則從盧梭著作的《社會契約論》、《政治經濟論》和《波蘭統治論》出發，主張盧梭的教育理論是一種「國家的教育」（staatliche Erziehung）。而事實上，盧梭在《論人類不平等的起源》、《愛彌兒》和《新愛洛依斯》等著作中，抱持的是絕對個人主義，主張在國家無政府的自然環境中，人是幸福的，真誠坦率，無爭鬥的事端。但是，到了《政治經濟論》一書中，盧梭的思想已經開始轉變，不但主張國家的重要性，而且要有一個強而有力的國家存在，最後傾向國家主義。這部分也是盧梭對於政治思想最重要的一個部分，盧梭認為國家是有生命的有機體，他比喻政府如同人之頭腦，立法機關是大腦，行政機關是小腦，財政是循環系統，工業是消化器官。在這有生命的組織當中人民之於國家，猶如細胞之於個體。細胞不能脫離個體而獨自生存。因此，人民必須服從國家（Rousseau, 1994）。綜合來看，盧梭的教育理論應該包含「私人的教育」（private Erziehung）和「公共的教育」（öffentliche Erziehung）兩個層面，它既是一種「國家教育學」（Nationalpädagogik），同時也是一種「個體教育學」（Benner, 1991: 20），其目的在培養一個具有自然本性的國家

公民。盧梭的教育學注重教育方法和教育類型的探討，所以是一種教育理論（Erziehungstheorie）。他主張我們從自然（Natur）、人類（Menschen）和事物（Dingen）三方面獲得教育，人類內在能力和器官的發展依賴於自然，而內在發展的引導必須依賴人類來教育，從我們周圍的事物獲得自己的經驗，必須經由事物來教育（Rousseau, 1995: 109-110）。

　　在盧梭的《愛彌兒》一書中，教育目的還是偏重在一個理想的人之培育。一個理想的人，又像愛彌兒一樣，完全是一個純真的自我。盧梭所理想的自然人，亦即愛彌兒的典型，乃是具有真知，熟悉環境中的具體事物，瞭解現實的生存知識，能忍耐肯工作，有決心有毅力，充滿了信心與熱忱的人。盧梭所強調的知識來源，是自然，而非歷史，亦非社會。兒童從自然環境中，獲得認識的資料，形成認識的能力。按照盧梭的看法，凡是教學當中，偏重兒童心智能力的成長，就是符合了他的教育觀。所以，愛彌兒初期的教育，就是非文字的教育，完全憑諸事務的經驗和感官的訓練，然其教材則來自於自然。盧梭在《愛彌兒》一書中，用他豐富的想像力和個人的經驗，體會出當時成人往往將兒童視為大人的縮影。兒童沒有自己獨立的表達能力，他要模仿成人所過文化生活的形式，處處以小大人為依據。這不但泯滅了兒童的本性，事實上是反自然之道而行的。盧梭肯定地認為兒童雖在成長之中，但已經形成了他自己的一些能力。成人不應該將自己的判斷，替代了兒童自己去形成其判斷。盧梭所殷切而期望於愛彌兒的是實事求是的精神，他不認為愛彌兒應該向當時一般的家庭，由於過分著重於語言文字的教育，而使得兒童成為「幼年教授，老年兒童」。盧梭主張教育應該基於個人的經驗，強調唯實的教育方式（徐宗林，1983：163-169；Rousseau, 1995）。

　　盧梭對愛彌兒的企望，是施以消極的教育，這是盧梭主張的教育方式。所謂消極教育，就是不教以任何知識；不教以道德，而是使內心避免錯誤與罪惡。教師在教育的過程中，應該儘量不予教育，不使之授課，即是掌握住了消極教育的意義。在《愛彌兒》中，盧梭曾經舉例說明實物教學的範例。愛彌兒可以看到庭院中高高的櫻桃樹，可以看到結實纍纍的成熟櫻桃。他就得思量一下，櫻桃樹高度究竟是多少？想想儲藏室中梯子的

高度夠不夠？從具體事務中，學習到空間的相互關係。假如遇到了一條小溪，應該如何跨越過去？教學的材料因而就能避開語言文字的阻礙，獲得真正親身而實用的經驗。盧梭不太贊同趁早實施文字教育，文字是代表事物的符號而已。在教育上，應該以事物的認識為主，文字的學習為輔。盧梭認為那些歷史資料堆積起來的書，未必符合愛彌兒的教育目的。所以，他主張不用書籍作教本。盧梭唯一贊同的書本是《魯賓遜漂流記》。盧梭的道德教育基於兒童是非的辨認，乃是理性成熟的結果。盧梭認為兒童理性的成長，跟認識和理解道德規則有關。道德觀念和規則的學習，亦須從具體的事物上，予以經驗和指導始可。盧梭的道德教育，主張配合理性的發展，有助於學生道德觀念的形成。道德教育不是養成學生接受規則和命令，教學時需要說出道德行為的理由來。盧梭強調那些已經放棄父母教育責任的男女，應該重新執行其應盡的責任。他呼籲養兒育女的父母，不要將教育子女的責任，推諉給僕人和家庭護理人員（Rousseau, 1995；徐宗林，1983：164-170）。

盧梭將兒童到成人視為一成長的過程，把人類教育的過程區分為五個階段（Rousseau, 1995：181-185）：㈠ 嬰兒期（Infancy）：由出生到5歲為嬰兒期，這個時期嬰兒有許多需要必須滿足，處於缺乏和軟弱的階段，這個時期的教育以身體的養護為主，特別重視家庭教育和體育。㈡ 兒童期（Childhood）：5至12歲為兒童期，這個時期兒童具備了語言的能力，只能記住事物的聲音、形狀和感覺。因此，這個時期的教育以感覺教育為主。㈢ 青少年期（Adulescence）：12至15歲為青少年期，這個時期是人類一生中學習能力最強的時期，同時理性也開始發展，這個時期注重理性與手工的教育。㈣ 青春期（Puberty）：15至20歲為青春期，這個時期人類的情慾開始發動，並且意識到社會關係，這個時期注重感情教育。㈤ 成人期（Adult）：20至25歲為成人期，這個時期人類身體和心理的能力發展成熟，要求過兩性生活，並且參與社會生活。因此，這個時期的教育以性教育和公民教育為主。

總而言之，盧梭《愛彌兒》一書中的教育方法論，認為人類最初的教育必須是一種消極教育（negative Erziehung），小孩子不允許在道德和

真理中教導，而應該在知性中證明惡習是錯誤的（Rousseau, 1995: 72）。消極教育在盧梭的理論中是指教師不直接影響學生，而是讓學生依自己的經驗去學習，這種觀念可以在《愛彌兒》的園丁範例中獲得佐證。教師金恩——亞奎斯（Jean-Jacques）不阻止愛彌兒錯誤的行為，目的就是要讓愛彌兒因犯錯受苦而反思，進而從自己的經驗中獲得學習，避免教師直接的教導，以增進學生學習的效果。盧梭主張經驗和感覺是人類真正的名師（Rousseau, 1995: 173），教師應該讓學生自己主動地去學習，以獲得知識、情感和技能。盧梭的教育方法論能夠注重兒童的興趣，有助於學習效果的提升。強調實物教學的做法，可以加深兒童的印象，有助於習得知識的保留。採用消極的教育方式，可以讓兒童觀察探索外在的環境，主動的建構自己的經驗，有助於兒童反省批判能力的發展。但是這種消極教育的方法，使得教學以兒童為中心，學到的知識往往比較零碎。而且讓兒童自己去觀察探索，時間效率上比較不經濟。同時，讓兒童從嘗試錯誤中學習，容易發生意外的危險，這都是值得我們加以注意。然而，不可諱言的，盧梭在教育理論中所強調的兒童本性、注重實物教學、以自然為教材、消極的教育方式和發展的教育觀，不僅批判傳統學校教育的缺失，影響啓蒙運動時期泛愛主義學校的教育改革，同時「兒童中心」的教育理念，也深深影響文化批判時期鄉村教育之家、夏山學校和進步主義學校的建立，並且對國家主導時期的許多教育改革運動持續發揮指導作用。由此可見，盧梭教育理論在教育改革上的重要性。

二、康德的教育理論

康德（Immanuel Kant, 1724-1804）1724年4月22日出生於東普魯士的首府寇尼斯堡（Königsberg），寇尼斯堡人口約5萬人，貿易發達，萬商雲集，是東普魯士的政治文化中心。父親約翰（Johann Georg Kant）是一位虔誠殷實的馬鞍工人。母親安娜（Anna Regina Reuter）是一位馬鞍工人的女兒，個性虔敬誠實，而且富於感情。由於雙親都是虔信派的教徒，因此康德也深受影響。康德在家排行第四，上有三位兄姊，但是兄姊都早夭，只剩下三個妹妹和一個弟弟。1732年康德8歲時進入腓特烈中學，跟隨一位

虔信派神學家舒爾茲（F. A. Schulz, 1692-1763）求學。康德在此中學非常認真的學習教義、經典和拉丁文。1740年康德自腓特烈中學畢業，進入寇尼斯堡大學就讀，在舒爾茲的指導下攻讀神學。同時，將學習的範圍擴大到自然科學和哲學。在自然科學方面，康德對於牛頓的學說非常感興趣；在哲學方面，康德則師承理性主義學者柯奴琛（Martin Knutzen, 1713-1751）的哲學。後來，因為哲學恩師柯奴琛英年早逝，所以康德只好專志於牛頓力學，1746年以〈活力測定考〉這篇論文，完成其大學的學位。康德由於家境清寒，在父親去世以後，必須照顧弟妹的生活，因此在大學畢業後，就開始擔任家庭教師以維持家計。在工作之餘，康德不忘繼續進修，1755年以〈論火〉（Über Feuer）一文，獲得寇尼斯堡大學哲學博士學位。是年秋天，康德開始擔任寇尼斯堡大學義務講師。一直等到1770年一位數學教授逝世後，康德才有機會晉升為邏輯學和形上學的正教授。1786和1788年康德曾經兩次被選為寇尼斯堡大學校長，1797年從寇尼斯堡大學退休，正式結束其教書的生涯。縱觀康德在寇尼斯堡大學四十餘年的教學生活，真可以用多彩多姿來形容。康德並非完全過著一種機械無趣的生活，有時他也會邀請三五朋友共餐，一面高談闊論，一面享受美食。或者欣賞優美的文學作品，甚至因此忘記定時散步的活動。由此可知，康德的生活其實相當浪漫有趣。康德思想的發展可以區分為兩個時期：第一個時期稱為「前批判期」（1750-1766）：主要著作有《形上學認識論第一原理新的解釋》、《物理的單子論》、《樂天論》、《論推論》、《有神論》、《負號量論》、《概念明析論》、《見靈者之夢》等書。第二個時期是「批判時期」（1770-1790）：主要著作有《論現象界與物自身之形成與原理》、《給赫爾茲的信》、《純粹理性批判》（*Kritik der reinen Vernunft*）、《實踐理性批判》（*Kritik der praktischen Vernunft*）和《判斷力批判》（*Kritik der Urteilskraft*）等書。大約從1785年以後，康德的身體漸漸衰弱，1797年停止大學的講課，1804年2月12康德因病逝世於寇尼斯堡（歐陽教，1964：165-171）。

康德曾在其《教育學演講錄》（*Vorlesung über Pädagogik*）中倡議將教育作為一門學術加以研究，同時設立實驗學校進行教育研究，以系統地建

立教育理論（Kant, 1982: 17-20）。康德主張教育的方式有兩種：一種是消極的教育，就是訓練，只有在學生犯錯時才使用；另一種是積極的教育，屬於文化的教導（Kant, 1982: 18）。教育學說（Erziehungslehre）包含體格的教育（physische Erziehung）和實踐（道德）的教育（praktische/moralische Erziehung）兩類，體格的教育意謂著人的養護；實踐的教育是指人應被教育，使其成為能自由行動的個體。實踐的教育又包含三個層面：其一是瑣碎—機械的教育（scholastisch- mechanische Bildung），著重技能；其二是實用的教育（pragmatische Bildung），著重智慧；最後是道德的教育（moralische Bildung），著重道德的學習（Kant, 1982: 21）。

康德的教育理論奠基於其《純粹理性批判》、《實踐理性批判》和《判斷力批判》之上。在《道德形上學的基礎》（*Grundlegung zur Metaphysik der Sitten*）一書中，康德從批判哲學的觀點反省當時社會既存的道德規範。他主張有關道德問題的研究，應該從流行的世俗智慧的方式，過渡到形上學的層次，再從形上學的層次過渡到實踐理性的批判（Kant, 1994: 25-71）。康德反對英國效益論的道德學說，認為意志他律並非道德真正的原理。他強調意志自律才是道德最高的原理，一個意志能夠自律的人，才是真正擁有自由的人（Kant, 1994: 65-72）。其次，康德也在《實踐理性批判》（*Kritik der praktischen Vernunft*）一書中，探討人類意志的功能，研究人類憑藉什麼原則去指導道德行為。他不但預設意志自由、神存在和靈魂不朽（Kant, 1990: 124-169），並且強調人類本身就是最終的目的，沒有其他的東西可以替代它。由於人類具有自由意志，能夠擺脫自然法則的限制。同時可以自己立法，達到意志自律的要求。因此，人類的生命才有別於其他動物（Kant, 1990: 180）。

康德在《道德形上學》（*The metaphysics of morals*）一書中，進一步闡釋其道德哲學，此書包括「正義學說的形上學要素」和「道德學說的形上學要素」兩部分。康德在「正義學說的形上學要素」中，主要從私法和公法的角度來探討正義的理論，他區分來自法律的合法性與來自內在倫理的合法性之不同，並且用個人的義務來聯結兩者（Kant, 1965: 51-129）。康德認為如果一個人遵守諾言只是出於自身的義務，那麼這是一種道德的行

為；相反地，如果一個人遵守諾言是因為外在的因素，那就只是一種合法的行為。其次，康德在「道德學說的形上學要素」中，談到義務對個人和他人的意義。康德認為人類的義務對其自身來說，不僅只是一種內在的審判，同時也是一個人所有義務的第一命令。義務不僅能夠增加人類本質的完美，並且能夠促進其道德的完善。康德強調一個人對他人具有「愛」（Love）與「尊敬」（Respect）的義務，而義務觀念有賴於道德教育和道德訓練的培養（Kant, 1964: 84-167）。

康德主要的教育思想如下（徐宗林，1983：178-181；Kant, 1964）：

(一) 教育為一種藝術：康德認為教育是人的創造性活動，不是自然所賦予者。因為就人的一切食物、衣著、外在安全，以及生命的維繫來看，自然並不像是上蒼給了牛以角，給了獅子以爪，給了犬以鋒利的牙齒。人所具有的一切，包括娛樂、智慧、領悟，甚至人的善意，都完全是人類自己的成就。所以教育是人為的，而非天賦的；是文化的，而非自然的，其理甚明。

(二) 注重兒童的自由：在兒童早期的訓育實施上，康德主張盡可能給予兒童自由。該項自由以不妨害他人自由為限度，並且該項自由亦無損於自己。對於兒童行為的實踐，其衡量的標準在自己，而不在外在的目標。任何外在的規則，僅是備而不用者。人應該給予兒童自由，以養成獨立性的自我。

(三) 區分教育的類型：康德將教育活動，因著實施主體的不同，而區分為三種類型：1. 家庭教育：由家長實施，偏重養育。2. 私塾教育：由家庭或私塾教師擔任，實施教學活動。3. 公共教育：由學校來實施。康德已經認定公共教育的好處，一是具有相互學習和競爭性；二是公民的養成，非賴公共教育不可。

(四) 指出教育的內涵：康德所謂的教育，實際上包括了四種基本的項目：1. 養育；2. 教學；3. 訓練；4. 陶冶。

(五) 教育應該注意到「完美」和「普遍的善」：康德以為當時歐洲各國，認為臣民只是政府工具，所以有父母認為教育是為了家庭，統治者認為是為了國家，從無人留意到教育應該追求「普遍的

善」和「完美」。由此而推之，教育是可以具有世界性的。

(六)主張設立實驗學校：康德主張學校制度的形成，應該由實驗而來，強調實驗學校的設立有其必要性。

(七)注重心智的陶冶：康德認為教育活動中，對心智能力的培養，主要在使學生具有辨別知識、意見和信念的能力。較低的心智能力指感覺、注意、想像、記憶、認識。較高的心智能力指理性、判斷和瞭解。康德看重較高心智能力的教育，主張心智能力的陶冶，要注意到瞭解能力的培養。

(八)強調兒童幼年的養育：康德所談到的體育，僅是兒童養育的實施而已。他所討論者計有：哺人乳、睡硬床、冷水浴、不飲酒類、不加香料、不包裹嬰兒、不用搖床、強調遊戲，利用自然以發展稟賦：例如：利用自然事物，訓練判斷距離的能力和記憶的能力，體育的實施，著重在順應自然。

(九)重視道德教育：康德主張道德教育不是訓練，不能以強制的方式實行。康德對道德教育的實施，主張以格言與發自內心的良知的培育其品格為主，不主張依賴懲罰的方法，去獲得道德教育的效果。道德教育之要求，以真誠、服從、負責和具有社會性的德行為主。道德教育的實施應該從小就開始，由無律期、他律期到自律期，培養個體成為一個能夠自己立法，依照義務實踐道德法則的人。

(十)主張女子教育：康德認為女性的品格受著自然的支配，因為就自然的目的而言，女性乃是為了種族的綿延和使得社會得以薰陶和精進。女性在自然的條件下，具有教養性和社會性，端莊而謙恭，姿態輕盈，行為有禮，是在這些條件之下，來控制和支配男性。所以，女子教育應該順從其本性而發展。

(十一)禁慾的性教育：康德認為性教育無可避免，兒童們總會發出類似「孩子是從哪裡來？」這類問題。康德在那時候，還是順應社會的道德觀念，認為性還是屬於衝動，不宜公開討論，還是以禁慾的方式，來擱置這些問題。

綜合前面所述，康德教育理論在教育改革上的主要貢獻如下：

㈠ 主張在大學設立教育學講座，將教育視為一門學術來加以研究，這種觀點使得教育擺脫經驗的傳承，逐漸成為一種嚴謹的學術，不同於以往的看法。因此，具有革命性的意義，對於教育學術的發展影響非常深遠。

㈡ 主張設立實驗學校來驗證教育理論，作為修正教育理論的依據，可以拉近教育理論與教育實際的差距，建立比較正確的教育理論。

㈢ 康德的道德教育理論主張人類具有意志自由，能夠經由教育達到自律的境界，正面地肯定了道德教育的功能，對於道德教育的推展有很大的幫助。

㈣ 康德強調道德教育的方式應該由外在的強制，逐漸地引導至內在的自律，這種道德教育的方式比較能夠收到持久的效果。

㈤ 康德也鼓勵個體對現存的倫理道德規範加以反省批判，這對於個體道德認知與實踐能力的培養具有深刻的意義，因為經過徹底的反省而後採取的行動，比較能夠彰顯出個體理性自律的意義。

㈥ 康德注重知、情、意三者並重的教育，其教育思想對德國中學課程的訂定，產生相當深遠的影響。

但是，康德教育理論也存在著下列問題：

㈠ 康德所預設的神存在、意志自由和靈魂不朽，無法獲得確切的證明。因此，康德道德教育理論的說服力比較薄弱。

㈡ 康德所提出的道德教育階段理論也不具有普遍性，因為不是每個個體都能達到宗教虔敬的階段，畢竟道德發展的階段會受到國家社會文化因素的影響。

㈢ 康德對於女子的瞭解不足，主張女子的教育應該順其本性而發展，以便將來能夠支配和控制男性，顯然在女子教育方面有所偏頗。

㈣ 康德認為人是理性的動物，將性慾視為一種衝動，以禁慾的方式來處理，不公開的討論，在性教育上並不恰當。

㈤ 康德的道德教育主張人有善的意志，強調道德必須以義務作為出
發點，不涉及任何的目的和利益，因為陳義過高，恐怕不易實
行。

三、特拉普的教育理論

特拉普（Ernst Christian Trapp, 1745-1818）1745年11月8日出生於霍爾斯
坦的佛里德里希魯爾（Friedrichruhe），是一位泛愛主義重要的理論家，
1777年應聘德紹的泛愛主義學校，擔任教師的工作，與巴斯道成為同事。
特拉普有鑑於教育改革僅僅依靠經驗是不夠的，必須致力於教育理論的
研究，才能達成教育改革的理想。因此，在1779年接受哈勒大學的邀請，
擔任德國第一個教育學講座教授的職務。1780年出版了《教育學探究》
（*Versuch einer Pädagogik*）一書，在這一本書裡，他提出了系統和實證取向
的教育科學理論。1786年成為布朗斯麥學校委員會的成員，後來變成非常
成功的青少年作家和青少年書籍批評家。1818年4月18日逝世於吳爾芬畢
特爾（Wolfenbüttel）。特拉普的主要著作有《與青少年交談：有用知識的
提升》（*Unterredungen mit der Jugend, Von der Beförderung der wirksamen Erken-
ntnis*）、《教育與教學做為獨特的藝術學習的必要性》（*Von der Notwen-
digkeit, Erziehen und Unterrichten als ein eigene Kunst zu studieren*）、《教育學探
究》（*Versuch einer Pädagogik*）、《青少年日常手冊》（*Tägliches Handbuch
für die Jugend*）、《布朗斯麥雜誌》（*Braunschweigisches Journal*）、《論教
學》（*Vom Unterricht überhaupt*）等書（Böhm, 2000: 536）。

根據相關教育文獻的分析顯示，特拉普教育理論的主要內涵如下：

㈠教育科學的理念（Idee der Erziehungswissenschaft）

特拉普在《教育學探究》一書中，強調教育的藝術是一種必須謹慎從
事的藝術，才不至於產生錯誤。因此，教育這種特別的藝術，必須由一些
特殊的人來從事，才不會使教育的目標落空。雖然特拉普並未提出「專業
化」的語詞，但是其思想已開啟教育學術專業化的理念。特拉普教育科學
必須由特殊的人來研究，這樣的理念清楚顯示，教育科學的起始點在於對
人性的透澈瞭解，必須先認識人，才能對人進行研究。特拉普的教育科學

理念是：對人性的認識是教育過程運作和教育科學理論的先決假設。對於人性的認識，他主張要做多種角度的觀察。教育家可從其自身的觀點來觀察人性，問題是以此觀點來觀察人性最困難。他以一個四季氣候變化的嘗試性比喻，來說明觀察人性有一般化的規則和個體特殊性的關係。若從科學理論的觀點來看，人性應有好幾個層次通則化的可能性，有些具體，有些進一步的歸納，也許可以導向一個普遍化的規則。對於普遍化的規則，特拉普以四季做了一個比喻。人們可以知道春夏秋冬一般的氣候規則，但四季中特殊的一天，只能放到這個架構來瞭解，不可能知道該天的氣候一定會如何。顯然的，特拉普已經注意到人的普遍性，也瞭解到在教育過程中必須注意人的特殊性。所以，人性的探討是他建立教育科學的起始步驟。特拉普認為人性的探討主要是透過觀察和經驗，但由於教育不一定能由經驗導引出正確的規則，甚至可能因為經驗的偶然性而會導向錯誤，所以觀察還不是教育的正確出路。此處並不意味特拉普不重視經驗，他仍然非常重視經驗，只是此經驗不是偶然的或即興式的經驗，而是經過詳細規劃，採用特定方法和工具，對教育事實作系統研究的經驗。就當代的教育科學而言，特拉普所提出的研究也許顯得粗糙，但對於思辯色彩濃厚的18世紀而言，特拉普的研究是較為科學的。例如：他說給予兒童玩具、書籍、模型去操作，再將各種活動的過程和結果，以數量化的方法記錄下來。而且主張依照兒童的年齡、特質、操縱對象的變化及其某些反應、對於某些反應的數量皆一一記錄，歸納出一些趨勢。同樣的，他亦將一些組群建立成為一個實驗社會，透過實驗情境來多方面觀察個別兒童的反應，並導出各種對於兒童的知識和見解。由這些知識和見解，才知如何對兒童進行個別的和團體的教育。亦即將個別兒童的觀察和一個群體，放到實驗情境中來觀察和進行實驗，注意兒童的作為及其原因，來建立一個教育的規則。有關教學的觀察，特拉普將教學單位劃分成幾個小單位，這已經接近當代行為目標的做法。將每個教學的小單位都盡可能詳細紀錄，才能對教育事實作正確的描述，這顯然已經是一種描述教育學，為德國描述教育學的先驅。特拉普主張應該對老師和學生，投注於某一教學材料的力量進行評估，並且對所教的價值和學習成就的好壞進行比較，亦即評估教學投

入和學生的成就是否平衡，此即當代所說的「教學評量」。老師、學校皆應做詳細紀錄，以便進行教育的科學討論。因此，他進一步開展出其所謂的教育的科學體系（楊深坑，2002：144-146）。

(二)教育科學的方法（Methoden der Erziehungswissenschaft）

特拉普的方法論在其所處的時代是相當進步的教育研究方法論，其所謂的系統觀察，最後的目的是在建立正確而完備的教育學體系，使學校的教學和公共教育皆可進行改善。若體系完備，則整個教學和教育便會導向完美。若將特拉普的理論對比於19世紀的教育學理論建構來看，19世紀的教育學體系較偏向哲學且思辯色彩濃厚，即使赫爾巴特的教育學也不例外。雖然赫爾巴特以倫理學建構教育目的，以心理學建構教育方法，但實際上他所講的是一種思辯的心理學而非實驗心理學。基本上，19世紀建基在思辯哲學的教育體系，是想將教育的系統建立成幾乎是完美的系統建構。特拉普則認為最終有效的教育學系統，必須不斷的努力才能完成。而在事實層面上，沒有一種所謂完備的教育學。特拉普明白指出，建基在經驗上的一些知識，原則上是可修正的，所以經驗不是一種最穩固的對象。對於一個審慎的教育學家而言，不管透過多少次的觀察，累積有多少的經驗，都不可能有完備的觀察。所以，每一種教育學體系都不太完備，它的基礎都有待於新的經驗和觀察，教育學體系的建立仍需不斷的進行規劃。特拉普所談的教育學體系，是由事實的描述開始，進一步的分析、解釋，最後到達理論體系的建立（楊深坑，2002：146-147）。

(三)教育改革的觀點（Perspektiven der Bildungsreform）

1792年特拉普曾經在〈論公共學校的必要性及其與國家和教會的關係〉（Von der Notwendigkeit öffentlicher Schulen und von ihrem Verhältnisse zu Staat und Kirche）一文中，主張國家應該負起興辦學校的責任，但是反對國家強迫國民接受公共的學校教育。他認為國家是一個擁有權力的團體，教會應該不是國家中的國家，也就是說教會不應該擁有權力。特拉普強調國家應該保護人民的財產和自由，不應該以強制的方式行使其權力。如果國家使用強制的方式，個人將喪失其財產和自由。他主張國家和教會不應該敵對，教會不應該濫用權力，以上帝之名、宗教著作之名、教會當局和宗

教會議的名義，去維持宗教的學說，介入到學校的教學之中，否則將會傷害到教學的自由（Lehrfreiheit）。國家應該設置公立的教育機構，但是也允許私立學校的存在，以形成競爭的機制。同時讓家庭加入行列，共同關心孩子的教育，進行藝術和科學的教學。特拉普認為國家不應該忽視社會下層階級的教育，至少在歐洲不允許這樣做，因為連俄國都為社會的下層階級設置有教育的機構。他強調教師必須從國家獲得一份固定的薪水，如果薪水會受到貨幣貶值的影響，也可以用實物來支付給教師。但是不必讓教師的生活過於優裕，這樣會使教師忽略學校的教學，使學校單獨受到國家一方的監督。公立學校應該得到國家的資助，但是仍然必須收取學費，可是學費不能太貴，要讓一般家庭能夠支付，而貧窮的人可以從國家得到補助。除此之外，國家應該提供教學的材料，包括學校圖書館、學校展覽室、自然用品、藝術用品、物理設備、教師需要的著作、學校書籍和教科書等等，以利學校教學活動的進行。同時教師應該儘量減少使用暴力，以建立人性化的學校。最後，特拉普提出下列幾個重要的看法（Trapp, 1792: 421-426）：1. 國家應該提供教育，而非強迫國民接受教育。2. 教育必須從下層階級的觀點出發，教導學生讀、寫、算等實用的知識。3. 公共學校的經費必須由國家的公庫來支付。4. 不可以無理要求學校機構，有利於教會或提升國家權力的濫用。5. 如同在每個家庭中一樣，教育機構必須允許各種形式的私人教育，反對強迫而非提供國民接受的公共學校教育。特拉普在教育學術上的貢獻，主要可以歸納為以下幾點（楊深坑，2002：148-149）：

1. 主張教育是一門由特殊的人所從事的特殊藝術，教育研究是一門特殊的學術研究。這顯然有將教育視為一種專業，強調教育學是一門獨立自主科學的看法。這種觀點對於日後德國大學教育學講座的建立和教育理論的發展，具有改革的深刻意義。

2. 把經驗作為可以不斷修正的過程，實際上已隱含著類似波柏爾（Karl Popper）不斷試驗的知識演化論的觀點，系統的教育科學研究也帶有演化論的意味。這種觀點對許多教育學家產生影響，促成德國教育科學研究的多元面貌，對於德國教育學術的發展具有

重要的意義。

3. 特拉普對於人性的觀察也考慮到，從教育的觀點來觀察人性並不容易，因其涉及如何將人性帶至最高的完善。因此，教育科學必須從其他觀點出發，進行人性問題的探討，才能建立令人滿意的教育理論。這種觀點可以從德國教育科學，注重人性問題的探討得到證明。

4. 已有系統觀察的理念，要將觀察的條件加以變化之後，再來看對象反應的變化，這可說是具有當代量化研究的觀點。這種想法事實上也影響德國實證教育學的學者，促使他們運用系統觀察的方法，對教育的實際問題，進行一系列的研究。這對於教育研究的發展和教育問題的解決，可以說貢獻相當大。

5. 嘗試建立普遍有效性的教育科學，這種理念也是當代教育科學理論所想要突破的一個難題。雖然特拉普的教育理論並未達到此一理想，但是他在教育理論建立上的努力，卻指引許多教育學家繼續向前邁進，對於教育科學的理論和實際具有深遠的意義。

特拉普的重要貢獻在於將科學理論的概念引進教育科學中，在特拉普的理論中，教育中的體系或計畫概念有一種永恆的規範性，會不斷的往幸福之路追求，但不像赫爾巴特是用先驗的系統，或康德的實踐理性批判是用先驗的原理來規範教育活動（楊深坑，2002：147）。但是，根據羅赫納（Rudolf Lochner, 1895-1978）《德國教育科學》（*Deutsche Erziehungswissenschaft*）一書的看法，特拉普的教育理論依然存在著下列問題（Lochner, 1963：389-392）：

1. 特拉普雖然要求教育學要有經驗的基礎，但是尚未將之與思辯哲學分離開來。

2. 特拉普《教育學探究》的系統部分，仍舊是教育的學說，而非教育的科學。

3. 特拉普未明確劃分「什麼是科學？」、「什麼是技藝？」特拉普雖然可以稱為教育科學的理論先驅，但是要說其教育學是一種驗證性的教育科學，則言之過早。

四、裴斯塔洛齊的教育理論

　　裴斯塔洛齊（Johann Heinrich Pestalozzi, 1746-1827）1746年出生在瑞士的蘇黎士，他的祖先是義大利人。父親是一位外科醫生，並兼眼科大夫。然而，在裴斯塔洛齊年幼時就失去父親，所幸他有一位能幹而慈祥的母親和忠心耿耿的傭人，卒能維持家庭於不墜。裴斯塔洛齊所著的《林哈德與葛篤德》，即在描述其母含莘茹苦，教育子女的事蹟，而加以理想化的作品。裴斯塔洛齊在15歲時，就進入學院研習希臘文、歷史和政治。在此時期，裴斯塔洛齊由於年輕氣盛，對政治特別感興趣，加以年輕人所特有的熱情，所以常有譏諷世事，而願做自我犧牲，以改善社會現狀的宏願。裴斯塔洛齊所遇到的青年，具有同感者，頗不乏人。他們因而結合成「赫爾威特學會」（Helvetic Society）。參加該會的青年，或信奉天主教，或信奉基督教，且都以盧梭的政治觀點為研究的中心。然而，裴斯塔洛齊所參加的「赫爾威特學會」，在當時日內瓦寡頭政治體制下，並不為當政者所歡迎。鑑於該會積極鼓吹民治思想，與當時政局有所違背，裴斯塔洛齊曾經被日內瓦執政當局拘捕入獄一段時期。青年時期的裴斯塔洛齊，充滿了理想主義的色彩，所以曾經想要放棄牧師，改習法律。但是對法律的研究，又未有絕對的把握。1769年與安娜（Anna Schulthess）小姐結婚之後，轉而對教育發生了濃厚的興趣。他們定居在蘇黎士附近，買了15公畝的土地，一面從事於農業事務，一面熱中於貧民教育的活動。裴斯塔洛齊將他們的新居取名為「新村」（Neuhof），招收孤苦伶仃的孤兒給予訓練，尤其著重於職業能力的傳授。然而由於裴斯塔洛齊不善於經營，加以他慈悲為懷，經濟上至為困難。新村孤兒院中的院童，裴斯塔洛齊都視同自己的孩子，給予同樣的教養。無奈經濟情況困難，裴斯塔洛齊不得不在朋友借貸的局面下，勉強維持一段時間。最後，裴斯塔洛齊有感於經費拮据，無法貫徹個人的理想，接受好友伊塞林（Iselin）的勸告，遂將新村孤兒院的院務結束，轉而致力於寫作。裴斯塔洛齊幼年在學校時，功課並不優秀。在教師心目當中，裴斯塔洛齊並不是一位聰慧的學童，不但算術成績不好，而且拼字上困難重重，顯示他並不是一位適合於從事學術研究工作

的人才。然而，自從新村事業上帶來了挫折之後，家庭的生活是現實而冷酷的。在生活的壓力下，他日夜振筆疾書，期求透過他的文章，將蘊藏在心靈中希望藉教育改進社會現狀的理念，不斷地表現在他的作品中（徐宗林，1983；李園會，1995）。

　　1793年裴斯塔洛齊會見了哲學家費希特，費希特的哲學見解對裴斯塔洛齊產生極大的影響。特別是費希特所強調的藉教育與文化，以振興日爾曼民族主義的教育見解，深深地打動裴斯塔洛齊的心弦。其後，裴斯塔洛齊在斯坦茲（Stanz）又復從事於幼兒教育工作。他一生兼任僕人、父親、園丁、護理與主人，1800至1804年，裴斯塔洛齊又在柏格村（Burgdorf）設立學校，從事貧民子弟教育的推廣。1805至1825年在伊佛登（Yverdun）創立學校，將其教育理論與教育實際結合在一起。強調教育的實施必須奠基在心理的基礎上，以實際的事物代替抽象的觀念，使得裴斯塔洛齊的聲名遠播，成為教育界的偉人。而伊佛登也成為當時歐美教育界中的「麥加」（Mecca），許多參觀的人絡繹不絕。雖然伊佛登學校成為歐洲各地教師參觀的聖地，裴斯塔洛齊依然熱中於著述，終日寫作不輟。學校中其他教師亦努力於工作，甚少在3點以前就寢的。後來，由於學校內部意見不合，1825年伊佛登學校關閉。1827年2月17日，裴斯塔洛齊終於與世長辭（徐宗林，1983：187-190；李園會，1995）。裴斯塔洛齊的主要著作有《貧苦兒童教育論文集》（*Pädagogische Schriften über armes Kinder*）、《隱士的黃昏》（*Die Abendstunde eines Einsiedlers*）、《林哈德與葛篤特》（*Lienhard und Gertrud*）、《人種發展中自然相關課程的研究》、《葛篤德如何教導其子女》（*Wie Gertrud ihre Kinder lehrt*）、《裴斯塔洛齊對於根據人性以促進教育的後續研究》（*Meine Nachforschungen über den Gang der Natur in der Entwicklung des Menschengeschlechts*）、《裴斯塔洛齊演講集》、《國民教育與人類教育論文集》（*Kleine Schriften zur Volkserziehung und Menschenbildung*）、《早年教育文集》（*Pädagogische Schriften aus frühe Jahre*）、《人類教育理論》（*Theorie der Menschenbildung*）等等（徐宗林，1983；李園會，1995）。

　　根據相關教育文獻的分析，裴斯塔洛齊教育理論的主要內涵如下（徐

宗林，1983：192-201；Pestalozzi, 1950）：

(一) 自然主義的教育：裴斯塔洛齊跟康德一樣，都深深地受到愛彌兒的影響。尤其裴斯塔洛齊將自然主義的教育理論，實際地應用在他的學校實施上，如實物教學即在充分發展兒童的視覺、觸覺、聽覺，以期使兒童都能具備個體天賦能力的充分發展。經由語文、數學和形式的基本認識，加以在教學中儘量利用植物、動物、特殊製作的模型、工具、繪畫、製作的標本、音樂、地理，來發展兒童的感官能力。所以可以明確地說，裴斯塔洛齊信賴感覺的唯實主義，已經是非常的明顯。

(二) 重視人的發展：裴斯塔洛齊跟盧梭的教育觀點，有著一特殊的差異性，就是裴斯塔洛齊積極地重視教育具有改進社會環境，提升個人生活的觀點。教育不僅是發展個人的天賦才能，而且也具有著社會的意義在內。裴斯塔洛齊認定教育的功效，其終極的目的就是人的發展，而非僅限於知識的傳授或各種能力的發展。裴斯塔洛齊曾經呼籲我們有拼字學校，寫字學校，教義問答學校，但是我們更需要人的學校。

(三) 強調道德教育：裴斯塔洛齊深切地相信，每一個人的內心深處，都藏有道德的因子，可以向道德的人去發展。裴斯塔洛齊既然認定教育的歷程，亦即為人的發展歷程。所以，道德人的培育，實在就是教育的最高目的了。在實現此一教育目的時，裴斯塔洛齊並不強調文字的知識，先於經驗的和事實的認知。在啟示兒童認識到道德的理想時，必須先從心理的印象入手。裴斯塔洛齊的看法是情感必須先於觀念。他以為在兒童認識道德的行為及其規則之前，早已透過經驗瞭解那些道德的行為，而提供其道德的認知。

(四) 重視宗教教育：裴斯塔洛齊是一位將宗教與道德結合起來的教育家，雖然宗教是個人對神的事，而道德是個人對他人和自己的事。但是兒童從與母親的交往中，一些基本的道德即由此建立起來。諸如愛、信賴、感激等等。品德的形成是道德人的必要條

件，而品德的形成不僅有著主觀的條件，如個人的自覺、自律的行為等等。尤其重要的是道德的教育，需要客觀的環境以資配合。

(五)注重家庭教育：裴斯塔洛齊非常重視家庭教育，主張經由家庭教育的實施，先行培養兒童的心，然後才培育兒童的腦。裴斯塔洛齊認為情感的、是非的認知、人與人關係的體認和職責的瞭解，這些都是屬於道德和情感的心；至於智性上的鍛鍊與強化，則是屬於認知的，所以說是智性的心。裴斯塔洛齊對於家庭與學校之間的關係，有著他自己的一套看法。他認為學校就是繼續家庭生活的一種機構，學校好壞的評價在於是否與家庭生活相接近。學校生活應該將家庭生活加以擴大，並且繼續家庭生活，而家庭中的家長則是兒童的模範；效忠的教師也就是兒童的楷模。家庭教育是兒童德行養成的搖籃，互助、合作、容忍都是家庭教育中可以奠定基礎的。學校中的道德教育，就是在擴大其認識而已！

(六)教育在發展個體：裴斯塔洛齊的教育理論一方面重視兒童的成長與發展，一方面也強調教育的實施應該兼顧到受教育者的心理，同時也給予兒童以自由，讓兒童有自由發展的可能性。不過，裴斯塔洛齊的教育發展，能夠兼顧到兒童身體、心理和大腦的發展過程。從發展的角度來看教育，教育的對象就是一個待發展的個體，但卻具備了一切發展完形後的基礎。一個等待教育的個體，就像一株大樹的幼苗，具有發展成為一完形大樹的基礎。教育的實施也象徵著教育的環境，必須予以良好的配合，才能使教育的對象得到發展，達到理想的地步。

(七)應用心理學原則：裴斯塔洛齊在教育實施上，最大的貢獻就是應用心理學的原則，奠定了心理化的基礎。教學與學習活動是教育實施上最主要的一個環節，而促進教學與學習的心理化，乃是使教育理論與實際擺脫常識判斷的有效方法。裴斯塔洛齊對教學與學習的心理化，可以說前者表現在他觀念教學的原則上，後者則顯現在實物與經驗的學習上。

(八)重視官能的訓練：裴斯塔洛齊然是一位自然主義的大教育思想家，偏重於自然發展的教育理論，暗示由於當時心理學的知識還相當落後，有些教育理論難免擺脫不開時代背景的窠臼，亦如官能訓練的主張即是。裴斯塔洛齊非常重視記憶的能力，而且自然主義的教育思想家，都重視觀察能力的培養。這兩種能力可以說相輔相成，而且有助於個人判斷與推理的能力。

(九)注重人格的感召：裴斯塔洛齊的教育見解偏重情感的感化與人格的感召，他並不強調知識為先的教育。裴氏很少對兒童解釋事物，他既不教他們道德，也不教他們宗教。不過，當兒童們非常安靜時，裴斯塔洛齊會偶然問到，安靜是不是真正的好？較之喧鬧是不是要合理些？一位偉大的教師像裴斯塔洛齊，教育簡直就是一種多方式的活動，不僅希望增進學生對外界的認識，而且也期求學生的人格能夠向善的方向發展。這一位貧民教育的倡導者，可以說完全以愛心作為教育理論與實施的根本。

(十)重視師生的關係：裴斯塔洛齊曾經在其所撰的《隱士的黃昏》（*Die Abendstunde eines Einsiedlers*）一書中，從基督宗教的觀點，將人神關係與父子關係類比，以作為人際關係建構的基礎，並且應用到教育關係之中。裴斯塔洛齊主張「觀察」（Beobachten）和「鑑定」（Begutachten）是教育者的義務，教師應該在教育過程中，運用「觀察」和「判斷」（Beurteilen）的方法，對每一個學生進行情境的診斷，同時在「共生關聯」（Symbiotische Bindung）中包含教師與學生。因此，裴斯塔洛齊非常重視師生關係的探討。綜觀裴斯塔洛齊的一生，雖然在教育理論的創立上表現平平，但是他能夠積極無條件的關懷貧苦的兒童，教導他們讀寫算的基本知識，學習謀生的一技之長，展現愛護學生而不求回報的教育愛精神，使得裴斯塔洛齊名留青史，成為所有教師追隨的典範，所以被尊稱為「貧苦兒童教育之父」。

五、席勒的教育理論

席勒（Friedrich Schiller, 1759- 1805）1759年11月10日出生於奈卡爾的馬爾巴赫（Marbach）。父親約翰（Johann Kaspar Schiller, 1723-1796）曾經從事過軍醫助理和外科醫生的工作。1753年起在烏騰堡歐伊根公爵（Herzog Karl Eugens von Wüttemberg）處擔任軍需官，後來曾經擔任募兵官，1775年被任命為軍需部門長官。母親伊莉莎白（Elisabeth Dorothea, 1732-1802）是馬爾巴赫一家旅館老闆的女兒。席勒在家排行第二，上有一位姊姊伊莉莎白（Elisabeth Christophine Friedrike），下有四位妹妹，依序是露易莎（Luise Dorothea Katharina）、瑪麗亞（Maria Charlotte）、貝亞塔（Beata Friedrike）和卡洛琳（Karoline Christiane Nanette）。1765年席勒6歲時，進入洛赫爾的鄉村學校接受基礎教育，跟隨莫若爾（Philipp Ulrich Moser）神父學習希臘文和拉丁文。1766年12月底，席勒全家遷居路德維希堡（Ludwigburg）。次年，進入當地的拉丁學校就讀，與同學霍芬（Friedrich Wilhelm von Hoven）相交甚篤。1772年席勒完成畢生第一篇德文詩作〈基督徒〉（Die Christen），可惜後來散失了，並沒有流傳下來。1773年席勒有意學習神學，因此進入卡爾學校就讀。卡爾學校的創辦者就是歐伊根公爵，由於這所學校實施嚴格的兵營生活制度，強迫學生穿著制服，而且與外在世界隔離，所以引起席勒的反感。此時，席勒開始閱讀德國文學家萊辛（G. E. Lessing）、柯洛斯托克（Friedrich Gottlieb Klopstock）和狂飆時期的文學作品（Nohl, 1954；Schiller, 1993）。

1774年席勒轉入當地軍事學院的法律部門就讀，開始其法律學習的生涯。從歐伊根公爵的學生報告中，顯示出此時席勒對神學非常感到興趣。1775年席勒轉學到斯圖特嘉，進入一所醫學機構求學，放棄了原先法律課程的學習。1776年席勒由於受到哲學教授亞伯爾（Jakob Friedrich Abel）的影響，開始致力於哲學的學習和英國文學家莎士比亞（William Shakespeare, 1564-1616）戲劇的研究。這時席勒所閱讀的書籍包括盧梭、楊格（Eduard Young）和歐西安（James Ossian）等人的作品。同年10月席勒在《斯瓦比雜誌》（*Schwäbische Magazin*）發表一篇詩作〈傍晚〉（Der Abend），次年

3月發表了第二篇詩作〈征服者〉（Der Erorberer）。席勒於1777年開始撰寫劇作《強盜》（*Die Räuber*），次年決定不再從事詩歌的寫作，集中精力於「謀生科學」（Brotwissenschaft）的學習，以便順利完成學業。1779年席勒的醫學論文《生理學之哲學》（*Philosophie der Physiologie*）沒有通過審查，學業生涯因此受阻。此時，他將興趣再度轉向詩歌的創作，開始撰寫《國王的陵墓》（*Die Gruft der Könige*）和田園歌劇《薛梅雷》（*Semele*）。1780年席勒在霍亨漢（Franziska von Hohenheim）公爵的生日宴會中應邀發表《從結果來觀察德行》（*Die Tugend in ihren Folgen betrachtet*）演說，並且擔任主角演出哥德的劇作《科拉維果》（*Clavigo*）。同年以《人們動物性與精神性關係之探究》（*Versuch über den zusammenhang der tierischen Natur des Menschen mit seiner geistigen*）一文通過審查，完成醫學院的學業，並且在斯圖特嘉的部隊中，擔任軍醫的工作。1781年席勒完成劇作《強盜》，同時自費出版，由於銷路不佳，因此開始負債。後來，曼漢國家劇院主管邀請席勒參與演出，雖然劇作《強盜》的首演非常成功，但是仍然無法解除席勒經濟的困境（Nohl, 1954; Schiller, 1993）。

　　1782年席勒在亞伯爾和皮特森主編的《威爾頓堡文學報告》（*Wirtembergische Repertoriums der Literatur*）中，評論自己出版的《強盜》、《詩歌選集》（*Anthologie*）、《關於現代杜伊特的戲劇》（*Über das gegenwärtige Teusche Theater*）和《菩提樹下漫步》（*Spaziergang unter den Linden*）等作品，並且開始從事劇作《斐斯克》（*Fiesco*）與《露易莎·彌勒林》（*Luise Millerin*）的撰寫。後來，劇作《斐斯克》在曼漢演員工會的發表失敗，席勒在失望之餘離開曼漢，漫遊法蘭克福、圖林根等地，同時在包爾巴赫（Bauerbach）下榻時，認識一位圖書管理員萊恩華德（Wilhelm Friedrich Hermann Reinwald），後來成為席勒的姊夫。1783年席勒出版劇作《斐斯克》，並且致函萊恩華德，在信中談到了他撰寫《優里烏斯神智學》（*Theolosophie des Julius*）的想法。就在此時，席勒愛上一位夏洛特（Charlotte von Wolzogen）小姐，可惜夏洛特已經心有所屬。因此，席勒不幸地失戀了。1784年接受易輔蘭（August Wilhelm Iffland）的建議，將劇作《露易莎·彌勒林》更名為《陰謀與愛情》（*Kabale und Liebe*）在曼漢出

版，同時曼漢國家劇院的首演非常成功。因此，席勒在文學界的聲名大
噪，並且從其薩克森朋友處獲得許多信函、贈品和畫像。同年席勒邂逅
了另一位夏洛特（Charlotte von Lengefeld）小姐，她後來成為席勒終身的伴
侶。此時，席勒也開始創作另一部作品《堂·卡洛斯》（Don Carlos）。
1785年席勒遊歷至萊比錫，原想進一步學習法律或完成醫學博士學位，
可惜因為俗務纏身未能如願以償。1786年席勒劇作《塔莉亞》（Thalia）
出版，內容包括《愉悅》（An die Freude）、《喪失榮譽的犯罪者》（Der
Verbrecher aus verlorener Ehre）、《堂·卡洛斯》（Don Carlos）、《激盪
的自由精神》（Freigeisterei der Leidenschaft）、《放棄》（Resignation）、
《塔莉亞》（Thalia）、《哲學書信》（Philosophische Briefe）與《見靈
者》（Geisterseher）等作品。後來，席勒專心的研究歷史，從事《荷蘭沒
落史》（Geschichte des Abfalls der Niederlande）與《和解的人類之敵》（Der
versöhnte Menschenfeind）兩部書的撰寫。1787年席勒遊歷到耶納，由於和
萊恩霍德（Reinhold）辯論康德哲學，促使席勒對康德的著作進行研究。
同時，參與耶納《一般文學日報》（Allgemeiner Literaturzeitung）的撰寫出
版工作。1788年席勒完成《荷蘭沒落史》在萊比錫正式出版，並且到威瑪
與夏洛特見面。經由夏洛特的介紹，首次與文學家哥德相識（Nohl, 1954;
Schiller, 1993）。

　　1789年席勒在《杜伊特商神》（Teutscher Merkur）雜誌出版〈命運的
遊戲〉（Spiel des Schicksals）一文，並且在哥申出版社的《德國新美文學
的批判概要》（Kritische Übersicht der neusten schönen Literatur der Deutschen）
一書中，發表其對《殷菲格尼》（Iphigenie）劇作的評論。同年，獲得耶
納大學哲學院所頒贈的榮譽博士學位，並且在哥申出版劇作《見靈者》
（Der Geisterseher），而且結識教育學家洪保特（Wilhelm von Humboldt,
1767-1835），同時與夏洛特小姐訂婚。1790年2月席勒正式與夏洛特結
婚，並且完成《三十年戰爭史》（Geschichte des Dreißigjahrigen Kriegs）的
第一卷。1791年席勒答應丹麥作家巴格森（Jens Bagesen）的請求，接受奧
格斯頓堡克里斯提安王子（Erbprinz Friedrich Christian）與辛莫曼伯爵（Graf
Ernst von Schimmelmann）三年的資助，進行哲學美學與康德批判哲學的

研究。1792年席勒到萊比錫和德勒斯登旅遊，透過好友柯爾納（Christian Gottfried Körner）的介紹與文學家史萊格爾（Friedrich Schlegel）相識。同時，完成《三十年戰爭史》的出版。1792年冬季學期席勒在耶納大學開授美學演講課程，1793年陸續完成其審美哲學論文《優美與尊嚴》（*Anmut und Würde*）、《論崇高》（*Vom Erhabenen*）、《論莊嚴》（*Über das Pathe-tische*）、《審美教育書信集》（*Über die Ästhetische Erziehung des Menschen*）與《美的哲學》（*Die Philosophie des Schönen*）。後來，又先後和文學家賀德林、哲學家費希特、謝林（Friedrich Wilhelm Joseph Schelling, 1775-1854）、教育學家保爾（Jean Paul, 1763-1825）等人相識。此時，席勒在文學、哲學和教育學領域的聲望已達高峰。1805年席勒因病逝世於耶納，最初葬在佛利德霍夫的聖雅克斯教堂，1827年普魯士國王為紀念席勒偉大的貢獻，將其遺體遷葬至威瑪的諸侯墓園中，以示尊崇景仰的敬意（Nohl, 1954; Schiller, 1993）。

　　康德在哲學上所揭示的批判精神，現象與物自身的區分，理性與感性的對立，審美判斷與道德自律的關聯，這些概念都成為席勒美學思想的出發點。但是，康德只是將美學中許多對立的概念揭示，並未達到真正的統一。因此，席勒進一步分析美的內涵，並且提出審美教育的方法，來調和理性與感性的衝突。席勒於1793年將寄給奧格斯頓堡王子的書信，在他創辦的「季節女神」（The Grace）雜誌上發表。1801年這些書信被收入《短篇散文集》第三部，只刪除了個別段落和註腳，現在通行的《審美教育書信集》就是根據這個版本（崔光宙，2000：201）。席勒在《審美教育書信集》中首先申明，他研究美與藝術雖以康德的原則為根據，但不拘門戶之見。他主張研究美的方法論基礎，在於美雖然和感官有密切關係，但是嚴格的科學研究必須使其對象接近知性，因而有時不得不使對象避開感覺，以擺脫其直接表現的形式（Schiller, 1993: 570-571）。席勒認為藝術是人類理想的表現，它是由精神的必然而產生的，不是為了滿足物質方面的需求。但是，今天需要支配了一切，由於科學發達和功利盛行，藝術逐漸喪失其意義。其次，政治不再是少數強者的事，每個人都覺得政治問題，與其生活有或深或淺的關係，人們因而普遍地注意政治舞臺，研究藝術和美

似乎成了一件不合時宜的事。不過，席勒認為政治問題的解決必須經由美學，人們只有通過美才能走向自由（Schiller, 1993: 571-573）。

席勒主張人類的理性要求統一性，自然要求多樣性。觀念的人（Mensch in der Idee）即客觀的人，體現了這種永不改變的統一性；時代的人（Mensch der Zeit）即主觀的人，則表現出始終變換的多樣性。因此，每個人都有兩種性格，即客觀和主觀的性格，這兩種性格各有其片面性。國家代表理想的人，它力求把各具特點的個體統合成一體。如果個人不能把他主觀的特殊性格淨化成客觀的性格，國家就會與個人發生衝突，而國家為了不成為個人的犧牲品，就不得不壓制個體。因此，關鍵在於統一人身上的兩種性格，使其達到性格的完整性（Totalität des Chrakters）。既不能為了達到道德的統一性而損傷自然的多樣性，也不能為了保持自然的多樣性而破壞道德的統一性，就是說人既不能作為純粹的自然人以感覺來支配原則，成為一個野人（Wilder），也不能作為純粹的理性人用原則來摧毀情感，成為一個蠻人（Barbar）。有教養的人具有性格的全面性，只有在這種條件下，理想中的國家才能成為現實，國家與個人才能達到和諧統一（Schiller, 1993: 576-579）。

席勒認為希臘人具有性格的完整性，他們的國家雖然組織簡單，但卻是一個和諧的團體。到了近代，由於文明的發展和國家強制的性質，人只能發展某一方面的能力，從而破壞了他稟性的和諧狀態，成為殘缺不全的個體。這種片面的發展，對文明的開創和人類的進步是絕對必要的，但個人卻因此而犧牲自己，喪失其性格的完整性。因此，近代人所要作的就是通過審美教育，來恢復他們本性中的這種完整性（Schiller, 1993: 581-588）。想要恢復人類本性的完整性不能指望現在的國家，也不能寄望觀念中理想的國家，因為它本身必須建立在更好的人性之上。所謂更好的人性，就是既要有和諧一致的統一性，又要保證個體的自由和它的多樣性。但是，人類的本性目前處於分裂之中，人的各種能力處於對抗之中。在這種情況下，給予個體自由必然會造成對全體的背叛，國家為求和諧一致勢必對個體實行專橫的統治。因此，只要這種對抗的狀態繼續存在，改善國家的企圖都是不切實際的幻想（Schiller, 1993: 588-590）。

　　席勒強調政治的改進要通過性格的高尚化，而性格的高尚化又只能通過藝術。藝術雖然與時代有聯繫，但因藝術家心中有一個由可能與必然相結合而產生的理想，他的創作是發自心中純正的理想性格，因而高尚的藝術不沾染任何時代的腐敗，並且超越時代的限制。藝術家不是以嚴峻的態度對待其同代的人，而是在遊戲中通過美來淨化他們，使他們在休閒時得到娛樂，在不知不覺中排除任性、輕浮和粗野，再慢慢地從他們的行動和意向中逐步清除這些毛病，最後達到性格高尚的目的（Schiller, 1993: 592-596）。席勒主張感性衝動的對象是最廣義的生活，形式衝動的對象是本義和轉義的形象，遊戲衝動的對象是活的形象，亦即最廣義的美。遊戲衝動是感性衝動與形式衝動之間的集合體，是實在與形式，偶然與必然，被動與自由的統一；這樣的統一使人性得以圓滿完成，使人的感性與理性的雙重本性同時得到發揮，而人性的圓滿完成就是美。這樣的美是理性提出的要求，這個要求只有當人遊戲時才能完成（Schiller, 1993: 614-619）。

　　席勒主張美是由兩種對立的衝動相互作用而產生的，理想美是實在與形式達到最完美平衡的產物。這樣的平衡在現實中是不會有的，因而理想美只是一種觀念。觀念中的理想美是不可分割的單一的美，而經驗中的美是雙重的美；觀念中的理想美只顯出有溶解的和振奮的特性，在經驗中就成為兩種不同的美，即溶解性的美和振奮性的美，這兩種美的作用各不相同，所以在經驗中美的作用是矛盾的（Schiller, 1993: 619-622）。美應該能夠消除精神力和感性力雙重的緊張。美把思維與感覺這兩種對立的狀態聯結起來，但這兩者之間並不存在一個折衷狀態。美學要解決這個矛盾，就必須一方面承認對立，另一方面又必須承認結合的可能性。這兩方面必須相輔而行，偏重任何一方都不可能得到正確美的概念（Schiller, 1993: 624-626）。

　　席勒認為審美的可規定性與純粹的無規定性雖然都是一種無限，但後者是空的無限，前者是充實了內容的無限。美在心緒中不產生任何具體的個別結果，只是給人以自由，而這種自由正是人在感覺時或思維時，由於片面的強制而喪失了的。所以美的作用就是通過審美生活，再把由於人進入感性的或理性的被規定狀態而失去的人性重新恢復起來（Schiller,

1993: 634-636）。在審美狀態中，我們均衡地支配著承受力和能動力，我們的心緒處在自由之中，它可以輕易地轉向任何一個方面，真正的藝術作品就是在這樣一種狀態中，把我們從禁錮中解放出來（Schiller, 1993: 636-638）。

　　席勒強調人的發展要經過物質狀態，審美狀態和道德狀態三個不同的階段。在第一個階段，人受自然盲目必然性的支配，理性根本沒有出現，人是無理性的動物。既使理性已經朦朧地出現，因為這時生活衝動對形式衝動還占有優勢，人也會把理性所要求的絕對的概念運用到他的物質生存和安樂上面去，或者把他的感性利益當作他行動的根據，把盲目的偶然當作世界的主宰，或者為他自己設置一個符合於他卑劣意向的神。因此，理性的最初出現並不是人性的開始，人還不是人，而是有理性的動物（Schiller, 1993: 645-651）。從純粹的物質狀態到審美遊戲是一個逐步發展的過程，人的最原始狀態是只滿足最低的需要；不久之後，他就要求有剩餘，最初是要求物質的剩餘，隨後要求審美的附加物。不論是人還是動物，如果他們活動的目的是為了維持生存，他們就是在勞動；如果是過剩的生命刺激他們活動，他們就是在遊戲。不過，這種遊戲還是物質性的，人還屬於動物的範圍。從物質遊戲到審美遊戲是一種飛躍，這時人必須擺脫一切物質的束縛，因而他的整個感覺方式必須產生一次徹底的革命，他對審美表象必須自由地加以估價。即使審美遊戲已經開始，感性衝動還是有足夠的力量，不斷進行干擾，因而最初的審美遊戲衝動與感性衝動還難以區分。審美遊戲本身也還有一個從低級到高級的發展過程。最初以外界事物為樂，最後以自己為樂。進而建立起審美表象的王國，在這裡，人擺脫了一切強制，通過自由給予自由是它的基本法則，平等的理想得到實現（Schiller, 1993: 661-669）。

　　綜合前面所述，席勒在撰寫這27封信時，不僅眼見法國大革命的悲劇，閱歷世事的紛擾動盪，而且個人生命中亦經歷雖享有盛名，卻仍免不了病痛與貧困的遭遇之後，深知生命中的幸福愉悅不是向外追求而得，而是出自內心成熟穩健的怡然自得，是經由內在純美的心靈境界而後獲得的理想成熟人格的實現。因此提出審美教育的理想，以挽救科學知識分工造

成人性分裂的弊端（劉千美，1993：178-179）。席勒的審美教育理論相當重要，不僅豐富德國文化批判的內涵，促進藝術教育運動的改革，同時影響華德福學校的精神。在審美教育的目的上，席勒希望通過審美教育培養人類高尚的情操，改善國家政治紛亂的狀況。在審美教育的功能上，席勒相信經由審美教育可以培養人類審美的心境，變化個人的氣質，提高人類的道德品格。在審美教育的範圍上，席勒承襲康德的看法，兼顧自然美和藝術美。在審美教育的課程上，席勒認為藝術品的欣賞並不是最終的目的，審美心境的培養才是最重要的目標。席勒審美教育觀念的提出，不僅促成審美教育學的興起，同時指出審美教育發展的方向，對於人類教育的內涵影響非常深遠。

六、費希特的教育理論

費希特（Johann Gottlieb Fichte, 1762-1814）繼承康德哲學的一個方向，其道德的理想主義對德國學校教育產生相當大的影響。費希特1762年出生於拉曼瑙（Rammenau）的小村中。父親是一個織麻布的手工業者，家境貧苦到不能受教育的地步。幼年隨母親到教堂作禮拜時，聽過牧師講道就能把講道詞記憶下來，因為牧師發現他在記憶方面的天才，就推介給當地的男爵彌爾提茲（Von Miltitz），才得到經費的資助，進入學校接受教育。大學未畢業時，彌爾提茲男爵因病逝世，由於其繼承人態度不好，拒絕了經濟的資助。因此大學畢業後生活仍然非常困難，曾在幾個地方擔任家庭教師，在瑞士的蘇黎士住過一段時期，於1790年回到萊比錫，對康德的哲學發生興趣。不久就到寇尼斯堡（Königsberg）拜訪康德。到達寇尼斯堡之後，先在圖書館中，以乾麵包度日，在很短的時間內，完成了成名作《啟示的批判》（*Kritik der Offenbarung*），然後才帶著這篇文章去見康德。康德對於費希特的著作非常欣賞，立刻介紹給出版社發表問世。這本書出版之後，許多人都以為是康德關於「宗教哲學」的新著，讀者的反應非常好，康德才特別聲明，這是一位青年哲學家的著作，於是德國的哲學界，才知道有費希特這一位哲學家。同時康德也為他介紹了一份工作。在寇尼斯堡住了不久，於1793年回到蘇黎士，這一次才和裴斯塔洛齊建立了

友誼關係。後來到耶納大學講學，備受學生的愛戴。因為發表有關宗教方面的文章，被教會認為有無神論的嫌疑，引起宗教信仰的衝突，雖然經由哥德的調解，也沒有具體的結果。因此，在1799年離開耶納大學，前往普魯士王國的首都柏林，和當地浪漫派的哲學家交往，並作私人講學的活動（田培林，1976c：519-520）。

　　1805年到葉爾朗根大學任教，柏林陷落於法軍以後，他又去寇尼斯堡大學講學，不久經過梅美爾（Memel）、哥本哈根（Kopenhagen）回到柏林。1808年布蘭登堡城門外，法蘭西帝國的軍隊正在演習，費希特在城門內的柏林科學院，作「告德意志同胞」的演講。當時拿破崙已經把一個有名的出版家處死，所以有人勸他不要繼續講演下去。費希特的答覆是：「我登臺講演時，並不希望我活著走下講臺」。拿破崙居然讓他把14次講演講完，他竟然沒有料到，費希特所作的精神戰爭，在六年以後的普法戰爭中，會把法蘭西帝國的軍隊打敗。接著，費希特擬定創立「德意志精神」大學的計畫，同時史萊爾瑪赫也提出一個建立柏林大學的計畫，於是普魯士王國的國王，才任命當時的文化部長洪保特，根據這兩個計畫在1810年創立了柏林大學。費希特是柏林大學第一個哲學講座教授，同時也被選為第一任校長。由於大學訓練的問題和同事意見不同，恰巧抗法的自由戰爭爆發，他立刻辭去柏林大學校長的職務，擔任隨軍牧師的工作，他的妻子也參加傷兵看護的工作，不久同染一種類似傷寒的熱病，先後與世長辭，離開了戰亂紛擾的人間（田培林，1976c：520-521）。

　　費希特認為某種主張，不能作為哲學的開始，任何哲學的出發點，不應是一種理論上的主張，因為任何理論上的主張，都可能有相反的主張存在，主張既不是一種絕對的原理，所以主張不能作為哲學的開始。一個命題或一種判斷，都不是哲學開始的基礎，只有「自我沉思」（Selbstdenken）才能作為哲學的開始。理性是從自我沉思的動作中產生出來，並不是從其他方面推衍出來，所以理性是自行創造出來的行動，哲學的要求就是「行動自己產生」的闡明。一般哲學家都認為「存在」是「活動」的主體，所以「存在」是「活動」的原因。費希特則認為只有行動才是最初的，所以行動之前沒有任何更根本的原因，一般所謂的「存在」只是含

有目的性的手段。他的哲學中有三個基本命題：第一，「我立我」（Das Ich setzt sich selbst）；第二，「我立非我」（Das Ich setzt im Nichtich）；第三，「我在我中立我，與非我相對立」（Das Ich setzt sich im Ich das Nichtich Entgegen）。費希特所謂的「我」（Ich），並不是個人經驗的意識自身，而是普遍的理性思想。所以，「我」或純粹的「意識自身」才是哲學的基本原理（田培林，1976c：521-522）。

費希特的《告德意志同胞書》（*Reden an die Deutsche Nation*），對於德國學校教育的影響相當大，他的全部講詞歸結起來，可以分為三個問題與答案。第一個問題是德意志民族崩潰的原因何在？他的答案是國民道德的墮落，而道德墮落的原因，則是因為政府不能建立在道德的信念上，形成一個民族的國家；反而用權力來維持政府，形成一種警察國家。警察國家與國民處於對立的地位，不能受到國民的擁戴，怎麼能不崩潰。第二個問題是德意志民族能否復興？他的答案是肯定的，而且對德意志民族的復興深具信心。第三個問題是復興的方法是什麼？他的答案是給德意志國民一種新的道德教育，使他們都有義務的自覺與責任感，這樣德意志民族自然能夠得到復興。費希特對於學校教育的建議，融合了盧梭、裴斯塔洛齊與巴斯道的教育思想。他在柏林大學作「學者的責任演講」（Vorlesungen über die Bestimmung des Gelehrten）時，特別強調要求國家應該注意教育權利與教育義務，甚至要在憲法中規定有關教育的條文。學者的重要職責是擔負政治的責任，國家的任務在於保護私人財產，並且給人民一種精神的道德教育。費希特的哲學思想不僅奠定了德國國民教育的基礎，同時對於大學院校的課程內容產生很大的影響（田培林，1976c：522-523）。除此之外，費希特倡導的民族精神和道德教育，對啟蒙運動時期的康拉第主義學校和裴斯塔洛齊的教育理論產生很大的影響，使得學校教育開始重視民族精神和道德教育，以改善社會的風氣，促進國家的富強。

七、洪保特的教育理論

洪保特（Wilhelm von Humboldt, 1767-1835）1767年生於波茨坦（Potsdam），在家中排行老大，弟弟亞歷山大（Alexander von Humboldt）是非常著名的地理學家。他們兩人同時受教於改革教育學家康培（J. H. Campe）門下，曾隨康培遊歷比利時的布魯塞爾、法國的巴黎和瑞士。洪保特先後在法蘭克福大學（Universität Frankfurt）和哥廷根大學就讀，主修法理學（Jürisprudenz）。1791年與卡洛琳（Caroline von Dacheroden）小姐結婚，並且開始其公職生涯。法國大革命對洪保特產生很大的影響，他常詢問這項革命對普魯士的意義。1793年起，洪保特曾從事古代科學和教育理論的研究，1795年間，他進行語言科學的研究，並且到南歐的西班牙遊歷。洪保特於1810年以普魯士文化部長的身分，參與柏林——佛里德里希——威廉斯大學（Berlin- Friedrich- Wilhelms- Universität）的創立。洪保特一生擔任普魯士王國的公職，對於普魯士學校教育的改革貢獻卓著，1835年因病逝世於柏林（Benner, 1990: 11-13）。

　　洪保特不僅是一位著名的改革教育學家，對於普魯士教育制度的革新有很大的貢獻。他在教育部長任內採用了費希特與史萊爾瑪赫的建議，設立了具有德意志精神的柏林大學，德國才算有了自己的國家大學。柏林大學的建立毫無疑問地是洪保特教育政策的實現，他想找尋實現完整人格理論的方法，而完整人格的養成需要普通教育。洪保特主張大學是客觀科學與主觀教育的合一，一方面是學術研究；一方面是完整人格的教育。他反對大學純為經濟的、社會的、國家的需求所牽制。因此，大學沒有義務為學生將來的就業而實施職業訓練。所以，大學注重教學與研究，享有學術自由和精神自由，並且注重學術研究的公眾功能（詹棟樑，1996：181-182）。洪保特也是一位重要的審美教育學家，他曾經上書普魯士國王，說明博物館在社會教育方面的功能，建議王室在首都柏林設立博物館，以教育廣大民眾，提升普魯士國民的素養（Humboldt, 1993: 245）。同時也在〈論精神的音樂〉（Über geistliche Musik）一文中指出音樂可以陶冶人類的性情，抒發個人的情感，呼籲大家應當重視其教育功能（Humboldt, 1993: 38-39）。另外，洪保特也在〈論圖畫教學〉（Über den Unterricht im Zeichnen）等著作中批判當時藝術教育的缺失，主張廣泛設立藝術學校，選擇優良師資，採用適當的教學方法，進行繪畫的教學（Humboldt, 1993:

196-197）。1792年洪保特在〈論公共的國家教育〉（*Über öffentliche Staat-serziehung*）一文中，說明國家應該負起教育國民的責任，才能維護國家的安全，培養具有品格道德和民族精神的國民。雖然私人教育能夠達成個人的陶冶，但是無法兼顧國民的培養，因此，一種注重國家教育、宗教和道德的公共教育有其必要性。洪保特主張普魯士王國應該由國家積極的補助，普遍的實施公共的國家教育，才能達到修正國家性格，兼顧人類教育和國民教育，提升國民素質，達到國家安全和道德養成的目標（Humboldt, 1792: 427-431）。

　　洪保特可以說是德意志新式大學，即柏林大學的直接創立者。洪保特出身貴族，是當時著名的哲學家、語言學家和政治家。1809年他擔任普魯士王國的文化與公共教學部（Sektion des Kultus und öffentlichen Unterrichts）的部長，所以柏林大學在他的努力之下，才能夠正式的成立起來。洪保特在任18個月，曾經擬定一些改革學校教育的計畫。除了提出了普魯士王國的教育政策以外，也訂定了其他教育改革的意見書，例如《寇尼斯堡教育制度意見書》（*Königsbergisches Schulwesen*）和《立陶宛教育制度意見書》（*Lithauisches Schulwesen*），都是一些很有價值的建議。洪保特的基本哲學觀點，屬於新人文主義，對於以啟蒙思想為背景的實在主義，抱持著反對的態度。他在學校教育上的見解，主張一切學校都不是為了某一部分人而設的，任何一種學校都強調人的教育，也就是說為了整個民族，才需要學校教育。洪保特主張一切教育都是普通教育，所有各種不同的職業教育，都只不過是普通教育的補充而已。其次，洪保特認為各種不同的學校，彼此應該相互的配合，不應該自成一個特殊的範圍，把職業教育和學術教育嚴格分開辦理。因此，洪保特在教育改革計畫裡，把各級學校綜合起來，形成一個有機的組織。他把教育分為「初級教育」（Elementarunter-richt）、「學校教育」（Schulunterricht）和「大學教育」（Universitätsunter-richt）三個階段，彼此連繫起來，才能構成一種學校教育的制度。德國的大學向來分離在普通學校之外，自己形成一種特殊的地位，獨立的進行學術研究工作，和各級學校沒有配合的關係。洪保特則已經把大學列在學校教育制度之內，這是一種很勇敢的主張。除此之外，洪保特對於大學的精

神和任務，也有他自己的見解。洪保特主張大學教授的主要任務並不是「教學」，大學生的任務也不是「學習」；大學生必須自己獨立去從事「研究」，至於大學教授的工作，則在於誘導大學生研究的興趣，指導大學生去從事研究工作（田培林，1976d：558-568）。同時，倡導教學的自由和研究的自由，使得柏林大學成為真正代表德意志精神的大學，並且被歐美的現代大學奉為典範，對於德國大學教育制度的改革，洪保特貢獻最大。

八、黑格爾的教育理論

黑格爾（Georg Friedrich Wilhelm Hegel, 1770-1831）1770年8月27日出生於斯圖特嘉（Stuttgart），父親是佛爾登公爵領地斯圖特嘉城稅務局的書記官。黑格爾是長子，下有一個妹妹和一個弟弟，黑格爾與妹妹克莉斯蒂安娜（Christiane Hegel）極為親密，感情甚篤。弟弟路德維希（Ludwig Hegel）後來成為一名軍官。黑格爾在斯圖特嘉就讀小學，1780年進入斯圖特嘉古文中學。在校期間非常好學深思，熱愛古典學科，以第一名的優異成績畢業。1788年黑格爾進入杜賓根大學（Universität Tübingen）神學院就讀，黑格爾獲得一份獎學金，住在神學院中，學習哲學與神學，在神學院期間，黑格爾與謝林和賀德林（Johann Christian Holderlin, 1770-1843）建立了良好的友誼。1793年黑格爾從神學院畢業後，即前往瑞士伯恩（Bern），在一個貴族家庭裡擔任家庭教師。黑格爾設法繼續閱讀與思考，在伯恩度過四年的光陰。1797年初，黑格爾經由賀德林的介紹，高興的前往法蘭克福（Frankfurt am Main），擔任相似的家庭教師。1801年黑格爾在謝林的協助下，得到耶納大學的教席。當時耶納大學（Universität Jena）是德國著名的大學，教育學家席勒、哲學家費希特和文學家史萊格爾兄弟（Brüder Schlegel）都在那裡。黑格爾到達耶納時，耶納大學已經開始沒落了。費希特已於1799年離開，謝林也在1803年他去，不過在耶納的數年，卻使黑格爾奠定了自己哲學體系的基礎，同時由於若干著作的發表，使黑格爾在哲學界逐漸獲得好評（張世英，1991）。

黑格爾最初只是耶納大學的私聘講師（Privatdozen），1805年才正式

晉升為耶納大學的副教授，並且開始從事其哲學體系的主要著述。其中第一部分就是《精神現象學》（*Phänomenologie des Geistes*）。1806年10月拿破崙在耶納戰役之後，占領了整個城市。黑格爾在慌亂之中不得不攜帶《精神現象學》手稿走避他處，出人意料的是黑格爾房東的妻子，竟在此時為他產下一名私生子。離開耶納之後，黑格爾在友人尼特哈莫（F. J. Niethammer）的協助下，在班堡（Bamberg）找到一份編輯「班堡日報」（*Bamberger Zeitung*）的工作，雖然黑格爾對報紙的編輯頗感興趣，但那究竟不是他的專長，因此在次年轉任紐倫堡中學校長。在紐倫堡期間，雖然學校預算緊縮，而且薪資偶爾會延遲，但是哲學課程的講授，顯然對他哲學思想的發展有很大的幫助。在這段期間裡黑格爾不僅出版了其名著《邏輯科學》（*Wissenschaft der Logik*），同時也於1811年與紐倫堡元老院議員的女兒杜賀（Marie von Tucher）小姐結婚。他們婚後生有卡爾（Karl Hegel）和伊曼紐（Immanuel Hegel）兩個兒子，同時也把私生子路德維希（Ludwig Hegel）帶回家中扶養（張世英，1991）。

　　1816年黑格爾前往海德堡大學（Universität Heidelberg）擔任哲學教授，他專心投入大學課程的講授，這時黑格爾已經完成其哲學體系的建構，在海德堡大學的第一年他就準備講授《哲學科學百科全書》（*Enzyklopädie der philosophischen Wissenschaften*），內容包括「邏輯學」（Logik）、「自然哲學」（Philosophie der Natur）和「精神哲學」（Philosophie des Geistes）三部分，後來這本書於1817年出版。但是，黑格爾在海德堡大學的講課，並未引起學生的學習哲學的興趣，這讓黑格爾在心理上有些失望。不過，黑格爾在德國哲學界的聲望如日中天，而柏林大學（Berliner Universität）費希特哲學講座的職位仍然空缺，在普魯士王國教育部長亞登斯坦（Altenstein）的堅決聘請下，黑格爾於1818年正式在柏林大學出任哲學教授職位。在柏林大學期間，黑格爾完成了《法理哲學》（*Grundlinien der Philosophie des Rechts*），並且累積了許多演講錄和手稿，這些文獻包括《歷史哲學》（*Philosophie der Historie*）、《美學》（*Ästhetik*）、《宗教哲學》（*Philosophie der Religion*）和《哲學史》（*Historie der Philosophie*）。1829年黑格爾的聲望達到最高點，並且被任命為柏林大學校長，

1831年11月4日因感染霍亂，突然意外地離開人間（張世英，1991）。

黑格爾曾經擔任過家庭教師和紐倫堡中學校長的職務，具有豐富的教育經驗，同時著有許多重要的教育哲學論文。1811年黑格爾在紐倫堡中學校長演說中，積極倡導國家教育的重要性，主張教育國家化。1827年黑格爾在柏林大學任教時，就形成所謂的黑格爾學派，並且組成一個機構，印行《科學批判年鑑》（*Jahrbücher für Wissenschaftliche Kritik*），成為德國精神生活的中心。黑格爾學派對於一切科學都有影響，百科全書式的性質非常顯著。萊布尼茲在教育方面汎知的主張，很合黑格爾的口味，黑格爾的哲學雖然和萊布尼茲不同，但是在教育方面的主張卻很相似，都倡導「汎智」的主張，對於德國的學校教育，也產生相當大的影響（田培林，1976c：517）。黑格爾所著的《精神現象學》（*Phänomenologie des Geistes*）是一部不朽的教育哲學名作，主要的內容在論述人類經由懷疑、反省和否定的活動，逐漸從自然意識發展到「絕對精神」（Absolute Geist）的過程（Hegel, 1988: V-VI）。在這本書中，黑格爾將教育稱為「異化的精神」（Der entfremdete Geist），它不僅是一種人類意識化成的過程，同時也是一種精神自外在世界向自己返回的活動。人類從最初的自然意識狀態，經由懷疑否定而達到自我意識，教育的意義在否定之中因而得以顯現出來（Schmied-Kowarzik, 1993: 171-172）。

黑格爾主張就個別的個體來說，個體的教育乃是實體本身的本質性環節，即是說，教育乃是實體在思維中的普遍性向現實性的直接過渡，或者說，是實體簡單的靈魂，而藉助於這個簡單的靈魂，自在存在才得以成為被承認的東西，成為一種特定的存在。因此，個體性的自身教育運動直接就是它向普遍的對象性本質的發展，也就是說，就是它向現實世界的轉化。現實世界雖是通過個體性而形成的，在自我意識看來卻是一種直接異化了的東西，而且對自我意識來說它有確定不移的現實性。但是自我意識儘管確信這個世界是它自己的實體，卻同時又須去控制這個世界；它所以能有統治這個世界的力量，是因為它進行了自我教育，從這一方面來看，教育的意思顯然就是自我意識在它本有的性格和才能的力量所許可的範圍內，儘量把自己變化的符合於現實。在這裡，表面看來好像是個體的暴力

在壓制著實體賴以實現的東西。因為，個體的力量在於它把自己變化得符合於實體，也就是說，它把自己從其自身中外化出來，從而使自己成為對象性的存在著的實體。因此，個體的教育和個體自己的現實性，即是實體本身的實現（Hegel, 1988: 324-325）。精神現象學在人類教育的過程和確定知識的獲得方面有非常詳細的討論，不僅對於教育理論的建立具有啟示性，同時有助於我們對教育過程的理解。

黑格爾另外一本重要的教育哲學著作是《法理哲學》（*Philosophie des Rechts*），在這本書中他闡述家庭、學校、社會、國家等各種教育機構的功能（Hegel, 1995: IX-IIX），對於教育在國家社會層面問題的探討相當重要。黑格爾主張家庭教育的主要環節是紀律，涵義在於破除子女的自我意志，清除純粹感性和本性的東西。從家庭關係說，教育的目的在於積極的灌輸倫理原則，以培養子女倫理生活的基礎；並且應用消極的教育方式，使子女超脫原來所處的直接性，而達到獨立性和自由的人格。黑格爾批評遊戲論教育學稚氣本身就具有自在價值，將教育降為稚氣形式的主張，認為這種教育學乃是把不成熟狀態中的兒童，設想為已經成熟，並力求使他們滿足於這種狀態（Hegel, 1995: 158-159）。黑格爾強調教育的絕對規定就是解放，以及達到更高解放的工作。這就是說，教育是推移到倫理無限主觀實體性的絕對交叉點，這種倫理的實體性不再是自然的，而是精神的提高到普遍性的形態（Hegel, 1995: 169）。黑格爾將教育區分為理論教育和實踐教育，理論教育是在多樣有興趣的規定和對象上發展起來的，它不僅在於獲得各種觀念和知識，而且在於使思想靈活敏捷，能從一個觀念過渡到另一個觀念，以及把握複雜和普遍的關係。相反的，實踐教育首先在於使做事的需要和一般勤勞習慣自然的產生；其次在於使人的行動適應於物質的性質，並且適應別人的任性；最後在於通過這種訓練而產生客觀活動的習慣和普遍有效的技能（Hegel, 1995: 173）。黑格爾主張家庭是自然道德再製的一種教育的形式，教育不僅具有改革弊端，促成人類社會進步的作用，同時更具有維護階級利益，再製公民社會成員的功能（Schmied-Kowarzik, 1993: 174-175）。

黑格爾主要的教育思想如下（徐宗林，1983：207-211）：

㈠ 心智開展的教育觀點：黑格爾的教育觀點，基本上認教育為心智開展的一種歷程。從認知的作用來說，此一亟待開展的精神—心靈，具有著知覺、想像和思想的形式。教育的功用即在使未成熟的心靈，提升至成熟的階段。換言之，教育的過程即在使心靈的運用，符合了清晰、精確與適宜。其次，就一般思想能力而言，即務期在知覺歷程中，具有正確的判斷能力，但在個人心靈開展過程中，黑格爾特別重視個人的自我活動。實在而言，知識就是自我心靈活動的結果，而一般的認知活動，也是自我心靈活動的一種形式。

㈡ 教學是心靈的交互活動：黑格爾認為教學活動是兩種心靈實體，交互活動的一種歷程。一方面是由一個成熟的，具有創造性的心靈實體，去指導另一較為不成熟的，自願而樂意去接受指導的心靈實體。黑格爾強調學習本身就是一種個體有意地追求的歷程，追求心靈的充實與理性的開展。心靈是一個理性充斥的實體，在教學方法上就應該像其他事物一樣需要理性化。在教學過程當中，教師的教學方法，不應該以他個人的奇幻思想為基礎，而應該以普遍的理性規則為基礎。

㈢ 三種基本的教學目標：黑格爾主張教學活動應該掌握住三個基本的關鍵目標：1. 語文的學習：在乎瞭解到吾人思想的表達方式；2. 形式的學習：其目的在於認識到空間關係，例如地理的學習；3. 歷程的學習：在於理解到能量的表現，例如自然科學的學習和歷史的學習。

㈣ 三種主要的課程教材：黑格爾將課程教材區分為三種：1. 發展普遍理性的是語文；黑格爾比較看重語文的形式，特別是語文所具有的類型。在學習語文方面，黑格爾區分為聲音、閱讀、寫作和文法四項。2. 發展形式的是地理、幾何及繪圖等；地理是研究現實界中，真正的形式者。幾何是研討抽象理想形式者；繪圖則是實質理想形式的研究。3. 開啟個人認識歷程的是歷史和自然科學知識；黑格爾認為研究歷史就在於研究人類理性活動的歷程，是

要理解到決定歷史的種種因素及其演進的歷程。其次，研究歷程的即為自然科學，黑格爾相信物質不過是普遍能的一種形式，其變化是屬於歷程一類的教材。

㈤ 道德教育就是陶冶的過程：黑格爾主張人是一個精神實在，表現在意志的自由與獨立上。在道德教育中，應該強調鍛鍊、陶冶或教化，務期能使個人的意志真正獨立而自由，而智性能夠克制助人的慾念。比較強調秩序、守時及沉默，看重陶冶。陶冶有兩種方向：從內在形成道德規律的奉行與從外在的教養或文化的學習中，形成道德規律的遵奉。認為道德教育必須以普遍道德律之認識為目標，以此為個人行為判斷的依據。

九、赫爾巴特的教育理論

赫爾巴特（Johann Friedrich Herbart, 1776-1841）1776年出生於歐登堡（Oldenburg），父親擔任政府法律顧問，母親才華洋溢，家庭環境很好。後來父母親因為感情不融洽離異，母親於1801年遷居巴黎。赫爾巴特自幼體弱多病，因此耽誤入學的機會，同時由於父母仳離，造成幼年鬱鬱寡歡的性格。赫爾巴特從小接受嚴格的家庭教育，喜歡學習希臘文、數學和邏輯學。12歲進入歐登堡古文中學，對於哲學逐漸發生興趣，喜歡閱讀康德的哲學著作，1793年在中學畢業典上禮上發表〈有關國家內影響道德成長與墮落一般原因〉（Etwas über die allgemeinen Ursachen, welche in Staaten den Wachstum und den Verfall den Moralität bewirken）的祝賀演說，深受大家的好評。因為父親希望他將來成為法官，所以赫爾巴特於1794年秋天進入耶納大學攻讀法學。但是他對法律實在沒有興趣，為了不違背父親的意願，只好繼續暗中研究哲學。當時耶納大學是德國哲學的重鎮，赫爾巴特因此成為著名哲學家費希特的學生。1797年赫爾巴特離開耶納大學，在瑞士因特拉肯（Interlaken）擔任家庭教師的工作，教育總督的三個孩子。三年家庭教師生涯所獲得的教育經驗，對赫爾巴特教育學術的發展有決定性的影響。1797年赫爾巴特前往柏格道夫，拜訪著名教育學家裴斯塔洛齊，並且參觀他所創辦的學校，倆人因此建立深厚的友誼（Herbart, 1986）。

　　1800年赫爾巴特辭去家庭教師的職務，轉赴德國布萊梅大學（Universität Bremen），在好友史密特（J. Schmidt）的資助下，恢復中斷的哲學研究。兩年之後，赫爾巴特轉到哥廷根，在哥廷根大學獲得哲學博士學位。其後，哥廷根大學請他擔任教育學講師的工作，兼授哲學和心理學。1806年出版《普通教育學》，深受教育學術界重視，逐漸建立其聲譽。1809年赫爾巴特受聘寇尼斯堡大學，繼康德（Immanuel Kant）和克魯格（W. T. Krug）之後，擔任哲學講座教授。在這段期間裡，他完成了普通教育學的體系。1811年赫爾巴特在寇尼斯堡大學和英國的德瑞克（Mary Drake）小姐結婚，1833年他結束寇尼斯堡大學哲學講座的工作，應哥廷根大學的邀請前往任教。1841年赫爾巴特聲望正隆之際，不幸地突患中風，最後終告不治去世。主要著作有《形上學要點》（*Hauptpunkte der Metaphysik*）、《普通實踐哲學》（*Allgemeine praktische Philosophie*）、《自然法與道德的分析說明》（*Analytische Beleuchtung des Naturrechts und der Moral*）、《哲學概論》（*Einleitung in der Philosophie*）、《普通形上學》（*Allgemeine Metaphysik*）、《簡明哲學辭典》（*Kurz Enzyklopädie der Philosophie*）、《論裴斯塔洛齊的近著—葛姝特如何教育她的子女》（*Über Pestalozzis neueste Schrift: Wie Gertrud ihre Kinder lehrte*）、《裴斯塔洛齊直觀的ABC觀念》（*Pestalozzis Idee eines ABC der Anschauung*）、《論審美的表現作為教育的主要課題》（*Über die ästhetische Darstellung der Welt als das Hauptgeschäft der Erziehung*）、《評裴斯塔洛齊教學法的立場》（*Über den Standpunkt der Beurteilung der Pestalozzischen Unterrichtsmethode*）、《普通教育學》（*Allgemeine Pädagogik*）、《教育學講演綱要》（*Umriß der allgemeinen Pädagogik*）、《普通教育學綱要》（*Umriß der pädagogischer Vorlesungen*）、《心理學體系》（*System der Psychologie*）、《心理學教本》（*Lehrbuch zur Psychologie*）、《心理學作為科學》（*Psychologie als Wissenschaft*）等書（Herbart, 1986）。

　　赫爾巴特的「普通教育學」從倫理學的觀點來決定教育的目的，並且從心理學的角度來建立教育的方法。赫爾巴特的普通教育學體系主要包括教育理論、陶冶理論和教育科學理論三個部分。教育理論探討「如何教

育」的問題：赫爾巴特主張教學是教育重要的工具，如果沒有教學活動，教育的目標根本無法達成。赫爾巴特以為興趣源自有趣的事物，創造和發展多方面的興趣是教學的工作，它是實現和完成交往與經驗的補充。赫爾巴特強調「教育性教學」（Der erzieherische Unterricht），他認為只有將教育和教學結合在一起，才是真正完善的教學（Herbart, 1986: 101-102）。赫爾巴特主張教學有四個步驟：㈠ 明瞭（Klarheit）：這個階段的教學必須將教材指示給學生，使其能明確的把握學習的內容。㈡ 聯合（Assozia-tion）：這個階段的教學必須使不同教材產生關聯，同時也要使新觀念和舊觀念互相結合。㈢ 系統（System）：這個階段的教學必須按部就班的教導，使學生獲得系統的知識。㈣ 方法（Methode）：這個階段的教學要運用哲學思考的方法，使學生能將其知識應用到日常生活中。相應於上述教學的步驟，學生的參與也有四種反應：㈠ 注意（Merken）：注意教師所提示的事項，經由意識的集中進行學習的準備。㈡ 期待（Erwarten）：期待可以產生一股內在的力量，增進學習的效果。㈢ 要求（Forden）：學生經由期待產生要求，以實現其所欲達成的目標。㈣ 行動（Handeln）：將內在的意志實現出來，成為表現於外的行為（Herbart, 1986: 106-107）。

　　赫爾巴特將教材分為三類：㈠「符號」（Zeichen）：例如語言是一種符號，它本身沒有興趣可言，只有成為描述的媒介時才有意義。㈡「形式」（Formen）：形式是一種抽象的事物，無法直接引起吾人的興趣，所以形式必須與實際的事物結合，始能成為興趣的對象。㈢「事物」（Sachen）：包含自然和藝術兩者的產物，它能喚起直接的興趣（Herbart, 1986: 111-112）。教學的方法有下列三種：㈠ 描述的教學（darstellender Un-terricht）：描述的教學是利用「經驗」（Erfarung）和「交往」（Umgang）來進行活動的教學方法，因為兒童各方面的能力有限，有時也運用圖片來協助學生，以增進兒童學習的效果。㈡ 分析的教學（analytischer Unter-richt）：分析的教學是先將經驗分析成各種事實，再由事實分析成要素，最後再從要素中分析出特質的教學方法。㈢ 綜合的教學（synthetischer Un-terricht）：綜合的教學是從各種特質出發，然後將分析得到的要素重新組合，以形成新概念的教學方法（Herbart, 1986: 114-115）。

　　「陶冶理論」探討「教育是什麼」的問題，赫爾巴特主張教育的目的在培養道德品格，教育的方法有管理、教學和訓練。教學是所有教育工具中最重要的，因為經由兒童「思想圈」（Gedankenkreise）有系統的修正，可以教育學生成為具有道德人格的人（Herbart, 1986: 85-86）。他主張教育的本質在於協助受教者形成道德性，這也是整個教育的使命（Herbart, 1986: 59）。赫爾巴特1831年在《簡明哲學百科全書》（*Kurz Enzyklopädie der Philosophie*）中，對教育的本質有相當精闢的論述。他認為教育中各種的活動莫不是為了達成品格的陶冶，他說：「創造或改造一個人的整個品格，是超出了教師的能力範圍，但是教師所能做的和我們期望他做的，就是使學生在品格的發展上避免迷惘和錯誤。」赫爾巴特主張學生品格的養成，不是單憑教學和各種試驗所能奏效，而是將道德的標準和判斷，經常地移植於學生的心靈形成統覺，才能培養一位具有品格的人。赫爾巴特認為教育的本質不存在於人類歷史的實際，而來自於人性歷史的目的中。陶冶理論不直接告訴我們教育的本質和使命，因為教育的本質經常隨著時空的不同而改變，但是它能夠協助我們從整個人類的歷史分析出人性的目的，找到教育的本質和使命。赫爾巴特認為個人品格的發展，培養社會性的道德，使其用於社會生活，將知識和意志相結合，並涵養多方面的興趣，以激發學生心理統覺的機能，以便吸取知識，從而健全人格，形成一個「文化人」，使知識和意志結合，才是他教育最高的理想（徐宗林，1983：226-227；Schmied-Kowarzik, 1967: 90-91）。

　　教育科學理論主要的目的在探討教育學的科學性質，以及理論與實踐之間的關係：赫爾巴特主張教育科學與教育藝術的區分，在於科學能夠將學說的內容依關聯的順序加以組織，形成一個思想的過程。並且能夠依其理由，從哲學思想推衍出學說的內容。相反地，藝術只是為了達成某種特定目的，將一些技能集合起來罷了（Herbart, 1802: 55）。因為普通教育學是一門有系統有組織的學科，所以普通教育學是一門科學，而不是一門藝術。赫爾巴特的普通教育學是一門實踐科學（Schmied-Kowarzik, 1967: 56），因為普通教育學從實踐優位的觀點出發，建立許多教育理論，以指引教育活動的進行。所以普通教育學是一門來自於教育實際，應用於教育

實際的實踐科學。但是教育理論並不完全符合教育實際的需要，因此如何緊密聯結教育理論和教育實際，成為教育科學理論探討的重要課題。赫爾巴特在其1802年的《首次教育學演講錄》（*Die erste Vorlesung über Päda-gogik*）中，提出圓融「教育智慧」（Pädagogische Takt）的概念，作為聯結教育理論和教育實際的橋樑（Herbart, 1802: 56-57）。

1810年赫爾巴特在〈論公共影響下的教育〉（Über Erziehung unter öffentlicher Mitwirkung）一文中，分析公共教育的必要性，主張由國家來興辦教育，如此可以促成教育的發展（Herbart, 1810: 432-437）。赫爾巴特雖然是費希特的學生，但是他卻反對費希特「主觀的理想主義」。赫爾巴特的形上學屬於「實在主義」（Realismus），因此根據實在主義建立他的教育學體系。赫爾巴特雖然建立了德國的教育學體系，但是由於時代精神的影響，在他生前並未對教育實際發生很大的影響。一直到1840年以後，由於裴斯塔洛齊的教育思想受到歧視，赫爾巴特的著作相繼出版，同時赫爾巴特學派的表現傑出。因此，赫爾巴特的教育理論才產生重大的影響（田培林，1976a：233）。

綜合前面所述，雖然赫爾巴特所謂「圓融的教育智慧」非常抽象，但是卻開啟了教育科學理論，對於教育理論與教育實際關係探討的風潮。赫爾巴特的教育科學理論已經開始注意教育研究對象的界定，對於教育、教學、管理和訓練等概念有深入的分析，在研究方法上仍然延用哲學思辯的方法。在教育理論的建構方面，提出教育理論、陶冶理論和教育科學理論，完成普通教育學體系的建構。在教育科學性質的探討上，從實踐優位的觀點出發，將普通教育學建立成為一門實踐的科學。

十、史萊爾瑪赫的教育理論

史萊爾瑪赫（Friedrich Ernst Daniel Schleiermacher, 1768-1834）1768年11月21日出生於布雷斯勞（Breslau），在家排行第二，上有一位姐姐夏洛特（Charlotte Schleiermacher），下有一位弟弟卡爾（Karl Schleiermacher）。父親是一位牧師，母親是一位虔誠的新教徒。她不僅培養兒子感覺的能力，而且讓他學會反省，這種教育方式相當成功。史萊爾瑪赫的父母最初有意

將孩子留在家中，但是他們擔心兒子因為過分受到人們的誇獎，而變得沾沾自喜。因此1780年決定將他送到普勒斯古文中學（Gymnasium Pless）就讀，史萊爾瑪赫的批判思維和系統表達的能力在這裡被激發起來。1783年的春天，他進入尼斯基師範學校（Lehrerschule Niesky）就讀，這是一所修道院，專門為培養神職人員而設，在這裡決定了史萊爾瑪赫以後人生的方向。1785年8月考取巴比神學院（Theologische Hochschule Barby），開始學習神學，但是該校的氣氛保守，令他十分失望。1790年轉到哈勒大學就讀，主修基督宗教神學。大學畢業之後，曾經擔任過家庭教師，後來也在柏林的學校教書。1796年通過國家神學考試，在柏林的夏律提擔任牧師，1804年應聘哈勒大學，擔任神學教授。1810年洪保特、費希特和史萊爾瑪赫奉普魯士國王之命，創立佛里德里希－威廉斯大學，史萊爾瑪赫成為柏林大學第一位神學講座教授，並且參與普魯士王國教育改革的工作，對於德國教育制度的革新貢獻很大（鄧安慶，1999；Böhm, 2000；Schleiermacher, 1814）。

　　1814年應普魯士「科學院」（Akademie der Wissenschaft）之聘，發表〈論國家的職業與教育〉（Über den Beruf des Staates zur Erziehung）的演講，在這篇演說中，他主張國家應該負起教育國民的責任，才能提高國民的素質，使國家富強。史萊爾瑪赫的教育思想深受柏拉圖最高善理念和辯證法的影響，注重教育學與倫理學的關係。除此之外，也受到康德教育理論和薩爾茲曼教育思想的影響，對於德國20世紀的「文化教育學」（Kulturpädagogik）和「精神科學教育學」（Geisteswissenschaftliche Pädagogik）產生相當大的影響。史萊爾瑪赫從辯證法和詮釋學的觀點，提出具有特色的教育理論，對教育科學的發展貢獻很大，1834年2月12日逝世於柏林。史萊爾瑪赫的主要著作有《論宗教》（Über die Religion）、《基督信仰》（Der christliche Glaub）、《辯證法》（Dialektik）、《詮釋學與批判》（Hermeneutik und Kritik）、《倫理學》（Ethik）、《美學》（Ästhetik）、《哲學著作》（Philosophische Schriften）、《教育理論》（Theorie der Erziehung）、《教育學論文集》（Texte zur Pädagogik）、《史萊爾瑪赫全集》（Friedrich Ernst Daniel Schleiermachers Sämtliche Werke）等書（鄧安慶，1999；Böhm,

2000；Schleiermacher, 1814）。

　　史萊爾瑪赫在費希特建立新式大學計畫發表的第二年，即1808年，也提出了一個建立德意志精神的大學計畫。由於史萊爾瑪赫和費希特的哲學思想不同，所以他們提出的計畫內容也不相同。費希特承認理性的絕對力量，並不重視「歷史」與「自然」的價值。他以為世界的構成原則是理性的活動，只有理性的活動，才是原始的力量。可是史萊爾瑪赫卻承認「自由」與「理性」的價值，而且這種價值並不完全來自行動。這種價值的發生，來自本有的「自然」和人類的「歷史」。「自然」和「歷史」乃是科學研究的兩種主要對象。因此，史萊爾瑪赫對於舊有的大學，雖然和費希特同樣的不滿，但是他對於大學的見解，和費希特並不相同。史萊爾瑪赫認為大學的目的，在於科學意識的喚醒；科學的觀念是使用各種知識追求的方式，進一步幫助青年，使他們有獲取知識的能力。因此，大學教育的目的，在於培養青年，使他們能夠採用科學的觀點，去注意自然的現象。由此，從自然的個別現象中發現差異，並且運用科學的態度來處理，將這些差異的現象，聯合成為一個系統。知識中的「統一性」和「複雜性」，才能得到配合與調整。所以，大學的任務在於培養青年，確實瞭解科學的基本精神，也就是使青年對於「自然」和「歷史」的現象，具有自動研究、發明和整理的能力。為了達成大學的這項任務，史萊爾瑪赫認為哲學的訓練，在大學中應該居於首要的地位，哲學修養必須是各科專門研究的基礎。因此，史萊爾瑪赫在他所擬定的新式大學計畫中，主張大學第一年的學生，必須一律接受哲學訓練。其他學院中高年級的教授，也必須和哲學院保持密切的關係，把專門教學工作和特殊研究工作，安放在哲學院的共同基礎上。史萊爾瑪赫的結論是：大學中如果嚴格的把各學院分離開來，忽視了哲學的基本訓練，就會破壞大學的精神。因此，大學的任務需要簡化，只要能把科學的意識喚醒就夠了（田培林，1976d：555-556）。

　　黑格爾在其著作中指出家庭兒童與學校兒童的不同，史萊爾瑪赫接受這種兒童的差異，並且在其《教育理論》中，進一步區分國家、宗教、科學和自由交往生活團體之間的不同。但是，史萊爾瑪赫不贊同黑格爾將學校視為從家庭過渡到公民社會機構的看法，而將學校當作未成年人進入

較大生活團體的準備機構。史萊爾瑪赫對成人地位和教育的兩代關係的確定，符合盧梭現代兒童的概念。教育行動在此作為生活團體中一種特殊的行動層面被理解。史萊爾瑪赫主張：「人類世代存在於單一的形式中，以特定的周期在地球上存在，然後再度地消失，所有的事物同屬於一個周期。經常能夠用年長和年幼的兩代來區分……年長一代大部分的活動延伸到年幼一代，這種活動是如此地不完美，但是很少被認知到，人們在做什麼？為什麼人們要做它？因此，必須要有一種理論，從年長與年幼兩代關係出發，自己提出下列問題：年長一代究竟要對年幼一代做什麼？這種活動的目的要如何決定？如何使活動的結果符合要求？在年長與年幼兩代關係的基礎上，年長一代對年幼一代負有何種責任？我們建構一切屬於這個範圍的理論。」（Schleiermacher, 1983: 9）史萊爾瑪赫此處所謂的「兩代關係」，不是社會學上依年齡劃分兩代界限的意義，而是一種互動介於兩代之間，從「年長」——「年幼」關聯的個別差異所做的區分，就像「父母」與「孩子」、「教師」與「學生」、「施教者」與「受教者」的關係一樣（Brüggen, 1990: 53-54）。

　　史萊爾瑪赫的引文如同盧梭的觀點一樣，受到許多人的誤解。他們認為史萊爾瑪赫主張現代教育的使命在於：首先回答年長與年幼兩代之間的關係，然後將此答案繼續地傳遞給年幼一代。事實上，史萊爾瑪赫的觀點並非如此。他補充盧梭的教育行動理論，以建構其教育理論，主要的目的在於反省教育實際的社會層面。史萊爾瑪赫的理論不再建立於成人社會的知識之上，以決定未成年人的未來，而在於排除所有傳統主義的答案。究竟年長一代對年幼一代能夠期望什麼？在今天公民關係自身不斷轉變的情況下，新舊狀態下的倫理都無法給予這個問題答案。個人的決定不再是傳統意義下，父與子或母與女的決定。這種決定不是聽任所有的人互相的鬥爭以獲取社會的地位。年長一代究竟負有何種責任的問題，必須在教育中成為反省領域和論辯探討的對象。在此情況下，一項成功的教育實踐如何在社會中獲得保障？在討論過程中，下一代如何參與作用？這些都是相當重要的問題。假如年長一代企圖代替下一代回答這些問題，並且打算將這些答案代代相傳下去，由於年幼一代在兩代關係中已經喪失立場，因此將

使這些問題的討論遭到失敗。年長一代對年幼一代負有何種責任的問題，必須在雙重意義下成為自我諮詢的對象：一是在成人世代之內成為諮詢的對象；二是與年幼一代共同成為自我諮詢的對象。只有在這兩種情況下，能夠在兩代之間形成一種「教育文化」（Pädagogische Kultur），在此教育文化中才可能產生正確的兩代關係，使年長與年幼兩代在對話論辯中繼續發展下去（Benner, 1999: 14-15; Benner, 2001: 272-275）。

在盧梭提出消極教育的概念，泛愛主義者應用比較引導的學說和費希特主張自我思想和自我行動交互作用時，史萊爾瑪赫也提出教育理論的辯證法。史萊爾瑪赫於1826年出版《教育理論》（*Theorie der Erziehung*）一書中，從歷史哲學的觀點出發，將教育學奠基於倫理學之上，希望經由教育學和政治學的合作來實現最高的善。史萊爾瑪赫認為教育學是一門實踐科學，教育理論應該建立於上一代對下一代理解的基礎之上。教育孩子不可使用積極的方式，而應當使用消極的方法。這樣才能使孩子主動的經驗外在的世界，養成反省思考的能力，避免教育活動淪為意識型態的灌輸。史萊爾瑪赫主張實踐先於理論，理論必須力爭上游方能獲得承認，使理論與實踐完全一致（Schleiermacher, 1957: 131）。他認為教育是整體活動的一部分，教育和政治、倫理、經濟、藝術和宗教之間有密切的關係，他們分化為不同的行動領域，彼此之間存在著反省的關係。教育的實際則包括個人的層面和社會的層面，兩者不能有所偏廢。教育也必須兼顧傳統的維持和當前社會的改善，但是這個任務無法透過私人教育和學校教育來達成，而必須經由現存的開放文化才能達成，如果沒有教育影響的論辯和陳述意見的開放性，這個任務是無法達成的。史萊爾瑪赫主張在教育措施上，應該給予善的事物喚醒和支持，對於惡的事物則應該加以壓抑和反作用，這樣才能幫助個體建立正確的價值觀念，實踐善的理念和行為，達成教育的理想（Benner & Kemper, 2001: 275-284; Schleiermacher, 1983: 28-53）。史萊爾瑪赫教育理論促使學者去注意教育影響因果性的概念和個人層面與社會層面教育行動的關係，對於啟蒙運動時期改革教育學的研究貢獻相當大。

1797年普魯士王國由腓特烈威廉三世（Friedrich Wilhelm III）上臺執政，境內教育保守主義與自由主義的鬥爭，不久就消失無蹤。1807年拿破

崙擊敗普魯士王國之後，看起來好像「自由主義」（Liberalismus）獲得勝利，由於受到費希特和洪保特的鼓吹，腓特烈威廉三世允許自由思想的表達，作為復興普魯士王國和教育國家化的利器。這些思想家認為通過統一的教育制度，普魯士王國可以重新獲得活力。因為每一個兒童在智能許可下，都有機會充分發展自己，經由這種教育方式，普魯士王國分裂的社會階級，可以逐漸的被沖淡。1810年費希特成為柏林大學的校長，一切措施都以自由原則為準繩，同時洪保特出任普魯士王國教育行政的負責人。當時，普魯士王國曾經派遣許多人到瑞士，向裴斯塔洛齊學習教育的方法。這些人後來成為教師訓練和教育行政的實踐者，普魯士王國的教育成為世界上，最現代化的教育制度，引起不少法國和美國教育界人士的注意（Butts, 1973）。

　　總而言之，啟蒙運動時期的教育改革，深受歷史時空因素的影響。首先，當時普魯士王國創立不久，亟需進行民族融合的工作，國家教育制度因此扮演重要的角色。因為只有在統一的國家教育制度之下，才能培養具有民族精神的國民，進而消除中歐地區王國林立，民族相互對立的現象，進而建立統一的帝國。其次，當時歐洲強國環伺，普魯士王國必須發憤圖強，才能在歐洲繼續生存。因此，想要經由國家教育制度的建立，培養優良的師資，普及國民教育，以達到富國強民的目標。而且，普魯士王國君主賢明，能夠重用著名的教育學家，規劃國家教育制度，奠定學校教育的基礎。所以，國家主義的教育能夠在普魯士王國生根發展，一直到今天歷久不衰。這個時期的教育改革，一方面是由教育學者提出改革的理念，在教育雜誌刊物上廣泛的討論，或是由教育學者將改革的理念落實到教育實際中，設立泛愛主義學校，進行教學和課程的改革；另一方面是由國家主導教育改革的活動，制定國家整體的教育制度，促進學校教育的發展。啟蒙運動時期的國家主義教育運動和泛愛主義教育運動就是最佳的例子，這一個時期的教育改革運動深受康德、特拉普、費希特、洪保特、赫爾巴特、黑格爾和史萊爾瑪赫等人教育理論的影響，對於德國教育制度的奠定、課程教材的選擇、教學方法的改進、師資培育制度的革新都產生重大的影響。經由這一個時期教育改革運動的探討，可以使我們瞭解到教育改

革不是國家單獨所能主導，必須結合教育學者、學校教師、家長和學生的意見，經過廣泛的討論，才能形成教育改革的共識，有利於重大教育政策的制定和教育改革的推動。其次，任何教育改革不可能憑空出現，一定有其時間、空間社會、國家和文化的背景因素，並且以教育理論為依據，才能正確的引導教育改革活動的進行，避免意見紛歧和錯誤的產生，達成教育改革預定的目標。最後，啟蒙運動時期的教育改革也顯示了教育學家偉大奉獻的精神，如果沒有這些教育學家博愛濟世，不計個人利害得失的努力，教育改革運動根本無法成功。因此，教育學家那種堅持理想、奮鬥不懈的精神，非常值得所有從事教育改革的人效法。

■第三章■

文化批判時期的教育改革

　　1804年普魯士國王腓特烈四世（Keiser Friedrich IV）上臺執政，由於受到革命運動的影響，他不再認為教育是一種社會改進的策略，而主張教育是一項反擊非權威性宗教和政治觀念的工具。腓特烈四世對於普魯士小學教師，參與1848年的革命運動非常不滿，他指責小學教師已經成為煽動人民，以粗暴行動要求立憲的危險人物。腓特烈四世於1854年頒布法令，強調對宗教和國王的服從習慣適當的尊重。他重視教師訓練機構的設立，以便執行這些教育目標。雖然1854年的有關規定，消除了教育學中具有危險性的理論與方法，使得教學限制在一些特定的學科上。不過，1872年的規定，重新恢復了一些專業教育的內容；對於非宗教性科目，給予較多的研究自由。然而並不容許小學教師，接受傳統的大學教育。不過，早期的自由運動，的確對中學教師的養成有所影響，有些大學開始提供教育性的研討會，為未來的教師，作特別的提示，以便教師通過政府的考試。新任

教師必須實習一年，這些中學教師養成制度上的改進，受到各國教育學家的注意，並且引進德國的範例，來改進教師訓練機構（Butts, 1973）。1871年威廉一世（Keiser Wilhelm I）建立了以普魯士王國為首的德意志帝國（Deutsche Reich），這一次建國的工作，雖然不能完全歸功於教育改革，但是卻也不能說教育的改進一點也沒有關係。德意志帝國建立之後，對於教育改革的工作，仍然不餘遺力的在推動（田培林，1976a：234）。不過，德國的教育機構也產生了一些問題，引起學者普遍的注意，文化批判的潮流因而興起。樂爾斯主張改革教育學受到19世紀中葉文化生活情境批判論辯的引導，其中尼采（Friedrich Nietzsche, 1844-1900）、拉嘉德（Paul de Lagarde, 1827-1891）和朗邊（August Julius Langbehn, 1851-1907）在文化批判的精神歷史中占有重要的地位。他們強調文化只有在教育的媒體中才能維持和繼續發展，同時文化批判就是一種教育批判（Bildungskritik）。樂爾斯主張教育改革不僅是一種歷史的現象，同時也是一種全世界共同的趨勢。改革教育學的核心基礎來自於「文化批判」（Kulturkritik）的概念，主要的目的在於以文化作為人類的探究，進而改善人類的本質，拓展和加深人類生活的領域。並且，從人類到人類生活所創造人為環境建構的問題，以提升人類的歷史達到人性存在的境界（Röhrs, 1998: 25）。茲詳細說明文化批判時期重要的教育改革運動如下：

第一節　文化批判運動

文化批判運動開始於1872至1945年。主要的重點在探討世紀轉換到威瑪共和國結束的教育運動。這個時期的教育改革深受盧梭自然主義、尼采生命哲學、拉嘉德文化哲學、諾爾生命哲學、皮特森實證哲學、斯泰納人智學、蒙特梭利教育理論、杜威實用主義、皮亞傑兒童心理學、佛洛伊德精神分析學的影響。在教育改革的理念上有些延續了啟蒙運動時期的觀點，例如：鄉村教育之家、自由學校區、歐登森林學校、進步主義學校和夏山學校的教育理念，都受到盧梭自然主義教育思想的影響。這和啟蒙運動時期泛愛主義學校與康拉第主義學校的教育改革有密切的關係，可以證

明兩個時期的教育改革理念存在著延續性。但是文化批判時期的教育改革
也有一些獨創性的理念，這是啟蒙運動時期的教育改革所沒有的理念。例
如：華德福學校注重身、心、靈合一的教育理念；新教育運動強調的精神
主義、心理主義和個人主義，這些都是啟蒙運動時期尚未出現的教育理
念。除了教育改革理論之外，文化批判時期的教育改革在教育運動的興
起、教育改革機構的創立和教育科學理論的發展上，都有不同的演變和長
足的進步。

　　文化批判時期的教育改革可以區分為四個階段。第一個階段開始於
1890年，從教育制度改革的不同觀點出發，包括了一些代表的教育學家，
共同批判傳統學校的缺失。第二個階段開始於1912年，從彼此孤立的改
革嘗試出發，在討論中發現了教育共同的基本觀點。第三階段開始於1924
年，從理論上澄清不同改革教育的動機，批判教育改革共同的計畫，以
作為教育改革工作的準備。第四個階段開始於1930年，從社會改革的觀
點出發，將學校視為發展政治的里程碑，以進行學校教育的改革（Flitner,
1928: 232-242; Röhrs, 1998: 23）。這個時期的教育改革深受尼采生命哲學
（Lebensphilosophie）、拉嘉德文化哲學（Kulturphilosophie）和朗邊藝術哲
學（Kunstphilosophie）的影響，開始對哲學思想、學校教育、宗教教義、
社會制度、藝術現狀和文化觀念提出批判，希望經由教育的改革，建立全
新的哲學思想、宗教教義、倫理道德、藝術觀念和文化思維，以提升人類
精神生活的境界，促進國家社會的進步。茲詳細說明其文化批判的內涵如
下：

一、尼采的文化批判

　　文化批判運動的第一位人物是哲學家尼采（Friedrich Nietzsche, 1844-
1900），尼采1844年10月15日生於普魯士薩克森邦的洛肯（Röcken）。父
親是愛倫堡監督牧師，母親佛蘭西斯嘉是波普雷斯鎮牧師的女兒。尼采是
長子，下有一個妹妹伊莉莎白，倆人關係非常密切。1850年尼采進入南姆
堡就讀小學，從小舉止高雅，容易陷於沉思。1854年進入古文中學就讀，
接受自由教育，學習古典著作。1858年就讀普爾塔高等學校，1864年進入

波昂大學，主修神學與古典語言學。1865年初讀叔本華的作品，感到相當喜歡，後來深受其哲學思想的影響。1869年任教巴塞爾大學，擔任古典語言學講座教授。開始其一生學術研究與著述的生涯。1889年在托里諾罹患精神分裂症，1900年死於威瑪（Weimar）。主要的著作有《悲劇的誕生》（*Die Geburt der Tragödie*）、《道德系譜學》（*Zur Genealogie der Moral*）、《查拉圖斯特拉如是說》（*Also sprach Zarathustra*）、《歡愉的知識》（*Die fröhliche Wissenschaft*）、《反時代的考察》（*Unzeitgemäße Betrachtungen*）、《超越善與惡》（*Jenseits von Gut und Böse*）等書（Gerhardt, 1995: 31-58）。

尼采雖然早在1900年就病逝於威瑪，但是其精神威力卻在20世紀才與日俱增。尼采的「精神三變說」不僅是刻劃鮮明的精神圖像，也隱含立場激進的「文化批判」（Kulturkritik）。這兩者的豐富內涵，使尼采的整體思想如同「教育批判」。尼采的思想不僅啟發了馬克斯和佛洛伊德的學術靈感，對於法國後結構主義和後現代主義思潮也發生宗師地位的影響力（馮朝霖，2004：5）。尼采哲學思想發展的階段，可以分為下列三個時期（李永熾，1981：115-118）：

第一期（1869-1876），這時尼采對基督宗教已有懷疑，但極力自我抑制，專注於文獻學的研究，駁斥當時流行的庸俗思想，深研古希臘的悲劇存在觀，由其中無限開展，浪漫自然的生命開始覺醒。同時，全心接受叔本華（Arthur Schopenhauer, 1788-1860）哲學與華格納（Richard Wagner）藝術的影響，形成忠實於生命內在要求的根本態度。此期的代表作有：以戴奧尼索斯的存在肯定為主題的《悲劇的誕生》；批判腐儒與時代流行思潮，追溯文化根源的《反時代的考察》。

第二期（1876-1881），以獨創思想破壞既成權威，建立新思想的時期。由於天才火花的煥發，開始對諂媚群眾低俗嗜求的華格納，感到幻滅，與之決裂，另求自我思想的獨立。一面忍受沙漠中絕緣的孤獨，一面為獲得絕對的自由而苦苦奮鬥。對一切既成的權威價值均加以自由批判，破壞既存文化，勇敢地衝進懷疑與虛無主義的荒原。初期的浪漫精神至此消逝無蹤，強調科學的實證，以無所依傍的自由精神探索真理，是尼采這一時期的主題。此期的代表作有《人性的，太人性的》，書中尼采暴露了

粉飾一切文化與人際關係的陰暗地穴，並以冷靜的科學之光，洞燭地穴中隱伏的腥臭污穢。更以這種冷靜觀察的自我訓練獲得的自由精神，正面攻擊充滿偏見的舊道德，在虛無的暗夜中，預言新道德的誕生，由此寫成了《曙光》（*Morgenrot*）。繼《曙光》之後的是《歡愉的知識》（*Fröhliche Wissenschaft*），暗示新道德必須忍受「神死」的空無，歡愉地肯定生命，此中已孕育了尼采終極的思想「永劫回歸說」。

第三期（1881-1888），以永劫回歸的思想與虛無主義對抗，從內部加以突破，這是尼采思想集大成的時期。宣示「超人」以代替「神」，由權力意志建立高貴的「主人道德」，破壞卑劣低下的「奴隸道德」，攻擊「無我」和「憐憫」的基督教義。尼采在與教會的戰鬥中，迎接瘋狂前夕的平靜。這是尼采思想的圓熟期，從命運愛走向與存在和解的境域。此期的代表作有：以新福音代替基督宗教終結論的《查拉圖斯特拉如是說》，尼采在書中走向重新肯定生命的超人之路，雄渾壯美地謳歌捨棄神恩而求自我救贖的生命形相。同時，尼采又構思散文體的作品《權力意志》，以確立新價值的基礎，和虛無主義相對抗。他留下許多珠玉般的斷簡，這些斷簡後來輯成《權力意志》（*Der Wille zur Macht*）一書。後來尼采繼續寫成《超越善與惡：道德系譜學》（*Jenseits von Gut und Böse*）、《道德系譜學》（*Zur Genealogie der Moral*）、《華格納事件》（*Der Fall Wagner*）、《偶像的黃昏》（*Götzendämmerung*）、《反基督》（*Der Antichrist*）等書。最後，似乎預感清明的神智即將終結，在完成了《看呵！這人》（*Ecce Homo*）、《尼采對華格納》（*Friedrich Nietzsche kontra Richard Wagner*）和《戴奧尼索斯頌歌》（*Dionysos Dithyramben*）之後，從此不再執筆，以悲劇的瘋狂告別了人世。

除了哲學、宗教、文化和道德的深刻反省之外，尼采也對教育進行批判，非常類似盧梭在啟蒙運動時期中的角色。對尼采而言，「成為自己」是尼采生命哲學的焦點，所有文化的內容都是工具，目的在於使每個人發揮本身的強力意志，以充實豐富本身的生命。因此，教育是一種成人之美的藝術，目的在幫助個人成為自己，找到主體。然而，這樣的主體已經不再是康德定義下的「理性主體」，而是涵容了阿波羅精神和戴奧尼

索斯精神的主體，人類圖像已由「理性／自主」走向「情性／創化」（馮朝霖，2004：11）。1872年尼采在巴塞爾的「研究學會」（Akademische Gesellschaft）作了一場演講，講題是〈論我們教育機構的未來〉（Über die Zukunft unserer Bildungsanstalten）。在這一篇演講文中，尼采對當時教育機構注重職業教育，忽略人格教育，追求金錢的獲得和偏差的教育目的，提出深刻的批判與建議（Nietzsche, 1995: 37-41）。隨著尼采「文化批判」觀點的提出，促成德國文化批判運動、鄉村教育之家運動、藝術教育運動、教學改革運動、工作學校運動、倫理政治教育運動和青少年運動等教育改革運動的興起，對於德國教育學術的進步有很大的貢獻。

二、拉嘉德的文化批判

　　文化批判運動的第二位人物是教育學家拉嘉德（Paul de Lagarde, 1827-1891），拉嘉德1827年11月2日出生於柏林，1851年在哈勒大學通過「教授備選資格審查」（Habilitation），曾經到過倫敦和巴黎從事研究。1854至1866年在柏林實踐學校，擔任教師的工作。1869年應聘哥廷根大學，繼承葉華德（Heinrich Ewald）的職位，擔任東方語言學講座教授。擅長敘利亞文、柯普提斯文、阿拉美文、阿拉伯文、希臘文、拉丁文聖經和教會神父著作的詮釋，致力於神學和教會任務的研究。在保羅神學中，他看到了一種關聯舊約聖經觀念和基督教偽造的途徑。他主張區分國家和教會，以建立一種國家的教會，1891年逝世於哥廷根。拉嘉德與啟蒙運動時期的費希特和賀爾德相似，受到德意志觀念論（Deutsche Idealismus）的影響，從國家主義（Nationalismus）的觀點出發，反對當時的浪漫主義（Romanismus）思想。在宗教方面，從基督宗教的立場，批評猶太教的缺失，主張一種德意志帝國的國家宗教。在教育方面，從貴族統治的觀點，強調教育制度的改革，建立國民學校、農業學校、手工藝學校、商業學校和多元技術學校，以培養具有國家性、人文性和宗教性的公民。這種國家主義的教育思想對於青少年運動和「國家社會主義」（Nationalsozialismus）的教育產生相當大的影響。拉嘉德的主要著作有《公告》（*Mitteilungen*）、《德意志著作》（*Deutsche Schriften*）、《詩》（*Gedichte*）、《哈勒孤兒院修

正版路德聖經》（*Die revidierte Lutherbibel des Hallschen Waisenhauses*）、《德
意志民族著作》（*Schriften für das deutsche Volk*）、《舊的和新的聖誕節》
（*Altes und Neues über das Weihnachtsfest*）等書（Böhm, 2000: 325; Röhrs, 2001:
36-42）。

　　拉嘉德關聯宗教與政治，主張宗教是無所不在的，宗教也是超越人
類的，不但對人的情緒會產生影響，而且會影響一個人的思想和行動。如
果沒有這種影響，人類將無法想像和行動。拉嘉德認為宗教最重要的功能
在於建立一種持久的世界觀和生活觀，人類的生命是以上帝為中心的，從
這種觀點來理解和形成人類的生活。因此，世間所有的生活都是為了侍奉
上帝，因為所有存在的都是經由上帝而存在，上帝是存有唯一和最終的力
量。宗教在國家教育上的使命是超越浪漫主義，和經由導向羅馬的自我異
化，浪漫主義和天主教主義在德國不是經由一種抽象的宗教，而是要透過
國家的─德意志的宗教才能加以超越。這種國家的─德意志的宗教符合上
帝想要的德意志國家的形式。因此，所有的德國人應該支持這種看法，大
家共同為實現這種理想而奮鬥。從這種觀點出發，拉嘉德開始批判猶太文
化。因為猶太人無法解決其國家性與宗教連接的問題，導致猶太人在每一
個歐洲國家嚴重的不幸。如果德國人像猶太人一樣，德國的命運亦然。來
自德國的猶太人不是移民出去，就是必須成為德國人，沒有其他變通的選
擇。這使得德國逐漸的猶太化，無法形成國家的宗教，培養德意志的精神
（Lagarde, 1892: 67, 364-366；Röhrs, 2001: 37-38）。

　　拉嘉德主張每個國家都需要一種國家宗教，主要的考慮如下：國家
不是透過生理的生產，而是透過歷史的結果而興起。但是歷史的結果敵不
過天命的統治，這些從國家的道路和目的就可以得到證明。因此，國家是
上帝的指定：國家將被創造，但是不是透過符合自然法則的途徑，不是透
過偶然進入存有，而是創造者的創造和目的關聯的結果。這個目的是國家
生存的原則：承認這個目的就是承認上帝的意志，上帝的意志就是國家目
的想要達到的。沒有這種上帝的意志，國家的生命和國家自身是無法想像
的。因此，上帝的意志對一個國家非常重要。這些事實情況讓宗教成為每
一個民族必要的事物，國家只有當理念和國民產生內在的共屬性，讓國民

按照自己的意願從事活動時，才能得到真正的自由，因為國民作為國家的
成員，他是國家的一部分，無法與國家分離。如果國民與國家分離，就無
法再為國家的整體做出貢獻。宗教能夠凝聚國民的情感，符合上帝的意
志，實現國家的理念。因此，需要一種國家的宗教。這種國家的宗教不是
清教的，不是天主教的，不是自由的；而是德意志的，虔誠的，基督教的
一種國家宗教（Lagarde, 1892: 140-142）。

三、朗邊的文化批判

　　文化批判運動的第三位人物是教育學家朗邊（August Julius Langbehn,
1851-1907），朗邊1851年3月26日出生於哈德斯雷本（Hadersleben）。1870
年進入基爾大學就讀，主修古典語言學和自然科學。曾經在大學時期到
義大利旅遊，並且在佛羅倫斯擔任家庭教師的工作，開始對藝術史和考
古學產生興趣，1880年在慕尼黑大學獲得考古學博士學位。這一段學習過
程使他開始和藝術家交往，並且與藝術家海德爾（Karl Haider）、萊柏爾
（Wilhelm Leibl）和托瑪（Hans Thoma）建立友誼的關係。1890年朗邊出版
了《林布蘭特作為教育家》（Rembrandt als Erzieher）一書，批判當時社會
過度崇尚科學理性的文化，主張藝術生活風格的重要性，希望經由藝術教
育的改革，改善藝術教育的缺失，繼承固有的文化傳統，進而塑造社會
新的生活形式。這種觀點受到啟蒙運動時期席勒審美教育思想的影響，
朗邊也從基督宗教的立場，強調宗教教育在教育改革中的重要性，希望
經由「信仰」（Glauben）和「愛」（Liebe）的人性教育，培養具有「完
整性」（Ganzheit）的個人，並且建立一種藝術的文化。1907年4月30日逝
世於羅森漢（Rosenheim）。朗邊的主要著作有《德國藝術的疾病》（Die
Kranke deutsche Kunst）、《尼德德文》（Niederdeutsches）、《杜勒作為領
導者》（Dürer als Führer）、《整體的精神》（Der Geist des Ganzen）、《德
意志思想》（Deutsche Denken）等書（Böhm, 2000: 327-328; Röhrs, 2001: 42-
45）。

　　朗邊文化批判的思想有三個步驟：他的出發點是與現代只跟知識關

聯，未植根於生活層面歷史的—理論的文化進行辯論。其次，批判的去除
單方面唯智主義的精神態度，贊同一種藝術家確定的生活風格。最後，這
種藝術家的風格一方面與外在的造型能力產生交互作用，另一方面在宗教
的關聯中，導向內在知覺的永恆價值。朗邊文化批判的結果是一種生活改
革的計畫，希望去創造價值，反對當時逐漸沒落占統治性的科學教育，走
向一種藝術的教育。希望兼顧前述兩種形式的教育。德意志民族在現在的
教育中過度成熟，但是這種過度成熟基本上卻是一種不成熟。野蠻是一種
與教育相對立的不成熟，而且在德國隨處可以看到這種系統的、科學的和
有教養的野蠻。朗邊認為在轉向一個新的時代中，德國人必須將其精神態
度個別化、加強化和宏偉化。因此，必須實施藝術的教育，進行人性的教
育，改革德國人生活的形式，培養德意志之心（Langbehn, 1925: 45-47, 317;
Röhrs, 2001: 42-45）。

　　朗邊關聯民族、國家和藝術作為主要的動機，從國家主義、反猶太
主義（Antisemitismus）德國人的立場出發，在1890年出版的《林布蘭特作
為教育家》一書中，嘗試建立一種藝術的批判和社會的批判，希望經由藝
術和邁向藝術的教育，進行國家、社會和教育的改革，培養具有藝術文化
的公民。林布蘭特是一位荷蘭的畫家，在朗邊看來，他具有所有的美德，
他是德意志精神和德意志民族最佳的代表。朗邊認為應該將林布蘭特作為
當時德國人的先前圖像和文化政治的楷模，對民主主義和印象主義加以限
制，讓德國人能夠再度獲得優勢的地位。為什麼選擇荷蘭的畫家作為德意
志民族的教師呢？朗邊認為這並不矛盾。因為作為別的國家的代表，也是
另外一種形式的藝術，就像欣賞他國的藝術一樣。因此，可以接受林布蘭
特作為自己民族的先前圖像。朗邊主張效法林布蘭特的精神，從反猶太主
義的觀點批判了猶太民族的文化，建立以德意志民族精神為中心的藝術文
化，恢復德意志民族的精神，實施國家主義的政治制度，繼承固有的文化
傳統，塑造新的社會生活形式，進行德國社會藝術文化的改革，才能建立
新的德意志帝國，使德意志帝國達到富國強民的目標（Langbehn, 1925）。

　　綜觀整個文化批判運動，哲學家尼采從生命哲學的觀點出發，批判
當時社會崇尚理性的哲學思想，反對憐憫弱者的基督宗教倫理觀念，認為

上帝已經死亡，人類應該找回自己的主體，做自己生命的主人。同時，反省當時學校教育重視職業訓練，忽略品格道德教育的缺失，對教育機構提出嚴厲的批判，促成整個社會文化改革運動的興起。拉嘉德則從國家主義的觀點出發，反對當時的浪漫主義，進行宗教機構的改革，主張建立一種國家的宗教，以凝聚國民的情感，符合上帝的意志和實現國家的理念。同時，進行教育制度的改革，以培養國家性、人文性和宗教性的公民。朗邊則從藝術哲學的觀點出發，批判當時社會過度崇尚科學理性的文化，主張藝術生活風格的重要性，希望經由藝術教育的改革，改善藝術教育的缺失，繼承固有的文化傳統，進而塑造社會新的生活形式。這些文化批判運動的理念，並未隨著時間的流逝而消失，而陸續的在文化批判時期的藝術教育運動和青少年運動中一一浮現，強調效忠祖國和愛護鄉土的觀念，對人類教育理論和教育實際的革新貢獻很大。但是，文化批判運動提倡的德意志精神和反猶太主義的觀念，也造成日爾曼民族優越的錯覺、國家社會主義的興起和納粹強權統治的思想，給人類帶來了可怕的災難，相當值得我們深切的反省。

第二節 藝術教育運動

近代的學校教育，一直到19世紀為止，都是注重專門知識的傳授，即使是初級學校中，也把必修的課程，分為若干獨立的科目，只為滿足求知的慾望，對於意志的鍛鍊、情感的培養、趣味的陶冶，幾乎沒有加以注意。這樣的教育措施，自然就不容易養成完整的人格，認識人生的本質，瞭解生活的意義。「藝術教育運動」（Kunsterziehungsbewegung），就在這樣的情況之下，逐漸發生起來的。所謂「藝術教育」（Kunsterziehung），不是指狹義的美術教育，而是審美的教育（Aesthetic Education）。藝術教育是倡導教育藝術化，注重個性發展，培養創造力，傾向情意陶冶，反對標準劃一和唯智主義的一種新思潮。19世紀末葉的西歐，科學技術極度膨脹的結果，一般人崇拜物質文明，忽視藝術的價值，以至大量工藝品粗製濫造，風格消失殆盡，素質低劣不堪。而一般思想傾向功利，偏重現實事

物，生活索然無味，感情內容枯萎。因此在思想上有新人文主義的興起，在教育上有藝術教育的倡導，以挽救社會生活日趨分裂的危機（田培林，1976b：449）。

一、藝術教育運動的原因

藝術教育思潮的開始，一方面是要改良工藝品，使其更加精美，具有藝術風格。另一方面是希望培養國民藝術的創造力，恢復藝術趣味。藝術教育的意義並不是要訓練兒童，使其成為各類不同的藝術家，乃是要利用藝術工作中的「完整性」、「創造力」和「欣賞的趣味」為工具，使兒童「心靈整體」得到和諧的發展，藉以養成完滿的人格，並且瞭解人生的意義。19世紀時，藝術已關進博物館中，限制在高貴的歌劇院裡，所有日常生活中能夠接觸到的只是贗造的飾品，低級趣味的陳設，所以藝術教育的運動者，要求學校從兒童開始受教的時候，就直接的參加藝術活動。因而製作圖表、戲劇表演、民族舞蹈、民歌欣賞，就特別受到重視，並且把它們當作主要的教學方式（田培林，1976f：764-765）。

藝術教育運動如同歷史的法則一樣，是一種時代新生活感覺和新創造形式意志在藝術中的揭露，並且是一種新的審美經驗，這種經驗經歷舊形式的僵化，同時使其再度獲得自由。這種法則不僅適用於文藝復興時期，就是在德國文學的狂飆時期也是有效的。從1870年開始的新的教育意志和新的理想，反對分析的唯智主義（Intelletualismus）所形成的空洞文明，文化批判的觀念要求一種來自人類生產力的新教育。這種要求成為藝術教育運動最強烈的根源（Nohl, 1933: 38）。首先，藝術教育運動的形成是來自圖畫藝術家的暴動，自1860年代費爾巴哈、柏克林、馬雷斯、希爾德布蘭、萊布爾和多瑪以來，在當時亞歷山大格式印刷與學者理想的自我原創力喪失之下，在藝術中看見新的理想，以對抗迄今存在的教育與文化。最初，只為了爭取藝術家自我的生存，後來擴展到整個德國人民及其人性的探討。也就是拒絕唯智主義，並且與感性和軀體建立新的關係；將人標記為「原始性」（Ursprünglichkeit），表達新的意志，同時與形式和社會建立新的關係，以對抗當時只詢問成就的「效益主義」（Utilitarismus）。

這種理想被引進教育領域，藝術就像狂飆時期文學家席勒將其當作工具一樣，藉以建立德意志帝國新的生活風格。1873年藝術家希勒布蘭（Karl Hillebrand, 1829-1884）在《審美異教徒的十二封信》（*Zwölf Briefen eines ästhetischen Ketzers*）一書和批判哲學家尼采〈反時代的考察〉（*Unzeit-gemäßen Betrachtungen*）一文中，認為德國對於科學的意義過度高估，藝術的目的在於國家文化生活形式的創造。1890年考古學家朗邊出版《林布蘭特作為教育學家》（*Rembrandt als Erziehung*）一書，在書中朗邊認為教育應該經由藝術，並且將林布蘭特作為「先前圖像」（Vorbild）。他主張德國人應該意識到自己的獨特性，並且應該從自己的優點和缺點來沉思其原始的力量。客觀性的日子已經過去，主觀性的時代已經在門前，人們應該從科學轉向藝術，教育的目的不再是培養抽象思考的學者和哲學家，而是一個真正的人，「風格」（Stil）這個字成為新教育內在和外在生活統一的結果（Nohl, 1933: 39-40）。除此之外，藝術教育運動還有許多不同的根源。例如：人與自然、人與故鄉的關係，以及醫學的觀點和德國行業經濟與實際的需要等等，都影響藝術教育運動的興起。

二、藝術教育運動的代表人物

藝術教育運動的主要代表人物有藍格和李希特華克，資詳細說明其生平著作和藝術教育理念如下：

㈠藍格的生平與理念

真正把藝術見解導為教育思潮者是教育學家藍格（Konrad von Lange, 1855-1921），他曾經擔任寇尼斯堡大學和杜賓根大學的美學教授，一生致力於藝術教育思想的倡導和中學圖畫教學的改革。藍格的主要著作有《德國青少年的藝術教育》（*Die Künstlerische Erziehung der Deutschen Jugend*）、《藝術教育的本質》（*Das Wesen der Künstlerischen Erziehung*）等書。藍格深受康德哲學、黑格爾美學和席勒審美教育理論的影響，認為德國藝術發達的原因，在於喚起民眾的藝術愛好，培養創造力和發掘藝術天才。雖然他強調藝術教育的重要，但是仍然重視生活理想的培育。在1901年德勒斯登（Dresden）所召開的「藝術教育會議」（Kunsterziehungstag）上，他提

出藝術教育的目的，不在專門藝術家的養成，而在不妨害其他教育目的的範圍內，培養學生對於藝術的愛好。因此，美術史和美學沒有特別設置的必要，同時也不必討論專門繪畫的技術，只要學生能真正欣賞藝術作品，並從鑑識中得到愉快就足夠了。而且我們並不想拿藝術的理想，取代道德的或宗教的理想，因為在日常生活中，除了藝術領域以外，還有其他理想的存在。在圖畫教學上，認為應該具有藝術的特質，不可視繪畫為一種技能，而實施技能的練習。因此，繪畫教學應該兼顧模仿的教學和個別的教學（田培林，1976b：450-451）。

(二)李希特華克的生平與理念

李希特華克（Alfred Lichtwark, 1852-1914）1852年11月14日出生於萊特布魯克（Reitbrook），1871年進入柏林大學就讀，後來轉到萊比錫大學，1885年獲得萊比錫大學哲學博士學位。曾經擔任過國民學校教師，1886年成為漢堡「工藝博物館」（Museum für Kunst und Gewerbe）的館長，推動工藝品的展覽和藝術教育的發展。經由藝術作品的考察，使他成為藝術的玩賞主義者，並且將藝術教育作為原理，致力於藝術與學校的革新，成為藝術教育運動的倡導者。漢堡「工藝博物館」是其師布林克曼（Justus Brinkmann）於1874年仿照英國和奧地利工藝博物館的形式而設立的。這種博物館旨在提高國民的藝術水準，培養藝術創造力。李希特華克深受康德、黑格爾和席勒美學理論的影響，認為德國工藝的發展，以全體國民的藝術愛好為基礎。因此，他主張經由藝術教育，培養國民的藝術品味和欣賞能力，來促進工業經濟的發展。工藝品只有受到大眾普遍的愛好，認識和批評才能進步。他提出藝術「玩賞主義」（Dilettantismus）的概念，認為藝術玩賞與愛好，不僅是個人生活幸福的源泉，也是國家工業藝術發達的途徑。他認為在藝術教學中宜避免藝術批評，儘管讓學生全心全意去欣賞，滿足藝術愛好的慾望，所以藝術欣賞的出發點，不在美術史的知識，而在藝術的直觀，在喚醒兒童的鑑賞力和藝術趣味。他主張學校中的藝術教學不必過早，圖畫觀察約自12歲開始，雕刻和建築等自14歲開始為正當。女生因經常注意化妝品，對於色彩感覺較敏銳，藝術欣賞也宜較男生早。李希特華克1914年1月13日逝世於漢堡，他的主要著作有《學校中的

藝術》（*Die Kunst in der Schule*）、《藝術品觀察的練習》（*Übungen in der Betrachtung von Kunstwerken*）、《心靈與藝術品》（*Die Seele und Das Kunstwerk*）、《德國人的未來》（*Der Deutsche der Zukunft*）、《藝術教育的基礎》（*Die Grundlage der Künstlerischen Bildung*）、《德國人的圖像》（*Das Bild der Deutschen*）、《眼睛的教育》（*Die Erziehung des Auges*）等書（田培林，1976b：451-452；Böhm, 2000：346-347）。

三、藝術教育運動的理念

　　藝術教育運動的決定性因素，還是在藝術運動本身。一方面由於新藝術的產生；另一方面由於新藝術行業和建築的產生，促成了1901年德勒斯登「藝術教育會議」的召開。其後，威瑪和漢堡也召開「藝術教育會議」，來處理詩歌、音樂和體育的問題。至此，整個德國所有的學校教師談論的不再只是教育，而包括了所有藝術相關的問題。藝術教育運動注重的不僅是個人的問題，而是整個民族藝術的力量。1901年李希特華克（Alfred Lichtwark）在德勒斯登的「藝術教育會議」上發表一篇論文，題目是〈論未來的德國人〉（Über den Deutschen der Zukunft）。在這篇論文中，李希特華克提出了新的教育理想。他認為藝術教育不僅只是整個民族總體教育的一部分，同時也給予德國人從事新探索的基礎和新建設的義務。李希特華克批判當時文化的危機，主張教育在追求生活道德的更新，擺脫傳統國家教育下缺乏創造能力、貧窮、侷限、依賴和奴性的形象，培養自由、快樂和振作的德國人。這種藝術教育運動的主要思想經由阿斐納利斯（Ferdinand Avenarius, 1856-1923）帶入德國公民議會傳達給所有的學校校長，進而對整個民族的審美和道德教育產生很大的影響（Nohl, 1933: 41）。

　　「藝術教育會議」究竟如何將藝術原理的教育影響帶入學校之中呢？也就是說學校的藝術教育注重哪些教學觀念呢？主要的有下列幾個重要的觀點（Nohl, 1933: 41-42）：㈠ 至今為止知識與教育同樣重要，學校中知識的材料是被決定的，喚醒生動活潑的力量將成為與知識對立的任務被提出來。㈡ 目前的教育追求百科全書式的完整性，偏重在機械客觀的正確性

上，現在將以主體創造成就的品質加以取代。㈢ 感官和造型力量、能力的觀審，觀審的愉悅和表達能力不再只是一種工具，而是一種自我目的（Selbstzweck）。㈣ 兼顧古代藝術與現代藝術，現代藝術家與古代藝術家是同等重要的。㈤ 除了現代藝術之外，也重視以故鄉藝術和民族藝術為第一步，由近而遠逐漸理解其他民族的藝術。㈥ 新的教育方法著重的不再是歷史，而是個別的作品中的事物。如同母親指示圖書給兒童看一樣，關切的是兒童看到了什麼。在藝術教育運動中，漢堡的教師團體深深的認識到兒童心靈的特性與藝術家非常接近，他們認為兒童的教育應該放在其自身藝術力量的維護之上。1898年教育學家哥特徹（Carl Götze, 1862-1932）出版《兒童作為藝術家》（*Das Kind als Künstler*）一書，主張所有兒童自己從一出生開始就是藝術，他畫圖、著色、捏製、建造、製作玩偶，唱歌、跳舞、生活在故事和童話中，在這些活動中，兒童的想像力被喚醒，並且在夢想中繼續發生作用。模仿、戲謔和遊戲如同整個藝術作品中的一種，同時與其藝術家一般的生活合而為一。從此處來看，藝術教育就像是兒童自我活動本性的延續。藝術教育運動真正的理念在於兒童擺脫成人表達力量和創造力量的體驗力量之證實與發展，並且把藝術階段發展的學說、體驗與相關形式的關係等教育觀點系統的加以實施（Nohl, 1933: 42-43）。

藝術教育運動的第二個階段受到「青少年運動」（Jugendbewegung）的影響，形成新的注重「身體感」（Körpergefühl）和「團體感」（Gemeinschaftsgefühl）的藝術文化。此時，藝術的實際開始轉變。遊戲與舞蹈朝向一端；歌曲、新的音樂意志和舞臺表演朝向另一端，許多藝術理念得以在這個階段的青少年中獲得實現。其中，「教育與教學研究所」的主管教育學家巴拉特（L. Pallat）貢獻最大，他不僅曾經參與德勒斯登的「藝術教育會議」，並且擔任德意志帝國教育部繪畫教學的顧問。巴拉特在柏林主辦的「體操會議」（Gymnastiktagung），法蘭克福主辦的「音樂教育會議」（Musikpädagogische Tagung）和「螢幕表演會議」（Lainspieltagung）中，將藝術教育運動的觀念與青少年結合在一起。從此之後，許多教育學家開始大力倡導「體操運動」（Gymnastische Bewegung）。他們經由「青

少年運動」主張舞蹈與韻律新的關係，甚至軀體與心靈的關係，掃除文化對於意志的阻礙，追求意志真正的自由，促進軀體與心靈完美和諧的發展。除了「體操運動」之外，當時也興起了「音樂運動」（Musikbewegung）。經由「游鳥運動」（Die Bewegung des Wandervogels）產生了許多新的歌曲、歌唱藝術和表演，這些音樂藝術不再是個人藝術的成就，而是團體內在關聯的表達。「音樂運動」使得社會大眾開始蒐集音樂歌曲，投入音樂表演之中。德國學校則開始致力於音樂教育的改革，更新教材內容和教學方法，對於音樂人才的培養貢獻相當大（Nohl, 1933: 44-47）。

　　藝術教育運動相關的社會運動還有「故鄉運動」（Heimatbewegung），許多學校教師主張以「故鄉」（Heimat）作為主題，來發展學生的精神成就。增進學生對故鄉的歸屬感，使他們在學習中有在家的感覺。這種觀念來自法國思想家盧梭和瑞士教育學家裴斯塔洛齊，藉助故鄉作為教學的工具，培養兒童人格生動活潑的統一性。在「故鄉運動」之下，學校教師教導學生熱愛故鄉，瞭解故鄉的生活方式，並且培養學生愛護故鄉的觀念，友善的對待大自然（Nohl, 1933: 48-50）。這些「故鄉運動」的理念，深刻的形成學生愛鄉愛國的情懷，培養不卑不亢的民族精神和愛護環境資源的習慣，對於德國社會的貢獻相當大。今天，德國社會大眾熱愛國家鄉土，擁有充分的民族自信心，並且維護優美自然環境，享有豐富的藝術生活，正是藝術教育運動精神的最佳表現。

四、藝術教育運動的影響

　　藝術教育一項重要的目的是在於經由圖畫、音樂、作品和戲劇扮演等活動，喚醒和開展兒童的創造能力。在藝術教育活動中，使用的媒介和獲得的知識並不是最重要的，而個人整體表達的能力才是最重要的。這種思想不僅被美國進步主義教育運動的提倡者德嘉莫（Charles De Garmo）所採納。而且，經由李希特華克、藝術教育會議和新教育學會1925年在海德堡召開的國際會議，逐漸的傳播到世界各地去。藝術教育運動的理念也影響了進步教育學會成員杜威和庫柏（Stanwood Cobb）的思想，而且在美國教育家南姆堡（Margaret Naumburg）的倡導下，應用到格林威治村的華爾

頓學校和紐約的藝術家市區學校中；在英國，藝術教育的理念則透過里德（Herbert Read）出版的藝術教育書籍，對學校學生的工作實際產生了很大的影響。同時，經由希徹克（Franz Cizek）在美國和英國的演講活動，以及他在維也納的藝術教育實踐，加深了藝術教育理念在國際上的影響（Röhrs, 2001: 130-132）。

第三節　鄉村教育之家運動

　　1888年德意志帝國國王威廉第二（Keiser Wilhelm II）繼位以後，就連續的召開兩次教育會議，研討教育改革的問題。1890和1900年兩次教育會議中，對於建立統一的學校制度和注重實科知識提高技術水準兩項原則，儘管有過很激烈的爭辯，但是1891和1901年所公布的教育法令，卻不能不接受這兩個原則。自1901年以後，古文中學獨占升入大學的地位，已經無法繼續維持下去了，文實中學和實科中學取得了和古文中學同等的地位，這是注重實科知識的具體表現。在德國的學制中，國民學校和中等學校平行，而中等學校中的各類中學又彼此對立，在課程方面完全分離。自1901年以後，各類中學儘管在內容上有顯著的不同，但是各類中學依照法令，卻必須有一些共同的基本科目。這雖然不是徹底的統一，卻已經表現了第一個原則的精神。1901年的學校教育改革運動，調和的趨勢非常明顯，並且維持了一段時間（田培林，1976a：234-235）。在這一段時期中，德國發生了許多的教育改革運動，鄉村教育之家運動就是其中之一。鄉村教育之家運動是利用鄉村的優美環境，來挽救工業社會弊病的一種新教育運動。

一、鄉村教育之家運動

　　歐洲的工業化和都市化雖然改善了人類的物質生活，但是也帶來了許多問題，使人們對工業社會生活沒有好印象，而向鄉村去追求理想，所以有人提出鄉村教育之家的構想，很快就有許多人響應。此外，德國當時的中等教育，重視希臘羅馬古文的陶冶，忽略現代生活的教育。所以，鄉村教育之家運動的展開，也就是基於國家社會需要，所作的教育

改革運動。這類鄉村教育之家的學校包括(詹棟樑,1991:63-64):(一) 李茲(Hermann Lietz, 1868-1919)的鄉村教育之家:1889年在德爾比附近的阿伯茲霍爾姆(Abbotsholme),設立了寄宿式的新學校,招收11到18歲的學生40名。這是一所生活化的學校,注重生活引導,把宗教帶進生活中來,尤重社會道德的涵泳,這是一所附屬於教堂的小學校。這所小學校的教學,特別注重科學訓練的精神,教學是有計畫的,並建立了清楚的系統。(二) 魏尼肯(Gustav Wyneken, 1875-1964)的自由學校區:1906年設立於維克村(Wickersdorf),自由學校區的教育,較偏重於青少年運動,尤其針對「什麼是青少年文化」,提出說明與批評,並建立「新的青少年文化」,注重人性的發展,完成生活的價值,並把握生活的新意義。(三) 列曼(Theo Lehmann)的鄉村學舍:1910年設立於梭林(Solling),其性質與鄉村教育之家相同,設立於鄉村地區,注重鄉村生活的陶冶,養成學生愛好自然,積極進取的人生觀和健全的人格。(四) 格黑柏(Paul Geheeb, 1870-1961)的歐登森林學校:1910年設立於柏格街(Bergstraße),為沒有家的兒童創造一個家,安排青少年在鄉村和森林中成長。(五) 吳夫瑞希特(Bernhard Uffrecht)的自由勞作學校:1919年設立於德萊林登(Dreilinden)地方,後來遷移至萊茲林根(Letzlingen)。該校採取自由教學的方式,在鄉村裡實施手工教育。這些鄉村教育之家學校中,以李茲的鄉村教育之家、魏尼肯的自由學校區和格黑柏的歐登森林學校影響較為深遠,茲詳細說明如下:

(一)鄉村教育之家運動的原因

根據相關教育文獻的分析,鄉村教育之家運動發生的時代背景有下列幾項(田培林,1976b:435;詹棟樑,1991:53-57;Lietz, 1967: 15-16):

1. 人開始懷念他們的故鄉:都市生活的病態,是工業興起以後所帶來的,社會工業化以後,人類的物質生活雖然大為提高,但是人的個性卻淹沒,個人像齒輪一樣,不由自主地做著機械性的工作,緊張枯燥而刻板。工業化以後,人的能力愈提高,人的自由愈被剝奪。人的生活周圍,是熙攘喧囂的人群,卻是自私冷酷的可怕。夜生活的浮華奢靡,犯罪的層出不窮,疾病的傳播,造成了傷害。現代人的感情是那麼脆弱,內心那麼空虛,人開始懷念

他們的故鄉－鄉村，美麗的大地，安謐的自然，芬馥的生活，溫馨的人情，每個人生活於大自然中，都是活躍的、自由的、健全的、愉快的。

2. **養成堅強的人格**：在鄉村，老師與學生共同生活、共同遊戲、共同工作，無論年輕的，或年老的，大家都可以成為朋友。這種事先的安排，可以養成堅強的人格。這種教育的方式，對教師而言，是一種鼓舞，把愛給了年輕人，使道德與宗教產生了作用。年輕人是需要愛的，老師把愛給了他們，用道德與宗教的力量來感化他們，使他們有著完整的人格。在工業化以後，因為漠視人的個性，也漠視人格，想藉鄉村之家的教育，來恢復人的個性與養成堅強的人格。

3. **講求衛生的生活方式**：在鄉村教育之家的生活，講求衛生的生活方式，在吃與喝方面均與城市不同，在城市中是吃肉飲酒，而在鄉村是不飲酒的，也不吃太刺激的食物，而吃蔬菜、水果、蛋、魚、喝牛奶等。以上的吃喝既合乎衛生，又有助於身體健康。在工業社會中，人們的生活不正常，所以對身體有傷害，由於大吃大喝而傷了身體，使人們想起了鄉村的生活。在鄉村生活，既可以從事學術的工作，也可以鍛鍊身體。因此，一方面可以從事有益健康的練習，一方面經由鍛鍊身體而達到自強的目的。

4. **在鄉村容易鍛鍊身體**：在城市中由於環境的限制，無法每天鍛鍊身體，但是在鄉村中卻可以天天鍛鍊身體，例如散步、跑步、遊戲、游泳、划船、體操等等。早上起床後就可以鍛鍊身體，中午作兩個小時的休息，這樣對於體力的恢復很有幫助。這樣每天可作實際的身體鍛鍊，而這種鍛鍊，既可以使人感到快樂，又可以使人增加體力，有助於健康的促進。

5. **鄉村教育可以充實心靈生活**：在鄉村每天都可以作藝術的練習，例如繪畫，可以畫下大自然的景物，唱歌和演奏樂器，有計畫的引導以瞭解藝術作品。而且可以組成學校樂隊和劇團，從事演奏和演戲的活動，這些藝術活動可以充實心靈生活。道德與宗教也

是充實心靈生活的重要因素，而且是早晚所要內省的，並且可以利用節慶的機會，實施道德與宗教的教育。平常可以在森林中散步時作宗教的沉思，或在星空之下作宗教的沉思。在教學時，可以把道德與宗教做為教學科目。

6. 利用自然資源來實施教學：在鄉村之中也可以實施科學的教學，利用教育藝術與教育科學的法則，輔以心理學的經驗而實施教學，尤其要利用學生的興趣，做實際的練習，例如從園藝工作而瞭解植物，從自然界而瞭解自然史，從田野而瞭解幾何學，並可以對各種圖像、形式、地圖作觀察。從觀察所得的經驗，才是學生自己的經驗。由於在鄉村的實地教學，可以令學生感到愉快，於是學生的心靈被喚醒了，他能作更敏銳的觀察、思考、判斷、比較、學習，對知識的教材能夠好好地利用，以要求現代的生活和合理的生活。在鄉村中有許多自然資源可供利用，而那些自然資源是取用不竭，在教育上可以廣為利用的。例如教給兒童或青少年認識動植物或自然生態，有很多自然現象也可以做為教育的內容，它有助於青少年身體、心靈、藝術等方面的均衡發展。

㈡李茲的生平與著作

李茲（Hermann Lietz, 1868-1919）是鄉村教育之家的建立者，要瞭解鄉村教育之家運動，首先要瞭解李茲的生平。李茲1868年4月28日誕生於杜姆格納維茲（Dumgenewitz），1877年李茲在基礎學校畢業後，就進入格萊佛斯瓦古文中學就讀，1880年轉到史特拉爾斯翁德古文中學就讀。1887年進入哈勒大學和耶納大學。大學畢業後，通過國家神學考試，並且在1892年通過了國家高級教育人員考試。其後，跟隨赫爾巴特的學生萊茵（Wilhelm Rein, 1847-1929）研究教育，與他同列門下的尚有英國的學者雷迪（Cecil Reddie, 1858-1932）。雷迪是蘇格蘭的貴族，在費茲學院（Fetts College）研習自然科學，後赴德國哥廷根大學留學，逐漸注意到德國的教育制度。在耶納大學與萊茵學習教育後，深受盧梭、赫爾巴特、萊茵和歐伊肯教育理論的影響，回到英國費茲學院教書。當時有詩人卡本特（Edward Carpenter），很同情勞工生活的清苦，激烈反對社會的工業化制

度，於1889年在德爾比附近的阿伯茲霍爾姆（Abbotsholme），設立了寄宿式的新學校，招收11到18歲的學生40名。這是一所生活化的學校，注重生活引導，把宗教帶進生活中來，尤重社會道德的涵泳，這是一所附屬於教堂的小學校。這所小學校的教學，特別注重科學訓練的精神，教學是有計畫的，並建立了清楚的系統。這點與雷迪的所學有關，他除了研究自然科學以外，尚研究醫學與化學。因此，將這種精神應用在新學校的教學方面（詹棟樑，1991：58-59；Tobler, 1952：375-376）。

李茲與雷迪因同窗的關係，曾應雷迪的邀請，赴阿伯茲霍爾姆教書一年，這個經驗對他設立鄉村教育之家的啟示很大。李茲是在1890年赴耶納大學就讀的，於1891年獲得博士學位，主持博士學位考試的是諾貝爾獎得主歐伊肯（Rudolf Eucken, 1846-1926），歐伊肯是李茲的老師，他的人文主義思想對李茲影響很大。李茲在英國阿伯茲霍爾姆教了一年書，於1897年出版《艾姆斯托巴，小說或實際？來自過去、現在、未來學校生活的圖像》（*Emlohstobba, Roman oder Wirklichkeit ? Bilder aus dem Schulleben der Vergangenheit, Gegenwart oder Zukunft ?*）一書，將在阿伯茲霍爾姆學校的所見所聞，及對該校的認識，作了詳細的報告，並提出其教育理想。1898年在哈茲山區的伊爾森堡（Ilsenburg），設立了第一所鄉村教育之家，他想把它辦成為理想的學校。第一所鄉村教育之家成立於1898年4月26日，李茲在開學時作了一次公開的演講，提出鄉村教育之家的教育理想。他認為鄉村教育之家的教育目的最主要的是：「教育兒童使其有和諧和獨立的性格；教育青少年使其有健康和堅強的身心；培養他們具有實際的、科學的和藝術的能力，並有著清晰和敏銳的思考」（詹棟樑，1991：59-61；Lietz，1967：15）。

李茲所設的鄉村教育之家共有四所，第一所鄉村教育之家成立於1898年，招收8至12歲的學生50名。當時伊爾森堡住有居民約4,000人，50名學生大部分是伊爾森堡居民的子弟。課程以遊戲為主，主要是讓兒童在鄉村遊戲，而學得許多事物。在語文的學習方面，則以現代語為主，這所學校在性質上，相當於初等階段的教育。這所鄉村教育之家的設立，便訂有教學計畫，以做為施教的根據。而且儘量符合學生父母的期望去教學。在教

育方面也配合教育學家的理論，做為學校實施教學的方針。第二所鄉村教育之家成立於1901年，也就是在第一所鄉村教育之家成立後的第三年，在豪賓達（Haubinda）這個地方成立。招收13至18歲的學生，讓學生學習普通學校的課程，並有古典語文的學習，相當於中等階段的教育。第三所鄉村教育之家成立於1904年，也是在第二所鄉村教育之家成立後第三年，在比柏斯坦（Biberstein）這個地方設立。招收19歲以上的青少年學習高級課程，並且要學習兩種古典語文，即希臘文與拉丁文；兩種現代語文，即法文與英文，相當於高等階段的教育。1914年李茲又在維肯斯鐵特（Veckenstedt）設立「鄉村孤兒院」（Landwaisenhaus），收容鄉村失養失教的兒童。設立的目的是為鄉村解決教養的問題，因為孤兒院大部分是設在城市，而不設在鄉村地區，但是鄉村也需要孤兒院，特別是在農忙的時候。孤兒也有受教育的權利，早期因為社會福利很差，德國到了1924年青少年福利才落實。因此李茲在世時，未能見到青少年福利法的頒布，只有以私人的力量來辦理孤兒的教育，而且孤兒的教育也是屬於社會教育的範圍。李茲在鄉村教育之家運動中，最大的貢獻是設立了四所鄉村教育之家，而且這四所鄉村教育之家都辦得很成功，是改革教育學性質的學校（詹棟樑，1991：61-63）。李茲的鄉村教育之家運動，不僅盛行於當時的德國，甚至影響到歐洲的瑞士、法國、奧地利、英國、比利時、荷蘭和瑞典，可以說受到相當大的重視。

　　李茲1919年6月12日在豪賓達與世長辭，他的主要著作有《艾姆羅斯托巴，小說或實際？來自過去、現在、未來學校生活的圖像》（*Emlohstobba, Roman oder Wirklichkeit？Bilder aus dem Schulleben der Vergangenheit, Gegenward oder Zukunft?*）、《德國鄉村教育之家，教育基本原理和組織》（*Deutsche Land-Erziehungsheime, Erziehungsgrundsätze und Organization*）、《德國鄉村教育之家，思想和圖像》（*Die Deutschen Landerziehungsheime, Gedanken und Bilder*）、《希望之家》（*Heim der Hoffnung*）、《德國的國民學校，來自德國鄉村之家的學校改革論文》（*Die Deutsche Nationalschule, Beiträge zur Schulreform aus den deutschen Land-Erziehungs-Heimen*）、《德國國民統一學校的教學計畫與工作計畫，來自德國鄉村教育之家的學校改革論

文》（*Lehr- und Arbeitspläne der deutschen Volkseinschule, Beiträge zur Schulreform aus den deutschen Landerziehungsheimen*）、《德國國民教育選集》（*Deutsche Nationalerziehung, Auswahl aus seinen Schriften*）等書（詹棟樑，1991：60）。

㈢鄉村教育之家的理念

鄉村教育之家的精神領袖雷迪，在阿伯茲霍爾姆學校的教育主張是：教育是無拘束地追求各種知識，而且教育目的是「完整的人的教育」（Education of the whole man）！因此他在該校的教育指標為：「紀律與愛」（discipline and love），在於培養一個能生活在社會中的一個完整的人。基於以上的觀點，雷迪所經辦的學校有三個目的：一為實施教育改革，以對抗英國工業革命所帶來的社會傷害；二為促成青少年運動，重視青少年文化，並培養青少年的能力；三為注重生活，使受教者有更多自由的空間，以形成其品格（詹棟樑，1991：70；Röhrs, 1987: 260-261）。李茲受了雷迪教育思想的影響，把他的教育思想記載在其《生活回憶錄》中，揭示了鄉村教育之家的主要思想（詹棟樑，1991：70-72；Lietz, 1895: 55-56; Lietz, 1906: 60-64; Lietz, 1910: 57-59）：

1. **教育的概念**：李茲認為教育應該有「生活理想」（Lebensideal），並養成「無私」（Selbstlosigkeit）的精神。因此教育的基本概念應為：(1) 祖國的思想：所謂「祖國的思想」（vaterländische Gedanken），也就是對祖國之愛。教導學生先愛自己的鄉土，進而擴充為愛自己的國家。因此在教材的選擇方面，應該儘量配合鄉土教材，因為鄉村教育之家的教育，本來就是以鄉土教材為主。(2) 道德思想：所謂「道德思想」（moralische Gedanken），也就是強調道德訓練。教導學生具有道德觀念，肯為生活和理想犧牲，並且養成責任感和義務感，同時在日常生活中表現合乎道德的行為。

2. **教育的要求**：李茲認為教育應該有三個主要的要求，那就是：(1) 光明（Licht）：所謂「光明」，係指知能的訓練。「光明」就是要使兒童認識神、真理、熱愛理想。兒童有了理想，慢慢也會瞭解真理，不會為物慾所蔽。而且兒童不斷地追求所期望的東西，這種期望是光明磊落的。因此教育在啟發兒童，使其心智清晰，

得到光明。(2) 愛（Liebe）：所謂「愛」，係指情感與道德的陶冶。「愛」就是人與人相處之道，及對待他人的態度，愛也是道德的本質，也就是培養人具有愛心。如果人與人相處能以愛為基礎，那麼就能產生愛心。(3) 生活（Leben）：所謂「生活」，係指技能的培養。「生活」中應具備各種技能，才能征服環境與支配環境，以增進生活的幸福。人需有謀生的技能，這樣才能養活自己，更進一步地，也才能養活他人。

3. **教育的理想**：鄉村教育之家的教育課題是配合文化政策來推展教育，因此鄉村教育之家具有「家」的觀念，但卻比家庭教育更進步，因為它具有好的引導者和指導的教育方式，為成長中的人提供適當的發展條件。基於這些原則，鄉村教育之家的教育理想，在於聘請有經驗的老師來教學，給予學生多方面的鼓勵，使學生具有實際從事工作的能力。實施普通教育，但並沒有忽略每個人的本質。尤其是採用「新時代的教學方法」和「彈性的教學步驟」來實施教學，以上兩者構成了「新教育學」（neue Pädagogik）的要件。為達到培養一個完整的人的理想，採取下列的教育方式（詹棟樑，1991：73-74；Dietrich, 1971: 108; Tobler, 1951: 115）：(1) 體育與運動：所謂「體育與運動」是包括體育和運動，其目的在鍛鍊強健的身體，在鄉村是遠離城市的塵囂，在田野、小山、森林中隨時都可鍛鍊身體。(2) 品格教育：所謂「品格教育」（Charakterbildung）是注重品格的陶冶，在培養一個有良好品格的人。尤其是以鄉下純樸的民風，熱情待人的態度，來做為培養品格的典範。(3) 審美教育：所謂「審美教育」（ästhetische Erziehung）是注重美的養成，在鄉村可以每天練習繪畫、唱歌、演戲、演奏，如此可以充實心靈生活，也可以欣賞鄉村中那些自然美的事物。(4) 手工教育：所謂「手工教育」（handwerkliche Erziehung）是指經由手工的學習，來進行教育的方式。在城市中是機器取代了人力，人成為機器的附庸，但是鄉村教育之家是反工業文明的，所以提倡手工教育，同時也藉著手工活動鍛鍊身體，所以手工是教育的

工具。而達到教育理想的原則有：(1) 自動自發的原則：學生在鄉村教育之家受教育，應該自動自發去追求各種理想。(2) 故鄉連接的原則：以鄉土教材的選擇為出發點，以達到愛國的理想。(3) 文化繼承的原則：繼承傳統的文化，並且吸收教材中的精華，然後再發揚文化，尤其是德國文化為然。

㈣鄉村教育之家的改革

鄉村教育之家的教育重點在於教學中「改革教育學」觀點的應用，尤其是在一個團體中，促進班級的流動，這樣可以使班級的教學顯得活潑，加上鄉村有廣闊的環境和可以利用的資源。因此，鄉村教育之家的教學比城市學校的教學顯得生動（Röhrs, 1987: 263）。但是李茲並沒有因為教學的活潑或生動，而忽略了嚴肅的一面。因此，訂有作息時間表、上課時間表和課程表。詳細的作息時間表如下（詹棟樑，1991：81-82；Lietz, 1895: 55-56）：伊爾森堡鄉村教育之家的兒童，因為年紀比較小，可以多睡一會兒，是早上7點鐘起床，豪賓達和比柏斯坦兩個鄉村教育之家的青少年是6點鐘起床。伊爾森堡是在7點15分用早餐，豪賓達是在6點半，比柏斯坦是在6點15分。伊爾森堡是在7點45分至8點半上課，豪賓達是在6點45分至7點半，比柏斯坦是在6點半至7點15分。午餐三個學校都是在下午1點鐘。下午不排課，用來從事實際的工作、繪畫、體育、遊戲和科學的工作時間。晚餐都在6點半，晚餐以後學生有45分鐘的自由活動時間。把一天來的事情稍做整理，晚上8點鐘準時上床睡覺。伊爾森堡一個月有兩個星期三下午休息，星期六下午也是休息的時間，豪賓達一個月有一個星期三下午休息，比柏斯坦一個月有兩個星期三下午休息，星期六下午也是休息的時間。

一般而言，鄉村教育之家採用隨機教學、輔助教學和情境教學的方法，進行學校課程的教學。鄉村教育之家的教學，分為室內教學和室外教學兩種。室內教學比較嚴肅，必須遵守教室規則；室外教學則比較自由，學生可以自由的交談，因為鄉村裡的樹木花草，小溪河流，無不是教學的材料與教學的場所，促使人們去接觸大自然。李茲認為傳統將古文、歷史、人文課程，當作品格陶冶的好方法，實在是一種錯誤。典籍、音

樂、繪畫、工藝、體育等，才能使兒童發展而實現理想。鄉村教育之家的
課程可以分為下列六類（田培林，1976b：438；詹棟樑，1991：81-82；Lietz,
1895: 55-56）：

1. **普通課程**：李茲稱為「單科課程」（Einzelfächer），這些單科課程
   包括：德文、歷史、宗教史、地理、自然理論、物理、化學、算
   術、代數、幾何、法文、英文、寫作、健康理論、拉丁文、希臘
   文等。
2. **遊戲與運動課程**：初級鄉村教育之家的兒童注重遊戲，中級鄉村
   教育之家的青少年注重運動。
3. **實際的工作課程**：少部分的職業教育課程，包括農業和手工課
   程，在養成職業能力。
4. **藝術工作課程**：包括唱歌、樂器使用、繪畫、陶塑、藝術品觀賞
   與欣賞等。
5. **科學的家庭工作**：包括家庭管理、家庭裝飾、各種家庭用具的使
   用。
6. **其他**：科學知識的簡介。

(五)鄉村教育之家的影響

　　鄉村教育之家設立的原因，除了受到雷迪教育思想的啟示之外，也
受到盧梭、赫爾巴特、裴斯塔洛齊、福祿貝爾和愛倫凱等這些偉大教育家
思想的影響。最初，在德國設立鄉村教育之家。後來，才逐漸的擴展到瑞
士、法國、奧地利、英國、比利時、荷蘭、瑞典、挪威和芬蘭等地，形成
國際性的教育改革運動，對中歐和北歐的學校教育造成很大的影響。鄉村
教育之家在傳統觀念的突破方面，最顯著的是鄉村教育之家是反工業社會
的一種教育，當時的工業社會被認為一切顯得非常的機械，把人視為機械
的一部分，使得人類失去了自我。只有鄉村才是人們懷念的地方。所以，
鄉村教育之家的教育制度，是對抗當時工業社會的一種教育制度。鄉村教
育之家的教育關係與一般的學校也不相同，老師與學生的關係是亦師亦
友，就像家庭成員一樣的相處，又像同志一樣的和睦。因此，不會發生像
今天的社會師生關係冷漠的現象。李茲的鄉村教育之家，對於人格教育、

勞作教育、體育活動、審美教育都非常的重視，可以是現代教育運動的開拓者（詹棟樑，1991：85-86）。但是，鄉村教育之家主張以兒童為中心的觀念，可能忽略課程的學科系統，造成學生課業成績的低落。而鄉村教育之家是私人辦理的學校，由於教育經費時常不足，儀器設備無法與公立學校相比。同時，因為位於鄉村地區，社會資源缺乏，文化刺激不足，資訊取得不易，教育的成效往往不彰，這是鄉村教育之家的限制，值得我們特別加以重視。

二、自由學校區運動

自由學校區運動（Freie Schulgemeinde Bewegung）是鄉村教育之家運動的一個派系，與鄉村教育之家仍有密切的關係。李茲在文化思想上較為保守，重視家庭教育的價值，不主張男女同校；而魏尼肯（Gustav Wynecken）較為激進，傾向革新，把學校區視為青少年唯一的教育場所，特別強調學生的自治與男女同校。魏尼肯是自由學校區運動的建立者，要瞭解自由學校區教育運動，首先要瞭解魏尼肯（詹棟樑，1991：92）。

㈠魏尼肯的生平與著作

魏尼肯（Gustav Wynecken, 1875-1964）1875年3月19日誕生於史塔德（Stade），魏尼肯的父親是中學校長，他在大學裡讀的是神學、哲學和語言學，畢業後在中學教書。不久辭去教職，1900至1906年在李茲的鄉村教育之家當助理員，同時也與格黑柏合作。1906年在維克村（Wickersdorf）設立自由學校區，這便是著名的自由學校區運動的開始，也是鄉村教育運動的一支，該校設在圖林根（Thüringen）的森林區。魏尼肯1910年曾離開自由學校區一段時間，從事語言教學和青少年運動。1918年任德意志帝國文化部助理，1919年回到維克村一年，在那兒居住與生活。1920年成為自由作家，鼓吹青少年人應該被陶冶成新的一代，具有客觀精神，並且能夠負起義務。他主張建立「青少年文化」（Jugendkultur），自由學校區便是實施「青少年文化」的場所。他的思想受到洪保特（Wilhelm von Humboldt）、費希特（Johann Gottlieb Fichte）、哥德（Johann Wolfgang von Goethe）等哲學家與文學家的影響很大。因此，他很重視客觀精神和愛等

思想，對他而言文化便是一種客觀精神。魏尼肯1964年12月8日在哥廷根與世長辭，他的主要著作有《學校與青少年文化》（*Schule und Jugendkultur*）、《新青少年》（*Die neue Jugend*）、《革命與學校》（*Revolution und Schule*）、《為青少年而奮鬥論文集》（*Der Kampf für die Jugend Gesammelte Aufsätze*）、《愛》（*Eros*）、《維克村》（*Wickersdorf*）、《世界觀》（*Weltanschauung*）等書（詹棟樑，1991：92-94；Claußen, 1971：390）。

(二)自由學校區的設立

魏尼肯在李茲的鄉村教育之家工作了六年，對鄉村之家的教育很有心得。他在1906年設立自由學校區時，就是將鄉村教育之家的教育理念改革後，應用於自由學校區的教育方面。他在維克村所設的學校，對學生所揭示的是青少年文化。這個理念來自於教育學家布律爾（Hans Blüher），認為青少年文化可以做為人性治療的工具。因此，青少年文化成為自由學校區教育的實際。青少年文化不僅有助於學校的提升，同時有助於人性的形成。因此，青少年文化的理念，是生活中所要引導與控制的。只有在開放的空間裡，青少年本質的改變，才能產生實際的作用，而這種作用是一種「真正的再生」，有助於青少年人的改造。魏尼肯設立自由學校區，以愛做為出發點，認為教育的媒介就是愛，以柏拉圖（Plato）的精神做為自由學校區的支柱。魏尼肯設立自由學校區，其目的是要增強時代意識，轉變人性的發展，以提升生活的價值，並賦予生活一種新的意義。從以上的說明，可以瞭解到自由學校區的教育，是在維護人類精神的成長。一方面需要認識青少年現在生活的情形；一方面賦予青少年未來人性發展的取向，尤其是要促進青少年的進步，和精神價值的提升。因此，自由學校區的教育，是經由繼續的活動和精神生活的提升，來達到教育的目的。同時，培養良好的公民和良好的人性，使青少年人將來到社會上以後，能夠成為有用的人（詹棟樑，1991：94-95；Diertrich, 1967：170）。

(三)自由學校區的理念

魏尼肯將自由學校區視為理想的教育場所，因為它含有柏拉圖理想的成分在其中。在理想的教育方面，他給人生作了良好的規劃。魏尼肯認為「人生規範」（Lebensnorm）不是主觀的適應，而是客觀精神的追求。

他在《學校與青少年文化》（*Schule und Jugendkultur*）一書中，談到教育應以共同的生活為基礎。教師和學生要一起生活和工作，工作的內容就是探究歷史、語言，並且從事宗教、音樂、話劇等教育活動。但是這些教育活動並非目的，而是要完成青少年陶冶的方法，培養青少年為特殊的人（田培林，1976b：439；詹棟樑，1991：95-96）。根據相關教育文獻的分析，自由學校區教育的理念如下（Wynecken, 1906; Wyneken & Geheeb, 1906: 99-101；Wyneken, 1907: 102；Wyneken, 1911: 103-108；Wyneken, 1912: 109-112）：

1. **注重客觀精神**：自由學校區的教育是以青少年為對象的，青少年成為學校中最有可塑性者。魏尼肯在「自由學校區的思想範圍」（Der Gedankenkreis der Freie Schulgemeinde）一文中，談到青少年是接受性最強的時期，是熱情、愛、信仰、精神激動的時期，所以輕視功利、實用、職業性的知識，而重視無條件的價值。所謂「無條件的價值」，也就是黑格爾所說的「客觀精神」（Objektiver Geist）。「客觀精神」是一切生命的、創造的、個別精神的結合。黑格爾哲學認為由「主觀精神」（Subjektiver Geist）推演出客觀精神，再結合成為「絕對精神」（Absoluter Geist）；而魏尼肯則認為客觀精神為主觀精神的綜合，他不把個別的主觀精神，放進客觀精神中，而是主觀精神綜合後，創造出一種「客觀意識」（objektives Bewußtsein），由這種「客觀意識」再形成共同目標，使每個人都能同心協力去完成它。由此可見魏尼肯還是注重主觀精神，認為個人的完成，才有社會的進步，不是犧牲個人期望，以求達成社會目標（田培林，1976b：416；詹棟樑，1991：96）。

2. **重視青少年生活**：魏尼肯非常重視青少年的生活，認為青少年生活是讓青少年在生活中吸收知識與道德經驗，甚至青少年人也要過宗教生活，擁有自己的宗教信仰。由於魏尼肯過度強調青少年生活，認為青少年要走出家庭邁入社會，學校成為生活奮鬥的場所，容易讓人誤以為他反對家庭教育與學校教育。其實魏尼肯並沒有否認家庭與學校教育的價值，他只是著重青少年在社會中生

活，接受社會教育的重要性。自由學校區的教育，在內容方面，重視青少年文化，要學生不計其利，追求文化價值。在方法方面，採取工作學校的教學原則，教師和學生合作，用身體力行代替知識灌輸，注重手工教育，進行教育活動（田培林，1976b：416；詹棟樑，1991：97-98）。

3. **強調師生關係**：鄉村教育之家的特色是師生關係融洽，而自由學校區教育是鄉村教育之家的一支，因此也非常重視師生關係的建立。當時一般的學校，校長、教師、學生相互對立，魏尼肯不滿這種現象，認為這種現象不利於師生之間意見的溝通。因此，他的自由學校區內，校長、教師、學生都是平等的，都是學校區的一員。教學採用交談的方式，生活規則共同決定，校長、教師和學生代表共同開會，討論學生實際生活的事務，以及應該採取的措施（詹棟樑，1991：98）。

4. **區分教育類型**：在一般教育理論上，魏尼肯把教育分為三種（田培林，1976b：418；詹棟樑，1991：98-100）：(1) 普通教育：所謂「普通教育」（Allgemeinbildung），就是一般的教育，所要學習的內容有四大類：數學、自然科學、社會學、文化史。藉以上四大類教育內容的學習，培養學生對自然的認識與人生的瞭解，以建立「世界觀」（Weltanschauung），也就是認為人與自然都應瞭解，這樣才能瞭解人與自然的關係。(2) 人性教育：所謂「人性教育」（Menschheitsbildung），就是以教育來陶冶人的本性，也是教人如何做人，同時也是生活態度和道德品格的陶冶。魏尼肯認為道德教育要藉各種教材來進行，例如技術訓練可以養成合作品性，商業教育可以養成信用誠實，自然科學可以使人服從自然律，其他如歷史、藝術諸科也有助於道德教育。(3) 職業教育：所謂「職業教育」（Berufsbildung），就是在培養職業能力，養成生活技能，在社會上才有謀生的能力，尤其要重視工藝的價值。

5. **重視人格養成**：自由學校區教育的最高課題，就是人格的養成，也是教育的最後目的。在教育中也強調養成青少年人，顯得高貴

與具有風格，這種成果在教育中是可以眼見的。教育必須透過各種環境，尤其是社會環境，才能獲得成功；教育也只有經由教師施教於學生，才能發生作用，精神與道德是互相配合的。因此，教育是無可改變的是：教育的給予是社會的教育；教育是在教育的社會中實施。

6. **主張男女同校**：自由學校區實施男女同校的教育，在基本命題上，實施男女同校是值得肯定的。一般所指的青少年，是一種統稱，實際上包括兩性。男女同時受教育，就如同在精神的翅膀之下，大家互相認識，共同培養新的人性，也就是熱情、愛與信仰（詹棟樑，1991：123）。

7. **建立社會關係**：自由學校區雖然設在森林之中，但是並沒有斷絕與社會的關係。因此仍然很重視道德教育，認為德性是精神的一部分，也是社會的一部分，道德教育的實施，就是社會體的建立。在自由學校區中享有現代的生活，而且彼此之間的社會關係非常密切。在自由學校區這樣的社會裡，本來是應有權威的，但是因為精神涵養的成就，而造成了愉快的氣氛，這種關係豐富了精神文化（詹棟樑，1991：123-124；Wynecken, 1913: 86-89）。

㈣自由學校區的影響

自由學校區是鄉村教育之家分出來的一種教育運動，主張教育應該以自由為前提，認為有自由才能落實青少年的教育，非常強調自由教育的價值。鄉村教育之家運動是一種著名的社會教育運動。所以，自由學校區教育運動也是一種社會教育運動。自由學校區設立在森林區之中，風景相當優美，有助於青少年身心的陶冶，魏尼肯重視青少年文化的涵泳，目的在陶冶青少年完整而優美的人格，同時也重視青少年精神的引導，使青少年成為具有人性的優秀公民。魏尼肯一直在為建立文化國家而努力，鄉村的文化水準往往不如城市，但是鄉村的優美風景和景觀，可以用來陶冶青少年，使青少年從自然的土地和自由的運動中，逐漸邁向精神文化的世界。如果一個國家，無論是鄉村或城市，都有很高的文化水準，那麼這個國家便是文化國家。而文化國家乃是現代教育所追求的目標。魏尼肯重視青少

年文化，也重視宗教與藝術。他認為在這個時代中，應該找出一條宗教之路，使青少年能獲得信仰，而且宗教是可以傳播的；在藝術方面，魏尼肯主張藝術是自由學校區所要照護的，因為藝術是人類生活的表現形式。諾爾認為：魏尼肯在青少年運動和自由學校區之間搭起了橋樑，他有著浪漫的理想，認為學校是塑造青少年文化的場所，在青少年的生活形式中獲得精神文化（Nohl, 1933: 65）。魏尼肯的自由學校區教育，把重點擺在青少年文化教育和青少年未來的發展上，他是一位理想色彩很濃厚的教育家，而認為未來是美好的，他把學校設在有如世外桃源的森林區，就是想以美麗的景色來陶冶青少年的身心。如此有助於感情生活的培養和促進生活感情的提升。這種社會教育運動有很大的影響，建立了青少年文化的概念，確立學校是青少年愉快生活與幸福生活的地方，也是充滿自由的地方，打破了學校是嚴肅地方的舊觀念（詹棟樑，1991：124-126）。但是，自由學校區主張的男女同校制度，可能再製不平等的社會兩性關係。以兒童為中心的觀念，可能忽略課程的學科系統，造成學生課業成績的低落。而自由學校區是私人辦理的學校，由於教育經費時常不足，儀器設備無法與公立學校相比。同時，因為位於鄉村地區，社會資源缺乏，文化刺激不足，資訊取得不易，教育的成效往往不彰，這是自由學校區的限制，值得我們特別加以重視。

三、歐登森林學校運動

「歐登森林學校運動」（Odenwaldschulische Bewegung）是鄉村教育之家分出來的另一個派系，它與鄉村教育之家仍有密切的關係。歐登森林學校是一種新時代教育的嘗試，歐登森林學校是一個學校區，非常注重教學改革、男女同校和人文的教育。格黑柏是歐登森林學校運動的建立者，同時也是「人文學校」教育運動的建立者，要瞭解這些社會教育運動，首先要瞭解格黑柏。

㈠格黑柏的生平與著作

格黑柏（Paul Geheeb, 1870-1961）1870年10月10日誕生於圖林根的蓋沙（Geisa），他曾就讀於富爾達古文中學與艾森納古文中學，1889年先後

進入耶納、吉森和柏林大學，研究神學、哲學、生理學和心理學。1893年
通過國家神學考試，1899年通過國家高級中學教師考試。他在兒童時期就
對自然科學很有興趣，可是年齡越增長，興趣就越發轉變，開始轉入東方
語言研究的領域，其後也研究精神病理學、心理學和教育學。1892年他在
耶納大學認識了李茲，兩人成為好朋友。格黑柏於1893年在耶納的社區教
育之家服務，在那裡獲得了實際的教育經驗，對於日後從事鄉村教育之
家的工作很有幫助。1899年他通過了高級中學教師考試以後，先在富爾島
的學校教書，一直到1902年為止。富爾島是北方的一個小島，教育非常不
發達，經過格黑柏三年的努力，為北海地區奠定了教育的基石。李茲於
1898年建立第一所鄉村教育之家於豪賓達，格黑柏於1902年辭去富爾島的
教職，到鄉村教育之家幫忙，一直持續到1906年。他個人反對豪賓達鄉村
教育之家的制度，而與魏尼肯、陸塞爾克（Martin Luserke）等人在維克村
建立自由學校區，第一次大膽使用男女同校的方式教學。1910年的4月，
他與柏林的卡西勒（Edith Cassirer）小姐結婚，同年歐登森林學校成立，
實施男女同校和學校區的方式教學，並實施「課程月」（Kursmonate）的
教學改革，要學生同時選二至三門課程，並集中精力於少數專門課程的
學習。1934年他自願放棄德國籍，而移民瑞士實現其理想，設立「人文學
校」於各邦，主要的有飛梭斯的「阿西爾人文學校」，華德的「普列阿德
人文學校」，福利堡的「格倫人文學校」，和伯恩的「高爾登－霍赫佛陸
赫人文學校」。這些人文學校不斷地設置，形成一種運動，至今仍然發揮
其教育功能。他的思想深受洪保特、費希特和哥德的影響，具有非常濃厚
的人文主義色彩。

　　格黑柏1961年5月1日死於瑞士的高爾登（Goldern），他的主要著作有
《對於維克村災難的防衛行動與解釋》（*Zur Abwehr Akten und Erkläuterun-
gen zur Wickersdorfer Katastrophe*）、《男女同校之生活觀》（*Koeduktion als
Lebensanschauung*）、《歐登森林學校－精神的基礎》（*Die Odenwaldschule.
Geistige Grundlagen*）、《男女同校即是教育的基礎》（*Koeduktion als Grun-
dlage der Erziehung*）、《男女同校的文化意義》（*Die kulturelle Bedeutung der
Koeduktion*）、《現代教育課題之光下的歐登森林學校》（*Die Odenwald-*

schule im Lichte der Erziehungsaufgaben der Gegenwart）、《人文學校的理念》（*Idee einer Schule der Menschheit*）、《致保羅・史卡夫蘭的信論年齡階段與男女同校》（*Briefe an Paul Skawran über Alterstufen und Koeduktion*）、《人的教育與人性的教育》（*Menschen und zur Menschlichkeit*）、《歐登森林學校與人文學校的心理衛生》（*Psychohygiene in der Odenwaldschule und*）、《男女同校的文化課題》（*Die Kulturelle Aufgabe der Koeduktion*）等書（詹棟樑，1991：130-132；Bovet, 1952: 163; Dietrich, 1970: 79-80）。

㈡歐登森林學校的設立

歐登森林學校設立於1910年4月14日，地點在圖林根的柏格街（Bergstraße）。為沒有家的兒童創造一個家，為成長的青少年安排在鄉村中成長。格黑柏在歐登森林學校開學時發表演講說：「我們是站在偉大工作的起點，在前幾個月大夥兒忙於工作，為我們創造一個家，這個家是居於歐登森林的山區與花草之間，能讓我們好好的生活著。除此之外，我們所面臨的工作，是一種開創的工作，而這個學校建立的價值，有如天地那麼偉大，那麼美、那麼和諧，具有永久的價值！因為無論如何，學校都要為永久的價值而服務，使人們能聲息相連，這是一個精神的社會，可以照顧心靈文化的發展，也是一個生活的社會，大家相愛，可以感覺出向高境界提升，並為上帝而服務。歐登森林學校的目標是大家相處在一起，基本上大家是共同工作者，使學校形成一個大的組織，排除寂寞，使那些遠離，尤其是失去父母的兒童或青少年，都能到歐登學校來」（Geheeb, 1967: 97）。對於以上的情形，格黑柏主張，對於青少年而言，要使他們在鄉村、在森林中，自然地、健康地、幸福地成長，與蝴蝶、花卉、小溪共同生活；對於兒童而言，為沒有家的兒童創造一個家，使他們能幸福，因為他們需要一個幸福的營區（詹棟樑，1991：132-133）。

㈢歐登森林學校的理念

格黑柏之所以建立歐登森林學校，是因為不滿公立學校的教育制度，認為當時的公立學校教學死板，不適合時代的需要，以及男女分校，造成男女不平等的觀念，尤其是女子受教育的機會很少，男女能夠同校學習，增加了女子受教育的機會。他認為建立森林學校的原因，是基於更多穩定

的信念，那就是盡可能地創造學校所需要的，那些公立學校所無法達成
的，為青少年提供場所，讓他們能夠順利成人，儘量地發展與工作學習。
公立學校的老師，非常努力的工作，是值得尊敬的人。但是，他們所服
務的公立學校，教育制度相當保守，因此無法滿足自己，而森林學校是
一個有組織的生活團體，老師與學生都能儘量的發展自己，共同為教育理
想而工作（詹棟樑，1991：133-134）。歐登森林學校的教育理念如下（詹
棟樑，1991：134-141；Geheeb, 1910:159-160; Geheeb, 1931: 153-156；Geheeb,
1934: 157-158）：

1. **主張學校是工作團體**：歐登森林學校是進行改革的嘗試，因為公
   立學校有過重的負擔，老師們常為分擔的工作而發生爭執。教學
   計畫無論隱含的或外顯的均被割裂，導致學校無法進行改革，到
   後來公立學校成為被動的教學場所，老師與學生處於對立的地
   位，教學效果自然不彰。歐登森林學校為了改革這些缺失，把學
   校看成是一個工作團體，也就是師生打成一片的方式。無論是工
   作者或尚未工作者，都在為工作或準備工作而努力。因此，在歐
   登森林學校中，無論何人都在期待，學習工作能更舒服，因為過
   去一般人常把學習工作，視為是痛苦的一件事情。歐登森林學校
   在教育方面有著更高的目的，在能力方面賦予理性的意志，使學
   生自由的發揮創造力。

2. **強調自然的教育方式**：歐登森林學校重視學生的健康，使其能從
   事各種工作，培養學習的興趣，並且隨時在學生身邊，提出必要
   的忠告。歐登森林學校的教育課題很清楚，那就是居住在山中、
   森林中與草叢中，去尋找生活的幸福。清新的意義就是森林的神
   祕魔力，成為自然的刺激，無論在陽光下或在暴風雨中，家長都
   不會感到失望。學生可以遠征高山或深谷，藉此鍛鍊體力和振奮
   精神。因此，歐登森林學校主張接近大自然的教育。

3. **注重住宿的生活方式**：青少年住宿在學校中，這是近百年來一項
   大的轉變，而這種住宿的生活經驗，慢慢地形成一種思想，成為
   教育中一種重視生活的思想。鄉村教育之家便是採用住宿的方式

來教學，師生共同生活在一起，形成一種人性促進的力量。這樣
學生可以成為博學的人，因為教師可以指導學生學習有用的事
物，並且可以牢牢的記住。這些事情在公立學校中，所占的空間
甚少，甚至不是非常重視。

4. **要求學生對自己負責**：不採取嚴格的管理方式，讓學生有較多的
自由空間，要求學生對自己負責。於是在學校中成立「學校議
會」（Schulparlament），來處理歐登森林學校的事情，所以在學
校中沒有畸形發展，只有家庭式的共同生活，把教學視為一種活
動。而且信任成為人的本質，學校信任學生的表現，讓學生以自
我的責任為出發點，這樣才能帶來自由。

5. **實施男女同校的教學**：歐登森林學校實施男女同校教學，不同年
齡的男生與女生，如同兄弟姐妹地生活在一起，這樣才容易養成
其信任感。在學校中實施自我訓練，對學生而言不但是意志的行
動，而且也是生活的因素。青少年的熱情，不一定為人們所完全
瞭解，但是能將其引入生活中，也是一件好事，起碼不會使人痛
苦。男女同校在於男人文化中，加入一些女人的素質，在同學情
誼中養成忍耐的性格，以及共同決定的習慣。

6. **重視運動的教育方式**：歐登森林學校很重視運動，認為運動可以
鍛鍊健康的身體。在學校中並沒有真正的運動場所，但是每天都
可以做森林浴，把森林中的運動，認為是鍛鍊身體最好的方式，
而且不必為設備所限，夏天的散步與冬天的溜冰，都是促進身體
發展的良方。這是一種自由的運動，在廣闊的大自然中運動，自
由自在不會受到限制。

7. **注重批判能力的培養**：歐登森林學校注重學生批判能力的培養，
對一切事情是否合乎真理進行批判，於是經常在教學中舉行討
論，就如同在家庭生活中一樣。這種方式成為歐登森林學校的基
本原理，以幫助學生獲得生活智慧和實踐倫理，最後具有德國公
民的文化形象。

㈣歐登森林學校的影響

　　歐登森林學校是德國鄉村教育之家運動的一支，除了受到鄉村教育之家運動的影響以外，更將鄉村教育之家的精神發揚光大，使其更能合乎時代的需要。歐登森林學校將學校設在森林裡，使學生接近大自然，從大自然那兒，學生學得許多知識，尤其是學校鼓勵學生，按照自己的興趣去多觀察，注重生物與生態的研究；然而學校並沒有忘記文化與人文的價值，還是很注重文化方面的學習。歐登森林學校重視男女同校，這是為了矯正當時社會的弊病，促使男女接受平等的教育。這非常合乎社會教育的原則，因為社會教育是以全體國民為對象，自然是不分男女性別的。而該校受教年齡放寬，也合乎社會教育的原則。歐登森林學校的教育是重視人性的教育，他設立人文學校，從事人的陶冶工作，這是人文學校重要的課題，也是社會教育重要的課題。因為社會教育是以人類學為中心，也就是以人為中心的教育。歐登森林學校建立於1910年的春天，由於格黑柏自願放棄德國籍，到瑞士去創辦新的學校，歐登森林學校因此於1934年春天關閉，總共持續了24個年頭。格黑柏在瑞士所創辦的學校，也是一本初衷，超越了國界的限制。例如：他在日內瓦所創辦的「人文學校」（humanistische Schule），在60個學生中，就來自14個不同的國家。格黑柏是一位熱心於教育的思想家，他有許多的教育理想，帶到歐登森林學校中實現，對傳統學校教育的改革有相當大的貢獻（詹棟樑，1991：160-161；Dietrich，1970: 113-125）。但是，歐登森林學校主張的男女同校制度，可能再製不平等的社會兩性關係。以兒童為中心的觀念，可能忽略課程的學科系統，造成學生課業成績的低落。而歐登森林學校是私人辦理的學校，由於教育經費時常不足，儀器設備無法與公立學校相比。同時，因為位於森林地區，社會資源缺乏，文化刺激不足，資訊取得不易，教育的成效往往不彰，這是歐登森林學校的限制，值得我們特別加以重視。

第四節　工作學校運動

　　藝術教育運動有一道界限，這一道界限來自於藝術本質自身。它雖然達成了我們最高的精神功能，但是總是停留在暫時的遊戲之中，只實現了我們存有的一面，無法完成我們奮鬥和工作的另一面。「工作學校」（Arbeitsschule）的概念有兩個不同的根源：第一個來自18世紀公民的解放奮鬥以對抗貴族政治，第二個來自人文主義學者認為「工作是生活理想重要一部分」的主張。這些思想在「工業學校」（Industrieschule）中得到豐碩的教育成果，並且在裴斯塔洛齊的教育學中工作的意義獲得明確的發展。裴斯塔洛齊強調工作的社會功能和自我活動的性質，福祿貝爾（Friedrich Wilhelm August Fröbel, 1782-1852）的觀點則介於裴斯塔洛齊和現代工作學校之間，他強調作品創造和工作成就所帶來的愉悅。1853年福祿貝爾的朋友彌頓杜夫（Heinrich Middendorf）回應福祿貝爾的觀念說道：對德國人的性格來說，已經開啟了一個新時代，那就是工作的時代。1866年福祿貝爾的學生瑪連霍茲—布洛（Bertha von Marenholtz-Bülow）在其出版的《福祿貝爾方法下的工作與新教育》（*Die Arbeit und die neue Erziehung nach Fröbels Methode*）一書中，談到工作學校運動的整個社會背景的要求。在此情況之下，福祿貝爾的學生們將工作方面的觀念帶入到學校之中。1857年格奧根斯（Jan Daniiel Georgens, 1823-1886）在其《現代國民學校》（*Die Gegenwart der Volksschule*）一書中，從現代的意義使用了「工作學校」（Arbeitsschule）這個名詞，並且主張有將現在的「國民學校」（Volksschule）發展為「工作學校」的必要性（Nohl, 1933: 50-51）。

一、工作學校運動的原因

　　人類社會中的教育活動和實際生活，在原始時代本是密不可分的。人類生活演進之後，乃產生學校教育的制度。教育活動的形式演變為學校以後，教育活動的內容，自然就偏重在文字的知識方面；教育活動的範圍，也就離開了一般群眾，侷限於一部分的特權階級。西洋各國的教

育史，一般都從希臘羅馬時代開始敘述。實在說來，現代西洋各國的文化和教育，並不是希臘和羅馬的延續，最大限度，也只能說是受了希臘和羅馬的影響。嚴格一點來說，西洋各國的教育史，卻只能從中世紀開始加以敘述。因此，西洋各國最早的學校，乃是第8世紀產生的「寺院學校」（Klosterschule）。目的在訓練教士，教材則注重語文的學習和教義的傳授。12世紀為了適應市民需要所成立的「市鎮學校」（Stadtschule），仍然是一種注重語文訓練的學校。後來，文藝復興與宗教改革的學校，仍然是偏重語文的教學。啟蒙運動發生以後，自然科學的知識，雖然列入學校課程之中，但是學校教育的內容，仍然保持抽象理論的傳授。到了19世紀，社會上因為人口的增加，發生重大的變動。由於當時的「學習學校」（Lernschule），偏重文字知識的傳授，無法滿足社會實際的需要，「工作學校運動」因此應運而生（田培林，1976f：761-763）。

其次，「工作學校運動」的發生，還有一個內在的因素，乃是科學研究進步之後，影響了教育思想的轉變。原來都認為教育乃是文化保存和延續的重要方法，教育的功用，因此偏重在「承先」和「繼往」方面，把客觀的「文化財」（Kulturgüte）看得特別重要，因而課程的接受，乃成為學校教育的中心，對於兒童主觀的自動並不十分注意。近代科學研究發達的結果，使人能夠認識、控制和利用客觀的自然，因而主觀的能力，才受到了普遍的重視。於是「人」（Der Mensch）乃成為宇宙的中心，因為一切文化，無一不是由人創造，文化進步的希望，也都寄託在人的身上。因此，人的主觀價值並不低於客觀的文化權威。所以兒童的主動性，在教育方面受到重視，「兒童本位」（von Kinde aus）乃成為學校教育活動的標語。「兒童本位」的教育標語受到重視之後，過去的「學習學校」就慢慢發生動搖，這是「工作學校運動」發生的另一個因素（田培林，1976f：763-764）。

二、工作學校運動的代表人物

在工作學校運動中，有兩個顯著的趨勢值得我們注意：第一個是高第

希的工作學校理論，第二個就是凱欣斯泰納所推行的工作學校運動。茲詳細說明其生平與著作如下：

㈠高第希的生平與著作

高第希（Hugo Gaudig, 1860-1923）1860年12月5日出生於斯托克凱（Stöckey），1879年進入哈勒大學就讀，主修古典語言學和神學。大學畢業之後，曾經在當地的古文中學，擔任教師的工作。後來，進入哈勒的法蘭克基金會工作。1900年到萊比錫擔任高級女子學校的校長，並且擔任實習學校女性教師研習中心的主管，1923年8月2日逝世於萊比錫。高第希深受裴斯塔洛齊和福祿貝爾教育理論的影響，主要的著作有《教學法的異教徒》（*Didaktische Ketzereien*）、《教學法的序曲》（*Didaktische Präludien*）、《服務於人格化成的學校》（*Die Schule im dienste der werdenden Persönlichkeit*）、《理論與實踐中的自由學校工作》（*Freie geistige Schularbeit in Theorie und Praxis*）、《人格的理念及其對教育學的意義》（*Die Idee der Persönlichkeit und ihre Bedeutung für die Pädagogik*）、《自我活動的學校》（*Die Schule der Selbsttätigkeit*）等書（Böhm, 2000: 197-198）。

高第希教育努力的重點在於將一種自由的精神的學校活動當作教育的目的，因此提出自我活動的理念。這種理念來自康德哲學獨立思考、判斷和行動的觀點，也受到費希特自由的自我活動哲學觀念的影響。在這種自我活動中，教師是一個激勵者、協助者和諮詢者。學生則必須在自我活動的方式中，從事學習，提出課題和自己不斷地去進行。這種自我活動的主題，可以應用到所有的對象範圍中。在工作團體之前，採用分組演講和討論的方式上課。在高第希的學校教學中，神學和宗教問題扮演重要的角色（Gaudig, 1922: 110-116; Gaudig, 1923: 61-62）。他雖然承認「手工教育」有教育的價值，必須列為學校中的主要活動，但是因為高第希在教育理論上富有理想主義的意味，特別看重人格的陶冶，所以他所說的「工作」乃是「自由的精神活動」，也就是「出於自己的意願，用自己的力量，在自己選定的工作方式中，所引起的自由行動。」因此，高第希特別看重「自內而外」的工作活動，並不像其他工作學校的理論家，以為應該從感覺的活動，達到理智的發展。所以高第希以為在工作學校中，「語言教學」

（Sprachunterricht）可以和「手工教學」（Handwerkunterricht），居於平等的地位。從這樣的見解來看，高第希所代表的工作學校運動，除了有顯著的「理想主義」（Idealismus）的傾向之外，同時還具有很顯著的「新人文主義」的色彩。至於凱欣斯泰納所推行的工作學校運動，則不同於高第希的主張。凱欣斯泰納把「手工」（Handwerk）活動看作學校工作的重心，在「手工」活動中，一方面注意職業技能的訓練，重視經濟的價值；另一方面注意「工作」（Arbeit）的陶冶功用。在「手工」活動中，完成人的教育，即普通教育。這兩位20世紀在德國代表工作學校運動的學者，主張雖不一致，但是卻同樣反對19世紀支配教育理論的「啟蒙思想」，也就是反對「唯智主義」（Intellektualismus）的學校教育，反對「學習學校」（Lernschule）和「書本學校」（Buchschule），反對過於注重經濟利益的「效益主義」（Utilitarismus）教育思想（田培林，1976f：769-770）。

(二)凱欣斯泰納的生平與著作

凱欣斯泰納（Georg Kerschensteiner, 1854-1932）1854年7月29日誕生於巴伐利亞邦首府慕尼黑，他的家庭環境非常貧苦。在國民學校肄業期滿以後，限於經濟的困難，不能夠升入普通中學繼續求學。因此，在一個天主教教育團體「皮亞里斯特」（Piaristen）主辦的師資訓練班中，接受師範教育。這一種師資訓練班，並不是獨立的師範學校，只是附設在一所國民學校中間，用學徒的方式訓練小學師資。所以，凱欣斯泰納16歲時，就在一所鄉村小學擔任「助理教師」的工作。經過相當時期，才升為正式的國民學校教師。其後考入古文中學肄業，對於數學特別感到興趣。後來進入伍茲堡大學和慕尼黑大學，學習植物學、動物學和地質學。畢業之後，在紐倫堡和慕尼黑等地擔任教師工作，長達12年之久。他喜歡接近青少年，注意教學的方法，很能吸引青少年的注意，得到青少年的愛戴。凱欣斯泰納感到教學是一種愉快的工作，因此成為一位成績卓著的教師。1895年被任命為慕尼黑市的主任督學，凱欣斯泰納到職以後，詳細的調查慕尼黑的國民學校制度，提出一個改進的方案。他的教育改革方案，就是以工作學校的理論為基礎。為了推展這個國民學校改革方案，凱欣斯泰納開始在國民學校中設立工廠和花圃。當時一般國民學校中的設備，只有教室、閱覽

室和運動場所；凱欣斯泰納在舊有的設備之外，為了使兒童有動手工作的機會，普遍添建了一些設備，雖然一方面受到稱讚，但是一方面也受到不少指責。

　　凱欣斯泰納雖然注重「手工」的學習，但是並不把「手工」看做學校教育的目的，他認為手工只是一般的陶冶方法，這是凱欣斯泰納在國民學校方面的新見解和新設施。其次，凱欣斯泰納對於慕尼黑的繼續教育制度，也曾經擬定具體的方案。在繼續教育的工作中，凱欣斯泰納也主張用手工教育的方式，完成精神教育、道德教育和公民教育。他認為這些教育都是相互關聯，合而為一才有效果。如果只是用抽象的書本去推行，很難達成預定的教育目標。凱欣斯泰納在慕尼黑主任督學的兩項教育改革工作，雖然遭到教育界中赫爾巴特學派的批評和攻擊，但是支持凱欣斯泰納教育理念的人也不少。因此，凱欣斯泰納在國際間也贏得很高的聲望。不僅瑞士、瑞典、匈牙利的教育界邀請他演講，甚至蘇格蘭、英格蘭和美國的教育會議也邀請他，發表有關「工作學校」的演講。凱欣斯泰納的工作學校理論頗受裴斯塔洛齊和杜威的影響，所以能夠受到歐美國家教育界的注意和重視。凱欣斯泰納雖然是一位教育實際的工作者，但是他也有系統的教育理論，因而先後印行了很多有名的教育著作。1918年他辭去了慕尼黑主任督學的職務，專心於教育理論的著述。同時，擔任慕尼黑大學名譽教授，講授有關教育學的課程。1920年凱欣斯泰納正式被任為正教授，調往萊比錫大學任教，他因為種種原因拒絕到職。同年，德國國會選舉，慕尼黑市將他選為民主黨國會議員，由於凱欣斯泰納對於當時政局的不滿，立即提出辭職。退出當時紛擾的政治界，過著退隱的生活。1932年1月15日，這位國際知名的教育學者，在慕尼黑故鄉與世長辭（田培林，1976f：759-761）。

　　凱欣斯泰納的主要著作有《教學計畫理論的觀察》（*Betrachtungen zur Theorie des Lehrplans*）、《巴伐利亞之外手工教育的觀察與比較》（*Beobachtungen und Vergleiche über Einrichtungen für gewerblichen Erziehung ausserhalb Bayerns*）、《德國青少年的國家公民教育》（*Staatsbürgerliche Erziehung der deutschen Jugend*）、《繪畫天賦的發展》（*Die Entwicklung der zeichnerische Begabung*）、《學校組織的基本問題》（*Grundfragen der Schulorganisation*）、《慕尼黑青少年義務、專業和繼續教育的組織與教學計畫》（*Organisation und Lehrpläne der obligatorischen und Fach- und Fortbildungsschule für Knaben in München*）、《國家公民教育的概念》（*Der Begriff der staatsbürgerlichen Erziehung*）、《工作學校的概念》（*Der Begriff der Arbeitsschule*）、《品格概念與品格教育》（*Charakterbegriff und Charaktererziehung*）、《自然科學教學的形式與價值》（*Wesen und Wert des naturwissenschaftlichen Unterrichts*）、《戰爭與和平中的德國學校教育》（*Deutsche Schulerziehung in Krieg und Frieden*）、《統一的德國學校制度》（*Das einheitliche deutschen Schulsystem*）、《教育過程的基本原理與學校組織其他的推論》（*Das Grundaxion des Bildungsprozesses und sonstige Folgerungen für die Schulorganisation*）、《教師精神與師資培育的問題》（*Die Seele des Erzihers und das Problem der Lehrerbildung*）、《陶冶理論》（*Theorie der Bildung*）、《教育組織理論》（*Theorie der Bildungsorganisation*）、《教育著作選集》（*Ausgewählte Pädagogische Schriften*）等書（Böhm, 2000: 286-287）。

在和高第希與斯普朗格的文化哲學辯論之後，凱欣斯泰納成為工作學校思想的代表人物。他強調在國民學校至少必須實施純粹手工的教學，這種思想過程的建立有下列理由：完整兒童的發展必須走向身體和精神的手工傾向，因此必須組織一種公立的學校，假如不從事手工和精神活動的準備，也應該使大部分的國民學校學生掌握住其日後從事的手工職業。凱欣斯泰納認為工作教學真正的目的，在於經由工作的實用性進行道德的教育。首先經由關聯事物內在的邏輯和它設定的目的，可以達到教育過程的實用性，進而能夠培養學生的道德性。他主張正確的從事手工活動，也可以發展邏輯的思想能力，每一種活動可以再度的加以應用，而且能夠被深化，這是凱欣斯泰納特殊的觀點。從凱欣斯泰納的觀點來看，手工活動如果沒有精神的前置作業，就會變成一種機械化的活動。因此，手工活動從教育的意義來看，決定性的特徵在於精神的計畫、完全實現的意向和自我檢視的可能性。雖然，計畫和檢視是教育豐富的動機。每個學生必須有能力從事手工的活動，而且從內心感到有其必要。能夠從理論的和實踐的天

性喜歡他的工作。假如學生能夠信任當時對象範圍的法則性，自我活動的工作方式是可行的。凱欣斯泰納認為工作學校原理的形成有兩個基本方向：一是在獲得的表達工具使用中擁有足夠的安全性，二是教師應該能夠讓學生內在自由的遊戲空間得到保證。凱欣斯泰納的工作學校概念是事物導向的，在教育過程中如果只得到純粹的知識，並沒有太大的教育價值，因為沒有涉及到深層的人格問題。對凱欣斯泰納來說教育是一種透過文化財，從個人可能的廣度和深度喚醒個人組織的價值意義。從這個觀點來看，知識獲得的技能比知識本身還要重要，因為這些技能能夠使人產生自我活動，是所有教育工作最豐富的收穫（Kerschensteiner, 1926; Kerschensteiner, 1959; Röhrs, 2001: 218-220）。

三、工作學校運動的理念

工作學校運動的教育改革正符合青少年身心發展的需要，因此能夠蓬勃的發展起來。1911年德勒斯登的「青少年研究與教育會議」（Kongress für Jugendforschung und Jugendbildung）中，凱欣斯泰納與高第希在工作學校的概念上產生爭論。高第希反對凱欣斯泰納把公民的養成當作教育的目的，他認為教育應以發展人格的客觀價值，培養完人為目的。教育的任務既為促進人格的成長，所以學校必須儘量鼓勵兒童的自由活動，藉以引發兒童內在的力量，所以新的學校應當是工作學校（田培林，1976b：463）。凱欣斯泰納注重工作學校教育的直觀、自然科學對象和手工活動；高第希則主張工作學校教育最重要的是「自我活動原理」（Das Prinzip der Selbsttätigkeit），強調學生工作的動機。工作學校在改革教育學中並不是原創的，而是來自裴斯塔洛齊、欽德曼（Ferdinand Kindrmann）和格奧根斯（Jan Daniel Georgens）的思想，但是在「自我活動」（Selbsttätigkeit）上有新的看法。這種原理主要來自馮德意志心理學（Psychologie des Voluntarismus）、唯智主義和天賦結構的觀點，以及史坦自發行動能夠開展人格的觀點（Röhrs, 2001: 212）。

高第希從裴斯塔洛齊和赫爾巴特的方法出發，進行工作過程的分析，經由班級工作來達到自我活動的目標。高第希認為所有的工作活動都只是

媒介，培養學生自我活動和個人與團體的關係才是最重要的（Nohl, 1933: 57-58）。凱欣斯泰納強調新的學校應該做到下列幾點（Nohl, 1933: 54）：㈠ 取代僅僅注重理智的學習，發展兒童完整的心靈生活。㈡ 不僅培養兒童的接受性，而要尋找兒童的生產性和主動的力量。㈢ 這些力量不是在虛空中發展，而是在工作和職業的具體事物中發展。㈣ 應該發展兒童的社會動機，將團體與生動的過程置入學生孤立的地位和抽象的師生關係中。凱欣斯泰納主張實際行為心理的形式是兒童心靈的結構，所有精神的發展總是從實際的興趣進步到理論，我們的教育必須依青少年的興趣來設立。從兒童到青春期的特徵是注重生動活潑的活動，此時人的本質是工作、創造、運動、嘗試、經驗、體驗，在實際的媒介中沒有疏忽的學習（Nohl, 1933: 55）。

「工作教育」（Arbeitserziehung）在裴斯塔洛齊和福祿貝爾而來的運動中，最深的教育意義在於：自我活動與團體感的發展和再度將教育與具體生活關聯的必要性。除此之外，工作學校運動也包括了學校中人類理想的實現。凱欣斯泰納（Georg Kerschensteiner）工作學校思想的發展在此與裴斯塔洛齊聯結，1908年他在蘇黎士的演講中第一次使用「工作學校」這個名詞，並且主張未來的學校是一種含有裴斯塔洛齊精神的學校。後來，凱欣斯泰納將這篇演講出版，篇名是「未來的學校是一種工作學校」（Die Schule der Zukunft eine Arbeitsschule），「工作學校」從此成為一個流行的標語（Nohl, 1933: 53-54）。工作學校的第二個根源是來自「社會主義」（Sozialismus），特別是法國哲學家傅立葉（Charles Fourier, 1772-1837）、英國哲學家歐文（Robert Owen, 1771-1858）和德國哲學家馬克斯（Karl Marx 1818-1883）的思想。社會主義者希望經由兒童生產性的工作與教育關聯，採用精神、體操—軍事和多元技術教育，將勞動材料和勞動工具、勞動組織和勞動過程合而為一，培養擁有較高文化和人性理想的人。他們認為工作學校應該按照這些社會主義的理想來教育兒童，銜接自重感為社會創造價值，顯示出我們生活的意義。

四、工作學校運動的影響

　　1885年教育學家塞德爾（Robert Seidel, 1850-1933）在《工作教學：一種教育與社會的必要性》（*Arbeitsunterricht,eine pädagogische und soziale Notwendigkeit*）一書中，首次從教育理論的觀點來為工作教學辯護，並且要求社會大眾將工作教學視為國家事務加以重視。1906年政治家舒爾茲（Heinrich Schulz）在曼漢舉辦的政黨會議中，發表〈國民教育與社會民主主義〉（Volkserziehung und Sozialdemokratie）一文，提出學校改革的計畫，極力鼓吹工作學校運動。後來，這篇演講被收錄在其《社會民主主義的學校改革》（*Die Schulreform der Sozialdemokratie*）一書中，於1911年出版，對於工作學校運動的教育改革影響相當大（Nohl, 1933: 60-61）。塞德爾是瑞士人，他的教育思想受到裴斯塔洛齊和福祿貝爾的影響很大。1920年，德國召開全國學校會議，他和拿托爾普（Paul Natorp, 1854-1924）等人共同草擬「工作學校」報告，可見他是工作學校思想的權威人物。塞德爾的最大貢獻在於工作學校教育深入的闡述，主張人的存在不只是精神的，同時也是身體的。人不但能感覺、能思維、能理解，同時是有意欲、能創造、好活動的個體。這種本性在兒童生活中表現得最明顯，兒童因為身體在成長中，特別活躍好動，創造力也很豐富，兒童既然有這種喜好工作的傾向，學校教育就應當因勢利導，不可一味灌輸與實際生活無關的事物，摧殘兒童的生機與興趣。所以當今的學校必須徹底的改造，由學習學校變為工作學校。不過，這種改變不是一蹴可及，應該配合社會演進的程序，按部就班的進行。工作學校是未來的學校，跟將來社會一起降臨。塞德爾認為工作教育具有三種價值：㈠ 教育的價值：工作教育能夠使兒童好動的傾向得到滿足，兒童從工作中可以獲得許多樂趣，在工作中養成注意力集中，堅忍耐勞的習慣，以及注重「美」和「實用」的傾向；㈡ 身體的、精神的、技術的陶冶價值：工作教育能陶冶技術和藝術的素質，使感覺官能、肌肉、神經系統富有活力。同時，工作能使我們對事物的認識更加清楚，因為只有實際的工作，才能徹底的理解事物；㈢ 道德和社會的價值：工作教育使人類良善的力量表現為行動，防止罪惡行為的萌芽。人的品性只

有在行動中才能表現，同時工作教育能使兒童尊重勞動，教導兒童適當地評價產品的價值，使兒童瞭解人類力量的界限。兒童的個性在工作教育中得到表現，職業的選擇也只有經過工作教育才成為可能。而且能夠喚起家長對學校的注意，調和生活與學校之間的對立。塞德爾認為工作教育不在訓練手藝，促進家庭工業的發展，並為將來的職業生活而準備。工作教育也不只在喚醒兒童工作的興趣，經濟效用和形式陶冶都不是工作教育的主要價值，工作教育的主要價值在於有益人類身心的發展，使人的個性得到表現（田培林，1976b：457-758）。在凱欣斯泰納的提倡之下，工作學校運動逐漸擴展到德國以外的歐洲地區，例如：英國、法國、義大利和北歐，並且傳播到美洲新大陸，後來甚至影響到世界其他國家，紛紛設立工作學校，實施手工教學的活動，促進學生身心的發展，培養學生職業的技能。這個運動不僅影響學校教育的方式，同時對學校的課程產生影響，而且一直到今天為止，持續發揮其影響的作用。

第五節　學校改革運動

歐洲文化批判時期有許多重要的學校教育改革，其中教育學家斯泰納的「華德福學校」（Waldorfschule）、蒙特梭利的「兒童之家」（Casa dei Bambrini）和教育學家皮特森的「耶納計畫學校」（Jena—Plan—Schule）在歐洲建立，後來逐漸的擴展到世界各地，提出很多新的教育觀念，對人類教育的貢獻相當大，值得我們深入的加以探討。茲詳細說明其興起的原因、代表的人物和改革的經過如下：

一、華德福學校的改革運動

「華德福學校」（Waldorfschule）不僅是一種自由學校，同時也是一種教育改革的學校。根據相關教育文獻的分析，華德福學校運動的興起有下列幾項原因：

(一) 對於傳統學校的不滿：當時傳統的學校在課程內容上注重知識的

學習，忽略技能的學習。在教學方法上注重記憶背誦，不夠生動活潑。因此，讓學生和家長感到相當不滿。

(二)因應工業社會的需要：當時工業社會的生活型態已經逐漸形成，父母必須到工廠上班，無暇照顧自己的子女，工廠為瞭解決員工子女教育的問題，因此紛紛成立華德福學校。1919年建立的第一所華德福學校就是在這種工業社會的需要下建立的。

(三)教育理論觀點的轉變：當時在教育理論上已經產生改變，許多教育學家都主張手工教育，注重做中學的觀念，並且進行藝術教育的改革，倡導審美教育的重要性，在這些教育思潮的影響下，華德福學校運動因此逐漸興起。

(四)教育學家斯泰納的倡導：斯泰納在1913年提出「人智學」（Anthroposophie）的概念，並且創立「人智學學會」（Anthroposophische Gesellschaft）。在1919年接受莫爾特（Emil Molt）的邀請，建立第一所華德福學校，從人智學的觀點出發，進行學校教育的改革。後來，經由斯泰納的倡導，華德福學校才廣為世人接受，同時散布到全世界。

(五)個人對自由生活的追求：傳統學校教學相當注重紀律的要求，在學校中，學生的行動受到極大的限制。不僅學校的課程缺乏彈性，就是學校生活的事務也沒有自由選擇的餘地。因此，學生都有一種追求自由生活的期望。在這種期望之下，華德福學校注重學生自我管理，講求學習自由和課程多元化的特色，自然受到家長和學生的歡迎，這是華德福學校能夠持續發展的重要原因。

(一)斯泰納的生平與著作

斯泰納（Rudolf Steiner, 1861-1925）1861年2月27日出生於奧地利的柯拉爾傑維克（Kraljevec），因為父親職業的關係，經常必須搬家，在奧地利住過許多地方。1880年進入維也納技術學院就讀，主修數學與自然科學。在學院中也修習文學、哲學和歷史的課程，經常涉獵德國文學家哥德（Johann Wolfgang Von Goethe, 1749-1832）的作品。畢業之後，在威瑪的「哥德－席勒檔案室」（Goethe—Schiller Archiv）工作，1891年獲得

羅斯托克大學哲學博士學位。其後，出版不少哲學著作，其中《自由哲學》（*Philosophie der Freiheit*）是斯泰納最重要的代表作。斯泰納在完成學位之後，開始從事寫作。1899至1904年在柏林的「勞工學校」（Arbeiterschule）擔任教師，1901年也曾應邀到德國「神智學學會」（Theosophische Gesellschaft）演講。後來，由於哲學理念不合，在1913年離開了「神智學學會」，並且提出「人智學」（Anthroposophie）的觀念。開始研究東方的神智學，後來建立了具有神祕主義色彩的「基督學」（Christologie）。並且與第二任妻子瑪麗（Marie von Sievers），根據建築藝術的學習與研究，在杜納赫（Dornach）設立了第一所「哥德館」（Goetheanum）。1914年第一次世界大戰爆發，斯泰納成立了第二所哥德館。同時由哲學的領域，轉向政治學、社會學和社會批判問題的探討。1919年應企業家莫爾特（Emil Molt）的邀請，到斯圖特嘉為「華德福－阿斯托利亞煙草公司」（Woldorf－Astoria－Zigarettenfabrik）設立一所學校，以便教育公司員工的子女。1922年發生火災，哥德館被燒毀。後來，人智學會員以鋼筋混凝土重建，如今哥德館依然巍峨的矗立於杜納赫的山丘上，成為世界「有機建築」的重要史蹟。1923年斯泰納建立「人智學學會」（Anthroposophische Gesellschaft），進行人智學的研究，並且宣揚「華德福學校」的理念，1925年3月30日因病逝世於杜納赫。斯泰納的主要著作有《自由哲學》（*Philosophie der Freiheit*）、《神智學：超感官世界知識與人類決定導論》（*Theosophie. Einfürung in die übersinnliche Weilterkenntnis und Menschenbestimmung*）、《精神科學觀點的兒童教育》（*Die Erziehung des Kindes vom Gesichtpunkte der Geisteswissenschaften*）、《精神科學觀點的人類生活》（*Das menschliche Leben vom Gesichtpunkte der Geisteswissenschaften*）、《教育問題即社會問題》（*Die Erziehungsfrage als soziale Frage*）、《人智學基礎的教育方法與教學方法》（*Erziehungs-und Unterrichtsmethoden auf anthroposophische Grundlage*）、《身體生理健康的發展作為心靈精神自由發展的基礎》（*Die Gesunde Entwicklung des Leiblich-Physiches als Grundlage der freien Entfaltung des Seelisch-Geistigen*）、《教育藝術的精神－心靈的基本能力》（*Die geistig-seelische Grundkräfte der Erziehungskunst*）、《人智學的教育學及其前

提》（*Anthroposophische Pädagogik und ihre Vorausetzungen*）、《人類知識的教育價值與教育學的文化價值》（*Der pädagogische Wert der Menschenerkenntnis und der kulturwert der Pädagogik*）、《教育學、藝術教育學與道德》（*Pädagogik und Kunstlische Pädagogik und Moral*）等書（Böhm, 2000: 514-515; Lin, 1994: 222-230）。

　　斯泰納的人智學是一種精神世界的科學研究，目的在於揭露自然知識的片面性和神祕性，深究人類超感官的世界，發展意識和科學尚未處理的能力。他的人智學的精神科學一方面主張在感官的─物質的世界背後，存在著一種精神的─超感官的世界；另一方面強調人類可以透過特定能力的發展，從感官世界進入到超感官世界。所以，斯泰納的人智學精神科學是一種特定的精神的─超感官世界的學說，經由特定的方式可以進入到感官的─物質的世界，同時透過特定能力發展的知識之路，能夠達到精神的─超感官的世界。這種知識之路將從感官的觀審提升到精神的觀審，從生活和科學知性知識的使用，達到想像、靈感和直觀這些類型的精神活動性。因此，斯泰納人智學的精神科學從一般知性的使用走出，朝向現代自然研究之路，使人類一層一層的向精神知識前進，在超感官世界中開啟精神的知覺，達到精神活動性的類型，獲得這個世界的真理，以實現理念真正有效的表達。斯泰納主張教育和教學的任務在於使兒童的身、心、靈達到和諧的統一，教師的任務則在於應用物質世界觀看和聆聽等方式，喚起兒童人格的精神，使兒童不只是生理人，而能夠讓內在的精神關係支配教師和兒童，讓整個教室進入意識狀態，帶領學生從物質世界提升到精神世界。這種教師與學生之間的精神關係，不僅僅只是文字語詞而已，還有熟練的能力也存在教學中（Lin, 1994: 232-242; Steiner, 1965: 66; Steiner, 1986: 7, 66-68; Steiner, 1973: 191-192; Steiner, 1979: 24-29）。

(二)華德福學校的教育理念

　　華德福學校的教育理念主要奠基於斯泰納「人智學的教育學」（Anthroposophische Pädagogik），以培養個體在身體（Boby）、心靈（Soul）和精神（Spirit）三個不同層次的全面發展。人智學一詞源自希臘文，表示「人類的智慧」（Human wisdom）。斯泰納主張人智學是一門「精神科

學」（Geisteswissenschaft），人智學是一個完整人類生命本質和精髓的概念，也是自然科學的補足，自然科學探討的是物理性質的問題，而人智學則追尋生命存在的起源，以解開人類生存和命運的奧祕。斯泰納的人智學深受德意志觀念論、哥德哲學觀點、席勒美育思想、叔本華輪迴思想、尼采生命哲學和基督與印度宗教的影響，從德意志觀念論的思想出發，銜接哥德自然考察的現象學觀點。斯泰納在知識論上建立了「本體一元論」（ontologischer Monismus），主張精神與物質只是不同的感受品質，實際上都是同一個實在。斯泰納的知識論認為知覺與思想都是知識的基礎，共同促使實在的形成，真理的要求來自事物的感受與世界精神的展現，超越了主觀性與客觀性。斯泰納的人智學對於華德福學校、人智學醫學、製藥學、治療教育學、生物－動力學的鄉村建築、運動治療學和基督宗教團體的影響相當大，但是一直到今天依然受到忽略，只有教育科學和哲學領域的學者對斯泰納的人智學比較熟悉。斯泰納人智學的教育學理論，不是一種「世界觀的學說」（Weltanschauungslehre），而只是一種「概念的建構」（Begriffsbildung）。這種教育理論主張培養學生「自由和多元」（Freiheit und Vielfalt）的才能，認為教育應該開展人類的精神領域，強調人類精神的律動性，建立在身體和心靈的律動性之上。斯泰納主張華德福學校必須開放給所有的兒童，實施男女合校的制度，進行12年一貫教學，而且教師是學校經營的主持人，必須將政府和經濟的干預減至最低。斯泰納的教育理論被應用於華德福學校教育中，主要的教育理念有下列幾項（Steiner, 1990: 36-57）：

1. 主張經由圖畫的學習，培養學生審美的能力。
2. 強調「做中學」的觀念，透過學生動手操作，進行學習的活動。
3. 鼓勵生動活潑的教學方式，引起學生學習的興趣。
4. 注重精神敏感性和精神運動性的發展，經由優律斯美（Eurythmie）的運動，促進學生精神性的開展。
5. 重視社會能力的發展，培養學生適應社會生活的能力。
6. 配合學校課程的實施，提倡生活導向的教育。
7. 追求人類與世界的理解，主張以新的觀點去嘗試。

8. 強調學生「情緒智能」（emotionaler Intelligenz）的培養。

(三)華德福學校的課程教學

斯泰納曾經是一位「個人主義者」（Individualist），他認為教育的目的就是要培養一位「自由人」（freies Mensch），因此華德福學校在課程教材上深受其影響，非常注重課程選擇的自由和課程內容的多元性。華德福學校非常講求自律，學生必須自己管理自己。在課程上兼顧普通教育和職業教育，非常強調「週期教學」（Epochenunterricht），「週期教學」是在一個週期內，使學生專注於某一主要學科的學習，持續時間約三到四週。在「週期教學」中同一科目一年只重複出現二至四次，使學生所學的「知識」，真正變成自己的能力，經歷重複、記憶與甦醒的內在學習歷程。除了團體教學之外，在許多課程上也實施小班教學和個別的指導。在教學活動上非常講求教學過程的活潑生動，以引起學生學習的興趣，增進學生學習的效果。在性質上，華德福學校不是一種世界觀的學校，不在灌輸學生某種宗教的信仰，而是一種教育改革的學校。這種學校的性質和「蒙特梭利學校」，以及皮特森（Peter Petersen, 1884-1952）的「耶納計畫學校」非常相似，都是現代「完全學校」（Gesamtschule）的前身。華德福學校在小學階段非常重視圖畫教學，希望經由圖畫的活動，對學生進行情感和意志的陶冶，並且培養學生讀寫算的基本能力。到了國中和高中階段，就實施「手工教學」（Handwerkunterricht），培養學生職業的技能和適應社會生活的能力。其課程內容非常注重「生活導向」（Leben orientiert），教育兒童的頭、心、手、思想、情感和意志，使其成為真正自由的個體。華德福學校強調「質」的評量，教師在課程進行期間，以學生的課本製作、課堂練習和學習結果表現，作為評量的主要內容。基本上，華德福學校沒有考試，不排名次，也排除測驗知識的必要。主要的課程內容包括下列幾項（Kiersch, 1997: 34-48）：

1. **外國語文**：德國華德福學校的學生，從一年級開始就必須從英語、法語、俄語中，學習兩種外國語文。

2. **音樂**：華德福學校從小學開始，就利用音樂進行教學，培養學生心靈的律動性（seelische Beweglichkeit）。

3. **體育**：華德福學校注重體育的教學，因為斯泰納認為人類精神的自由發展以身體的健康為基礎。

4. **手工藝**：華德福學校自國中階段起，就實施「手工教學」，培養學生社會生活的技能。

5. **宗教教學**：華德福學校經由宗教教學課程的實施，培養學生正確的宗教信仰，並且促進學生精神領域的發展。

6. **優律斯美**：華德福學校從斯泰納人智學的觀點，實施運動藝術與運動治療，以促進學生身心的健全發展。

7. **電腦教學**：華德福學校在小學階段不實施電腦教學，希望學生多進行人際關係的互動，培養學生社會生活的能力。但是從國中階段開始，就必須接受「資訊教學」（Informatikunterricht）和「電腦科技」（Computertechnik）課程，培養學生科技時代生活的技能。

㈣華德福學校的現況

自從教育學家斯泰納創立華德福學校之後，這種學校就從德國逐漸擴展到歐洲各地，甚至經由歐洲移民介紹到美洲新大陸，然後再傳播到世界各地，例如：巴西和南非，甚至連臺灣地區也有這類學校的存在[1]。根據德國斯圖特嘉「自由華德福學校聯盟」[2]（Bund der freien Waldorfschulen, 2016）的統計資料顯示，在1925年斯泰納去世前，德國漢堡也設立了華德福學校。接著，荷蘭1所、英國兩所……漸漸地，華德福學校運動展開了。到了1928年，美國紐約也有了第一所華德福學校，1946年德國境內，華德福學校就有24所之多。1980年代晚期，甚至以每年設立100所的速度在增加，分布到全球50幾個國家。到2016年7月為止，全球的華德福學校共有1,080所，其中730所華德福學校在歐洲，398所散布在歐洲之外。德國和荷蘭的華德福學校數量占了歐洲華德福學校的一半（德國有237所，

---

[1] 1996年張純淑女士將宜蘭慈心托兒所轉型為華德福教育，1999年成立小學部，2002年通過宜蘭縣教育審議會審議，成立第一所公辦民營的慈心華德福實驗學校。

[2] 詳見德國斯圖特嘉自由華德福學校聯盟網站的說明。網址：http://www.waldorfschule. info/upload/ pdf/schulliste.pdf

美國有126所，荷蘭有90所華德福學校）。這種學校制度獨立於國家和教會之外，包括幼稚園、小學和中學等階段，分為「基礎學校」（Grundschule）、「文理中學」（Gymnasium）、「實科中學」（Realschule）、「主幹學校」（Hauptschule）、「職業學校」（Berufsschule）和「特殊學校」（Sonderschule）等不同的學校類型。光是「華德福幼稚園」（Waldorfkindergarten）在德國就有500所，有關華德福學校師資的培育機構也有64所之多，包括師資培育中心和教育高等學校，而且以每年增加20所的速度在穩定成長之中，可見華德福學校相當受到重視。

二、兒童之家的改革運動

　　除了「華德福學校」和「耶納計畫學校」之外，學校教育改革運動還有蒙特梭利所創辦的「兒童之家」。這是一種具有家庭生活，發展兒童身心，強調兒童正確地運用其感覺器官，並養育良好的行為習慣，布置一個適宜的文化環境，讓兒童自由獨立的發展。這不僅僅是一個學習的場所，也是兒童自我成長的場所，更是一個將生活與教育兼顧的場所。要瞭解兒童之家的改革運動，首先要探討蒙特梭利的教育理念，茲詳細說明如下：

㈠蒙特梭利的生平與著作

　　蒙特梭利（Maria Montessori, 1870-1952）1870年3月31日生於義大利的齊阿拉瓦利（Chiaravalle），父親亞歷山大是貴族的後裔，而且是一位思想保守的勇敢軍人。母親瑞尼爾是虔誠的天主教徒，在當時社會結構來講，是個社會地位很高的家庭。蒙特梭利是一位獨生女，深受父母疼愛，但不是溺愛，父母要求她平時要嚴守紀律，遵守家規，訓練她學習等待，培養耐心。從小蒙特梭利就很善良，有愛心也很體諒別人。當時中上家庭的天主教徒，常在冬天時縫製一些衣物，分送給較窮苦的家庭，蒙特梭利非常樂意去幫忙分送衣物，同時她也願意在寒冷的冬天，在刮大風，下大雪時，去分送給真正需要幫助的窮苦人家。蒙特梭利也對貧窮弱小的孩子，有股天生的同情心，她的鄰居有位小女孩駝背，受到別人的恥笑，只有蒙特梭利和她做朋友。幼年多半消磨在義大利的安克納（Ancona），後

來定居在羅馬。蒙特梭利有強烈的求知慾，對數學有濃厚的興趣，所以在
13歲時進入米開朗基羅工科學校，且於1886年時以最優秀的成績畢業，奠
定了數學基礎。因為發現自己對生物有興趣，於1890年就進入羅馬大學讀
生物。後來，興趣轉移到醫學領域，又進入醫學院改學醫學。1894年從羅
馬大學畢業，成為第一位羅馬大學畢業的女性醫生。此後，蒙特梭利曾
經任教於羅馬大學，做過心理治療的醫生，為了兒童教育理論的建立，
加強推展她的「兒童之家」，曾經再度進入羅馬大學，修習心理學方面
的課程，特別是兒童心理學和人類學。1900至1907年在羅馬大學，講授教
育人類學，同時在大學醫院精神治療部，負責為兒童診治。1907年創立新
式的兒童教育機構，她不用學校名稱，也不用幼稚園的名字，將這種教
育機構稱為「兒童之家」（Children's Houses）。除了1922年曾經擔任義大
利教育部的督學以外，全部的精神都貫注在兒童教育的研究方面。蒙特梭
利是愛好和平自由的，所以對法西斯政權不滿意，而法西斯政權對她也
多所疑忌。1939年她看到法西斯政權的蠻橫，離開義大利前往印度，因此
才逃過一劫，沒有被墨索里尼（Benito Mussolini）監禁起來。蒙特梭利在
印度住了10年，第二次世界大戰後，1949年才回到歐洲，定居在荷蘭的阿
姆斯特丹，那裡是「世界蒙特梭利學會」所在地，而且是「蒙特梭利教
育運動」的中心。1952年5月6日逝世於荷蘭的諾德維克（Noordwijk），主
要著作有《蒙特梭利教學法》（*The Montessori Method: Scientific Pedagogy as
Applied to Child Education in The Children's Houses*）、《教育人類學》（*Peda-
gogical Anthropology*）、《高級蒙特梭利教學法》（*The Advanced Montessori
Method*）、《童年的祕密》（*The Secret of Childhood*）、《新世界的教育》
（*Education for a new World*）、《兒童的發現》（*The Discovery of Child*）、
《教育的重建》（*Reconstruction in Education*）、《家庭中的兒童》（*The
Child in Family*）等書（田培林，1976e：734-735；徐宗林，1983：299-300；
Böhm, 2000: 372）。

　　（二）蒙特梭利的教育理念

　　蒙特梭利在《蒙特梭利教學法》一書中，討論到兒童教育上的自由、
活動、觀察和訓練的各項功能，主張理想的教師應該是一位「生活的刺

激者」，教師的責任就是在指導和協助兒童身心的發展。其次，蒙特梭利在《教育人類學》一書中，指出教育的研究應該講求正確性，主張精確的研究方法是瞭解教育現象所必須。再次，蒙特梭利在《兒童的祕密》一書中，主張教師應該認識到兒童內在尚未顯現的力量，這種力量是改造人類所依賴者。成人於教育實施當中，應該善加利用，妥善的予以培育。除此之外，蒙特梭利也在《家庭中的兒童》一書中，主張瞭解兒童的主要目的，是人類社會的改造，所以兒童時期的教育，可以說是人類整個發展過程中，最重要的一個問題（徐宗林，1983：301-302）。蒙特梭利教學法主要的內涵如下（Orem, 1971）：

1. 訓練兒童知覺上的觀察，然後講求概念上的效率。蒙特梭利認為感官的訓練，必須講求觀察的正確無誤。她以聽覺的訓練為例，說明一位醫生在診治病情上，確實的觀察是必須的。

2. 安排過的環境，可以應用複雜的情境來訓練感官。例如：運動、智慧上的運動、感覺訓練、使肌肉協調等。

3. 自我發展與個別化：從自我統御其環境中，獲得自我的建設，自我的發展。個別差異是教育心理化後，教育家重視的一項教學原則，蒙特梭利教學法真正實踐了這一項原則。在學習速度和學習器材上，她都按照此一原則來設計各種教學的活動。

4. 運動、活動、工作是兒童教育上三個不可缺少的教育因素，運動促進了兒童肌肉的活動；活動可以給予兒童感覺的訓練；工作的目的就是在應用知識於各種心智的活動。

5. 自由與天賦在提供給自我做各種的選擇。

6. 兒童的教育環境是一個預備性的環境，也是適合於兒童內在需求的一種環境。在預備性的環境中，兒童可以依照自己的需求、能力和興趣，作最大限度的發展。

7. 兒童的活動應該注意到均衡性的起伏的規則性活動，因為在自然和宇宙當中，生命繼續性的活動，在秩序的環境當中易於進行。

8. 兒童成長的現象，有必要去發現存在哪些規則，同時觀察和發現兒童成長的知識，以便在兒童成長的過程中，幫助兒童成長。

9. 兒童是未來的成人，在協助兒童的成長過程中，成人應該注意到
   兒童的潛力，促使兒童內在的衝力，導向於自我的實現。

10.新教育實施當中的教師是一個模範，因為教師反映當時社會傳統
   的價值。蒙特梭利教學方法上，跟傳統教育最大的差別在於：蒙
   特梭利教學法並不重視知識的獲得，而是強調知識獲得的慾望與
   能力的培養。兒童教育是啟蒙教育中最重要的一環，正規的教育
   基礎就在兒童幼年時期奠定。

蒙特梭利的教育理念主要有下列幾項（田培林，1976e：736-738）：

1. **看重「教具」的價值**：所謂「教具」就是兒童的工作材料，蒙特
   梭利所發明的「教具」，其中有帶符號和字母的積木，各種附有
   織品的木架，色彩不同的圖表，聲音高低相異的銅鈴等等。在
   「兒童之家」的兒童，可以自由的選擇各種教具，去遊戲或工
   作。但是，必須對教具的各個部分，先做準備的觀察，再找到彼
   此之間的次序，然後才能夠完成工作，得到滿足之感。

2. **注重「自由」的原則**：蒙特梭利承認兒童有獨立的地位和自主的
   權利，因而進一步肯定兒童的自由。在「兒童之家」中，不像普
   通學校那樣，採用分班教學的制度，只是將不同年齡的兒童，分
   成各種不同的組別，讓兒童能夠自由的活動，自由的選擇教具，
   進行自己的工作。而且每組兒童工作的場所之間，都用一些有玻
   璃的門牆隔開，各組的兒童可以彼此的看見，而且可以隨時進入
   另一組的工作場所，從事他願意做的工作。

3. **強調義務的原則**：「兒童之家」的大小、設備和環境，都依照兒
   童團體生活上的需要設立起來。而且「兒童之家」一切秩序、清
   潔、保護等等工作，都是由兒童們自己負責擔任的。桌椅、櫥
   櫃、盥洗用具、工作教具等等，都是按照兒童適當需要製成的。
   在工作間和工作之餘，兒童與兒童之間，彼此都需要相互關切。
   在這樣實際的日常生活之中，慢慢的去培養兒童的社會情感、責
   任意識與道德自覺。蒙特梭利是用教具引起兒童的自由活動，再
   將個別的兒童和同伴環境聯結在一起，成為一個生活團體。只有

在這個生活團體中，才能夠獲得真正的自由。兒童自己享有權利和自由，而且能夠承擔歷史文化的責任，那麼世界和平的理想，就有實現的可能（田培林，1976e：739）。

㈢「兒童之家」的教育改革

「兒童之家」是一種具有家庭生活，發展兒童身心，強調兒童正確地運用其感覺器官，並養育良好的行為習慣，布置一個適宜的文化環境，讓兒童自由獨立的發展。這不僅僅是一個學習的場所，也是兒童自我成長的場所，更是一個將生活與教育兼顧的場所。在「兒童之家」內，有著輕而矮小的桌椅，兒童可以隨心所欲的加以移動。每一個兒童都可以從教室內的教材中，選擇他自己願意的工作去做，將他樂意做的工作，拿到一個適合於他的地方，然後自行去做。在「兒童之家內」，沒有團體性的教學活動，不過有時兒童會集合在一起，做一些團體遊戲，或者自動的在一起做自己的工作。在兒童各自做自己的工作時，總有一位教師在場，協助兒童做完他們的工作。教師的任務只是觀察與指導，她協助每一個兒童，倘若兒童表現出需要教師的協助時，教師就會提供一些較好的程序。如果發現到兒童有了困難，她就會給予兒童鼓勵，原則就隨兒童自行處置了。兒童如果未能按照原訂計畫，完成他應該作完的練習，兒童是不會受到任何懲罰的。兒童練習或工作的失敗，僅表示學生預備工作的欠缺，教師於此就另行建議兒童，做一些別的工作。兒童在蒙特梭利的眼光中，是一個具有潛力的胚胎，兒童所具有的是物質的、智慧的、心理的和精神的發展潛力。兒童也是一種精神的胚胎，在優良適宜的環境下，具有培養成為精神人的可能性。兒童教育的成敗，取決於成人對兒童態度的改變。成人必須給兒童預備一個適合的環境，在成人注意到兒童自由獨立的地位之後，令兒童在自我選擇的活動中，做自我改正的學習活動，這可以說是蒙特梭利兒童教育的主要概念，至於實用的訓練和感官的訓練，無非是協助兒童作自我教育而已（徐宗林，1983：303-305）。蒙特梭利教學方法中，促進學生學習活動的動機，不是成就的滿足或能力的顯示，而是自我的人性化。自我的人性化是讓兒童從自我的選擇性活動中，建立起自我的認識，自我的尊重。在任何兒童學習的活動中，兒童所接觸到的環境，不論是自然

的、感覺的或文化的，兒童的接觸都是直接的，甚少有教師加以任何的干涉。學習的時間表也不是固定不變的，可以隨學生注意力集中的程度做適當的調整。自我的人性化就是強調整個的學習活動中，教學的活動就應該協助兒童，體認兒童獨立人格和自我尊重的重要性。學習活動不必侷限於從教師處獲得許多知識，兒童的學習變成了自我的追尋。自我探究的結果，學習就成為自我向外探索的活動，多種感官的活動與應用，就是兒童教學活動的主旨所在。蒙特梭利並不認為感官的訓練與教學，完全是為了知識的獲得和判斷的正確，她以為就是美育與德育也跟感覺的訓練有關。感官的教育除了富有美育與德育的性質外，認知的因素自然是各種感官教育的目標所在。蒙特梭利深切的相信，感官訓練倘若合理地以各種刺激使其實現出來，就會促進一個兒童智慧上的發展，就像身體的鍛鍊促進了兒童的健康，而協助身體的成長一樣（徐宗林，1983：306-307）。

三、耶納計畫學校的改革運動

學校教育改革運動除了斯泰納的「華德福學校」和蒙特梭利的「兒童之家」之外，還有皮特森建立的「耶納計畫學校」（Jena－Plan－Schule）。這些學校教育運動都是傳統學校教育的反動，肇因於新的教育理論的提出，教育觀念的改變，或是教學方法的革新，進而形成新的學校制度。「耶納計畫學校」就是其中之一，這種實驗學校是「生活團體學校」（Lebensgemeinschaft－Schule）的起源，在歐美各國相當受到重視。「耶納計畫學校」是由教育學家皮特森在耶納所建立的，想要瞭解「耶納計畫學校」的教育改革，就必須瞭解皮特森的生平與著作，才能夠掌握其教育理論的要義，明白「耶納計畫學校」的教育理念。茲詳細說明教育學家皮特森的生平與著作如下：

㈠皮特森的生平與著作

皮特森（Peter Petersen, 1884-1952）1884年6月26日出生於佛連斯堡的格森威爾（Grossenwiehe），1903年高級中學畢業之後，進入基爾、哥本哈根和波森等大學求學，主修歷史學、語言學和哲學。後來，才轉到萊比錫大學就讀，隨心理學之父馮德（Wilhelm Wundt, 1832-1920）和蘭普里希特

（Karl Lamprecht, 1855-1915）學習，並且完成大學的教育，獲得哲學博士學位。在畢業之後，他曾經在萊比錫和漢堡等地，擔任高級中學教師的職務。1920年應聘擔任漢堡「李希特華克學校」（Lichtwark－Schule）校長。同年，在漢堡大學通過大學「教授備選資格審查」（Habilitation）。1923年應聘耶納大學，因為教學研究成效卓著，繼著名教育學家萊茵（Wilhelm Rein, 1847-1929）之後，擔任教育學講座教授。曾經前往智利講學一年，1928年創立德國「中央教育與教學研究所」（Zentralinstitut für Erziehung und Unterricht）於柏林。1945年赴美國考察教育，研究教學方法。皮特森不僅是實證教育學的奠基者，同時也是「耶納計畫」（Jena－Plan）的創立者。他嘗試著接受和整合國際改革教育學不同的取向，從人類「可誤性」（Fehlbarkeit）的觀點出發，提出一種學生在團體的善、愛、犧牲、協助、決定必要性和道德關聯性中體驗，進而實現人性學校觀念的教育。皮特森夫婦1927年所進行的「教育事實研究」（Pädagogische Tatsachenforschung），目的在發展適合教育科學使用的研究方法，以擺脫教育研究借用其他科學方法的困境。他們深信「教育真相」（Pädagogische Wirklichkeit）的存在，從每天實際教學的活動和青少年教育的使命中顯示，現存的哲學教育學根本無法加以處理（Petersen & Petersen, 1965: 95-96）。因此，提倡教育的實證研究。同年，根據「耶納計畫」創立「耶納計畫學校」（Jena－Plan－Schule），以實現其教育改革的理念。1952年3月21日因病逝世於耶納。皮特森的主要著作有《普通教育科學》（*Allgemeine Erziehungswissenschaft*）、《內在學校改革與新的教育》（*Innere Schulreform und Neue Erziehung*）、《新的歐洲教育運動》（*Die Neue europäische Erziehung*）、《耶納計畫簡介》（*Der kleine Jena－Plan*）、《耶納計畫》（*Der Jena－Plan*）、《現代教育學》（*Pädagogik der Gegenwart*）、《教學的領導學說》（*Führungslehre des Unterrichts*）、《教育實際中的人》（*Der Mensch in der Erziehungswirklichkeit*）、《教育事實研究》（*Die pädagogische Tatsachenforschung*）等書（田培林，1976g：817-818；Böhm, 2000: 416）。

(二)耶納計畫學校的理念

皮特森的教育理論深受馮德、蘭普里希特、裴斯塔洛齊、福祿貝爾

和克伯屈的影響。馮德是世界著名的心理學家；蘭普里希特則是一位實證主義的歷史學家。皮特森在思想方面主張新實在主義（Neorealismus），就是受到馮德和蘭普里希特的影響。在耶納大學任教的萊茵是一位赫爾巴特學派的教育學家，在教育理論上也強調新實在主義。因此，皮特森才能夠在萊茵逝世之後，繼承其在耶納大學的職位。1924年皮特森出版了《普通教育科學》（Allgemeine Erziehungswissenschaft）一書，主張教育科學是一門引導人的科學，教育學的中心概念在肯定整個人類的生活；教育科學必須強調教育事實的研究，而教育事實的研究項目包括教育學的研究、教育關係研究、教育活動研究、教育行為研究和教育成就研究。他主張教育事實研究宜採取觀察的方法，避免幻象教育科學的倡導，並且注重教育實際問題的研究（詹棟樑，1995：403-406；Petersen, 1924）。1927年世界教育改進會議在洛加諾（Locarno）舉行，皮特森出席會議期間，曾經根據當年出版的《耶納計畫簡介》（Der kleine Jena－Plan）一書，在會議中提出一種「耶納計畫學校」的想法。1930年皮特森出版了《耶納計畫》（Der Jena－Plan）兩冊巨著，根據新的教育原理，也就是實際與自動，來建立國民學校的教學原則，安排國民學校的生活環境，並且具體說明實驗學校的制度（田培林，1976g：818-819）。皮特森創立的「耶納計畫學校」，最早只是一所讓耶納大學參與教育討論課程的學生，實習教育學理的「實習學校」（Übungsschule）。由於其教育實施的理念符合社會的需要，並且能夠改革當時學校教育的缺失。因此，深獲各界的好評，逐漸地擴展到歐洲各國，甚至世界各地，成為「生活團體學校」（Lebensgemeinschaft－Schule）的先例。「耶納計畫學校」的主要特徵如下（吳仁瑜，2003；Böhm, 2000：273）：

1. 以年齡分班取代年級分班：將學校班級分為「初級班」（第1至第3學年）、「中級班」（第4至第6學年）和「高級班」（第7至第8學年）和「青少年團體」（第9至第10學年）四種，以進行共同的學校工作。

2. 以整週的計畫取代一般的鐘點計畫：教師和學生在教育情境中，能夠討論和解決人際和事物的問題。基於學生的自我判斷進行學

習結果的評鑑，並且判斷學生學習的成效。耶納計畫的基本觀點認為教育具有團體的功能，同時人類生活必須的社會道德，只有在團體中付諸行動，才能真正的體驗與獲得。

根據皮特森1930年所撰三卷關於耶納計畫學校報告書：《一所基於新教育原則的自由普通民眾學校》（*Eine freie allgemeine Volksschule nach den Grundsätzen Neuer Erziehung*），我們可以瞭解耶納計畫學校的主要內涵。耶納計畫學校對皮特森而言是自由的民眾學校，因為這個學校拒絕採用任何政黨政治或宗教動機。對立的世界觀必須為無黨派、純為兒童服務讓路，學校唯一的基礎是教育和社群理念，皮特森主張這個學校應具備以下的條件：

1. 受過專業訓練的教育者極有計畫地工作，始終一貫地以教育行動為主旨來進行每日職業生活。
2. 為尚未長成的一代創造一個共同生活的工作世界。
3. 盡可能發揮最大教育效果，以教育的考慮來決定所有關係。

耶納計畫學校是一所民眾學校，它接受不論任何宗教、出身、性別和社會階層的孩子；它是一種普通學校，目標清楚地接收各種不同學習能力的孩子，來自特殊障礙學校的孩子以及和最有天分的男童女童，按適當比例接受不同性別和階級的孩子，使其以類別、品質與密度上最大的張力關係，將孩子安排在一起。皮特森主張現在我們就可以看到，這樣的孩子在自由學校裡會如何互相發揮效果，他們會發展出什麼樣的共同生活和學校工作的形式（Petersen, 1930b: 1）。

學校改革主要是學校建造藍圖的改革。改革教育運動者看出來，19世紀的學校是按照完全不同的著眼點組織而成的，按其教育工作的新原則，改革教育的學校模式需要另一種學校組織原則。一些批評家認為，皮特森是教學改革者中首先看到這點，並全盤思考過的人之一：他的耶納計畫目的是一新學校的設計，但並不是在特殊條件下，而是一般的國立學校。鄉村教育之家運動中的改革學校，例如：歐登森林學校或夏山學校，都強調他們是一種另類學校。相對而言，耶納並非位處遠僻的鄉間，皮特森的計畫不在偏遠、現代生活的例外條件下進行。皮特森希望他的實驗是在公共

生活中實行（Koerrenz, 2001: 11），他接受國家給定的條件架構。耶納大學附屬學校在所有問題上都依循德國圖林根邦的法律條例，因為所有該學的課程，在新學校裡也都必須學習（Petersen, 1926: 118）。皮特森曾說：學校是為國家服務的。國家作為民眾社會最高機構單位保護、資助、管理並為學校的架構設限，以貫徹國家的利益。另一方面，皮特森對全國的學校法又保持一定距離，企圖使學校成為有自己生命力的合作有機體的學校，真正的青年人生活坊（Petersen, 1972: 9）。

傳統的學校對皮特森而言是由國家帶動其生命的機構體（Petersen, 1972: 7-8），而非有生命力的獨立形式。因此他在1930年表示，學校和國家的關係應該有相對自主性，這可能也是他觀念中學校民主教育的前提（Petersen, 1930a: VIII; Retter, 1996: 152）。這份對國家保持距離的立場不期然在20世紀1970年代時，在荷蘭一次要求學校的民主運動中，提供了改變的空間，其後荷蘭許多學校踴躍採用和研究耶納計畫模式，目前在荷蘭約有250所耶納計畫學校存在。民眾的學校是普遍且自由的，對皮特森而言，這表示：它的核心不受國家規範約束，耶納計畫的教學理念從來一直都是一所單一學校的理念，由它的作者和學校老師去中心化地加以負責。同時，皮特森也發明了教育事實研究為方法，以作為向公眾辯解、說明、報告其學校模式的工具（Lütgert, 2001: 146-147）。

(三)耶納計畫學校的改革

皮特森根據「學校團體生活」、「分組自由學習」等新的教育原理，在1923年他到耶納的時候，就創立了實行「耶納計畫」的學校，並且將其附設在耶納大學的行政系統中，作為實驗和實習的學校。耶納計畫學校重要的內涵如下（吳仁瑜，2003；Petersen, 1972）：

1. **學校社區**（Schulgemeinde）：學校社區的意涵主要如下：(1) 同事共同而非由校長領導學校。校內教育工作的組織由同仁自行獨立安排，不受外在政治影響，皮特森認為如此所有力量可完全放在兒童身上。(2) 所有在此學校生活的受教育者密切合作和參與。由學生、家長與老師共同活動工作，共同為所有學校任務負責的社群，共同形塑出學校自己的特色，而且與所在社區產生互動關

係。

2. **主幹團體**（Haupt Gemeinschaft）：耶納計畫學校的基本單位不是同一年次的學生所組成的班級，而是由數個年次混合組成的主幹團體，其整個年齡層級形成的結構如下：第1至3學年為底層團體；第4至6學年為中層團體；第6/7至8學年為高層團體；第8/9至10學年為青少年團體。皮特森認為此年齡劃分單位符合兒童身心靈發展的階段性，並在當時新興教育心理學裡找到其根據。主幹團體為一異質性較高的學生社群，皮特森認為它在學校生活微觀面為適合兒童真實生活的社會形式，可確保兒童按其智性與性格發展律則來活動的自由（Petersen, 1972: 20）。皮特森批評年級制度，認為其破產的徵兆可在僵化的課程計畫、課程教材不符兒童個別的需要、成績篩選的壓力、大量留級停學、特殊學校不斷的增設、許多學生身心過度磨練等現象中看出。因此，他主張以主幹團體為生活和工作社群來取代年級制度。

3. **每週工作計畫**（wochliche Arbeitsplan）：皮特森依照教育情境下，人們自然的工作節奏和每日每週每年規律循環的秩序，調整整個學生活動的組織方式和安排彈性的架構計畫。皮特森觀察人類一週週期的成就曲線和一整年四季節慶影響下的節奏曲線，據此提出他對每週課表的安排方式。他的第一份耶納大學附屬學校每週工作表並非事先給定的，而是在1924年開學後進行了三週的學校生活後才確定下來。因此，皮特森並不將它當作固定模式，而是一開放的起始形式。皮特森把它當作每日每週學校生活有機的結構，以取代將每個科目零碎分散在各個小時內的每日時刻表。它規劃時間的單位，但並非固定每小時更換科目，皮特森希望以這種方式，能比一般學校課程分配，更能將實質的內容，自然的融入各個教育情境之中。

4. **交談、遊戲、慶祝及工作**（Gespräch, Spiel, Feier und Arbeit）：對皮特森而言，交談、遊戲、慶祝和工作是人類學習和自我教育的原初形式（Petersen, 1984: 32），即自然的基本學習形式，人類以這些

方式向外和其他人融合，從事有意義的活動。皮特森將其和向內的自我教育基本形式作了區分。早自裴斯塔洛齊即已認為這四種形式為教學組織的核心元素，福祿貝爾、瑞德爾（Harald Riedel）和霍爾德（Philipp Hördt）有系統地繼續加以發揮（Klassen, 1968: 88-89）。皮特森認為它們具活動性、容易應用、一目了然、變化豐富、能不斷自行繼續發展、使教學活躍起來等優點，可以個別化和不獨斷地應用在工作表上，如果仔細反省，個別計畫可盡善盡美地予以實施。

5. **學校生活室**（Schulwohnstube）：皮特森認為學校是「生活坊」（Lebensstätte），不是教學的機構，不只對學生感興趣，而是對兒童整個人感興趣。因此，教室不再是教學單位，而更應該設定為學校生活室，能提供兒童安全感，同時具有擴展精神領域的豐富可能性。

6. **自由與紀律**（Freiheit und Disziplin）：紀律的問題對每個學校都有決定性意義。如何維持秩序，要維持什麼樣的秩序，如何安靜、順暢、有效地進行教學和保持平衡？如何限制成人優越的地位和控制，以保有兒童行動和發展的自由？耶納計畫以團體的法則和工作方法來解決這個問題。由於兒童自立地使用工作材料來探索問題，不必持續直接面對成人，因此成人的控制相對有限。在探索有教育意義的材料中，兒童的教育發展潛力得以釋放。這種工作和紀律之間相互平衡的教育風格，對人格發展有重要意義。

7. **生活、文化和學習**（Leben, Kultur und Lernen）：耶納計畫學校的基調是沉默安靜，並透過有意的培養交談、遊戲、工作和慶祝的文化，來作為學校教學生活的基礎，並提供兒童共同工作和發生效果的多元形式，讓兒童有獨處、獨自工作和迴避的機會。學生個別工作與團體工作的機會互相補充，每個兒童有他的主幹團體為其參考團體，主幹團體則再匯入整個學校社群，這樣的學校生活使學校結構更形完整。所謂學校結構指的是許多結構元素平衡地成形，並且互相影響的綜合效果：家長在學校社群參與學校工

作和慶典活動，會對社群的形成有特殊的意義，學校空間美感的安排，使其成為生活的空間。它不只是學習學校，而是一個生活的整體，人與人之間關係發生之所在，人性學校必須產生教育效果，為生活而學習，促進自由創造，提供豐富刺激社會關係的最大可能和充滿信任的氣氛，培養和維持這樣的學校學習文化需要持久的投入。

(四)耶納計畫學校改革的影響

皮特森保持德國學校教育改革運動的精神，對於新的實驗非常小心謹慎。所以，這個實施「耶納計畫」的學校發展很慢。一直到1949年，耶納計畫學校的低年級，即等於「基礎學校」（Grundschule）的年級，只有男女學生190人，分為六個不同的組別。基礎學校的年級雖然已經完備，但是高級中學的年級卻還不完整，由此可見皮特森的實驗學校的慎重。因為教育的實際關係下一代國民的命運，影響整個民族的前途，所以在實驗的過程中，不能有一點大意，否則後果實在不堪設想。1950年皮特森的「耶納計畫學校」接近完成之際，蘇聯占領區內的圖林根邦教育行政當局，突然頒布一道命令，禁止耶納計畫學校繼續辦理，皮特森的學校教育改革計畫，因此無法完全實現，實在是教育改革運動上的一大遺憾（田培林，1976g：820-821）。所幸，皮特森耶納計畫的精神，在1960年代的教育改革運動中，重新受到教育學者重視，同時經由皮特森學生的推展，逐漸地傳播到歐洲各國，造成「生活團體學校」的興起，並且擴展到世界各地。

第六節　進步主義教育運動

進步主義（Progressivism）是20世紀教育思潮的主流之一，係指反對傳統教育的一項改革運動，在教育上主張以民主生活為基礎。因此，進步主義深獲歐美教育理論家的支持。雖然有些教育學家公然宣稱「進步教育」（progressive education）時代已經過去，但是仍然有許多教育學家堅信其思想已深入教育人員的心中。進步主義教育思想以杜威（John Dewey,

1859-1952）為巨擘，後繼者有克伯屈（W. H. Kilpatrick, 1871-1965）、波德（Boyd H. Bode, 1873-1953）、查爾斯（John L. Childs）、羅普（R. Bruce Raup）、艾格鐵爾（George E. Axtelle）、胡費希（Gordon Hullfish）、泰耶爾（V. T. Tayer）等。在英國的進步教育學家有雷迪（Cecil Reddie, 1858-1932）、巴德萊（John Haden Badley, 1865-1967）、倪爾（A. S. Neill, 1883-1973）等人。綜觀進步主義教育思想的重點，在於強調以兒童為中心，重視兒童的需要、興趣、能力與身心發展狀況，並主張個性與獨立創造的教育（楊國賜，1986：93-94）。一般而言，當時在社會實況方面，表現出重量輕質、尋求控制、表相進步但實質保守的現象。思想方面，普遍存在著「優勝劣敗，適者生存」的社會達爾文主義。同時，也是教育行政集中化的全盛時期，學校人員及其行外的支持者正漸漸地塑造集中化運動的策略（林彩岫，1998：25-30）。茲詳細說明進步主義教育運動的經過如下：

一、進步主義教育運動

進步主義是一種變化的哲學，它介於兩種文化模式之間，一為擺脫以前西方文化的生活模式，一為趨向於未來新的生活方式。換句話說，進步主義站在日益頹廢的「文化模式」（cultural pattern）和期待機會以驗證其「可欲性」（desirability）與「可實踐性」（practicability）的文化模式之間。其實「進步」包含著變化，變化包含著新奇，而新奇又要求真實，而不是事先已完成實在的顯現。所以，進步主義強調經驗世界的變動性，而不認為事物具有恆定性。經驗世界即生活世界，它繼續不斷地在改變中。這種變化的觀念影響到進步主義的整個思想架構（楊國賜，1986：94；詹棟樑，1995：14）。進步主義的思想淵源主要有下列幾種（楊國賜，1986：95-105；詹棟樑，1995：145-21；Dewey, 1916; Lee, 1957: 94-95）：

(一) 希臘的哲學思想：古希臘哲學家赫拉克利特斯（Heraclitus, 5350-4720 B.C.）以為所有的實體都具有繼續變化的特質，除變化本身的原理外，沒有一樣實體具有永恆性。赫氏說：「濯足流水，水非前水。」一切都在生成變化過程中，一切皆如流水，瞬息萬變，唯有生成變化的法則永恆不變。實用主義者的觀點，認為本

質是變化而非永恆。所以,進步主義者宣稱,教育永遠在發展過程中。教育者必須依照新的知識和環境的變化,隨時準備修正方法與政策。因此,教育的本質並非對社會、外在世界或某些真、善、美的永恆目標做適應,而是經驗的繼續改造。由此可知,進步主義的教育思想深受赫氏「變化哲學」的影響。

(二) 經驗主義的哲學思想:經驗主義(empiricism)是17世紀初葉發源於英國的一種哲學,主張真理是直接從感覺經驗而來。此派學者有一個共同的信念:強調知識的被動性,以為做學問的方法只在於實驗、觀察與歸納。因此,他們主張經驗為知識的起源,強調感官經驗為知識的根本,甚至認為知識只從經驗而來。以為觀念不可能是先天的,普遍概念也沒有先天的性質。換句話說,我們如果想要構成知識,必須使感官接受外界的印象。經驗主義大體承受洛克(John Locke, 1632-1704)的影響,注重由實際的經驗以求知,而且以經驗為中心來釐定教育計畫。後來進步主義的學者師承此說,以為知識起源於經驗。經驗是由人與外界的感受與施為之間的交互作用所構成,原始的經驗只是存在而非認知,當這種施受關係發生不適應時,思想的活動於是展開。因此,在教育上應該讓兒童參與各種活動,在各種活動中親自去經驗,以建立有用的知識。從上所述,可知進步主義的教育思想,受到經驗主義的影響很大。

(三) 自然主義的哲學思想:自然主義(naturalism)在哲學上有不同的涵義,此處所謂的自然主義是指法國思想家盧梭所倡導的一派哲學而言。盧梭一生致力於擺脫專制主義(absolutism)與極權主義(authoritarianism)而追求獨立自由,極力反對教會人士「原罪」(origin sin)的說法。盧梭以為上帝不會創造惡人,人類的墮落要由人類本身和社會制度來負責。因此,教育的過程一定要順應自然的程序,並且配合個人生長的自然階段。我們如果依照成人的期望來塑造一個模型,然後強迫兒童屈就該模型的要求,這種教育是不會成功的。所以,教育應該順應自然,讓兒童的天賦充分

的發展。自然主義的教育思想在歐洲非常盛行，後來隨著移民傳到美國，產生「兒童中心理論」的教育，進步主義的教育思想就是以自然經驗為主的「兒童中心理論」，可以說深受自然主義的影響。

㈣達爾文的演化論思想：生物學家達爾文（Charles Robert Darwin, 1809-1882）的演化論，對於進步主義教育思想的影響很大。達爾文於1859年發表《物種原始論》（*On the Origin of Species*），創立「物競天擇，適者生存」的學說。後來，英國哲學家斯賓塞（Herbert Spencer, 1820-1902）闡述達爾文的學說，認為人的意識，人的社會政治組織，甚至人的倫理價值，都是整個進化過程的一部分；而這個過程是朝向更好的方向進行，所以人類社會可以達到理想的境界。這種樂觀的論調在英國與美國深受歡迎。演化論者以為世界生物來自同一源頭，後來由同趨異，由簡而繁，由低等而高等，逐漸演進變化，才成為今天的狀態。這正說明了生物都不斷地生長，適應與改造環境的歷程而進化。進步主義教育思想中，「教育即生長」、「實驗」、「經驗」和「教育本身無目的」等看法，都植基於達爾文演化論的思想。

㈤實用主義的哲學思想：美國原為歐洲政治文化的殖民地，但是一個新的國家和新的文化也在此形成。自19世紀末葉起，美國逐漸成為一個強國，在世界上提出一個代表美國生活方式的哲學，那就是實用主義（pragmatism）。實用主義係一種哲學思想的方法，強調行為標準的實際結果。至於實用主義哲學思想，則淵源於康德的「實踐理性」（practical reason）；叔本華「意志的躍升」（exaltation of the will）；達爾文的「適者生存」概念；效益主義（utilitarianism）「有用者為善」的理念；英國哲學實驗和歸納的哲學傳統；最後是美國環境的啟示。美國哲學家皮爾斯1879年在《通俗科學月刊》（Popular Scientific Monthly）發表〈如何使我們的觀念清晰〉一文，這是討論實用主義的第一篇論文。他主張觀念的意義，應在其假設、實驗和經驗結果的程序中而確定。因此，

我們各種觀念的積極意義，就在於其有用的價值上。經過20年之後，詹姆斯才將皮氏實用的「意義理論」，擴大為實用的「真理理論」。真理性以行動的後果來證實，並且必須接受未來事實的修正。杜威基於這種實用主義的思想，形成其實踐、行動與實用的價值學說，在學習上主張從「做中學」（learning by doing）。杜威受到詹姆斯「心理學原理」（The Principle of Psychology）中，智慧是適應刺激工具思想的影響，認為知識或各種科目，均有其內在的價值與工具價值。所以，實用主義也被稱為「工具主義」（Instrumentalism）。總之，反對絕對主義，講求實際效用，注重未來生活是實用主義的中心思想。

(一)進步教育運動的代表人物

「進步主義」（Progressivism）又名「實驗主義」（Experimentalism）或「實用主義」（Pragmatism），是美國最具有代表性的教育思想之一。進步教育運動對於美國教育在教育觀念、教學方法、課程設計、學校制度和學生管理方面產生相當大的影響，主要的代表人物有杜威和克伯屈等人，茲詳細說明其生平著作和教育理論如下：

1. 杜威的教育理論

杜威（John Dewey, 1859-1952）1859年出生於維蒙特州布林頓鎮，1875年進入維蒙特州立大學攻讀哲學，1879年畢業，受聘在賓州南石油城中學任教。在學期間深受其師陶雷（H. A. P. Torrey）哲學思想、英國生物學家赫胥黎（T. H. Huxley, 1825-1895）生理學和法國哲學家孔德實證哲學觀點的影響。1882年進入約翰霍浦金斯大學（John Hopkins university），隨莫里斯（G. S. Morris）學習德意志觀念論，黑格爾哲學對杜威產生很大的影響，1884年以〈康德心理學〉（The Psychology of Kant）獲得哲學博士學位。杜威在獲得哲學博士學位之後，經由其師莫里斯的介紹，進入密西根大學的哲學系任教。1886年與愛麗絲（Alice Chipman）小姐結婚，1894年出任芝加哥大學哲學系主任，1896年創辦「兒童中心」的實驗學校。其後，由於芝加哥大學將實驗學校收回，杜威與芝加哥大學校長意見不合，因而決意離開芝加哥大學，1904年轉到紐約哥倫比亞大學師範學院，擔任

哲學教授。1905年杜威當選為「美國哲學會」（American Philosophical Association）會長，在《哲學雜誌》發表〈實用主義的唯實論〉（Realism of Pragmatism）和〈直接經驗主義的假定〉（The Postulate Empiricism）等重要論文，1919年在日本和中國講學，對中國教育學術界的影響很大。1930年杜威自哥倫比亞大學退休，其後仍然著述不輟。1952年杜威因肺炎逝世，享年93歲。杜威主要的著作有《心理學》（Psychology）、《思維術》（How We Think）、《民主與教育》（Democrecy and Education）、《哲學的重建》（Reconstruction in Philosophy）、《經驗與教育》（Experience and Education）、《經驗與自然》（Experience and Natur）、《確定性的追求》（The quest for certainty）、《藝術即經驗》（Art as Experience）、《邏輯探究的理論》（Theory of logical Inquary）和《認知與所知》（Knowing and the know）等等（Johnson, 1949: 3-45）。

　　從杜威的觀點來看，教育並不侷限於學生在學校中課業的學習、體格的鍛鍊、品德的修養等等，雖然這些都是教育的一部分，但是都不是教育的整體，完整的教育與生活相同，乃是一種繼續不斷生長發展的歷程。所以，杜威主張「教育即生活」（Education is life）、「教育即改造」（Education as reconstruction）、「教育即發展」（Education as development）、「教育即生長」（Education as growth）。茲詳細說明其教育理論如下：

(1)主張「教育即生活」的觀點：所謂「生物」即是能夠征服與控制種種威脅自己的力量，以利自己繼續活動者；而「生活」即是利用環境使自我更新的歷程（Dewey, 1916: 1）。杜威認為教育是生活必須的活動，而生活是教育的內容。生活的形成乃是人類與環境交互作用的結果。人類想要生存就會對環境作各種需求，在人類與環境的交互作用中，自然會繼續不斷地重新適應環境。就生活的內涵而言，生活包含人類全部的經驗，不限於個人生活的範圍，它還可以區分為精神的生活和物質的生活兩方面。杜威的觀點認為：「生活包括風俗、制度、信仰、成功、失敗、娛樂與職業」（Dewey, 1916: 2）。生活的範圍包括人類社會和自然環境，個人在生活過程中會和各種環境發生密切關係，進而產生不斷地

交互作用，促使個體不斷地重新適應。因此，每一個環境對人都有教育的作用，教育的內容包含人類全部的經驗，正式的教育並不是教育的全部。杜威認為：「一個人離開學校之後，教育不應就此停止。這句日常用語的意思是學校教育的目的，乃在養成促進繼續生長的能力，保證教育活動繼續不斷進行……使人人都能在生活歷程中學習，乃是學校教育最好的結果」（Dewey, 1916: 60）。

(2)主張「教育即改造」的觀點：杜威主張：「教育即經驗的繼續重組或經驗的繼續改造，教育當前的目的無時不在，凡是教育性的活動，必能達成經驗改變的目的。嬰兒時代、青年時代和成人時代生活教育所以處於平等地位，就是因為任何時期所真正學到的事物，均能構成經驗的價值。每個時代生活所應有的主要任務，亦即使生活增加生活自身可見到的意義」（Dewey, 1916: 89）。凡是能夠增加指導或控制後來經驗能力的經驗，必然具有教育的功能。當我們說一個人能瞭解自己所從事的工作，或稱其立意能達到某一結果，是指其能預料將要發生的事件，因此而能預先準備，以求獲得有益的結果。因為隨時改變，而人類的行為也必須隨著改變，才能與其他環境事物保持平衡關係。依照杜威的觀點，這種經驗不是呆板的行為，而是一種永恆的活動，經驗的內容不時的更新，經驗的意義因而隨時增加，這乃是一種利用過去以發展未來的歷程。

(3)主張「教育即發展」的觀點：因為教育是經驗不斷重組改造的歷程，所以也是一種不斷發展的歷程。通常一個個體的發展，應當包括生理與心理兩方面，身體的發展與心理的發展必須同時並進，才是合理的發展。兒童的身體中蘊涵著生理與心理發展的潛能，這些蘊涵的潛能只有通過教育的力量，才能得到充分的發展。兒童與成人雖然發展的速度和重點不同，但是兩者均在生長，杜威認為：「正常成人與正常兒童均向前生長，兩者不相同的地方，並不在於生長與否，而在兩者各有適合其情境的生長，

在發展能力以應付特殊科學與經濟問題上，可以說兒童應向成人方面發展，關於同情的好奇心，公平無私的反應能力與虛心，則成人應與兒童一樣生長」（Dewey, 1916: 59）。從這個觀點來看，杜威所謂的「發展」，含有「圓滿生長的意義」。

(4)主張「教育即生長」的觀點：教育的歷程即為生長的歷程。杜威主張：「教育即養育的、撫育的、教養的歷程。所謂養育、撫育、教養等均含有注意生長的條件。我們時常談到栽培、教養、撫養等名詞，均表示教育所要達到的各種程度。從英文字源學來看，教育的意義就是引導和教養的歷程」（Dewey, 1916: 12）。從「生長」觀點來看教育，教育即引導扶養的歷程；從教育的觀點來看生長，生長歷程中隨時養育、撫育和教養的作用。依據杜威「教育即生長」的涵義，生長的歷程與教育的歷程類似，教育沒有其他的目的，教育本身即其目的。教育不是為成人生活準備，而是為目前生活準備，因此在教育上衍生出「兒童中心」的觀念，重視兒童的個性，啟發兒童的智慧，發展兒童的能力，在各種教育設施上，均以兒童為考量。

(5)反對教育預備說：杜威認為教育預備說有三項弊端：第一、不顧兒童本能或天賦的各種能力；第二、不能發展應付新奇情境的創造力；第三、強調操作和其他設計，不惜耗費兒童的知覺力，以求獲得不自立的技能（Dewey, 1916: 60）。因此，教育活動不能以成人的標準，作為兒童學習的依據。每一個時期的生活，有其固定的特性，教育的任務即在發展此種特性，不可以只注重成人的生活，而忽視兒童的生活。因此，作為社會機構的學校首要的任務就是提供一個簡化的環境，選擇一些基本的課程，排定一個漸進的順序，使未成年人運用先前學得的經驗，作為更複雜事物的媒介。其次，學校應盡可能消除環境中無價值的事物，成為淨化行為的媒介。最後，學校應平衡社會中的種種要素，努力使每個人都有機會說出所屬社群的限制，而進入更寬廣環境的生活（Dewey, 1916: 20）。

(6)主張教育要強調興趣：興趣成為重要的理論，因為興趣可以把它
當成一種動機，它可以對人格發生作用，甚至自我也成為興趣系
統的一部分。興趣的本質有三種理念：一是注意：注意為認知具
有功能的嘗試。二是感情：專門把感情放在某一事物上。三是對
象：把心靈集中在所欲達到的目標上。這三種理念有助於知識獲
得活動的進行和附帶的感情，而且揉和了注意與追求目標的意
志。興趣在做任何事情，動機在於為了做任何事情，興趣提供了
行動可能的動機，兩者關係非常密切。杜威的教育理論非常重視
兒童的興趣，因為興趣是動機的原動力。「自我興趣」的理念是
值得考慮的理念，在有經驗的學校裡是強調這種理念的，因為它
是人類唯一的動機，而且是任何有關運動推展的一種名稱（詹棟
樑，1995: 42-43）。

(7)強調教育必須是活動的：教育施為的進行就是一種活動的狀態，
這種活動是自我活動和社會活動的配合，它包括良好習慣的養
成、道德教育與自由教育等。其中尤其是良好習慣的養成最為重
要，因為人是習慣的創造者。教育需要的是習慣的形成，而習慣
的形成需要更多的智慧、感性和遠見，並且瞭解到有關的事物，
將其直接信實地反映在現在的生活裡。教育就是在協助忘記錯誤
的習慣，自由地以技巧養成良好的習慣。假如人類還生活著和經
驗著，就是其所隸屬世界中各種活動的參與者，而知識即是參
與的一種方法。其價值的高低，因其效率的大小而定（詹棟樑，
1995：42-43；Dewey, 1916: 393: Dewey, 1930: 123）。

(8)主張兒童的未成熟狀態：杜威主張兒童還處在未成熟狀態，因為
未成熟才有生長的可能性。這種未成熟狀態具有兩種重要的特
性：一是依賴性：所謂依賴性係指生長的能力而言，並不是沒有
能力去做，而是互相的依賴。二是可塑性：可塑性就是在養成傾
向、習慣、人格等方面的能力，假如沒有這種能力，就不能養成
各種習慣。這兩種特性應該將其看成積極的能力，也就是生長的
能力。這種生長的能力，不需要從兒童內在抽出或引出積極的活

動，如同某些教育學說所指出的，凡是有生活的地方，就有了熱望和激憤的活動。然而，有一個重要的概念，那就是生長並非外加的一些活動，而是由活動自身引發的（詹棟樑，1995：44-45；Dewey, 1916: 50-53）。

(9)主張調和的道德理論：杜威認為在道德上所以有動機論和結果論之爭，這是由於道德上的二元論看法不同所致。傳統哲學的二元論是以心與物、靈魂與肉體對立，在道德上乃有主內與主外之分。杜威以「聯結」的觀念調和道德二元論的對立，由具體的道德生活入手，以分析道德行為的因素。杜威以為完全的道德行為，應兼顧內外各種因素，行為未發之前，有動機、慾望、考慮等因素；行為出現之後，應有實際的結果。動機與結果在行為判斷上，都是重要的決定因素，不容有所偏頗。杜威認為道德認知的發展有三個階段：一是前成規期：這個時期兒童行為的動機大多來自生理的或社會的衝動。二是道德成規期：這個時期的個體行為，大多接受團體的規範，少有批評或意義，也就是順從團體。三是自律期：這個時期個人行為的善惡，完全由個人的思想與判斷來決定，而不再受制於團體的標準（伍振鷟，1989：125-126；高廣孚，1967：12-13；詹棟樑，1995：44-45）。

2. 克伯屈的教育理論

克伯屈（William Heard Kilpatrick, 1871- 1965）1871年11月20日出生於喬治亞的懷普蘭斯（White Plains），1912年獲得哥倫比亞大學哲學博士學位。1918至1938年擔任哥倫比亞大學教育哲學教授，致力於杜威教育理念的說明與學校工作的實踐。克伯屈的實用主義不僅影響了德國教育學家皮特森的思想，同時對於美國的進步教育運動產生重大的影響。1965年2月13日逝世於紐約（New York）。克伯屈秉持杜威的教育觀點來建立其中心思想，也強調有機體的生長功能。認為有機體的行動，感覺就像一種有機的統一體，包括思考、感情、生理和腺體的活動，所有動作的整體，不在個別的事物，而在有機體的各個層面。因此，有機體的生長與反應，乃是一個整體，需要各方面的相互配合，當有機體發揮功能時，才能使人不斷

地變化與成長。克伯屈深受杜威教育理論的影響，認為教育的目的是更多的生長，尤其是良好的生長，那麼過良好的生活是個人的希望，然而良好生活的內涵，往往因人、因時、因地而異，但是應該從民主社會生活為出發點。克伯屈的主要著作有《方法的基礎》（*Foundations of Method*）、《改變文明的教育》（*Education of a changing civilisation*）、《教育與社會危機》（*Education and social crisis*）、《教育先鋒》（*The educational frontier*）、《方案計畫》（*The Project Plan*）、《教師與社會》（*The teacher and society*）、《民主的團體教育》（*Group education for a democracy*）、《教育哲學》（*Philosophy of Education*）等書（詹棟樑，1995：49-51；Böhm, 2000：288）。

　　克伯屈認識到民主生活經驗的可貴，為了實現民主政治生活，教育必須負起培養民主社會生活的責任。克伯屈以為民主是一種生活的方式，就民主的意義而言，具有下列幾項內涵（詹棟樑，1995：51-52；Kilpatrick, 1951: 157）：(1) 生存個體的獨立性：民主社會中的各項制度，在本質上是為了個體的生存而存在。民主社會中的個體，不應被認為是社會制度的犧牲品。雖然民主社會強調多數決定，但是個性的獨立不容社會制度的破壞。(2) 平等的原則：人人均有同等的權利，民主社會賦予人人平等發展的機會，給予每個人努力的機會，以便改善其生活。法律權益的平等，教育機會的平等，這些理想的實現，需要以平等的原則去實現。(3) 權利與責任：在社會互動中，人與人之間有著依存的關係。個人權利的行使，必須注意到其他人。也就是個人在行使權利時，必須兼顧到自我應負的責任。因為享受權利時，也應考量到他人的福祉。(4) 共同的努力：民主社會中的個人，具有共同的社會福祉。個人必須追求共同福祉的實現，民主社會福祉的實現，有賴於集體的努力，因此個人間的共同努力就有必要。(5) 自由運用心智：民主社會所強調的是和平而非暴力，允許個人充分的運用心智，處理個人所面對的問題。個人能自由地運用心智時，需要讓個人有充分的自由。只有讓個人運用其理性，自由地探究問題時，才能避開可能犯下的錯誤。

　　克伯屈主張教育理論要建立在四項基本認識上（詹棟樑，1995：52-

53；Kilpatrick, 1951: 139-144）：(1) 民主理念：民主社會的生活方式，是人們所渴望的一種生活方式。教育即生活，說明教育是在生活中進行。因此，教育的理論與實施不能偏離民主社會生活的常軌。(2) 道德規範：社會是由個人聚集而成的，為了維繫社會運作的正常，道德規範對於個人與社會有其崇高的價值。教育的作用有助於個人道德的發展和社會道德的建立，因而適宜的教育理論與實施，不能忽略教育與道德的關聯性。(3) 良好生活：良好生活的內容，需要教育個人去認識與實踐，良好生活的達成應是教育發展的指標。因此，良好生活的揭示是為教育找出一個努力的方向。(4) 變遷世界：變遷的發生不僅出現在自然界，而且也出現在社會和文化的世界，在社會變遷的情況下，教育理論與實際需要參考世界的情勢，隨時調整配合需要，才能促成國家社會的進步。克伯屈的學習理論受到杜威的影響，也以生物學為基礎。他主張「主學習」、「副學習」和「附學習」可以同時進行，而成為完整的學習。人類的學習很少是單一的學習，而常是整體的活動。因此，人類的學習是經驗活動的展開，任何一種有意義經驗的獲得，都是有機體整體活動的配合。個人的經驗可以說是許多相關部分的構成，任何學習所引發的經驗，絕不是孤立一部分的呈現出來，而是顯現關聯的各部分。因此，學習是各方面配合的經驗活動（詹棟樑，1995：53-54）。

　　道德具有約束個人行為的力量，在現代的民主社會中非常重要。克伯屈認為道德行為應該具備下列幾項條件（詹棟樑，1995：54-56；Kilpatrick, 1957: 103）：(1) 養成思而後行的習慣：行為發生的情境必須審慎地思考與批判，考慮其是否會發生作用。(2) 找出真正的善行：反覆考量足以影響他人的善行何在？對於真正的善行不應只是從個人的利益來看待此一行為。(3) 實踐發現的善：教育個人養成善行，並且成為習慣，具有實踐善的能力。道德行為不是盲從絕對權威的行為，而是經過仔細考量以後所表現的行為。道德規範對於個人或社會都具有崇高的價值，而教育的作用有助於個人道德的發展和社會道德規範的建立。克伯屈比較強調道德實踐，為了實踐道德必須養成良好的習慣。此外，克伯屈也非常重視教育的理想，他主張所有的人都有過最完滿與最良好生活的可能，但是人們必須繼

續努力,教導兒童如何去過生活,才能實現教育的理想。

(二)進步主義的教育理念

美國新教育的發展,受「進步教育學會」(Progressive Education Association)的影響頗深。該學會成立於1919年,發起者多為教育界和社會知名人士,目的在團結具有新思想的成員,建立新教育的社會運動。進步教育學會在成立之初,曾經發表共同的基本信念,議定「進步教育七原則」,這是一種反傳統的教育方式,以從事教育改造的嘗試。茲詳細說明如下(楊國賜,1986:105-109;Kneller, 1967: 105-106; Mager, 1966: 185-186; Meyer, 1949: 71-72):

1. **兒童本能的自由發展**:所謂自由發展,就是兒童的行為,不應受到某種硬性規則的拘束,而應任由兒童,依其生活環境的社會需要自行管理。應該給予兒童發展創造和自我表現的機會。同時,應該給予富有興趣的設備環境,讓兒童對於這些設備能夠便利的自由運用。

2. **興趣是一切工作的動機**:所謂興趣是行為的動機,也就是說「自我」與「世界」同在一個情境裡面,互相協調進行。因此,有了興趣才能夠沉浸於工作之中。杜威曾經指出興趣具有三種意義:一是我們發展向前的全部狀態;二是我們所預見的與所預得的結果;三是我們感情的傾向。因此,興趣的滿足與發展,應循下列幾個途徑:(1) 對於外界及其活動,直接或間接的接觸,以及由於接觸所得經驗的運用;(2) 所得知識的實際應用,以及各種學科的融會貫通;(3) 利用兒童的成就感。總之,興趣是學習的動力,教師的任務就在於擴大學生的興趣,以期學生致力於學習。

3. **教師是指導者而非監督者**:教師應該對進步教育的目的與基本原則具有信念,但是教師同時應該保有發展創造和獨立思考的餘地。因此,教師在開始教學活動之前,應該預定一種包括一般教育的工作計畫。但是學生還是應該自由計畫與自動工作。而教師應該在一般計畫範圍內,給予學生協助與指導。因為在一定的社會條件和教師輔導下,從事目的性的活動,乃是教育的真

正理想。進步主義的教育，雖以兒童為中心，但是絕非極端放任兒童，如何擴展兒童的經驗，讓兒童自己決定有用與有價值的工作，從而對於變化無常的社會，予以必要的展望，這些都需要教師合理的指導。

4. **用科學方法研究兒童的發展**：兒童發展的科學研究，係指學校對於學生的記錄，不應只限於用以表示學生學科進步的分數，而應包括學生身體、心理、品行和社會各方面的特性，凡足以影響其學校或成人生活者，或足以被學校和家庭影響者，都應該包括在裡面。這些記錄應用作處理學生事務的指導手冊，同時也可以使教師瞭解工作的重點，應該注意學生的發展，而不僅僅只是講授課程而已。

5. **要特別注意兒童生理發展的需要**：教師應該注意影響兒童身體發展的各種因素，因為兒童的健康是進步教育的基本重點之一。杜威主張假如我們尊重兒童的話，首先要遵守的規則就是確保兒童身體健康的發展。因此，學校應該給予兒童光線充足的活動空間，通風設備良好的環境，寬敞舒適的運動場，以利學生身體的發展。而且，教師應該與家庭取得聯繫，經常觀察兒童的身體狀況，保持兒童生理的健康，這是兒童教育的第一要義。

6. **學校與家庭合作，以符合兒童生活的需要**：家庭是一個重要的教育機構，人自呱呱墜地以後，就無時不受家庭環境的影響。我們的語言、知識、行動和生活習慣，必須靠父母兄姊的教導，就是種種社會德性，也都是在家庭中逐漸養成的。由此可知，家庭教育不僅是學校教育的基礎，同時也是學校教育的補充。因此，學校與家庭必須充分合作，盡可能的充實各種設備，才能滿足兒童生活上的各種需要。

7. **進步學校是教育運動的領導者**：進步主義者認為學校是一種社會機構，教育是一種過程。學校是一種社會生活方式，以便集中一切力量，使兒童對民族經驗作有效的分享，並且用本身的能力以實現社會目的。因此，進步主義者深信教育是社會進步與社會改

革的基本方法，也是最有效的工具，希望喚起社會對學校的認識，並且使教育工作人員，獲得充分的支持，以完成教育改造社會的任務。

(三)進步主義教育運動的經過

進步主義是一項改革運動，這種進步主義教育運動開始於1870年代，派克（Francis W. Parker, 1837-1902）在麻州昆西城設立學校開始。因此，派克被尊稱為「進步主義教育之父」。後來，由於杜威、克伯屈、波德等人的倡導，1918年冬季在華府成立「進步教育學會」（Progressive Education Association），參加者大多是美國各界名流。首任名譽會長是哈佛大學校長伊利歐特（Charles W. Eliot, 1834-1926）。1930年代後期，會員已達一萬人。參加的學者大多來自於哥倫比亞大學師範學院，一時哥倫比亞大學成為進步教育學會的大本營（林玉体，1997：485-487）。1933年進步教育學會成立「社會經濟問題委員會」（Committee on Social Economic Problems），草擬了一篇告全國教師書，要求全國教育界人士，認清現代文化的集體性與相互依賴性，並且將以前基於個人的民主，改變為基於整體的民主。1941年進步教育學會重申其教育主張，指出教育的目的並非只顧兒童，而忽略其社會關係，同時社會問題確實有詳加考慮的必要。但是，往後的幾年之中，進步教育學會對於計畫社會觀念的熱忱，逐漸的冷淡了下來（楊國賜，1986：110-111），1958年蘇俄的人造衛星上了太空之後，美國才驚覺進步主義以兒童為中心教育的缺失，忽略學科結構的重要性。因此，許多教育學家開始批判進步主義的教育思想，而進步主義教育運動也逐漸衰退。英美教育學家認為進步主義教育運動雖然已經結束，但是在教育上所造成的進步卻未隨著消逝。進步主義所提倡的各種教育方法，仍然被人們所使用，例如設計教學法、單元教學法、注重個別差異、教育輔導的功能、學校的重組和教育心理學的原理等等，一直到今天都依然盛行於教育界（詹棟樑，1995：64）。因此，進步主義雖然受到批判，但是依然對學校教育的實際產生影響。

二、夏山學校的改革運動

「夏山學校」（Summerhill School）是一所舉世聞名的實驗學校，教育界人士也通稱其為「進步的學校」（Progressive School），英國報紙則稱它為「隨心所欲的學校」（do-as-you-please school）。夏山學校是英國教育學家倪爾在德國德勒斯登（Dresden）創辦的一所學校，這是一所實施自由與民主的示範學校。後來，轉到英國南部的夏山，因此稱為夏山學校。倪爾是英國進步主義的教育學家，他的教育理念特別強調給予兒童最大限度的自由，並且主張以自然陶冶兒童的身心。為了實現其教育理想，遂於1921年在德國的德勒斯登創辦夏山學校。因此，想要瞭解夏山學校的教育改革，就必須探討倪爾的生平著作和教育理論，茲詳細說明如下：

(一)倪爾的教育理論

倪爾（Alexander Sutherland Neill, 1883-1973）1883年10月7日出生於蘇格蘭東部的佛法爾（Forfar），兄弟姊妹共有8人，倪爾排行第三。幼時家庭宗教氣氛濃厚，父親是一位學校教師，家庭教育非常嚴格，在他幼小的心靈上留下深刻的烙印，這對倪爾後來提倡自由教育不無影響。他幼時家境清寒，必須半工半讀，以賺取外快貼補家用。14歲做過煤氣公司的抄寫員，15歲當過小學教師，目睹當時學校的填鴨教學，而鞭笞體罰學生更是司空見慣。因此，種下其從事教育改革的思想。倪爾在愛丁堡大學就讀時，編輯過大學雜誌，而且得過文學競賽獎。寫作的才能展露無遺，畢業時獲得榮譽學位。後來，再度回到愛丁堡大學深造，獲得碩士學位。第一次世界大戰之前，倪爾在一所保守的英國「預備學校」（Prepatory School）擔任英文教師，1914年擔任「格雷特納·格林學校」（Gretna Green School）校長的職位。次年，第一本著作《一位教師的日記》（*A Dominie's Log*）出版後，引起社會人士的矚目。隨著戰爭而來，美國教育改革者藍恩（Homer Lane, 1875-1925）的影響日漸顯著，倪爾從認知成長的觀念，轉向藍恩所注重的情緒方面。1921年倪爾離開公學（Public School）的教職，在德國的德勒斯登創辦第一所國際性的「自由學校」（Free School）。這所學校後來遷往奧地利，當時奧國教育部發現該校不

設宗教科目，違反奧地利的法律。因此，在九個月後勒令倪爾關閉學校。倪爾雖然曾經向奧國政府抗議，但是再也沒有奧國人進入該校就讀。所以，倪爾只好將學校遷到英國南部海岸地方，在此租了一棟房屋，稱為「夏山」（Summerhill）。從此，倪爾就稱呼其創辦的自由學校為「夏山學校」。1927年學校再遷到雷斯頓的平地上，但是仍然使用夏山學校的名稱。倪爾1973年因病逝世於阿德堡（Aldeburgh），他的主要著作有《一位教師的日記》、《問題兒童》、《問題父母》、《問題教師》、《問題家庭》、《自由兒童》、《夏山學校－教育的基本方式》、《漫談夏山學校》等書（楊國賜，1986：152-154；Böhm, 2000: 385）。

(二)夏山學校的教育理念

夏山學校的教育理念，並非倪爾所固有，而是集歐美教育學家盧梭、福祿貝爾、蒙特梭利、杜威、心理分析學家佛洛伊德（Sigmund Freud）、萊克（Wikelm Reich）、藍恩（Homer Lane）、英國教育學家麥克穆恩（N. MacMunn）、庫克（Calwell Cook）等人思想的大成，也是進步教育運動的一支。夏山學校強調「自由」、「民主」與「愛」。反對傳統權威，以為世上沒有絕對的真理與標準。因此，對於一切束縛兒童的紀律、指導、建議、道德訓練、宗教教學都加以反對。所以，在教育過程中，兒童是完全自由的，課程也依據個人的興趣、需要與能力而訂定。同時，鼓勵兒童做自我競爭。由於倪爾兒童教育理論的核心，認為兒童的本性在追求快樂，尋找興趣的事物。因此，特別倡導「遊戲」（play）在教育上的價值。而且一再強調遊戲是兒童的權利，也是學習的正途。倪爾主張「戲中學」（learning by play），深信世上沒有問題兒童，而只有問題父母。這是源於他教養兒童所依據的理論二分法：一方面高唱用「愛」（love）教養兒童；一方面指責父母與社會。

倪爾認為兒童天生是好的，而父母與社會制度是壞的。所以，教育唯一的途徑，在於解救兒童，同時必須解救父母、家庭和社會。自由是夏山學校思想的核心，倪爾認為不自由的教育，乃是完全忽視活生生的感情。因為感情是動態的，缺乏表現的機會，往往使生活枯燥乏味。唯有頭腦才能接受教育，感情要讓其完全自由的發洩，而智慧才能控制自身。簡言

之，倪爾所強調的自由係經過自我調適而獲得，自我調適意指兒童有其自由生活的權利，在身心上不受外在權威的桎梏。要賦與兒童自由，必須允許兒童過他自己的生活。換言之，必須讓兒童自由的遵循其興趣。當兒童個人的興趣與社會的興趣衝突時，個人興趣應該居於優先的地位。夏山學校的全部思想，就是解除緊張，避免恐懼，讓兒童過著自然的和興趣的生活（楊國賜，1986：155-156，160）。

　　夏山學校的教育方式，完全是民主的。全校兒童通常保持男童25名，女童20名。兒童依年齡分為三組：幼童組，5至7歲；中童組，8至10歲；長童組，11至15歲。全體兒童一律住校，因此每一組都有一位褓姆，照料兒童的生活起居。大部分兒童都來自外國，尤其以美國兒童占絕大多數。全校採取民主的方式，由學生自治來管教。任何與社會、團體或生活有關的事情，以及違規的懲罰，均由每星期六晚上的「全校大會」（Great School Meeting）投票解決。每位教職員與兒童，不論其年齡大小，都是一人一票，一律平等。每次會議由不同的兒童擔任主席，祕書工作是自願的性質。這種學生自治的功能，不僅在共同制定學校的規章，並且討論社區的特徵，以便參與學校的活動。倪爾認為一所學校如果沒有真正的學生自治，便不能稱為進步的學校。自治具有無限的價值，其主要優點如下（楊國賜，1986：156-157）：1. 具有治療的功能：經由誠懇的討論，解除內在的緊張；2. 免除憎惡：公有的權威較諸成人權威的控制，更少引起憎惡；3. 自治可以避免將現在的教師，與從前成人的權威聯結，紀律已經由教師轉至團體。因此，師生間的友誼較易建立。4. 自治能培養公民應具的品德，因為自治可以視為試驗性的公民活動。

　　倪爾認為兒童的快樂與幸福，依賴我們給予兒童「愛」與「讚許」的程度而定。凡事要為兒童設身處地著想，站在兒童的一邊。賦予兒童的「愛」，不是占有的愛，也不是感情上的愛，而是要使兒童感覺到被愛。就兒童而言，成人的讚許，即表示「愛」。而成人的反對，即表示「恨」（hate）。在社會上，每個人都有一種被讚許的自然慾望。犯罪者是喪失了社會上大多數人所讚許的願望，或者是被迫對其敵視者表示讚許。事實上，所有的犯罪者都是極端自我中心者。因此，對於犯罪者的懲罰，並不

能改變其行為，這些反而被認為是社會憎恨他的證明。兒童不需要教訓，而是需要「愛」、「自由」、「讚許」與「瞭解」。因此，到夏山學校的問題兒童，後來都變成活潑健康，正常有為的人（楊國賜，1986：156-157）。

(三)夏山學校改革運動的影響

雖然倪爾的夏山學校設立在英國，但是夏山學校的改革不僅對英國的兒童教育，具有劃時代性的啟示，而且對美國教育發生重大的影響。茲詳細說明如下（楊國賜，1986：157-160）：

1. 在公共教育改革方面：過去幾十年來，美國學校教育的重點已有重大的轉變，從盲目的注重認知領域的發展，到傾向於教育的人文化。在此過程中，因為涉及到錯綜複雜的學習方法，逐漸承認個人是最重要的因素。因此，教師致力於提高教學素質，探求方法以適應每一位兒童，以兒童成長的速率和發展的機會為準繩。並且縮小班級人數，配合不同的教師教學，增加成人與兒童的接觸。這種教育的方式並非以集體的途徑，強迫每一個人接受大眾教育，而是將知識教育與情感陶冶融合一體。由於這種認知的衝擊而產生迫切的需要，對傳統教育提出許多可行的革新計畫。這些計畫包括「模型學校計畫」（The Model Schools Project）、「費城大道計畫」（Philadephia's Parkway Program）、「芝加哥梅托洛中學」（Chicago Metro High School）等等，都以青年的情緒發展和知識進步為依歸，夏山學校正是這種教育理念的示範學校。所以，對美國公共教育的影響相當大。

2. 在高等教育改革方面：學生的反抗行為在1960年代中，已是大學校園中一種普遍的現象。學生抗議社會中不平等的現象，常以這種事件為藉口而展開活動，學生的主要訴求有二：一是允許他們參與決定自己的教育；一是承認其個人的能力和興趣。由於抗議者逐漸厭倦群集在廣大的講堂，消極的吸收與他們生活無關的知識。因此，學生起來反抗大眾教育和官僚制度，促進高等教育的改革。這些高等教育的改革包括：伊利諾的「州長學院」（Gover-

nor's College）、華盛頓的「長青學院」（Evergreen College）、加州大學「聖塔巴巴拉」（Santa Barbara）校區等，爭取人文化和個人化的學習。這些學校充分利用每一位學生的才能，使得每個人都能夠盡責。因此，學習顯得更有意義。這種教育觀念的轉變，對於初等教育和中等教育也有很大的影響，因為從這些學校畢業的學生，回到公共學校擔任教師，摒棄傳統教師販賣知識的角色，積極開展學生的潛能，成為學校教育的改革者。

3. **在私立教育改革方面**：傳統的教育逐漸吸收許多倪爾的觀念，但是由於官僚制度內在遲緩的特質，阻礙了學校教育的進步。有些步調太過緩慢，有些人相信青年的本質，無法等待教育委員會麻木不仁的舉動。因此，倪爾在很早以前就認為贊成辦理私立學校，但不是夏山學校的翻版。這些學校包括「紐約市的第十五街學校」（Orson Bean's Fifteenth Street School）、「現代遊戲學校」（Phyllis Fleishman's Modern Play School）等。這些私立學校知道兒童畢業之後，必須面對美國社會激烈挑戰的冷酷事實。因此，主張學校應該講授美國文化，以為求生的基本技能。這緩和了倪爾鄙視基本學科命令式教學的氣氛，不管其做法是否與夏山學校相背，但是「自由」、「民主」、「自治」、「愛心」的基本原則卻是相同的。

4. **在教育批評影響方面**：在夏山學校創立之前，當代教育批評家的影響並不重要。但是由於倪爾的倡導卻使得這種情況產生改變：第一、批評家如李歐納德（George Leonard）、哈特（John Holt）、古德曼（Paul Goodman）等人，利用夏山學校的成功，作為對抗教育不平等的象徵，並且都指出夏山學校的教育方法確實可行，夏山學校證明以愛、關懷和不強調一致性，可以培養良好的社會成員。第二、現在從各種背景和信仰的興趣團體，對教育所作的批評，逐漸受到重視。例如伊里希（Ivan Illich）、柯爾（Herbert Kohl）等專家的評論，社會大眾一度可能摒棄這些犬儒學派或反抗者的論點，現在已經逐漸受到社會各階層的注重，並且根據其

意見，企圖糾正教育的錯誤。在教育領域中，最近興起的人文化運動，可能都受到倪爾夏山學校教育改革思想的影響。

第七節 新教育運動

在第二次世界大戰結束之後，新教育在法國以各種名稱和多樣化形式出現，而且持續不斷地得到發展。「新教育」（Education Nouvelle）又稱為「新教育學」（Pedagogie Nouvelle）。因為法國的教育思潮，一向以新著稱，其教育學往往稱為「新教育學」，想要突破舊有教育的窠臼。主張「新教育」的人希望把兒童和教育從傳統教育學的束縛中解放出來，它沒有向傳統的教育學屈服，也沒有向攻擊者投降。因為在法國攻擊新教育的人，認為「新教育」的「新教育學」不是一門嚴謹的科學，是當今教育弊端的根源。由於法國教育尚新，因此新教育是富有生命力的，它的教育思想在所有教育學中獲得了肯定，也在教育思潮中慢慢地發展。因為新教育的基本思想強調：兒童時期是個性形成的關鍵階段，而且兒童與成人是有區別的。兒童在受教育人口中數量最多，而且是整個國家社會未來的希望，因此兒童教育的重要性，任誰都不敢否認。所以，在法國特別重視兒童教育。新教育的這種觀點，主要受到法國思想家盧梭的影響，然後再經由遺傳心理學的努力，對兒童的性質進行瞭解。同時受到皮亞傑（Jean Piaget）和瓦隆（Henri Wallon）兒童心理學著作的影響，並且受到佛洛伊德（Sigmund Freud）有關兒童和個性學說的影響，奠定了新教育的理論基礎（詹棟樑，1995：261-262）。

一、新教育運動的哲學思想

新教育的哲學思想是綜合性的，不像其他教育思潮的哲學思想，有一個明顯的中心思想，特別是經過長時間的發展以後，融合了社會學與心理學，使其哲學思想更具包容性與綜合性。為了能把握新教育的哲學思想，以較早期的哲學思想為探討的範圍。在第一次世界大戰之後，1922年元月，法國創辦了一本叫做《新世紀》（Pour l'ére nouvelle）的雜誌，鼓吹

新教育，並提出了三個新觀念：精神主義、心理主義、個人主義。茲詳細
說明如下：

(一)精神主義

所謂「精神主義」（Spiritualismus）就是強調人類精神能力的獲得與
擴展，在功能方面發揮生活能力，並且提高精神活動的層次，尤其是讓精
神活動的能力解放出來。精神能力的強調是國際新教育聯盟的基本原則，
一般教育的目的是使兒童預備過精神生活，能夠實現精神生活的優越，並
且使兒童的精神能力獲得肯定，這種現象是時代精神智學取向的配合。精
神主義所強調的是精神存在需要的功能，因此精神存在以後所能發揮的功
能有兩種：1. 精神能力的提升：人有了精神以後，便有生活能力，而且可
以提升活動的品質。因為學習更寬廣的意義就是賦予生活經驗，使兒童有
更多的生活經驗，同時讓兒童的興趣能自由地發展。2. 精神能力的引導：
兒童精神能力的發展是需要引導的，也就是引導其從事多方面的活動，包
括操作的、智慧的、藝術的、社會的和其他的活動。這些活動原則是互相
配合的，兒童精神的發展是需要引導的，這種引導就是成人在協助兒童安
排發展的方向。

(二)心理主義

所謂「心理主義」（Psychologismus）就是強調人的性格應該善良，國
際新教育聯盟一開始就強調這種觀念，而且所推行的教育運動也以這種觀
念為主。國際新教育聯盟之所以會如此主張，是因為兒童將來要過完整的
生活，除了生理的生長以外，還要有心理的因素，而心理的因素是用來認
同社會與遵守秩序的。每一個兒童就好像幼苗或幼小的動物，這些動植物
是會發展的，但是兒童與它們不同，因為兒童是有感覺的，教育就是要指
導兒童心理的發展。在指導兒童心理發展時，要從個性發展到普遍性，培
養理性的精神，並且養成公評的價值系統。在指導兒童心理發展時，要瞭
解兒童過去的生活，建立指導的重點，同時以兒童未來發展的「新事實」
（neuer Tatestand）作取向。

(三)個人主義

所謂「個人主義」（Individualismus）就是強調個人的價值，這種觀念

受到英國和瑞士的影響，主張尊重個人，如果每個人都獲得尊重，就不會破壞社會的和諧。國際新教育聯盟強調個性與個別差異，並且主張尊重個人與合作。因為如果完全注重個人主義，將對社會不利，造成社會的離散。因此必須尋求個人的合作，以增強個人的社會責任感，並且提倡個人為社會而服務的觀念。

二、新教育運動的教育理念

　　新教育的教育理念是以「新」的哲學思想做為基礎，強調教育上的改革與實驗，企圖打破傳統的教育理念，建立新的教育思想。所謂「新教育」就是考慮到教育環境，接受改變的觀念，提出問題來探討，尤其是要把握新的教育目的，把新教育的意義確定在教育的真正目的和方法上，這些目的與方法必須是可以驗證的。而且，應該根據社會的正義和公平來增強，以擴展兒童、成人和社會大眾的科學、經驗與知識。這些觀點經過新教育團體的深思後，形成一種教育改革運動，嘗試迅速為新教育定位，並且為將來的發展提出前瞻性的看法。其主要的教育理念詳細說明如下（詹棟樑，1995：270-275）：

㈠精神主義的教育思想

　　精神主義教育思想的基本原則是每一種教育，最重要的目的是使兒童預備其生活，並且作精神的考量，以及努力去實現。教育者也必須採取這個觀點去教導兒童，使兒童的精神能力得到發展。這些原則與當時的哲學思想是互相關聯的，因為教育必須透過訓練，使兒童能夠發展，引導其精神力得到解放。新教育的論點一開始就強調學習具有廣泛的意義，那就是重視生活的經驗，並且以兒童先天具有的興趣，讓他自由地去發展。也就是說，在合理的興趣範圍內，讓兒童主動地依其興趣去發展，這樣兒童才能參加各種有意義的活動，這些活動對兒童精神能力的發展是有幫助的。教育常常經由合作的方式來安排各種活動，為了達成活動的目的，在合作之時，也不能忽略兒童的個性。新教育強調個人的感情與社會責任的關係，一個社群的本質與社群中人的行為，都可以用觀察而認識。因此，教育並不排除個人主義的價值，因為個人主義是合作的開始，所以個人主義

的意義並不是消極的。由於個人主義是合作的開始，當社群形成時就力求達到完整，促進每個成員的團結或合作，在感情上更熱愛團體。新教育承認教育會受到各種不同因素的影響，促進了健全人格、教育技術和教育概念的發展，今天這種觀點仍在教育上發生影響。

(二)心理主義的教育思想

心理主義的教育思想是由新國際教育聯盟首先提出來的，獲得當時法國國會的同意。工作學校運動理論家費立葉（Adolphe Ferriére, 1879-1960）在《新世紀》（New Century）雜誌第一期，就提出應該重視心理主義。他認為新教育將會採取指導的觀點，也將會有新的狀況發生，那就是兒童心理學的重視，並且把兒童心理學視為科學。而且人的希望是被安排的，也是由心理學所帶來的。發生心理學與教育學之間有密切的關係，那就是如何將心理學的方法，應用在教育學方面，尤其是把心理學視為一門科學，而科學是在為人們提供方法的。「新教育」因而進入了「科學教育學」（scientific pedagogy）的領域。「新教育」的特殊觀點是對問題採分析的方式，以深入的瞭解教育問題的癥結所在，就連教育目的的問題也採用分析的方式，來瞭解教育目的如何訂定才比較適宜。法蘭西新教育團體所提出的教育目的如下：1. 教育必須能適應今天的生活，這是最低的要求。2. 新教育對於未來應有取向，堅持對未來的展望，今日的兒童要為將來的生活而準備。3. 未來應該有「創造」，新教育運動就是激起人的「決定」與「創造」，為社會帶來更美好的明天。

(三)個人主義的教育思想

個人主義的教育思想也是國際新教育聯盟所鼓吹的思想，而新教育團體將其採用來做為當時的教育思想。新教育非常重視人的個性，費立葉主張每一個人有其本質，他的生活都由感覺所限定。這種現象就如打獵是為了滿足，人有思想的能力，由於思想的關係，而使人形成不同的個性。新教育重視下列教育的理念：1. 理性的精神：人類行為的對與錯，可以用客觀的辯論方式來取捨。因為經過辯論以後，可以找出合乎理性的原則，來做為人類行為的準則。2. 價值的區別：主張價值有高低，人是在追求高價值的，例如精神生活的滿足，就是屬於高價值的，而物質生活則是屬於低

價值的。3. 科學的注重：以心理學為教育的基礎，特別是兒童的生長與發展方面的研究，要借重心理學的方法。此外，有關兒童教育的研究，也必須採用科學的方法，例如實驗的教育學或科學的教育學等。

三、新教育運動的代表人物

法國新教育運動的代表人物主要包括費立葉、佛雷納、彌亞拉雷等人，對於新教育運動在觀念宣導、理念建立和教育改革上貢獻很大。茲詳細說明其生平著作和教育理論如下：

(一)費立葉的教育理論

教育學家費立葉（Aldophe Ferriére, 1879-1960）是教育改革世界聯合會計畫步驟的起草人，也是工作學校運動重要的理論家。1879年8月30日出生於瑞士的日內瓦（Genf），1921年創立了法國「新教育聯盟」（New Education Fellowship）。他雖然曾經參與德克洛利（Ovide Decroly, 1871-1932））的「活動學校」（Tatschule），但是由於有自己的教育改革理念，因此離開了「活動學校」，倡議「新教育」（New Education）的改革觀念。費立葉是歐洲改革教育學重要的教育學家，1960年6月16日逝世於薩拉茲（Sallaz）。費立葉的主要著作有《生物遺傳學與工作學校》（*Biogenetik und Arbeitsschule*）、《活動學校》（*L'ecole active*）、《德國自我活動學校或活動學校》（*Deutsche Schule der Selbstbetätigung oder Tatschule*）、《家庭教育》（*Die Erziehung in der Familie*）、《精神優位作為建立教育的基礎》（*Der Primat des Geistes als Grundlage ein aufbauenden Erziehung*）等書（Böhm, 2000: 173）。

費立葉的教育思想著重在學校理論與功能的探討，在1920年時著有《學校改革》（*Transformons l'ecole*）一書，提出學校改革的理念，主張學校應該為兒童將來的生活而準備，教導兒童知識、道德、藝術等等，並重視兒童的心理發展。費立葉對法國「活動學校」的建立很有貢獻，而且出版專書加以探討。所謂「活動學校」就是學校根據兒童的興趣，給予正確的引導，使他們在環境中活動，以充實其經驗的教育方式。法國的活動學校，相當具有特色，以學生的興趣為主，教師的指導為輔，然後鼓勵學生

從事活動。費立葉不僅主張兒童的行為與反應能呈現並順利進行，而且認為兒童對各種事物能聽與看，然後加以利用。能夠做到以上兩方面，兒童的活動有如機器的運動和動物在自然中的運動，兒童對一切運動的原因、作用和過程等，皆充滿著興趣。法國的活動學校，有一段時期成為法國教育的特色之一，以學生的興趣為主，教師的指導為輔，然後鼓勵學生從事活動（詹棟樑，1995：276）。

費立葉早期就對教育改革有興趣，在1900年時與德國的教育學家李茲（Hermann Lietz, 1868-1919）共同推展「鄉村教育之家」運動，並且和比利時的教育學家德克洛利（Ovide Decroly, 1871-1932）成為摯友，交換彼此的思想，進行教學方法的改革。費立葉認為教育要進步，必須進行改革。因此，非常支持教育改革運動，甚至自己也進行學校改革的工作。例如前述的活動學校便是一種教育的改革，使學童能依其興趣在學校中從事學習，而且學童也可以從事各種有意義的活動。他認為從事教育改革，應該將眼光放遠，吸收世界各國教育改革的經驗，來作為進行改革的基礎。此外，從事教育改革的工作，本身的學術修養也非常重要，應該具備教育學、心理學、哲學等方面的知識。費立葉曾經任職於「國際教育局」（Bureau International d'Education），主張將世界各種語言，翻譯成一種共通的語言，使大多數人都能看懂，以倡導統一的世界運動。除此之外，由於他任職「國際教育局」的關係，對於比較教育研究的提倡不遺餘力（詹棟樑，1995：276-277）。

費立葉提倡兒童興趣的發展，主要受到德克洛利的影響，因為德克洛利從人類學的領域，提倡「生物發生學的基本原則」，主張教學的工作應該以「興趣中心」為主。他很贊同這種理念，於是將其運用到教學活動之中。費立葉主張教學首先是興趣取向，而且要培養多方面的興趣，因為興趣可以為兒童帶來快樂，興趣可以作為溝通的媒介，而且對於保持完整的生活有幫助。興趣是兒童世界的出發點，可以滿足兒童原始的需要，這種需要是有目的取向的。在活動學校中有了興趣以後，可以培養兒童的知識能力。學校的義務就是引導兒童去認識各種事物，例如房子、馬路、田野等，然後再瞭解事物之間的關係。學校義務在於提出基本的教育活動，作

為獲得各種科學知識的基礎與前提（詹棟樑，1995：277-278）。

費立葉從德克洛利的觀點出發，認為除了運用兒童的興趣進行學習外，還要照顧兒童的生活。種種照顧就像照顧動植物一樣，一棵長的茂盛的樹，經過照顧以後，它的汁液才能流到各枝葉。一隻動物經過照顧以後，它的成長才會良好，除了不能傷害它以外，還要供給足夠的營養。除此之外，必須瞭解動植物的特性，就如兒童教育要瞭解兒童的個性一樣（詹棟樑，1995：278）。給予生長所需的營養，細心妥善的照顧，動植物才能成長茁壯。兒童的教育也是如此，應該給予充分的照顧，兒童才能夠順利的成長，得到最好的發展。

(二)佛雷納的教育理論

教育學家佛雷納（Célestin Freinet, 1896-1966）1896年10月15日出生於嘉爾斯（Gars），是一位鄉村學校教師，同時也是一位學校改革者，以建立「法國現代學校」（L'ecole moderne française）聞名，他和學生所從事的學術研究，被稱為「佛雷納學派」（L'ecole Freinet）。1935年創立「國際兒童陣線」（Internationalen Front der Kindheit），批判傳統學校教育遠離生活和瑣碎教學的缺失，要求教育結合學校與生活、身體工作與精神工作，在教育過程中促成教師與學生的合作。佛雷納為他的「活動學校」（active Schule）發展了教學科技和課程材料，包括設立印刷廠、學校書籍、教學計畫和文件檔案等。1966年10月8日逝世於凡恩斯（Vence）。佛雷納的主要著作有《現代法國學校》（*Die moderne französischen Schule*）、《佛雷納教育學》（*Freinets Pädagogik*）、《教育學文集》（*Pädagogische Texte*）、《佛雷納教育學的實際》（*Praxis der Freinets Pädagogik*）、《解放的國民教育》（*Befreinden Volksbildung*）、《教育學全集》（*Pädagogische Werke*）等書（詹棟樑，1995：278-279；Böhm, 2000: 184-185）。

佛雷納的教育思想受到「馬克斯集體主義」（marxischer Kollektivismus）和「工作學校原則」（Prinzip der Arbeitsschule）的影響。他反對教育改革採取過度個人主義的做法，因為傳統的學校常以個人主義為中心。在1955年左右，法國的行政機構並不積極鼓勵新教育，設在布洛涅的新學校，在1956年成立時就沒有受到重視。當時的一些新學校的試驗，只是在

巴黎地區進行而已，除了一些由佛雷納學派支持者所掌握的班級外，新教育很少擴大到其他地區的學校。在1956年以後，佛雷納召集一系列的「現代教育」會議，許多人已經接觸到新教育的觀念。不過，有些人支持阿爾及利亞人民的解放，使得佛雷納的思想有些左傾，但是許多人繼續留在阿爾及利亞，體會到種族之間和諧相處的重要性，於是「尊重每個人」已成了最重要的原則，這改變了佛雷納反對個人主義的思想。佛雷納與許多教育改革者有所接觸，例如蒙特梭利、派克赫斯特（E. Parkhurst）、德克洛利、費立葉、李茲等人，因此許多教育思想也受到他們的影響（詹棟樑，1995：278-279）。

佛雷納認為新教育是講求教育技術的，講求教育技術才能滿足兒童的需要。兒童有許多需要必須滿足，這就是兒童需要幫助的原因。教育需要被安排，使兒童對未來的生活做預備，尤其是所面對的責任，兒童應有粗淺的認識，將來才能負起責任。同時，社會道德也應該不斷地更新。根據法國新教育的記載，為講求教育技術，出版了36個主題，等於是一種事實的報告，使教師能夠發揮傳播的價值。這些主題包括全球閱讀教學法的理想應用、自由的繪畫、居住環境的技術、水族博物館、自由的命題等，以上所列舉的教學技術，是在於以技術的應用，達到教學的目的和結果（詹棟樑，1995：280）。

佛雷納除了講求教育技術外，也非常重視教育的目的，主張兒童教育必須達到目的。依照新教育的觀點，兒童教育如果想要達到目的，必須事先作安排，為將來作準備。他舉例說明教育欲達到目的，就如工程師要建工廠一樣，工程師在建工廠之前，必須對情況有一個印象，要把工廠建在哪裡？有沒有商業的條件？賣點和賣出的可能性如何？都必須對工廠的條件做一番研究。教育目的的達成也是如此，最重要的是對人格的養成有否幫助，使學校教育目標能達到一個預期的目標。佛雷納認為教育的目的有兩個：一是提升文明；一是培養道德。重視兒童對未來的興趣，兒童被要求未來的生活而預備。同時，讓兒童認識未來工業社會生活的任務，養成理性與人性的性格。以上兩個論點的主張，是要求兒童能為未來的生活而預備，最根本的理念是不能對社會有所傷害，也不會對社會造成危險（詹

棟樑，1995：280-281）。

　　佛雷納非常重視學校的教育功能，認為學校是教育兒童最有利的場所。學校教育最基本的單位是班級，於是完成教育工作最好從班級開始，這就稱為「班級工作」（travails classes）。而新教育實施的教學法，也以班級為單位，稱為「新班級」（classes nouvelles）。他重視學校教育的功能，但是認為學校應該改革，才能合乎新的原則。因此，主張教育改革與社會改革之間，必須產生新的和諧，才能建立有組織的學生活動，產生一種改革的力量，經由學校生活來喚醒學生。學校的功能也在教導學生過「新生活」（vie nouvelle），幫助學生養成正確的觀念，創造所欠缺的力量。佛雷納主張學制的改革，並不是以幻想為基礎，或者模仿某一種模式，而必須是整體的考慮。同時，提出的新學制，必須適應社會的需要，而且能成為未來生活的藍圖（詹棟樑，1995：280-282）。

(三)彌亞拉雷的教育理論

　　彌亞拉雷（Gaston Mialaret, 1918-）1918年10月10日出生於巴黎（Paris），1957年獲得哲學博士學位。曾經擔任坎城大學教育科學講座教授，並且到魁北克大學擔任客座教授。1968年至1974年擔任「法蘭西教育團體」的主席，1973至1977年擔任「國際教育科學會」（Association Internationale des Sciences de l' Education）的主席，是法國新教育非常重要的教育理論家。彌亞拉雷在上任「法蘭西教育團體」的主席之後，首先使「教育學研究行動聯合學會」（Institut Coopératif de Pédagogie Recherche－Action）活躍起來，讓中學教師在一起交換教學經驗和討論學校生活。並且創辦《教育學手冊》（Livret de Pédagogie），提供教育學者發表觀點，這本雜誌凝聚了新教育理論的觀點。由於彌亞拉雷的號召，一些新的團體也在1960年代興起，企圖把教學革新的實現，建立在堅實的基礎上。這些理論包含了佛洛伊德的思想和社會心理學的觀點。彌亞拉雷注重整體教育的構想，希望把教育治療、心理分析、社會學、社會心理學等統合起來，在新教育方面作有效的應用。彌亞拉雷的主要著作有《新教育與現代》（Education nouvelle et monde moderne）、《新教育科學》（Nouvelle pédagogie）、《教育學導論》（Introduction à la pédagogie）、《教育科學》（Les

Sciences de l'Education）、《教學的形式》（*La formation des enseignants*）、
《教育科學的辭典》（*Dictionaire des Sciences de l'Education*）、《教育科學的特徵》（*Traité des Sciences Pédagogiques*）、《實驗教育學》（*Pédagogie expérimentale*）、《心理教育學》（*La Psycho pédagogie*）、《普通教育學》（*Pédagogie générale*）、《人文科學的統計學應用》（*Statistiques appliqués aux sciences humaines*）、《教育史》（*Historie mondiale de l'education*）、《郎之萬－瓦隆計畫》（*La Plan Langevin－Wallou*）等書（詹棟樑，1995：283-284；Böhm, 2000: 368）。

　　彌亞拉雷重視整體教育的思想，認為教育實施是各方面的配合。由於職務的關係，必須推展新教育，所以他積極吸收外國的新知，避免新教育落入既有的窠臼，以致無法進行有效的改革。因此，新教育運動在1960年代，受到美國社會心理學和教育思想的影響，使得教育觀點發生改變，尤其是教育科學受到很大的衝擊。法國一些教育學家也支持彌亞拉雷的觀點，掌握外來的思想，開始對教育進行實驗，並且創辦一些教師團體，希望教師對新教育有所認識外，也能在教學方面有一些歷練。彌亞拉雷擔任新教育團體的主席之後，想要超越佛雷納的成就。因為佛雷納比較重視團體的力量，也比較以教師為主。所以，法國長期以來一直重視教師的功能，不斷地重申活動的價值。彌亞拉雷認為這是過分迷戀佛雷納的結果。因此，他主張「研究」（Recherche）與「行動」（Action）的配合，進行「行動研究」（Recherche－Action）。這種研究是將熟知教育革新者的思想，和具有探索精神的教育理論綜合起來，在教育運動中彼此相互影響，以進行詳細的分析，將其納入結構緊密的教學計畫中，並且經由教育研究的途徑來改變學校。彌亞拉雷非常強調閱讀的重要性，因為處於今天大眾傳播的時代，閱讀成為一種重要的活動，而且在現代教育中扮演著重要的角色。教師應該重視這個課題，教導學生學習閱讀的方法，使學生成為一個真正的閱讀者（詹棟樑，1995：284-286）。

四、新教育運動的發展經過

　　自從第一次世界大戰以來，法國人就對國家的教育感到不安，到了第二次世界大戰結束之後，新教育運動和技術教育的發展，都對法國教育的目標和結構提出一些重要的問題。可是戰後的重建使得這些問題的思考無法繼續進行，人們於是把教育的失敗歸咎於學校。經過一段時間的討論，還檢視了學校教學內容和教學方法，人們譴責學校長期以來與生活脫節，贊成建立主動積極和生機蓬勃的學校，能夠規律的傳授扎實的普通文化和合理的科學觀念。學校應該是培養公民道德的場所，而且是傳播共和思想和民族精神的中心。在1944年11月8日成立了一個委員會，由物理學家郎之萬（Paul Langevin）主持。他去世之後，副主席瓦隆完成了文件準備和計畫起草的工作，並且在1947年6月19日把文件提交教育部，這一份文件很快就被列為教育改革的草案，就是後來的「郎之萬－瓦隆計畫」（Langevin－Wallon Plan）。「郎之萬－瓦隆計畫」的出發點認為：教育結構應該配合社會結構的發展，但是20世紀的半個世紀以來，法國教育的結構並沒有發生重大的變化。相反地，社會結構卻經歷了迅速的演變，並且發生了根本的變化。例如機械化新能源的利用，運輸與傳遞工具的發展，工業集中產品增加，這些都深深地改變了生活條件和社會組織。因此教育結構必須改革，否則無法適應經濟和社會的變遷。該計畫最重要的原則是公正、平等和多樣。新教育主張所有的兒童，不論其家庭、社會和種族出身，都享有平等的權利，使個性得到最大限度的發展。除了能力上的原因以外，不應受到任何限制。因此，教育應當提供人人得以發展的均等機會，讓所有的人都能接觸到文化，以不斷提升全民的文化水準，來促進教育的民主化。而教育民主化與公正是一致的，能確保合理地分配社會工作。由於「郎之萬－瓦隆計畫」發表之時，適逢法國的總政策轉向反動。當北大西洋公約、冷戰政策和殖民地戰爭政策的需要，支配著法國經費總預算的編列時，對學校教育的改革只能不聞不問。因此，「郎之萬－瓦隆計畫」未能真正的付諸實施。不過，其後法國所進行的教育改革，往往都自稱是汲取了「郎之萬－瓦隆計畫」的精神，由此可見「郎之萬－瓦隆計

畫」受到重視的程度。法國新教育運動的發展就是其中之一，主要由「法蘭西新教育團體」來推動（詹棟樑，1995：263-264）。新教育在法國的教育發展中，占有非常顯著的地位，其發展的過程可以分為四個時期（張人傑等，1993：97；詹棟樑，1995：265-266）：

(一) 創立時期：法國新教育小組創立於1922年，當時第一次世界大戰剛結束，人們對和平充滿了希望，作為「國際新教育聯盟」（Ligue Internationale pour l'Education Nouvelle）的法國支部，它不斷地表示要在兩個方面積極行動：1. 為了支持任何一項真正的教育改革，科學研究是不可或缺的。2. 教育工作者和研究者所做的一切努力，都要以真正的民主為宗旨，使每個人都能掌握自己的命運。在初創階段，人們致力於普及新教育的思想，以進行教育改革的活動。

(二) 復興時期：第二次世界大戰發生後，新教育的運動已經停止，因為法國在這次戰役中幾乎亡國，為了對付納粹德國成立流亡政府，根本無暇顧及教育問題。戰後的1945至1958年之間，是新教育開始復興時期，於是各種教育運動開始發展，滿腔熱忱地進行多種嘗試的教育改革。這個時期包括以前未實現「郎之萬－瓦隆計畫」的提出，在理念上對教育改革發生了影響，例如：創立實驗班和中學來進行教育實驗。

(三) 突破時期：從1958至1968年，法國在1958年之後，由於阿爾及利亞的戰爭結束，國家政治安定的發展，使得社會大眾積極地參與教育活動。1962年時，現代教育理論在法國各地興盛起來，對各種教學法進行實驗，新教育的教學法得以發展，並且吸收了一些年輕的教師，「積極教學法訓練中心」（Centres d'Education aux Méthodes actives）的訓練班數量日益增加。法國新教育小組集中力量對學業失敗和資賦優異的學生進行研究，旨在深入的瞭解兒童的學習問題，並且揭開智能的神祕面紗。官方也在1963年提出能夠激勵學生學習興趣和啟蒙傾向的「活動教學法」（méthode active），並且由有關單位培育了許多新的師資。法國新教育小組

主席彌亞拉雷（Gaston Mialaret）在1965年建立「新教育聯絡委員會」，進行聯絡的相關工作。當時的「教育學研究行動聯合會」（Unité d'Enseignement et de Recherch－Action）相當活躍，主要是讓中學教師在一起交流教學經驗和討論學校生活。

㈣ 覺醒時期：從1968至1979年，新教育思想依然生氣蓬勃，但加入了啟發式的教育、社會心理學、社會學的一些思潮，在新教育內部進行各種討論交流，使得新教育主張者更為覺醒。

綜觀文化批判時期的教育改革，從學校藝術教育的改革、鄉村教育之家的建立、自由學校區觀念的提出、歐登森林學校的設立、工作學校運動的推展、社會教育運動的參與、學校教育改革的興起、進步教育運動的倡導到新教育運動的提出，可以說內容包羅萬象，教育理念推陳出新，比啟蒙運動時期的教育改革更加興盛。這個時期的教育改革兼顧相關法令的修訂和教育理想的實踐，並且經由教育學家的參與，提出各種批判傳統學校教育的觀念，進行各個領域教育改革的工作。雖然，國家政治因素的介入確實對教育改革的推動產生相當大的影響，但是最主要的力量還是來自於各個領域學者對於社會文化的批判。同時，這個時期經歷多次戰爭的洗禮，面對國家、社會、文化、經濟、軍事和科技的快速變遷，自然引起社會大眾對於教育改革殷切的期盼，希望透過教育制度的革新，改善整個國家社會的狀況，促成人類文化的進步。分析這個時期教育改革的重點，在國家層級注重教育制度的統一、青少年福利法的頒布、青少年法庭法、學校教育的改革。在社會層級則注重個人教育理想的實踐、傳統教育制度的批判、滿足社會大眾的需求。在教育理論上深受古典教育學家的影響，特別是盧梭和裴斯塔洛齊（Röhrs, 1998: 22）。教育改革的範圍涵蓋了學前教育、初等教育、中等教育和高等教育，涉及的領域包括了藝術教育、普通教育、職業教育、社會教育、人格教育、學校教育和教育政策。這個時期的教育改革，可以說相當成功。主要的原因在於國家重視教育改革的工作，能夠召開全國教育會議，謀求教育改革的共識。而且，許多學者有鑑於社會學校文化的缺失，提出反省批判的觀點，將教育理論付諸實現，積

極地參與教育改革的活動，獲得學生家長的認同，協助學生推動教育的革新。因此，這個時期的教育改革成效卓著。

第四章

國家主導時期的教育改革

第二次世界大戰結束之後，許多國家開始進行重建。帝國主義相繼毀滅，在民族主義和現代化的主張鼓舞之下，許多國家紛紛掙脫西方的控制，追求民族自決和全球性的獨立運動。在政治上，國家結盟，相互對抗，以確保自身的利益。在經濟上，資本主義與共產主義對峙，形成不同的意識型態。在社會上，結構重整，變遷不斷，產生許多棘手的問題。在文化上，國際交流日益頻繁，相互學習的機會愈來愈多。在教育上，由於國家重建和經濟發展的需要，教育改革的呼聲甚囂塵上。因此，整個人類教育的歷史，進入國家蓬勃發展的時期。在這個時期，世界整體性文化的出現和各種因素組成的制度是並行不悖的。這些因素可以說是全球性的，特別是全球性文化的出現，形成了逐漸興起的城市文化的聯結，而具有世界傾向的社會菁英，實在是主要的締造人物。無庸置疑的，社會菁英的教育主要來自於西方現代的教育，尤其是日益強調的世俗性知識和科學性知識，理性、計算和科學的思考方式，將科學與工藝積極的運用於實用的事

務，專家角色的逐漸擴張和大眾教育的拓展，以達到一個更具人性、平等而福祉的社會（Butts, 1973）。目前世界上許多已開發國家視教育為促進經濟成長、科技與社會發展的重要策略。在國際經濟競爭壓力下，知識的形式與內涵產生影響，雇員所擁有的知識與技能，成為企業最重要的資產。由東亞來的教訓，使許多西方國家瞭解到提升人力資源的品質和生產力的重要性。知識、學習、資訊與技術能力因此成為國際商業中重要的一環。一連串的教育改革也就在「知識經濟」（knowledge economy）的提倡下，應運而生（沈姍姍，2000）。因此，國家主導時期的教育改革受到政經因素的影響相當大，舉凡教育政策的制定、教育制度的改革、教育機構的設置、教育經費的分配、教育研究的補助大多採用由上而下的模式，統一由國家相關的部門負責推動。只有零星少數另類的學校改革和教育制度的創立，由民間團體和教育學者採用由下而上的模式在進行。有時，兩者能夠達成一致的共識，共同從事國家教育事務的改革。這個時期的教育改革注重社會大眾的意見和教育學者的專業，最後由政治人物在國會提案立法，爭取教育經費和相關部門的支持，才能擬定實施方案，交由教育行政部門正式實施。教育改革的規模要比前兩個時期來得大，影響教育改革的因素也比較多。但是，往往由於政治的妥協，在教育改革理論的基礎上思慮不夠周詳，經常導致教育改革運動的失敗。其實，教育改革要能成功，往往必須兼顧鉅觀和微觀兩種觀點，同時上下相互合作，才能得到最佳的效果。本章將探討幾個重要國家教育改革的過程，並且分析其教育改革的歷史、機構、內容和政策，以提供我國作為進行教育改革的參考。國家主導時期開始於1945年到現在，主要的重點在探討國家教育政策、學校改革和現代教育科學的發展。這個時期的教育改革除了受到實證教育學、批判教育學[1]、行動教育學和後現代教育學思潮的影響之外，也受到自由主義、新福特主義、新管理主義、心理主義、精神主義、個人主義、女性主

---

[1] 德國有些教育學者（Benner, 1991; Lenzen, 1996; Mollenhauer, 1970）也將批判教育學稱為解放教育學（Emanzipatorische Pädagogik），這種批判教育學和美國盛行的批判教育學（Critical Pedagogy）有些思潮上的相關，但並不完全相同。

義思潮的影響。本章主要論述英、美、法、德、日、俄、中等國的教育改革運動，雖然芬蘭、瑞典、紐西蘭和南韓在國際學業競賽中，學生的成績表現優異，但是因為篇幅的限制，無法納入加以探討。茲詳細說明前述幾個重要國家的教育改革運動如下：

第一節　英國的教育改革運動

　　每一個國家教育制度的形成，都有其獨特的社會和文化背景，英國是一個歷史悠久，傳統文化影響深遠的社會。因此，英國教育制度的更迭，向來以逐漸演進而著稱，只不過由於1988年的教育改革法案，為英國的教育制度帶來鉅大的改變，呈現了嶄新的面貌。所以，英國教育的變遷過程似乎已脫離以往的演進式色彩，而漸具革命式改革的意味（楊瑩，1996：107）。英國在1945年工黨上臺執政後，依然繼續推行1944年的教育法案，英國的三分制中學體系和著名的11歲會考，都是在工黨執政期間奠基。雖然英國政府並未訂定統一的課程標準，意味編輯統編本教科書，但是11歲會考卻主宰了英國小學的大部分課程。當時英國民眾對工黨所提的能力概念已形成一種共識，在類似因材施教的理念影響下，三分制中學和能力分班制度，並未受到太大的質疑。其後，1963年「羅賓斯報告書」（The Robbins Report）所提擴大高等教育入學機會和推廣大學學位課程，以滿足有能力的學生進修的需求，也普遍廣受英國保守黨與工黨的支持。1967年「布勞頓報告書」（The Plowden Report）基於「積極差別待遇」的理念，提出改革小學課程和照顧弱勢團體的主張，開始廣受民眾的注意。不過，往昔以能力為主的菁英教育理念，直到1969年寇克斯和戴紳（Cox & Dyson）所編的教育黑皮書公布，對菁英教育所導致的不均等教育機會開始大肆批判後，才逐漸在英國式微。1974年4月工黨為執行競選時力倡的綜合中學政策，曾通知各地方教育當局擬具方案取消中學入學考試，並將所辦理的中學改為綜合中學的型態；既有的文法中學應在規定期限前改為綜合中學，否則即取消原來所獲中央政府的補助款。但是1976年5月選舉工黨落敗，保守黨取得掌控之後，除撤銷原提計畫外，並引進實施一項

新的中學入學選擇方案（楊瑩，1996：115-120）。1976年英國首相卡拉漢（James Callaghan）在牛津羅斯金學院演講時強調，有鑑於學生的教育水準有待提升，而且課程的政策應是任何團體所當關切的事務。因此，不但在資源有限的時代，教育應直接從屬於經濟制度的要求，應與工作相結合，而且在訂定課程政策時，家長、教師、專業團體、高等教育機構、實業單位和政府等，均應扮演重要的角色（黃光雄，1990；楊瑩，1996：121；Coulby, 1989）。

卡拉漢首相的演講除了促使英國政府成立「人力服務委員會」（Manpower Services Comission）外，也引發英國教育的大辯論。一時之間，英國民眾對學校教學與教師的批評此起彼落。1979年大選後保守黨執政，夾雜著對學校教育的普遍不滿，1982年擔任教育與科學部大臣的約瑟夫（Sir Keith Joseph）開始以「無效率的教師」（the ineffective teacher）為題對學校教學展開嚴厲的攻擊。1983年英國政府公布一份題為「教學素質」（Teaching Quality）的白皮書，這段期間保守黨政府不但鼓勵家長與一般大眾，對學校教育進行詳細的檢視，而且也鼓勵其對教師的教學工作提出批判。當時學生或家長對學校教學活動的干擾或中斷，有時甚至被媒體描述成為教師的無能，無法適切的掌控教室的活動。因此，教師的地位可說一落千丈，不但教育專業的學術領域不被重視，甚至政府中央層級有關教育課程、考試的決策過程也逐漸將教育專業人員排除在外，對教育政策的訂定，教師本身毫無說話的餘地。

1986年英國學校教師因薪資爭議而展開罷教行動，更使得教師成為眾矢之的。罷教行動使得許多家長必須留在家中照顧子女，不但擾亂了家長的生活作息，也影響學生接受教育的權利。另外，罷教的後遺症之一是它反而使得保守黨藉著工會法的修改，通過法案廢除教師參與薪資協商的權利。同時，英國中央層級人力服務委員會權力的擴張，更削減了教師專業團體，甚至教育與科學部和地方教育當局在教育決策上的影響力。1987年保守黨政府面對大選壓力，亟思突破策略。教育與科學部大臣貝克（Kenneth Baker）在1987年7月提出一份諮詢文件「5歲至16歲的國定課程標準」（The National Curriculum 5-16:A Consultation Document），此項國定課程標準

後來即成為1988年教育改革法案的重要內容。同時也就是在此次選舉，「教育」此一偉大的觀念開始成為各政黨競爭的重要議題，受到前所未有的關注（楊瑩，1996：122-123）。

一、英國的教育改革機構

英國係由大不列顛（英格蘭、威爾斯、蘇格蘭）和北愛爾蘭等四大地域所組成的聯合王國。因此，其教育機構和制度的發展極為複雜。英國關於教育政策和制度的改革，有兩個主要的途徑：一是由中央教育行政機關之下所設的「中央教育諮議會」進行研究；一是由中央教育行政機關指派特別設置的委員會調查，經深入仔細的調查審議後，提出報告與建議，教育首長再根據其報告與建議來斟酌並採擇實施。此外，皇家督學在英國教育改革過程中也扮演著不容忽視的角色，特別是有關課程的目標和內容的改革（李奉儒，1996：77-78）。英國主要的教育改革機構如下（李奉儒，1996：78-84）：

㈠中央教育行政機構

英國政治建立在崇尚個人自由的文化傳統上，因而教育行政的分權主義相當明顯，也導致教育組織和制度的混亂無章。到了1944年的教育法案才簡化了中央教育組織，改名為「教育部」（Ministry of Education），並建立一種行政責任制度。惟教育部並不支持、供給或直接管理任何學校，其主要職責乃在制定教育政策、確保政策的落實、以及督導國家教育的實施。在這同時，地方教育行政單位也改組其機構，易名為「地方教育當局」（Local Education Authorities）。地方教育當局雖須向教育部負責，但仍握有實權，是教育系統中的主要推動者。一般而言，地方教育當局負責其地區之經常性教育工作，從小學、中學以迄高等教育，以提供充分的教育機會。英國中央教育首長以往只管轄英格蘭全部教育，及有關大不列顛大學的教育事務。至於威爾斯和蘇格蘭大學以外的教育、北愛爾蘭所有的教育行政，分歸各地區的國務大臣管理，由各地區各自籌劃和擬定教育政策。從1993年4月起，威爾斯和蘇格蘭的高等教育事務也改由各地大臣自行管轄。

　　教育部的系統有三類主要機構：一類是司、局、處等各級行政單位，負責政策的制定與執行。另一類是負責資料的蒐集、評鑑、規劃、研究、統計等等有關的單位。最後是有教育部「眼睛和耳朵」之稱的皇家督學，雖然其職責隨時代不同而有所變易，基本上仍在於負責評鑑各類教育機構所表現的品質。教育部其後在1964年改組為「教育與科學部」（Department of Education and Science）。部內設兩個主要單位：一個負責英格蘭和威爾斯境內關於中小學教育、職業教育、休閒教育、成人教育和青年服務等事宜；一個掌理大不列顛境內關於大學教育和科學研究等事務。大學部分係透過「大學撥款委員會」（UCG）與各大學取得聯繫，科學研究事宜則交由各種科學研究委員會負責。

　　教育科學部在1991年國會大選之後，保守黨重組內閣時也一併改組為現今的「教育與技術部」（Department for Education and Skills），原有的科學行政業務移出，另外成立科學部，以因應中央教育行政機構日益增加的權責。新的教育部設國務大臣（Secretary of State）1人為首長綜理部務，由國會議員擔任，亦為內閣閣員；以下設部長1人（Minister of State），主導教育政策和實務；國會次長（Parlimentary Under Secretary of State）3人，均為國會議員，分別負責學校事務、繼續暨成人教育，以及國會和教育部間協調和聯繫工作；常務次長（Parliament Secretary）1人，統理部內各司、課、處、科、組合委員會所管轄的事務；副次長（Deputy Secretary）3人，分別主管學校事務、繼續暨成人教育，以及師範教育事務；並設有參事室，置參事長（Chief Legal Adviser）1人；此外聘醫務長（Chief of Midical Officer）1人，及國會書記。在部之下，則分設有學校事務司、繼續暨成人教育司、師範教育事務司、以及參事室等機構（李奉儒，1996：78-80）。

　　2010年5月12日英國新內閣上任，將原來的「兒童、學校與家庭部」（Department for Children, Schoools and Families, DCSF）和「創新、大學與技術部」（Department for Innovation, Universities and Skills, DIUS）更名為「教育部」（Department for Education, DFE）。其組織亦常因應社會情勢，而有所改變。惟不管如何改變，其組織架構大致類似，「教育部」設有教育部長

（Secretary of State for Education）1人，綜理教育部的部務。在教育部長之下設有兩位政務次長（Parliamentary Under-Secretary）和三位國務次長（Minister of State）：政務次長中，一人負責學校；一人負責兒童與家庭。國務次長中，一人負責「學校司」（Department for Schools）；一人負責「兒童與家庭司」（Department for Children and Families）；一人負責「繼續教育、技能與終身學習司」（Department for Further Education, Skills and Lifelong Learning）。英國教育部在三個司之下，設有「兒童、年青人與家庭局」（Board for Children, Young People and Families）、「教育標準局」（Board for Education Standards）、「基礎建設與基金局」（Board for Infrastructure and Funding）、「財政與企業服務局」（Board for Finance and Corporate Services）、「內部審計局」（Board for Internal Audit）等單位，設有「常務總長」（Permanent Secretary）1人，各局局長（Director General）1人。除此之外，英國教育部還設有「私人辦公室」（Private Office）和「法律顧問室」（Legal Adviser's Office）（Department for Education, 2011）。

(二)皇家督學

英國「皇家督學」（Her Majesty's Inspectors）首先創立於1839年，基本職責在於迅速反映教育事務的變動情形，經由建議書和評估報告的方式，向教育首長報告有關現行教育制度的效能。但皇家督學的機構很少固定不變，其督導的形式也未有定論。1944年教育法案設立的「皇家教育顧問處」（His Majesty's Educational Advisory Service），1952年之後改為「皇家學校督學處」（Her Majesty's Inspectorate of Schools），從事督導、建議和改進教育事務的工作。其主要的職責有三：一是視察學校教育，不僅是考察和提出報告，也需給予學校必要的協助和指導；二是代表教育部處理地方行政事務，其原則是激勵而非限制；最後是提供教育部長有關地方教育業務之報告，及有關教育理論與實施上問題的研究與建言。

督學視導的學校數眾多，以1982年為例，督學必須視導30,466所學校。所以，每年僅能視導全部的30%而已。因此，英格蘭和威爾斯就設置有督學約500名。督學係經由女王任命，故有皇家督學之稱，享有至高的榮譽。每位督學均需具備高級專業資格，曾接受行政和指導訓練，並且有

優越的學校實務經驗；依其職責可區分為本部、全國及地區三類督學。本部督學設有督學處長（Senior Chief Inspector）一人、主任督學（Chief Inspectors）7人和一些專門督學，他們是教育部負責政策與規劃的官員跟全國和地區督學之間的橋樑。皇家督學不僅針對本國的學校教育實務勤加視導，並且認真研究各國教育制度和檢驗皇家督學處每年出版許多的教育報告書，其中有關中小學課程目標和內容的報告書，對於教育改革方向有著重大的影響；另外，有關各國優越教育措施的研究報告也不少（李奉儒，1996：80-81）。

(三)中央教育諮議會

英國政府長期以來假定各類教育諮議委員會是制定並檢視政策的必要部分，各類委員會的階層並沒有官方上的區別，但是通常可以分為兩大類：一是常設的委員會，是由法令或內閣命令賦予任務的委員會，也就是其負責的範圍和進行的方式都是由法令明文界定的，又可稱為法定的委員會。一是由內閣和教育部所特別設置的委員會，且委員會隨著任務的結束而解散，又可稱為部內的委員會。「中央教育諮議會」（Central Advisory Councils for Education）是法定的、常設的委員會，其成立是根據1944年教育法案第四節的規定。至少在法律上和理論上，這委員會有一永久的功能，即它是教育部長的專門顧問，必須隨時提供有關教育理論與實務問題的建議，以供教育部長採擇。教育諮議會經常邀請各地方教育行政機關、教師協會和宗教團體等單位的代表，共同研究教育理論和教育實際有關的重要問題，並將研究結果提供教育部採擇施行。最重要的是該會承中央教育首長之命，針對各類重要教育問題，組成各種特別設置的委員會，進行深入的分析、研究和討論，然後提出報告書，作為政府從事教育決策和推動教育改革的合理性依據。

教育諮議會的主席、委員和祕書均由教育首長任命，但須經國會通過。每位成員都必須嫻熟公立教育的法律制度，及其他形式的教育。英格蘭第一屆中央教育諮議會的主席和委員總共20名，分別來自小學、中學、公學、大學、教師聯盟、企業界、科學界、成人教育工作者和英格蘭教會等，其中有四位是女性，所有成員的任期是3年。不過，教育部長得因工

作需要而延長其年限，以避免調查工作因而中輟。此外，成員也可能再次被延任。由於諮議會的主席是教育部和委員會之間的橋樑，教育部長的首要工作是遴選一位適當的主席。這位人選必須是一位公眾人物，熟悉教育領域內各種各樣的問題，而且還要能跟教育圈保持距離，不違反主席的中立性，使得教育部門能確認其處理教育問題的權威性。往往大學院校的副校長或中學的校長是最佳人選。一旦主席的人選確定之後，即開始尋找特定領域的專家學者參與。主席對於委員人選並沒有決定權，可說很少被諮詢有關的人選。所有教育諮議委員均由內閣國務大臣選派，中央教育諮議會的委員起初大多為各級學校的教師和其他的教育研究人員，但自克羅塞擔任主席開始，也容納非教育領域的專家參與。不過，仍以教師和其他教育人員占大多數。

中央教育諮議會的祕書是委員會的靈魂人物之一，負責安排行政事務，跟教育部官員保持密切聯繫，準備各類資料以推動委員會的決議。被選為祕書的人選，往往具備幾項必要的特質：具有督學的經驗、年紀在40歲以上，有意志力，聰明的頭腦，流暢的文筆，並且贏得委員會成員尊重的能力。然而，中央教育諮議會從其設立之初，即跟教育部行政官員之間出現彼此不信任的緊張關係，對於各自職務的相互認知有嚴重的落差，再加上委員會調查的時間、範圍和使用的金錢，讓行政單位的負擔加大，致使1968年之後，就不再有任何中央教育諮議會的設置。正負的報告書都改由針對特殊議題而設置的委員會研究調查後提出，這些報告書對於教育政策制定的影響較為明顯，是提供行政決策的堅實依據（李奉儒，1996：82-84）。

二、英國教育改革的原因

根據相關教育文獻的分析，英國教育改革的原因如下（王如哲，2000：3-20；陳怡如，2003：149；詹盛如，2004：141-145）：

(一) 提高中小學校長的專業能力：在1996年英國「師資培訓局」（Teacher Training Agency, TTA）宣布了國家領導職務專業證書方

案，以提供有志於擔任校長職務的人員修習，此一資格認證方案於1997年開始實行，這是英國首次為未來學校領導者規劃出的全國性發展方案。但是此一方案強調專業甚於學術性資格，這代表一種能力本位的全國性標準。學校校長的全國性標準定於1997年，旨在界定領導職務重要領域的瞭解、技能和特質，以作為規劃學校校長職前與在職專業發展的基礎。

(二) 提升學校教育與訓練的品質：在1980年代，英格蘭的教育學者、父母與政府官員擔心其教育水準的逐漸滑落。結果在1988年柴契爾（Margaret Thatcher）和保守黨政府引進了教育改革法案，產生了國定課程和相關的測驗體系。學生在7、11、14歲時必須參加英語、數學和科學的測驗，而且測驗所得的分數必須對照全國的平均分數。除此之外，學校學生測驗結果一公布於全國的新聞報紙上。10年之後，在布萊爾（Tony Blair）領導的新工黨政府下，國定課程依然繼續實施。1997年10月國會通過英格蘭「文憑與課程局」（Qualification and Curriculum Authority, QCA）的設置，以負責監督國定課程。1997年教育法案賦予文憑與課程局提升教育與訓練的品質和一致性的任務。在1999年9月9日，英國教育與就業部部長宣布英國國定課程的修訂。國定課程修訂之後，在2000年8月開始實施，以提升學校教育與訓練的品質。

(三) 改善學校視導的制度與功能：英國於1992年9月1日成立的「教育標準局」（Office for Standards in Education），正式成為英格蘭地區皇家督學長辦公室。這是一個非部會性質的政府部門，而且獨立於教育與就業部之外。教育標準局的職責是經由經常性獨立行使的視察、公開報導和通知性的建議，以便改進教育品質與提高成就標準。教育標準局的主要任務來自1992年教育法案所界定的學校視察制度的管理，這項規定提供了教育標準局，定期視察英格蘭學校的法源基礎，教育標準局自成立以來，透過學校的視察活動，已經建立資料庫，反映目前學校的情況，找出解決學校教育問題的方法，以改善學校視導的制度與功能。

㈣ 加強學校行政當局的控制和績效：傳統上英國教育行政的運作是一種「中央與地方合作」的夥伴關係，自1988年教育改革法案通過之後，一方面增加英國中央教育與就業部的影響力；另一方面大幅刪減地方教育局的權力，並將權力下放至個別學校。英國這種發展已經動搖了中央與地方合作的傳統理念。因為英國在增加中央影響力的同時，也努力為教育建立一個市場機制，鼓勵學校相互競爭，發展出自主管理學校。這種教育行政權力的轉變，主要目的在增加中央政府的影響力，但是不以直接干預的方式，改採訂定遊戲規則和獎勵標準，將權力下放至直接執行任務的機關，以加強學校行政當局的控制和績效。

㈤ 提高學校師資培育的品質與標準：自1998年以來，不僅教師職前訓練已經由師資培訓局所控制，產生了一些問題與困境，而且原來由大學教育系主導的教師在職訓練與教育研究亦招致威脅。最近師資培訓局提議一項教師專業發展的計畫，首先是提議國家專業文憑，學生經由政府同意的訓練方案，來取得合格教師的地位。然後再經一年學校教師實務工作經驗，成功的話則取得認可教師的地位。在任教幾年之後，教師具有資格來申請一項新資格—「國家專家教師的專業證書」（National Professional Qualification for Expert Teachers）。另一項資格是「國家學科領導專業證書」（National Professional Qualification for Subject Leaders）；最後則是「國家領導職務專業證書」（National Professional Qualification for Headship），這是用來設計培育校長的課程方案。此外，尚有資訊與通訊科技訓練方案和特殊與融入式教育訓練，這是成為專家教師的一部分條件。最後配合與表現相關聯的教師評鑑制度，英國政府開始討論建立根據表現的教師薪資制度，以提高學校師資培育的品質。

㈥ 提升英國在全球經濟競爭的能力：英國傳統上並不重視國家教育，但是受到全球經濟競爭壓力，加上在許多國際教育成就測驗中都落後，因而認為要提升經濟競爭力就必須由教育改革著手。

新工黨政府重視教育的原因，在於他認為在後現代社會與後福特
經濟體系中，社會的基本經濟資源不再是資本或是自然資源，而
是知識。既然回歸到對人和知識的重視，教育改革也就勢在必
行。1997年公布的教育白皮書《卓越學校》（*Excellence in Schools*）
就強調教育成就對國家經濟與社會整合的重要性，因此英國政府
開始從事一系列的教育改革。

㈦解決教育經費不足和分配的紛爭：近年來，英國高等教育機構財
政情況日益惡化，政府又沒有額外的經費得以支持大學，因此考
慮提高學費作為因應。同時，從1986年實施「研究評鑑制度」以
來，教育研究經費有逐漸集中的趨勢，引起許多大學的抗議和批
判。為瞭解決教育財政困難和教育經費分配的問題，英國政府開
始進行學費政策的調整，決定從2006年起，徵收最高3,000英鎊的
學費。並且提出教育研究經費分配的解決方案和實施新的學生貸
款辦法，以紓解學生經濟上的壓力，解決教育財政困難和教育經
費分配的問題。

三、英國國定課程的改革法案

根據相關教育文獻的分析，英國國定課程改革法案的重要內涵如下
（黃光雄，1990；廖春文，1990；楊瑩，1996：124-128；DES, 1988；Sharp &
Dunford, 1990: 42-43）：

㈠訂定國定課程標準

1988年教育法案的國定課程標準是以公立中小學為主，幼稚園、特殊
學校、私立學校、城市技術學院等，並非適用的對象。各公立學校基本上
要能為學生提供均衡且基礎寬廣的課程，此課程的目標在於促進學生精
神、道德、文化、心理和身體的發展，並且為將來成人生活的機會、責任
與經驗預作準備。基此，各公立學校為其學生提供的課程應包括「基本課
程」（basic curriculum）在內。而所謂的基本課程又可分為宗教教育和國定
課程。國定課程部分包括核心科目和基礎科目。前者即指英語、數學、科
學三科；後者則包括歷史、地理、科技、音樂、藝術、體育和現代外語、

前六科自小學起即適用，最後一科則為中學的基礎科目。同時，上述科目之開設均應包括：

1. 成就目標（Attainment Targets）：此指我們期望不同能力和成熟程度的學生在7、11、14和16歲這四個關鍵階段所應具備的知識、技能和理解能力。

2. 學習方案（Programmes of Study）：此指對不同能力和成熟程度的學生，在上述四個關鍵階段時，學校所必須教導的事項、技能和過程。

3. 評估安排（Assessment Arrangements）：此指對達到或接近上述四個關鍵階段的學生，依據既定的成就目標，對其學習成就所做的評估安排。

㈡促成更開放的入學機會

1988年教育改革法案主張促成更開放的入學機會，其適用的範圍包括所有的中小學，但是採漸進的方式，自1989學年度開始，先從中學實施，然後再擴及到小學。除非學校管理委員會或地方教育當局能夠證明學校的既有空間已達飽和，無法容納更多的學生，否則學校不得以疏散學生至人數較少的學校為由，拒絕學生申請入學。如果學校管理委員會對是否有足夠空間容納學生的意見與地方教育當局不同時，可向教育與科學部申請做最後判定。

㈢授予學校財政責任

1988年教育改革法案授予學校財政的責任，其適用的範圍包括所有的中學，以及學生人數超過200人的小學。授權地方教育當局以一次補助方式，提供各校經常門書籍、設備、文具等經費開支。依各校註冊學生人數與年齡擬定經費分配的公式。並且改組學校管理委員會，由地方教育當局聘請學校管理委員會成員，其中除校長和教師代表外，並計畫增聘家長和地方人士代表。在自願補助學校（Voluntary Aided Schools），學校管理委員會以雇主身分繼續聘用其教職員；在其他類型的公立學校，教師由管理委員會遴選，但是由地方教育當局聘任。

㈣設立中央補助學校

1988年教育改革法案允許任何政府補助或辦理的中小學，包括私立學校在內，向教育部申請改為「中央直接補助的學校」（grant-maintained schools）。此項申請必須由該校管理委員會會議決議通過後提出，或由家長連署，並經不記名簡單多數投票通過後，由管理委員會提出。一旦獲准改組為中央補助學校後，原則上維持原有的類型。日後如有改組的需要，再依規定向中央政府提出申請。此項規定不僅適用於一般學校，同時亦適用於一些面臨地方教育當局要求裁撤或不願執行地方教育當局指示的學校。改為中央補助學校後，學校管理委員會成員將予以改組，除原有委員校長外，尚須包括家長和教師代表，此類學校可自行決定最適當的教學型態和自己決定入學選擇的方式。

㈤成立城市技術學院和工藝學院

1988年教育改革法案要求必須在都市地區設立城市技術學院和工藝學院，主要的目的在為該地區11至18歲不同能力者提供教育的機會。城市技術學院的課程設計以科學與技術為主，城市工藝學院的課程以工藝為主。其經常門經費由教育與科學部支應，資本門經費由教育與科學部和工商業界共同分擔。

1988年教育改革法案實施的結果如下（楊瑩，1996：128-130）：

㈠ 透過國定課程標準的實施，使學生得以接受基本的共同課程，一方面減少學校間的差異，另一方面有助於學生轉校時課程的銜接。

㈡ 經由學習方案的研訂和考試評估的安排，一方面可以檢視學校教學的成效，另一方面可作為日後教學改進的參考，提升教育的品質。

㈢ 透過提供更開放的入學機會，確保家長自由選擇的權利，有助於滿足不同的個別需求；同時英國政府鼓勵各校建立特色，提供多樣化的課程，並且允許學生跨區就讀，為其提供上下學交通工具或交通津貼，增加了家長選擇的空間。

㈣ 責成學校擔負財政責任，促使其改善經營效率，走向成本分析；

同時透過增加學校管理委員會成員、社區、工商界代表和試辦城市技術學院，一方面加強了學校與社區的聯繫，另一方面增加學生就業的能力與機會。

(五) 經由中央直接補助學校的設立，增加中央對中小學教育的經費補助，並給予其更大的經營彈性。

(六) 國定課程標準適用範圍僅以公立學校為限，私立學校、特殊學校等均未涵蓋在內，一方面造成特例，形成另一種形式的不公平待遇，使得公私立學校間的差距更形加大；另一方面由於部分課程設定的成就目標，被批評為有接近文法中學教學內容的傾向，遂使得勞工階級子女反而處於學習上的不利情境。

(七) 國定課程標準並未規定各科目授課的時數，其特點原可保留較大的彈性，但因各科目相互競爭的結果，反而增加學生課業的負擔，使學生負荷過重。加上考試評估的安排，占去教師相當多的時間，以致使教師亦疲於應付。

(八) 家長選擇權的擴大，相對的也容易導致教育歧視與學校隔離。在優勢團體較知如何運用教育資源情形下，容易造成更大的不公平現象。

(九) 在強調市場機能的運作下，入學受教變成一種類似商品選購的過程，不但造成熱門學校更嚴重的入學競爭，而且許多學校更將前述考試與評估結果，採用作學校招生入學選擇的參考。

(十) 城市技術學院的設立，原計畫是由政府與工商業界合資興建，但工商業界反映不如預期熱烈，以致造成政府出資建立私立學校的後遺症。

四、英國教育改革的內容

根據相關教育文獻的分析，英國教育改革有下列幾個重要的內涵（黃藿，2000；陳怡如，2003：147-159；溫明麗，1992：429-430；詹盛如，2004：140-145；Bush, 1997; Tell, 1998; Hegarty, 1998; Witty, et.al., 1998; Young, 1998）：

㈠研究經費日趨集中：英國為解決研究經費分配的問題，從1986年開始實施「研究評鑑制度」（Research Assessment Exercise, RAE）。該項評鑑分成68個學科領域，依照研究品質分成七個等級，大約四到五年為一循環，最近一次評鑑是在2001年。目前英格蘭地區，大學評鑑成績若在評等4分以下，便無法從「高等教育撥款委員會」（Hihger Education Funding Council for England, HEFCE）獲得額外的研究經費，4分以上則分別給予不同權重，以決定研究經費的多寡。經過10幾年來的變遷，這套分配經費的方式有不少更替，但是經費日趨集中則是近五年來才發生的。以最新的2004-2005年度為例，4分的系所只有14%，其餘86%都歸給5分以上的系所。整體而言，研究經費的確都撥給了研究型大學，集中的現象相當明顯。根據2003年新出版的高等教育白皮書—《高等教育的未來》（*The future of Higher Education*）的構想，英國教育部打算分配更多的研究經費，給所謂具有6*水準的系所或大學，同時考慮將研究評鑑制度5分以下的單位，排除在補助的行列之外。此舉的動機相當明顯，主要目標在讓資源更加集中於少數的明星大學，以維持其世界級大學的地位。但是此項宣示馬上引發各界的激烈爭論，贊成與反對者皆有。

㈡學費政策的轉向：英國在1998年以前，進入高等教育機構就讀的本地學生不用繳交學費，所有費用統一由「地方教育局」（Local Educational Suthorities, LEAs）補助，直接繳交給各大學。自從1998年之後，全職學生必須負擔1,000英鎊的學費，但並非所有的學生都必須繳交這個數目，有為數不少的學生可以從政府獲得補助，端視其個人或家庭收入的多寡。但是近年來，英國各個高等教育機構財政情況日益惡化，政府部門又沒有額外的經費得以支持大學，因此考慮提高學費以為因應。支持高學費政策的理由主要來自於經濟學的證據，認為高等教育對個人往後的收入有甚高的正面效益，學生或其家庭必須為其所接受的高等教育繳交部分的成本。而且目前中高階級子弟接受高等教育的比率相當高，繼續由

年公布的《學校成功之道》（*School: Achieving Success*）新教育白皮書，多樣化的程度更加明顯。2001年的教育白皮書主張「學生優先」，呼籲學校領導階層要開放多元和鼓勵創新，讓每所中學自由塑造獨特的校風，成為卓越中心，以提升學生的水準。同時將所有中學分為三大類：示範型、職訓型與專門型，以增加學生的選擇。

(六) 重視量化指標和標準化測驗：為提升教育的效果與學校的水準，2001年教育白皮書提出了以全國性的考試，來評量學生學習的成效，並以公布成績排行榜與全國14歲會考成績的方式，以及學校為提升學生成績所作努力的資料，來激勵表現較差學校迎頭趕上。全國中小學的各項表現成績每年公布一次，各學校之間與各學區之間相互評比之外，每個學校也要將當年的成績與前一年來評比，並訂定努力提升成績進步的目標。

(七) 對教師進行表現管理：英國保守人士認為英國近年來經濟不景氣起因於教育體制競爭力不足，英國國定課程與測驗計畫使教育重返中央控制，政府提出三大缺失：1. 英國經濟比美、日、德不景氣；2. 日、德教育優於英國；3. 英國教師能力不足，用了錯誤的教學法。為了提振教師士氣，挽留優秀教師，於是英國政府提高專業能力的培訓與薪資的福利，藉此改變整個教育體制，成為學術導向的實踐哲學。英國政府相信師資評鑑也是維護水準的一環。為求師資水準的提升，就必須對其專業能力給予清楚界定，如此才能針對教師表現進行評鑑與獎勵。首先師資訓練局不僅對英國的教育學程給予史無前例的統一規範，更要求修完學程的學員，必須要再實習一年，各項能力符合政府訂定的標準後，才能獲得合格教師證。教育就業部更於1998年底公布《教師：面對變革的挑戰》（*Teachers: Meeting the Challenge of Change*）的綠皮書，目的在改善教師的待遇與地位，並推銷其「依教學表現敘薪」政策，在財政拮据的情況下，合理有效的分配經費與資源，在評估後對教學績優的教師給予加薪，以刺激教師改進教學品質，同時

讓教學優秀教師和擔任行政的教師一樣，在事業上有進一步發展的機會。

(八) 重視管理者的管理與技巧：在校長和行政主管方面，為提升學校經營的效能，英國政府邀集學校教師、校長、學者、地方教育局官員和其他專業領域人士，訂定了一套「校長國家標準」（National Standards for Headteacher），根據此一標準，新工黨政府發展全國校長培訓計畫，並在諾丁漢大學成立「國家學校領導學院」（the National College for School Leadership），針對有意擔任學校校長的教師，提供進修管道。並且要求自2004年起，中小學聘任新校長應具備「校長專業資格國家證書」（National Professional Qualification for Headteacher, NPQH）的資格，該方案的課程包括兩門必修課：策略領導與績效責任和三門選修：教與學、師資領導與管理、人事與資源的效率和效能配置等課程。除此之外，另有「現職校長進修方案」（Leadership Programme for Serving Headteacher, LPSH）和遠在1995年就開始實施的「新任校長領導與管理進修方案」（The Leadership and Management for New Headteacher, HEADLAMP），為英格蘭上任未滿兩年的新校長提供進修的機會。

(九) 重視財政管理與績效責任：自從1992年通過「擴充與高等教育法案」之後，英國高等教育急速擴張，許多多元技術學院陸續升格為大學。由於大學數量快速的擴充，造成大學教育品質下降，面臨招生不足的危機和師資青黃不接的問題。同時新舊大學之間，資源分配不均的爭議也相當嚴重。新大學教育經費的不足，造成教師的工作負擔和壓力增大，影響教師留任意願和招募教師的困難。根據英國大學聯合會一份調查報告指出，愈來愈多英國大學在招聘教師時遭遇困難，同時也面臨留住優秀師資的困難。由於大學生普遍不願修習博士學位，英國高級人力正面臨斷層的危機。大學因而必須招募外籍學者，同時罷工事件層出不窮。在這種情況下，英國政府非常重視學校財政管理和績效責任的觀念，將其作為當前教育改革的重要政策。

國家補貼家境富裕的學生唸書，反而對低社經家庭很不公平，不符合社會正義原則，所以大學調高收費有其必要性。依據2003年教育白皮書的規劃，從2006學年度開始英國各大學可以針對不同科系實際的成本結構，訂定不同的學費價格，範圍從0-3,000英鎊不等。所以同一所學校內，醫學系的學生可能會比數學系的學生繳交更多的學費，不同大學間相似類科也會因此產生不同的學費價格，希望藉此增加學生的選擇，促進市場競爭，提升教學的品質。同時在這次改革中，預付學費的方式也被取消，改由畢業後從賦稅系統徵收。換言之，學生在就學期間，完全不需要繳交任何學費，等到畢業年收入達到15,000英鎊後，才需要每年從收入中扣繳9%，企盼能有效減輕學生的負債壓力。這種學費方案1989年首先出現在澳洲，後來逐漸擴及紐西蘭和英國等地區。

(三) 生活費用貸款方案的改變：最近英國政府對於大學生生活費用貸款方案的改善，大致可以分為兩方面：一方面是貸款額度的增加；另一方面則是還款門檻的提高。目前每位接受高等教育者，不論其家庭收入多寡，都可以借貸到最高額度的75%，其餘25%是考慮其經濟狀況，英國政府正打算取消25%的規定，讓所有學生都能貸到最高限額，使其經濟能夠獨立，不必依賴家庭的支援。以往畢業生只要年收入超過10,000英鎊，就必須開始償還負債，但是根據最新的高等教育法規定，這個門檻在2005年時調整為15,000英鎊，才開始要求畢業生還款，使低收入者免於財務的壓力。因此整體而言，英國政府在這一波改革中，除了增加學生貸款的額度外，為了避免過多的經濟壓力，培養學生財務的自主性，也適度的把還款門檻提高。

(四) 教育市場化與地方分權：英國政府在1992年公布的教育白皮書《選擇與多樣性》（*Choice and Diversity*）中，說明英國政府對教育制度的未來計畫，背後的立論基礎就是市場理論。政府希望經由競爭和決策權的下放來提升水準。學校管理權的下放和政府直接補助學校的設立，加上學校更開放的入學制度，給予學校更多

自由和更大動機來爭取學生。家長對學校的選擇權也增加，不受歡迎的學校將流失學生和經費，甚至關門。高度市場化的教育改革項目如「重新出發方案」與「教育行動區計畫」，邀集民間力量參與，包括自願性組織與私人企業，無論是公辦民營，或是採公家與民間合夥的方式，都脫離不了濃厚的市場導向。而在民間影響力增加的同時，地方教育局逐漸失去影響力，權力重心則轉移到中央政府和個別學校。特別是1988年教育改革法案頒布後，學校校務管理委員會得以自行計畫預算和決定支出預算的優先順序，並有聘請和解雇教職員的人事權。地方教育局無法依撥款權來迫使中小學校執行其教育政策。標準化的撥款方式雖由地方教育局規劃，但必須得到教育部長的同意才能執行。這項方案通稱為學校的地方管理，國定課程的頒布也嚴重削弱地方教育局在課程上的影響力。學校甚至得以自由選擇脫離地方教育局的管轄，直接隸屬中央，教育經費直接由中央提供。直至1995年，全英格蘭有超過1,000所的中小學校脫離地方教育局的管轄。直到工黨執政後，於1998年公布的「學校水準與架構法」（School Standards and Framework Act）廢除「學校經費籌措局」，直接補助學校的計畫宣布中止，地方教育局才再次於提升改善學校水準中扮演重要的角色。

㈤ 給予家長多元選擇的機會：英國當前的教育政策深受「新管理主義」[2]（New Managerialism）的影響，非常重視經濟、效率和效能的觀念。在此情況下，家長的權利因此得以逐漸擴張。學區制改革使家長有更多權力來選擇學校，而英國政府則必須對消費者提供多元的選擇。英國中學在1988年之前，就是一個非常多元的系統。而此一現象隨著1992年教育白皮書《選擇與多樣性》和2001

2　新管理主義源自宏觀的經濟政策。與新泰勒和新福特主義時期的經濟生產模式，新管理主義者基於早期泰勒主義者的信念，宣稱管理是一門科學，認為使用適當的管理策略，就能以較低成本達成社會政策的目標（Morley & Rassool, 1999: 62）。

第二節 美國的教育改革運動

　　美國教育改革政策的實施，往往有兩股力量在相互消長，有時候相輔相成，有時候難免相互牴觸。那就是「機會均等」（equal opportunity）和「追求卓越」（persuit excellence）。在1950年代，美國擺脫了韓戰的危機，享有相當的繁榮與安定，成為追求種族平等運動的大好時機。1954年聯邦最高法院在「布朗對董事會」（Brown versus Board of Education）一案中，下令中止了學校種族隔離的措施，為以後的「黑白合校」（School intergration）政策鋪路，顯然是「均等」的力量在抬頭了。但是，1958年聯邦政府因應蘇聯搶先發射人造衛星的國家危機，通過了「國防教育法案」（National Defense Education Act），以科學、數學、外國語文、諮商與輔導和教育工學等作為加強的重點，則又是「卓越」的訴求。自1960年代中期以來，美國學校課程的組織與內容，深受兩種對立的教育思潮影響，這兩者一直在相互激盪折衝。第一種教育思潮，反應於自由開放、人文主義和社會取向的教育運動，係以杜威、倪爾、社會重建主義者、人文主義者和存在主義者等的理論為其依據，其發言人包括福萊登堡（Edgar Friedenburg）、古德曼（Paul Goodman）、何爾特（John Holt）、柯爾（Herbert Kohl）和薛伯曼（Charles Silberman）等人。第二種教育思潮，則反應於呼籲標準化的教材，絕不胡扯的基本教育，高度學術標準和學校取向的教育運動，其哲學取向可以追溯到柏拉圖，且為20世紀常經（永恆）主義（Perennialism）和精粹主義（essentialism）所左右。其支持者包括巴爾松（Jacques Barzum）、貝斯托（Arthur Bestor）、阿德勒（Martimer Adler）、赫欽斯（Robert Hutchins）、柯爾納（James Koerner）、柯南特（James Conant）和李克佛（Hyman Rickover）等人。當時，美國雖然經歷越戰的困境和校園的學潮，卻在民權運動上面獲得史無前例的成功，以1964年通過「公民權法案」（Civil Right Act）為其里程碑。進入1980年代以後，美國遭逢了日本經濟的強烈競爭，朝野上下重新體認了重大危機的來臨（邱兆偉，1995：17-20）。自1983年「國家在危機之中」（A Nation at Risk）發表以來，便引起社會人士普遍的關切。讓美國人深感憂心的教育缺失包

括：㈠ 在國家比較下，美國同年齡組學生在19項學科成就測驗中，沒有一項取得第一或第二，卻在7個項目中敬陪末座。㈡ 全國科學評量在不同年度的調查結果顯示，17歲組高中生的科學成就測驗成績，有程度低落的現象。㈢ 高中學生在學術性向測驗的平均成績，從1963至1980年持續滑落，語文測驗成績滑落了50分，數學測驗成績退步了36分。㈣ 17歲年齡組的青年，許多人缺乏高層次的思考技能，功能性文盲達13%，在少數族群的青年中更高達40%。㈤ 企業界和軍方領袖均抱怨，得耗費百萬美元鉅資於補救教育和訓練課程，以加強新進人員的閱讀、書寫、拼字、計算等基本技能。除了學校教育的缺失以外，美國在產業、經貿、科技、能源等方面，自1980年代以來也面臨了來自其他國家強力的競爭。在產業方面，外國的產品逐漸占有美國的市場。在經貿方面，貿易逆差不斷的擴大。在科技方面，日本與歐洲聯盟日益強大，讓美國壓力倍增。在能源方面，自1960年代以來，美國對外國能源的依賴節節升高，而且情況日趨嚴重。美國面對國內學校教育的缺失和來自外國競爭的壓力，開始進行大規模的教育改革，以提高美國在國際上的競爭力（張煌熙，1996：6-8）。

一、美國的教育改革機構

為了迎接新世紀的來臨，美國一直積極推動教育改革的工作。無論是布希（George Herbert Walker Bush, 1924- ）時代的共和黨政府，或是柯林頓（Bill Clinton, 1946- ）時代的民主黨政府，都把教育改革視為攸關美國國家前途的要務。美國政府希望藉著教育改革，為西元2000年的國家發展奠定有利的基礎。美國近年來的教育改革，一方展現了美國社會在1980年代之後繼續追求卓越教育的決心，另一方面也顯示出美國決策當局逐漸體認到1980年代教育改革的缺失，並且尋求突破改善的意圖。化解國家危機的舊情懷與推動教育改革的新構想，為美國的教育改革提供了新的方向。在這些背景因素的激盪下，美國聯邦政府在教育改革運動中，扮演了舉足輕重的角色。茲詳細說明美國聯邦的教育改革機構如下（張煌熙，1996：8-12）。

五、英國教育改革的啓示

　　雖然我國教育發展階段，組織結構與運作方式，與英國有著極大的差異，甚至在面對相似的問題時，可能也採取迥異的應對方式。但是在這波英國的教育改革中，各界所提出來的看法，相當值得我國作為教育政策制定的參考。英國教育改革的重要啟示如下：

㈠ 經由「研究評鑑制度」的實施，來作為教育研究經費分配的標準，可以讓大學院校有一個明確比較的參照架構，知道自己學校的優點和缺點，不僅能夠合理的分配教育研究經費，同時有助於大學院校缺失的察覺和改進，對於促進大學的學術卓越幫助很大。

㈡ 根據大學院校的經費需求和國民所得的水準高低，訂定合理的學費政策，以促進高等教育的發展，有其實際上的需要。同時能夠定期檢討實施的成效，隨時調整學費政策，以因應社會的變遷和國際的競爭，對於高等教育的發展相當重要。

㈢ 英國能夠取消預付學費制度，按照學生家庭的收入情況，給予學生學雜費和生活費貸款的優惠，對於學生經濟的幫助非常大。難能可貴的是不必繳交任何的利息，同時等到畢業後收入達到每年15,000英鎊時，才開始償還生活貸款的債務，實在是一種鼓勵學生就學非常好的制度。

㈣ 英國政府在教育改革中提倡市場理論，鼓勵競爭，講求辦學的績效和地方分權，對於學校的辦學具有激勵的作用，在相互競爭中，可以提高學校辦學的效果。同時學校可以在地方分權的機制下，獲得更大的彈性，採取比較自由的教育方式，發揮各個學校的特色。

㈤ 在「新管理主義」（New Managerialism）的影響之下，英國政府非常重視經濟、效率和效能的觀念。呼籲學校領導階層要開放多元和鼓勵創新，讓每所中學自由塑造獨特的校風，成為卓越中心，以提升學生的水準。並且提供多元的學校類型，給予家長更多元

的選擇機會。

(六) 運用量化的指標和標準化的測驗，進行學校辦學績效的評比和學生學習結果的測量，甚至進行學校的排名，來激勵學校改善缺失，追求卓越的表現。這對於學校績效的評鑑和學生學業成就的提升有正面的作用，相當值得我國作為借鏡。

(七) 提高教師專業訓練的要求，激勵教師的士氣，制定優惠的措施挽留優秀的教師，改善教師的待遇和福利，對教師的行為進行表現管理，實施嚴格的評鑑制度，這些措施都有助於改善教師的專業水準，增進教師的專業精神，對於學校教育的幫助相當大。

(八) 重視校長和其他管理者的訓練、儲備和職前進修，同時提供眾多在職進修的機會，有助於提高教育行政人員的素質，增進管理人員的能力，實施靈活和有效的領導，達成學校教育的目標。因此，對於達成績效的教育改革目標幫助很大。

(九) 重視財政管理和績效責任可以解決英國教育經費不足，大學教育品質下降和教師大量流失的問題。使得學校教育經費自足，隨著教育經費的增加，大學教育的品質能夠獲得改善，同時可以增聘大量的教師，減輕教師工作的負擔，留住比較優秀的教師，提高學校辦學的績效和改善學生學業的成就。

最近幾年來，英國教育當局委託倫敦大學進行一系列的教育政策評估，並於2011年出版的技職教育評估《渥夫報告》（*Wolf report*）中針對14至19歲技職教育在英國教育體制的定位及教育改革所產生的影響提出評估，旨在改善英國技職教育體制，著重在國家技職教育應協助在學青年能順利進入職場，或能擁有更多職涯與學術的選擇，包括求學期間的職業訓練或畢業後所通過證照制度，皆應讓學生保有進入高教體系就讀的機會。渥夫的評估報告引起英國各界的迴響，並讓英國教育當局重新審視14至19歲技職教育改革的成效，特別是技職教育訓練與就業市場之間的橋接政策，報告中主要的建議以政府補助及管制機制改革為主，並透過重視學生專業能力與就業市場整合的職業教育與訓練課程進行改革，以確保職業教育的品質（羅志成，2013：88）。

㈡校園的暴力事件頻傳：近幾年來，美國校園中經常發生槍殺教師、幫派械鬥、毒品氾濫和傷害學生安全的事件，使得校園的安全亮起紅燈，學生根本無法安心的在學校中上課。因此，美國政府希望經由教育改革，掃蕩校園的危險分子，建立一個安全的校園環境，讓教師和學生能夠安心的在學校進行學習。

㈢改善教師的素質待遇：教師是教育改革的核心，也是改善學校教育的推手。因此，美國政府希望透過教育改革，提升教師的素質，改善教師的專業知識，提供教師在職進修的機會，增加教師的待遇，避免大量優秀教師的流失，培養學生適應新世紀的能力，達成教育改革的目標。

㈣提供家長更多的選擇：過去美國的家長在學校的選擇上，沒有太多的自由，同時由於學校的類型不多，家長在學校的選擇時，受到很大的限制，無法為孩子選擇最適合的學校來就讀，造成許多學生學校適應的困難。因此，美國政府希望透過教育改革，補助更多的經費，設立一些特許學校，提供學生家長更多元的選擇，使每一個學生都能找到適合的學校就讀。

㈤各州和學區缺乏彈性：美國教育制度雖然是地方分權，但是各州在辦理教育時，依然受到中央的牽制，沒有辦法達到彈性和靈活的目標，造成許多教育措施窒礙難行，成效不彰的結果。因此，美國政府希望經由教育改革，給予各州和學區更多的彈性，依據各州和學區的狀況，制定教育的標準和採取適當的措施，追求學校的績效，提升學生的水準，達成教育改革的目標。

三、美國教育改革的內容

美國聯邦政府所提出的教育改革方案，以布希（George Bush）總統的「邁向西元2000年美國的教育策略」和柯林頓（Bill Clinton）總統的「邁向西元2000年的目標：教育美國法案」最具代表性。這兩份教育改革方案都以推動全國性的教育改革為優先，並以建立全國性的教育目標為重點。基本上，柯林頓總統的教育改革方案延續了布希（George Bush）總統的教

育改革理念，把全國教育目標由六項增加為八項，教育改革方案的構想更具規模，而且目前聯邦政府仍在實施之中。就規模來看，美國聯邦政府實施的教育改革方案共分為十大項（張煌熙，1996：12；U.S.Department of Education, 1994）：㈠ 全國教育目標。㈡ 全國教育改革的領導、標準與評量。㈢ 州與地方教育的全面改善。㈣ 為家長提供協助。㈤ 全國職業技能標準委員會的設置。㈥ 國際教育交流方案。㈦ 校園安全。㈧ 以少數族群為對象的公民教育。㈨ 教育研究與改進。㈩ 其他雜項。

　　教育改革的第一大項：全國教育目標是1990年代聯邦教育改革工作的主要指引，關係著聯邦教育改革的發展方向，特別值得重視。柯林頓總統的教育改革方案所確立的全國教育目標共有八點（張煌熙，1996：12-13；U.S.Department of Education, 1994）：㈠ 就學準備。㈡ 高中畢業率的提升。㈢ 學生成就與公民素養。㈣ 師資培育與專業發展。㈤ 學生數理能力的增進。㈥ 成人教育與終身學習。㈦ 校園紀律與安全。㈧ 家長參與。具體而言，全國教育目標希望在西元2000年之前可以達成下列目標（張煌熙，1996：13）：㈠ 所有美國兒童在入學時能做好就學準備；㈡ 高中畢業率至少提升為90%；㈢ 4、8和12年級所有學生升級時，要有勝任英文、數學、科學、外語、公民與政府、經濟、藝術、歷史與地理等學科的能力，同時確保每個學生都有思考的能力，可以成為負責的公民，並且具有就業的能力；㈣ 全國教師將有機會從事在職進修，改善專業知能，培養所有學生適應新世紀的能力；㈤ 美國學生在數理成就上將成為世界第一；㈥ 所有美國成人將有文化素養，而且擁有必要的知能，在全球經濟競爭中有競爭力，並且能履行其公民權責；㈦ 所有美國學校將去除毒品、暴力、非法的武器與酒類，而且提供有紀律和有意學習的環境；㈧ 各校家長密切合作，共同促進學童在社會、情意與學業方面的成長。

　　美國總統布希（George W. Bush）在2002年1月8日簽署一項「沒有孩子落後法」（No Child Left Behind Act），進行美國學校的教育改革。這是一項美國最重要的教育改革法案，主要有下列幾項理念（U.S. Department of Education, 2002）：

㈠ 強烈要求結果的績效：「沒有孩子落後法」希望經由縮小學生成

(一)聯邦教育部（Department of Education）

美國憲法並未把教育全賦予聯邦，因此美國的教育事務傳統上交由各州與地方學區辦理，聯邦政府僅扮演著輔助支援的角色。1989年布希接任美國總統，同年9月在維吉尼亞州的佳樂提斯比（Charlottesville），與各州州長舉行具有歷史意義的教育高峰會議，協商美國教育的改革大計。次年2月，布希總統與各州州長達成協議，宣布要為美國教育提出開國以來第一次的全國性教育目標。1991年4月，布希總統與教育部長亞歷山德（Lamar Alexander），向國民提出一份全國性的教育改革計畫：「邁向西元2000年美國的教育策略」（American 2000: An Education Strategy）。此項改革計畫的提出，不僅為1990年代美國的教育改革運動揭開了序幕，也為聯邦政府在教育改革中的角色重新定位。

聯邦政府既然肩負著全國性教育改革領導的重任，聯邦教育改革工作的推動，自然要由聯邦教育部來負責。聯邦教育部在1992年的年度預算為300億美元，成員編制有5,000人。聯邦教育部由七大部門組成，分別是：初等與中等教育、雙語與移民教育、特殊教育與重建服務、高等教育、職業與成人教育、教育研究與改進、總務管理。除了總務管理係針對內部的行政運作而設，其餘部門各有其對外的方案業務與服務對象。此外，1994年通過的「邁向西元2000年目標」的教育法案，也為聯邦教育部擴大了編制。為了增強聯邦政府在全國教育改革工作中的領導功能，1994年的教育法案特別在聯邦教育部增設「教育工學司」（Office of Educational Technology），藉以透過教育工學在中小學的統整運用，促進全國教育目標的達成。

為了提升聯邦教育部「教育研究與改進司」的研究、推廣與服務功能，1994年的教育法案也在該司增設了四個單位：「全國教育研究政策與優先順序委員會」（National Educational Research Policy and Priorities Board）、「國家教育研究院」（National Research Institutes）、「全國教育推廣系統」（National Educational Dissemination System）和「全國教育資訊中心」（National Library of Education）。在國家教育研究院的編制下，又設立五個研究中心，分別探討：學生成就、課程與評量，危機中中學生的教

育，教育督導、財政、決策與管理，幼兒發展與教育，高等教育、圖書館與終身教育。由這些編制的性質來看，聯邦教育部的「教育研究與改進司」在1990年代教育改革工作中，顯得格外的重要。

㈡**全國教育目標工作小組**（National Education Goals Panel）

全國工作目標小組的任務，在於提供有關全國教育目標發展與教育改革進步評估的報告，作為總統、教育部長與國會議員決策的參考。成員編制18人，任期一般為2年，但總統所任命的兩人不受此限。會議次數視實際需要而定，不定期舉行。1994年的年度經費為300萬美元，有效期限是5年。

㈢**全國教育標準與改進審議會**（National Education Standarts and Inprovement Council）

「全國教育標準與改進審議會」的任務，在於審查各州所定的課程標準、學生能力標準與學習機會標準，以確認各州學生的學習內容、能力表現與學習機會是否合乎適當標準。成員編制19人，任期為3年，至多不可超過兩任。成員要定期開會，並且每年提出報告。1994年的年度經費為300萬美元，有效期限是5年。

㈣**全國職業技能標準委員會**（National Skill Standards Board）

「全國職業技能標準委員會」的任務，在於發展與採行全國性的職技標準，以推展自願性的職業技能檢定制度，進而提升美國經濟的生產力與競爭力。成員編制28人，人其分別為3年或4年不等。勞工部長、教育部長、商業部長與「全國教育標準與改審議會」的主席皆為本委員會的當然成員。

二、美國教育改革的原因

根據相關教育文獻的分析，美國教育改革的原因如下：

㈠ 學校教育的成效不彰：過去幾年來，美國中小學學生在國際學業競賽中，表現相當不理想，往往敬陪末座。因此，美國政府希望透過教育改革，要求學校注重教學方法的革新，加強學生課業的輔導，達到各州制定的教育標準，講求學校辦學的績效。

專業的發展，培育優秀的教師。例如：新的閱讀第一方案提供學區競爭性的六年獎助，以支援學齡前兒童的早期語言、識字和閱讀發展，特別是來自低收入戶的兒童，接受獎助者將採用科學研究為基礎的閱讀教學策略和專業發展方案，以幫助兒童習得未來閱讀發展所需的基本知能。

㈣ 給予家長更多的選擇：給予學生必要的協助，實施家教服務、課後輔導和暑期學校，增加父母選擇學校的機會，讓學生能夠在安全的學校就讀，鼓勵特許學校的設立，給予全力的支持和協助。例如：新法對於就讀未能達到州標準學校的學生家長，大幅增加選擇的機會，這項措施適用於2002至2003學年被列為需要改善或矯正的學校上。學區必須讓就讀需要改革、矯正或重組學校的學生，有機會轉往學區內一所好的公立學校，包括公立特許學校，如果需要的話，學區必須至少撥用5%的補助款在這項用途上。

㈤ 其他教育計畫的改變：新法也將績效責任、選擇和彈性的原則納入其他重新授權的中小學教育計畫。例如：新法將「艾森豪專業發展」（Eisenhower Professional Development）和「降低班級規模」（Class Size Reduction）兩項計畫合併為新的「州教師素質補助計畫」（Teacher Quality State Grants），新計畫著重以科學研究為基礎的實用知識去培訓、招募高素質的教師，新計畫賦予州和學區彈性去選擇最能達到他們教學改善所需的策略，而這些教學改善有助於提升學生主要學科的學習成就，為了取得這個彈性，學區必須展現每年的進步情況，並確保所有教師在未來4年內，在其任教科目上是高素質的。

四、美國教育改革的啓示

美國聯邦的教育改革對我國的教育改革工作，主要的啟示有下列幾項（單文經，1998：185-186；張煌熙，1996：15-16）：

㈠ 教育改革的進行要制度化：聯邦政府對於教育問題的處理因應，

並不是短期操作，見好就收。教育改革真正的困難不是成效不佳，而是成效不長。研究教育改革的學者指出，許多教育改革的消失都是缺乏制度化所造成。美國聯邦政府所推動的教育改革先完成方案立法，取得授權，再依據編制權責展開作業，以圖長期之效。把教育改革工作制度化的做法，相當值得我們參考。

(二) 教育改革的策略要廣角化：學校教育的改革，並不能解決學校教育所有的問題。學童的就學準備或學生的學習表現不佳，有時是家庭或社會因素造成。這些問題的改善，往往需要親職教育、社會環境等方面的配合。聯邦政府所提的教育改革方案能把這些策略納入解決學校問題的考量，相當能顧及教育改革策略的廣角化。

(三) 教育改革的落實要靠合作：聯邦政府雖然主導全國的教育改革方案，卻無法獨立完成全國的教育改革工作。教育改革的成果，要能達到普遍的有效，必須透過各州與地方教育的通力合作。因此，聯邦的教育改革方案，特別注重各州與地方政府的全面參與，以擴大教育改革的成效。

(四) 教育改革的推動要靠研究發展的支持：教育問題的發掘，教育目標的訂定，教育標準的建立，教育評量的設計，乃至教育改革成效的評估，樣樣需要教育研究與發展。聯邦教育改革方案大幅擴充聯邦教育部「教育研究與改進司」的功能，當有其深謀遠見。

(五) 教育改革的過程具有政治的色彩：美國聯邦政府的教育改革經驗顯示，教育改革過程涉及社會脈動的察覺、教育改革共識的建立、國會立法的推動、不同機構的協調、經費資源的運用、各級政府的配合、社會大眾的參與，乃至於利益衝突的折衷。如何引導教育改革的船隻安全進港，或許不能只靠教育知識，更要靠政治智慧。

(六) 教育改革的動向在於追求均等與卓越：不同的教育改革方案，往往有著不同的價值訴求。當前美國聯邦政府的教育改革方案，一方面要確保所有學生具有公平的學習機會，另一方面要提升所有

就的鴻溝，改變美國學校的文化，提供更多的彈性，給予家長更多的選擇，並且根據有用的方法來教育學生。在績效的觀點之下，各州必須描述他們將如何縮小學生成就的鴻溝，讓所有的學生達到學術上的精熟。他們必須每年製作州和學區的報告紀錄卡，告訴父母和社區有關州和學校進步的情形。學校除非提供支持性的服務，否則無法獲得進步。例如免費的家教或課後的輔導。如果採取正確的行動後，五年後學校仍然無法獲得適當的進步，這個學校將會被戲劇性的改變其現行的運作方式。

(二) 給予各州和社區更多的自由：在「沒有孩子落後法」之下，各州和學校學區將擁有空前的彈性使用聯邦的教育基金，以獲得教育結果較大的績效。對大多數的學區而言，可以加入到占有50%的聯邦處方許可基金的「州許可改善教師品質」、「教育科技」、「革新方案」和「安全與無毒品學校方案」任何一個之中，無須個別分開的證明。這允許學區使用基金以滿足他們的特殊需求，例如：僱用新的教師，增加教師薪水，改善教師訓練和專業的發展。相同地，法律保障的雙語教育方案可以給予州和學區更多的權力控制方案的計畫，以裨益於英語不精熟的學生。新的方案允許一些州和學區從聯邦的各種教育方案中獲得保障基金，讓他們在中小學教育法案、「沒有孩子落後法」和新的州改善教師品質許可方案的授權之下，使用經費來滿足他們的需要，促進學校的進步，縮小成就的鴻溝，增加學區的彈性，促進教師專業的發展和提高學生的成就。

(三) 鼓勵經過證實的教育方法：「沒有孩子落後法」特別強調決定性經過嚴格科學研究證明能夠改善學生學習和成就的教育方案和教育實際，聯邦基金將針對這些教育方案和教學方法給予支持。閱讀方案就是一個例子：「沒有孩子落後」法支持以科學為基礎的「新的閱讀第一方案」在小學低年級和「新的早期閱讀第一方案」在學前階段協助教師在有效閱讀教學技術中增強學生目前閱讀的技能和獲得新的技能。

㈣給予家長更多的選擇：在「沒有孩子落後法」之下，給予低成就
表現學校中孩子的父母新的選擇。孩子如果在學校中連續兩年未
達到州的標準，可以將孩子轉換到表現較好的公立學校。包括在
他們學區內公立的特許學校。假如父母選擇這樣做，在必要的情
況下，學區必須提供交通和基金給予協助。如果來自低收入家庭
在學校中至少三年無法達到州定標準的學生，可以享有支持性
的教育服務，包括家教、課後服務和暑期學校。「沒有孩子落
後法」增加對父母、教師和社區支持的提供，以創造新的特許
學校。讓一直在危險的學校就讀的學生和暴力犯罪學校中的受害
者，在他們的學區中有一個安全的學校可以選擇就讀。

「沒有孩子落後法」具體的教育改革內容如下（劉慶仁，2002：77-
80；U.S. Department of Education, 2002）：

㈠強烈要求結果的績效：要求各州的學校必須注重績效，每年追求
適當的進步，測量學生學習的結果，縮小學習成就的鴻溝，比較
各州教育改善的情況和達到各州自訂的成就標準。例如：新法要
求各州對所有公立學校和學生實施全州性的績效責任制度，以強
化貧困地區學校的績效責任，這些制度必須基於各州挑戰性的閱
讀和數學標準，所有3至8年級學生的年度閱讀和數學評量，必須
達到熟練程度的全州進步目標。

㈡給予各州和社區更多的自由：聯邦將給予各州和地方學區部分控
制的權力和彈性，降低學校的暴力和犯罪事件，創造比較安全的
學校，增加學生信心的基礎，讓社區能夠自己組織起來，共同促
進學校教育的進步。例如：賦予州和學區權力，他們得以在州所
得四大補助計畫下，移轉達50%的經費至其中任何一項，或聯邦
對全國貧困地區學校和學生的補助計畫，包含有師資素質州補助
款、教育科技、改革計畫和安全無毒品校園。

㈢鼓勵經過證實的教育方法：補助經過科學證實有效的教育方案和
教學方法，加強中小學閱讀的教學，提高學生數學和科學的成
就，增進學生英文的能力和流暢性，改善教師的品質，促進教師

普通教育課程，年限七年，稱為普通中學（Lycee），就讀這種學校者大多屬於社經地位較佳的子弟；另一種實施職業教育稱為技術中學（Lycee technique），為修業兩年的短期教育，學生大多數是農工家庭的子弟；㈢建立四年制的普通教育，規定前兩年為觀察階段，實施性向觀察。由於法令規定初中觀察階段可分別設在各類中等教育機構中，實際上無法對學生做到觀察與指導，致使觀察的意義無法彰顯，而雙軌制的中學體制又使教育機會均等的意義不彰，到1968年又改成目前的單軌制。法國近年的一次最大教育改革為1975年哈比教育改革，此次改革對當前的學制，學前、初等到中等教育的宗旨、體制、教育內容、課程設置都有重大的影響，其主要改革內容包括：㈠ 重新確定6至16歲為義務教育階段；㈡ 允許5歲兒童提早入學；㈢ 降低小學留級率；㈣ 縮短城鄉差距，在城鄉普遍設立幼稚園或小學附設幼兒班；㈤ 初等教育5年，實施統一的課程，後兩年為輔導階段，可設選修課程，依性向和學習成就輔導升學與就業，高中方面亦分為普通高中（Lycee general）、技術高中（Lycee technique）與職業高中（Lycee Professionnel）（林美貴，1996：187-188）。

　　1984年密特朗（François Mitterrand, 1916-1996）主政後曾主張中小學的國民教育應是單一的，而且是國家辦理的世俗教育，所以有沙瓦利的改革計畫（Project Savary），主張收回私立學校的教育權，不准私人或宗教團體辦理教育，終於再度引發私立學校的抗爭。最後沙瓦利的改革並未成功，政府放棄了原先消除私校的原則，維持國家與私立學校關係法的規定。即宗教團體或私人辦學必須維護世俗教育的原則，一律不得違反規定藉機傳教。私立教育機構若與政府訂立合同則可接受補助，師資由國家訓練，薪資由中央支付，原則上國家還是站在主導教育的地位。長久以來，地方一再爭取辦理地方教育的權利，而終於有1982年地方分權的出現。根據該年的教育法規，中央只負責高等教育，而地方則辦理中等以下的教育。但有關全國教育的政策制定與政策的發布，則仍然屬於中央的權限；各級教師由國家培育、任用和支薪；如此，中央權限雖部分削弱了，但仍可控制全國一致的教育品質，同時也改善了地方行政單位的權限，中央也藉此減輕部分的責任和負擔（林美貴，1996：188）。

　　法國的教育制度事實上自1975年哈比教育改革之後，並沒有重大的改變，直到1989年的教育導向法（Loi d'orientation de juillet 1989）公布，在教育理念上有新的想法，學校教育措施才有較大的改變。1989年教育導向法主要在重申國家教育目標、任務和未來所欲努力的方向。根據教育導向法宣告的一項教育目標顯示，西元2000年時，全國同一年出生的青年將有80%獲有「高中會考」（baccalauréat）文憑的資格，而其餘20%的青年將至少取得「職業適任證書」（Certificat d'aptitude professionelle）與「職業教育證書」（Brevet d'etudes professionelles）的資格。為了達到此一目標，學校的任務將不只是提供教育機會均等而已，同時還要是提供必須能力資格的地方。由於學校任務的提升，遂有一連串的因應措施。所以1989年的教育導向法雖然不是一項教育改革的法令，但是卻有實質教育改革的精神與措施，相當值得我們加以注意（林美貴，1996：188-189）。2012年5月法國總統大選，社會黨的歐蘭德（Francois Hollande）取代薩科奇（Nicolas Sarkozy）成為法蘭西第五共和國的第七任總統（Wikipedia, 2012）。面對國際局勢的轉變、經濟的不景氣和外來移民的紛擾，法國大規模的教育改革即將展開。

一、法國的教育改革機構

　　法國教育制度向來就是實施中央集權制，在世界各國的教育制度中頗具特色。但是在國際潮流與地方要求教育自主的抗爭下，終於在1982年以後有了嶄新的改變，開始實施地方分權的教育制度。從此地方對其當地的特色與需求，擁有主動辦理或表達意見的機會。按照1982年的教育法規定，教育部只辦理高等教育，地方辦理初等和中等教育。由於中央權力的開放和地方權力的增加，使得1984年12月公布的中央行政組織法取消原來負責管轄高等教育的大學部，保留原有的教育部，統轄全國各級的學校教育。茲詳細說明法國的教育改革機構如下（劉賢俊，1996：171-173）：

㈠國家教育部

　　法國教育行政系統的最高行政單位是國家教育部，管理與督導全國

學生的學業成就水準。均等與卓越的價值取向各有其擁護者，而且具有彼此消長的緊張關係。聯邦政府的教育改革工作能否兼顧均等與卓越的價值訴求，相當值得拭目以待。

(七) 教育改革的副作用要思患預防：教育改革的推動者滿懷理想與熱情，容易忽略了教育改革方案本身可能產生的缺失。目前聯邦政府所做的教育改革方案，深受回歸基本學科運動與結果本位評量模式的影響，格外強調學生的學科成就評量。美國國內一些知名學者已經提出不同的意見，擔心學校教育的功能流於窄化，學生只為考試分數而學習。建立理性溝通的管道，讓支持與反對教育改革方案的觀點可以交流，以減少教育改革可能產生的副作用，也是有待國人學習加強的地方。

(八) 教育改革宜協調溝通取得共識：教育改革的工作經緯萬端，牽涉的層面又廣，無論體制外的一般人士，或是體制內的教育專業人士，人人都可以站在自己的立場，表示對教育改革的看法，而且這些看法往往南轅北轍，甚至矛盾衝突。如何廣開言路，邀集各方面的人士，協調溝通，逐步取得共識，當為首要課題。

(九) 訂定完整務實的教育改革策略：教育改革的策略必須考慮到各個學區的個別差異，不可一視同仁。對某些大都會而言，或許先求基本能力的提升，以增進學生的自我概念，在這個基礎上，再求提升其高層次思考能力，否則前後倒置，事倍而功半，根本無法達成教育改革預定的目標。

最近幾年來，美國在「沒有孩子落後法」實施之後，各州的學校產生不少問題。因此歐巴馬總統在2010年3月15日提出「沒有孩子落後法修法藍圖草案」，希望改革「沒有孩子落後法」實施產生的問題。其中有關「年度充分進步指數」（Adequate Yearly Progress）、「高度適任教師」（Highly Qualified Teacher）和可能的解決之道是修法的重點，茲詳細說明如下（陳佩英、卯靜儒，2010）：

(一) 修正原本窄化只計算數學和閱讀的「年度充分進步指數」標準，新的藍圖希望各州於2015年以前發展「大學或職涯準備就緒」的

標準，以建立評量大學生進入大學前和未來生涯準備能力所需的標準，使2020年高中畢業生能夠繼續升學或就業。這項標準需要能夠持續提升品質，並建立新世紀的評量系統，以納入學生高層次思考技能，更精準掌握學生的進步與教室教學所需的資訊回饋。

㈡ 強調重用更優秀與有效能的教師與校長，修正案中要求各州發展評鑑，以重新建構教師的素質標準，而非僅著重於教師證照之取得，來達到提升有效教學品質的實質目的。藉此，新的教師評鑑與支持系統，必須能夠回饋教師與校長的專業發展，以促進學生學習效果。同時，亦協助並改善高貧與高比例弱勢學童學校徵聘有效教師的途徑。

㈢ 有鑑於過去的缺失，新修正案不再依據單一指標考試分數的分級系統，增添學生入學率、畢業率與學習氣氛等指標來衡量學習表現。該藍圖特別針對5,000所所謂「真正失敗」的學校，強調採取更有力的手段介入，將資源投入那些迫切需要改善的學校，鼓勵或獎勵表現良好的學校，並減少對中段表現合理學校的干預。

㈣ 強調更嚴謹與公平的績效責任系統，以確保所有學生的公平就學機會，特別是針對背景多元的學習者，例如英語學習的學生、原住民學生、移民學生、偏遠地區學生等，確認州政府提供學校，校長與教師更多的資源，以支持這些學生的學習，並使其有所成就。

第三節 法國的教育改革運動

從1958年戴高勒（Charles André Joseph Marie de Gaulle, 1890-1970）總統主政到現在，有幾次重大的教育改革影響，對法國今日的教育制度和未來的發展方向產生深遠的影響。首先是1959年柏端（J. Berthoin）的教育改革，主要內容包括：㈠ 將義務教育從6歲延長到16歲；㈡ 將中等學校統一命名為普通中學（Lycée），並重新規劃，實施雙軌制，其中一種實施

㈢高中會考制度保守

法國教育制度雖然改革很快，但是有些百年傳統仍然繼續存在。「高中會考」（baccalauréat）就是一種傳統而保守的制度，最早創立於1808年為普通高中會考，通過考試者可獲高中會考文憑，是進入大學的基本條件，也是進入高等教育的第一階。1946年類別細分，再設技術高中會考，1985年又設職業高中會考，演變至今，高中畢業會考在法國社會具有「成人禮」的意味。目前每年參加高中畢業會考的考生愈來愈多，1990年以前各種高中會考文憑並沒有太大的組別之分，但是有好壞等級的差別。通常持有技術高中與職業高中會考文憑者，想要進入高等教育系統較不容易，所以比較不受重視。而且經常發生普通高中學生對高工和高職學生歧視或排斥的現象，造成普通高中會考競爭激烈，引起許多社會大眾的爭論（林美貴，1996：206-207）。

㈣振興經濟上的發展

隨著工商業與技術的快速發展，企業要求工人的品質愈來愈高，太多缺乏資格的勞工將影響經濟發展。同時低學歷或缺乏專業知識技能的勞工，正遭受愈來愈高資格要求的威脅。因此，如何提高職業素質和如何繼續接受有關專業的訓練，以求產業趕上時代需要，防範造成嚴重失業或不平衡的社會問題，已成為法國政府當前不得不重視的問題（林美貴，1996：207）。其次，法國經濟長期不景氣，失業人口居高不下，如何經由教育的改革，提升法國競爭的能力，以振興經濟發展，成為法國教育改革的重點。

㈤師資培育有待改善

為了迎接西元2000年新時代的需要，教師數量的需求與素質的提升相當重要。根據估計從1989年起到兩千年需要18萬名的教師，平均每年需要1萬5,000名。師資來源最大的困難在於科學和管理學科方面的人才獲得不易，一方面是教師年齡的增加，急待新進人員的加入，而專業人才由於工商企業競相挖角，新人不易加入，導致專業師資更為難求（林美貴，1996：208）。

(六)因應歐盟教育統合

1999年6月19日，29個歐洲國家共同發表「波隆納宣言」，目標是希望在2010年創造一個歐洲高等學校區。法國為了因應歐盟教育的統合，促進歐盟國家教育制度的相互承認，方便學生自由的在其他歐盟國家進行學習，將來能夠順利的在歐盟國家就業，開始進行一連串的教育改革，以達成波隆納宣言的目標，建立一個歐盟高等教育區。

(七)加強外來移民的整合

法國在席哈克（Jacques Chirac）主政期間，由於經濟不景氣，失業人口比率相當高，造成社會的動盪不安。特別是法國有許多外來移民，這些移民過去法國並沒有接受到好的教育，使其真正的融入法國社會，加上經濟的不景氣，這些無法就業的移民，尤其是移民的青少年，往往聚眾滋事，破壞社會治安，引起法國社會的動亂。因此，如何透過學校教育，整合外來移民，使其融入法國社會，成為教育改革重要的課題。

三、法國教育改革的內容

法國的教育改革主要根據1989年7月10日頒布的教育導向法。教育導向法其實並非教育改革法令，而是為了達到其所指向的目標，在過程中所做的諸種改革。1989年教育導向法最大的特色在於提供了教育觀念的引導，根據觀念的修正或澄清，而有新的教育政策與諸種配合措施的呈現，所以具有教育改革法令依據的特色。根據1989年教育導向法的主要內容在於重新界定法國教育制度的目標，重新規範國家教育的任務，以保障國民接受教育的權利。由此衍生的教育改革，便反映了以下的教育理念，並落實在教育政策與教學上。法國教育改革的主要內容如下：

(一)學前教育的改革

法國2005年「費雍法案」（La loi Fillon）與學前教育改革有關的重點包括（林貴美、劉賢俊，2007：203-205；黃照耘，2008：208-209）：

1. **學前教育的普及化和免費就學**：2005年費雍教育改革的主要訴求在消弭城鄉差距與就近安置。對低社經地位與環境不利地區的幼兒優先教育，從2歲起開始接納與安置，用以彌補家庭功能與資源

各級教育。國家教育部設部長室部長一人，教育部長掌理大學的事務，國務祕書長則負責技術教育。部長室以外尚有數個協助部長處理有關業務的平行單位如：主任督學室、部長機要祕書室、大學區總長管理室、國防管理室、經費控制室和協助部長處理全國教育問題，決定教育政策的教育審議會；例如：國家教育審議會、高等教育經濟委員會、國家課程審議會等單位。部長室直轄的單位則有：高等教育司、高等教育人事處、中等教育司、中等教育人事處、行政人員技職工人事處、評鑑與展望處、溝通與資料處、大學課程與發展處、研究專案與博士研究司、小學教育司、國際合作與總務司、一般經費與控制管理處、校長與督導人事處等單位。

㈡大學區

法國全國共分28個「大學區」（académies），每個大學區包含數個府。大學區的最高教育行政長官稱為「大學區總長」（recteur），大學區總長的職務主要是代表教育部監督各級學校的教育工作。一般大學區的教育行政組織如下：大學區總長下設有祕書處、內閣總長、特派員、地區方案設計組、大學總長人事室、研究組、大學區就業輔導處、大學區總長的統計梯隊、大學區督學、國民教育府區服務處主任、技術顧問、地區教育督學協調者、大學區教育人員訓練代表團主任、技術教育督學、大學區工藝（學徒）服務中心主任、大學區推廣教育代表團、大學區輔導與資訊服務處、國家教育人員訓練與就業輔導處。

㈢省（府）級教育單位

大學區內的次級行政區為省（府）級教育單位，由大學區總長代表和大學區督學等共同執行府內中小學教育等有關事務。省（府）級教育行政單位的最高長官稱為省（府）區國民教育長，其主要任務如下：1. 行政方面：為大學區教育的督導，並負責掌理該府教育服務等有關業務。2. 教學方面：保持轄區內各級學校校長和省（府）區督學間密切的關係，確保轄區內整體教學活動的和諧。一般而言，省（府）區教育行政長官的職權在初等教育上權力較大，較能獨立自由地施展其獨特的做法，其次是「初級中學」（colleges）。

二、法國教育改革的原因

根據相關教育文獻的分析，法國教育改革的原因如下：

㈠留級問題相當嚴重

法國教育制度有其規範性與階段性，為了維持教育的品質，採取嚴格的留級制度。從小學開始到高中，由於學生愈來愈多，而且實施民主化教育。因此，採取統一的課程與考試制度，但是老師未能考慮學生不同的社會背景與智力差異等因素，以致在一般教學下，年級與年級中間，階段與階段之間時常發生銜接的困難，學業適應不良的危機，造成許多學生跟不上課業進度而留級的現象，這種情況自低年級起就很嚴重。中學的情況也是一樣，分析學生留級的原因，除了因為成績落後之外，還有為了讀好組別課程而留級者。一般而言，法國初級中學前兩年與高一結束後，學校會為學習不適應或成績不理想的學生作生涯輔導，建議其選讀技術教育、職業教育或學徒教育，但是一些家長為了面子，不願接受學校的建議，堅持孩子選讀普通教育，以便將來升入大學，為了孩子成績選擇留級重讀。這不僅造成學生求學的挫折，對國家與社會也造成龐大的經費負擔（林美貴，1996：205-206）。

㈡觀念偏差造成傷害

法國教育另一個令人詬病的地方是其制度建立在狹隘的「班級」與「年齡」的基礎上，一個年級規定只有一個課程標準與一個正常的年齡，超過這個範圍就屬於失敗的學習。很多學生從小學到大學，都必須留級一次到兩次以上，這對於兒童和青少年的人格和自尊傷害很大。此外，學生的輔導方式以前往往由學校建議出發，而當學生對未來的抉擇有困難時，則由家長和學校共同協助學生做決定，但是學生常常並沒有真正選擇的自由，以致經常造成雖然接受輔導，依然發生選讀職業教育不適應的情形，這些人中途離校者為數不少，在社會上不是就業困難，就是從事低層次的勞工，工作不穩定而且缺乏保障，形成嚴重的社會問題（林美貴，1996：206）。

存在教育制度中，為了改變社會的現況，達到教育機會均等的理想，前任教育部長德霍比洋（Gilles de Robien）於其施政報告中，提出以下具體做法：(1) 加強國家、學校與家長三者之間的互動與合作關係，以對抗學生中輟、校園暴力和種族歧視。(2) 與地方民意機構重新考量學校與教職人員年度分配區域圖（la carte scolaire），其中包含中等教育機構的評鑑與初級中學的學區劃分，以及跨越學區就讀的許可標準。(3) 建立249個「成就學習網絡」（les réseaux ambition réussite），逐漸取代以往的「教育優先區」（Zones d'Education Prioritaire, ZEP）。這項計畫主要針對全國249所初級中學設置，嘉惠392,000位學生。(4) 增進身心障礙學生的就學機會，國家將多增53,000位學校「生活助理員」（auxiliaries de vie scolaire, AVS），用於幫助身心障礙學生就學的個別融合，以及1,500位「生活助理員」於小學的「融合班」（Classe d'Intergration Scolaire, CLIS）與初級中學的「融合教學小組」（Unité Pédagogique d'Intégration, UPI）協助教學。在中等教育方面，到2010年陸續增設1,000個「融合教學小組」，而且充分提供其生涯規劃。

3. **提升師資培育品質**：2004至2005年的資料顯示：法國共有80,000名受訓學生或實習生（教師第二年的培訓），共有4,500名全時授課人員和20,000名校外兼課人員，以輔助各項教學與實習事務。師資培育學院的入學資格必須具有「學士學位」（Licence），再經兩年的培訓後才能任教，這種師資培育制度與我國過去師範學院的學士後教育學分師資班的做法類似。2005年「費雍法案」第45條規定：在2010年之前「師資培育學院」將併入大學成為其學院之一部分。但依據「教育法典」（code de l'education）第721-1條規定「師資培育學院」的屬性為「公立行政機構」，因此「師資培育學院」實際上由各大學區總長所掌管。「師資培育學院」併入大學的主要原因，在於加強「師資培育學院」與大學各相關學系的研究合作，由於這項改革尚在進行之中，因此其實際成效仍待評估。

㈣師資培育的改革

當前法國師資培育改革的重點有下列三項：

1. **提出各種師資培育改革報告書**：法國師資培育制度在近二十年來主要有三次重大變革，首先是於1989年依據《1989年教育發展導向法》（*Loi d'orientation sur l'éducation du 10 juillet 1989*）於各大學區設立一「師資培育學院」，用以整合在初等與中等教育各類師資培育制度。其次則是自2005年依據《學校前景計畫與發展導向法案》（*La loi du 23 avril 2005 d'orientation et de programme pour l'avenir de l'École*），將「師資培育學院」併入大學成為其學院的一部分。最後即是在2008年末至2009年初所推動以及已實施的師資培育制度碩士化改革。綜觀上述三次師培制度的發展轉折，其背後皆有報告書作為其制度改革藍圖的策劃依據。例如：1989年為策動整合師培體系而於各大學區設立一「師資培育學院」的《邦賽報告書》（*Rapport Bancel*）。在最近的十年中，由法國國家教育部與教育相關機構所主導推動的師培改革重要報告書，主要集中於「師資培育學院」的成效與其應否併入大學與如何將師培制度與遵照歐盟「波隆納宣言協定」（les accords de Bologne），朝向與歐盟其他師培制度協調一致政策進行等議題（黃照耘，2011：199）。

2. **師資生遴選與輔導的改革**：法國「師資培育學院」主要採篩選入學，入學方式主要採資料審查，各「師資培育學院」可依其需求進行筆試和（或）面試。個人入學審查資料檔案主要包含申請人過去在大學期間各項學業表現與其性向志願。各「師資培育學院」除了資料檔案審查外，可依其不同類別教師之甄選需求，再加上「通識測驗」（test de connaissance）或「評審會面談」（entretien ave cun jury）。全國各「師資培育學院」之審查時間與其審查細節標準會依據其學院發展導向不盡相同，申請人可去信詢問清楚或參考全國「師資培育學院」的共同網站公告。各「師資培育學院」則依據申請人的各項成績作「等第排名」（barème de classement des candidats），最後公告錄取名額，若無人前來則依序

的不足，使社會正義得以伸張。幼兒從2歲開始，如果家長有需要，即可享受免費的教育。為了社會正義與公平原則，社經地位較低和教育優先區的幼兒，規定從2歲起一律提前入學，這是對弱勢者的特殊照顧措施。

2. **基礎教育向下延伸至5歲**：法國3歲幼兒的就學率雖然已達100%，但2005年的教育改革，將基礎教育向下延伸至5歲，規定幼稚園大班屬於基礎教育的階段，這項措施係因應幼兒教育與小學教育銜接的需要。對於學生的學習適應與成功的學習大有幫助，最大的受益者是小學一年級的學生，目前小學一年級的留級率已經大幅降低。目前已有學者認為兒童於2歲就讀幼稚園，有利於其後小學的學業成績和社會化發展，因此建議教育當局應提早全面開放2歲兒童就讀幼稚園的政策。

3. **幼稚園的設立由市鎮議會決定**：依據2008年3月1日公告的《教育法典》第212-2與212-5條例的說明，幼稚園班級的設立是由市鎮代表議會所決定，於每3公里的距離必須設立一所學校，市鎮亦必須負責修繕幼稚園的硬體建築，並提供教師住宿與其他工友服務人員的薪資。幼稚園與小學校長由大學區督學派任，幼稚園與小學校長、學校委員會、各分區督學是學校教育行政運作的三大主角。

(二)初等教育的改革

自2005至2007年各項重要改革內容中，初等教育有下列幾項（張鈿富、王世英、葉兆祺，2007：139；黃照耘，2007：199；黃照耘，2008：21）：

1. 國小CE1（臺灣國小二年級）與CM2（臺灣國小五年級）的學年末舉行全國性診斷式評量，以適時進行學習輔導。

2. 在語文教學上重視文法與字彙的運用學習，在基本數學能力方面，儘早使學童能會算術，須於CE1（臺灣國小二年級）結束時學會簡易的加減乘除四則整數運算。

3. 至少能運用一種外國語，並依據「歐洲理事會」（European Coun-

cil）所制定出「歐洲語言共同參考架構」（Commen European Framework of reference for Languages）的標準，於小學結業時須達A1程度，義務教育結束時須達B1程度，中等教育結束時須達B2程度。為達成以上教育目標，外語教學將由原來的CM2（臺灣國小五年級）提早到CE1（臺灣國小二年級），並加強德語與中文的學習。

4. 落實「公民教育課程」（l'enseignement de l'éducation civique），並充分與家長溝通。

5. 加強小學藝術與文化的師資培育，並加強與地方文藝機構的教學合作。

(三)中等教育的改革

當前法國中等教育改革的重點與2005年4月所制定的《生涯輔導與學校前景計畫》有著密切的關係，因為這項法案是由前任教育部長費雍（François Fillon）所提出，故亦稱「費雍法案」。「費雍法案」的主旨在於使每位受教育的學生都能有其該有的成就，重視語文教學並保障教育機會的均等與增進就業機會。「費雍法案」關於中等教育的改革有下列幾項（林貴美、劉賢俊，2007：208；黃照耘，2007：197-204）：

1. 共同基本能力的建立：這一項改革重點在於保障每位國民在接受義務教育後，皆能擁有共同的基本知識與能力，同時回應歐盟新制定的「終身學習基本能力」（key competences for lifelong learning）教育政策和因應「經濟合作暨開發組織」與「國際學生評量方案」（Programme for International Student Assessment, PISA）的重要教育改革。這些共同基本能力包括下列七項：(1) 精熟法語能力。(2) 能運用一種外國語言。(3) 能熟悉基礎數學與科技內涵。(4) 會操作使用資訊和傳播科技。(5) 深具人文素養。(6) 社會與公民能力。(7) 能自我主動學習與具有創始能力。

2. 教育機會均等：教育機會均等一直是法國自大革命以來有識之士追求的理想，自第三共和以來，歷任部長不分左右皆以此為教育改革的目標。法國由於受到歷史因素影響，再加上第二次世界大戰後的外來移民，社會不平等和階級再製的現象相當明顯，仍然

其主要目的在於取代過去只注重管理成效而忽略其過程的治理概念，特別是民主參與過程與效益。2007年大學自治法案首要之務即「大學治理」，首先調整大學校長與三大諮詢理事會功能的階層性角色：「學術諮詢理事會」和「大學生活與學業諮詢理事會」主要負責提供建議；「行政諮詢理事會」負責審議；而校長具有最後決定權。大學校長不再由三大理事會代表選出，改由行政諮詢理事會絕對多數選出即可，任期亦由先前的五年降為四年，與各諮詢理事任期相同，但可連任一次。若大學校長因故無法完成其任期，新當選的繼任者亦只能擔任至原來前任校長的任期。校長主持校內三大諮詢理事會，對外全權代表大學其他機構訂定協定與合約，在法理運作層面上，對內則為學校經費開銷的審查者。在人事任用層面上，除了保留國家高等教育會試教師的初次人事任用權外，校長對大學中所有人事任用，具有決定性的否決權。大學內部各教學單位的設立模式，在新法中也有不同的規定：1. 教育培訓暨研究單位、系、實驗室或研究小組與研究中心等單位的成立，須由大學學術諮詢理事會建議，再由行政諮詢理事會審議同意設立。2. 由大學行政諮詢理事會和全國高等教育與研究諮詢理事會提議後，再由掌管高等教育的部長頒布行政命令同意設立學院或研究所。除上述新規定外，大學內部各系所機構組織的功能與位階，均由大學行政諮詢理事會自訂。大學校長必須與各系所一起合作籌劃和執行與國家訂定的多年期大學發展契約，而各系所組織的新設開辦、結束或重組，將在契約到期時，明確一致地記錄在多年期發展契約中（黃照耘、江湘玲，2008：244-246）。

四、法國教育改革的啟示

法國為了振興經濟、舒緩社會大眾失業的問題和解決學校教育的難題，進行一系列的教育改革。法國教育改革有以下幾項重要的啟示：

　　(一) 在學前教育方面，法國提供免費的學前教育，監督學前教育機構的品質和提供學前教育機構師資訓練的做法，使得法國幼稚園教育普及率不斷提高，有助於學齡前兒童身心的發展，提早適應團體的生活，並且發現兒童身心障礙和學習的問題，儘早給予必

要的協助。2005年的費雍教育改革，強調就學的普及，免費的政策，以縮減城鄉差異，就近安置學生，並且在不利地區實施優先教育，以伸張社會正義。除此之外，也將基礎教育向下延伸至5歲，對學生的學習適應和學習成功大有幫助，值得我國進行學前教育改革作為借鏡。

(二) 在初等教育方面，法國政府重視初等教育階段學生的個別差異，提供多樣化的課程和教學方法的多元性，有助於教師在教學時，選擇適當的課程，進行適性的教學，提高學生學業的成就。在小學二年級（CE1）和小學五年級（CM2）實施全國性診斷式評量，適時進行學習輔導，有助於提高學生的學習成效。外語教學則由小學五年級提前至小學二年級，而且加強德文和中文的學習，提高法國學生的競爭力。落實公民教育課程，充分與家長溝通，加強藝術與文化師資的培育，同時與地方文藝機構進行教學合作，值得我國在進行初等教育改革時作為參考，以提高我國學生的競爭力。

(三) 在中等教育方面，法國教育改革實施高中學生的分組選課制度，係以學生的特殊性來分，而不是以一般順序來分。但學生選課以前，得經教師實施學前評量，再決定其選課種類。因此，能夠根據學生不同的程度、能力、興趣和輔導計畫的成熟度，來協助學生獲得成功的學習。這種高中學生的分組選課制度，也相當值得我國作為參考。除此之外，法國政府也注重學生共同基本能力的建立，致力於落實教育機會均等，而且提升中等學校師資培育的品質，值得我國作為中等教育改革的借鏡。

(四) 在師資培育方面，法國教育改革實施師資培育制度的革新，不僅提高教師的入學標準，同時將中小學教師合流培育，增加教育實際經驗的課程，延長教育實習的時間，然後通過教師的證照考試，才能取得正式教師的資格。而且提出各種師資培育改革報告書，進行師資生遴選與輔導的改革，實施師資培育碩士化的政策，這種師資培育制度注重教師專業的教育、教育實習的訓練、

遞補。「師資培育學院」入學的最後決定，則由其學院院長所主持的「入學許可委員會」（la commission d'admission）作最後決定（黃照耘，2011：201-202）。

有關法國師資培育學生的輔導措施主要可分為一般大學中的生涯輔導措施與激勵學士階段大學生投入教職之輔助課程。法國目前負責高等教育的大學生生涯規劃主要組織以在全國各「地區」（région）的「國家教育與職業資訊局」（Office national d'information sur les enseignements et les professions, Onisep）最為重要，該局為教育部監管的公立機構，主要負責編訂發行各項書面資料與視聽媒材，並管理全國各項升學與就業基本資料。國家教育與職業資訊局在各大學區皆設分處，全國共30個，負責發行具地區特色的教育與職業資訊，同時由相關領域或中心提供400個行業簡介及一本統整介紹各行業的辭典。另外於各省的「職業介紹中心」（Cité des Métiers）與各城市的「生涯輔導與資訊中心」（Centre d'Information et d'Orientation, CIO）亦皆有提供所有在大學生相關生涯輔導資訊。各大學亦設有「大學校際生涯與就業輔導服務處」（Services Communs Universitaires et Interuniversitaires d'accueil, d'Orientation et d'Insertion Professionnelle des étudiants, SCUIO），主要用於制定各大學與當地業界的合作就業模式，並協助大學生順利找到其未來職涯發展方向。這些機構組織皆能為欲擔任教職的大學生提供必要的生涯輔導資訊以及相關性向測驗，使大學生即早針對其個人發展志向投入教職（黃照耘，2011：203）。

為激勵學士階段大學生於碩士階段投入教職的輔助課程，主要是與其日後可能投入教職的各相關科系：例如外語、數學與自然科學等，於大學學士文憑第二年或第三年開設與擔任教職的相關課程，使學生除取得學士文憑外，亦可藉由教職的相關課程使學生對任教科目課程知識加以學習，再加上朝向教職方向生涯輔導以及至國小、國中、高中進行見習，並在各級學校校方教師指導下

初步實習等措施可積極輔導欲成為教師的大學生及早認識教職並進入碩士層級的師培教育。例如：巴黎大學區「師資培育學院」為位於首都的師資培育機構，2007年12月併入「巴黎—索邦第四大學」（Université Paris-Sorbonne, Paris IV）成為其中學院之一。除了培訓師資之外，亦負責在大學中各相關系所開設有關激勵學士階段大學生投入教職的課程（黃照耘，2011：203-204）。

3. 師資培育制度碩士化的改革：法國自2005年的《學校前景計畫與發展導向法案》規定，將「師資培育學院」須併入大學成為其學院的一部分。「師資培育學院」將併入大學的主要原因，在於加強「師資培育學院」與大學各相關學系的研究合作。為配合自2008年後所有「師資培育學院」培育已融入大學的事實，2008 年末到2009年初，法國前教育部長達寇（Xavier Darcos, 1947-）提出調整實施多年的師資培育模式方案，此一改革，即是有關師資培育制度「碩士化」（mastérisation）的改革。師資培育制度碩士化的改革，雖然歷經「師資培育學院」各校長的聯席會議與教師工會反對抵制，但自2009年6月23日內閣改組後，在新任的教育部長夏代爾（Luc Chatel，1964-）與高等教育暨研究部長貝凱絲（Valérie Pécresse，1967-）共同努力下，於2009年7月9日發表共同聲明，將有關將師資培育制度碩士化的改革與各教師工會、各大學校長與大學區總長共同檢討此一改革的細節，最後結論於2009年11月13日提出。法國高等教育暨研究部亦於其2010年頒布的行政通報，詳細規定新教師碩士文憑的實施方式（黃照耘，2011：198）。

(五)高等教育的改革

法國在2007年5月首先頒布《高等教育暨研究部部長權限職權行政命令》（*Décret n° 2007-1001 du 31 mai 2007 relatif aux libertés des universities, dite la loi LRU ou La loi Pécresse*），更清楚界定國家與全國各大學雙方所應盡的權責，完全契合今日歐盟各國致力於以高等教育治理（governance）為主要理念的改革。雖然截至目前為止，治理在法國學術界仍屬新興概念，被廣泛研究實始於1990年代，而且比較傾向於政治、經濟與商業的管理層面，

　　師資生的遴選與改革和師資培育碩士化的政策，有助於教師素質的提升，相當值得我國作為師資培育制度改革的參考。

(五) 在高等教育方面，法國高等教育的改革注重歐盟國家學校之間的互動，統一學位的名稱，可以增加法國學生在歐盟國家的流動性，並且增加就業的機會。同時，法國的高等教育改革注重通識教育的陶冶，給予大學院校較多的自主性，投注充裕的教育資源，改變傳統的學習形式，協助新生進行科系的選擇，鼓勵多學科的學習，實施歐洲學分點數系統和強調大學院校特色的發揮，有助於促進歐盟教育學術的交流，提升國民整體的教育素質。而且清楚界定國家與大學雙方應盡的權責，調整大學校長與三大諮詢理事會的角色，有助於提升大學組織的功能，相當值得我國進行高等教育改革時作為參考。

　　最近幾年來，大學評鑑是法國高等教育最熱門的話題。2009年8月3日公布的《葛乃爾1號法案》（*la loi Grenelle 1*）無疑為法國高等教育的「評鑑制度」立下新的里程碑。《葛乃爾1號法案》全文共57條（Actu-Environnement, 2009），分為六大方向，該法案是2007年10月在巴黎舉行的《葛乃爾環境對策會議》（*Grenelle Environnement*）在法律條文上的落實。該會議的決議之一為「教育方面之環境安全及永續發展」（Education à l'environnement et au développement durable），在《葛乃爾1號法案》的第 55 條有關高等教育的文字記載，是目前法國高教機構評鑑的法源依據。目前法國負責高等院校教學及研究評鑑的單位是「研究與高等教育評鑑局」（Agence d'évaluation de la recherche et de l'enseignement supérieur，French evaluation agency for research and higher education, AERES）。該機構乃依據2006年4月18日公布實施的《研究協定法案》（*Loi de programmation pour la recherche*）中的第49條而設立。以「獨立、透明、公正」為基本精神，在進行評鑑時則以「尊重校方及其人員、專業、效率」自許，　實際的評鑑工作則仰賴約4,500名經過推薦而選出的法國及其他國籍的專家，分別由「大專院校處」（Section des établissements）、「研究單位處」（Section des unités de recherche）以及「課程及文憑處」（Section des formations et diplômes）等三個評鑑單位組成，該局的核心單位為研究與高等教育評鑑局局長、25位法籍及其他國籍專家組成的委員會，負責擬定確保評鑑品質及透明度的措施、宣導評鑑流程，也監督不同組織、不同學門課程的評量（張國蕾，2013）。

第四節　德國的教育改革運動

　　第二次世界大戰結束之後，德國無條件投降，由美、英、法、俄四國分區占領。1948年美、英、法三國占領區合併，按照「波茨坦條約」對德國教育實行了改造，在學校從事清除納粹分子的工作，並且廢除一些偏頗的學科。這個時期在美、英、法三國占領區成立了「德意志聯邦共和國」（Bundesrepublik Deutschland），而在蘇聯的占領區則成立了「德意志民主共和國」（Deutsche Demokratische Republik）。對於西德而言，政治與社會的穩定和統一是最重要的任務，經濟發展的迫切性與經濟奇蹟的出現，暫時掩蓋教育革新的需要。1950年代的教育改革可以說都是在為統一各地紛歧的教育事業而努力，戰後第一份有關教育改革的文獻是「美國赴德國教育團報告」。其中特別強調德國教育重建的終點在於消除納粹餘毒、重建德國人民自信與建立民主和平的價值。不過戰敗後德國社會瀰漫著「教育政策的傳統主義」，所以其教育發展係以恢復威瑪共和國時期的制度為主。1951年各邦首長簽署「杜賓根決議」（Tübinger Beschluss），該決議焦點在於高中改革與大學的關係、改革高中教師的國家考試章程，以提高師資的素質等。1955年各邦首長再度簽署「杜塞道夫協定」（Düsseldorfer Abkommen），以進行教育行政層級的改革。其中規定：統一學年開始日期、規定假期和日數、統一年級稱呼、學校名稱、組織形式、評分等級和考試結果相互承認等。將中等教育階段的學校名稱統一為「中間學校」（Mittelschule）和「文理中學」（Gymnasium），高中學校類型區分為文理高中、現代高中和數理高中三種。1959年「德國教育委員會」（Deutscher Ausschuss für das Erziehungs- und Bildungswesen）發布「關於普通教育的改革和統一的總綱計畫」，對實施普通教育的中小學提出更深刻的觀察與改革

規劃。該計畫的提出充分反映了新人文主義教育和文化哲學思想的色彩，堅持統一的基礎學校教育和傳統的三分學流體制，強調普通文化教育的重要性更甚於職業領域的教育（李其龍，1992：197；陳惠邦，2000：39）。

1964年教育學者皮希特（Georg Picht, 1913-1982）發表《德國的教育災難》（*Die deutsche Bildungskatastrophe*）一書，對當時的教育界與政界產生相當大的影響。皮希特在《德國教育災難》中，以許多具體的數據為證，清楚指出當時德國教育質與量在國際比較中的劣勢。其「教育困境及經濟困境」的呼籲，引發了教育革新需求與方向的反省。同年各邦文教部長聯席會議在柏林舉行的第100次會議決議宣示：「加強各級學校教育，提高青年學業水準，增加高等教育人口、改善各級各類學校間的滲透性」為其教育改革目標。德國於1964年在漢堡簽訂「聯邦共和國各邦之間統一學校的修正協定」，採納了「總綱計畫」的部分建議與各派在教育改革中的意見，規定學年統一在每年8月1日開始，於下一年的7月31日結束；普通義務教育統一為九年；四年制基礎學校之上設兩年促進級或稱「觀察級」；各類中學名稱統一為「主幹學校」、「實科學校」和「完全中學」；實科學校和完全中學各設兩種形式，即常軌形式和上層形式，後者僅包括實科學校與完全中學的上面幾個年級，所以稱為上層形式，其目的是為那些在主幹學校第七學期表現出有才華的學生，提供實科學校或完全中學的教育。1967年大學生民主運動爆發，使得教育改革的規劃轉向教育原理的思考。大學生運動源起於對當時社會與高等教育體制權威和保守的不滿，其教育改革的重點在於取消教育特權、消除權威性的教育和學校教育內容的改革，並且在各級學校系統中實行共同參與的制度，以實現教育民主化的理想。當時可以說是德國教育展現現代化風貌的重要關鍵，追求教育機會均等、社會平等與個人發展等理念盛行，而重要的教育法規制度，也都在這個時期建立起來。1970年「德國教育審議會」（Deutscher Bildungsrat）提出「教育結構計畫」（Strukturplan für das Bildungswesen），這份計畫被公認為當時德國教育改革最重要的文件。「教育結構計畫」不但確立了德國教育事業中的四大領域，同時也提出全面性教育改革的方案。因為該計畫涉及學前教育、初等教育、普通與學術教育、職業教育和繼續教育等範圍，

甚至包括外國人與國際教育合作，同時各黨派、官員團體、職員團體、教師團體、經濟團體與工會、教會和學者，都放棄原先分歧的意見，一起達成教育改革目標的共識。不過，該計畫中經濟政策色彩濃厚，而且崇高的理想缺乏具體實現的規劃，就連教育審議會也在1975年解散（李其龍，1992：199；陳惠邦，2000：40-41）。

德國於1976年1月26日頒布了「高等學校總綱法」，對高等學校的任務、教學與研究的原則、高等學校的人員等等作了詳細的規定。並且在1985年11月14日對「高等學校總綱法」進行修正，以積極從事德國高等教育的改革。1990年10月3日，東德併入西德。兩德歷經四十餘年的隔離，並且實施不同意識型態的教育，統一後如何使兩德人民融洽相處，如何提升德國人民在歐洲聯盟的競爭能力，這些都是德國教育改革的重要課題。這一個時期德國教育在表面上是穩定的發展，實際上則是呈現了百家爭鳴的多元面貌。德國在教育改革中展現領袖群倫的企圖，不過隨著國家節奏的加速，德國教育也面臨許多前所未有的困境與挑戰。

一、德國教育改革的機構

1990年3月18日，東德舉行第一次自由投票選舉。4月12日東德新政府宣誓就職，由麥齊爾（de Maiziere）擔任總理。新政府同意按西德基本法第23條規定盡快完成國家統一，即東德將併入德意志聯邦共和國。5月18日兩德財政部長在波昂簽署關於建立兩德貨幣、經濟和社會聯盟的國家條約。7月1日兩德議會分別批准國家條約而且正式生效。8月31日簽署的統一條約第37條規定，東德必須在漢堡協定與邦文教部長常設會議所達成的其他協定基礎上，重新規劃學制。10月3日雙方政府在柏林國會舊址完成國家統一簽署，至此，兩德正式合併為「德意志聯邦共和國」（Bundesrepublik Deutschland）。根據德國基本法的規定，各邦擁有各邦的文化自主權，但各邦教育政策大多能經由邦文教部長常設會議、中央與邦教育計畫委員會或聯邦教育與研究部取得協調達成共識。茲詳細說明德國教育改革的主要機構如下（何慧群，1996：136-140）：

㈠各邦文教部長常設會議（Kultueministerkonferenz）

各邦文教部長常設會議是各邦文教部長在1949年10月成立的工作小組，該小組主要工作是協調邦暨有關文化教育政策事宜。小組成員是各邦文教部長，每年改選主席或執行祕書；在波昂設置有祕書處。對於專門性問題決議要求全數代表一致性表決，雖帶有強迫性，但亦盼形成良性和必要的共識。邦文教部長常設會議作成決議，必須經各邦議會通過，才具有法律效益。邦文教部長會議完成的工作包括：1. 制定各邦教育學制依據的基本協定。例如：1955年的杜塞道夫協定、1964年的漢堡協定。2. 1968年規劃專科學院學制。3. 1969年研擬綜合中學實驗方案、1972年訂定特殊教育學制，訂定學習名額數量，改革古文高中等等。

㈡中央與邦教育計畫研究補助委員會（Bund-Länder-Kommission für Bildungsplanung und Forschungsförderung）

1970年中央與邦依據基本法條款成立工作小組，其主要工作是研擬長期教育計畫與獎勵研究。中央與邦教育計畫委員會作業過程須有中央的參與，而邦文教部長會議純粹是各邦文化文教部長的會議組織。中央與邦教育計畫委員會小組因政黨政治更迭，研擬教育計畫窒礙難行。該委員會的任何決議在各邦亦不具有必然的法律效力。1973年該委員會制定全國第一個「整體教育計畫」，無奈各邦意見分歧，而於1985年廢除。中央與邦教育計畫委員會完成的工作包括：1. 20年獎助2,000餘種有關學制的試驗方案。2. 1991年對不同試驗方案的經費補助高達6,000萬馬克。3. 獎助婦女或歐洲聯盟教育問題的研究。

㈢聯邦教育與研究部（Bundesministerium für Bildung und Forschung, BMBF）

1969年德國社會民主黨組閣，布蘭德（Willy Brandt, 1913-1992）總理將科學研究部改為聯邦教育與科學部。後來，又改稱為聯邦教育與研究部，該單位的職權有下列幾項：1. 與各邦聯合辦理高等教育機關和大學醫院的擴充興建。2. 與各邦合作擬定教育計畫和促進區域性的重要學術研究機構及計畫。3. 草擬高等教育訓練補助和學術研究發展規則，並且加以執行。4. 草擬高等教育的基本制度或架構，並且加以執行。5. 草擬在職職業訓練

的原則，並且加以執行。

二、德國教育改革的原因

德國學校在帝國時期以前由教會控制，後來國家從教會手中奪回教育權，並推行義務教育。19世紀洪保特（Wilhelm von Humboldt, 1767-1835）領導了教育改革，促使德國雙軌教育制度的形成。帝國時期，鞏固了雙軌制，改進了中等教育結構。威瑪共和國時期取消了貴族預備學校，建立了統一的四年制基礎學校，納粹統治時期，德國教育被納入為戰爭服務的軌道，教育事業出現倒退情況。第二次世界大戰後，西德按照威瑪共和國時期的傳統，開始重建教育體制，教育事業獲得了發展，並在1960年代後期進行了改革（李其龍，1992：193），促進西德經濟的突飛猛進。東西德於1990年統一，成為歐洲舉足輕重的國家。近年來，德國政府提出許多教育改革的主張，可以歸納其主要的原因如下：

㈠ 促進經濟發展，解決失業問題：德國統一之後，由於國營事業的解散，造成400多萬人失業，占就業人口的10%左右，可以說問題相當嚴重。同時，由於科技的發展，生產逐漸自動化和製造成本的提高，影響經濟成長的速度。因此，德國政府希望透過教育改革，鼓勵產業研究革新，創造更多就業的機會，以促進經濟的成長。

㈡ 設立新制學校，提升學生水準：2003年「聯合國教科文組織」（United Nations Educational, Scientific and Cultural Organization, UNESCO）舉辦的「國際學生評量方案」競賽，德國學生的成績表現不盡理想，暴露了德國中小學制度的缺失。因此，德國政府希望進行教育改革，建立全日制的學校，投資更多的經費，從事課程和教學的改革，建立全國統一的教育標準，以改善學校教育的效果。

㈢ 配合歐盟擴張，加強歐盟意識：隨著2004年5月歐洲聯盟的擴張，目前已經有27個國家參與歐洲聯盟，為了促進歐洲的統合和團結，德國政府希望經由教育改革，加強歐洲意識的教學，以增進

德國與歐洲的關係，改革各級教育制度，達到歐洲聯盟教育素質的要求。

㈣改革教育問題，增加競爭能力：德國各級教育長久以來存在著一些問題，造成學生就業競爭能力的降低和人才培育不足的問題。因此，德國政府希望增加教育投資，發展「菁英大學」（elite Universität），吸引優秀的人才前往任教。而且改革「聯邦教育訓練補助法」，實施學士學位制度，縮短修業年限和設立「年輕教授制度」（Juniorprofessur），以敦促學生儘快完成大學學業，增加畢業學生就業的競爭能力。

㈤鼓勵婦女就業，兼顧養兒育女：德國人口老化的問題相當嚴重，嬰兒出生率遠低於歐洲各國，造成生產力衰退，影響國家的財政稅收。因此，德國政府希望經由教育改革，增設幼稚園和托兒所，提供兒童津貼，讓婦女能夠兼顧家庭與事業，增加嬰兒的出生率，以確保德國的生產力，支持經濟的持續成長。

㈥徵收大學學費，改善教學設施：德國政府向來必須承擔所有的教育經費，造成國家財政沉重的負擔。而且在財政不佳的狀況下，學校的設備無法滿足學生的需要，影響教學的品質和水準。因此，德國政府希望經由教育改革，徵收就讀大學學生的學費，以改善大學財政困難的狀況，追求高等教育的卓越發展。

㈦鼓勵研究創新，追求卓越表現：隨著國際競爭的激烈，大學和企業面臨嚴峻的考驗，為了爭取生存的空間，大學和企業必須緊密的結合，加強研究創新，才能趕上時代的潮流。因此，德國政府希望經由教育改革，增加對大學的投資，鼓勵大學與企業合作，從事研究創新，追求學術上的卓越表現，以符合社會的需要，形成學校自己的特色，建立創新的教育制度。

三、德國教育改革的內容

1994年在日內瓦召開的第44屆國際教育研討會上，德國各邦文教部長

會議宣讀一份報告，介紹德國1990年代的教育發展，文中一再提到兩德統一和歐洲聯盟這兩股勢力。各級教育的發展趨勢，例如：國小兒童早接觸外語、中級學校取代主要中學或實科中學、縮短傳統13年中小學為12年級、中等職業學校一般化、高等教育雙軌化等議題，無不受到上述兩股政治情勢所牽制或衝擊。茲詳細說明德國教育改革的內涵如下（朱啟華，1999：55-58；周玉秀，1996：147-162；梁福鎮，1998：17-18）：

㈠學前教育的改革

在德國「聯邦教育與研究部」1998年的「德爾菲報告」（Delphi-Berichte）和「外國教育計畫」（ausländische Bildungspläne）出版之後，位於慕尼黑的「國家早期教育學研究所」（Staatsinsitut für Frühpädagogik）接受國際趨勢的轉向，立即對德國幼兒教育日間機構進行反省，促成德國教育概念的現代化。隨著世界各國對幼兒學習過程的注意，德國聯邦和各邦也逐漸重視學前教育機構的補助。例如德國「聯邦教育與研究部」、「巴伐利亞邦工作、社會、家庭與婦女廳」共同合作，經由一些團體實現「兒童日間機構過渡到基礎學校教育品質概念新的確定」（Konzeptionelle Neubestimmung von Bildungsqualität in Tageseinrichtungen für Kinder mit blick auf den Übergang zur Grundschule）計畫。其目的在於準備學習方法的能力、使其具有彈性和轉變目前的研究狀態，以建立早期教育領域課程發展的基礎。為了達成這些目標教育制度應該要有最高的優先性，主張到了今天不能再注重知識自身的連接，而應該注重能力選擇、開發、掌握和處理的連接，藉以實現終身學習。在此有兩項觀點值得注意（BMBF, 2005a）：1. 知識獲得的類型在其可應用性中扮演重要的角色，這意味著應該注意情境的學習脈絡，因為人類具有所有知識的潛能，而不只是承載接受知識而已。同時可以對抗自身顯露的生理、心理和社會根本經驗的缺乏，藉以增強真正行動的基礎。2. 能力的教育對學習自身而言是一種教學與學習的主題，也是一種後設認知的課題。在成功的學習中意識不能免除的不只是學習到什麼，而是人類的學習（過程）和如何學習。兒童需要這種發展後設認知能力的教育指導和支持，後設認知協助的發展與補助研究和學前年齡兒童教育的實施將優先處理。其次，為了促使外國移民融入德國社會，加強外國

人與德國人的整合，德國聯邦政府要求學前教育機構，注重移民和非移民兒童德語的教學，訂定德語學習的評鑑標準，同時給予早期和個別的協助（BMBF, 2005b）。因此，德國聯邦和各邦提出計畫補助，提供大量經費補助學前教育機構。

(二)中小學教育的改革

德國「聯邦教育與研究部」前任部長布爾曼（Edelgard Bulmahn）2002年6月3日在德國國會作「教育與革新」（Bildung und Innovation）的演講，指出德國聯邦政府將投資40億歐元進行教育改革，以改善德國的經濟狀況。希望經由教育提升國家的力量，預定到2007年能有10,000所實施全日制的學校，建立國家教育報告的制度，並且成立「陶冶與教育基金會」（Stiftung Bildung und Erziehung），研究國家教育發展的方向，希望十年內成為全世界前五名重要的教育國家（Bulmahn, 2002）。由於2003年德國在「國際學生評量方案」競賽中，學生成績表現不盡理想。因此，2003年3月14日德國總理施諾德（Gerhard Schröder）在國會發表「期程2010」（Agenda 2010）的演說，在這一篇演說中，施諾德計畫從2003至2007年投資40億歐元經費，設立全日制的學校，增加學生在校學習的時間，以提高學生的學業成績（Schröder, 2003）。2003年5月11日德國聯邦政府與各邦簽定「教育與指導的未來投資計畫」，募集40億歐元以新建和擴建全日制學校，這個投資計畫可以擴建和繼續發展全日制學校，增加全日制學校的數量，提升現有學校的教育品質，幫助各邦改善學校學習的環境，充實學校的人員編制，給予彈性運用經費的空間，以提升學生學習的效率。2005年9月2日至3日在柏林國會中心舉辦「全日制學校會議」（Ganztagsschul-kongress），有超過1,500位的專家學者、行政人員和教育人員參加，共同探討全日制學校相關的問題，促進德國學校教育水準的提升。同時德國聯邦政府也舉辦各邦的全日制學校競賽，「聯邦教育與研究部」部長夏凡（Annette Schavan）2006年5月2日在柏林表揚優勝的全日制學校，這項競賽促成全日制學校與校外機構的合作。目前全日制學校的數量由原來的3,000多所，增加到2006年的5,000多所，希望2008年能夠達成1萬所全日制學校的目標（朱啟華，2003；BMBF, 2003a; BMBF, 2005c; BMBF, 2005d; BMBF,

2006j）。其次，1995年德國北萊茵-西法倫邦教育委員會在「教育之未來
—未來之學校」研究報告中，首次主張擴展「學校形塑的自由」（Gestal-
tungsfreiheit der Schule）（Bildungskommission NRW, 1995）。貝爾特斯曼基金
會（Bertelsmann-Stiftung）也在1999年發表「贏得未來—革新教育」（Zuku-
nftgewinnen – Bildung Erneuern）的教育改革報告與建議，強調教育改革首要
之務在於「建構新的學習文化」；其次則是「學校的多元化」。其中三個
明顯要點乃是「自主學校典範計畫」的基本發展原則（Bertelsmann-Stiftung,
1999）：1. 主張給予學校自由的空間，強化學校的自主性；2. 容許不同差
異，發展學校特色；3. 共負教育責任，建構地區性教育聯盟。為了整體性
典範學校的改革，德國若干邦已經在法制方面作了許多努力，譬如修訂學
校法與制訂學校改革法，例如：北萊茵—西法倫邦在2001年制定「學校發
展法」（Gesetzzur Weiterentwicklung der Schulen ,Schulentwicklungsgesetz）；柏
林邦在2004年完成嶄新的「學校法」（Schulgesetz）；漢堡邦在2006年2月
21日通過「學校改革法」（Schulreformgesetz），同樣強調將強化自我責任
學校的發展。各邦立法或修法背後顯然具有一個鮮明的教育改革圖像，這
個教育的新圖像主要在於：幫助個人發展，使其能具有充分發展成熟的
「自我決定」、「參與決定」、「負起責任」的能力。為了培養與實現這
樣的教育關鍵目標能力，學校不能不擁有更多自主的空間，因此北萊茵-
西法倫邦教育委員會1995年的教育改革研究報告提出的口號就是「形塑的
自由乃教育的必要」（Gestaltungsfreiheit als pädaogische Notwendigkeit）（Bil-
dungskommission NRW, 1995）。最後，德國聯邦政府要求各邦加強外國移
民子女和本國學生的教學，提出各種方案改善學生的閱讀能力，以提高德
國學生在「國際學生評量方案」競賽中的成績。從2002年開始進行國內各
邦的學業成績競賽，經由學生學業成績的比較中，顯示出各邦學校教育
的優劣，以改善學生學業成就的表現。自2004年起實施國家教育標準：各
邦十年級學生，國文（德語）、數學、第一外文（英語和法語）等科目，
都必須通過聯邦訂定的統一標準，以提升學生學校學習的成績（BMBF,
2003b; BMBF, 2005e）。

㈢師資培育制度的改革

德國的師資培育採取菁英培育的政策，只有成績優異的大學生能夠接受師資培育課程，因此各級學校教師的素質相當高（梁福鎮，2001）。德國聯邦政府在2002年3月1日通過師資培育學士／碩士學位結構的可能性與學程結構化／模組化和學程相互流通辦法（KMK, 2002），根據這項決議，師資培育學位的取得必須滿足下列條件（楊深坑，2006）：1. 師資培育學程必須設於大學或大學同等地位的學院；2. 師資培育學程必須整合，學士和碩士學程均需整合專門學科和專業學科；3. 學校實習需在基礎或學士階段就開始實施；4. 學程階段的修業年限為七至九個學期；5. 學程與結業須依不同學校教師而有所不同；6. 國家對師資培育內容的責任在於透過國家的畢業考試或其他相等的措施而承擔監督的責任；7.「各邦文教部長常設會議」建議對新設學程加以評鑑。為了貫徹「波隆納宣言」（Bologna Deklaration）的師資流通，2005年6月3日「各邦文教部長常設會議」在奎德林堡（Quedlinburg）開會，議決「師資培育學位互相認可要點」，使得現有的和即將設立的學士與碩士學位學程有較明確的法律地位，符應了「波隆納宣言」學位授予透明化和可以互相轉學銜接的要求。但是未來新制師資培育仍有許多困難有待克服，因此2006年1月23日至24日「德國高等學校校長會議」（Hochschulrektorenkonferenz）和「德國學術基金會創立者協會」（Stiftervefrband für die Deutsche Wissenschaft）在柏林召開會議，檢討高等學校施行新制師資培育的情形，參與者包括各邦文化廳和高等學校代表共300人，而且有40幾個高等學校用海報方式展示其師資培育改採新制的情形，可以說是「波隆納宣言」落實在師資培育上規模最大的總檢討（Stiftervefrband für die Deutsche Wissenschaft & Hochschulrektorenkonferenz, 2006）。當前德國師資培育的改革措施有下列幾項（楊深坑，2006）：1. 師資培育的專業化或多樣化：格萊佛斯華（Greifswald）大學和波鴻（Bochum）大學雖然都依「波隆納宣言」採行兩個階段的學位制度，但是在學士學位階段是否進行專業化的師資培育做法不同。格萊佛斯華大學學士階段並不導向專業化的教師資格，而波鴻大學在學士階段已經開始進行師資培育，甚至規劃導入式學校學習，讓學生瞭解自己是否適合教師的工

作。因此，德國師資培育專業化與多樣化的爭議，在德國學術界引發相當多的討論，而且各邦採行的體制也非常不一致。2. 建立學士／碩士學程與學分制度：為了配合「波隆納宣言」建立歐洲高等教育區的要求，德國各邦已開始或計畫建立學士／碩士的師資培育學程，而且採用學分制，以利德國與歐洲各國學分和學位的互轉，而且將傳統的實習制度融入學程中。3. 實施模組化與核心課程：德國師資培育課程採取模組化的組織，模組是一個師資培育學程的較小單位，個別的學生可以依其將來想得到的學士學位種類，和未來想要任教學校類型而修習其所需的「模組課程」（Modules Curriculum）。對於任教學科可以有多樣化的模組組合，但教育科學則採「核心課程」（Kerncurriculum）。4. 實習課程融入各科教學：德國師資培育制度的「預備服務期」（Vorbereitungsdienst）長達1年半至2年，實習課程設計卻與大學完全分離，形成理論與實踐之間的斷裂，受到許多教育學者的批評。近年來的改革趨勢在於將實習融入各模組的課程之中，強化大學、中小學和實習教師研習班的聯繫。5. 在大學設立師資培育中心：德國傳統師資培育不僅大學和教師研習班及中小學分離，而且大學內部師資培育的部門也各自為政缺乏聯繫，專門科目、專科教材教法、教育專業科目和實習分屬不同學院負責，有時彼此的要求互相衝突，有時教學內容互相重疊。為瞭解決這些問題，各邦修法規定大學應設師資培育中心，不僅負責師資培育課程的研究與規劃，而且負責大學與實習中小學及實習教師研習班的協調、聯繫和實習的安排。6. 建立學程認可制度：德國在2005年2月15日成立「德國學程認可基金會」（Stiftung zur Akkretierung von Studiengänge in Deutschland），而且授權認可的執行單位，採用同儕評鑑和客觀標準化的評鑑表，進行師資培育學程的認可。通過評鑑的學程由基金會給予證明，作為學程品質的保證。2005年6月3日「各邦文教部長會議」（KMK, 2005）通過「師資培育學位互相認可要點」，使得師資培育認可有了法制化基礎。

㈣教育補助方案的改革

德國「聯邦教育與研究部」在教育方面有許多補助方案或措施，例如：實施立即獲特殊方案協助青少年獲得教育訓練的職位（Jugendsofortprogramm, JUMP），而且鼓勵青少年儘早做好品質需求的認證（Forschungsnetz FreQueNz）和其他教育訓練的補助方案。這些教育補助方案的重點如下（BMBF, 2006h）：

1. 新的「聯邦教育訓練補助法」（Das neue BAföG）：2001年4月1日生效的「聯邦教育訓練補助法」（Bundesausbildungsförderungsgesetz, BAföG）改革獲得年輕人的信任，從1998至2003年獲得「聯邦教育訓練補助法」補助的人數多達164,000名。德國大學1/4的學生在求學期間也獲得「聯邦教育訓練補助法」的補助。有2/3接受補助的學生，沒有這一項補助金無法繼續在大學求學。德國父母利用這一項補助金，讓孩子到高等學校求學的比例，從2000年的16%提升到2003年的21%。在接受補助的學生中，有許多是學習科技和自然科學領域的，這一項補助對於年輕工程師和自然科學人員的認證具有重要的貢獻。同時，這一項補助金也對中等收入和一個以上孩子的父母幫助很大，使他們的孩子能夠接受學術性的教育。因此，「聯邦教育訓練補助法」成為一項協助學生接受高等教育重要的工具。德國聯邦政府在教育訓練補助上的投資，從1998年起明顯的提升。到了2003年光是聯邦部分就投資了131,900萬歐元，比1998年增加了70%，補助金額也從原來的每人每月527歐元，增加為每人每月585歐元，比「聯邦教育訓練補助法」改革前增加了約10%。這一項「聯邦教育訓練補助法」改革改善和簡化了了「免費總額制度」（Freibetragssystem）和借貸總額的限度，最高可以借到10,000歐元。而且統一東西德不同的規定，幫助有孩子的大學生，給予大學生完成學業信任的協助，方便國際化和強化科際整合都是「聯邦教育訓練補助法」改革的重點。2004年12月2日在第21條「聯邦教育訓練補助法」修正條文中，繼續將各項處理程序簡化，特別將專業方向轉換列入規範之中（BMBF, 2006h）。

2. 「聯邦教育訓練補助法—外國補助」（BAföG-Auslandsfördrung）：根據「聯邦教育訓練補助法—外國補助」評鑑顯示，接受補助者都對這一項補助感到滿意。93%接受「高等學校資訊系統」

（Hochschulinformationssystem, HIS）調查的受訪者表示：到國外學習對其人格發展有貢獻。有半數的受訪者表示沒有外國教育訓練補助金，無法到外國進行學習。到2004年為止，有19,000名學生接受國家補助到外國進行學習順利畢業，比2003年增加了20%。其中，三分之二選擇到歐盟國家進行外國學習，英國、西班牙和法國是最受大學生喜愛的三個國家，接受補助者最常去的國家是美國，2004年共有804名學生到美國進行外國學習（BMBF, 2006h）。

3. **學生與教育訓練者的補助**：凡是德國學生在「主幹學校」、「實科學校」、「職業學校」、「專門學校」和「文理中學」就讀，或是職業準備年課程的參與者，都具有「學生教育訓練補助金」（Schüler- BAföG）申請的資格。這一項補助的前提是至少必須唸完十年級，而且不再與父母同住。對於一般學校學生的要求是客觀上不可能與父母同住，例如父母的住所離適合的求學場所太遠，「學生教育訓練補助金」的額度多少，要看學生自己的收入和父母的收入與能力而定。有關「學生教育訓練補助金」的資訊，可以在父母住所的「教育訓練補助局」（Amt für Ausbildungs-förderung）獲得。其次，還有「德國聯邦教育與研究部」的「教育信用貸款」（Bildungskredit）。凡是德國學生準備參與職業認證課程或參與目前學校的教育訓練，而且最近有參與教育訓練者都可以申請「教育信用貸款」。申請「教育信用貸款」的學生必須是參與全年課程者，這一項補助不依賴於其父母和自身的能力與收入。「教育信用貸款」相關的資訊可以向「聯邦管理局」詢問，該局也設有專門熱線和專屬網站，可以查詢「教育信用貸款」的資訊。除此之外，接受教育訓練者還有「職業教育訓練補助」（Berufsausbildungsbeihilfe,BAB）。凡是德國接受教育訓練者，不管是在雙軌的職業教育訓練，還是在公司外的機構接受教育訓練，都可以申請「職業教育訓練補助」。前提是教育訓練公司距離很遠無法與父母同住、年滿18歲、已經結婚、至少與一個孩子共同生活或是因為嚴重的社會原因無法在家居住。「職業教育訓

練補助」相關的資訊可以在住所附近的「勞動經理處」（Arbeitsagentur）獲得，或是透過「職業資訊中心」（Berufsinformationszentrum）的電腦程式獲得（BMBF, 2005f; BMBF, 2006p）。

㈤高等教育制度的改革

德國高等學校由聯邦和各邦共同管理，但是過去聯邦在「聯邦高等學校總綱法」（Hochschulrahmengesetz des Bundes）中權力較少，只能決定高等學校制度形成的一般原理，關於高等學校各種細項的規定，各邦可以按照其「高等學校法」（Hochschulgesetz）自行決定。到了1998年，由於高等學校對全球化、國際化和競爭力的要求，希望加強高等學校的自治和增加專門教育的空間，同時廢除官僚化的規定，明確的重新接受大量的法規，因此修改了「高等學校總綱法」（Hochschulrahmengesetz, HRG）。2002年高等學校引進新的學士和碩士學程的制度，同時採用「年輕教授制度」（Juniorprofessur），對高等學校的人事制度進行現代化的改革，而且強烈的提升後進學者在高等學校中的地位。同年，德國基本法明令禁止對第一次就讀大學的學生徵收學費。但是到了2005年元月，「聯邦憲法法庭」（Bundesverfassungsgericht）宣布此項規定無效。從此之後，各邦紛紛提出學費徵收模式，在可見的未來就是第一次就讀大學的學生也必須繳交學費。截至2016年止，德國有428所高等學校，其中有108所綜合高等學校，6所教育高等學校，17所神學高等學校，52所藝術高等學校，216所專門高等學校和29所管理專門高等學校。在428所高等學校中，有189所是私立高等學校，239所是公立高等學校。德國大學生總數約有276萬人，其中47.4%是女性。72.7%的學生在大學就讀，27.3%的學生在專門高等學校就讀（BMBF, 2006a; Wikipedia, 2016）。當前德國高等學校的改革主要有下列幾項（BMBF, 2006a）：

1. 尖端大學的選拔和補助：2005年德國「教育計畫與研究補助聯邦與各邦委員會」（Bund-Länder-Kommission für Bildungplanung und Forschungsförderung, BLK）達成協議，對德國高等學校的科學與研究加以補助，以奠定其卓越競爭的基礎。這一項協議有三個計畫導向（BMBF, 2006k）：(1)「研究生學院」（Graduiertenschule）的

補助：應該給予決定從事學術研究的年輕人找到最佳的前提，德國聯邦和各邦將支持大約40個「研究生學院」，每年可以獲得100萬歐元的補助，基此每年共將提供4,000萬歐元的補助經費。(2)「卓越研究團隊」（Exzellenzcluster）的補助：大學研究和學術機構應該經由集中特定研究學科持續的增強，大學應該與校外的機構合作，為此德國聯邦和各邦將提供每年650萬歐元的經費，補助大約30個「卓越研究團隊」的網絡，每年共提供19,500萬歐元的補助經費。(3)「未來構想」（Futurekonzept）的補助：德國聯邦和各邦將從10所大學中選出研究的專家繼續給予增強，其前提是：這個高等學校必須有一個學術卓越中心受到國際肯定；或是這個研究所必須在關鍵的整體策略上獲得全世界的肯定。這個領域的補助每年共有2億1,000萬歐元的經費，每一個補助計畫的經費應該在2,100萬歐元的範圍內。尖端大學的遴選由一個獨立的評審團來決定，預計到2011年總共要投入19億歐元的經費。德國聯邦負責75%的經費，各邦負責25%的經費。遴選由「德國研究協會」（Deutsche Forschungsgemeinschaft, DFG）和「學術諮議會」（Wissenschaftsrat）協助，經過兩個回合的競賽選出尖端大學。第一回合有319所高等學校參與，2006年1月20日選出36所高等學校給予補助。2006年10月13日選出18個研究所表現最佳的大學，17個表現卓越團體的大學和卡爾斯魯大學（Universität Karlsruhe）、慕尼黑大學（Ludwig-Maximilians-Universität München）和慕尼黑科技大學（Technische Universität München）等3所最具有未來概念的大學。第二回合，又選出阿亨科技大學（Technische Universität Aachen）、柏林自由大學（Freie Universität Berlin）、佛萊堡大學（Universität Freiburg）、哥廷根大學（Universität Göttingen）、海德堡大學（Universität Heidelberg）、康斯坦茲大學（Universität Konstanz）等6所最具未來構想的大學，德國聯邦政府決定給予這些大學經費的補助，發展成為國際性的菁英大學（BMBF, 2006k; DFG, 2007）。第3回合於2012年6月15日公布菁英大學選拔結果：總共有39所大學

自13個邦被選出，其中包括45個研究生學院、43個卓越研究團隊和柏林洪保特大學（Humboldt- Universität zu Berlin）、布萊梅大學（Universität Bremen）、科隆大學（Universität Köln）、杜賓根大學（Universität Tübingen）、德勒斯登科技大學（Technische Universität Dresden）等5所菁英大學，而卡斯魯爾大學、哥廷根大學和佛萊堡大學則因為表現不佳，被排除在菁英大學的名單之外，德國菁英大學共有11所（BMBF, 2012）。

2. **高等學校學費制度的改革**：德國高等學校學費提高的決定由各邦負責，2002年生效的第一次就讀大學免收學費的聯邦規定，在2005年1月26日被「聯邦憲法法庭」宣告無效。但是，為了保障真正的教育機會均等，「聯邦憲法法庭」附帶宣告：各邦在徵收學費時，也要給予收入弱勢家庭補助。大多數的邦將長期就讀大學和第二次就讀大學學生的學費提高到每學期500至650歐元左右，巴登—烏騰堡、巴伐利亞、漢堡、尼德薩克森和北萊茵—西法崙五個邦從2006/2007年冬季學期，最遲在2007年夏季學期開始，已經對學生徵收每個學期500歐元的學費。同時提供學費貸款給需要的學生，學生可以畢業之後有收入，再償還學費貸款（BMBF, 2006n）。

3. **高等學校入學制度的改革**：德國聯邦政府在2004年7月決定進行「高等學校入學許可改革」（Die Reform der Hochschulzulassung），第七次修正的「高等學校總綱法變更法」（Gesetzes zur Änderung des Hochschulrahmengesetzes, HRGÄndG）中，將入學比率定為20%名額給予高中畢業會考成績最優異者，使其能夠按照意願就讀高等學校；20%名額給予等待缺額者；60%名額交由高等學校自己決定，高等學校可以將高中畢業會考成績作為遴選的標準，進行提出申請學生的遴選，積極的參與入學許可的決定。同時，「聯邦憲法法庭」提出要求，未來高等學校學生遴選的標準，應該納入「高等學校總綱法」加以規範。「學習位置授予中心機構」（Zentralstelle für die Vergabe von Studienplätzen, ZVS）每年發出39,000

個名額，目前有6個「學習位置授予中心機構」的學程，受到名額限制的科系是生物學、醫學、藥學、心理學、獸醫學和牙醫學。高等學校經常比照「學習位置授予中心機構」的做法，按照高中畢業會考成績和等待的時間，來遴選這些受名額限制科系的學生（BMBF, 2006m）。高等學校遴選學生的標準主要有下列幾項（BMBF, 2006m）：(1)按照學校畢業平均成績認證的等級；(2)在特定專業面談之後，對畢業學校各項成績的衡量；(3)特定專業學習能力測驗的結果；(4)職業教育訓練或職業活動的種類；(5)地區優惠的等級；(6)或是這些標準的組合。

4. **高等學校教授制度的改革**：德國「高等學校總綱法」的改革有兩項重點。第一項重點是教授薪俸的改革：德國聯邦政府在2002年進行高等學校「教授薪俸改革法」（Professorenbesoldungsreformgesetz）的改革，這項成就導向的教授薪俸法帶有競爭能力和彈性支付結構的特色，而且取消了教授薪俸隨著年齡增加而提升的做法。德國各邦或高等學校必須從2005年1月1日起，實施新的「教授薪俸改革法」，所有應聘的高等學校教師都必須遵守這一項法律的規定（BMBF, 2006d）。德國「高等學校總綱法」改革的第二項重點是「年輕教授制度」的建立：德國聯邦政府在2002年根據第五個「高等學校總綱法變更法」，實施了「年輕教授制度」。目的是希望年輕的學術人才可以在30歲開始，就能獨立自主的進行研究與教學，使德國和德國學術能夠在國際上具有競爭力，以吸引最優秀的人才到德國研究和教學。在2004年7月24日「聯邦憲法法庭」將「年輕教授制度」宣告為無效之後，「年輕教授制度」需要建立在新的法律基礎上。2004年12月31日「高等學校服務與工作權規程變更法」（Das Gesetz zur Änderung dienst- und arbeitsrechtlicher Vorschriften）正式生效，不僅成為「年輕教授制度」成功模式繼續存在穩定的法律基礎，同時消除了學術人事認證階段中期限可能性領域形成的法律不確定性。「年輕教授制度」已經在德國高等學校日常生活中成功的建立起來，德國聯邦政府明確

的改變了高等學校的狀態，使年輕學術人才的生涯能夠具有吸引力，同時對德國學術後進的補助做出貢獻。德國聯邦政府、各邦或大學為了建立「年輕教授制度」，經由研究目的的補助支持新職位物質設備的要求，例如：實驗器材的購置。給予每一位年輕教授6萬歐元的經費，這一項補助年輕教授設備的方案從2004年12月31日開始實施。德國聯邦政府總共給予65所大學786位年輕教授補助，其中1/7的年輕教授來自外國，許多是回流的德國學術人才，同時有大約1/3的年輕教授是女性。「高等學校發展中心」（Zentrum für Hochschulentwicklung, CHE）的「年輕教授制度兩年：分析與推薦」研究顯示，有91%受訪的年輕教授對其現況感到滿意或非常滿意。其中，較早能夠獨立自主和具有高度的自我責任對滿意度具有決定性的影響（BMBF, 2006e）。

5. 高等學校國際化的措施：逐漸增長的全球化要求高等學校在世界的教育市場中向國際看齊，例如更多大學生和學者的交換，國際交換成為現代高等學校尖端研究與創新的前提。德國聯邦政府為了對抗逐漸增長的國際競爭，特別強調給予德國高等學校支持。高等學校行銷應該讓全世界的大學生、後進學者和研究者，對德國的高等學校的學習與研究產生興趣，德國高等學校朝著這樣的途徑，形成一個歐洲高等學校區。德國聯邦政府促進高等學校國際化的措施有下列幾項（BMBF, 2006i）：(1) 透過「德國學術交流總署」（Deutsche Akademische Austauschdienst, DAAD）、「洪保特基金會」（Alexander von Humboldt-Stiftung）和「國際繼續教育與發展股份有限公司」（Internationale Weiterbildung und Entwicklung GmbH），負責落實歐盟「蘇格拉底」（Sokrates）和「達文西」（Leonardo da Vinci）教育計畫，進行大學生、研究生和學者的交換。(2) 德國「聯邦教育與研究部」最重要的目標是希望外國尖端的學者，能夠到德國高等學校和研究機構進行學術工作，透過「蘇菲亞—科娃列夫斯卡雅獎」（Sofja-Kovalevskaja-Preis），年輕學者可以獲得一項認證的工具，自己能夠選擇研究的領域與自

己的工作團隊在德國工作四年，以吸引世界各地優秀的學術人才。(3) 德國「聯邦教育與研究部」和「洪保特基金會」合作，設立「教育與學術交流中心」（Mobilitätszentrum für Bildung und Wissenschaft），提供國外的後進學者較佳的資訊和聯繫的可能性，使他們能夠在德國高等學校、校外機構和工業研究中從事研究活動。其次，「德國學術交流總署」、「高等學校校長會議」和高等學校都利用國外展覽和資訊活動的機會，進行德國高等學校的行銷，以提高外國大學生和年輕學者對德國高等學校的興趣，吸引他們到德國從事學習和研究。而且設立德國校園資訊網站，提供他們學習、研究和日常生活的資訊。另外，也在德國設立新的標準化德語測驗，使這些人在語言準備上能夠更加容易。未來高等學校的行銷將鎖定在一些特定的國家上，而且「德國學術交流總署」將在外國建立資訊和諮詢網絡。(4) 伴隨著「德國高等學校在外國的學習供給計畫」之實施，「德國學術交流總署」首度支持高等學校，到全世界各地提供高等教育就學的機會。這個市場過去被英語系國家的大學所支配，目前德國高等學校在外國有27個計畫被補助，經由這些補助，德國高等學校開始與外國政府合作，在當地設立高等教育機構。(5) 波隆納進程（Bologna-Prozess）：1998年5月25日法國巴黎大學慶祝八百年校慶，德國、法國、義大利和英國教育部長參與盛會，為了促進大學生與學者人事的交流，建立大學畢業學生可比較性和互相承認的基礎，發揮歐洲高等學校巨大的潛能，增加歐洲高等學校發展的合作，四國教育部長共同提出「索邦宣言」（Sorbonne-Deklaration）。後來，也開放其他國家加入，在1999年6月19日，29個歐洲國家共同發表「波隆納宣言」，目標是希望在2010年創造一個歐洲高等學校區。德國聯邦和各邦共同參與簽署，目標是要在歐洲脈絡中進行德國高等學校制度的改革。「波隆納宣言」的內容有下列幾項（BMBF, 2006o）：(1) 建立一個容易互相理解和可以比較的畢業制度。(2) 創立兩個階段（大學部與研究所）的學習畢業制度。(3) 依

照「歐洲信用轉換制度」（European Credit Transfer System, ECTS）模式實施「成績點數制度」（Leistungspunktesystem）。(4) 經由交流障礙的消除，促進歐洲高等學校的交流。(5) 提倡歐洲品質確定領域的共同合作。(6) 進行歐洲高等學校教育層面的補助。

6. **高等學校自主管理的改革**：德國高等學校向來由教授治校，實施高等學校的自主管理。目前德國高等學校正面臨巨大的要求，經由學士與碩士制度的改變促使高等學校教育現代化之外，還必須依照卓越的標準增加多樣化，提升自律和競爭力的要求。德國聯邦與各邦希望確保高等學校的財政狀況，最近達成「2020年高等學校協定」（Hochschulpakt 2020）的共識，其主要內容如下（BMBF, 2006q）：(1) 各邦必須採取自我責任的措施，以確保15年內有足夠的學習位置。(2) 各邦必須採取措施以落實波隆納改革。(3) 聯邦與各邦必須共同加強研究補助的措施。(4) 聯邦和各邦必須對卓越的研究和高等學校後進教師補助。(5) 經由聯邦加強「專業高等學校」（Fachhochschulen）和經濟的合作。其次，「高等學校校長會議」和「德國研究協會」是德國學術自我管理的兩個重要組織，德國「聯邦教育與研究部」給予兩者補助。而且與各邦共同建構「高等學校校長會議」，決定262所公私立高等學校研究、教學、學習、學術繼續教育、知識轉化、科技轉化、國際合作和自我管理中的共同主題與任務。「高等學校校長會議」出版《高等學校指南》（Hochschulkompass）刊物，提供下列重要資訊（BMBF, 2006f）：(1) 所有德國承認的公私立高等學校。(2) 所有「高等學校校長會議」提供的基本和繼續引導的建議。(3) 所有授予博士學位的可能性。(4) 所有德國高等學校國際合作的共識。德國「聯邦教育與研究部」要求「德國研究協會」作為德國學術核心的自我管理組織，「德國研究協會」的主要任務在於補助研究計畫，雖然超越了高等學校的範圍。此外，「德國研究協會」也對研究者之間的合作、學術後進、國會和行政機構學術問題的諮詢、外國學術研究聯繫的維護提供補助。

㈥國際教育合作的提倡

德國聯邦政府認為一個沒有界限的歐洲和市場的全球化是逐漸國際化的標誌，國際經驗、容忍和能接受外界事物可以有效的作為其他文化未來關鍵的能力。教育是開放界限機會和全世界溝通可能性應用的工具，學習和研究處處建立在這樣的基礎上，所有的國民應該勇敢的面對，德國「聯邦教育與研究部」經由國際合作創造這樣的可能性。德國聯邦政府希望透過教育、研究與創新的政策，在全球化和國際化中，經由合作的過程和交換的過程，應用國際知識和科技的知其所以然，在國內和歐洲創新的過程中加以整合，以增加德國經濟的競爭力。國際教育和研究合作的目標在於德國科學和經濟能力的獲得，創造和維持創新的優勢。德國「聯邦教育與研究部」為了達成這個目標，不僅在歐洲與其他國家進行教育和研究的合作，成立第7個「研究範圍計畫」（Forschungsrahmenprogramm, FRP）和終身學習的「整合行動計畫」（intergriertes Aktionsprogramm）；同時與世界其他具有成就能力和研究能量的國家，進行教育與研究的合作和結盟，增加外國學生和學者對德國教育機構活動的參與，以創造美好的世界，增加未來知識的需求。德國聯邦政府認為只有朝向國際取向、建立相容的學制、提供國際化的學位和大學預科，德國才能吸引世界上最好的人才。2000年10月德國聯邦、各邦、學術、經濟和其他組織成立「德國教育與研究地位國際行銷集中行動」（konzertierte Aktion Internationales Marketing für den Bildungs- und Forschungsstandort Deutschland），邀請世界各國的研究機構和具有能力的人才，共同參與德國的教育與研究計畫，建立德國教育與研究的國際地位，積極參與各項國際組織，承擔全球共同的責任，促進國際之間的合作，解決全球健康、環保和安全等問題（BMBF, 2006b）。

當前德國聯邦政府正在推動的國際教育合作方案有下列幾項（BMBF, 2006c）：1. 配合聯合國的「教育為了持續發展」（Bildung für nachhaltige Entwicklung）計畫，從2005至2014年十年時間，開啟所有人教育的機會，從知識和價值上發展自己的行為方式和生活風格，以滿足未來生活價值和積極社會改變的要求。2. 為了促進歐洲的融合，歐洲委員會經由「蘇格拉底」和「達文西」計畫、行動和歐洲學習的推展，支持中小學、高等學

校、職業教育和成人教育機構進行國際合作,從事學生交換、教育訓練和大學學習的活動,對象包括教師、教育訓練者和講師,以促進歐洲文化、教育、職業和學術的交流。3. 德國聯邦政府支持高等學校進行高等學校行銷,使世界各國的大學生、年輕學者和研究者,對德國高等學校的學習和研究產生興趣,以促進德國高等學校的國際化。4. 德國1999年在波隆納和其他歐洲國家簽下協定,預計到2010年共同創造一個歐洲高等學校區,使學習者和研究者能夠更流動化、彈性化和國際化,不會受到國家界限的限制。國際化成為高等學校制度發展和現代化的改革促進者,高等學學校必須在國際競爭中努力,以證明自己是最優秀的學府。5. 歐洲議會2000年在里斯本(Lissabon)決議,歐洲聯盟到2010年要在世界上,建立一個具有競爭力和動力的知識奠基的經濟空間。為了達成這個策略目標,里斯本成立教育部長工作計畫,目的在提升教育系統的品質,讓所有人能輕易的接受教育和開放歐洲教育體系。因此,歐盟必須承擔起教育漸增的重要性及其整合和創新貢獻的責任,未來導向的教育政策只有將歐洲和國際的發展列入計算才能形成。6. 歐盟教育部長、「歐洲教育學會」(European Education Association, EEA)、「歐洲自由貿易聯盟」(European Free Trade Association, EFTA)會員國和歐洲社會夥伴(Europäischer Sozialpartner)檢討2002年11月30日在哥本哈根(Kopenhagen)簽定的職業教育合作協定,2004年12月14日在瑪斯崔希特(Massstricht)召開會議,有32位教育部長、社會夥伴和「歐洲委員會」(Europäische Kommission)參與,加強歐洲的職業教育,改善國家系統和職業認證的透明性,確立職業教育的品質,有效的習得正式和非正式的認證和能力,加強國際經濟方面的合作,共同探討哥本哈根協定達成的進步和未來優先性的工作事項。7. 德國「聯邦教育與研究部」提出職業教育的交換計畫,幫助教育訓練者跨越界限,獲得國際職業教育的認證。而且德國「聯邦教育與研究部」也支持「在德國進行訓練」(Training-Made in Germany)的職業教育訓練和繼續教育國際行銷計畫,與「職業教育國際行銷」(International Marketing Of Vocational Education, iMOVE)工作職位機構合作,增加德國職業繼續教育國際的競爭力,提升德國在國際繼續教育市場的地位。

㈦繼續教育的推展

「德國社會民主黨」（Sozialdemokratische Partei Deuschlands, SPD）與「綠黨聯盟」（Bündnis Grüne 90）於2000年在聯邦議會以「全民終身學習：擴展與強化繼續教育」（Lebensbegleitendes Lernen für alle- Weiterbildung ausbauen und stärken）為題，明確表示全民終身學習是未來德國教育發展與革新的主要目標，進而提出許多關於推動關於終身學習與拓展繼續教育的方向與策略（吳明烈，2000：11）。2005年國會大選「基督教民主聯盟」（Christlich-DemokratischeUnion, CDU）和「基督教社會聯盟」（Christlich-Soziale Union, CSU）以些微的差距勝選，最後與「社會民主黨」組成聯合政府，雖然「聯邦教育與研究部」由「基督教社會聯盟」的夏凡接任，但是德國繼續教育的政策並沒有重大的改變。德國的繼續教育主要包括下列幾項（BMBF, 2006l）：

1. **一般與政治繼續教育**（Allgemeine und politische Weiterbildung）：一般繼續教育包括所有繼續教育的項目，不直接與職業關聯。在實際上，一般繼續教育和職業繼續教育是相輔相成的。例如：關聯一般能力與工作職位的特殊能力，學習外國語言就是一個典型的例子。今天關鍵認證不僅服務於一般的人格教育，同時對於職業和工作世界具有重要的意義。今天繼續教育注重的不只是一般的溝通能力、團隊能力、創造性和媒體的能力，還包括政治和文化的繼續教育，高等學校和學術繼續教育「自由承載者」（freie Träger）必須兼顧一般和職業的繼續教育。

2. **職業繼續教育**（Berufliche Weiterbildung）：職業繼續教育是加深或補充職業知識課程的古典領域，早期「繼續教育」一詞用Fortbildung來表示，現在社會法書籍則用Weiterbildung一詞來表示。在實際上，這兩個名詞在「再教育」（Umschulung）、「晉升繼續教育」（Austiegsfortbildung）和「適應繼續教育」（Anpassungsfortbildung）之間仍然有所區別。目前正在推動的繼續教育改革重點有下列幾項（BMBF, 2004; 2005g; 2005h; 2006g; 2006l）：

(1)高等學校的繼續教育（Weiterbildung an Hochschlen）：高等學校

不僅提供大學畢業生繼續教育的機會，同時也接受沒有大學學歷的社會人士，提供其職業繼續發展所需的課程。這種途徑最佳的範例就是1999年5月德國聯邦政府和「社會夥伴倡議」（Initiative der Sozialpartner）所提出的「資訊科技繼續教育系統」（IT-Weiterbildungssystem），目的在解決資訊科技領域人才不足的問題，建立複雜的繼續教育系統，協助資訊科技企業人事的發展。

(2)繼續教育品質（Weiterbildung mit Qualität）的管制：德國「聯邦教育與研究部」為了保護繼續教育市場的消費者，連同「歐洲社會基金」（Europäische Sozialfonds, ESF），自2002年起給予「貨品測試基金會」（Stiftung Warentest）教育測試資助，到2007年總共提供1,000萬歐元的經費，對各種繼續教育的品質進行測試，同時經由「遠距教學保護法」（Fernunterrichtsschutzgesetz）來保護接受遠距教學的顧客。

(3)晉升繼續教育補助法（Aufstiegsfortbildungsförderungsgesetz, AFBG）的訂定：「晉升繼續教育補助法」又稱為「聯邦師傅教育訓練補助法」（Meister- BAföG），目的在提供參與者晉升繼續教育經費支持的措施，以激勵參與者建立存在的基礎。「晉升繼續教育補助法」主要在提供參與者職業晉升繼續教育的補助，亦即提供參與者師傅課程或其他繼續教育課程學習的補助。包括各種機構舉辦的職業繼續教育，不管哪一種職業領域和教育形式，都給予必要的補助，這一項補助與個別的、品質的和時間的要求相聯結。「晉升繼續教育補助法」支持擴大和建立職業的認證，強化專業人力成長繼續教育的動機，而且提供潛在的存在基礎的刺激，使參與者能夠自主的去完成繼續教育，以創造教育訓練和工作的職位。因此，「晉升繼續教育補助法」不僅對專業人力和領導人力的確定和資格認證，同時對於德國經濟地位的創新能力和競爭能力的確定具有貢獻。2005年有14,1000人接受這項法令的補助，比2004年多了8,000人。女

性接受補助的比例提升了10%，達到32%。

(4)世界識字運動的推展：德國「聯邦教育與研究部」支持世界識字運動，希望從2003年2月13日至2012年為止，能夠將世界讀寫能力不足的人口減少一半。因此，聯合參與這個計畫的工業國家，提供免費的成人基本教育，瞭解教育不利問題的現況，降低、預防和解決文盲的問題。目前最重要的工作是進行識字教育，德國「聯邦教育與研究部」正聯合「德國教科文組織委員會」（Die Deutschen UNESCO Kommission）、「民眾高等學校聯盟」（Volkshochschul-Verband）、「聯邦識字教育協會」（Bundesverband Alphabetisierung）、出版社和「行動聯盟」（Aktionsbündnis）成員，共同致力於識字教育工作的現代化，應用新媒介於開始學習的可能性，以開啟「不慣學習者」（Lernungewohnte）學習的機會（BMBF, 2005h; 2006h）。

四、德國教育改革的啟示

近年來德國由於生產自動化、成本的提高、產業外移和兩德的統一，東德地區許多國營企業關閉，東歐和蘇聯市場被瓜分殆盡，造成社會大眾嚴重的失業問題。加上國際學生評量競賽表現欠佳和國際貿易競爭激烈，使得國家稅收不足，經濟成長趨緩。因此，開始進行一連串的教育改革，希望經由教育的革新，帶動經濟的發展和科學的創新，以促進經濟的成長，創造更多工作的機會。德國的教育改革具有下列幾項啟示：

㈠ 我國家長為了不讓孩子輸在起跑點上，往往在學前就讓兒童學習英語或日語，因此雙語幼稚園到處林立，學前教育機構過度強調外語的學習，反而造成學前兒童國語程度低落的現象，我國可以學習德國聯邦政府的做法，對學前兒童進行早期和個別的語言協助，提供學前教育機構閱讀教學設備、書籍或經費的補助，來解決學前兒童國語程度低落的問題。

㈡ 我國外籍新郎和新娘的子女愈來愈多，由於忽略我國語言和社會文化的學習，這些孩子遇到課業問題時往往求助無門，不僅造成

　　學業成就低落的現象，同時使他們無法融入臺灣社會，將來勢必影響我國學生國際學業競賽的表現，甚至產生嚴重的社會問題。因此，我國可以效法德國聯邦政府的做法，加強外來移民的語言能力和社會文化教育，使他們有能力指導孩子的課業，積極的融入臺灣社會生活之中，以解決外來移民子女的教育問題。同時，訂定國家統一的教育標準，在國語、數學、英語等科目上，要求各縣市教育局確實執行，評鑑我國中小學畢業生的能力，以提高我國中小學學生的學業水準。

(三) 我國正積極的實施高等教育的卓越計畫和發展頂尖的大學，但是五年投入的經費只有500億，分散到12所研究型大學，補助的經費可以說相當少，無法與其他先進國家比擬，如果想要成為國際一流大學實在不可能。因此，我國政府和民間應該共同合作，學習德國聯邦政府的做法，籌措更多的教育經費，投入高等教育制度的改革，才能將我國的大學發展成為國際一流的學府。其次，我國大學院校教授的薪俸制度非常不合理，不管表現卓越或消極打混的教授，都按年資等級支領同樣的待遇，根本無法吸引一流的人才，造成人才逐漸外流的現象。因此，我國政府應該仿效德國的做法，進行大學教授薪俸制度的改革，按照教授教學研究和服務的表現支薪，才能符合公平正義的原則，吸引各國優秀的學生和學者，到我國的大學院校進行學習、教學和研究，促進我國高等教育的國際化。

(四) 由於臺灣社會少子化和師資培育過剩的問題，我國師資培育正面臨嚴峻的考驗。許多師資培育機構不僅申請人數銳減，而且學校成績排名逐年下滑，對師資培育機構造成相當大的困擾。目前師資培育大量的開放，教師素質良莠不齊，而且實習時間只有半年，受到許多教育學者的批評，實習成效相當令人質疑。因此，我國應該學習德國聯邦政府的做法，採取菁英的師資培育政策，只有品學兼優的學生才能修習師資培育課程，嚴格控制師資培育的人數，把教育實習的時間延長為一年，將教育實習融入修習的

課程中，緊密結合理論與實際，同時進行師資培育品質的認可，進行適當的評鑑督導，提高中小學校教師的編制到每班兩人，以紓解教師就業的困境，提升我國師資培育的素質，解決師資培育遭遇到的問題。

(五) 我國高等教育的素質有日漸低落的現象，許多留學生必須接受學歷鑑定，甚至補修課程的案例，同時大學院校無法完全自主管理，貫徹教授治校的理念，而且國際教育合作和學術交流明顯不足，對我國高等教育形象有不良的影響。因此，我國可以學習德國聯邦政府的做法，實施大學院校的自主管理，落實教授治校的理念，加強區域和國際教育的合作，鼓勵高等教育機構和人員的交流，建立學歷和課程相互承認的機制，設立高額的學術獎項，進行我國高等教育機構的行銷，與外國政府合作設立高等教育機構，提供優厚的獎學金，建立完善的輔導制度，吸引優秀的外國學生，以提升我國高等教育的水準，改善我國高等教育機構的形象。

(六) 我國繼續教育的推展起步較晚，目前正在起步的階段，社會大眾缺乏繼續教育的觀念，繼續教育的機構仍然不足，接受繼續教育的人數還是太少。同時在終身學習觀念的推廣，學習社會遠景的建立上，仍然有待進一步的努力。我國應該學習德國聯邦政府的做法，提出具體的補助計畫和措施，協助社會大眾接受各種類型的繼續教育，廣泛的設立繼續教育的機構，加強繼續教育的學術研究，進行國際的繼續教育學術交流，以提升我國社會大眾的素質，落實終身學習的觀念，建立一個學習型組織的社會。如此，必能改善人才培育的素質，促進我國經濟的發展，提高我國國際的競爭力。

最近幾年來，德國在激烈的國際競爭和全球化的潮流下，為了促進國家經濟發展，解決嚴重的失業問題，因應歐洲聯盟的擴張，加強國民的歐洲意識，面對「國際學生評量方案」競爭的挑戰，開始調整教育制度，進行一連串的教育改革，以實現教育機會均等的理想，振興德國的經濟發

展，提高德國在國際上的學術地位。在學前教育方面，加強對學前教育機構的補助，訂定德語學習的評鑑標準，提供學前兒童語言學習的協助，促進外來移民與德國社會的融合。在中小學教育方面，籌措大量教育經費，設立全日制學校，改善學校的學習環境，提升女性在教育中的地位，注重中小學學生的閱讀能力，訂定國家統一的教育標準，提高中小學學生教育的品質。在師資培育方面，引進兩個階段的學位和學分制度，實施模組和核心課程，將實習課程融入模組課程之中，在大學中建立師資培育中心，設立師資培育學程的認可制度，以促進師資培育的專業化和多樣化。在高等教育方面，進行尖端大學的選拔和補助，逐漸開始徵收大學的學費，提供教育訓練補助金，從事高等學校入學制度的改革，實施「年輕教授制度」，進行「教授薪俸制度」的改革，而且積極的行銷高等學校，到國外設立高等教育機構，提供高等教育的機會，不僅從事學術人員和學生的交換，同時與其他國家進行國際合作，促進高等學校的國際化，提升德國高等學校的聲望，吸引各國優秀的人才，以促進德國經濟和學術的發展。在繼續教育方面，德國政府提出許多補助計畫，推展終身學習的觀念，設立許多繼續教育機構，鼓勵社會大眾接受繼續教育，以提升德國國民的素質，建立一個終身學習的社會。這些措施有許多重要的啟示，可以提供我國作為教育改革的參考，相當值得我國的教育學者重視。

第五節　日本的教育改革運動

　　1945年8月14日，日本正式接受波茨坦宣言而無條件投降，投降以後在美國占領軍的強烈影響下，進行了新學制的建立工作。日本的新學制係於戰後依據「美國教育使節團」（The U.S. Education Mission to Japan）的建議而改革的。1946年3月5日美國第一次教育使節團，由伊利諾州立大學校長斯托德（George D. Stoldard）博士，率領27位美國教育界著名學者抵達日本，獲得日本政府教育委員會的協助，對日本教育做了詳細的調查與診斷，擬定出日本教育民主化的具體方案，以改革戰前軍國主義的教育政策，並向占領軍總部提出報告書。同年4月7日占領軍總部將此一報告書公

布，並下令日本政府嗣後實施教育改革，應依其旨趣辦理。是以此一報告書雖在形式上僅具建議性，然而在實際上卻是樹立日本戰後教育改革方案的重要指針。戰後第一次赴日的美國教育使節團，對於日本教育制度的改革建議，其主要內容包括下列三項：一、採用六三三四制的單軌學制。二、小學與中學一貫的九年義務教育制度。三、採取男女同校的制度。日本政府為求具體而逐步地實現上述改革建議，特在內閣成立「教育刷新委員會」以司其責。「教育刷新委員會」乃於1946年底，提出第一次改革建議，主要包括了有關教育理念、教育基本法、學校制度、私立學校和教育行政等事項，明確指示日本教育的基本方針，以替代戰前的「教育敕語」。此種改革建議後來成為各項教育法令的基本內容（楊思偉，1996：224）。

1946年11月3日，日本公布新的「日本國憲法」，在憲法第26條規定：「所有國民，根據法律規定，按照其能力，有平等享受教育的權利；所有國民，根據法律規定，負有使其所保護的子女接受普通教育的義務，義務教育為免費。」把教育權視為基本人權，並規定在憲法中，具有特殊的意義。在制定憲法過程中，文部省根據教育刷新委員會的建議，起草了「教育基本法」和「學校教育法」，這兩項法律同時在1947年3月31日公布。「教育基本法」是根據憲法制定的，是規定教育基本目標和實施教育基本原則的法律，可稱是「教育憲法」。他由前言和十一條條文組成，前言中說明日本教育的基本目標在於：「培養尊重個人尊嚴和追求真理與和平的人，同時徹底普及以創造具有普遍性而又有豐富個性的文化為目的的教育。」而全部十一條條文中，規定了教育目的、教育方針、教育機會均等、義務教育、男女同校、公共教育與宗教分離等基本原則。「學校教育法」是對學校教育制度提出全面完整規定的法律，他從制度上肯定了六三三四制，用法律形式把新學制固定下來。他規定了學校的種類、設置及其標準，校長和教師的資格等基本事項和各類學校的目的、目標、修業年限、課程、入學資格等基本內容。自此日本的學制，建立了憲法→教育基本法→學校教育法的法律體系，形成戰後教育改革的法律基礎。戰後初期，新學制改革的特點，主要是在排除軍國主義和極端國家主義的教育，

以完善人格、尊重個性、實現機會均等為基本內容，提出所謂和平、民主、自由平等的教育理想；廢除帶有身分等級色彩的雙軌學制，建立單軌的「六三三四」新學制。並且將義務教育年限由六年延長為九年；而在教育行政上，廢除中央集權，實施地方分權制，建立教育委員會等。日本新學制的建立，開創了日本教育史上新的歷史階段，其學制內容沿用至今，僅作少部分的修改（楊思偉，1996：225-226）。

　　1950年代初期，日本的政治和經濟都發生了變化。1951年簽訂了「舊金山條約」，日本在政治上得到了相對的獨立。1955年日本經濟已達到戰前最顛峰，並開始進入經濟高速成長時期。隨著經濟的恢復和發展，也加強了國際間的競爭。日本人認為國際間的經濟競爭就是技術競爭，而技術競爭又成為教育競爭。在這種背景下，日本企業集團和政府都提出了重新改革教育制度的各種意見，要求改革不符合日本國情的教育制度，以適應社會情況的需要。1956年廢除了「教育委員會法」，公布了新的「地方教育行政的組織和管理法」，進一步加強了中央的權限，削弱了地方教育行政的作用和獨立性。1960年代是日本實行「國民所得倍增計畫」時期，是以高速發展經濟為特徵的。這一時期日本在「教育投資論」影響下，特別強調「人才開發論」，認為現代社會正處於技術革新時代，為了充分利用科學技術，以滿足社會和產業的需要，進而使將來的社會經濟持續地高速度發展下去，必須設法提高人的能力。在這種形式下，制定了高中多元化政策，採取加強職業教育的措施，調整大學科系的設置，增收理工科系學生，經由法律把短期大學作為永久制度固定下來，並且創建高等專科學校的新學制。1960年代後半期日本經濟高速成長結束，追趕型的現代化目標已經實現。同時在國際上出現了超工業化理論，要求對經濟社會體系進行改組。日本學校教育雖然在量的發展上取得很大的成績，但是在質方面存在著許多嚴重的問題，已經不適應時代的需求，需要進行全面的改革。在這種背景之下，文部省於1967年7月向中央教育審議會，提出「關於今後學校教育綜合擴充和整頓基本政策」的諮詢，要求對教育制度進行根本的探討，以便制定適合21世紀的教育政策。中央教育審議會經過四年的研究，終於在1971年6月提出了「關於今後學校教育綜合擴充和整頓基本

政策」的最後總結報告，提出了改善整個教育制度的構想。其主要特點是
（劉樹範，1992：94-95）：

　　一、整個教育體制都必須適應能力的「多元化」、「個性化」；

　　二、經由試辦創造新學制，以代替六三三四制；

　　三、改革高等教育結構；

　　四、加強國家對學校的控制，日本政府把這次改革稱為「第三次教育
改革」。

一、日本教育改革的機構

　　第二次世界大戰前，日本的教育行政是極端的中央集權制。戰後對
教育行政進行重大的改革，實行地方分權制，建立教育委員會。從1952年
以後，為了加強「行政一元化」和「效率化」，加強了中央的權責。特別
是1956年公布「地方教育行政的組織和管理法」，進一步加強了中央的權
限，削弱了地方教育行政的權責和獨立性。茲詳細說明日本教育改革的機
構如下（劉樹範，1992：97-98）：

㈠文部科學省

　　「文部科學省」是主管教育行政的中央教育行政機關，它擔負著振
興和普及學校教育、社會教育、學術和文化的任務，負有全面完成有關上
述事項和國家宗教行政事務的責任。「文部科學省」的職權主要有以下幾
項：

　　1. 為發展教育、學術和文化事業，進行調查研究制定規劃；

　　2. 就各級學校和教育機構的器材設備，人員編制、組織和教育內
　　　 容，規定標準；

　　3. 執行教育預算，支配教育經費；

　　4. 審定中小學教科書，管理義務教育學校用教科書的購置、免費和
　　　 供給事項；

　　5. 審核大學和高等專科學校的設置；

　　6. 對大學、高等專科學校和地方教育行政機關提供指導和建議，對
　　　 縣級教育委員會教育長的任命有同意權。

㈡地方公共團體

根據法律規定，地方教育行政是地方自治的構成部分，由地方公共團體實施。日本的公共團體分為兩級：都道府縣和市鎮村。都道府縣知事在教育行政方面的職權，主要有下列幾項：

1. 經議會同意對同級教育委員會的委員有任命、罷免權；
2. 管理都道府縣立大學；
3. 管理私立學校；
4. 決定教育委員會的收入與支出等。

㈢教育委員會

「教育委員會」是掌管地方教育行政的中心機關，在都道府縣一級設「都道府縣教育委員會」，在市鎮村一級設「市鎮村教育委員會」。「教育委員會」由五名委員組成，但鎮村的教育委員會也可以由三名委員組成。委員任期四年，可以連選連任。「教育委員會」設教育長，在教育委員會的指揮監督下，掌握教育委員會權責範圍內的全部教育事務。在教育長下設「事務局」，負責處理各項日常事務。「都道府縣教育委員會」的「事務局」指導主事、事務職員、技術職員和其他職員，市鎮村教育委員會可以設一些必要的職員。「教育委員會」實行任命制，即教育委員由地方自治團體的首長，取得議會同意後任命；教育長的任命須得到上級的承認，即都道府縣教育長的任命要取得文部大臣的承認，市鎮村教育長的任命要取得「都道府縣教育委員會」的承認。這表現了國家、都道府縣和市鎮村之間的上下級關係，加強了中央集權化和教育行政與一般行政的統一化。「教育委員會」的職務權限如下：除大學、私立學校和教育財政等事務，分別由國家或知事、市鎮村長負責管理以外，其他一切教育行政事務均由「教育委員會」管理和執行。例如：本區所屬學校的設置、課程、學習輔導和職業輔導；校舍和設備的維修；教職員的進修、福利、學校伙食等等。

二、日本教育改革的原因

從國際比較的觀點來看，日本的學校制度可說相當齊備。而初等和

中等教育優越的水準，也可以從國際學歷評鑑中得到證明。另外，學校設備的齊全、教師素質的優秀和學校行政的效率等，都在國際上受到高度的評價。但是儘管如此，日本學校中存在的「學校荒廢」問題、校園暴力、逃學、家庭暴力、欺凌等問題非常嚴重，加上學校中所呈現的集團主義、劃一主義、偏重考試的教育等問題，使得大家開始注意學校教育的本質問題。日本政府為瞭解決教育的問題，使教育適應社會的變化和文化發展的需要，曾經進行了三次比較重要的教育改革。日本政府自1868年明治維新以後，曾經有過三次重要的教育改革。第一次改革開始於明治5年（1872年）「學制」的公布，經過此次改革，日本建立了現代學校教育制度。第二次改革開始於第二次世界大戰以後，此次改革在盟軍占領期間內進行，頗受盟軍占領政策的影響，其目的在於徹底革除軍國主義和國家主義的教育。新教育理念以人格完成、個性尊重、機會均等為基礎，希望經由教育以實現「和平、民主與文化國家」的新憲法精神。1980年代中曾根康弘首相所領導的教育改革運動，被稱為「第三次教育改革」（宋明順，1996：253）。1983年開始由中曾根首相提出「第三次教育改革」的構想，中曾根把「教育改革」作為內政的三大基本政策之一，與「行政改革」、「財政改革」並列，作為「戰後政治總決算」的一環。自民黨內閣為了回應國民對於教育改革的殷切期待，即著手開始推動第三次的教育改革。先由首相中曾根康弘在自民黨內，舉辦長期的教育改革研討會，以蒐集各方意見，並進行溝通工作，為期3年之久。然後於1984年8月在國會經立法程序，制定了「臨時教育審議會設置法」，緊接著由首相任命剛本道雄等委員25人，專門委員20人，正式成立了臨時教育審議會。原文部科學省已設的中央教育審議會，是常設的部長諮詢機構依然存在，而本次新設的內閣臨時教育審議會，因為不是常設機構，所以冠以「臨時」二字，決定於成立後3年的1987年取消，其任務在於診斷教育病因，提供教育改革的政策（楊思偉，1996：234）。具體而言，臨時教育審議會在其報告中分析的教育問題，至少包括下列幾項（宋明順，1996：255-260；楊思偉，1996：232-233）：

(一) 升學競爭激烈，造成考試如「戰爭」和「地獄」一般，教育偏重

知識的灌輸與記憶，對創造性的思考能力和表現都未重視。導致拒絕上學和校園暴力等教育荒廢現象逐漸明顯，劃一、僵化、閉鎖的學校教育病徵也日益顯著。

(二)戰後所強調的人格教育、尊重個性和自由理念等，尚未真正落實生根。一般青少年對於本國文化和傳統缺乏正確認識，對於國家社會的建設缺乏自覺心。由於紀律與品德被忽視，過於重視權利而忘記了責任，使權利與責任失掉了平衡。另外，大學教育忽視個性，學術研究偏重科學應用和技術化，對於純粹科學或基礎研究方面的貢獻不足，而且一般大學都相當封閉，功能逐漸僵化，無法回應社會和國際的需要。

(三)因為現代工業文明發達，加速現代化和經濟高度成長之後，所帶來的不良副作用，不僅影響人們的身心健康，也對文化和教育產生不良的影響，由於這些因素的影響，使得兒童心理頹廢，人格發生異常現象，形成殘忍的欺凌、校園暴力行為和青少年犯罪等問題。同時由於環境的惡化，使兒童的身心健康遭受嚴重的傷害。同時，因為兒童與大自然接觸的機會逐漸減少，學校教育與社會之間的關係也逐漸淡薄。除此之外，由於生活上的方便，使得人類的能力逐漸退化，富足安逸的社會環境，使得個人獨立自主、自我控制、責任感和體諒他人的心逐漸消滅。

(四)學校教育的劃一、僵硬、封閉體制，加上學歷與極端的管理教育方式，阻礙了兒童完美人格的形成，也增加兒童心理上的壓迫與不滿。今天學校教育對兒童心理缺乏瞭解，無法正確把握兒童不滿與心靈頹廢的原因。尤其對如何發展兒童的自主精神、個性與自律精神的努力非常缺乏，因此也阻礙了兒童人格的發展。

(五)戰後由於一部分的教職員團體，介入政治鬥爭或教育內容的干預，使教育界產生了對立與不信任的現象，也使家長和社會人士漸感不滿。這種問題使得日本的教育界，包括學校和社會、教師和父母、教育行政和教師、父母、學校行政人員和教師、教職員組織之間、中央和地方等，產生了彼此不信任的現象。

(六) 戰後日本的民主主義教育，不重視愛國教育，不重視傳統美德，不重視日本固有的文化價值，不重視民族精神教育等，一直是執政黨和財經界領袖們的不滿。因此，第三次教育改革的一個主要動機在於扭轉這種教育的病態。例如當時的文部大臣，也是自民黨文教制度調查會長海部俊樹在「日本教育現狀與改革的課題」的一篇演說，曾經指出日本教育改革最大的願望，在於培養德智體健全的國民，希望21世紀的日本兒童，人人能發揮個性與能力，鞏固日本的國家基礎，以自覺自尊愛護國家，繼承先人的歷史、傳統、文化，願意奮發獻身於國家社會的進步。

(七) 日本第三次教育改革的主要推動者是當時的首相中曾根康弘，在自民黨內，它一直是右派思想的中心人物，對戰後的自由主義、民主主義、和平主義的教育一直持反對批判的態度，而一貫主張道德教育，強調回歸日本傳統文化的重要性，強調面對21世紀的來臨，必須對整個教育制度的檢討和改革，這一次教育改革與中增根個人所堅持的教育理念有密切的關係。

三、日本教育改革的內容

「臨時教育審議會」認為今後教育改革必須以廣泛的國民意見為基礎，使教育基本法的精神能夠在教育界生根發展。因為教育基本法的教育目標強調完美人格的培養，並且培養身心健全的國民，以建設和平的國家與社會為目。而教育頹廢的現況，教育界應再一次體認「培養完美人格」的意義，與培養個人尊嚴、個性尊重、自由、自律、自我責任與人性的重要性。這一次日本教育改革的理想目標如下（楊思偉，1996：237-238）：

(一)培養寬闊的心胸，健全的體魄和豐富的想像力

今後的教育應該重視身心健康的培養，使兒童身心得以均衡發展。同時教育的目的在於培養完美的人格，因此必須在德育、智育、體育調和發展中，培育追求真善美的寬闊心胸與健全體魄。這是包含對人類和自然的肯定與關懷之心、感謝之心與豐富的情操，和超越人類對象的敬畏心等等。此外，今後的教育無論在藝術、科學、技術等各領域都需要培養豐富

的創造力。這種創造力的培養仍須以寬闊的心胸和健全的體魄為基礎才能得到。

㈡培養自由、自律與公共精神

物質的富足與方便使兒童基本生活習慣的形成非常欠缺，也使得精神上、肉體上懦弱的兒童逐漸增多。同時由於社會生活富足，兒童不但缺乏自我形成的能力，而且自我意志力、自立自助精神愈加薄弱，責任感與規範意識更趨淡薄。因為過去的教育流於劃一主義、形式主義，不重視個人尊嚴、個性尊重與自主的精神涵養。因此，今後的教育應特別注意「自由、自律與公共精神」的培養。此外，個人必須對建設和平國家與社會的責任具有自我的認識。因此，教育必須培養個人為公盡力精神，愛鄉土愛社區愛國家的觀念，並且培養尊重社會規範與法律秩序的精神。

㈢培養世界中的日本人

日本與國際社會的關係愈來愈密切，為了在國際舞臺上扮演重建和平國家與社會的角色，認為必須以培養「世界中的日本人」作為21世紀教育努力的目標。日本人認為要在和平與國際協調等相互依賴關係中繼續生存，首先必須在國際社會上獲得各國人民的信賴。因此，教育必須培養具有廣闊國際視野、具備傳統日本社會與文化個性的日本人。此外，對多種不同文化特性的理解也是不可或缺的條件之一。

在「臨時教育審議會」最後的審議報告中，歸納了三項教育改革的基本原則，及「重視個性化原則」、「向終身學習體系轉移」、「彈性因應未來變化」的原則。茲詳細說明如下（宋明順，1996：262-266；楊思偉，1996：239-240）：

㈠重視個性的原則

重視個性是這次教育改革最重要的基本原則，今後將根據他對教育內容、方法制度、政策等教育的所有領域進行根本改革。這項原則的提出是希望消除日本教育中，根深蒂固的弊病和劃一性、僵硬性、封閉性，主張建立和發展「個人尊嚴、對個性的尊重、自由與自律、自我負責」的教育理念。

㈡向終身體系轉移

為了主動地適應社會的變化，建設具有活力的社會，就要改正文憑社會的弊端。同時，為了滿足由於積極的想學習的新趨勢和多樣化教育服務機關的出現，以及科學技術進展而出現新的學習需求，必須改變以學校為中心的觀念，綜合地建構向終身學習體系轉移的教育體系，這是日本教育改革的一項重要原則。

㈢彈性因應未來變化

今後，為了在日本建設具有創造性充滿活力的社會，教育必須彈性地因應時代和社會不斷的變化，而當前教育面臨的最重要課題，是如何因應國際化和資訊化。因應國際化主要是開放日本的教育，彈性因應國際關係，形成不斷改善自己，具備自我革新精神的教育體系。因應資訊化，主要是按照資訊社會的需求，積極改革教育。

「臨時教育審議會」總共提出六項具體改革方案，茲詳細說明如下（宋明順，1996：266-273；楊思偉，1996：240-247）：

㈠充實終身學習體制

今後的學習應在學校教育的基礎上，根據個人的志願與需要，自由選擇適合於自己的方式和方法，安排一生的學習。為了向終身學習轉移，要改變過去那種偏重學校教育的狀態，而按人生各階段的要求，以新的觀點，綜合地落實家庭、學校與地區等社會各領域教育與學習的體制和機會。其主要做法如下：

1. 糾正文憑社會弊端和提倡評量的多元化：糾正文憑社會弊端可從三方面進行整體改革。一是建設終身學習社會；二是改革學校教育；三是改革企業和機關的用人制度。

2. 加強家庭、學校和社會彼此間的教育功能：在家庭方面要組織家長學習，改革家政科的教育，普及兒童教育知識，發揮家長組織的功能，促進地區居民積極參與學校教育活動。在學校方面要加強基礎教育，培養自我教育的能力，將學校作為終身學習的機關，向社會開放，並且完成其教育的任務。在社會方面要促進自主的學習活動，綜合開發終身職業的能力，並且加強社會的各種

教育的功能。

3. **振興各種體育活動，鼓勵全民參與**：研究與開發終身適用的體育設施，獎勵民間開發的可能，並提高各項運動競技的水準，推動醫學的研究與提升，重視全民的身心健康。建設開展終身學習的途徑，設計終身學習計畫，建設自主的學習環境，促進各種設施互相利用，有效的使用各領域的人才，加強社會生活基礎建設。並且致力於教育、研究、文化、體育的設施知性化，將這些設施作為社會共同學習的基地，同時有效的加以利用。

(二)高等教育的多樣化與改革

為了面對21世紀的國民和社會的多種要求，有利於人才的培養和學術研究的創造，發展和完成終身學習場所的重要任務，要求高等教育實行個性化、多樣化、優質化，加強與社會的合作，向社會開放，並且積極振興學術研究。為了達成上述各項改革的目標，還要在組織和經營上，建立自主與自律體制，提高教職員的素質，增加教育的經費。其主要的做法如下：

1. 為了提高大學素質，使每所大學實施具有特色的教育，要探討普通教育與專業教育的內容，發揮學分制的長處優點，使學期和學年制彈性化。為了促進高等教育機關多樣化，並且使其能相互合作，必須使短期大學的專業和課程多樣化，教育內容彈性化，並且擴大高等專門學校的科系。多角度的探討廣播大學未來的發展，加速研究的充實和改革，明定碩士課程和博士課程的任務，並且研究其標準的修業年限，考慮優秀本科生修業3年即可升入研究所的措施。

2. 改革大學新生選拔制度，為糾正偏重考試競爭的弊端，各大學可以採取自由而具有個性的新生選拔辦法。同時，創立所有大學均可自由利用的統一考試制度，以代替現行國立、公立大學統一的第一次考試制度。

3. 大學入學資格自由化與彈性化，對修業年限3年以上的高等專修學校的畢業生，賦予大學入學的資格。

4. 為振興能得到國際承認的基礎研究，要充實大學的彈性研究組織，共同利用研究所等改進研究體制。加強大學與社會的合作，推動學術的國際交流，特別是要擴大以年輕研究人員為中心的國際交流，促進大學間的交流與合作。

5. 為了研究高等教育的定位，審查相關的內容，因此應設立經常性的機關「大學審議會」。

6. 為了提高高等教育的品質，要求進一步增加公共財產支出，同時促進大學資金的多管道引進，擴大國立大學的財政自主權。

7. 大學在組織經營上的自主自律體制是不可缺少的因素，國立大學要發揮校長和系主任領導作用。私立大學要明確以校長為中心的教學管理組織與教授會的責任，教學一方與理事會要協調。公立大學的教學與研究，要向社會開放，為地區發展服務。

8. 檢討未來國立大學與公立大學設置方式和大學定位的問題，並且建構政府參與的方式。

(三)初等中等教育的充實與改革

初等和中等教育是終身學習的基礎，要培養人格形成所必須的素質，同時掌握個性社會性發展所必須的基礎，培養真正的學習能力和健壯身體，廣闊的胸懷和主動學習的態度。其主要的做法如下：

1. **改進教育內容**：首先要加強德育，重視基本生活習慣、自我控制能力和遵守社會規範態度的培養，以及人的生活方式的教育。其次是徹底進行基礎教育，發展個性。為此，各學校教育階段都要精選教育內容，並且重視創造力、思考力、判斷力與表現力、日本文化教育和健康教育的培養。

2. **教科書制度的改革**：站在尊重個性，推動多元教育的看法，重新檢討教科書的功能，此時特別注意兒童使用材料的功能。因此，必須確立研究開發體制和提高教科書編寫的水準，並且檢討新的檢定制度、教科書採用和供給的程序和維持免費提供制度。至於教科書制度徹底改革的看法，俟作各種調查研究後再作建議。

3. **提高教師的素質**：首先要改善教師的培養和證書制度，從廣求人

才的觀點著眼，使教師證書制度靈活化。還要使教師的考選方法多樣化，錄用日程早期化。其次，創設初任教師研修制度。為了培養中小學新任教師的「實踐指導能力和使命感」，建立任用後為期一年的初任者研修制度。此外，教師的在職進修要加強組織化。各級政府要明確分工，使在職研修體系化。

4. 改善教育的條件，消除規模過大的學校，當前要確實實施每班編配40名的計畫，以後再參考歐美主要國家的師生比率，改善教師編制工作。

5. 改革後中等教育機構，建立六年制中等學校和學分制高中。六年制中等學校就是要把先前的初中教育和高中教育結合起來，一貫地進行青年期的教育，以便連續地發展學生個性的新型學校。學分制高中是使學習者便於接受高中教育，根據學分累計認定畢業資格的新型高中。各地可根據該地情況設立這類中學。此外，還要探討高中修業年限彈性化、後期中等教育多樣化、高中入學考試個性化等問題。

6. 振興就學前和身心不全者的教育：檢討幼稚園和保育所的目標，以及保育措施的功能和需要，並且檢討任用制度的問題。

7. 確立開放的學校和民主的行政：加強學校和地區間的聯結，推動自然學校，改善通學區域和檢討學校的正常運作。

㈣為因應國際化而進行改革

為因應國際化社會而提出的問題也是多方面的，例如培養「生活在國際社會中的優秀日本人」，招收留學生，探討外國語教育，海外子女教育和國際交流等問題。其主要做法如下：

1. 辦好歸國子女、海外子女教育，開設新國際學校，意即使歸國子女、外國人子女、普通日本人子女共同學習的初等和中等學校。海外子女教育既要重視作為日本人必須具備的基礎教育，又要儘量累積當地的經驗。

2. 規劃好留學生招收體制，要充實大學特別是研究所的教育指導體制，落實日語教育體制，提供宿舍，解決學位問題，要擴大外國

學生在日本高等教育機關進行短期進修的機會。

3. 改進外語的教育，外語特別是英語教育的重點在於掌握能廣泛進行交流的國際通用語。從初中到大學的英語教育都要改革，各階段的目的要明確，教育內容和方法要按各種學習能力和出路的不同要求進行改革。

4. 還要加強對外國人的日語教育，從國際觀點考慮改革高等教育的內容和方法、學期劃分、轉學等問題。

㈤為因應資訊化而進行改革

資訊化的速度和範圍，遠超過人類的預見，今後社會系統的整體都會發生根本的變化，不僅影響職業生活，對日常生活也會有重大影響。今後要在充分認識資訊化帶來的利和弊基礎上，去建設能發揮人性的資訊化社會。其主要的做法如下：

1. **要樹立資訊道德**：要充分認識在資訊化社會裡，自己發出的訊息對其他人和社會帶來的影響，並且預見未來，樹立新的倫理道德，提高對資訊價值的認識。

2. **建立資訊化社會型系統**：為了因應多樣化的學習要求，提高學習者的積極性和創造性，要建立能利用所有資訊技術的新學習系統，即「資訊化社會型系統」。為此，要健全下述研究開發體制，並使其成果推廣到社會，為真正培養運用資訊能力而探討教育內容和方法，在各教育領域研究，開發最佳教材，訓練能靈活運用教學機器與教材的教師等。

3. **資訊網路利用**：為在各級學校、社會教育和學術研究領域中運用資訊網路，應採取必要的措施。

4. 改善資訊環境，以便建設理想的資訊社會。

㈥教育行政和教育財政的改革

今後的教育行政和財政，將按照「由劃一到多樣，由僵化到靈活，由極權到分權，由控制到尊重自由與自律」的方向進行改革。其主要的做法如下：

1. **強化中央教育行政機關的政策功能**：今後文部科學省要加強文教

政策的研究和制定，即時提供訊息，為此要改組文部科學省的組織機構，充分發揮所屬研究所，特別是國立研究所在制定政策上的調查研究功能。

2. **改革國家所規定的各項標準和認可許可制度**：「大學設置標準」規定的內容要簡潔；「學習指導要領」要大綱化，使重點更加明確。文部科學省的認可制度要改革，使其進一步合理化。

3. 推行地方分權制，增強教育委員會的活力。

4. **教育行政制度必須與終身學習體系相配合**：為此，文部科學省將把「社會教育局」改組為專門承擔終身學習的組織機構，積極加強對體育事業的領導，加強文部科學省與其他省廳的協調與合作。

5. **關於教育經費和教育財政的設想**：根據時代要求，今後要對教育、研究、文化和體育進行重點投資，並有效地分配必要的資源，明確官民間的責任分擔與合作，並探討教育經費負擔的合理方案。要求政府為教育改革增加公共財政支出，並把經費重點分配在基礎研究、提高教育品質、增進學生健康等項目上，減輕學生家長對教育費用的沉重負擔，改進育英獎學金制度。

21世紀日本的國家目標是成為一個具有活力的國家永續下去，並達成以科學技術創造立國和文化立國的目標，而為了達到這個目標，教育是所有社會體制的基礎。因此，認為教育的角色功能非常重要。1997年日本將教育改革列為政府「六大改革」之一，進行各種各樣的改革。根據1998年度教育白皮書中，陳述教育改革的重要觀點有下列三項：

㈠ 改善偏重智育的風潮和知識灌輸型的教育，一方面重視培育正義感與倫理官能具豐富人性的教育，同時培養不只是主張權利和自由，也要認知其伴隨義務和責任的下一代。

㈡ 跳脫第二次世界大戰後太過強調的平等主義，轉換成尊重每個個體個性與能力的教育。

㈢ 邁向科學技術創造立國的目標提升基礎研究與尖端科學技術的水準。

　　日本文部科學省基於前述的目標，於1998年4月，修訂完成教育改革計畫，其中主要的事項分成四大類（楊思偉，2000：27-29）：

㈠ 充實心靈的教育：這項改革是強調充實學童心靈的教育，而其做法則包括從家庭、學校和教師著手。主要重點如下：

1. 家長：從幼兒期充實心靈的教育。包括家庭中教養的充實和活用地區社會的力量。

2. 學校：實施完全上課五天制。包括將學校塑造為培育心靈的場所，培養生存能力與實現寬裕的學校。

3. 教師：能傾聽學童的煩惱。包括改善師資培育的課程，推動活用社會人士進入學校教學，提升教師素質和重視教師的社會生活體驗。

㈡ 實現發展個性且能多元選擇的學校制度：主要做法如下：

1. 導入中高一貫教育制度。

2. 舒緩大學入學年齡限制。

3. 改善大學和高學考試制度。

4. 允許專門學校畢業生轉入大學。

5. 公立中小學校通學區域的彈性化。

6. 強化幼稚園與保育所的聯繫。

㈢ 推動尊重縣長自主性的新學校：其主要內容如下：

1. 實現具主體性的學校營運。

2. 實現地方能負責任的行政制度。

3. 推動自主且闊達的社會教育。

㈣ 推動大學改革與研究的發展：其主要重點如下：

1. 規劃21世紀大學的理想藍圖。

2. 實現彈性的高等教育。

3. 推動學術研究和科學技術研究的綜合發展。

4. 經由產學合作促進研究的活性化。

　　日本教育改革的動向有下列幾點（莊雅斐，2004：153-162）：

㈠ 建立驗證與改訂系統：日本於2003年8月7日的「教育審議會期中

總結」當中，有一個相當重要的系統完成制度化。這就是在學習指導要領的實施過程中，可以驗證、評估和進行追加性改訂的系統。日本的學習指導要領改訂週期大約是10年一次，但是現在決定對於心學習指導要領的實施狀況，將不斷的進行驗證，並依其必要性重新檢討教育課程，進行全面基準的改定。如此一來，教育課程基準的重新檢討，就可以利用部分改訂的方式進行，雖然新的學習指導要領在中小學實施僅一年多，高中從2002年4月才開始實施，但是學習指導要領的「部分改訂」就已經成為既定的趨勢。

㈡ 達成「扎實的學力」的要求：在「審議的期中總結」當中，文部科學省對於「學力降低論」的批評已做出沉默的反駁，那就是新學習指導要領中基於學力觀點所發表的「扎實的學力」，是在平成14年『為提升扎實的學力的2002年興論「學習建議」』中公開發表，這一次只是再度確認內容。「扎實的學力代表著「生存能力」的知性側面，其定義如下：它不僅包含知識及技能，同時也涵蓋學習意願、尋找課題、主動學習、自動判斷、行動及解決問題的實質與能力等。

㈢ 「基準性」的明確化與重新檢討：自從明確指出學習指導要領為最低基準之後，學習指導要領中的「對於……不進行指導」等「限制規定」的認知方式，一直是學校相關人員難以拿捏理解的切身問題。此次藉由學習指導要領的「基準性」更加的明確化，存在於學習指導要領中的問題可望獲得解決。教育部長遠山敦子表示「指導要領是最低基準」時，連我們都感到相當的訝異。但是不論如何，總則的內容包含著這般的基準性意味，今後必須進一步的明確化，這就是此次重新檢討的關鍵。

㈣ 確保必要的學習指導時間：主要認為兒童的學習不僅止於授課時間內。針對教育課程實施狀況調查的結果發現，特別是中學的一二年級中，約有兩成的學校，三年級中則有三成以上的學校，沒有達到指導要領中記載的授課時數標準，而且高中的狀況更加

不理想。不論如何，文部科學省認為必須慎重檢討授課時數的現狀，確保必要的學習指導時間。早稻田大學的安彥忠彥認為生活上的「閒暇」與學習上的「閒暇」不可混為一談，特別是後者更應該花費一定的時間來學習。但在無法確保標準授課時數的狀況下，學習上的「閒暇」更是完全不受保障，實在是新課程的一大危機。在中央教育審議會期中總結的內容中雖未提到，但為了確保兒童的學習時間，即使對於社會教育的相關人士可能會造成些許不便，文部科學省還是希望可以對於長假的期間稍做調整。

(五) 引進兩學期制度：兩學期制是在中央教育審議會期中總結中，做為學期區分的範例被提出來的新學制，此種制度對於教育現場確實是一種易於確保授課時間的方式。「確保時間」是兩學期制度實施的主要目的，由某些先進地區的實例來看，兩學期制度確實是比三學期制度還能夠確保較多的授課時間。但重要的是，如何充分利用藉由此種方式所確保的時間，可以將重複性學習、工作體驗學習、問題解決手段學習等列入考量。諸如此類的學習是兩學期制度的最終目的，也僅是達成多元學習的條件。兩學期制度的優點是產生可以充分進行評估的空間，在三學期制度下，因新教育課程與學校周休二日制度，造成第三學期授課時數減少，難以進行評估，兩學期制度的導入則能夠解決這樣的情況。

(六) 充實「綜合性學習時間」：為了使「綜合性學習時間」能夠符合其實施目的，各學校必須在各科目之中，例如道德、特別活動等，全面性學校教育活動中明確提倡「綜合性學習時間」的定義及意義。以具體的方式來說，可針對「綜合性學習時間」制定涵蓋各學級的目標、「內容」的「學校全體計畫」，經由各學級之間和學校各階層間的聯繫，對於具體教學改善、評估辦法、教學體制等各方面，藉由實施自我評估持續性檢證活動內容的同時，也可以達到學校間互相交換實施上的情報和心得的目的。其次，進行指導時必須將教師的職務和責任明確化，教師在設定明確的目標和內容，而且進行完善的指導時，除了應注意如何引起學童

的學習意願之外，還必須考慮到與各科目學習內容的關聯性。另外，靈活運用學校圖書館和社會教育設施，密切與社會教育團體合作，充分利用地區設施和人才，進行多樣化的教育活動也是有效的方式。

(七)「個別指導」的充實化：建議各學校在實施「配合學習內容理解程度的指導」等計畫時，必須用心安排教學方式和體制，以免造成學童的過度優越感和自卑感，或因學習團體的學習內容分化而產生長期化、固定化等情況，進而容易導致學習意願降低的現象。其次，對於家長最好能適時提供，包含教學內容、實施上的考量、改善方法等的教學計畫，並說明學習上的實際效果和導入理由等事項。另外，實施「補充性學習」、「發展性學習」時，必須明示各科目的目標和內容的關聯性，然後再予以展開。具體來說，實施「補充性學習」時，必須詳細規劃各種指導方式和指導體制，而且進行改善的工作，使該學級的兒童可以確實習得必備的知識和技能。此外，實施「發展性學習」時，為了避免對學童造成過大負擔，希望能夠在強化理解程度的前提下，進一步的擴充知識領域。

(八)整頓教育環境改善課程與教學：為了支援各學校的創意巧思活動，各教育委員會在確保必要預算和活用地區人才的同時，教育中心和教育委員會事務局等的指導者，可利用其專門知識，對於各校和相關單位團體等，給予適當的指導和具體的建議。其次，國家將於各學校編制富有創意巧思的教育課程，在實施適當學校活動的同時，必須積極提供足以確保各科目教學必要時間的相關情報等支援。具體來說，是將具有學校特色的教育課程編制與實施狀況，及具有充分效果和效率的會議舉辦型態等校內體制相關規劃，再加上教育委員會舉行的特色活動，以彙整為範例集的方式分發給各學校參考，這也是目前文部科學省正在規劃推動的方案。另外，為了使各學校的「綜合性學習時間」更加充實，應進行學習大綱和教材的開發，推行可充實學習資源的方法，例如各

學校之間的合作，與社會教育相關團體合作，進行實踐研究和評估研究，而且蒐集提供可做為各學校參考的實踐範例也是相當重要的。日本希望經由教育環境的整頓，來改善學校課程與教學的效果。

四、日本教育改革的啓示

日本為了因應國際化的需要，迎接21世紀資訊時代的到來，改善國家的經濟狀況，促進社會的進步和解決學校教育的問題，進行一系列的教育改革，日本的教育改革具有下列幾項啟示：

(一)具有明確的教育改革理想和原則，能夠指引教育改革活動的進行，有助於教育改革目標的達成。以往我國教育改革運動的推展，往往缺乏明確的教育理想和原則，難以凝聚社會大眾的共識，造成教育改革的失敗。日本教育改革具有明確的理想和原則，能夠正確的指引教育改革的進行，值得我國在推展教育改革活動時，作為重要的參考原則。

(二)強化中央教育行政機關的政策功能，進行教育行政和教育財政的改革，有助於教育改革活動的推展。我國教育改革活動的推展，經常忽略教育機構之間的配合，而且教育財政的管理不夠健全，時常造成教育資源的浪費，使得教育改革的成效不彰。日本教育改革注重教育行政與教育財政的整頓，可以作為我國進行教育改革活動的借鏡。

(三)建立終身學習的體制，糾正文憑社會弊端和提倡評量的多元化，加強家庭、學校和社會彼此間的教育功能，振興各種體育活動，鼓勵全民參與。我國的教育改革往往各自為政，缺乏整體性的規劃，日本的教育改革能夠關聯家庭、學校和社會三方面，值得我國作為推展教育改革活動的參考。

(四)為了提高大學素質，使每所大學實施具有特色的教育，要探討普通教育與專業教育的內容，發揮學分制的長處優點，使學期和學年制彈性化。我國大學院校雖然數量眾多，但是學術品質一向不

高，而且缺乏各自的特色，日本大學教育改革的做法值得我國學習。

(五) 進行初等中等教育的充實與改革，改進教育內容，加強心靈教育和道德教育，改革教科書的制度，提高教師的素質，改善教育的條件，消除規模過大的學校，改善教師編制的工作。最近，我國在推展的九年一貫課程改革，被批評為缺德的教育改革，主要的缺點就是忽略心靈教育和道德教育的重要性，日本的教育改革重視心靈教育和道德教育值得我國作為參考。

(六) 為因應國際化而進行改革，辦好歸國子女、海外子女教育，開設新國際學校，亦即使歸國子女、外國人子女、普通日本人子女共同學習的初等和中等學校。我國的教育改革向來比較忽略歸國子女和外國人子女的教育，阻礙了教育國際化的發展，日本教育改革的做法，值得我國作為促進教育國際化的借鏡。

(七) 規劃好留學生招收體制，要充實大學特別是研究所的教育指導體制，落實日語教育體制，提供宿舍，解決學位問題，要擴大外國學生在日本高等教育機關進行短期進修的機會。我國教育改革經常忽略中文教育體制的建立，對於生活住宿的安排，學習輔導的進行，缺乏整體的規劃，而且開設的課程太少，教學的設施不夠完善。因此，無法吸引大量的外國留學生前來，阻礙我國大學院校的國際化，日本教育改革的做法值得我國作為參考。

(八) 改進外語的教育，外語特別是英語教育的重點在於掌握能廣泛進行交流的國際通用語。從初中到大學的英語教育都要改革，各階段的目的要明確，教育內容和方法要按各種學習能力和出路的不同要求進行改革。我國外語教育的成效不彰，近年來日益嚴重，日本教育改革非常重視這個問題，值得我國在進行教育改革時也特別加以重視。

(九) 資訊化的速度和範圍，遠超過人類的預見，今後社會系統的整體都會發生根本的變化，不僅影響職業生活，對日常生活也會有重大影響。今後要樹立資訊道德，建立資訊化社會型系統，加強資

訊網路利用，改善資訊環境，以便建設理想的資訊社會。近年來，我國的教育改革雖然也非常重視資訊教育，但是忽略資訊道德的培養，容易造成資訊犯罪增加的問題，日本教育改革的做法值得我國學習。

最近幾年來，日本陸續進行各項教育改革活動。2008年4月18日，日本中央教育審議會提出有關教育振興基本計畫—邁向實現「教育立國」的諮詢報告書。在其第三個發展的基本方向，指出日本的高等教育具有「養成教養與專門性兼備具有豐富知性的國民，來支援社會的發展。」具體提出六項重點（梁忠銘，2008：105）：㈠ 實現因應社會所信賴的學士課程教育；㈡ 強化研究所教育本質，造就世界最高水準卓越教育的研究據點；㈢ 推展進行大學國際化；㈣ 透過國立私立大學等的合作，協助支援振興地方區域社區的社會貢獻；㈤ 保證大學教育的品質向上；㈥ 強化大學教育研究的基本盤面。2010年8月27日公布的「新・公立義務教育諸學校教職員定數改善計畫案」是提升教師質量，改進學生學習成效的具體方案。「新・公立義務教育諸學校教職員定數改善計畫（案）」的副標題是：檢討30年不曾進行的40人班級、策定10年不曾進行的教職員定數改善。開宗明義就敘述「強勁人才」的實現是成長的原動力，是對未來的投資。制定此改善國中小學教職員員額數計畫的目的就是面對即將開展的新學習指導要領實施，以少人數班級確保教師有足夠的時間跟兒童相處，實現高品質教育，達成世界最高水準的教育力的目標。這個計畫包括：8年期程的推動（35.30人）小班計畫、5 年期程的改善教職員配置、實施彈性班級編制等三部分（翁麗芳，2011：116-117）。

2010年12月公開《落實實施新學習指導要領》說帖，對於即將上路的新學習指導要領提出五個重點：充實自然及數學教育、充實語文活動、改善教職員定數（實現35人以下班級）、實施精熟度別指導、少人數指導、家庭、地域、學校結為一體的教育推動體制，這正是十年來教育改革「提升學校的教育力」、「實現新公共」等具體政策的實現。2011年4月起全面實施《新學習指導要領》，目標是培育具備現代科技技能且能活躍於世界舞臺的人才。新學習指導要領以各種方式充實課程內容，並且加深分

量，以有效的、深化的學習為目標。這樣的改革自然必須有提升教師素質等的配套策略（翁麗芳，2011：114-115）。2011年日本文部科學省在《教育白皮書》中談到要建設符應新時代需求的學校，詳細的內如如下（翁麗芳，2011：118-119）：

1. **耐震化校園建築的推動**：作為兒童度過一日大半生活的場所以及非常災害時期社區居民的應急避難場所，學校設施的安全確保極為重要。文部科學省將行使國庫補助，支援地方政府積極推動學校建築耐震化工程，以確保學校設施的安全性。

2. **老朽化對策**：目前約有50%公立學校設施是逾30年的建築，兒童學生急增期所興建的學校建築老朽化的狀況嚴重。為確保地震發生時及日常的安全安心、學校設施的使用壽命長，針對老朽化學校設施推動戰略性再生整備。

3. **室內環境對策**：推動室內空氣汙染對策、石綿對策等學校設施的室內環境對策，確保學童有健康舒適的學校生活。

4. **意外事故防止、防犯對策**：推動學校意外事故防止、防犯對策，使學校設施成為具備充分防災性、防犯性等安全性，提供安心感的環境。

第六節　俄國的教育改革運動

　　10月革命前，俄國沙皇的舊教育是維護封建制度的重要工具，其教育制度相當腐敗。根據統計資料顯示，20世紀初的俄國，文盲接近全國人口的80%。1917年2月革命後，由克倫斯基政府控制的國民教育，並沒有對原來的教育狀況作任何的改變，學校仍然是剝削階級用以統治人民的工具，一般平民處於文化落後的狀態，無權接受良好的教育。10月革命勝利後，無產階級獲得國家的領導權，建立了世界上第一個社會主義國家，為根本改造一切社會生活奠定了基礎。90幾年來，俄國政府根據馬克斯主義注重人的全面發展、教育與生產勞動結合的學說；根據列寧注重建立統一的、勞動的、綜合技術學校的原則；根據國家政治、經濟、文化發展的需

要和科學技術發展的要求；根據教育實務的經驗和教育理論的研究，在教育制度、教育內容和教學方法等方面，做了五次重大的改革。

一、俄國教育的演變與發展

根據相關教育文獻的分析，俄國教育演變的三個階段如下（吳文侃，1992：231-242）：

㈠教育改造階段（1917-1930）

在這個階段裡，俄國政府根據當時國內的政治形勢和經濟狀況，對傳統的教育進行徹底的改革。改革的基本原則是：學校的民主性，人人都有接受教育的權利；國民教育的國家性，取消私立學校；學校的絕對世俗性，禁止在學校講授宗教教義；各族人民在教育上一律平等，用本族語言進行教學；男女在教育方面享有平等權利；各級各類教育機構的統一性和銜接性。為了保障教育改革的順利進行，俄國政府採取下列幾項重要措施（吳文侃，1992：232-233）：

1. **建立統一勞動學校制度**：根據1918年10月俄國中央執行委員會所頒布的「統一勞動學規程」和「統一勞動學校宣言」的規定，建立一種新型的統一勞動學校。這種學校所以稱為統一勞動學校，是因為它表現了「統一」與「勞動」兩項基本原則。「統一」原則表現在學校類型是統一的，低級學校和高級學校是銜接的。「勞動」原則表現在學校是綜合技術性的，所有兒童必須適當參加體力勞動。統一勞動學校原為兩級制學校，第一級學校修業年限為五年，第二級學校修業年限為四年。兒童6至8歲進幼稚園，8至13歲進第一級學校，13至17歲進第二級學校。

2. **高等學校向工農開放**：為了徹底改革傳統教育，把工農子弟培養成為建設人才，俄國創辦了工農速成中學，讓工農學生在該處經過短期補課，學習進入高等學校必須具備的基礎知識，然後升入高等學校學習。此外，1924年設立了以工農為對象的廣播函授大學，1926年創辦了工人大學，1928年在正規的工科大學中，設立函授教育部，透過各種措施，培養大批具有高等文化技術水準的

工農幹部。

3. **改革教學內容和教學方法**：批判傳統學校理論脫離實際的教學內容，和呆讀死記的教學方法，以共產主義思想教育年輕一代。而且根據統一勞動學校制度的要求，將「讀書學校」變為「勞動學校」，規定生產勞動應該成為學校生活的基礎，同時探索理論配合實際的教學內容和生動活潑的教學方法。

4. **掃除文盲運動和少數民族教育**：經過十幾年的革命改造，教育的性質發生了根本的改變。沙俄所謂的地主資產階級的教育，變成為無產階級的新教育，教育事業進步相當大。1914學年中小學生僅有970萬人，到了1931學年中小學生已經有1,760萬人。但是由於社會主義教育是新生事務，沒有歷史先例，在改革過程中也產生一些重大的缺點。主要表現在克服教學脫離勞動的偏向時，讓學生參加過多的生產勞動，影響科學文化知識的學習；在探索普通學校教學內容和教學方法改革過程中，採用了「單元教學大綱」和設計教學法，對於加強學校與生活聯結和學科之間的聯繫，對激發學生的積極性和主動性雖然具有一定的作用，但是卻破壞了學科的系統教學，削弱了教師在教學中的主導作用，因而造成科學文化知識教學品質降低的不良後果。

(二)教育整頓階段（1931-1955）

1920年代俄國社會主義經濟發展迅速，並於1928年開始實行社會主義建設的第一個五年計畫。社會主義建設蓬勃展開，需要大批科技人才和熟練工人。學生系統科學文化知識水準不高，顯然不符合當時的客觀需要，於是教育整頓也就成為必然的趨勢。為了整頓教育，俄國中央做出了一系列的決定。包括1931年9月「關於小學和中學的決定」，1932年2月「關於中小學教科書的決定」，1934年5月「關於俄國中小學結構的決定」，以及關於高等學校、中等技術學校、師範學校的決定。這些決定的主要內容如下：

1. 確定學校體系為四年制小學、七年制不完全中學和十年制中學，二至四年制中等技術職業學校，四至六年制的高等學校和各級青

年工人學校、青年農民學校。

2. 明確規定普通教育階段，務必培養學生具有足夠的讀、寫、算能力，務必授予各門學科的基本知識，學校一定要依據嚴格規定的教學計畫、教學大綱和日課表進行教學，同時改進教學方法，嚴格推行考試制度。

3. 堅持對學生進行共產主義的思想政治教育。

4. 加強師資培養，以滿足各中小學對教師的需要。

5. 要求高等學校培養出具有政治修養、知識全面和技術高度熟練的人才，強調要使大學生掌握國內外最新的科學成就，並且具有運用技術的能力。

6. 加強教育人民委員會對教育工作的領導。經過這一番整頓，俄國的教育事業蒸蒸日上。

1930年基本上掃除了文盲，到了1935年全國實現普及初等義務教育，在城市和工礦區普及七年制教育，大幅發展十年制教育、中等教育和高等教育的理想。1941年普通學校在學學生達到3,560萬人，比1915年成長2.7倍。中等技術學校和中等專業學校學生達到97萬餘人，比1915年成長近17倍。高等學校學生達到31萬餘人，比1915年成長5.4倍。而且非常重視系統科學文化知識的教學，提高了各級各類學校的教學品質，培養出能夠為社會主義建設服務的人才。俄國1930年代的教育整頓，成績是相當顯著的，但是也出現了一些問題。主要出現在沒有處理好知識教育與生產勞動的關係，只強調系統科學文化知識的教學，忽視生產勞動的教育功能，從逐步削減勞動走向完全取消勞動。而且也沒有處理好知識教學與發展能力的關係，比較重視科學知識的傳授，不夠重視學生的智力發展和創造才能的培養，這種情況一直持續到1950年代中期（吳文侃，1992：233-235）。

㈢教育發展與改革階段（1956-）

從各級學校的比例來看，1950年代中期由於各地都已實施七年制普及教育，在大城市實行十年制普及教育，十年制學校畢業生人數，遠超過了高等學校的招生數。不能升學的中學畢業生理應參加生產勞動，但由於學校不注重勞動教育，這些學生大都不願意參加工農業生產勞動，有些人即

使願意參加生產勞動，但缺乏生產技能。隨著中學畢業生數量的成長，社會上的閒置勞動力愈來愈多。俄國是一個勞動力嚴重不足的國家，具有一定文化知識的人不願參加生產勞動，不僅影響國民經濟的發展，而且造成嚴重的社會問題。這樣一來，1930年代教育整頓所形成的辦學模式，就無法適應社會經濟發展的要求。因此，必須一面授予學生足夠的科學文化知識，同時對學生進行一定的職業訓練，使學生升學有堅實的基礎知識，就業有必要的技能。1958年12月24日由俄國最高蘇維埃主席團通過「關於加強學校與生活的互動和進一步發展俄國國民教育制度的法律」，作為進行教育改革的指導文件。從法律的條文看，對普通教育、技術職業教育、中等專業教育、高等教育都提出了改革的要求，但是重點放在普通教育。改革的指導思想是「加強學校與生活的互通」和「教育與生產勞動的相結合」（吳文侃，1992：235-236）。改革的主要措施如下（吳文侃，1992：236）：

1. 延長學制：普通學校從十年制改為十一年制，以八年制的普及義務教育代替七年制的普及義務教育。
2. 規定青年從15至16歲起都要參加工藝勞動。
3. 高中階段除普通教育外，實施生產教學，培養職業技能。
4. 高等學校招收新生時，要給有實際工齡的人以優先權。

後來具體要求逐步實現從具有2年以上工齡的青年中招收新生，從應屆中學畢業生中直接招生數不超過20%，廢除原來規定的中學畢業生獲得金質獎章和銀質獎章者升入高等學校的優先權。

1960年代是國際政治經濟競爭激烈的年代，也是科技迅速發展的年代。為了加速人才的培養，促進科技的發展，增強競爭的實力，各國相繼掀起波瀾壯闊的教育改革浪潮。面對這種情勢，俄國不得不對1958年改革所造成的嚴重後果進行反省，改弦易轍進行另一次改革。1964年8月，蘇聯中央和蘇聯部長會議發布了「關於改變兼施生產教學的勞動綜合技術普通中學學習期限的決定」，揭開教育改革的序幕（吳文侃，1992：237）。從那時起到1970年代中期，俄國又進行了以下一系列的改革（吳文侃，1992：237-238）：

1. **縮短普通學校學習年限**：普通學校從十一年制改回1958年改革前的十年制，大幅縮減勞動教學的時間，教學計畫中規定各年級的勞動教學時間每週均為2小時，強調科學文化知識的教學，取消職業訓練的課程。

2. **擴大技術學校網，創辦特殊學科學校**：為了培育英才，擴大了1950年代中期創辦的寄宿學校網，並且創辦數學物理學校、外國語學校等特殊學科學校。

3. **改革教學內容和方法**：從1964年起，組織大批專家編寫新的教學大綱和教科書，重點改革數學、物理、化學、生物、天文學等課程，使教學內容反映現代科學、技術和文化的發展水準。經過十年的努力，共編寫出103種新教材，其中87種被核准為教科書。1975年完成了向新的教學大綱過渡，在改革教學內容的同時，並且改革教學方法，採取專用教室制度，開設選修課程，推廣問題教學法。

4. **改變高等學校的招生制度**：廢除高等學校新生從具有2年以上工齡的青年中招收的規定，強調高深的知識是進入高等學校的通行證。

5. **轉變高等學校的培養目標**：克服過去專業區分過細、學生知識太狹窄的現象，加強基礎理論知識教學，培養具有廣泛專業知識的專家。

1973年俄國最高蘇維埃通過「蘇聯和各加盟共和國國民教育立法綱要」，用文字肯定了歷次改革的成果，使教育改革有法可循。經過這次教育改革，俄國的教育事業有了很大的發展，1975年完成了普及中等教育的任務，98%以上八年制學校畢業生繼續升學，中學畢業生的知識水準有了明顯的提高，但是也存在著下列幾個問題（吳文侃，1992：238）：

1. 普通學校教材內容太多太深，學生課業負擔過重；
2. 忽視勞動訓練和職業技能的培養；
3. 思想政治教育有所削弱。

為瞭解決這些問題，蘇聯中央和蘇聯部長會議於1977年12月通過了

「關於進一步改進普通學校學生的教學、教育和勞動訓練」的決議，提出下列教育改革的措施（吳文侃，1992：238-239）：

1. 修改教學大綱和教科書，刪減過於複雜的和次要的內容：該決議要求新的教學大綱既要反映現代科技發展水準，又要符合學生實際學習的可能性。同時改革教學方法，全面推廣專用教室制度，增加選修課程時，注意學生能力的培養。

2. **加強勞動教學和職業指導**：適當增加教學時數，制定勞動教學大綱，建立勞動教學基地，培養勞動教學的師資，加強國民教育機關對學校勞動教學的督導。

3. **加強思想政治教育和道德教育**：藉由課堂教學、課外活動和校外活動，對學生進行愛國主義教育、革命傳統教育、優良品德教育等，並與形形色色的「資產階級思想」進行鬥爭。1977年所採取的這些措施，實際上只是修修補補的改革，無法扭轉局面。要根本解決問題，必須從教育制度上，再做一次重大的改革。

1980年代世界科技發展加速，一些先進國家早已進入了資訊社會。電腦在工業上的廣泛應用，進一步提高了自動化水準。工人腦力勞動因素的比重逐漸增加，國民經濟的發展有賴於先進的科學技術，而科學技術的發展又有賴於人才的培養。各國有識之士看到當前教育落後的狀態，越來越感到教育改革的重要性，於是各國又相繼出現新的教育改革運動。俄國在教育上既然存在著嚴重的缺點，不能配合政治經濟科技發展的需要，自然非進行教育改革不可。有鑑於此，俄國中央在1983年6月全會上，提出認真考慮改革普通學校和技術職業學校的必要性。經過一段時間的準備，制定出「普通學校和職業技術學校改革的基本方針」。1984年4月先後由俄國中央全會和俄國最高蘇維埃討論通過，作為教育改革的指導性文件。為了確定基本方針的貫徹，隨後還發布了六個決定（吳文侃，1992：239）：

1. 俄國中央和部長會議頒布「關於進一步改革青年的普通中等教育和改善普通學校工作條件的決定」；

2. 俄國中央和部長會議頒布「關於改進學生的勞動教育、勞動教學、職業指導、組織他們參加公益勞動和生產勞動的決定」；

3. 俄國中央和部長會議頒布「關於進一步發展技術職業教育體系和
   提高其在培養熟練工人方面作用的決定」；

4. 俄國中央和部長會議頒布「關於改善普通教育系統、技術職業教
   育系統的師資培養、業務進修和改善他們的工作、生活條件措施
   的決定」；

5. 俄國部長會議頒布「關於進一步改善工農學前教育和培養兒童做
   好入學準備條件的決定」；

6. 俄國中央、部長會議和全俄工會中央理事會頒布「關於提高教師
   和國民教育其他工作人員工資的決定」。這次教育改革的思想基
   礎和方法論基礎是根據新的歷史條件和俄國社會的可能性，運用
   和發展列寧關於統一的、勞動的、綜合技術學校的原則；中心思
   想是根本改進對學生的勞動教育和職業指導，把教學和生產勞動
   結合起來。教育改革的主要措施如下（吳文侃，1992：240）：

   (1)延長學制，提早入學年齡，並且改變普通中等教育和職業教育
      的結構。把原來的初等技術職業學校、中等技術職業學校、技
      術學校改組為統一類型的中等技術職業學校，擴大這種學校的
      招生名額，其畢業生也可以升學。

   (2)增進教學內容，改革教學方法，提高教學和教育過程的品質。

   (3)加強勞動教育、勞動教學和職業指導。

   (4)加強兒童、少年的社會教育和家庭教育。

   (5)加強師資培訓，提高教師的社會地位和經濟待遇。

   (6)加強教育的教學物質基礎。

   (7)改進國民教育的管理。這些教育改革措施，規定要根據民族特
      點和地方條件，分階段逐步實行，到1990年大致完成。

二、俄國的教育改革機構

　　俄國教育的管理體制是中央集權制，全國教育的決策機關是俄國中
央和部長會議。教育上的一切重大問題，例如：教育的方針政策、發展計

畫、重大改革措施，都必須經由他們討論，並且做出決定。有的決定經過
他們討論後，交俄國最高蘇維埃討論通過，作為法律頒布執行。俄國的教
育改革機構如下（吳文侃，1992：242-244；鍾宜興，2009：317）：

㈠中央的教育改革機構

1996年8月16日俄羅斯聯邦宣布政府機構改組，原有的教育部與高等
教育委員會合併為「普通與職業教育部」（Ministry of General and vocational
Education），原來的「最高學位評議委員會」則改名為「國家最高學位
評議委員會」。1998年3月，俄羅斯總統葉爾欽（Boris Nikolayevich Yeltsin,
1931-2007）下令解散內閣，教育部長易人，與教育部平行的「國家最高學
位評議委員會」被降級，改隸教育部，成為教育部的下屬機構。2004年總
統大選之後，普丁（Vladimir Vladimirovich Putin, 1952-）當選總統，整頓國
家發展的企圖心展露無遺，這可由其改造行政部門的組織窺見端倪。2012
年3月4日俄羅斯總統大選，普丁再度當選總統。根據2004年3月9日的總統
命令，俄羅斯進行行政部門的改組工作，其中有關中央教育行政主管機
關的改組，係以2004年6月15日所發布第280號命令為法源，提出以「教育
與科學部」（Ministry of Education and Science）取代原先「普通暨職業教育
部」（Ministry of General and Vocational Education）的新作為。

㈡地方教育改革機構

1988年3月以前，加盟共和國設立教育部、高等和中等專業教育部、
技術職業教育委員會，分別主管各自管轄範圍內的工作。1988年3月以
後，成立國民教育委員會，統一管理教育工作。邊疆區和州設立國民教育
廳，莫斯科、列寧格勒和各加盟共和國首都也設立國民教育廳，行使對所
管轄範圍內學校、學前和校外教育機構的領導和監督的職權。區（市）設
立國民教育局，直接管理所屬學校的教學和教育工作。除前述教育行政機
關外，村鎮人民代表蘇維埃也要負責管理本地區的文化教育工作。俄國為
了加強對普通學校和國民教育機關的督導，教育部系統從俄國教育部到加
盟共和國教育部、邊疆區（州）國民教育廳和區（市）國民教育局，都設
有督學編制，構成全俄的學校視察系統。學校視察機構對普通學校和國民
教育機關執行黨和政府在國民教育方面的決議，並且執行俄國教育部和各

加盟共和國教育部的命令。

三、俄國教育改革的原因

　　根據相關教育文獻的分析，俄國教育改革的原因如下（李巧石譯，1990：83-98；鍾宜興，2000：45-49；鍾宜興，2002：52-53；畢英賢，1992：24）：

㈠經濟層面的原因

　　從1970年代開始，蘇聯經濟已經出現危機，原有的經濟體制失去生產動力。所幸兩次石油危機，蘇聯靠著原油的輸出，彌補財政赤字。但是從1980年開始原油價格的下滑，蘇聯經濟發展困難的問題日益嚴重。1985年甫上任的戈巴契夫已經清楚地瞭解，蘇聯雖然擁有強大的軍事力量，但經濟發展已到岌岌可危，嚴重癱瘓的地步。1985年4月戈巴契夫在蘇共中央全會上表示，將加速國家社會經濟的發展。同年6月11日蘇聯國家計畫委員會發表政府和經濟改革的構想案。不久蘇共中央召開「加速科技進步問題」會議，會中戈巴契夫強調經濟問題已到不得不正視的地步。1986年2月25日至3月6日蘇共舉行第27屆代表大會，會中通過有關經濟發展的第12個五年計畫，釐定至西元2000年的經濟成長目標：國民所得與工業生產將提升兩倍、農業方面則將擴大農場和農莊的自主權、實施經濟核算制度和推展承包制。同年6月中央全會批准戈巴契夫的「經濟根本改造方案」。戈巴契夫的改革方案與以往不同之處在於，他的改革觸及蘇聯經濟體制的問題，進行體制的改革。所以行政體系的官僚主義，國營企業的低效率等問題，將是戈巴契夫所必須面對的重大問題。除了改善國營企業效率之外，蘇聯政府也試圖提升私人參與經濟活動。1986年11月蘇聯通過「個體勞動法」，准許私人經營29種行業，例如：私人計程車、家庭教師、理髮業等，打破以往所有行業皆為國營的鐵則，此項立法將為部分行業注入更多的私人經營活力。1987年年初，蘇共中央會議決議實施「定額計畫法」，要求每個集體和國營農舍應考量各種生產狀況，然後確定該農社向國家繳交的農產數量，此數額將五年不變。定額中也規定農場可將產量的30%自行出售，如果生產超過定額的數目亦可以自行處理。1987年

6月頒布「國家企業法」對於經濟管理制度進行改革，該法促使企業的經營採獨立自主，財政獨立的原則，但企業也必須自負盈虧；職員大會或代表大會有權選用領導幹部，賦予員工自主的權力。1990年3月蘇聯最高蘇維埃通過「蘇聯所有制法」，蘇聯首次以立法形式表明所有權的類別與保障，法案於同年的7月正式生效。1991年年底戈氏下野之後，蘇聯未完成的經濟改革，由俄羅斯聯邦總統葉爾欽接手。新成立的俄羅斯聯邦政府，採取更為激進的經改措施。1992年1月2日俄羅斯聯邦採行更大膽的策略，例如私有化、物價自由化以及緩和外貿限制等措施，以創造出市場經濟的條件與機制，同時對能源與原料的出口要求許可狀，以加強俄國的經濟主權。但是上述一連串經濟自由化的改革措施未能見效，民眾在物資缺乏的恐慌心理下，大量囤積物資，結果造成市場機能不彰，財政金融不穩定，物價上漲幅度數十倍，生產下跌近30%。經過社會震盪後，俄羅斯民眾苦不堪言。1994年1月俄羅斯內閣改組，新任總理丘諾梅丁雖然仍採行經濟市場的經濟理論，但是放緩經改步調，採取溫和的經改措施。回顧以上經濟改革歷史，從蘇聯至俄羅斯聯邦的經濟改革有兩個主要趨勢：一是自由化，從蘇聯至俄羅斯聯邦，政府領導人莫不試圖揚棄中央調控的經濟發展模式，改變控制價格的策略，走向市場經濟，由市場決定價格。二是私有化，企圖以私有制的經營方式，刺激俄國頹廢的經濟生產效能。上述這兩項趨勢最後都指向自由經濟體制的建立。

(二)政治層面的原因

　　1988年11月28日戈巴契夫在蘇共第十九屆黨代表會議上發表談話，提出改革國家權力機構的基本構想，通過「關於蘇聯社會民主化與政治體制改革」決議案，作為進一步改革的藍圖。決議案中確定改革的重點在於促使黨政分離，徹底改造蘇聯的最高蘇維埃，並完成領導人任期制的立法工作，讓民意進入共黨之中。1989年11月26日戈巴契夫於《真理報》上發表一篇名為「社會主義思想與革命性改造」的文章，文章中首先指出馬克斯對資本主義的誤判，同時也表明列寧改革的企圖；最後提出自由式社會主義的新理想，而社會主義的新貌是放棄官僚式的中央集權，改以民主式的中央集權。民主成為蘇聯必須前進的道路。1990年2月5日蘇共召開中央全

會討論新的中央黨綱，新黨綱決定實施總統制，並修改蘇聯憲法第6條，容許其他政黨的存在。新黨綱在政治民主化進程中具有重大的意義，造成蘇聯政治體制大幅度的變革。1991年6月12日俄羅斯加盟共和國選舉總統，由葉爾欽當選總統，對於保守勢力而言，這是一大打擊。此時共產黨勢力正迅速地衰退之中。1991年7月蘇聯共產黨中央全會宣布最近一年半之內420萬人退黨。蘇聯共黨保守派的最後反撲於1991年8月展開。8月19日蘇聯發生政變，戈巴契夫遭到三天的軟禁，最後在葉爾欽的號召下，人民結合共同抵抗政變，結束一場政治風波。政變後戈巴契夫下達命令，停止蘇聯軍隊、內政部、國家安全委員會及其他司法機關內進行政黨活動，凍結蘇聯共產黨財產，交由人民代表蘇維埃代為保管。同年9月5日蘇共中央決定向現實低頭，解散中央機構和其他的黨機構，並成立撤銷委員會，負責處理黨的解散工作。1991年12月25日戈巴契夫在電視上公開辭去蘇聯總統一職，「蘇聯」就此成為歷史名詞。蘇聯解體後，俄羅斯聯邦雖曾發生總統砲轟國會，府會關係惡化、總統擴權等事件，但是原則上仍然朝著政治民主化的方向前進。

(三)人道層面的原因

在1989年的7月蘇聯國家國民教育委員會公布第565號令，批准通過「蘇聯高等學校暫行條例」。新條例比起舊條例更加突顯出人道的理念。例如新條例強調：1. 學校應滿足個人的需求，並且提高知識、文化、道德等方面的水準。2. 加強區別化的教育。3. 發展學生的獨立性與創造力。以上滿足個人需求、區別化教學和學生獨立性的發展等都是人道精神的強調。至於教材教法與課程人道化的工作，在俄羅斯聯邦時期的法令則以1992年的俄羅斯聯邦教育法最為重要。其中涉及人道理念的法條為第1章的第2款，關於俄羅斯聯邦對於教育事業實施原則的第一點：教育須有人文特性，以全體人類的目的、生命與健康、自由與個體發展為優先，將俄羅斯教育發展方向定在人道理念的發揚上。在強調人道精神的教育改革中，教材教法上反映出人道思想，逐一改進學生課業負擔過重，課程枯燥，課程與實際脫節等等問題。教育改革強調教育應以學生為主體，注意學生的學習動機，回歸以人為教育主體的理念，而這正是區別化教學興起

的原因。因此，其後俄羅斯的教育改革都非常重視人道精神的追求。

㈣效能層面的原因

有關效能的追求早在戈巴契夫改革之前，就已經反映在俄羅斯的教育上，1984年的普通學校與職業學校改革基本方針便是最好的代表。在該份文獻中，提及當時教育改革的目標有：1. 提高教育品質。2. 增進普通教育學校的勞動養成與職業輔導的組織。3. 增加學生對自己學業品質負責的程度。4. 提高教師與生產訓練師資的權威及待遇。5. 加強教育的物質基礎。6. 擴大國民教育的架構與行政體系。從上述目標中不難看出貫串整個方案的精神是提高教學品質，追求教學效能。而增進教學效能的首要工作是改變普通教育與職業教育的架構，所以必須進行普通教育的改革，因此普通教育年限由十年改為十一年。初等學校入學年齡則改為6至7歲。將不同類型的職業學校統一，使得中等教育學校共有三類，分別為：10年和11年的中等職業學校，中等專科教育學校和中等普通學校。其次是提高教師的權威，進行師範教育的改革，將師範教育年限由4年改為5年，因此許多師範學院改制為師範大學。另外，加強教育的物質基礎和強化教育行政效率等等也是俄羅斯教育改革的重要工作。

四、俄國教育改革的內容

自從蘇聯瓦解，葉爾欽（Boris Yestsin, 1931-2007）執政之後，任命蓋達爾（Geydar Aliyevich Aliyev, 1923-2003）擔任總理，在俄羅斯積極推動經濟改革，讓俄羅斯的經濟受到很大的震盪。接著1998年又受到亞洲金融風暴的影響，讓俄羅斯的經濟再次受到重創，使得經濟成為俄羅斯國內急須解決的問題。政治上各政黨一片經濟發展的聲音，所以政府無暇顧及教育改革。因此，在2003年舉行的國家杜馬選舉中，根據《經濟學人》的報導，各政黨對於教育問題和人民健康問題的政策，根本很少提及。由此可見教育問題在俄羅斯是不被重視的。在俄羅斯這樣貧窮的經濟環境下，中小學教師工資水準普遍偏低，導致大量教師生活水準下降，不能安心教學崗位的工作，紛紛轉入其他收入較高的行業。隨著2000年3月普丁（Vladimir Putin, 1952-）當選總統執政，俄羅斯的經濟才慢慢趨於穩定。2003年5

月16日普丁在俄國議會兩院聯席會議上，發表年度國情咨文，談到俄羅斯
近3年來取得的經濟成就時，主張俄國經濟已經逐漸好轉。而普丁政府近
年來為穩定教師行業的人數，遏止教師轉行現象的蔓延，俄羅斯教育部決
定增加中小學教師的工資，並且增加教育投資，以保持俄羅斯教育的水
準。2002年教育撥款額度首次超過國防預算，因為普丁意識到：俄羅斯的
經濟要復興，就必須從教育改革入手。因此，俄羅斯政府將實現教育現
代化，作為國家發展戰略的關鍵因素（陳亞伶，2004：140-141）。2000年
俄羅斯政府通過為期25年的《俄羅斯聯邦國家教育發展綱要》，確定了教
育在國家政策中的優先地位、教育發展戰略和方向。2001年10月俄羅斯政
府召開會議，討論並通過教育改革方案。教育改革的主要內容有：以中小
學十二年學制取代目前的十一年學制；以全國統一考試取代中學畢業考試
和大學入學考試；改變國家對高校的撥款制度，以提高教育經費的使用效
率；提高教師的待遇，增加國家對教育的撥款。茲詳細說明俄國教育改
革的重點如下（黃耀卿，2007；陳亞伶，2004：140-144；張百春、劉東敏，
1999：44-47）：

(一) 延長學校教育學制：以中小學十二年學制取代目前十一年學制的
主要目的，是為了減輕學生的學習負擔，完善學生的知識結構。
俄羅斯許多學校都存在學生學習負擔過重的問題。近30年來，俄
羅斯普通學校的教材增加了50%，學校增設心理、邏輯、資訊和
電子電腦等許多新課程。為了完成教學任務，有的學校連星期六
也要上課，這使許多學生力不從心。學習負擔過重不僅造成教育
水準下降，還使學生身體健康惡化。根據統計資料顯示，俄羅斯
中學畢業生中身體健康者只占15%，45.5%的學生患有各種慢性疾
病。為改變這種狀況，俄羅斯政府計畫再減少目前教學內容20%
的同時，將學制從目前的11年延長到12年。實行12年學制後，前
10年為義務教育。也就是說，學生必須接受前10年的基礎教育，
而接下來的兩年是分科教育，學生自願選修。為減輕學生負擔，
一些難度較大的課程今後將安排在十年級以後學習。為完善學生
知識結構，實行12年學制後，將增設經濟學基礎、法學基礎等課

程，體育課時間也相應增加。此外，學生從小學2年級起，將學習外語和資訊知識。學制改革後，大約有50%的學生上完10年級後，將進入技術學校學習，剩餘的學生則再學習兩年，以便為進入大學深造奠定基礎。從2002年開始，俄羅斯已在每個聯邦主體內選擇10至15所學校，推行12年學制的大規模教育改革實驗，以確定改制後的教學內容。

(二) 全國統一高校考試：俄羅斯中等教育改革的另一項重要內容，就是以全國統一考試取代目前的中學畢業考試和大學入學考試。俄羅斯目前的升學制度是：中學生畢業後通過學校命題的考試，即可拿到畢業文憑，如果想要考大學，還必須通過高校命題的入學考試。由於高中畢業考試是由講授每門功課的老師出題評分，評分隨意性很大，學生考試分數往往不能真實地反應其學習水準。根據調查顯示：莫斯科的各學校，畢業成績為滿分者，占全部學生的2.5%，而在俄羅斯另外一些地區，這一比例則高達10%，鑑於這種狀況，目前世界上許多國家不承認俄羅斯中學畢業文憑。實行統一考試後，講課的教師將不再參與學生畢業考試的出題評分，從而確保畢業成績的客觀性。目前俄羅斯大學升學考試是由高校命題，這一制度既為腐敗提供了溫床，也是許多優秀學生無法進入有名大學學習的原因。為了能進入有名大學或者吃香的專業，學生家長經常通過行賄方式，收買這些學校考試委員會的成員，而這些成員收受行賄後，在考試時就給予學生高分。值得一提的是：俄羅斯的許多考試都是口頭的，因此即使弄虛作假也很難找到證據。俄羅斯大學升學考試的另一弊端是：中學生畢業後，必須親自到高校參加入學考試，一些學生因經濟困難，無法到其他城市的大學考試，只好放棄進入一些有名大學學習的機會。以前在莫斯科各大學上學的外地學生占學生總數的75%，本市學生只占25%，目前情況正好相反。改革後，學生不須離開所居住的城市，就可以參加全國統一考試，然後通過郵局將統一考試成績寄往各大學就可以了。因此，統一考試制度可以使年輕人

有均等的機會接受高等教育。

(三)改變高等教育撥款制度：俄羅斯高校學生人數居世界首位：共有470萬大學生就讀於567所高等院校，私立學校與國家教育體系並存發展。實行改革後，國家對國立大學的撥款額度，將根據學校的學生人數和學生成績而定。按照目前的改革措施，今後國家給大學生的撥款數額將分為4個等級，撥款額度多少取決於該學生中學畢業時的統一考試成績。成績達到國家規定分數的中學生，將可以免費到大學就讀。而沒有達到分數的中學生，國家將根據其統一考試成績高低確定撥款額度，分數愈高撥款額度就愈多。採取這一措施可以促使各大學，為爭奪優秀學生和國家撥款額度展開競爭，從而保證優秀大學吸引更多的優秀學生。為了吸引更多優秀的大學生從事那些人才缺乏的行業，今後師範和農業院校的學生入學時，將和學校簽定合同，保證畢業後從事所學專長，而學校則承諾免收學費，否則學生就得支付學費。根據10年來的統計顯示：從俄羅斯流失到國外的人才高達100多萬，其中大部分接受過高等教育，具有博士學位的人占總數的12%到15%，具有博士文憑的人占2%。這些人才每年為其他國家創造500億美元的財富。為杜絕人才流失，俄羅斯今後將要求那些上大學時免交學費，而畢業後又出國工作的大學生，向國家補償學費的損失。為保證高等院校教學質量，從1993年起，俄羅斯教育部每隔五年就要對所有國立大學，進行教學質量認證。如果某國立大學某項專業的教學水準未能通過認證，那麼國家就會取消它發放該專業國家文憑的資格。根據改革計畫，今後俄羅斯將建立全國性和地方性的教育質量獨立評估機構，以取代目前行使此一功能的教育部。

(四)增加政府預算改善教師待遇：蘇聯解體後，儘管俄羅斯教育受到衝擊，蘇聯時期打下的堅實基礎並未被摧毀，俄羅斯高等院校基本上保存了教學和科學研究的實力。按照國民教育水準算，俄羅斯目前仍居世界前列，每一萬人中有320名大學生，而蘇聯時期，

每一萬人中有220名大學生。今天，俄羅斯勞動人口中受過高等和中等教育的人數達87%。如果要保持目前勞動人口的教育水準，提高教師地位和待遇是俄羅斯教育制度中需要解決的另一個緊迫的問題。目前莫斯科許多大學教授的平均工資不到3,000盧布（100美元）。由於教師待遇低，教師流失和匱乏的現象比較嚴重。許多教師，尤其是男性教師畢業工作2至3年後就改行了。根據俄羅斯教育部的資料：在俄羅斯150萬中小學教師中，女性比例高達85.3%。面對這種情況，俄羅斯政府決定採取一系列措施來改變目前狀況。按照俄羅斯政府規定，從2003年12月1日起，教師工資將提高一倍。為保證中學教師工資準時足額發放，今後中學教師工資將由地方財政撥款改為聯邦財政撥款。為吸引更多的人從事教師職業，今後俄羅斯還將借用中國的教育貸款制度，國家將向師範院校的學生發放貸款，學生畢業後如從事教師職業，貸款由國家支付，否則自己償還貸款。為吸引更多的男性大學生從事教師職業，政府計畫讓選擇教師職業的男性大學生畢業後免服兵役。當然在教師改革部分當中，給教師加薪僅僅是俄羅斯改革教育，提高教育水準的措施之一。未來4年中，俄羅斯國家財政和地方財政將為教育改革投入10億英鎊的資金，以進行一連串的教育改革。

(五) 進行學校課程與教學的改革：蘇聯解體後，學校教育的教學內容逐漸民主化、多元化和國際化，教學內容的設置提出以人權為基礎，樹立自由和平等的思想觀念，在尊重個人權利和尊嚴的基礎上，發展各民族之間的平等對話和文化交流，增進各民族間的相互瞭解，使教學內容與全人類的文化價值一致。在教學方法上，儘量調動各方面的積極性，採取適合教學內容和靈活多樣的教學方法。在課程設置方面，學校有一定的自主權，可以根據實際的情況調整自己的教學方案，適當地增加或減少學科或節數。任課教師自己有權制定教學計畫和選擇教學方法。同時，一些政治傾向較濃厚的課程相繼被取消，許多課程的內容做了重大的調整。

教育的內容直接以社會需要和個人需要為前提，不再受到政治和意識型態的影響。而且學校教育的課程和教學也受到其他各國的影響，逐漸朝向國際化的方向發展。

㈥ 學校管理及控制機制的民主化：從2004年普通教育學校開始進行管理及控制形式的改革—組織學校管理委員會，它一方面是學校支援組織，從贊助者、校友來擴大募集預算外的經費，並保障控制符合目的的使用，以取代現行大部分從家長捐助的情形；另一方面，學校管理委員會應該能夠保障學校日常的生活機制，瞭解教學過程和課外活動，確保學校午餐和學校安全的品質，參與校長及教師的遴選工作。但因建立這種學校的民主管理機制對俄羅斯來說是全新的，俄羅斯政府將參酌世界先進國家的經驗，在二到三年內分階段實施。

㈦ 加強教育視導工作，貫徹教育政策：在2004年7月至2005年5月，教育與科學視導署對聯邦主體及地方自治機構管轄的教育管理機關和教育機構，就其遵循法令的情形，進行35次的綜合、主題和機動性的視導，並在7個聯邦主體的教育管理機關和教育機構進行有計畫的綜合性視察。目前有關普通教育機構的視導大都由州級的教育主管機關實施，或配合教育與科學署進行協同視導，主題包括：普通教育的普及率、文科中學和普通中學的教育活動，學生學習內容、學生健康……等幾乎涵蓋整個學校的教育活動，以提升辦學的品質。

㈧ 制定國家教育標準，更新普通教育的內容：國家教育標準是對教育水準和畢業生所學知識的客觀評價，俄羅斯聯邦在其職權範圍內制定國家教育標準，已確定基礎教育大綱內容的最低水準、受教負擔的最高水準和畢業生水準的要求。俄羅斯普通學校新課程標準於2005年1月在9年級的專業預備學習開始實施，在基礎教育階段，（初中）畢業班已可開始從選擇的課程進行專業預備的培養，主要的途徑是增加9年級基礎教學計畫中可變（學校）部分的教學時數，並准許學生自由選擇課程來實現。這樣經過提前定向

的學習，9年級畢業生就能順利銜接高中的專業式教學階段。但是由於不是所有學校高中部都實施專業式教學，所以基礎學校的畢業生還必須進行一定形式的口試，和審查學生的總結性鑑定等競爭才能如願。

㈨加強資訊教育，改進教學品質：資訊化與電腦化的工作是俄羅斯政府的重大基礎建設，期望建立一個「統一空間的資訊空間」，目的是在俄羅斯聯邦建立和發展統一的教育資訊化環境，保證國內教育資訊化的統一發展，提高俄羅斯各區域的教學品質，保持、開發和有效利用國內已有的科學文化資源，向全世界提供以俄語為媒介的教學資源。尤其鄉村學校的資訊化是俄羅斯政府非常重視的政策，俄羅斯政府的普通中等教育資訊政策內涵包括：資訊教育設備的充實、資訊課程的設置和資訊教師的培訓3部分。網際網路教育聯盟中心是俄羅斯尤柯斯石油公司與教師進修學院及大學的進修中心共同創立，依據協議網際網路教育聯盟中心設置在高等院校或教師進修學院，中心的功能是為教育工作者應用資訊溝通技術提供服務，並支援教師在應用網際網路技術上的創新活動。

1999年歐盟29國通過波隆納宣言，企圖在2010年建立歐洲高等教育區。2003年俄羅斯教育部長簽署該宣言，波隆納進程對於俄羅斯高等教育的發展影響深遠。根據鍾宜興（2007）的研究顯示：波隆納進程對俄羅斯高等教育有下列幾項影響：

㈠波隆納進程的學制改革與俄羅斯高等教育的發展相互呼應

俄羅斯高等教育早在1990年代初期便已進行學制改革。當時，俄羅斯大學為求生存不斷嘗試，從修改學制到面向國際化，積極吸收外國學生。至於波隆納進程則試圖整合歐洲高等教育制度，其中學制的統整為其重要的工作。是以，若從學制改革與積極吸收外國學生的角度來看，俄羅斯高等教育的發展趨勢與波隆納進程相互呼應。

㈡波隆納進程引發俄羅斯學術素質低落，淪為邊緣的憂心

俄羅斯高等教育對於波隆納進程的各種不同的觀點。對於教育行政體

系來說，波隆納進程是俄羅斯高等教育必須面對，而且應及早因應的重要議題。但是，對於部分的高等教育行政人員或教師而言，波隆納進程應持審慎的觀點。審慎之處在於希望維持俄羅斯既有的傳統，堅持不可喪失自主，淪為歐洲邊緣。不論是贊成或反對，其所憂心的，皆是俄羅斯高等教育在國際競爭場合中失去利基，淪落為歐洲，甚至世界的邊緣。

㈢學分轉銜的工作仍在推廣之中

波隆納進程在強調學制齊一、學分轉銜以及人員流通等工作。在俄羅斯高等教育機構中，目前學制正逐步增加學士與碩士課程，舊制的專士學位課程則逐步減少。至於學分轉銜與評鑑方式，教育部連續通過多所大學進行新的學分採認制度，但學分採認制度仍需極力推廣，激勵高等教育機構加以採行。

㈣俄羅斯高等教育機構對波隆納進程存在地區與科系差異

整體而言，俄羅斯高等教育加入波隆納進程的情況，大致以都市地區為先，邊遠地區較差。自然科學的教師與學校行政主管們堅持俄羅斯的高等教育品質，不願意輕易的改變傳統。人文與社會科學的教師則持開放的態度面對波隆納進程。各高等教育學府由於學校特性、地區差異等因素，所採取的態度與加入的速度不同。但是，波隆納進程的影響已經逐漸深入俄羅斯高等教育。

最近幾年來，俄羅斯高等教育的急遽擴張，學生素質與教育成效的問題不斷為政府、學界及社會所關切。於是，俄羅斯高等教育在量的擴充之後，質的提升成為亟需處理的議題。除了增加高等教育的投資之外，俄羅斯中央還進行幾項重大教育改革與發展工程。舉例而言，改革大學入學制度，採用標準化測驗的方式，杜絕私相授受的情事發生，監控高等學校入學生的素質；增設中央機關，教育與科學監督署，確保大學的教育品質；創設國家研究型大學，投入競爭型經費，促使各大學以10年為期，規劃大學不斷追求卓越的前景。就在各地區發展要齊一，大學水準要提升的前提下，聯邦大學的設計也應運而生（鍾宜興，2011：143-144）。

五、俄國教育改革的啓示

根據相關教育文獻的分析，俄羅斯教育改革所的啟示如下（鍾宜興，2000：63）：

(一) 導入民主的思想：教育行政決策中增加學校和學生作主的機會。學校的校務可以由校務會議作決定，課程也有自行設計的空間。學生方面則增加了選課的自由，而整個教育行政的決定過程也逐漸民主化，所以地方教育政府有更大的自主權。

(二) 引進自由的理念：隨著自由經濟的理念，學校也像市場一般，經營不善者則關門大吉；而許多的經費也需要學校自行設法。在公營學校逐漸不易維持的情況，許多私立學校也相應而生。對於學生而言，自由制度的重要表徵便在於選修課的增加。

(三) 人道精神的追求：在強調人道精神的教育改革中，教材教法上反映出人道思想，逐一改進學生課業負擔過重，課程與實際脫節等等問題。教育改革強調教育應以學生為主體，注意學生的學習動機，回歸以人為教育主體的理念，而這正是區別化教學興起的原因。

(四) 教育效能的重視：教育上效能提升的問題隨著經濟問題為人所注意，尤其在職業教育部門最為明顯，畢竟職業教育的良窳直接關係著經濟效能。所以學界與政府部門希望職業教育能將實際與理論結合，加入現代新知，並培養下一代積極認識的理念。至於學校效與教育行政方面則要求行政效率的提高，因此有1988年教育行政制度的改革。

(五) 由於俄羅斯學校教師的待遇偏低，許多學校的男性教師紛紛轉行到其他行業，賺取比較高的薪資，以改善生活的狀況。俄羅斯政府正積極籌措教育經費，提高教師的福利和待遇，以留住各級學校教師，避免高級人才的流失。這項措施相當值得我國參考，才能吸引優秀的人才，投入學校教育服務的工作。

最近幾年來，由於俄羅斯就業市場緊縮，學生畢業後謀職不易，促使

教育系統必須因應市場的變化。由於俄羅斯勞動市場職缺主要開放給中等或高等技職教育畢業生，所以初等技職教育學生便有難以進入社會職場的生存危機。然而，在輸出端所出現的問題，轉而造成輸入端的困境。亦即系統的生產與再生產出現危機，系統運作的危機於焉出現。是以，俄羅斯初等技職學校未能提供就業願景，無法與完全中學的普通學校競爭，而且相對於中等與高等技職教育而言，更難以招足學生。近20年來初等技職學校數不斷減少，學生人數一再滑落。如今在學校數目與學生人數皆不到20年前的一半，俄羅斯沿用自蘇聯以來至今的三級技職教育體系，即將面臨瓦解的命運。故俄羅斯政府與社會必須思考整體教育系統如何調整，以及初等技職教育系統的存留問題。循此而來，也勢必要討論社會如何維持運作，人才培育如何發揮效力等問題。是以，這將不僅是初等技職教育系統的改革而應是整體教育系統改革；而教育系統的改革重任，又將是社會整體系統改革的工程。俄羅斯在後期中等教育階段面臨技職教育系統與普通教育系統之間發展失衡問題，並非個別學校所能改善，而必須以系統論的觀點思考其解決之道（鍾宜興，2013：126-127）。

第七節　中國的教育改革運動

　　中國是一個文明古國，具有悠久的歷史和燦爛的文化。夏、商、西周的學校都是官辦的，有國學與鄉學。春秋戰國時期，各諸侯國先後進入封建社會。教育隨著歷史的發展，由「學在官府」變成「學在四夷」。孔子首創私學，儒、墨、道、法、縱橫各學派都創立了私學，學術上形成「百家爭鳴」的局面。戰國時期，齊國在臨淄創設的稷下學宮，也成為百家爭鳴的基地。漢、唐兩朝是中國封建社會的鼎盛時代，教育也是極盛時期。漢武帝於元朔五年在長安正式創立規模巨大的太學，並在地方設置學校，初步形成了學校體系，這在世界教育史上居於領先地位。東漢末年還設置了文藝專科學校「鴻都門學」，更在世界教育史上大放異彩。唐代從中央到地方有一整套學校，形成了相當完備的學校制度。當時就已設立算學、天文、醫學等自然科學的專科學校，這比歐洲實科學校的出現早了1,000

年。由於當時文化教育昌盛，吸引了日本等國大批學者前來留學，在中外文化交流史上留下光輝的一頁。隋朝創立的科舉制度，至唐代益加完備，這是中國教育在考試制度上的重大創舉。五代開始出現的書院制度，到了宋朝逐漸達到巔峰，也是中國教育史上富有成果的創造。中國古代教育對各民族的融合、文化的交流、社會經濟的發展，都發揮過重大的功能（金世柏，1992：272）。

一、中國教育的發展與演變

第二次世界大戰以後，中國教育的發展可以分為下列幾個時期（金世柏，1992：276-288）：

㈠摸索建立社會主義新教育時期（1949-1956）

1949年以後，中國採取「維持現狀，逐步改造」的辦法，首先接辦了國民政府遺留下來的所有各級公立學校。1952年下半年開始，中國逐步將全國私立中小學改為公立，私立高等學校也在院系調整中全部改為公立。對於受外國控制的學校，中國政務院於1950年12月作出「關於處理接受美國津貼的文化教育救濟機關及宗教團體的方針」的決定，首先處理了受美國援助的學校，將其收回自辦。至此，結束了外國百年來對中國的文化侵略，完全收回了教育的主權。從國民政府手中接管學校，從外國手中收回教育主權之後，中國廢除了舊學校的課程，開設了馬克斯主義課程，改變了半封建半殖民地的教育性質，走向社會主義的教育方向。1951年10月1日，以政務院的命令頒布了「關於改革學制的決定」。這個時期的教育發展主要的重點在於接管改造舊學校，進行學制改革和推展幼稚園、小學、中學和高等學校各項教育改革的措施。

㈡教育改革與教育事業調整時期（1957-1966）

社會主義改造初步完成之後，中國主導大陸各族人民開始轉入大規模的社會主義。1958年9月中國中央和國務院根據當時的形勢，發布了「關於教育工作的指示」，規定「黨的教育工作方針，教育工作必須由黨來領導」。在辦學方面，指出為了「多、快、好、省」的發展教育事業，必須動員一切積極因素，既要有中央的積極性，又要有地方的積極性，和廠

礦、企業、農業合作社、學校和廣大群眾的積極性,為此必須採取統一性與多樣性相結合,全面規劃與地方分權相結合的原則」。辦學的形式應該是多樣性的,國家辦學與私人辦學,普通教育與職業教育,成人教育與兒童教育,全日制學校與半工半讀學校,學校教育與個人自學,免費的教育與收費的教育並重。全國將有三類主要的學校:第一類是全日制的學校,第二類是半工半讀的學校,第三種是各種形式業餘學習的學校。1963年3月23日中國中央在批准試行「中學五十條」和「小學四十條」的指示中指出:中小學教育是整個教育事業的基礎,提高中小學的教育品質,是一項具有戰略意義的任務,應該把這個問題擺在黨和政府的重要議事日程上來;在中小學階段必須十分注意德育;在智育方面,小學階段必須注重語文和算術的教學,中學階段必須注重語文、數學和外語的教學;中小學校還要適當注意體育;各級黨委必須加強中小學教育的領導,充分發揮教育行政部門和學校行政領導的作用,改進教學計畫,加強教材建設,建立一支「又紅又專」的教師隊伍,切實辦好師範教育。中國中央的上述指示,概括了1949年以來教育工作的經驗,對大陸教育事業的發展具有很大的指導作用。

(三)大動亂對教育事業的破壞時期(1966-1976)

1966年5月至1967年10月的「文化大革命」,使中國政權和人民遭到1949年以來最嚴重的挫折和損失。1966年5月林彪、江青等人利用毛澤東關於「資產階級知識分子統治我們學校」的論點,炮製了一個教育戰線的「黑線專政論」,全盤否定中國政權成立後17年的教育工作。此後,於1971年4月15日至7月31日召開的全大陸教育工作會議期間,在「四人幫」直接操縱下編造的「全國教育工作會議紀要」,又對17年的教育工作做出了所謂的「兩個估計」:一是所謂教育部門的領導全部在無產階級手中,推行了一條反革命修正主義路線,毛澤東的無產階級教育路線基本上沒有得到貫徹執行;二是說原有教師隊伍中,大多數世界觀基本上是資產階級的,是資產階級知識分子。製造「黑線專政論」後,「四人幫」利用他們所竊取的一部分權力,在教育上採取了許多措施。諸如「以階級鬥爭為綱」,進行頻繁批判,把各級堅持不同路線的領導幹部稱為「走資派」予

以打倒，把許多有才能的知識份子稱為「反動知識權威」加以打擊迫害；未經實驗研究，任意把中學學制縮短為四年；大學裁併中小學課程；裁減高等學校數目，縮短大學學制，中斷高校招生和派遣留學生；廢除職業中學和農業中學，破壞成人教育系統等等。由於「四人幫」一陣胡搞，給大陸教育事業造成巨大損失。從數量說，10年間至少流失10萬名研究生，100萬名以上大專畢業生和200多萬名中學畢業生，以致造成各界人才青黃不接的嚴重問題。從素質上說，1970年高等學校恢復招生，招收的學生多數文化程度偏低，大大降低了高等學校教學品質。普通學校方面，由於學制過短，勞動偏多，學生受「讀書無用論」毒害，學習意願不高，素質也很差。

㈣教育工作的調整和大改革時期（1976-）

　　1976年10月粉碎了「四人幫」，中國大陸從此進入「社會主義建設」的新時期。1978年12月召開中國第十一屆三中全會，確定瞭解放思想、開動腦筋、實事求是、團結一致向前看的指導方針，果斷地停止使用「以階級鬥爭為綱」這個不適用於社會主義社會的口號，提出了把工作重點轉移到社會主義現代化建設的戰略決策。從此，大陸各項事業，包括教育事業，開始沿著正確的方向前進。1978年8月18日鄧小平「在全國科學大會開幕式上的講話」中說明了知識和人才、科學與教育在社會主義現代化建設中的重要地位和作用，他指出：「四個現代化，關鍵是科學技術的現代化」，「科學技術人才的培養，基礎在教育」。1985年5月，通過了「黨中央關於教育體制改革的決定」。這是中國教育改革的綱領性文件，是中國日後一個相當長時期內教育改革的重要指針。這個文件指出了教育體制改革的根本目的是提高民族素質，大量培養人才，快速培養人才，指出了發展教育事業必須增加教育投資，決定在今後一定時期內，中央和地方政府的教育預算的成長要高於財政經常性收入的成長，並使依照在校學生人數平均的教育費用逐步成長；作出了把發展基礎教育的責任交給地方，有步驟地實行九年制義務教育，調整中等教育結構，大力發展技術職業教育，改革高等教育的招生計畫和畢業生分配制度，擴大高等學校辦學自主權的重大決策；並且提出了加強領導，激發各方面積極因素，保證教育體

制改革順利進行的重大措施。1986年4月，第六屆中國人民代表大會第四次會議通過「義務教育法」，確定實行九年制義務教育。由省、自治區、直轄市根據本地區的經濟、文化發展情況，確定推行義務教育的步驟。1987年10月，中國共產黨第十三次代表大會再次強調把發展科學技術和教育事業放在首要地位，使經濟建設轉到依靠科技進步和提高勞動者素質的軌道上來。這個時期由於採取上述種種措施，教育事業獲得很大的發展，教育品質有了很大的提高，學生的思想風貌也有了很大的變化，中國教育出現了1949年以後比較興旺的景象。

二、中國的教育改革機構

根據相關教育文獻的分析，中國從事教育改革的主要機構有下列幾個（金世柏，1992：289）：

(一) 教育部：中國中央的教育改革機構為教育部，其主要的職責範圍是：1. 貫徹中國共產黨中央、全國人民代表大會、國務院制定的方針政策和法律法令，制定教育的具體政策和重要的規章制度。2. 制定全國教育事業的發展規劃，審定全國高等學校和中等專業學校的年度招生計畫，組織高等學校的招生和畢業生調配工作；3. 制定各類學校的基本修業年限和教學要求，領導全國統編教材工作；4. 督促檢查各級各類學校的思想政治工作和體育衛生工作；5. 推動和指導高等學校組織教學儀器的生產供應工作；6. 制定教育方面國際交流的具體方針政策和制度，組織國際交流活動和來華留學生、出國留學生的接受、選派和管理工作；7. 直接管理若干所高等學校；8. 督促檢查教育方針政策、法律、法令和規章制度的實施，組織全國性的經驗總結和交流活動。

(二) 全國人民代表大會：全國人民代表大會是最高國家權力機關，由各省、自治區、直轄市、特別行政區和軍隊選出的代表組成。它行使國家立法權，修改憲法，監督憲法的實施；審查和批准國民經濟和社會發展計畫和計畫執行情況的報告，以及國家的預算和預算執行情況的報告；選舉、決定最高國家機關領導人員，即選

舉全國人民代表大會常務委員會組成人員，選舉國家主席、副主
席，決定國務院總理和其他組成人員的人選，選舉中央軍事委員
會主席和決定其他組成人員的人選，選舉最高人民法院院長，
選舉最高人民檢察院檢察長。全國人民代表大會有權罷免上述人
員。全國人民代表大會每屆任期五年，每年舉行一次會議。在全
國人民代表大會閉會期間，由它的常設機關─常務委員會，行使
國家權力。全國人民代表大會常務委員會由委員長、副委員長、
祕書長和委員組成。他們不得擔任國家行政機關、審判機關和檢
察機關的職務。常務委員會會議一般兩個月舉行一次，重要日常
工作由委員長、副委員長、祕書長組成的委員長會議負責處理。

(三)國務院：國務院，即中央人民政府，是最高國家行政機關。它執
行全國人民代表大會及其常務委員會制定的法律和通過的決議，
對全國人民代表大會及其常務委員會負責並報告工作。其主要職
權是：根據憲法和法律，規定行政措施，制定行政法規，發布決
定和命令；統一領導各部、各委員會的工作和其他所屬機構的工
作，統一領導全國地方各級國家行政機關的工作；編制和執行國
民經濟和社會發展計畫、國家預算，領導和管理經濟工作、城鄉
建設，以及教育、科學、文化、衛生、體育、計畫生育、民政、
公安、司法行政、監察等工作和國防建設事業；管理對外事務，
同外國締結條約和協定；依照法律規定任免、培訓、考核和獎懲
行政人員。國務院由總理、副總理、國務委員、各部部長、各委
員會主任、審計長、祕書長組成。

三、中國教育改革的原因

2000年8月24日中國國務院副總理李嵐清在第九屆全國人民代表大會
常務委員會第十七次會議上發表〈關於實施科教興國戰略工作情況的報
告〉一文，指出中國自改革開放以來，科技和教育事業獲得較快發展，但
科技、教育與經濟和社會發展需要脫節的問題始終沒有從根本上得到解

決。造成這一問題的原因很多，從科技和教育方面來說，主要有以下幾點
（李嵐清，2000）：

（一）是體制上分割：管理體制條塊分割，科學研究單位、大學院校和
　　　社會經濟領域彼此隔離，企業未能成為技術創新的主體，科學研
　　　究與市場需求和生產需要缺乏緊密聯繫，大量科技成果得不到及
　　　時轉化。

（二）是力量上分散：有限的科技和教育資源得不到合理分配和充分利
　　　用，不適應現代科學技術和教育發展的要求。

（三）是機制上落後：科學研究機構和學校在內部用人制度、分配制
　　　度、獎懲制度等方面存在平均主義和論資排輩現象，科學研究人
　　　員和教職員工的主動性和創造性還沒有得到充分發揮，不利於科
　　　技創新和培養創新人才。

（四）是觀念上滯後：科學研究工作重完成課題和發表論文的數量、輕
　　　市場需求和成果轉化；教育不適應培養高素質創新人才的要求，
　　　存在為應付考試而學、為應付考試而教的「應試教育」傾向，影
　　　響青少年的全面發展和國民整體素質的提高，特別是影響創新人
　　　才的培養。

（五）是投入不足：由於多種因素的制約，無論是對教育還是科技，其
　　　經費的投入尚處於一個較低的水準。總之，科技、教育與經濟和
　　　社會發展相脫節，不僅限制中國科技和教育事業的發展，而且嚴
　　　重影響中國經濟和社會的全面進步。

中國教育部長陳至立在2002年度全國教育工作會議上的講話也指出，
過去中國教育有下列幾項缺失（陳至立，2002）：

（一）教育投入不足仍是限制教育發展的瓶頸。近年來，教育經費有較
　　　快的增長，據統計，2000年國家財政性教育經費約2563億元，占
　　　國民生產總值比例的2.87%，比上年提高0.08個百分點。但經費增
　　　長還是遠遠跟不上教育規模擴張的速度，更難以滿足時代提出的
　　　教育資訊化、現代化的要求。特別是地區之間、城鄉之間的投入
　　　水準不均衡，教育發展差距有進一步拉大的趨勢。西部地區和廣

大農村面臨新的困難，教育保障機制尚不鞏固和完善，「兩基」成果鞏固的任務十分艱巨。高等教育連續擴大招生，使本來就比較短缺的辦學條件更加緊張。教育發展的巨大壓力、教育規模的快速增長與教育投入的嚴重不足形成尖銳的矛盾，直接影響到教育的質量和可持續發展。

(二)已經提出的一些重大政策措施，由於受到許多因素的限制，有的還難以落實。為加快教育改革與發展，中國共產黨中央、國務院提出了一系列重大措施，但在落實過程中往往會遇到一些困難和障礙，政策成效受到影響。比如，當前素質教育的推進仍步履維艱，職業教育發展還存在較大困難，農村義務教育管理體制的調整進展並不快，拖欠教師工資問題還未得到根本解決，貧困地區義務教育「一費制」在實施中也出現一些新的情況，對社會力量辦學還缺乏有力的指導、引導等等。

(三)社會各方面對教育的新要求、新的期望愈來愈高，中國政府的工作往往不適應變化了的新情況。如經濟結構的戰略性調整，從整體上要求進一步整合教育資源，加大調整學科專業結構的力度。面對日新月異的高新技術的發展，高層次創新人才培養能力亟需加強。加入WTO後對外開放的進一步擴大，使中國基礎相對薄弱的教育事業面臨著更加激烈的國際競爭。資訊技術的廣泛應用，對傳統教育方式提出了全新的挑戰。就業觀念和就業方式的深刻變化，要求打破原來的狹窄的專業限制，進一步拓寬人才培養的基礎。隨著時代的發展，人民群眾對教育的選擇性增加，而優質教育資源相對短缺的矛盾比較突出，造成學校高收費用等問題長期難以得到有效解決，一些地方和學校亂收費用屢禁不止，行業不正之風滋長蔓延，社會各方面對此反映強烈。

四、中國教育改革的內容

中國教育部長周濟在2003年度教育工作會議上的講話中，提出

「2003-2007年教育振興行動計畫」。說明這次會議的主要任務是：以鄧小平理論和「三個代表」重要思想為指導，大力實施科教興國戰略和人才強國戰略，總結2003年的教育工作，全面部署2004年和今後五年教育的改革與發展，推動教育事業持續健康協調快速發展。詳細的內容如下（中國教育部，2003）：

㈠重點推進農村教育發展與改革

全面貫徹《國務院關於進一步加強農村教育工作的決定》，堅持把農村教育擺在最重要的地位，加快農村教育發展，深化農村教育改革，促進農村經濟社會發展和城鄉協調發展。

1. **努力提高普及九年義務教育的水準和質量，為2010年全面普及九年義務教育和全面提高義務教育質量打好基礎**：實施中國西部地區「兩基」攻堅計畫。到2007年底，力爭使西部地區普及九年義務教育人口覆蓋率達到85%以上，青壯年文盲率下降到5%以下。以實施「農村寄宿制學校建設工程」為突破口，加強西部農村初中、小學建設。西部各省、自治區、直轄市及新疆生產建設兵團要分別實現各自的「兩基」目標。要將「兩基」攻堅作為西部大開發的一項重要任務，精心組織實施。繼續實施「國家貧困地區義務教育工程」和「中小學危樓改造工程」。中部地區未實現「兩基」目標的縣也要集中力量打好攻堅戰。已經實現「兩基」目標的地區特別是中部和西部地區，要鞏固成果、提高質量，千方百計改善學校的辦學條件，全面提高教師和校長素質。經濟發達的農村地區要實現高水準、高質量普及九年義務教育的目標。

2. **深化農村教育改革，發展農村職業教育和成人教育，推進「三教統籌」和「農科教結合」**：加強新形勢下的基礎教育、職業教育和成人教育「三教統籌」，有效整合教育資源，充分發揮農村學校的綜合功能。繼續開展「綠色證書」教育，積極推進農村中小學課程和教學改革，在實現國家規定的基礎教育基本要求時，緊密聯繫農村實際，在農村初、高中適當增加職業教育內容。大力發展農村職業教育。農村職業教育要以就業為導向，實行靈活的

教學和學籍管理制度，方便工學交替、半工半讀、城鄉分段和職前職後分段完成學業。重點建設好的地（市）、縣級骨幹職業學校和培訓機構，面向農村擴大招生規模。實施「農村勞動力轉移培訓計畫」，對進城務工農民進行職業教育和培訓。開展農村成人教育，促進「農科教」結合。農村成人教育要以農民實用技術培訓和農村實用人才培養為重點。充分發揮農村成人學校和培訓機構的作用。農村中小學可實行一校掛兩牌，日校辦夜校，成為鄉村基層的文化、科技和教育活動基地。充分發揮高等農林學校的作用，建設「高等學校農業科技教育網絡聯盟」，推進「一村一名大學生計畫」，為農業科技推廣、農村教育培訓作出貢獻。

3. **落實「以縣為主」的農村義務教育管理體制，加大投入，完善保障機制**：進一步落實在中國國務院領導下，由地方政府負責、分級管理、以縣為主的農村義務教育管理體制。縣級政府要切實擔負起對本地教育發展規劃、經費安排使用、教師和校長人事等方面進行統籌管理的責任。明確各級政府保障農村義務教育投入的責任；中央、省和縣（市）級政府通過增加轉移支付，增強財政困難縣市義務教育經費的保障能力。建立和完善農村中小學投入保障機制，確保農村中小學教職工工資按時足額發放，確保農村中小學校舍的維護、改造和建設，確保維持學校正常運轉的基本支出需要。

4. **建立和健全助學制度，扶持農村家庭經濟困難學生接受義務教育**：繼續設立中小學助學金，重點放在中西部農村地區；對家庭經濟困難學生，逐步擴大免費發放教科書的範圍，逐步免除雜費，為寄宿學生提供必要的生活補助；通過給學校劃撥少量土地或提供勞動實踐場所，輔助說明學生勤工助學並改善生活；廣泛動員和鼓勵機關、團體、企事業單位和公民捐資助學。到2007年，爭取全國農村義務教育階段家庭經濟困難學生都能享受到「兩免一補」（免雜費、免書本費、補助寄宿生生活費），努力做到不讓學生因家庭經濟困難而失學。

5. 加快推進農村中小學教師隊伍建設：加強農村中小學編制管理，全面推行教師聘任制，依法實施教師資格制度。嚴格掌握校長任職條件，積極推行校長聘任制。積極引導和鼓勵教師及其他具備教師資格的人員到鄉村中小學任教，建立城鎮中小學教師到鄉村任教服務期制度。加強農村教師和校長的教育培訓工作。

6. 實施「農村中小學現代遠距教育計畫」：按照總體規劃、先行試點、重點突破、分部實施的原則，爭取用五年左右時間，使農村初中基本具備電腦教室，農村小學基本具備數字電視教學收視系統，農村小學教學地點具備教學光碟播放設備和光碟資源，並初步建立遠距教育系統運行管理保障機制。農村中小學現代遠距教育計畫要以地方投入為主，從多種管道籌集經費，中央對中西部地區重點支援。加強農村中小學現代遠距教育，要致力於提高教育質量和效益。初步形成農村教育資訊化的環境，持續向農村中小學提供優質教育教學資源，不斷加強教師培訓；整合農村各類資源，發揮農村學校作為當地文化中心和資訊傳播中心的作用，為「三教統籌」、農村科技推廣和農村黨員幹部現代遠距教育服務。

(二)重點推進高水準大學和重點學科建設

建設世界一流大學和高水準大學是中國政府的重大決策，對於增強高等教育綜合實力，提高中國國際競爭力具有重要的戰略意義。今後五年將整合各方面資源，統籌協調學科建設、人才培養、科技創新、隊伍建設和國際合作等各方面工作，深化改革，開拓創新，使重點建設高等學校和重點學科的水準顯著提高，帶動全國高等教育持續健康協調快速發展。

1. 繼續實施「985工程」和「211工程」，努力建設一批高水準大學和重點學科：繼續實施「985工程」，努力建設若干所世界一流大學和一批國際知名的高水準研究型大學。緊密結合國家創新體系建設，整合優質資源，創建一批高水準、開放式、國際化的科技創新基地和人文社會科學研究基地，造就學術大師和創新團隊，使之在國際上占有一席之地，促進資源共享，為國家現代化建設

作出重大貢獻，全面提高學校的整體水準和綜合實力。繼續實施
「211工程」，進一步以學科建設為核心，凝煉學科方向，匯聚
學科隊伍，構築學科基地。提高重點建設高等學校的人才培養質
量、科學研究水準和社會服務能力，成為國家和地方解決經濟、
科技和社會發展重大問題的基地。在全國範圍內逐步形成布局合
理、各具特色和優勢的重點學科體系，使一批重點學科盡快達到
國際先進水準。

2. 加大實施「高層次創造性人才計畫」力度：以「長江學者獎勵計
   畫」和「高等學校創新團隊計畫」為重點，實施「高層次創造性
   人才計畫」，扶持創新團隊的建設，加大對中青年學科領導者和
   學術骨幹的培養力度，鼓勵和支援優秀人才和優秀群體健康成
   長、建功立業。要善於利用國際國內兩種人才資源，特別要面向
   世界積極引進優秀頂尖人才。高等學校要大力推進「人才強校」
   戰略，制定和完善人才建設計畫；積極營造更加有利的政策環
   境，努力建構吸引、培養和做好高層次創新人才的支援體系；探
   索人才組織新模式，以學科領導者為核心凝聚學術隊伍，緊密結
   合關鍵領域的前沿學科學研究究和國家重大現實問題研究，促進
   學科綜合，開發配置人才資源。

3. 推進「研究生教育創新計畫」：推動研究生教育觀念、體制和運
   行機制的創新，改革研究生選拔制度，推進學分制並調整修業年
   限，推行研究生培養導師負責制和研究生助研、助教和助管崗位
   制，推進培養成本分擔制度改革。採取評選優秀博士學位論文、
   舉辦博士生學術論壇等各項措施，鼓勵並資助研究生科學研究創
   新，促進研究生教育與生產勞動和社會實踐緊密結合，提高研究
   生培養質量，促使頂尖創新人才脫穎而出。

4. 啓動「高等學校科技創新計畫」：按照國家創新體系的總體布
   局，堅持面向尖端科技和現代化建設需要，加強科技創新基礎建
   設。建設一批具有世界一流水準的國家實驗室和國家技術創新中
   心，強化和開新文件一批重點實驗室和軍工科學研究基地。加大

對重大科技項目的培植，加強自由探索和交叉學科學研究。堅持
「發展高科技，實現產業化」的方針，強化和開新文件一批工程
研究中心和高新技術產業化基地；完善大學科技園孵化功能及其
支撐和服務體系；推進產學研緊密結合，增進高等學校與科學研
究院所、企業的合作；著力解決關係國民經濟、社會發展和國家
安全的重大科技問題，加速科技成果向現實生產力的轉化。

5. 實施「高等學校哲學社會科學繁榮計畫」：哲學社會科學研究對
於建設社會主義物質文明、政治文明和精神文明具有重要意義。
要加強新世紀學術領導者和學術新人的扶持培養。組織重大課題
攻打重要關卡，力爭取得一批具有重大學術價值和社會影響的標
誌性成果。繼續加強人文社會科學重點課程教材和研究基地建
設。重點建設一批哲學社會科學實驗室，積極培育學術精品和著
名期刊，獎勵具有重大學術價值和社會影響的基礎研究成果和解
決重大現實問題的應用研究成果。

㈢實施「新世紀素質教育工程」

全面貫徹黨的教育方針，以培養德智體美等全面發展的一代新人為根
本宗旨，以培養學生的創新精神和實踐能力為重點，繼續全面實施素質教
育。

1. 加強和改進學校德育工作：要把弘揚和培育民族精神作為重要任
務，納入國民教育全過程。制定《弘揚和培育民族精神教育實施
綱要》，深入開展愛國主義、集體主義和社會主義教育；貫徹
《公民道德建設實施綱要》，加強誠信教育，落實中小學德育大
綱、學生守則和日常行為規範。加強和改進中小學思想、政治、
品德課程，促進學校教育、社會教育和家庭教育的有機結合，切
實增強德育的實效性和感染力。加強維護國家統一和民族團結的
教育，提高法制教育和國防教育的實效。加強各級各類學校的校
園及周邊環境綜合治理，創建安全文明校園。

2. 深化基礎教育課程改革：基礎教育課程改革是全面實施素質教育
的核心環節，建構和完善新世紀基礎教育課程體系，全面實施義

務教育新課程，逐步推進普通高中新課程。深化中小學教學內容和教學方法改革，積極推進校本教研制度建設，加強中小學實驗教學改革和技術課程實踐基地的建設，充分發揮現代教育技術的作用；深化教材管理體制改革，完善中小學教材審查制度和教材選用監管制度；建立國家和省兩級新課程的跟蹤、監測、評估、回饋機制，加強對基礎教育質量的監測。

3. 以全面推進素質教育為目標，加快考試評價制度改革：完善小學升初中就近免試入學制度；積極探索以初中畢業生學業考試為基礎、綜合評價相結合的高中階段招生辦法改革；結合新課程的全面推進，深化大學聯考內容改革；推進大學聯考制度改革，進一步建立以統一考試為主、多元化考試和多樣化選拔錄取相結合，學校自我約束、政府宏觀指導、社會有效監督的高等學校招生制度。完善高等學校招生網上遠距錄取系統和網上閱卷系統，建設招生資訊化管理與服務基地。

4. 積極推進普通高中、學前教育和特殊教育的改革與發展：多種形式積極發展普通高中教育，擴大規模，提高質量。加大對農村高中發展的支援力度，引導示範性高中建設，加快基礎薄弱學校的建設，擴大高中優質教育資源供給能力。多管道、多形式地發展幼兒教育，逐步建立以社區為基礎的學前教育服務網絡，加強幼兒教師隊伍建設，提高幼兒教育質量。積極發展特殊教育，切實依法保障殘疾學齡人口的受教育權利。

5. 加強和改進學校體育和美育工作：堅持健康第一的指導思想，在教育系統廣泛深入持久地開展群眾性體育活動，大力增強青少年學生的體質、意志力和終身鍛鍊的自覺意識。推廣《學生體質健康標準》，提高體育課程和課外活動的質量，建立學生體質健康監測體系。建立學校衛生安全責任制與監測機制，做好飲食衛生管理與衛生防病工作。切實加強心理健康教育和青春期健康教育，加強學生安全教育、預防愛滋病教育和毒品預防教育。大力加強學校美育工作，優化學校藝術教育環境，提高藝術教育課程

開課率和教學質量。

6. 加強語言文字規範化工作，優化國家通用語言文字的應用環境：
建設面向現代教育體系和社會語言文字應用的語言文字規範標準，加快國家通用語言文字和少數民族語言文字規範標準的制訂、修訂和測查認證工作，建立高水準的語言文字基礎，加強語言文字生活監測和社會咨詢服務。依法加強語言文字評估、測試和推廣工作，推進學校和社會語言文字應用的規範化。加強重點方言地區的普通話推廣普及，強化少數民族漢語師資培訓，加大對西部地區國家通用語言文字培訓工作的扶持力度。

(四)實施「職業教育與培訓創新工程」

1. 大力發展職業教育，大量培養高素質的技能型人才特別是高技能人才：技能型人才是推動技術創新和實現科技成果轉化的重要力量。要加強高等職業技術學院和中等職業技術學校的建設，廣泛開展崗位技能培訓。要適應走新型工業化道路的要求，實施製造業和現代服務業技能型緊缺人才培養培訓計畫，根據區域經濟發展和勞動力市場的實際需要，促進產學緊密結合，共同建立技能型緊缺人才培養培訓基地，加快培養大批現代化建設急需的技能型人才及軟體產業實用型人才，特別是各級各類高技能人才。

2. 以就業為導向，大力推動職業教育轉變辦學模式：以促進就業為目標，進一步轉變高等職業技術學院和中等職業技術學校的辦學指導思想，實行多樣、靈活、開放的人才培養模式，把教育教學與生產實踐、社會服務、技術推廣結合起來，加強實踐教學和就業能力的培養。加強與行業、企業、科學研究和技術推廣單位的合作，推廣「訂單式」、「模塊式」培養模式；探索針對崗位群需要的、以能力為本位的教學模式；面向市場，不斷開發新專業，改革課程設置，調整教學內容；加強職業道德教育；大力加強「雙師型」教師隊伍建設，鼓勵企事業單位專業技術、管理和有特殊技能的人員擔任專兼職教師。推動就業準入制度和職業資格證書制度的實施，繼續建設和培育一批示範性職業技術學校，

建設大批實用高效的實習訓練基地，開發大批精品專業和課程。

3. **大力發展多樣化的成人教育和繼續教育**：鼓勵人們通過多種形式和管道參與終身學習，加強學校教育和繼續教育相互結合，進一步改革和發展成人教育，完善廣泛覆蓋、多層次的教育培訓網絡，逐步確立以學習者個人為主體、用人單位支援、政府予以必要資助的繼續教育保障機制，建立對各種非全日制教育培訓學分的認證和累積制度。以更新知識和提高技能為重點，開展創建學習型企業、學習型組織、學習型社區和學習型城市的活動。充分發揮行業、企業的作用，加強從業人員、轉崗和下崗人員的教育與培訓。積極發展多樣化的高中後和大學後繼續教育，統籌各級各類資源，充分發揮普通高等學校、成人高等學校、廣播電視大學和自學考試的作用，積極推進社區教育，形成終身學習的公共資源基地。大力發展現代遠距教育，探索開放式的繼續教育新模式。

㈤實施「高等學校教學質量與教學改革工程」

1. **進一步深化高等學校的教學改革**：以提高高等教育人才培養質量為目的，進一步深化高等學校的培養模式、課程體系、教學內容和教學方法改革。改善高等學校基礎課程教學，建設精品課程，改造和充實基礎課教學實驗室，進一步建設全國高等學校數字圖書文獻保障體系（CALIS）和全國高等學校實驗設備與優質資源共享系統。鼓勵名師講授大學基礎課程，評選表彰教學名師。建設一批示範教學基地和基礎課程實驗教學示範中心，強化生產實習、畢業設計等實踐教學環節。高等學校應用學科專兼職教師隊伍要更多地吸收具有實踐經驗的專家。改革大學公共英語教學，提高大學生的英語綜合運用能力。以管理體制和學制改革為主線，提高中國高等醫學教育的辦學質量和培養層次。

2. **完善高等學校教學質量評估與保障機制**：健全高等學校教學質量保障體系，建立高等學校教學質量評估和咨詢機構，實行以5年為一週期的全國高等學校教學質量評估制度。規範和改進學科專業

教學質量評估，逐步建立與人才資格認證和職業準入制度掛鉤的專業評估制度。加強高等學校教學質量評估資訊系統建設，形成評估指標體系，建立教學狀態資料統計、分析和定期發布制度。

㈥實施「促進畢業生就業工程」

1. 健全畢業生就業工作的領導體制、運行機制、政策體系和服務體系：進一步形成各級領導高度重視、中央有關部門通力合作、省級人民政府統籌協調、高等學校和中等職業技術學校目標責任明確的就業工作領導體制和運行機制。完善有利於畢業生就業和創業的政策框架體系，進一步拓寬就業管道，推進畢業生就業市場與各類人才市場、勞動力市場的聯網貫通，進一步發揮市場在畢業生人才配置中的基礎性作用。大力加強畢業生就業服務體系建設，積極發揮社會中介組織的作用。全力建設和用好「就業網」，加速實現畢業生就業服務資訊化。建立起更加科學規範的畢業生就業率、待業率公布制度以及相應的就業狀況監測制度。

2. 面向就業需求，深化教育系統內外的各項改革：切實將高等學校布局、發展規劃、學科專業結構、辦學評估、經費投入等方面工作與畢業生就業狀況緊密掛鉤。把就業率和就業質量作為衡量高等學校辦學水準的重要指標之一。使80%以上的職業學校畢業生能夠取得相關的職業資格證書，推廣東、中、西部地區之間的職業教育合作項目，使培養培訓與定向定崗就業緊密相連。各類高等學校和中等職業技術學校都要加強實踐教學環節，密切與行業、企業和有關部門的聯繫，建立一批長期穩定的就業、創業和創新基地。加強對學生的職業指導和就業創業教育，推動就業觀念的轉變。採取相關政策，積極鼓勵畢業生到西部、基層和中國最需要的地方去建功立業，引導畢業生到中小企業和民營企業就業以及自主創業。

㈦實施「教育資訊化建設工程」

1. 加快教育資訊化基礎設施、教育資訊資源建設和人才培養：建構教育資訊化公共服務體系，建設硬體、軟體共享的網絡教育公共

服務基地。加快中國教育和科學研究電腦網（CERNET）和中國教育衛星寬帶傳輸網（CEBsat）的升級擴容工程建設，積極參與新一代互聯網和網格（ChinaGRID）的建設，強化資源整合，加強地區網絡建設和管理，建立健全服務體系及運行機制。加強高等學校校園網建設，創建國家級教育資訊化應用支撐基地。加大涵蓋各級各類教育的資訊資源開發，形成多層次、多功能、交互式的國家教育資源服務體系。大力加強資訊技術應用型人才培養，著力改革資訊化人才培養模式，擴大培養規模，提高培養質量。

2. **全面提高現代資訊技術在教育系統的應用水準**：加強資訊技術教育，普及資訊技術在各級各類學校教學過程中的應用，為全面提高教學和科學研究水準提供技術支援。建立網絡學習與其他學習形式相互溝通的體制，推動高等學校數字化校園建設，推動網絡學院的發展。開展高等學校科學研究基地的資訊化建設，研究開發學校數字化實驗與虛擬實驗系統，創建網上共享實驗環境。建立高等學校在校生管理資訊網絡服務體系。

㈧實施「高素質教師和管理隊伍建設工程」

1. **全面推動教師教育創新，建構開放靈活的教師教育體系**：改革教師教育模式，將教師教育逐步納入高等教育體系，建構以師範大學和其他舉辦教師教育的高水準大學為先導，專科、本科、研究生三個層次協調發展，職前職後教育相互溝通，學歷與非學歷教育並舉，促進教師專業發展和終身學習的現代教師教育體系。起草《教師教育條例》，制定教師教育機構資質認證標準、課程標準和教師教育質量標準，建立教師教育質量保障制度。

2. **完善教師終身學習體系，加快提高教師和管理隊伍素質**：實施「全國教師教育網絡聯盟計畫」，促進「人網」、「天網」、「地網」及其他教育資源優化整合，發揮師範大學和其他舉辦教師教育高等學校的優勢，共建共享優質教師教育課程資源，提高教師培訓的質量水準。組織實施以新理念、新課程、新技術和教師道德教育為重點的新一輪教師全員培訓，組織優秀教師高層次

研修和骨幹教師培訓，不斷提高在職教師的學歷、學位層次和實施素質教育的能力。強化學校管理人員培訓，加快培養一大批高素質、高水準的中小學校長、高等學校管理骨幹和教育行政領導，全面提高管理幹部素質。將幹部培訓與終身教育結合起來，建構開放靈活的幹部培訓體系。

3. **進一步深化人事制度改革，積極推進全員聘任制度**：加強學校編制管理，按照「精幹、高效」的要求，科學設置學校機構和崗位；實施教師資格制度。依照按需設崗、公開招聘、平等競爭、擇優聘任、嚴格考核、合同管理的原則，推行中小學和中等職業學校教職工聘任制度，實行「資格準入、競爭上崗、全員聘任」。大力推進高等學校教師聘任制改革，提高新聘教師學歷學位層次。深化學校內部分配制度改革，完善激勵和約束機制。加強教師職業道德建設，將教師職業道德修養和教學實績，作為選聘教師、評定專業技術職務資格和確定待遇的主要依據，實行優秀教師和優秀教學成果獎勵制度。在普通中小學和中等職業技術學校，全面推行校長聘任制和校長負責制，建立公開選拔、競爭上崗、擇優聘任的校長選拔任用機制，健全校長考核、培訓、激勵、監督、流動等相關制度。在高等學校積極推進職員制度改革，建立管理人員職務職級系列，促進管理人員專業化。

(九) 加強制度創新和依法治教

1. **加強和改善教育立法工作，完善中國特色教育法律法規體系**：修訂《義務教育法》、《教育法》、《教師法》、《高等教育法》和《學位條例》，適時起草《學校法》、《教育考試法》、《教育投入法》和《終身學習法》，研究制定有關教育行政法規，全面清理、修訂教育部部門規章和規範性文件，適時制定符合實踐需要的部門規章，積極推動各地制定配套性的教育法規、規章，力爭用五至十年的時間形成較為完善的中國特色教育法律法規體系。

2. **切實轉變政府職能，強化依法行政，促進決策與管理的科學化和**

民主化：貫徹《行政許可法》，加快政府職能轉變，改革教育行
政審批制度，清理教育行政許可項目，建設相關配套制度，建立
公共教育管理與服務體系。規範教育行政部門在政策制定、宏觀
調控和監督指導方面的職能，依法保障地方教育行政部門的教育
統籌權和學校辦學自主權。推進政務公開工作，加強教育電子政
務系統建設。增強各級教育行政部門依法行政的能力，完善教育
行政執法責任制度，加強教育行政執法力度。健全重大決策的規
則和程序，加強預案研究、諮詢論證、社會公示、公眾聽證及民
主監督的制度化建設，建立科學民主決策機制。加強教育科學研
究，為教育改革與發展服務。

3. **健全教育督導與評估體系，保障教育發展與改革目標的實現**：堅
持督政與督學相結合，實施對不同類型地區教育的分類督導評
估，全面推動中等及以下學校的督導評估工作，建立對縣級人民
政府教育工作的督導評估機制，並將督導評估結果作為考核政績
和表彰獎勵的重要依據。加強督導機構與隊伍建設，完善督導和
監測手段。

4. **推進教育管理體制改革，為教育發展提供制度保障**：完善中央和
省級人民政府兩級管理、以省級人民政府管理為主的高等教育管
理體制。繼續發揮中央和省級兩級政府的積極性，發揮行業和企
業的積極性，加強高等學校共建工作，鞏固結構調整的成果，促
進學科的深度融合和優化發展。逐步完善「在國務院領導下，分
級管理、地方為主、政府統籌、社會參與」的職業教育管理體
制，實行國務院領導下的職業教育工作部際聯席會議制度，強化
市（地）級人民政府的統籌責任，促進行業、企業和社會參與宏
觀管理。深化和推進高等學校的後勤社會化改革，進一步完善和
落實相關政策，理順關係，強化管理，提高辦學設施的使用效
益。

5. **深化學校內部管理體制改革，探索建立現代學校制度**：繼續深化
學校內部管理體制改革，完善學校法人制度。高等學校要堅持和

完善黨委領導下的校長負責制，推進依法辦學、民主治校、科學決策，健全學校的領導管理體制和民主監督機制。中小學要實行校長負責、黨組織發揮政治核心作用、教代會參與管理與監督的制度。職業學校可建立由行業、企業代表組成的理（董）事會制度。積極推動社區、學生及家長對學校管理的參與和監督。遵循「從嚴治教，規範管理」的原則，加強學校制度建設，逐步形成「自主管理、自主發展、自我約束、社會監督」的機制。建設精簡、高效的學校管理機構，完善校務公開制度，深化人事制度和分配制度改革。

㈩大力支援和促進民辦教育持續健康協調快速發展

1. **認真貫徹《民辦教育促進法》，積極鼓勵和支援民辦教育的發展**：民辦教育是社會主義教育事業的組成部分，要遵循積極鼓勵、大力支援、正確引導、依法管理的方針，依法保障民辦學校權益；明確國家對於民辦學校的扶持措施，落實相關優惠政策，加強政策引導；促進民辦教育擴大辦學規模，改善辦學條件，提高辦學質量，增強辦學實力；表彰獎勵成績突出的民辦學校和教育機構；營造有利於民辦教育自主自律、健康發展的環境，形成公辦學校和民辦學校優勢互補、公平競爭、共同發展的格局。
2. **注重體制改革和制度創新，多種形式發展民辦教育**：按照「積極發展、規範管理、改革創新」的原則，積極探索民辦教育的多種實現形式。加強民辦教育的規範與管理，建立防範風險機制。鼓勵社會力量與普通高等學校按民辦機制合作舉辦獨立學院，實現社會創新活力、資金資源與現有優質教育資源的有機結合，有效拓展民辦高等教育的發展空間。積極推進各級各類教育的體制改革和制度創新，凡符合國家有關法律法規的辦學模式，均可大膽試驗，使民辦教育發展邁出更大的步伐。

㈩㈠進一步擴大教育對外開放

1. **加強全方位、高層次的教育國際合作與交流**：把擴大教育對外開放、加強國際合作與交流作為國家教育戰略的關鍵環節。實行

「政府與民間並舉、雙邊與多邊並行、兼顧戰略平衡、保證重點、注重實效」的方針，推進教育國際合作與交流，向全方位、多領域、高層次發展。完善教育涉外政策法規和監管體制。與有關國家建立穩定的工作磋商機制，促進與外國的學歷學位互認。進一步推動與境外高水準大學強強合作、強項合作，尤其在科學研究和高層次人才培養方面的實質性合作，貫徹《中外合作辦學條例》，積極引進境外優質教育資源，促進高等教育和職業教育方面的合作辦學。繼續加強與聯合國教科文組織等國際組織的合作。

2. **深化留學工作制度改革，擴大國際間高層次學生、學者交流：** 進一步改革國家公派出國留學工作制度，緊密配合國家高等教育發展和科技創新，加強與國際上高水準高等學校和科學研究機構的合作，多方籌集留學基金，加大高層次創新人才和學術領導者的選派工作力度。進一步健全自費留學中介機構的資格認定、管理和監督措施，加強留學預警機制建設，加強對自費出國留學工作的引導和服務。加大「春暉計畫」的實施力度，採取靈活多樣的形式，吸引和支援優秀留學人才回國工作和為國服務。實施中國教育品牌戰略。按照擴大規模、提高層次、保證質量、規範管理的原則，積極創造條件，擴大來華留學生的規模。深化政府獎學金管理制度改革，完善外國留學生教學與生活管理制度。

3. **大力推廣對外漢語教學，積極開拓國際教育服務市場：** 積極實施「漢語橋工程」，加強境外「孔子中文學院」建設，大力推進網絡和多媒體漢語教學項目，豐富對外漢語教學資源，全面推廣漢語水準考試（HSK），培訓對外漢語教學教師，推動各國教育機構開設漢語課程。加強其他中國特色學科和優勢學科的對外教學工作，鼓勵有條件的教育機構赴境外辦學。

(十二)改革和完善教育投入體制

1. **建立與公共財政體制相適應的教育財政制度，保證經費持續穩定增長：** 教育是政府一項最重要的工作，教育投入是公共財政體制

的重要內容，必須強化各級政府對教育投入的責任，以更大的精
力、更多的財力發展教育。各級人民政府教育財政撥款的增長應
當高於財政經常性收入的增長，並使按在校學生人數平均的教育
費用逐步增長，保證教師工資和學生人均公用經費逐步增長。義
務教育經費由政府承擔，適當收取少量雜費；非義務教育的辦學
經費，以政府為主管道，由政府、受教育者和社會共同分擔。
逐步形成與社會主義市場經濟體制相適應的、滿足公共教育需求
的、穩定和可持續增長的教育投入機制。

2. **拓寬經費籌措管道，建立社會投資、出資和捐資辦學的有效激勵
機制**：在非義務教育階段，要合理確定政府和受教育者分擔辦學
成本的比例，收費標準要與居民家庭承受能力相適應。要完善企
業及公民個人向教育捐贈的稅收優惠政策，探索企業合理分擔職
業教育經費的辦法。扶持發展各種形式的公益性教育基金和信託
基金，擴大彩券收益用於支援教育的份額。鼓勵和支援學校開展
勤工儉學、發展校辦產業。積極鼓勵和引導社會、企業和公民個
人捐資助學、出資和投資辦學。

3. **完善國家和社會資助家庭經濟困難學生的制度**：以政府投入為
主，進一步健全對家庭經濟困難學生的助學體系。對義務教育階
段家庭經濟困難的學生，要進一步完善和落實助學政策與措施。
在高等學校，切實貫徹國家制定的獎學金、學生貸款、勤工助
學、學費減免、特殊困難補助等資助困難學生的政策，大力推進
國家助學貸款工作。繼續動員和鼓勵社會團體和個人對家庭經濟
困難學生，開展多種形式的資助活動。

4. **嚴格管理，不斷提高教育經費的使用效益**：牢固樹立勤儉辦教育
事業的思想。建立科學、規範的教育經費管理制度，進一步完
善、規範各級各類學校收費政策，加強對教育經費的審計與監
督，提高使用效益。對於中央本級財政資助的重點建設項目，要
強化項目管理制度，建立行政、專家和社會中介機構相結合的項
目評價系統。在逐年評價督查的基礎上，實行與項目實效掛鉤的

捲動撥款制度和相應的激勵機制。完善地方教育財政撥款制度。

㈢加強黨的建設和思想政治工作

1. **加強和改進學校黨的建設工作**：努力建設一支忠誠於黨的教育事業、德才兼備、結構合理、高素質的高等學校領導幹部隊伍。加強思想建設、組織建設和作風建設，把高等學校領導團體建設成為堅強的領導集體。深入開展黨員先進性教育，加強基層黨組織建設。切實加強和改進在高等學校學生和青年教師中發展黨員工作。加強學校共青團和少先隊的工作。

2. **實施高等學校馬克斯主義理論課和思想品德課建設計畫**：提高大學生的理論修養，深入推動鄧小平理論和「三個代表」重要思想進教材、進課堂、進學生頭腦。組織開展普通高等學校馬克斯主義理論課和思想品德課教育教學狀況調查研究，更新和完善課程體系、教學內容和方法。實施高等學校馬克斯主義理論和思想品德課程立體化教材建設、優秀頂尖人才培養和骨幹教師培訓、教學資料資訊化建設、社會實踐基地建設計畫，不斷提高教育教學的質量和水準。

3. **增強高等學校思想政治工作的針對性、實效性和吸引力、感染力**：擴大高等學校思想政治教育覆蓋面，強化對學生課餘活動和生活的引導和管理。推進思想政治工作進公寓、進社團、進網絡。加強學生素質教育和校園文化建設，提高大學生的思想道德素質、人文素質、科學素質和身體心理素質。深入開展大學生社會實踐活動，積極推進大學生文化科技衛生「三下鄉」、青年志願者和社會公益勞動等活動。健全突發事件快速處置機制，維護高等學校穩定。

4. **抓好黨風廉政及行風建設，保證教育事業持續健康發展**：認真執行黨風廉政建設責任制，切實抓好教育系統黨風廉政建設和反腐敗各項任務的落實。堅持標本兼治，綜合治理的方針，堅決查處違法違紀案件，逐步建立教育、制度、監督並重的預防和懲治腐敗體系。努力加強教育系統行風建設，堅決治理教育亂收費，切

實糾正招生、考試等方面的不正之風。

(十四)建構和完善中國特色社會主義現代化教育體系

1. **努力建設和完善中國特色社會主義現代化教育體系**：中國特色社會主義現代化教育體系是現代國民教育體系和終身教育體系有機組成的整體。到2020年，要全面普及九年義務教育，基本普及高中階段教育，積極發展各類高等教育，大力發展職業教育和成人教育，形成體系完整、布局合理、發展均衡的現代國民教育體系和終身教育體系。各級各類學校要準確定位，因地制宜地制定學校發展戰略規劃、學科和師資隊伍建設規劃、校園規劃。要統籌協調社會教育資源，優化結構，合理布局，不斷拓寬學校教育的服務功能和範圍，逐步完善有利於終身學習的教育培訓制度，為全民學習、終身學習開闢多種途徑，增強國民的就業能力、創新能力、創業能力。

2. **加大對西部地區、少數民族地區、革命地區和東北地區等老工業基地的教育支援力度，促進東、中、西部地區教育協調發展**：大力發展少數民族地區教育事業。實施少數民族高層次骨幹人才培養計畫，支援高等院校擴大定向招收少數民族學生和建設民族預科教育基地。加大經濟發達地區和大城市對西部和少數民族地區教育的支援和支援力度，繼續加大「雙語」教學及其改革的力度，繼續辦好西藏中學班和內地新疆高中班。在學校發展、財政投入、教師待遇、人才引進等方面，大量投資西部地區的教育事業。繼續支援西部每個省、自治區、直轄市重點辦好一所較高水準的大學，支援高層次人才向西部地區高等學校流動，進行合作交流。加強西部地區中小學師資隊伍建設，組織實施「大學生志願服務西部計畫」，鼓勵其他地區的教師和志願者到西部地區中小學任教和服務。制定並落實教育支援東北地區等老工業基地振興的政策措施。增強中部地區教育持續發展的能力，支援東部發達地區率先實現教育現代化，努力實現東、中、西部地區教育協調發展。

3. 立足全面建設小康社會目標，研究制定《2020年中國教育發展綱要》：從全面建設小康社會的奮鬥目標出發，加強教育宏觀思考和戰略研究。研究制定《2020年中國教育發展綱要》，按照中國共產黨的十六屆三中全會提出的「五個統籌」和「五個堅持」的要求，結合教育發展和改革的實際，對重要戰略機遇期的教育發展目標和改革趨勢進行全局性、前瞻性的深入研究，勾畫中國特色社會主義現代化教育體系的藍圖，努力做到發展要有新思路，改革要有新突破，開放要有新局面，各項工作要有新措施。

中國「國家中長期教育改革和發展規劃綱要工作小組辦公室」在2010年7月29日提出「國家中長期教育改革和發展規劃綱要（2010-2020年）」，談到中國教育體制改革的內容，主要包括下列幾項：

㈠人才培養體制改革

1. 更新人才培養觀念：深化教育體制改革，關鍵是更新教育觀念，核心是改革人才培養體制，目的是提高人才培養水準。樹立全面發展觀念，努力造就德智體美全面發展的高素質人才。樹立人人成才觀念，面向全體學生，促進學生成長成才。樹立多樣化人才觀念，尊重個人選擇，鼓勵個性發展，不拘一格培養人才。樹立終身學習觀念，為持續發展奠定基礎。樹立系統培養觀念，推進小學、中學、大學有機銜接，教學、科研、實踐緊密結合，學校、家庭、社會密切配合，加強學校之間、校企之間、學校與科研機構之間合作以及中外合作等多種聯合培養方式，形成體系開放、機制靈活、管道互通、選擇多樣的人才培養體制。

2. 創新人才培養模式：適應國家和社會發展需要，遵循教育規律和人才成長規律，深化教育教學改革，創新教育教學方法，探索多種培養方式，形成各類人才輩出、拔尖創新人才不斷湧現的局面。注重學思結合，宣導啟發式、探究式、討論式、參與式教學，幫助學生學會學習。激發學生的好奇心，培養學生的興趣愛好，營造獨立思考、自由探索、勇於創新的良好環境。適應經濟社會發展和科技進步的要求，推進課程改革，加強教材建設，建

立健全教材品質監管制度。深入研究、確定不同教育階段學生必須掌握的核心內容，形成教學內容更新機制。充分發揮現代資訊技術作用，促進優質教學資源分享。注重知行統一，堅持教育教學與生產勞動、社會實踐相結合。開發實踐課程和活動課程，增強學生科學實驗、生產實習和技能實訓的成效。充分利用社會教育資源，開展各種課外及校外活動。加強中小學校外活動場所建設，加強學生社團組織指導，鼓勵學生積極參與志願服務和公益事業。注重因材施教，關注學生不同特點和個性差異，發展每一個學生的優勢潛能。推進分層教學、走班制、學分制、導師制等教學管理制度改革，建立學習困難學生的幫助機制。改進優異學生培養方式，在跳級、轉學、轉換專業以及選修更高學段課程等方面給予支持和指導，健全公開、平等、競爭、擇優的選拔方式，改進中學生升學推薦辦法，創新研究生培養方法，探索高中階段、高等學校拔尖學生培養模式。

3. 改革教育品質評鑑和人才評鑑制度：改進教育教學評量，根據培養目標和人才理念，建立科學、多樣的評量標準。開展由政府、學校、家長及社會各方面參與的教育品質評鑑活動。做好學生成長記錄，完善綜合素質評鑑。探索促進學生發展的多種評鑑方式，激勵學生樂觀向上、自主自立、努力成才。改進人才評鑑及選用制度，為人才培養創造良好環境。樹立科學人才觀，建立以崗位職責為基礎，以品德、能力和業績為導向的科學化、社會化人才評鑑發現機制。強化人才選拔使用中對實踐能力的考查，克服社會用人單純追求學歷的傾向。

㈡考試招生制度改革

1. 推進考試招生制度改革：以考試招生制度改革為突破口，克服一考定終身的弊端，推進素質教育實施和創新人才培養。按照有利於科學選拔人才、促進學生健康發展、維護社會公平的原則，探索招生與考試相對分離的辦法，政府宏觀管理，專業機構組織實施，學校依法自主招生，學生多次選擇，逐步形成分類考試、綜

合評價、多元錄取的考試招生制度。加強考試管理，完善專業考試機構功能，提高服務能力和水準。成立國家教育考試指導委員會，研究制定考試改革方案，指導考試改革試點。

2. **完善中等學校考試招生制度**：完善初中就近免試入學的具體辦法，完善學業水準考試和綜合素質評價，為高中階段學校招生錄取提供更加科學的依據。改進高中階段學校考試招生方式，發揮優質普通高中和優質中等職業學校招生名額合理分配的導向作用。規範優秀特長生錄取程序與辦法，中等職業學校實行自主招生或註冊入學。

3. **完善高等學校考試招生制度**：深化考試內容和形式改革，著重考查綜合素質和能力。以高等學校人才選拔要求和國家課程標準為依據，完善國家考試科目試題庫，保證國家考試的科學性、導向性和規範性。探索有的科目一年多次考試的辦法，探索實行社會化考試。逐步實施高等學校分類入學考試，普通高等學校本科入學考試由全國統一組織；高等職業教育入學考試由各省、自治區、直轄市組織，成人高等教育招生辦法由各省、自治區、直轄市確定。深入推進研究生入學考試制度改革，加強創新能力考查，發揮和規範導師在選拔錄取中的作用。完善高等學校招生名額分配方式和招生錄取辦法，建立健全有利於促進入學機會公平、有利於優秀人才選拔的多元錄取機制。普通高等學校本科招生以統一入學考試為基本方式，結合學業水準考試和綜合素質評量，擇優錄取。對特長顯著、符合學校培養要求的，依據面試或者測試結果自主錄取；高中階段全面發展、表現優異的，推薦錄取；符合條件、自願到國家需要的行業、地區就業的，簽訂協定實行定向錄取；對在實踐崗位上作出突出貢獻或具有特殊才能的人才，建立專門程式，破格錄取。

4. **加強資訊公開和社會監督**：完善考試招生資訊發布制度，實現資訊公開透明，保障考生權益，加強政府和社會監督。公開高等學校招生名額分配原則和辦法，公開招生章程和政策、招生程序和

結果，公開自主招生辦法、程序和結果。加強考試招生法規建設，規範學校招生錄取程序，清理並規範升學加分政策。強化考試安全責任，加強誠信制度建設，堅決防範和嚴肅查處考試招生舞弊行為。

㈢建設現代學校制度

1. **推進政校分開、管辦分離**：適應中國國情和時代要求，建設依法辦學、自主管理、民主監督、社會參與的現代學校制度，構建政府、學校、社會之間新型關係。適應國家行政管理體制改革要求，明確政府管理許可權和職責，明確各級各類學校辦學權利和責任。探索適應不同類型教育和人才成長的學校管理體制與辦學模式，避免千校一面。完善學校目標管理和績效管理機制。健全校務公開制度，接受師生員工和社會的監督，隨著國家事業單位分類改革推進，探索建立符合學校特點的管理制度和配套政策，克服行政化傾向，取消實際存在的行政級別和行政化管理模式。

2. **落實和擴大學校辦學自主權**：政府及其部門要樹立服務意識，改進管理方式，完善監管機制，減少和規範對學校的行政審批事項，依法保障學校充分行使辦學自主權和承擔相應責任。高等學校按照國家法律法規和宏觀政策，自主開展教學活動、科學研究、技術開發和社會服務，自主設置和調整學科、專業，自主制定學校規劃並組織實施，自主設置教學、科研、行政管理機構，自主確定內部收入分配，自主管理和使用人才，自主管理和使用學校財產和經費。擴大普通高中及中等職業學校在辦學模式、育人方式、資源配置、人事管理、合作辦學、社區服務等方面的自主權。

3. **完善中國特色現代大學制度**：完善治理結構，公辦高等學校要堅持和完善黨委領導下的校長負責制。健全議事規則與決策程序，依法落實黨委、校長職權。完善大學校長選拔任用辦法，充分發揮學術委員會在學科建設、學術評鑑、學術發展中的重要作用。探索教授治學的有效途徑，充分發揮教授在教學、學術研究和學

校管理中的作用。加強教職工代表大會、學生代表大會建設，發揮群眾團體的作用。加強章程建設。各類高校應依法制定章程，依照章程規定管理學校。尊重學術自由，營造寬鬆的學術環境。全面實行聘任制度和崗位管理制度，確立科學的考核評鑑和激勵機制。

擴大社會合作，探索建立高等學校理事會或董事會，健全社會支持和監督學校發展的長效機制。探索高等學校與行業、企業密切合作共建的模式，推進高等學校與科研院所、社會團體的資源分享，形成協調合作的有效機制，提高服務經濟建設和社會發展的能力。推進高校後勤社會化改革，推進專業評鑑。鼓勵專門機構和社會仲介機構對高等學校學科、專業、課程等水準和品質進行評估。建立科學、規範的評估制度，探索與國際高水準教育評價機構合作，形成中國特色學校評價模式，建立高等學校品質年度報告發布制度。

4. **完善中小學學校管理制度**：完善普通中小學和中等職業學校校長負責制，完善校長任職條件和任用辦法。實行校務會議等管理制度，建立健全教職工代表大會制度，不斷完善科學民主決策機制。擴大中等職業學校專業設置自主權，建立中小學家長委員會。引導社區和有關專業人士參與學校管理和監督，發揮企業參與中等職業學校發展的作用，建立中等職業學校與行業、企業合作機制。

㈣辦學體制改革

1. **深化辦學體制改革**：堅持教育公益性原則，健全政府主導、社會參與、辦學主體多元、辦學形式多樣、充滿生機活力的辦學體制，形成以政府辦學為主體、全社會積極參與、公辦教育和民辦教育共同發展的格局。調動全社會參與的積極性，進一步激發教育活力，滿足人民群眾多層次、多樣化的教育需求。深化公辦學校辦學體制改革，積極鼓勵行業、企業等社會力量參與公辦學校辦學，扶持薄弱學校發展，擴大優質教育資源，增強辦學活力，

提高辦學效益。各地可從實際出發，開展公辦學校聯合辦學、委託管理等試驗，探索多種形式，提高辦學水準。改進非義務教育公共服務提供方式，完善優惠政策，鼓勵公平競爭，引導社會資金以多種方式進入教育領域。

2. **大力支持民辦教育**：民辦教育是教育事業發展的重要增長點和促進教育改革的重要力量，各級政府要把發展民辦教育作為重要工作職責，鼓勵出資、捐資辦學，促進社會力量以獨立舉辦、共同舉辦等多種形式興辦教育。完善獨立學院管理和運行機制，支援民辦學校創新體制機制和育人模式，提高品質，辦出特色，辦好一批高水準民辦學校。依法落實民辦學校、學生、教師與公辦學校、學生、教師平等的法律地位，保障民辦學校辦學自主權。清理並糾正對民辦學校的各類歧視政策，制定完善促進民辦教育發展的優惠政策。對具備學士、碩士和博士學位授予單位條件的民辦學校，按規定程序予以審批。建立完善民辦學校教師社會保險制度，健全公共財政對民辦教育的扶持政策。政府委託民辦學校承擔有關教育和培訓任務，撥付相應教育經費。縣級以上人民政府可以根據本行政區域的具體情況設立專項資金，用於資助民辦學校。國家對發展民辦教育作出突出貢獻的組織、學校和個人給予獎勵和表彰。

3. **依法管理民辦教育**：教育行政部門要切實加強民辦教育的統籌、規劃和管理工作，積極探索營利性和非營利性民辦學校分類管理。規範民辦學校法人登記，完善民辦學校法人治理結構。民辦學校依法設立理事會或董事會，保障校長依法行使職權，逐步推進監事制度。積極發揮民辦學校黨組織的作用，完善民辦高等學校督導專員制度。落實民辦學校教職工參與民主管理、民主監督的權利，依法明確民辦學校變更、退出機制。切實落實民辦學校法人財產權。依法建立民辦學校財務、會計和資產管理制度，任何組織和個人不得侵占學校資產、抽逃資金或者挪用辦學經費。建立民辦學校辦學風險防範機制和資訊公開制度，擴大社會參與

民辦學校的管理與監督，加強對民辦教育的評估。

(五)管理體制改革

1. **健全統籌有力、權責明確的教育管理體制**：以轉變政府職能和簡政放權為重點，深化教育管理體制改革，提高公共教育服務水準。明確各級政府責任，規範學校辦學行為，促進管辦評分離，形成政事分開、權責明確、統籌協調、規範有序的教育管理體制。中央政府統一領導和管理國家教育事業，制定發展規劃、方針政策和基本標準，優化學科專業、類型、層次結構和區域布局。整體部署教育改革試驗，統籌區域協調發展。地方政府負責落實國家方針政策，開展教育改革試驗，根據職責分工負責區域內教育改革、發展和穩定。

2. **加強省級政府教育統籌**：進一步加大省級政府對區域內各級各類教育的統籌，統籌管理義務教育，推進城鄉義務教育均衡發展，依法落實發展義務教育的財政責任。促進普通高中和中等職業學校合理分布，加快普及高中階段教育，重點扶持困難地區高中階段教育發展。促進省域內職業教育協調發展和資源分享，支援行業、企業發展職業教育。完善以省級政府為主管理高等教育的體制，合理設置和調整高等學校及學科、專業布局，提高管理水準和辦學品質。依法審批設立實施專科學歷教育的高等學校，審批省級政府管理本科院校學士學位授予單位和已確定為碩士學位授予單位的學位授予點。完善省對省以下財政轉移支付體制，加大對經濟欠發達地區的支援力度。根據國家標準，結合本地實際，合理確定各級各類學校辦學條件、教師編制等實施標準。統籌推進教育綜合改革，促進教育區域協作，提高教育服務經濟社會發展的水準。支持和督促市（地）、縣級政府履行職責，發展管理好當地各類教育。

3. **轉變政府教育管理職能**：各級政府要切實履行統籌規劃、政策引導、監督管理和提供公共教育服務的職責，建立健全公共教育服務體系，逐步實現基本公共教育服務均等化，維護教育公平和教

育秩序。改變直接管理學校的單一方式,綜合應用立法、撥款、規劃、資訊服務、政策指導和必要的行政措施,減少不必要的行政干預。提高政府決策的科學性和管理的有效性,規範決策程式,重大教育政策提出前要公開討論,充分聽取群眾意見。成立教育諮詢委員會,為教育改革和發展提供諮詢論證,提高重大教育決策的科學性。建立和完善國家教育基本標準,整合國家教育品質監測評估機構及資源,完善監測評估體系,定期發布監測評估報告。加強教育監督檢查,完善教育問責機制,培育專業教育服務機構。完善教育仲介組織的准入、資助、監管和行業自律制度,積極發揮行業協會、專業學會、基金會等各類社會組織在教育公共治理中的作用。

(六)擴大教育開放

1. **加強國際交流與合作**:堅持以開放促改革、促發展,開展多層次、寬領域的教育交流與合作,提高我國教育國際化水準。借鑒國際上先進的教育理念和教育經驗,促進我國教育改革發展,提升我國教育的國際地位、影響力和競爭力。適應國家經濟社會對外開放的要求,培養大批具有國際視野、通曉國際規則、能夠參與國際事務和國際競爭的國際化人才。

2. **引進優質教育資源**:吸引境外知名學校、教育和科研機構以及企業,合作設立教育教學、實訓、研究機構或專案。鼓勵各級各類學校開展多種形式的國際交流與合作,辦好若干所示範性中外合作學校和一批中外合作辦學專案。探索多種方式利用國外優質教育資源,吸引更多世界一流的專家學者來華從事教學、科研和管理工作,有計畫地引進海外高端人才和學術團隊。引進境外優秀教材,提高高等學校聘任外籍教師的比例,吸引海外優秀留學人員回國服務。

3. **提高交流合作水準**:擴大政府間學歷學位互認。支持中外大學間的教師互派、學生互換、學分互認和學位互授聯授。加強與國外高水準大學合作,建立教學科研合作平臺,聯合推進高水準基礎

研究和高技術研究。加強中小學、職業學校對外交流與合作。加強國際理解教育，推動跨文化交流，增進學生對不同國家、不同文化的認識和理解。推動我國高水準教育機構海外辦學，加強教育國際交流，廣泛開展國際合作和教育服務。支持國際漢語教育，提高孔子學院辦學品質和水準。加大教育國際援助力度，為發展中國家培養培訓專門人才，拓寬管道和領域，建立高等學校畢業生海外志願者服務機制。

創新和完善公派出國留學機制，在全國公開選拔優秀學生進入國外高水準大學和研究機構學習。加強對自費出國留學的政策引導，加大對優秀自費留學生資助和獎勵力度。堅持「支持留學、鼓勵回國、來去自由」的方針，提高對留學人員的服務和管理水準。進一步擴大外國留學生規模，增加中國政府獎學金數量，重點資助發展中國家學生，優化來華留學人員結構。實施來華留學預備教育，增加高等學校外語授課的學科專業，不斷提高來華留學教育品質。加強與聯合國教科文組織等國際組織的合作，積極參與雙邊、多邊和全球性、區域性教育合作。積極參與和推動國際組織教育政策、規則、標準的研究和制定，搭建高層次國際教育交流合作與政策對話平臺，加強教育研究領域和教育創新實踐活動的國際交流與合作。加強內地與港澳臺地區的教育交流與合作，擴展交流內容，創新合作模式，促進教育事業共同發展。

五、中國教育改革的啟示

根據相關教育文獻的分析，中國的教育改革有下列幾項重要的啟示：

(一) 非常重視農村教育，努力提高普及九年義務教育的水準和質量，希望為2010年全面普及九年義務教育和全面提高義務教育質量打好基礎。同時深化農村教育改革，發展農村職業教育和成人教育。落實「以縣為主」的農村義務教育管理體制，加大投入，完善保障機制。建立和健全助學制度，扶持農村家庭經濟困難學生接受義務教育。加快推進農村中小學教師隊伍建設。實施「農村

中小學現代遠距教育計畫」，對於以農立國的中國具有安定社會的作用，有助於提高全體國民的素質，建立一個現代化的國家。

㈡ 提高大學的學術水準和從事重點學科的設置，建設世界一流大學和高水準大學是中國政府的重大決策，對於增強高等教育綜合實力，提高中國國際競爭力具有重要的戰略意義。今後五年要充分整合各方面資源，統籌協調學科建設、人才培養、科技創新、隊伍建設和國際合作等各方面工作，深化改革，開拓創新，使重點建設高等學校和重點學科的水準顯著提高，帶動全國高等教育持續健康協調快速發展。同時繼續實施「985工程」和「211工程」，努力建設一批高水準的大學和重點學科。希望加大實施「高層次創造性人才計畫」力度，推進「研究生教育創新計畫」。啟動「高等學校科技創新計畫」。實施「高等學校哲學社會科學繁榮計畫」，不僅可以促進中國大學院校學術水準的提升，有助於中國大學成為國際一流的高等教育學府。

㈢ 實施新世紀素質教育工程，注重學生德育、體育和美育的陶冶，希望培養全面發展的個人，深化基礎教育課程改革，以全面推進素質教育為目標，加快考試評價制度改革。積極推進普通高中、學前教育和特殊教育的改革與發展，加強語言文字規範化工作，優化國家通用語言文字的應用環境。不僅能夠培養人格健全的個體，同時對於中國學術文化在國際上的推廣幫助很大。

㈣ 推動「職業教育與培訓創新工程」，大力發展職業教育，大量培養高素質的技能型人才，特別是高技能人才。以就業為導向，大力推動職業教育轉變辦學模式。大力發展多樣化的成人教育和繼續教育。職業教育的推展能夠培養大量的技術人才，這對於促進中國經濟和產業的發展相當重要。同時由於成人教育和繼續教育的配合，能夠有效降低中國大陸文盲人口的比例，提供在職人員進修的機會，有助於社會大眾和技術人才素質的提升，建立一個終身學習的社會。

㈤ 實施「高等學校教學質量與教學改革工程」，進一步深化高等學

校的教學改革。完善高等學校教學質量評估與保障機制。以提高高等教育人才培養質量為目的，進一步深化高等學校的培養模式、課程體系、教學內容和教學方法改革。這些教育改革措施，能夠提高高等教育的品質和數量，改善課程的內容和教學的方法，建立合理的評鑑機制，有助於中國高等教育的發展，以建立符合國際水準的高等學校。

(六) 推動「促進畢業生就業工程」，健全畢業生就業工作的領導體制、運行機制、政策體系和服務體系。切實將高等學校布局、發展規劃、學科專業結構、辦學評估、經費投入等方面工作與畢業生就業狀況緊密掛鉤。把就業率和就業質量作為衡量高等學校辦學水準的重要指標。這些教育改革措施能夠有效的將人才培育和就業安排配合在一起，有助於降低失業人口的比例，使學生能夠學以致用，避免陷入供過於求的困境，對國家和社會作出重要的貢獻，值得我國作為人才培育的借鏡。

(七) 致力「教育資訊化建設工程」，加快教育資訊化基礎設施、教育資訊資源建設和人才培養。加強資訊技術教育，普及資訊技術在各級各類學校教學過程中的應用，為全面提高教學和科學研究水準提供技術支援。建立網絡學習與其他學習形式相互溝通的體制，推動高等學校數位化校園建設，推動網絡學院的發展。這些教育改革措施能夠幫助中國教育全面現代化，普及教育實施的層面，對於教育資訊的取得和知識經濟的發展非常重要。

(八) 實施「高素質教師和管理隊伍建設工程」，改革師資教育模式，將師資培育逐步納入高等教育體系，建構以師範大學和其他舉辦師資培育的高水準大學為先導，專科、本科、研究生三個層次協調發展，職前職後教育相互溝通，學歷與非學歷教育並舉，促進教師專業發展和終身學習的現代師資培育體系。起草《教師教育條例》，制定教師教育機構資質認證標準、課程標準和師資培育質量標準，建立師資培育質量保障制度。這些教育改革措施有助於中國提升教師的素質和保障教師的權益，建立多元和卓越的師

資培育制度，對於中國大陸學校教育的改善幫助非常大。

(九) 加強制度創新和依法治教，修訂《義務教育法》、《教育法》、《教師法》、《高等教育法》和《學位條例》，適時起草《學校法》、《教育考試法》、《教育投入法》和《終身學習法》，研究制定有關教育行政法規，全面清理、修訂教育部部門規章和規範性文件，適時制定符合實踐需要的部門規章，積極推動各地制定配套性的教育法規、規章，力爭用5至10年的時間形成較為完善的中國特色教育法律法規體系。這些教育改革措施有助於中國大陸建立制度化的教育體系，依法推展各項教育活動，對於中國教育的法制化和專業化貢獻相當大。

(十) 大力支援和促進民辦教育，持續健康協調快速發展，認真貫徹《民辦教育促進法》，積極鼓勵和支持民辦教育的發展。注重體制改革和制度創新，多種形式發展民辦教育。按照「積極發展、規範管理、改革創新」的原則，積極探索民辦教育的多種實現形式。加強民辦教育的規範與管理，建立防範風險機制。鼓勵社會力量與普通高等學校按民辦機制合作舉辦獨立學院，實現社會創新活力、資金資源與現有優質教育資源的有機結合，有效拓展民辦高等教育的發展空間。積極推進各級各類教育的體制改革和制度創新，有助於增進中國學校教育的實施彈性和辦學效率，值得我國學校作為辦學的參考。

(十一) 進一步擴大教育對外開放，把擴大教育對外開放、加強國際合作與交流作為國家教育戰略的關鍵環節。實行「政府與民間並舉、雙邊與多邊並行、兼顧戰略平衡、保證重點、注重實效」的方針，推進教育國際合作與交流，向全方位、多領域、高層次發展。完善教育涉外政策法規和監管體制。與有關國家建立穩定的工作磋商機制，促進與外國的學歷學位互認。繼續加強與聯合國教科文組織等國際組織的合作。深化留學工作制度改革，擴大國際間高層次學生、學者交流。大力推廣對外漢語教學，積極開拓國際教育服務市場。這些教育改革措施有助於中國大陸學校教育

的國際化，促進世界各國學術文化的合作交流。但是，中國內部
文盲的人口比例過高，鄉村國民的教育素質低落，可能會阻礙了
教育改革的效果，值得中國政府在進行改革時特別加以注意。

㈢改革和完善教育投入體制，建立與公共財政體制相適應的教育財
政制度，保證經費持續穩定增長。拓寬經費籌措管道，建立社會
投資、出資和捐資辦學的有效激勵機制。完善國家和社會資助家
庭經濟困難學生的制度。嚴格管理，不斷提高教育經費的使用效
益。牢固樹立勤儉辦教育事業的思想。建立科學、規範的教育經
費管理制度，進一步完善、規範各級各類學校收費政策，加強對
教育經費的審計與監督，提高使用效益。這些教育改革措施有助
於中國大陸教育經費的控制，提高使用的效益，建立一個良好的
教育財政制度。但是，教育改革成敗的關鍵不在於教育財政的健
全與否，而在於相關配套措施的安排是否完備。中國教育改革是
否能夠完全成功，行政部門和教育機構的配合相當重要。官僚體
制的革新和貪汙文化的改進，在中國還有努力的空間，值得我們
持續的進行觀察。

最近幾年來，中國大陸的教育改革注重人才培養體制改革，更新人才
培養觀念，創新人才培養模式，改革教育品質評鑑和人才評鑑制度。從事
考試招生制度改革，推進考試招生制度的革新，改進中等學校考試招生制
度，完善高等學校考試招生制度，加強資訊公開和社會監督。建設現代學
校制度，推進政校分開、管辦分離，落實和擴大學校辦學自主權，建立中
國特色的現代大學制度，完善中小學學校管理制度。進行辦學體制改革，
深化辦學體制的革新，大力支持民辦教育，依法管理民辦教育的活動。推
動管理體制改革，健全統籌有力、權責明確的教育管理體制，加強省級政
府教育統籌，轉變政府教育管理職能。並且擴大教育開放，加強國際交流
與合作，引進優質教育資源，以提高交流合作的水準。

綜合而言，國家主導時期各國的教育改革，除了受到實證教育學、
批判教育學和後現代教育學的影響之外，也受到實用主義、效益主義、新
管理主義、心理主義、精神主義、個人主義、自由主義、新保守主義、女

性主義等思潮的衝擊。各國在國際經濟競爭的壓力之下，莫不積極的進行教育改革，希望經由教育的革新培養優秀的人才，創造更多的工作機會，改善國家的經濟狀況。教育改革的範圍包括學前教育、初等教育、中等教育、師範教育和高等教育；教育改革的主題則涵蓋了教育理論、教育政策、教育法案、教育制度、課程與教學、人員編制、教育經費、師資培育和貸款制度。國家主導時期的教育改革雖然有的來自政治人物的倡導，有的來自教育改革機構的提案，有的來自一般學者的介入，有的來自社會大眾的參與。但是都注重教育經費的投入，師資素質的提升，教育制度的改善，教育理論的創新，課程內容的革新，教學方法的研究和學生經費的補助。這些國家的教育改革模式有的由上而下，有的由下而上，有的是上下兼顧，可以說相當的多元。在這些教育改革中有的成功，有的失敗。成功的教育改革大多能夠奠基在堅實的教育改革理念之上，符合國家的民族文化，凝聚社會大眾的共識，擬具周全的配套措施，提出具體可行的教育措施和獲得充裕的教育經費。而失敗的教育改革往往缺乏正確的教育改革理念作基礎，移植外來的民族文化，尚未凝聚社會大眾的共識，沒有周全的配套措施，教育措施窒礙難行和教育經費短缺。因此，教育改革的成敗完全繫於教育改革是否奠基於正確的教育改革理念，是否符合國家民族的文化，社會大眾能否凝聚共識，配套措施是否周全，教育改革的措施是否具體可行和教育經費的支持是否充裕。國家主導時期的教育改革和文化批判時期的教育改革有些理念相同，例如：注重兒童的興趣和需要，按照學生身心發展的狀況，進行教學的活動。當然，國家主導時期的教育改革有些理念與文化批判時期並不相同，例如：講求學校運作的效率，注重學校教育效果的評鑑。總之，國家主導時期的教育改革有許多重要的啟示，值得我們作為從事教育改革活動的參考。

第五章

改革教育學的後設分析

　　教育改革主要在使個人足以具備探究能力，開啟自然中的理性秩序，解除傳統、宗教與迷信的桎梏，而得到真正的自由與解放。掃除文盲運動、自然主義的教育運動和泛愛主義教育運動的教育改革，宗旨雖然未盡一致，但是都在透過教育的活動，點燃人類的理性之光，使人類能夠勇於運用理性，以控制自然與社會，而躋斯土於天堂（楊深坑，1996：1）。從這種觀點來看，教育改革是培養人類理性和促進社會進步的工具，對於人類文明的發展具有重要的貢獻。但是，教育改革如果實施不當，也可能對人類社會造成嚴重的傷害，甚至阻礙人類文化的發展。因此，教育改革者必須依循教育學理，謹慎小心的制定教育政策，凝聚社會大眾的共識，提出相關的配套措施，才能保證教育改革的成功。到了今天，教育改革不僅是國家現代化發展必要的一環，也是邁向21世紀國家前途的重要準備，當今世界上先進國家莫不把教育改革的努力，作為國家發展的重要指標，故

教育改革的工作除須掌握我國面臨的問題外，更應比較其他國家的優點，用較長時間來思考準備，以規劃出更理想的改革方向（黃政傑，1996：i-ii）。但是，教育改革如果沒有理論的指引，實施的結果勢必成效不彰。因此，教育改革理論的建立相當重要。在這種情況下，「改革教育學」的研究應運而生。改革教育學是一門從教育反思的觀點出發，探討啟蒙運動時期迄今，各國重要的教育改革政策、教育改革運動和教育改革思想，提出教育改革理論，以改善教育實際的學科。當代重要的改革教育學有許多不同的名稱，從迥然不同的觀點出發，反思教育理論建構的問題，提出新穎的教育觀念，或是批判教育實際的缺失，提出可行的替代方案，不僅對於教育改革理論的建立貢獻很大，同時對於教育改革活動的推展具有指引的作用。然而，這些改革教育學理論也有錯誤的地方，值得我們加以反省批判。改革教育學的後設分析主要從教育反思的觀點出發，分析當代重要的改革教育學理論，指出其教育理論敘述的缺失和教育實際措施的錯誤，以作為建構教育改革理論和從事教育實際改革的參考。由於樂爾斯、伊里希、佛利特納、邊納爾、歐克斯和溫克勒等人相當著名，其改革教育學的觀點具有參考的價值，因此本章將進行其改革教育學理論的後設分析，然後提出個人對這些教育理論的看法。茲詳細說明如下。

第一節　樂爾斯的改革教育學

　　樂爾斯（Hermann Röhrs, 1915-2012）1915年出生於漢堡，12歲時進入「游鳥團體」（Wandervogel- Gruppe）所成立的學校求學，後來樂爾斯繼續進入國民教育機構「聖格奧革運動學會」（Sportverein St. Georg）就讀。1931年進入高德曼博士（Dr. Goldmann）設立的私立學校接受夜間課程的教育，由於成績不錯和教師的鼓勵，樂爾斯遂轉入日間部就讀。1934年3月15日樂爾斯開始履行第三帝國公民的勞動役（Arbeitsdienst）。1934 年10月樂爾斯進入漢堡大學就讀，主修化學與教育科學，其後也學習了哲學和文學。1937年通過教師資格考試，分發到歐斯道夫（Osdorf）國民學校教書。1940年第二次世界大戰期間入伍服役，1957年獲得漢堡大學哲學博

士學位。同年，應聘到曼漢經濟高等學校擔任經濟教育學講師。1962年樂爾斯應聘海德堡大學擔任教授，繼教育學家卡塞曼（Erst Christian Caselmann）後接掌教育科學講座，1965年訪問美國講學，1972年應教育廳長許智偉邀請來臺演講，1973年到日本參觀，1988年從海德堡大學教育科學講座退休（Röhrs, 1997: 1-340）。主要著作有《普通教育科學》（*Allgemeine Erziehungswissenschaft*）、《改革教育學》（*Die Reformpädagogik*）、《現代社會中的學校》（*Die Schule in der modernen Gesellschaft*）、《比較與國際教育科學》（*Die Vergleichende und Internationale Erziehungswissenschaft*）、《和平教育學的理念與實在》（*Idee und Realität der Friedenspädagogik*）、《遊戲與運動：教育基本問題與基礎》（*Spiel und Sportpädagogische Grundfragen und Grundlagen*）、《學校外的研究領域》（*Außerschulische Forschungsbereiche*）、《教育科學研究的理論與實際》（*Theorie und Praxis der Forschung in der Erziehungswissenschaft*）、《幼稚園與學校中和平教育的模式》（*Modelle der Friedenserziehung in Kindergarten und Schule*）、《回憶與經驗》（*Erinnerungen und Erfahrungen*）等書（Röhrs, 1997）。

一、改革教育學的概念

樂爾斯的改革教育學深受盧梭教育思想、裴斯塔洛齊教育思想、諾爾改革教育學、費雪爾實證教育學、佛利特納教育理論和杜威實用主義教育思想的影響。他曾經在2001年第六版的《改革教育學》一書中，探討國際改革教育學演進的歷史和影響教育改革的幾種教育科學取向。樂爾斯主張國際性改革教育學有兩項重要的課題：第一是解釋和理解以前教育改革的動機與經驗；第二是要求從科學的觀點解釋、說明和推動改革教育學的國際性（Röhrs, 2001: 17）。他認為改革教育學建構了現在發展的部分基礎，因為這種持續的影響來自於1880年代文化批判和教育制度的批判，形成一種教育思想與行動新的標準，對於現在的教育產生直接的影響。以往舊的條件關係確定的在改革教育學中扮演重要的角色，第一次世界大戰前後的世代，都在改革教育學領域中共同作用，其理論與實際直接與1945年之後的重建相連接。這些當時的論辯都存在文獻資料中，不同教育取向的精神

及其特殊的倫理，都可以在改革教育學中重新經歷。因此，改革教育學是一種歷史的現象（Röhrs, 2001: 19）。

樂爾斯主張改革教育學受到19世紀中葉文化生活情境批判論辯的引導，其中尼采（Friedrich Nietzsche）、拉嘉德（Paul de Lagarde）和朗邊（Julius Langbehn）在文化批判的精神歷史中占有重要的地位。他們強調文化只有在教育的媒體中才能維持和繼續發展，同時文化批判就是一種教育批判。樂爾斯主張教育改革不僅是一種歷史的現象，同時也是一種全世界共同的趨勢。改革教育學的核心基礎來自於「文化批判」（Kulturkritik）的概念，主要的目的在於以文化作為人類的一種嘗試，進而改善人類的本質，拓展和加深人類生活的領域。並且，從人類到人類生活所創造人為環境建構的問題，以提升人類的歷史達到人性存在的境界（Röhrs, 2001: 25）。

樂爾斯認為改革教育學具有多元性，不是特定國家的產物，而是一種國際性的趨勢。他在《改革教育學》一書中，不僅分析德國的藝術教育運動、鄉村教育之家運動、青少年運動和工作學校運動，同時也探討美國的進步教育運動和學校生活個別化的運動。樂爾斯主張教育改革的努力和運動雖然是在教育的範圍中追求革新和完美，並且以國家的形式作為前提，但是不與國家的界限相關聯。相反地，教育改革的意志不斷地從超越國家的影響力得到證明，同時經由思想的交流和教育的旅遊促進了教育改革的國際化。例如：美國教育學家庫辛（Victor Cousin）、曼恩（Horace Mann）和霍爾（Stanley Hall）等人都曾經在德國的學校制度中學習，把凱欣斯泰納勞動教育的思想帶到美國。同時，杜威（John Dewey）、華斯朋（Carleton Washburne）和卡恩斯（Georges Counts）的思想也經由這些方式傳遞到俄國。因此，教育改革是一種世界教育運動（Röhrs, 2001: 98-99）。

二、教育改革的理論基礎

根據樂爾斯的研究顯示，19世紀以來的教育改革主要受到下列精神科學、社會科學和自然科學思想的影響（Röhrs, 2001: 235-317）：

㈠人類學──精神科學取向

包括奧圖（Berthold Otto）和柯雷斯曼（Johannes Kretschmann）等人的教育思想。奧圖非常重視兒童期和青少年期生活的體驗，其教育思想主要來自於柏林大學的著名學者拉札奴斯（Moritz Lazarus）、斯坦塔（Hajin Steinthal）和包爾生（Friedrich Paulsen）等人。柯雷斯曼主張建立鄉村學校，以作為社區的核心，批評傳統學校的缺失，進行教育改革。

㈡人類學──自然科學取向

包括蒙特梭利（Maria Montessori）、德克洛利（Ovide Decroly）以及舒爾徹（Otto Schultze）等人的教育思想。蒙特梭利從盧梭的觀點出發，批評成人對於兒童需要的忽略，並且主張兒童自由發展的重要性，對於20世紀的教育改革影響很大。德克洛利則從醫學的角度出發，強調遊戲學習的重要性，主張遊戲能夠增強兒童感官的功能，建立一種醫學導向的教育學。舒爾徹則是從自然科學的觀點出發，希望將教育學建立成為一門「診斷—治療的價值科學」（Diagnostisch-therapeutische Wertwissenschaft），提倡直觀的教學方式，對於教育革新影響至鉅。

㈢人類學──社會科學取向

主要受到皮特森（Peter Petersen）教育思想的影響。皮特森從社會科學的觀點出發，主張教學的活動與社會生活具有密切的關係，強調團體教學的重要性，並且提倡教育事實的研究，對於教學方法和教育研究的改革貢獻很大。

㈣存在主義對話原理取向

主要受到布伯（Martin Buber）教育思想的影響。布伯從存在主義提出的對話原理，強調教師與學生之間的關係，主張從「互為主體性」（Intersubjektivität）的觀點來進行對話，促成教學過程的改革和師生關係的探究，對於20世紀教育理論的影響相當大。

三、改革教育學的演變

樂爾斯主張改革教育學擁有三項特性（Röhrs, 2001: 354）：1. 改革教育學所標示的國際性；2. 改革教育學涉及所有的教育領域，但是以學校

作為教育作用的核心場所；3. 改革教育學是一種連續體，從1880至1935年是一段典範時期。樂爾斯參照教育學家佛利特納（Wilhelm Flitner）的看法，將改革教育學的演進區分為下列五個時期（Flitner, 1987: 232-242; Röhrs, 2001: 354-356）：第一個階段開始於1890年代，由單一改革的不同觀點出發，對教育制度提出改革的要求。第二個階段開始於第一次世界大戰前，由單一改革者、孤立的出發點和改革系統所形成的時代，揭露所有教育工作隱藏的媒介和形式，進行全面性的教育改革。第三個階段開始於1924年，對教育改革運動提出批判，並且從教育科學作為精神科學的觀點，對整個教育處境進行思考。第四個階段開始於1945年，第二次世界大戰後，同盟國採用多種形式進行政治徹底轉換的過程，有時從適應，有時從目的理性，但是經常從勸說的角度去維護機構。教育學家批判國家社會主義教育學和相似的政治教育過程，並且進行反納粹化、反軍事化和民主化的教育改革。第五個階段開始於1970年代，一方面從斯泰納（Rudolf Steiner）、蒙特梭利（Maria Montessori）和佛雷納（Célestin Freinet）等人的觀點，建立改革教育的另類學校。另一方面進行改革教育學有關學校問題的討論。美國教育學家李克佛（Admiral Rickover）和瑞佛第（Max Rafferty）也開始批判杜威的進步主義教育，「國際性」（Internationalität）逐漸成為改革教育學整體的特徵。

四、外國改革教育學的批判

樂爾斯曾經在「外國改革教育學批判的討論」（Kritische Erörterung der Reformpädagogik des Auslands）一文中，分析德國改革教育學與外國改革教育學的關係，指出外國改革教育學不同的論述、說明外國改革教育學的目的和批判外國改革教育學的缺失。樂爾斯認為從1920年代開始，德國教育學者就積極的參與國際教育學術會議，進行教育改革經驗的交流。所以，德國改革教育學和外國改革教育學維持一種相互理解和彼此合作的關係（Röhrs, 1982: 12-13）。外國改革教育學的論述主要受到盧梭、裴斯塔洛齊、福祿貝爾、馬克斯、蒙特梭利、杜威教育思想和霍爾、詹姆斯、桑代克（Edward Lee Thorndike）等人發展心理學的影響。在北美洲有杜威提倡

的進步主義教育運動；在英國有阿諾德（Thomas Arnold）和雷迪提倡的學校教育革新的運動；在中歐有奧圖的家庭教師學校運動、高第希和凱欣斯泰納提倡的工作學校運動；在北歐斯堪地納維亞有德克洛利和萊特哈德（Jan Ligthart）提倡的學校改革運動；在義大利有蒙特梭利提倡的學校教育改革運動；在俄國有杜爾斯托基（Lev Nikolajevič Tolstoj）等人提倡的教育改革運動（Röhrs, 1982: 13-21）。樂爾斯主張外國改革教育學的主要目的和基本觀念如下：文化批判取向的改革教育學主張透過教育改革，批判社會文化的缺失，培養完整的人，建立新的生活形式。社會學取向的改革教育學主張拉近教學形式和生活需要的距離，結合學校實在與社會的實在，希望透過教育改革社會的弊端，促進社會的進步。心理學取向的改革教育學主張應用心理學的觀念，注重兒童的興趣需要和身心發展，進行學校教育的改革，改善師生的教育關係，提高學校教育的效果。教育學取向的改革教育學主張透過教育，開展個體教育的能力，培養社會和政治的責任，成為心靈開放和具有判斷能力的人，以實現生活世界的理想。人類學取向的改革教育學深受「拉馬克主義」（Lamarquismus）和「達爾文主義」（Darwinismus）的影響，主張經由教育的活動，鍛鍊和照顧身體不僅作為理解世界的前提，同時作為人類本質的存在。從這種觀點出發，進行學校教育的改革（Röhrs, 1982: 21-28）。樂爾斯主張人類學基本模式上的外國改革教育學，經由教育的「樂觀主義」（Optimismus）決定，對於兒童良好能力教育的開展有很高的期待。在柏格森（Henri Bergson）、皮爾斯、柏圖克斯（Emile Boutroux）、詹姆斯（William James）生命哲學和實用主義（Pragmatismus）的影響之下，使得重點轉向教育力量的評價。這種看法和盧梭的觀點相當接近，都將教師視為激勵者、觀察者和協助者。這種人類學模式的外國改革教育學可以分為下列四種方向：第一種是實用主義的改革教育學：這種改革教育學過度注重兒童的情緒和興趣，所有的教育措施都以兒童為準，注重事物和方法的過程，忽略了教育內容和教育目的的解釋，受到謝勒（Max Scheler）、馬里旦（Jacques Maritain）和赫欽斯（Robert M. Hutchins）的批判，已經在進步主義教育運動中付出慘重的代價。第二種是「自由主義」（Liberalismus）的改革教育學：這種觀點的

改革教育學盛行於歐洲，注重未成年人的憂慮、痛苦和可能性，以教育的無為避開教育意識的作為，其目的不在經由實際的證實進行觀點不斷的檢證，而在事物媒介中增加師生接觸的機會。第三種是革命的改革教育學：這種改革教育學服務於「共產主義」（Kommunismus）的意識型態，過度的要求教師團體，因此造成教育觀點的錯誤。第四種是多元性的改革教育學：這種改革教育學，帶有錯誤的理念和實際，過度高估教育改革的基本思想，來自一種學校異化的理論，無法滿足教育實際的需要（Röhrs, 1982: 28-34）。

五、改革教育學現象的澄清

樂爾斯對改革教育學中常見的一些現象，為避免教育學者產生誤解，提出下列澄清的看法（Röhrs, 2001: 358-361）：

㈠ 在改革教育學之下有許多運動，開始於1890年左右。但是其影響一直到今天依然有跡可循，這些線索將不會被忽視，這些改革教育的基本觀念全然屬於教育學本質的要素。希望經由教育和陶冶的改善，作為公共生活和社會重建的要素。在這種一般性的發展中，形成改革教育學區別性的特徵，那就是被引導去激烈的批判教育制度，其目的不在於拒絕當時的教育制度，而在於建構新的教育和新的學校。因此，改革教育學自己提出目的和內容的問題。

㈡ 改革教育學是以教育和以人為中心的，相對於改革教育學之前改革教育學傳統的教育改革努力，並不是如此絕對的新穎。古典改革教育學清楚顯示出的是要求表達的徹底性。其解決的辦法是奠基在教育政策上的，但是仍然停留在特定教育的層面，因為其教育的方法來自康美紐斯（Johann Amos Comenuis）、盧梭和裴斯塔洛齊的觀點。

㈢ 兒童中心的觀點將教師和學生的關係引導到一個新的方向，傳統學校教師注重教學的角色逐漸退去，學校教師逐漸變成伴隨學生活動的激勵者、觀察者和諮詢者。

㈣ 順應這種轉變，方法問題將成為學生活動的一部分，在很大的數量上，改革教育學校的學生將被引導到奠基在方法上的工作方式上。最明顯的就是耶納計畫學校連接基本的文法，應用自我活動的工作方式，進行基本概念和基本技能的學習。

㈤ 改革教育學很早已經涉及兒科醫學和發展心理學的知識，因為蒙特梭利（Maria Montessori）和德克洛利（Ovide Decroly）都是醫生，而且心理學也參與了改革教育學新教育的發現。美國的詹姆斯、霍爾（Stanley Hall）；英國伊薩克斯（Susan Isaacs）的兒童研究；德國史坦夫婦（Clara und Willian Stern）、史庫賓夫婦（Ernst und Gertrud Scupin）、卡茲夫婦（David und Rosa Katz）的發展心理學研究，都對兒童的學習和生活角色的發現貢獻很大。

㈥ 要求一個人在生命中接受全人的教育，是改革教育學計畫的重點。因此，補充傳統理智教育的社會教育和情感教育非常受到重視。在理智之外，注重社會智力層面的陶冶，包括為後代著想，社會苦難狀態的理解，主動協助能力的發現。經由藝術審美的活動，加強情感的教育，並且運用教學的工作，努力的進行多方面的補充，以培養學生具有責任感的人格。

㈦ 教育事件地點的形成逐漸開始轉變，由於受到自由學習觀念的刺激，傳統的學校或教育之家逐漸的被拋棄。學生喜歡個別的或團體的進行學習的活動，改革教育學校和教育場所也受到史坦這種教育觀念的影響，因此，已經從學校的教育衝擊中走出來了。

㈧ 決定性的轉變也反映在教學計畫的形成中，課程的任務不在於將教學的材料編輯起來，而在於對兒童喜歡和感動的生活世界，開放的提出問題。改革教育學校一方面必須確定傳統「最少學習材料」的擬定，另一方面應用批判意識和顯示教學方法的感覺關聯，以便促成學校外教育相關問題的辯論。

㈨ 興起於1970年代的反學校化理論和提倡校外學習的觀念，其實早就已經在改革教育學中被討論。這種視野轉變的座右銘是教育的生產性，因為它能夠從具體問題的立場，發現「學校」（Schule）

和「生活」（Leben）學習場所的關係，而非解構的和強制的廢除
學校，使學校備受傷害威脅和不知所措。改革教育學剛好在這方
面發展了許多理論，以幫助我們瞭解生活也有艱苦的一面，不允
許我們將學生毫無保護的送到生活中去。

(十)改革教育學探討的問題不限於學校的範圍，而涉及教育實在的大
部分。教育之家、成人教育、圖書館制度也都是改革教育學研究
的對象。只要涉及人與人之間的邂逅和人類教育相關問題的探
討，都是改革教育學研究的範圍，改革教育學成為一種人類的形
式，不限於學校範圍問題的討論，而擴展到教育實在範圍問題的
研究。

(土)改革教育學具有國際性的性質，曾經在改革思想的結構中設定，
所有教育知識的價值在其開始時加以列入和思考，使其真正的建
立新的行動。因此，改革者問題的意志不受國家界限的限制。形
成改革教育學的基本特徵：各國開始尋找世界性教育、學校制度
和人類引導符合自然的形式。這種趨勢使得改革不會受到國家界
線的限制，而成為一種國際性的運動。

六、綜合評價

根據相關教育文獻的分析，樂爾斯的改革教育學具有下列優點：

(一)樂爾斯能夠從國際性的觀點出發，注意各國重要教育改革運動和
教育改革思想的探討，不會僅僅侷限在德國教育改革問題的研究
上，對於改革教育學的國際化，具有相當重要的意義。

(二)樂爾斯不僅注重教育運動的探討，同時也強調教育改革理論基礎
的分析，這種研究方式不會停留在表面問題的處理，比較能夠觸
及教育改革問題的核心，瞭解教育改革運動實際的真相。

(三)樂爾斯能夠對20世紀教育改革運動的演變，作詳細的分析解釋，
並且明確的劃分不同的階段，提出個人獨到的見解，有助於教育
學者瞭解教育改革運動的發展，同時建立改革教育學的歷史，對
於改革教育學的研究相當重要。

(四) 樂爾斯不僅研究德國改革教育學的問題，同時探討外國改革教育學的內容，將其劃分為各種不同的取向，分析其教育的目標和理論的基礎，並且進行後設理論的批判，對於改革教育學的研究貢獻相當大。

(五) 樂爾斯不僅探討學校內的教育改革問題，同時研究學校外教育改革的現象，將改革教育學研究的範圍擴展到教育之家、成人教育、圖書館和社會教育，這對於改革教育學具有重要的意義，因為研究範圍的擴大可以吸引社會大眾的注意，爭取更多的教育資源，積極投入改革教育學的研究，對改革教育學的發展有很大的貢獻。

根據相關教育文獻的分析，樂爾斯的改革教育學也有下列問題：

(一) 樂爾斯的改革教育學論述開始於19世紀中葉，從文化批判時期的教育改革談起，在改革教育學的歷史演變上顯得不夠完整。因為完整的改革教育學論述應該包括啟蒙運動時期、文化批判時期和國家主導時期的教育改革運動，這是樂爾斯改革教育學美中不足的地方。

(二) 樂爾斯主張影響19世紀以來教育改革的重要理論主要有四種：一是奧圖和柯雷斯曼等人人類學—精神科學取向的教育思想。二是蒙特梭利、德克洛利和舒爾徹等人人類學—自然科學取向的教育思想。三是皮特森人類學—社會科學取向的教育思想。四是布伯存在主義對話原理取向的教育思想。這種觀點已經陷入化約主義的泥淖之中，因為樂爾斯忽略了其他重要的思潮對19世紀以來教育改革的影響。例如：盧梭的自然主義、佛洛伊德的精神分析學，斯泰納的人智學，杜威的進步主義等等，都是影響當時教育改革的重要思潮。

(三) 樂爾斯將文化批判時期的教育改革運動劃分為五個時期：第一個階段開始於1890年代，第二個階段開始於第一次世界大戰前，第三個階段開始於1924年，第四個階段開始於1945年，第五個階段開始於1970年代。這種改革教育學時期劃分的觀點缺乏學理的基

礎，無法被所有的教育學者接受，而且侷限在文化批判時期到第二次世界大戰後的範圍，沒有辦法提供完整的改革教育學論述，這是樂爾斯改革教育學的限制。

(四) 樂爾斯主張改革教育學探討的問題不限於學校的範圍，而涉及教育實在的大部分。教育之家、成人教育、圖書館制度也都是改革教育學研究的對象。只要涉及人與人之間的邂逅和人類教育相關問題的探討，都是改革教育學研究的範圍，改革教育學成為一種人類的形式，不限於學校範圍問題的討論，而擴展到教育實在範圍問題的研究。這種觀點固然反映了改革教育學的理想，但是，無限制的擴張研究的範圍，會破壞改革教育學的獨特性，甚至增加改革教育學問題探討的困難。

(五) 樂爾斯主張外國改革教育學的論述有文化批判取向、社會學取向、教育學取向、心理學取向和人類學取向等幾種，同時指出許多地區的教育改革運動。但是，樂爾斯的外國改革教育學忽略了20世紀中國、印度、日本、韓國、加拿大、澳洲、南非和臺灣地區教育改革運動的論述，使得其外國改革教育學的論述顯得不夠完整，而且有以歐美觀點為中心的缺失，並不是一種完整的國際改革教育學論述。

第二節　佛利特納的改革教育學

佛利特納（Andeas Flitner, 1922- ）1922年出生於耶納（Jena），是一位相當著名的改革教育學家。他曾經擔任杜賓根大學和耶納大學教育科學研究所普通教育學教授，目前已經從杜賓根大學退休下來，同時也是耶納大學的榮譽教授。佛利特納以出版普通教育學、兒童與青少年教育問題和教育政策等著作而聞名，主要著作有《遊戲—學習：兒童遊戲的意義與實際》（*Spielen-Lernen: Praxis und Deutung des Kinderspiels*）、《失敗的進展：教育政策的教育學考察》（*Missratner Fortschritt. Pädagogische Anmerkungen zur Bildungspolitik*）、《孔拉德漫談母親：論教育與非教育》（*Konrad sprach die Frau Mama... Über Erziehung und Nicht-Erziehung*）、《為了生活或為了學校：教育與政治論文集》（*Für das Leben-oder für die Schule? Pädagogische und politische Essays*）、《兒童的遊戲》（*Das Kinderspiel*）和《教育觀察與思想導論》（*Einführung in die pädagogisches Sehen und Denken*）等書（Flitner, 1996: 2）。

　　佛利特納的改革教育學深受康德教育思想、狄爾泰生命哲學、斯普朗格文化教育學和諾爾改革教育學和佛洛伊德精神分析理論的影響。根據相關教育文獻的分析，佛利特納改革教育學的主要內涵如下：

一、改革教育學的概念

　　佛利特納曾經在1996年出版的《教育改革》（*Reform der Erziehung*）一書中，主張「改革」（Reform）是政治學和教育學關鍵的名詞，就像所有其他生活的學說一樣，是一個完全不尖銳的概念，到如今已經不再被人們所談論。「改革」總是在我們未能實現的生活中被秩序和機構所要求，改革的要求和改革的行動來自於對現狀的批判，「批判」（Kritik）和「改革」同屬一個環節，改革的理念和改革的機構因此無獲得普遍的贊同。佛利特納從古典改革教育學、心理分析、1960年代權威的解體、女性運動、生態學思想和東西德基本民主經驗的觀點，探討了20世紀教育的改變。主張教育學中「改革」（Reform）這個字，與20世紀前1/3的「改革教育學」（Reformpädagogik）或「教育運動」（Pädagogische Bewegung）相關聯。「改革者」（Reformer）被以前的世代所命名，包括宗教教育改革者和啟蒙時代的教育學家。教育改革是20世紀重要的主題，不僅涉及學校結構的改造，而且包括了學校內外、職業工作場所、家庭中和工作世界中的教育。先前幾個世紀的改革教育學經由思想和實際累積下來的財富開啟了這個主題，有時其著作、建立與實際工作的方式，從古典教育問題的探討中獲得意義，杜威「實驗學校」（Laboratory school）、蒙特梭利自然學校、李希特華克藝術教育和皮特森耶納計畫學校的教育改革，我們已經習慣將其視為一種歐洲的和國際的現象。德國的改革教育學也是世界教育運動的一部分，所有特殊的輪廓和趨勢都將建構出一幅世界性教育制度的偉

大圖像，當現代性的主題和教育的回答承載了全球的動向，在那裡形成了實在描述的紀念碑。佛利特納的著作不在於改革教育學教條史的撰寫或意識型態的批判，也不在於評價改革教育學的歷史現象，而在於從事20世紀教育改革主題的討論。教育在這個世紀產生了前所未見的改變，改變是對變遷的生活世界和變遷的公開性、技術、經濟、流動性、道德、社會整體或是世紀現代性的轉變。佛利特納認為改革教育學的古典學者、心理分析、1960年代權威的崩潰、婦女運動、現代生態學的思想和東西德基本民主的經驗，對20世紀的教育改革產生了重大的衝擊和影響（Flitner, 1996: 9-10）。

二、兒童本位的教育學

佛利特納對「兒童本位」（Vom Kinde aus）教育學的涵義提出解釋。他認為「兒童本位」的教育學來自盧梭、泛愛主義者和浪漫主義的教育學家，他們主張兒童不是空白的臘板，能夠印入教師的願望與學說。也不是像水果樹一樣，可以任園丁隨意的裁剪和種植。兒童如其自身，是具有獨特天賦、本性和發展速度的人。教育只能夠為兒童尋找正確的道路，教育應該能夠等待，直到兒童自身顯示出成長。教師應該伴隨、協助和激發兒童，而非強迫和塑造兒童。兒童的節奏和天性的方向，必須成為教育引導的資料。兒童自己的發現、詢問、追尋、興趣和傾向，開啟了兒童真正邁向世界的道路。1902年李爾克（R. M. Rilke）首先在其「愛倫凱評論」（Ellen Key-Rezension）中應用了「兒童本位」這個名詞，1908年出現在「學校改革聯盟」（Bundes für Schulreform）的創立格言當中。後來，出現在漢堡學校改革者的許多著作裡，1905至1928年也出現在藝術教育運動和工作學校運動蒐集的著作之中。其後，也被漢堡教師格拉斯（Theo Gläß）應用到《教育短文集》（Kleine pädagogischen Texte）中。1963年被教育學家狄特里希（Theo Dietrich）接受，廣泛的應用到改革教育學的批判和學校運動的探討之中。從此，「兒童本位」成為改革教育學中重要的名詞。佛利特納在《教育改革》一書中，探討了奧圖（Berthold Otto）、蒙特梭利（Maria Montessori）和庫奇薩克（Janusz Korczak）等人有關兒童教

育的思想。奧圖認為在人生的旅途中，兒童時期和學校的體驗非常重要。這個問題愈來愈屬於反省和改革方案的範圍，20世紀的教育學非常明顯的是一門來自於自傳經驗所創造的學科。教育學家自己清楚的意識到，所有關於兒童的知識和反思，都是成人與自己的記憶論辯的結果。或者更精確的說：是成人與「我們中的兒童」（Kind in uns），與兒童期和青少年期的經驗，對我們「自身圖像」（Selbstbild）具有建構意義與時代生活無法平靜的經驗論辯的結果。柯薩克則主張父母和教師應該讓兒童順其本性發展，注重兒童當下的體驗和感覺，而不是為了將來去學習。同時，父母和教師應該讓兒童承擔生活的風險，進行生命的體驗和探險（Flitner, 1996: 33-53）。

三、藝術教育運動

朗邊在《林布蘭特作為教育家》（*Rembrandt als Erzieher*）一書中，主張使人類高於其他生命形式的不是智慧，不是技術，也不是科學，而是藝術生產和藝術鑑賞的能力。圖畫藝術、音樂、文學、戲劇和舞蹈不僅是人類高尚情操的表現，同時也是人類創造力的顯現。但是學校教育和大學教育卻反其道而行，只注重科學和實際啟蒙理性的教學，忽略了人類存有和精神自由的教育，不重視人類個體性、創造性潛能和藝術能力的教育。佛利特納指出朗邊的教育批判，說明了教育應該將林布蘭特（Rembrandt Harmenszoon van Rijn, 1606-1669）的藝術精神，而不是萊辛的知性人類和啟蒙的哲學作為重點。應該給予林布蘭特偉大的和最德意志的藝術家之名，而且從其藝術創造的深度，提出革新德意志整體教育世界的方案。19世紀末年建築和設計都有新的發展，許多藝術家在耶納創作了一些偉大的「青少年風格」（Jugendstil）的建築和圖畫。例如：由赫德勒（Ferdinand Hodler）、庫伊坦（Erich Kuithan）、霍夫曼（Ludwig von Hofmann）建造的民族紀念堂和耶納大學；由斐爾德（Henry van de Velde）、莫伊尼爾（Constantin Meunier）和克林格（Max Klinger）構思創作的亞伯紀念塑像。其次，諾爾德（Emil Nolde）、阿密特（Cuno Amiet）、赫克爾（Erich Heckel）、穆勒（Otto Müller）、基爾希納（Ernst Ludwig Kirchner）、佩希斯坦

（Max Pechstein）、羅特魯夫（Karl Schmidt-Rottluff）和赫爾比希（Otto Herbig）等表現主義學派的畫家也在耶納舉辦畫展，宣揚表現主義的藝術觀念。同時，德意志帝國也從新的藝術觀念出發，1919年在威瑪建立了第一所圖畫藝術學院—「國立包浩斯學院」（Staatliches Bauhaus Hochschule）。其後，包浩斯學院的藝術家和教師在建築、圖畫藝術和工藝方面，對全世界產生了重大的影響（Flitner, 1996: 54-56）。佛利特納也談到李希特華克（Alfred Lichtwark）、班雅明（Walter Benjamin）和阿多諾（Theodor W. Adorno）的藝術教育思想。他指出20世紀的教育運動可以與班雅明的分析相應，致力於藝術的擴張，地位的超越，企圖建立大眾的藝術，使藝術能對所有的人有用。經由主動的藝術教學，在市場演唱歌曲，經由螢幕戲劇，經由音樂活動來包容或連繫「下層文化」（Kultur von unten），而不再注重「階級文化」（Ständische Kultur）的處理。但是，阿多諾反對這種做法。他曾經在1956年〈音樂家批判〉（Kritik der Musikanten）一文中，對於將「藝術教育」（Kunsterziehung）窄化為學校音樂、青少年音樂和螢幕音樂的觀點提出批判。他所攻擊的不只是包含大量意識型態的娛樂，也包括破壞真正藝術的作品。佛利特納主張教育的任務在於尋找通往文化、教育和藝術的通道，阿多諾只注意到藝術作品意識型態反省的問題，忽略了教育與藝術關聯的探討（Flitner, 1996: 75-76）。

四、心理分析的要求

佛洛伊德（Sigmund Freud, 1856-1939）的分析心理學對於20世紀的人類學說和教育產生相當大的影響，很早就被應用到教育領域，傳達到教師和父母的意識之中。而且湧進1930年代的英國和美國、1950和1960年代德國的教育爭論和教育實際當中。佛洛伊德「心理分析」（Psychoanalyse）的概念具有三種涵義：一是探討心理過程的方法，這種方法是其他途逕無法達到的。二是處理精神障礙的方法，這種方法是經由心理分析研究所建立的。三是經由這種觀點能夠成功的建立起一門科學，以解釋人類心理的狀態。兒童的體驗在心理分析的研究中扮演核心的角色，佛洛伊德非常小心謹慎的應用到兒童的治療當中。後來，被學生和追隨者發展成為遊戲治療

和兒童治療。這種由佛洛伊德創立的無意識心理學和人類學，非常重視兒童早年的經驗、需求和生活的表達，使得教育學者重新注意和評價兒童本能的生活。其次，心理分析不將自己理解為一種兒童心理學，而是一種親子關係的學說。其核心的旨趣在於發展兒童和成人的情感，這種發展的學說與過去發展心理學的區別，不在於注意迄今未被注意和本能決定層面的發展，而將重點放在兒童精神存有作為社會統一和人際相連情感的一部分上。這種觀點可以形成一種親子關係的動力學，有助於教育學者更瞭解親子之間的關係。再次，佛洛伊德「無意識」（Unbewußte）的概念可以讓教育學者注意兒童的行動、表達、圖畫、材料造型、幻想敘說、角色和自我對談，幫助教師和父母瞭解兒童生活表達中不尋常的意義。同時，教育學者也可以運用心理分析的遊戲理論，在學校中進行遊戲治療，幫助兒童解決困難、緊張和其他問題。此外，心理分析還可以協助教師和父母，促進兒童品格的發展和避免教育的錯誤，對抗權威式的教育。楚利格（Hans Zulliger）和利德爾（Fritz Riedl）等教育學家甚至將心理分析的理論運用到教育領域，結合心理分析與教育學，發展治療導向的教育，對教育的實際產生相當大的影響（Flitner, 1996: 122-140）。

五、和平教育與環境教育

以前的改革者主張權威性的世界和戰爭是一種權力政治的工具，造成了武力統治和殖民地的制度。杜威認為戰爭是否是人類的天性，廣島事件給了我們回答。假如我們不在一定的時間之內，將戰爭視為一種機構加以廢除，人類將沒有遇劫重生的機會。因為人類的天性使然，戰爭將會再次的發生。如果核子武器被製造和使用，人類將沒有存活的機會。因此，和平教育非常重要。面對兒童的恐懼和攻擊性，運用善惡的知覺和意見的建構與他人交往，這是教育每天要處理的問題。學校的和平教育應該幫助兒童朝向成熟發展，運用自己的情感去知覺別人的情感，隨時做好學習的準備和合理的建構自己的意見。經由學校和平教育的實施，才能建立一個和平的世界。其次，1972年一些同盟國家在斯德哥爾摩召開「人類環境學術會議」（Conference on the Human Environment），提出一個科技整合環境教

育的國際性計畫。1977年聯合國教科文組織也在提夫利斯，推薦了一個學校環境教育的方案，當時有68個國家共同簽署了這項方案。1978年德國也在基爾的自然科學教育學研究所主導之下，推動環境教育和師資培育的方案。從此，聯邦文化部長會議和各邦教育部也擬訂工作方案，希望經由各邦的合作和經驗交換，積極推動學校環境教育的工作。因此，環境教育也成為教育改革重要的一項主題（Flitner, 1996: 174-195）。

六、教育改革的理想

　　諾爾將改革教育學與法國啟蒙運動充滿緊張對立關係的文學浪漫主義和哲學觀念主義的德意志運動緊密結合，以確定改革教育學注重啟蒙批判和青少年運動的形象，似乎可以解釋為什麼有些改革者的故鄉理念和領導者理念會成為支持國家社會主義意識型態的通道。改革教育學經由其「現代主義」（Modernismus）批判，與社會的反應和「法西斯主義」（Faschismus）的思想財對立嗎？佛利特納強調諾爾改革教育學的歷史研究尚未將這些關係合理的聯結，這個工作仍然還在進行之中。他認為諾爾的改革教育學不在歷史的評價，而在描述改革教育學有趣的教育衝擊。因此，我們必須感謝諾爾在完整性上的遺漏。諾爾主張改革來自青少年運動的精神，其實只包括一部分政治、教育和現代辯論的思潮。如果放眼國際教育改革平行的發展，這種隸屬於德國改革教育學的浪漫主義、觀念主義和社會主義意識型態根本站不住腳，因為這些思潮根本無法解釋杜威、布朗斯基（P. P. Blonskij）、倪爾、蒙特梭利、佛雷納或柯薩克教育改革的活動。所以，佛利特納主張「教育改革」是現代持續發展的主題，當科技、經濟形成、媒體的影響，甚至個人所有生活的領域不斷地改變時，也會促使教育的條件和要求急速產生變化。教育改革不僅是一種對社會現代化贊同或反對的回答，而且也是一種生產性的設計，在改變的環境中尋求一種新的形式。教育位於生活世界與組織的系統之間，並且尋求從任何一方關聯兩者。在此對於20世紀教育改革的描述，不再以共同的運動來加以標示，而只是從其不同的多面性來加以描述。相同的是這種改革實際的規劃和形式，希望從新的想法、變通的社會形式和工作形式，將兒童和青少年

帶往人性生活的道路，對抗被人類忽視的現代化。在社會的變革中，強調協助青少年利用知識、承擔責任和保持對抗態度的教育（Flitner, 1996: 232-236）。

七、綜合評價

根據相關教育文獻的分析，佛利特納的改革教育學具有下列優點：

㈠ 佛利特納不僅從教育學的觀點出發，探討教育改革相關的問題。同時能夠兼顧哲學、社會學、心理學的觀點，對於改革教育學的研究具有重要的意義。因為從科際整合的觀點出發，比較能夠注意到不同因素的影響，不會陷入獨斷的見解當中，可以得到比較客觀完整的結果，有助於改革教育學研究品質的提升。

㈡ 佛利特納注重20世紀教育改革運動的探討，主張這些教育改革運動受到古典改革教育學、心理分析理論、女性主義教育學和生態教育觀念的影響，不但論述的內容非常詳細，而且提出的見解相當獨到，對於20世紀教育改革運動的詮釋貢獻相當大。

㈢ 佛利特納主張對於20世紀教育改革的描述，不再以共同的運動來加以標示，而只是從其不同的多面性來加以描述。相同的是這種改革實際的規劃和形式，希望從新的想法、變通的社會形式和工作形式，將兒童和青少年帶往人性生活的道路，對抗被人類忽視的現代化。在社會的變革中，強調協助青少年利用知識、承擔責任和保持對抗態度的教育。佛利特納提出的教育改革理想，不僅可以指引教育改革運動的進行，而且有助於21世紀教育文化的形成。

根據相關教育文獻的分析，佛利特納的改革教育學也有下列問題（Benner, 2001: 13-14）：

㈠ 佛利特納改革教育學論述的範圍侷限在20世紀的教育改革運動，雖然包括許多重要的國際改革運動，但是沒有論述到啟蒙運動時期和文化批判時期的教育改革運動。因此，在改革教育學的歷史論述上依然不夠完整，這是佛利特納改革教育學的限制。

㈡ 佛利特納的改革教育學從教育學、哲學、社會學和心理學的觀點出發，論述20世紀教育改革運動形成的原因，雖然注意到了影響教育改革的政治、經濟和社會因素，但是對於20世紀教育科學的發展卻沒有詳細的說明，同時對這些教育改革運動與啟蒙運動時期改革教育學思想的關係也沒有交代清楚。因此，整個改革教育學的論述顯得美中不足。

㈢ 佛利特納的改革教育學注重國際教育改革運動的探討，強調古典改革教育學、心理分析理論、女性主義教育學和生態教育觀念，對20世紀教育改革運動的影響。但是，改革教育學的國際化固然重要，改革教育學的國家化也非常重要。因為改革教育學如果忽略國家化的取向，將來建立的教育改革理論，根本無法提供政策制定者、學校教育者和教育研究者作為參考，就會喪失了改革教育學研究的目的。因此，應該兼顧國際化取向和國家化取向改革教育學的研究。

㈣ 佛利特納主張教育位於生活世界與組織的系統之間，並且尋求從任何一方關聯兩者。在此對於20世紀教育改革的描述，不再以共同的運動來加以標示，而只是從其不同的多面性來加以描述。這種看法反映了後現代主義強調多元性和差異性的觀點，比較忽略世界各國教育改革運動背後隱藏的共同性。因此，佛利特納的改革教育學在論述上，比較少去說明不同教育改革運動之間的關聯，這是佛利特納改革教育學的限制。

㈤ 佛利特納主張「改革」（Reform）是政治學和教育學關鍵的名詞，就像所有其他生活的學說一樣，是一個完全不尖銳的概念，到如今已經不再被人們所談論。「改革」總是在我們未能實現的生活中被秩序和機構所要求，改革的要求和改革的行動來自於對現狀的批判，「批判」（Kritik）和「改革」同屬一個環節，改革的理念和改革的機構因此無獲得普遍的贊同。其實，佛利特納有關「改革」概念的說法並不精確。因為「改革」概念來自拉丁文〈reformare〉，原意是指：「改造」（umgesatlten）和「改變」

（verwandeln）。最早應用在宗教領域中，用來指稱路德和其他人在16世紀進行的宗教改革運動。其後，才應用到政治學和教育學的領域中。佛利特納只從日常生活的觀點來說明「改革」的意義，並沒有深入的分析「改革」的概念。因此，在「改革」意義的論述上不夠精確。

第三節　伊里希的改革教育學

伊里希（Ivan Illich, 1926-2002）1926年生於奧地利維也納（Wien），父親是南斯拉夫天主教會中的職員，母親是路德教會的德裔猶太人。他在大學中唸的是歷史、結晶學、哲學和神學。得到的是歷史學博士學位。後來，進入羅馬的格里利安大學（The Gregorian University）學習自然科學、歷史、神學和哲學。其後，取得奧國薩爾斯堡大學（Universität Salzburg）的哲學博士學位。1950年伊里希到美國，在紐約一個愛爾蘭—波多黎各教區擔任牧師助理（parish prist）。獻身於少數民族的社會福利問題，深獲天主教會的肯定，1955年頒贈「主教」的榮銜給他。1956至1960年擔任波多黎各天主教大學（The Catholic University of Puerto Rico）副校長，並在該校成立了一所美國牧師在拉丁美洲服務的訓練中心。其後，也參與墨西哥「國際文化資料中心」（Center for Intercultural Documentation）的創立，從事「技術社會中機構變通方案」（Institutional Alternatives in a technological Society）的發展。自1960年起，伊里希在墨西哥的柯納瓦卡（Cuernavaca）定居，從事泛文化資料的蒐集與研究，同時培育天主教的神父和布道師。該中心的圖書館在拉丁美洲區發行「泛文化文獻通訊」，具有相當的影響力。1968年他被傳喚到羅馬，接受梵諦岡教廷的祕密調查。由於他拒絕宣誓作證，因此在1969年元月以後，天主教成員都被禁止去訪問該中心。同時，他被迫放棄神父的權利和主教的榮銜。他從此獨立於教會之外，成為一位理念激進的教育學者，2002年因病逝世於柯納瓦卡。伊里希的主要著作有《自覺的禮讚》（*Celebration of Awareness*）、《反學校化社會》（*Deschooling Society*）、《性別》（*Gender*）、《享樂的工

具》（*Tools of Conviviality*）、《能量與相等》（*Energy and Equlity*）、《醫學的復仇女神》（*Medical Nemesis*）、《邁向需要的歷史》（*Toward a History of Needs*）、《ABC：一般心靈的基本知識》（*ABC: The Alphabetization of the Populer Mind*）等等，其他還有很多單篇文章，散見於「紐約評論」（The New York Review）、「週六評論」（The Saturday Review）、「神靈」（Esprit）、「永久」（Siempre）、「亞美利加」（America）、「聯邦」（Commonwealth）、「考驗」（Epreuves）和「新時代」（Temps Modernes）等雜誌（梁福鎮，1999：241-242；詹棟樑，1995：740-742）。

一、思想淵源

伊里希的《反學校化的社會》（*deschooling society*）是一部重要的改革教育學著作，主要在批判當時學校教育的缺失，進行教育制度的改革。除了這本書之外，尚出版了《自覺的禮讚》（*Celebration of Awareness 1970*）、《享樂的工具》（*Tools for Conviviality 1973*）、《癱瘓的專業》（*Disabling Professions 1977*）等十餘本書（陳伯璋，1987：162）。伊里希接受到相當完整的天主教宗教教育，但他對人在世界上的努力（包括個體的解放和世界的再造），遠比來世的憧憬更強調。因此，他也被稱為「激進的人文主義」（humanist radicalism）。根據相關教育文獻的分析，伊里希改革教育學的思想淵源如下（江欣霓，2002：148-149；吳雅玲，1998：282；陳伯璋，1987；劉蕙敏，2001：232；Illich, 1970; Regan, 1980）：

(一)馬克斯主義（Marxism）

伊里希的思想比較接近馬克斯主義對歷史的解釋，認為學校是一個資本家、消費者取向社會的代理機構。學歷、學位與證書是取得工作機會與社會地位的必要證明，所以學校使人們相信，若要獲得正式的資格就必須接受學校的正式課程或教育，故學校成了包裝知識的場所，知識成為了商品。擁有知識的就如同擁有股票一樣，可以享受特權、高收入、有機會接近更有力的生產工具，形成了資本主義，而且為所有的工業化社會接受，建立工作和所得分配的理論基礎。在改造社會的同時，伊里希特別注意到教育的改善，主要是他認為透過教育活動有利於文化革命的推展，尤其他

對中南美國家的觀察，認為第三世界的國家，如果想要獲得解放，不重蹈資本主義國家的覆轍，那麼在社會改造的同時，文化革命亦有其必要。簡言之，伊里希認為當今各種社會體制充滿著對人性戕害的情形，它必須徹底地加以改造，而在此努力過程中，除了要注意社會各種結構的革新之外，也應注意到文化革命的促進。

(二)樂觀人性論（Optimistic Theory of Human Nature）

伊里希對人性基本上是抱持樂觀和積極的態度，即使他對束縛人性發展或解放的社會體制有諸多的不平和批判。佛洛姆（Erich Fromm）也分析說：伊里希雖然主張對任何事情都要懷疑，但他卻存有天主教的理想主義－關心對人有最佳利益的是什麼，以及人類雖在過去犯了不少錯誤和罪惡，但人仍有為善的潛能。他之所以批判社會的不是，是因為社會的不平等與腐敗，阻礙了人能獲得更大的幸福和自由的生活。教育本來就是使人性得以開展並擁有其尊嚴生活的重要工作，當今學校教育之所以「反其道」而行，就是使人無法解放的絆腳石，因此他才主張「反學校化」（deschooling）。伊里希曾以象徵性的手法來說明他對人性的看法，例如：他在《反學校化的社會》最後一章指出兩種人－「普羅米修斯」（Prometheus）和伊庇米修斯（Epimetheus）的特性，前者是強調可預測和控制的過程中，建立制度來消除人的罪惡，此社會是建立在合理的和權威導向的基礎之上。不過在此情勢之下，人會發現他雖然改造了環境。但反過來，他也必須不斷地調整自己來適應環境。至於後者是愛與希望的化身，強調不必依賴社會體制而是要對人的「善意」（good will）有信心，人不必強迫自己順應制度。換言之，人的自由才是人性最重要的本質。所以，教育的過程也就是在自由的尊重和開展之下來完成，學習者應有充分的自由來選擇教育的方式、地點和內容。

(三)社會整體論（Social Holism）

伊里希的社會哲學源自其解放神學的觀點，他對整個社會體制的批判，可說是他對教會體制批判的延伸。根本上他認為這些社會機構就是墮落為罪惡的淵藪。因為它們具有對人類幸福和自由操縱和毀滅的破壞性力量。不過他並不是要我們不在社會組織中生活，只是他對現代的社會體制

缺乏信心，因為它們是阻礙人類思想解放，以及為現存不平等剝削關係合法化的工具。換言之，這些體制是目前既得利益者權力結構的反映。而他心目中的理想社會，是基於「自由、愛、平等與責任」的需求，由人來促使或運用這些社會公器或技術來為人類的幸福而努力，它們不該成為人的「主人」。

從另一觀點來看，伊里希的社會哲學具有「社會整體論」（Social Holism）的思想，因為他認為社會正義、自由與平等的實現，需依靠社會權力和資源的重新分配，而不是社會制度中某些枝節措施的改進。因此，學校教育是社會整體活動的一部分，單獨的學習活動無法促進社會的變遷，或使社會更平等、更自由，所以當今教育問題的解決，只能自本自根徹底地從整體社會改造著手。再就其對宗教教育改革的主張來看，他運用了馬克斯「異化論」（alienation Theory）的觀點來抨擊目前天主教，就像當年路德（Martin Luther）形容的「教會」一樣，已是束縛人性的地方，不論是教會的階層體制、傳教士或是儀式活動已經無法使人與上帝的關係中得到解放。由此反觀當今社會的其他體制也大都如此。不過依伊里希的最終目標是希望透過對「教會」的批判、反學校化教育，以及醫療、社會福利等制度的共同努力來改造社會。

二、主要內涵

根據相關教育文獻的分析，伊里希反對「學校化」（schooling）教育的理由如下（江欣霓，2002：150）：

㈠對制度的過度依賴

反學校教育是指根本性的廢除學校教育，徹底的解構學校教育制度，反抗任何來自學校的學習障礙與束縛（吳雅玲，1998：282）。伊里希選擇以學校為例來分析現代制度的特徵和弊端，並且說明其中密不可分的關係。伊里希認為不僅是教育被學校化，連社會現實本身也已經被「學校化」了（江欣霓，2002：150）。當今社會上的人們無論貧窮或富有，都過度依賴學校和醫院，這些機構完全支配了人們的生活，對於制度的依賴與日俱增，人類將自身一切事務均視為制度運作下的必然結果。受限於制

度下的人類分工日趨細密，任何需求的滿足都必須透過制度性照顧（institutional care）的供給（吳雅玲，1998：282），人們已經喪失獨立生活的能力。陷入制度化的僵局中，人類顯得無力破局而出，潛力更是無法發揮，這樣的困境須有革命性的突破才能解決。學校教育也是面臨相同的問題，一旦人們習慣了一致性制度化的學習，學生的想像力將被扼殺，喪失學習的自由。一般社會大眾總是認為，愈多學校代表著有愈多的教育，只有透過學校教育，個人才能成為社會中的成人生活做準備；學校沒有的知識不具任何價值；學校以外所學到的知識都不值得去認識。這樣的錯誤觀念伊里希稱為學校教育的潛在課程，在既定的制度之下成為無法改變的架構。學習應該是隨時隨地、無所不在的，若只強制性的規範學習只能在學校中進行，則學生的學習慾望將會逐漸減低，窄化了學習的道路。事實上，大多數人的學習都是在學校之外持續不斷的進行著，若是過分依賴學校的教學，將會使得貧窮學生的學習受到阻礙，更加顯現自身的無能。

㈡平等機會的迷思

學校向世人宣稱所有人受教的權利都是平等的，但是實際情形卻不是如此。學校教育所進行傳授的課程知識，都是政策制定之後的結果，國家透過學校實行教育，促使人民學習並取得文憑。此外，學校也依照工商業社會的需求，設計相關的課程，期望學生在學校所學技能知識能應用在社會中，強調專業能力的重要性，在就業市場上也是依照接受學校教育的年限來評估個人的能力，一切以就業市場為導向的課程，學生的學習只是為了將來的職業做準備，相對的使學校的功能變得世俗。在優勢團體的影響之下，課程不斷的修訂擴充，學校致力於設備、人事的擴充，學校因此調漲學費，卻無視於教育的本質，對於學生的學習並沒有真正的幫助。學校逐漸壟斷教育，教育的真正目的不再被人所重視，學校制度扼殺了教育。

㈢儀式化的教育

伊里希批評學校是進行各類儀式的場所，人們期待教育帶來改變，因此期待學校的各項儀式能使得人們感受到自身的轉變。學校當中不斷進行著學術性的、啟蒙性的、安撫性的各項儀式，使得學校教育符合人們的期待，學校在現實與神話之間，選擇以儀式化的活動來掩蓋其中的矛盾點。

對於社會上的部分成員來說，學校教育的過程是有著不公平的待遇，甚至是歧視的；相對的，對於優勢階層來說，卻是一種合理的特權（吳雅玲，1998：284）。

㈣虛假的公共事業

公共事業是為了使人與人之間的往來更加便利而存在，虛假的公共事業是只宣稱為所有人服務，在實際情形中卻只為少數人服務。學校教育一直對人們釋放諸多訊息，例如：學習大都來自學校、接受學校教育才有成功的機會、無論何種資質的學生在學校都能受到相同的待遇等等。實際上，學校教育具有宰制的性質（詹棟樑，1993：205）表現出來的是邁向高層的奮鬥追求勝利，要適應現代社會獲得社會所需要的能力，前提就是要接受學校教育。對於富人來說教育是種投資，是成功的一種手段，教育仍然是少數付的起費用的菁英分子的特權；對於窮人來說，教育的代價太過昂貴。

㈤資格認證的工具

伊里希認為現在不僅是教育，就連社會本身也已經學校化了。所有的學生都依賴學校，學校幫助他們形成世界觀，對於制度性安排的依賴，使得學生把個人自學視為不可靠的學習途徑。學校不僅利用人們對於教育良好的願望，壟斷可用於教育的財力和人力，而且還阻礙其他制度涉足教育領域。國家經由學校來施行教育，驅使所有公民都去學習與文憑相應的分級課程，這與昔日的成人儀式和僧侶晉升過程並無不同。由於教育工作者有意把整套教學與文憑結合在一起，因此，學校教育既不可能促進學習，也不可能維護正義。教學乃是選擇有利於學習的環境，學校借助課程安排來分配社會角色，學生如果想要升級，就必須學習規定的課程，學校把「教學」和這些角色相聯繫，這是不合理不開明的，因為它不是將性質或能力，而是將認定獲取性質或能力的過程與角色相聯繫。同時學校教學的對象只是那些完全依照社會控制要求進行學習的人。指望透過學校來普及教育是不可行的，即使用其他制度來取代學校，如果這些制度仍然因襲當今學校的模式，也同樣無法實現普及教育的目標（Illich, 1970: 15-19）。

根據相關教育文獻的分析，伊里希的「反學校化理論」是一種質疑

學校教育制度，批判學校教育缺失，主張人類教育機會均等，反對教育宰制和社會階級再製，提出變通教育方案的教育理論。因此，也是一種改革教育學，他注重的是教育資源的分配、教育制度的合理性和人類教育的自由，排除學校制度的壟斷，建立教育網絡，實現人人都能自由接受教育的理想。伊里希認為目前的教育資源依據教育者的課程目標而標識，這種編排的方式並不恰當，他建議用相反的方式，先標識四種不同的途徑，指出學生獲得教育資源的方式，以便他界定並達成自己的教育目標。伊里希改革教育學的主要內涵如下（江欣霓，2002：150-151；Illich, 1970: 72-104）：

　㈠ 教育器物的諮詢服務：教育對象的諮詢服務分為一般性和特殊性，而這些資源保存在圖書館、出租機構、實驗室、博物館，甚至工廠、飛機場或農場上，以便任何人在任何時間使用。學習不再由學校或教師所控制支配，而漸漸的轉換為自我導向的學習。

　㈡ 技能交換：伊里希主張設立對大眾開放且免費的技能交換中心，此類中心設立在工業區內，教授學徒們基本的技術，例如：打字、閱讀、會計、外語、電腦程式等；另外並成立技能交換銀行，每一位公民將會收到基礎技能所需的「基本存款」（basic credit）；教導別人的人士則可以獲得「較多存款」（further credit），而且曾經教導別人某時數的人，也可以向更資深的教師要求等量的學習。如此一來，彼此藉分享而獲得教育，並能裨益知識指導的發展，而確保教育資源使用的自由與價廉。

　㈢ 同儕組合：藉由網路，任何使用者只要送出他們的姓名、地址和尋找同好的活動，電腦將會送回他所需的資料。此項服務必須由公費提供，如此才能確保自由組合的權利，並且以這些最基本的公民活動來訓練人民。除此之外，任何人皆可依教育證件免費參加布告欄所公布的課程，其他可利用圖書館、實習和網路來學習。

　㈣ 教育人士的諮詢服務：伊里希將教育人才以不同的教育才能區分行政技術人員、學習指導者和教育領導者三種。行政技術人員旨在建立和維持各種獲取教育資源的途徑；學習指導者提供大家學

習諮詢的服務；教育領導者則是教育的創始人，人們追隨他的創始而成為其學徒，而且不受限於智力訓練。伊里希將具有專長或專業人員的地址和自我描述編輯成冊，內容包括取得他們諮詢的條件，這類教育人士可以藉民意調查或請教他們過去的顧客挑選出來。伊里希企圖經由教育網絡的建立，來取代傳統教育機構的功能，改革整個社會學校化的缺失，避免國家教育資源的浪費，節省社會的人力和物力，達成普及教育的目標。

三、綜合評價

根據教育相關文獻的分析，伊里希的改革教育學具有下列優點（江欣霓，2002：151-152）：

㈠注重潛在課程

「什麼知識最有價值？」是教育不得不面對的基本問題，因為有關知識的傳遞、分配、分類和選擇，都圍繞此一中心而展開。然而在教育的活動中，由於意識型態的涉入，產生了「權力即知識」或「知識暴力」的反教育現象，學校遂成為意識型態的製造工廠，甚至是灌輸「似是而非」教條的場所。伊里希否定過去教育改革的假說，批評過去的改革是狹隘的、零碎的、方向錯誤的，以致於變成頭痛醫頭、腳痛醫腳的貼補劑，其主要原因是忽視了學校的潛在課程。伊里希分析潛在課程之所以產生，乃是學生在學校所學到的經驗不多，反而從學校外的非正式教育機會中所學到的較多，因此這些經驗往往是學校非預期到的。所以，教育改革從教科書或教學方式下手，卻忽略了潛在課程的重要性，只是一種表面的解決辦法，並不能解決教育的危機。

㈡強調學習的自由

反學校化論者強調個體學習的自由與自主性，以調整社會和個人的關係，而非接受學校教育來完成其社會控制的目的。學校雖然把社會由封建制度改為資本主義，但在資本主義社會下，學校不再是改變社會結構的機關，而是維護社會階級的機關。教育改革只是在改革學校，使學生能適應社會的需要，過分依賴制度化的教育，只會奴役人們的思想，而且使人們

喪失自主學習的潛能。

(三)教與學更具彈性

伊里希提出「學習網絡」的概念，使得教育資源的服務就像電視或電話的服務一樣無遠弗屆，時時可以運用和學習。透過學習網絡的建立，可以使學習者和教導者的關係更具彈性，學習的資源和方式也更經濟和多樣化，而能符合個別的需要，社會大眾可以按照個人的需要，安排學習的活動，有助於提高教學與學習的彈性。

(四)降低教育的成本

伊里希提出的反學校化理論，主張廢除傳統的學校，以學習網絡取代學校的功能。這種教育改革方案可以減少學校設置的成本，降低教育經費的支出，對於教育資源和教育經費拮据的國家，相當具有吸引力，因為在學習網絡的制度下，的確可以節省許多硬體建設和維修的經費，發揮社會教育自主學習的功能，彌補學校教育的不足。

根據教育相關文獻的分析，伊里希的改革教育學也有下列問題（江欣霓，2002：147-156）：

(一)伊里希在「反學校化的社會」中所批判的儀式化教育，只為少數人服務，成為社會階級再製的工具，只是美國部分地區或拉丁美洲教育制度的現象，無法類推到其他國家當中。因此，學校制度依然有其存在的價值，沒有完全廢除的必要。伊里希的「反學校化理論」可能只適合於部分地區和國家，不具有普遍的性質，無法應用到所有的社會之中，值得我們加以省思。

(二)伊里希提出的教育網絡方案，利用教育器物的諮詢服務、技能交換、同儕組合和教育人士的諮詢服務取代學校制度，讓社會大眾自由的進行學習的活動，雖然有助於降低教育經費的成本，消除學校制度的壟斷，避免社會階級的再製。但是這種教育網絡只能傳授簡單的知識和技能，而且缺乏系統的連貫，無法進行高深學術的研究，根本不適合當前國際社會的需要，促進人類文明的進步和發展。

(三)伊里希在「反學校化理論」中，指出學校機構的缺失，已經成為

國家進行社會階級再製的工具，完全否定學校制度的功能，希望用教育網絡來加以取代學校。事實上，這是一種錯誤的見解，因為學校制度依然有其優點，能夠培養學生專門職業的技術，選擇優秀的人才，陶冶國民的道德，促進經濟的發展和傳承國家民族的文化。因此，不能完全抹殺學校制度的功能。

(四) 伊里希的「反學校化理論」從馬克斯主義、樂觀的人性論和社會批判哲學的觀點出發，主張學校是社會階級再製的工具，壟斷了教育資源，是一種虛假的公共事業。雖然能夠補充學校教育的不足，降低學校教育的成本，讓社會大眾自由的進行學習，解決社會學校化的問題。但是，伊里希的「反學校化理論」缺乏堅實的理論基礎，忽略了教育除了再製社會階級之外，也具有批判社會弊端的功能。同時，人性並不像伊里希所認為的那樣主動積極。因此，教育網絡實施的成效相當令人質疑。而且社會權力和社會資源的重新分配，也不保證就能夠實現社會的正義。有時，社會權力和社會資源的重新分配只是不同制度的轉換而已，根本無法實現社會正義的理想。

第四節　邊納爾的改革教育學

　　邊納爾（Dietrich Benner, 1941-）1941年生於萊蘭（Rheinland）的諾伊維德（Neuwied）鎮，1960年通過「高中畢業會考」（Abitur），進入波昂大學就讀，主修哲學與教育學。1962年轉入奧地利維也納大學就讀，主修歷史學、德國語文學、哲學和教育學。1965年隨著名哲學家海特爾[1]（Erich

---

1　奧國哲學家海特爾（Erich Heintel 1912-2000）1912年3月29日出生於維也納，1936年獲得維也納大學哲學博士學位，1939年在維也納大學通過教授備選資格審查。自1965年起擔任維也納大學哲學研究所講座教授，曾經是「維也納哲學年刊」（Wiener Jahrbuch für Philosophie）的主編，其哲學思想深受奧國哲學家萊林格（Robert Reininger 1869-1955）和德國哲學家康德（Immanuel Kant 1724-1804）的影響，2000年11月因病逝世於

Heintel 1912-2000）修讀博士課程，以〈理論與實踐：黑格爾與馬克斯系統理論的考察〉（Theorie und Praxis, Systemtheoretische Betrachtungen zu Hegel und Marx）一文，獲得維也納大學哲學博士，精通希臘文、拉丁文、法文和德文。1966年隨奧國教育學家德波拉夫應聘波昂大學，擔任哲學與教育學講師，並且結識同樣畢業於奧國維也納大學的教育學家柯瓦契克（Wolfdietrich Schmied-Kowarzik, 1939- ）。1967年與柯瓦契克合著《教育學基礎緒論I：赫爾巴特的實踐哲學與教育學》（*Prolegomena zur Grundlegung der Pädagogik I: Herbarts praktische Philosophie und Pädagogik*）一書，1969年再度與柯瓦契克合作出版《教育學基礎緒論II：早期費希特學者與赫尼希瓦的教育學》（*Prolegomena zur Grund- legung der Pädagogik II: Die Pädagogik der frühen Fichteaner und Hönigswalds*）。1970年在德波拉夫的指導之下，以「洪保特教育理論」（Wilhelm von Humboldts Bildungstheorie）一文通過波昂大學「教授備選資格審查」（Habilitation），晉升為哲學與教育學教授，同時應邀到佛萊堡大學，擔任哲學與教育學教授。邊納爾於1973年轉到敏斯特大學，擔任哲學與教育學教授。他早年深受康德哲學的影響，屬於「新康德學派」（Neo-Kantianer Schule）的教育學家。後來由於受到赫爾巴特陶冶理論、洪保特教育改革思想、黑格爾辯證哲學、史萊爾瑪赫教育理論、芬克現象學哲學和德波拉夫實踐學的影響，逐漸成為綜合學派的教育學家。1983年出版《教育科學主要思潮》（*Hauptströmungen der Erziehungwissenschaft*）一書，說明傳統教育學的內涵包括了教育理論、陶冶理論和教育學理論；將德國教育科學的發展分為傳統教育學、精神科學教育學、實證教育學、批判教育學和行動導向教育學等五個時期；並且闡明理論、經驗和實踐三者之間的關係，提出教育科學研究的結構模式，深受教育學術界的好評。1987年出版《普通教育學》（*Allgemeine Pädagogik*）一書，說明普通教育學建立的必要性，從實踐學的觀點將教育、政治、倫理、經濟、藝術和宗教並列，論證教育現象在人類整體實踐中的獨特性。並且提出教育理論、

斯內貝爾格（Schneeberg）。

陶冶理論和教育機構理論，作為普通教育學的內涵。闡明兩代之間的關係，建立普通教育學的體系。由於邊納爾的普通教育學深具獨創性，不僅確立教育學是一門獨立自主的學科，而且闡明了教育理論與教育實踐的關係。因此，使其學術聲望達到巔峰，位列「德國名人錄」（Wers Wer）（Böhm, 2000；梁福鎮，1999）。

　　1990年東西德統一，「德意志聯邦共和國」（Bundes Republik Deutsch-land）政府特派邊納爾等人，至「德意志民主共和國」（Deutsche Demokratische Republik）首都柏林接收洪保特大學。他曾經擔任「德國教育科學會」（Deutsche Gesellschaft für Erziehungswissenschaft）會長（1990-1994），柏林洪保特大學第四哲學院院長（1994-1996）暨教育科學研究所講座教授。應聘擔任中國社會科學院《赫爾巴特全集》和《洪保特全集》翻譯顧問，1998年應邀至中國上海等地講學，並且到臺灣的國立中正大學演講。2004年獲得中國華東師範大學（East China Normal University）頒贈榮譽教授的榮銜，2008年應聘波蘭國立華沙大學，擔任終身職講座教授，2009年獲得丹麥阿胡斯大學（Universität Aarhus）頒贈的榮譽博士學位，2011年獲得芬蘭亞堡學術大學（Åbo Akademi Universität）頒贈榮譽博士學位。主要著作有《理論與實踐：黑格爾與馬克斯系統理論的考察》、《教育學基礎緒論》（Prolegomena zur Grundlegung der Pädagogik）、《洪保特教育理論》、《赫爾巴特教育學》（Die Pädagogik Herbarts）、《教育科學主要思潮》、《普通教育學》、《教育科學理論研究》（Studien zur Theorie der Erziehungswissenschaften）、《教育理論與陶冶理論研究》（Studien zur Theorie der Erziehung und Bildung）、《教學理論與學校理論研究》（Studien zur Didaktik und Schultheorie）、《教育的國家》（Erziehungsstaat）、《教育與批判》（Bildung und Kritik）和《改革教育學理論與歷史原典》（Quellentexte zur Theorie und Geschichte der Reformpädagogik）、《改革教育學理論與歷史》（Theorie und Geschichte der Reformpädagogik）、《教育學歷史辭典》（Historische Wörterbuch der Pädagogik）等書（Böhm, 2000；梁福鎮，1999）。

一、思想淵源

根據相關教育文獻的分析，邊納爾改革教育學的思想淵源如下（梁福鎮，2004: 462-465）：

(一)盧梭（Jean-Jacques Rousseau）的教育學思想

邊納爾在其《普通教育學》（*Allgemeine Pädagogik*）一書的「教育理論」（Theorie der Erziehung）中曾經討論到「積極教育」（Positive Erziehung）和「消極教育」（Negative Erziehung）的關係，他主張教育的實際不只是一種「消極教育」，同時也是一種「積極教育」。未成年人絕非從無創造他的世界，而是在他人決定的世界中出生，教育如果沒有積極的要求是無法想像的（Benner, 1987: 46）。在此，邊納爾點出未成年人必須先接受積極教育，具備相當的基礎之後，才可能接受消極教育。是以，邊納爾既主張消極教育，也肯定積極教育。而且在《改革教育學理論與歷史》（*Theorie und Geschichte der Reformpädagogik*）一書中，指出泛愛主義（Philanthropismus）學校、康拉第主義（Conradinum）學校、鄉村教育之家（Landerziehungsheim）、自由學校區（Freie Schulgemeinde）、歐登森林學校（Odenwaldschule）等教育運動，都受到盧梭教育學思想的影響（Benner & Kemper, 2001; Benner & Kemper, 2002），邊納爾主張「積極教育」和「消極教育」都有其存在的必要性。在「積極教育」和「消極教育」關係的看法上，邊納爾深受盧梭教育理論的影響。

(二)康德（Immanuel Kant）的批判哲學

邊納爾的普通教育學是一種「批判教育學」（Kritische Pädagogik），一種「行動教育學」（Handlungspädagogik），也是一種「辯證教育學」（Dialektische Pädagogik），其先驗批判的觀念來自於康德的批判哲學思想。他的《改革教育學的理論與歷史》一書也從批判的觀點出發，探討國家政策、教育運動與教育科學的關係，將教育學區分為「常規教育學」和「改革教育學」（Benner & Kemper, 2001; Benner & Kemper, 2002; Benner & Kemper, 2004; Benner & Kemper, 2007）。事實上，邊納爾在維也納大學的指導教授海特爾（Erich Heintel, 1912-2000）是一位新康德主義的哲學家。早

在1967年出版《教育學基礎緒論》（*Prolegomena zur Grundlegung der Päda-gogik*）時，邊納爾就採用康德「實踐優位」（Primat der Praxis）的觀念，強調教育學是一門來自於實踐，應用於實踐的科學（Benner & Schmied-Kowarzik, 1967）。因此，他的教育學深受康德批判哲學的影響。

㈢赫爾巴特（Johann Friedrich Herbart）的普通教育學

邊納爾和柯瓦契克（Wolfdietrich Schmied-kowarzik, 1939-）在1986年出版《赫爾巴特系統教育學》（*Systematische Pädagogik Herbarts*）一書（Herbart, 1986），並且在哈根空中大學（Fernuniversität Hagen）講授「赫爾巴特系統教育學」。因此，對於赫爾巴特的普通教育學有非常深入的研究。同年，邊納爾整理他對赫爾巴特研究的成果，出版了《赫爾巴特教育學》（*Pädagogik Herbarts*）一書（Benner, 1986）。在《改革教育學的理論與歷史》一書中，邊納爾不僅接受了赫爾巴特「教育性教學」的概念，同時對於教育理論與教育實踐關係的探討也深受赫爾巴特普通教育學的影響（Benner & Kemper, 2001）。赫爾巴特主張「教育性教學」（erziehender Unterricht）的觀念，強調教師在進行教學活動時，只有將教育和教學結合在一起，才是真正完善的教學（Herbart, 1991）。教育是指品德的養成，而教學是指知識的傳遞，兩者兼顧才是教育性教學。邊納爾深受赫爾巴特的影響，主張真正的教學必須是教育性教學。

㈣洪保特（Wilhelm von Humboldt）的語言哲學

邊納爾在其《普通教育學》一書中，非常強調經濟（Ökonomie）、倫理（Ethik）、教育（Erziehung）、政治（Politik）、藝術（Kunst）和宗教（Religion）等六大人類存在的基本現象，主張人類存在的特性包括「自由性」（Freiheit）、「歷史性」（Geschichtlichkeit）、「語言性」（Sprachlichkeit）和「身體性」（Leiblichkeit）四項，其中「語言性」的觀念就是來自於洪保特的語言哲學。邊納爾也把教育的過程視為是人類與世界的交互作用，這種觀念充分的反映在他的普通教育學之中（Benner, 1987）。其次，邊納爾也在《改革教育學的理論與歷史》一書中，探討洪保特哲學與教育理論對於普魯士王國教育改革的影響，指出洪保特對於普魯士王國的教育改革具有重要貢獻（Benner & Kemper, 2001）。因此，邊納

爾深受洪保特語言哲學的影響。

伍黑格爾（Georg Wilhelm Friedrich Hegel）的辯證哲學

邊納爾在波昂大學的指導教授德波拉夫是一位黑格爾主義者，他應用黑格爾的「辯證法」（Dialektik）來說明教育的過程。德波拉夫認為教育運動的辯證結構就是一種未成年人（自己）與世界（他人）不斷辯論的過程，兒童的教育途徑就在導向自我實現，教師在教育過程中具有啟發的任務，他必須引導兒童與世界邂逅（Weltbegegnung），協助兒童達成自我實現（Derbolav, 1969: 121）。1965年邊納爾隨著名哲學家海特爾修讀博士課程，以「理論與實踐：黑格爾與馬克斯系統理論的考察」（Theorie und Praxis. Systemtheoretische Betrachtungen zu Hegel und Marx）一文（Benner, 1966），獲得維也納大學哲學博士學位。由此可知，邊納爾對黑格爾哲學有相當深入的研究。邊納爾在《改革教育學的理論與歷史》一書中，應用黑格爾的辯證法來說明教育運動、國家政策與教育科學的關係（Benner & Kemper, 2001; Benner & Kemper, 2002; Benner & Kemper, 2004; Benner & Kemper, 2007）。因此，邊納爾深受黑格爾辯證哲學的影響。

六史萊爾瑪赫（Friedrich Ernst Daniel Schleiermacher）的教育理論

史萊爾瑪赫的「世代關係」（Verhältnis der Generation）理論在邊納爾的普通教育學中，占著相當重要的地位。因為教育是在「世代關係」中，進行文化傳承的活動。邊納爾主張一種教育問題的形成被自由地設定在「世代關係」中，這種問題的關係把其他行動領域根本地改變了。在倫理和政治立即的聯繫中，教育論辯、教育反思和教育實際必須在此目的下被區分開來。只有當教育的「世代關係」包含了自身的意義，才能經由教育對道德風俗的改變作出貢獻，並且完成人類實踐領域和形式的分化。邊納爾指出過去教育領域中的「世代關係」是一種「權威關係」，到了史萊爾瑪赫的《教育理論》（*Theorie der Erziehung*）一書，將這種關係改變為「平等關係」，這種觀念徹底改變了人類在政治、經濟、宗教、倫理、藝術和教育等行動領域的關係，因為教育實際偏向傳統的權威關係，教育反思站在平等關係的立場，而教育論辯則是前述兩種觀點並陳，這使得教育論辯、教育反思和教育實際產生差異。邊納爾在《改革教育學的理論與歷

史》一書中，對於史萊爾瑪赫的「教育理論」與「世代關係」有詳盡的論述，指出其「世代關係」的觀點不同於傳統的看法，具有教育改革的重要意義（Benner, 1987; Benner & Kemper, 2001）。因此，邊納爾深受史萊爾瑪赫教育理論的影響。

㈦芬克[2]（Eugen Fink, 1905-1975）的存在現象學

芬克於1955年在佛萊堡大學（Universität Freiburg）講學時，就特別強調人類存在的基本現象。他主張人類的生活（生命）有其「有限性」或「有盡性」（Endlichkeit），它是教育思想與教育行動的基礎。從這個基礎為出發點，可以找出教育學的方法和基礎（Fink, 1987）。芬克指出人類終將面臨死亡，人類如何面對自身的死亡和同類的終結，將文化繼續傳承下去，就顯現出人類有接受教育的必要性，而教育如何讓人類坦然面對自身的死亡和同類的終結，並且保存、傳遞和創造文化，就促成各種教育思想和教育行動的興起。因此，人類生活（生命）的有限性是各種教育思想和教育行動的基礎。邊納爾在普通教育學中，論證人類存在的基本現象，就是從芬克存在現象學的本體論出發的。其次，邊納爾的「普通教育學」和「改革教育學」非常強調人類與世界的交互作用，而且注重「共同存在」（Co-Existenz）的觀念（Benner, 1987; Benner & Kemper, 2001），這些觀念都來自於芬克的著作。由此可知，邊納爾深受芬克存在現象學的影響。

㈧德波拉夫（Josef Derbolav）的實踐學

德波拉夫1969年在「綜合教育學教育理論的基礎」（Die Bildungstheoretischen Grundlagen der Gesamtpädagogik）一文中，談到教育學在實踐學範圍中的地位（Derbolav, 1969）。他的實踐學來自奧地利經濟自由主義學派的米塞斯（Ludwig von Mises），可以追溯到古希臘哲學家亞里斯多德（Aris-

---

2　芬克（Eugen Fink）1905年出生於康斯坦茲，1929年獲得佛萊堡大學哲學博士學位。1928至1936年在佛萊堡大學擔任哲學家胡塞爾的助理，1948年通過大學教授備選資格審查，晉升為哲學與教育學教授。1971年自佛萊堡大學退休，1975年病逝於佛萊堡。芬克是現象學派非常重要的一位教育學家，其哲學思想想深受胡塞爾現象學的影響（Böhm, 2000: 174-175）。

totle）的哲學，主張從人類整體的實踐出發，來建立綜合教育學的教育理論。邊納爾受到德波拉夫的影響，從實踐學的觀點出發，強調人類整體實踐中教育學的獨特性，無法化約或從屬於其他人類的實踐，建立其普通教育學，並且將這種觀點應用到改革教育學中，以詮釋教育科學的演變，提出其獨到的實踐學教育理論（Benner, 1987; Benner & Kemper, 2001）。因此，邊納爾也受到德波拉夫實踐學觀點的影響。

(九)庫恩（Thomas S. Kuhn）的科學哲學

庫恩曾經在《科學革命的結構》（*The structure of scientific revolutions*）一書中，指出科學典範的轉移通常經過幾個階段。首先是「常規科學」（Normal Science）時期，然後進入「探究階段」（Explorative Phase），一門科學產生危機，先前的典範無法解決其問題，此時產生科學的革命，出現一個新的科學典範，尋求異例的解決。其次進入「典範時期」（Paradigmatische Phase），在一般的問題解決活動明顯的說明之後，這個典範再度成為一門「常規科學」。然後進入「後典範時期」（Postparadigmatische Phase），許多重要的問題都能經由新典範加以解決，直到新的異例出現，借助這個典範的協助，仍然無法說明或解決該異例，此時科學會陷入危機，再度進入「探究階段」，進行科學的革命（Kuhn, 1966）。邊納爾深受庫恩科學哲學的影響，將教育學區分為「常規教育學」和「改革教育學」，將典範時期的教育學稱為「常規教育學」，而將陷入危機的教育學稱為「改革教育學」，應用庫恩的科學哲學的典範理論來詮釋教育學的演變和發展（Benner & Kemper, 2001）。

二、主要內涵

邊納爾和康培爾[3]（Herwart Kemper）在《改革教育學的理論與歷史》一書的前言中談到此書來自「德國研究協會」（Deutsche Forschun-

---

[3]　康培爾（Herwart Kemper）是邊納爾（Dietrich Benner, 1941- ）1981年在敏斯特大學指導通過「教授備選資格審查」（Habilitation）的學生，目前擔任葉爾福特大學學校教育學研究所的所長。

gsgemeinschaft）1989至1991年和1992至1999年「普通教育與學校結構」（Allgemeinbildung und Schulstruktur）計畫，當時由敏斯特大學（Universität Münster）、葉爾福特教育學院（Pädagogische Hochschule Erfurt）和洪保特大學（Humboldt-Universität zu Berlin）的團隊參與。這個計畫的目的在於探討從啟蒙運動到現代，德國改革與實驗學校、國家學校改革和現代教育科學發展中理論與實踐的重要關係，以重建介於實際的改革教育學、國家教育改革和教育科學理論發展與研究之間的發展與學習歷程。這本書包括：《啟蒙運動到新人文主義的教育運動》（*Die pädagogische Bewegung von der Aufklärung bis zum Neuhumanismus*）、《從世紀轉換到威瑪共和國結束的教育運動》（*Die pädagogische Bewegung von der Jahrhundertwende bis zum Ende der Weimarer Republik*）、《蘇聯占領區與東德的國家學校改革和學校實驗》（*Staatliche Schulreform und Schulversuche in SBZ und DDR*）、《西方占領區與西德的國家學校改革和學校實驗》（*Staatliche Schulreform und Schulversuche in den westlichen Besatzungszonen und der BRD*）等四巨冊（Benner & Kemper, 2001）。茲詳細說明其改革教育學的主要內涵如下：

㈠「改革教育學」與「常規教育學」的關係

邊納爾在《改革教育學理論與歷史》一書的第一冊中，首先探討了17和18世紀教育學新的問題，包括師生關係、人類與公民的聯結、新教育的機構化、學校的教育理論等問題。其次分析啟蒙運動、新人文主義的實驗學校和普魯士王國的教育改革，包括巴斯道（J. B. Basedow）和薩爾茲曼（C. G. Salzmann）的泛愛主義學校、費希特（Johann Gottlieb Fichte）、亞赫曼（R. B. Jachmann）和帕紹（R. B. Passow）的康拉第主義學校，以及洪保特在普魯士王國的學校改革。最後闡述現代教育科學的行動理論，包括盧梭、泛愛主義者、費希特和史萊爾瑪赫等人教育理論的問題；盧梭、泛愛主義者、費希特、史萊爾瑪赫、洪保特和赫爾巴特等人有關人類與公民的陶冶理論問題；赫爾巴特、黑格爾和史萊爾瑪赫有關學校批判與學校改革的機構理論問題。其中，比較重要的是邊納爾談到了「革新」（Reformieren）和「改革」（Reform）的意義、「教育學」（Pädagogik）與「政治學」（Politik）的關係、「常規教育學」與「改革教育學」的差異、改革

教育學歷史書寫的不同型式等問題（Benner & Kemper, 2001）。

在「革新」與「改革」的意義上，邊納爾強調中世紀和近代「革新」和「改革」意義的差異。他主張「改革」概念來自拉丁文（reformare），原意是指：「改造」（umgesatlten）和「改變」（verwandeln）。「改革者」（Reformer）原來是指宗教改革者，現在已經改變其既存的意義了。「宗教改革」（Reformation）概念原來是指路德和其他人在16世紀進行的宗教改革運動。而天主教教會應用的「反宗教改革」（Gegenreformation）概念則不僅是一種與基督教宗教改革運動相對的觀念，而且是指另一種的革新與改造。「宗教改革」和「反宗教改革」概念顯示是一種對「革新」（reformare）的理解，但不是一種可以解決的兩難情境。如果只是想要再製的革新，可以進行完全不同的再製。這種返回是否可能和哪些是正確的，在舊的改革理解視野中並沒有共識。什麼在理性的革新之下被理解，無法從一個革新和改革者的實際直接推演出來。這需要繼續的分析，而且與「革新」和「改革」現代的意義相關聯。今天「革新」和「改革」概念主要應用在政治領域，例如：在民主社會中一個政府被另一個接替，或在國會中針對未來政策的方向和重點進行爭論、諮詢和決定。在計畫的關係中，依照法則彼此展開競爭。這些都是希望社會的實在不是在連接的意義關係範圍內革新，而是不同參與者按照標準以改變其未來。未來的計畫不僅可以有不同的詮釋，而且在反基礎主義的意義中需要合法化和修正。它在保留之下有效，而且依賴於同意和接受。「革新」和「改革」古代意義的演變是一種斷裂，兩個概念的發展是不連續的。改革在現代的意義中絕對不是一種被遺忘，或要求恢復其權利的事物，而在於按照標準形成未來，使人類不受神聖歷史全然的規定，能夠被自己想出、設定、創造、建立和選擇。「改革」的現代意義和古代意義的差異在於：古代的改革從所有的存有者來自內在，人類的意志不再給予合目的性的理由來理解。而現代的改革不從所有的存有者來自內在，人類的意志不再給予合目的性的理由來理解（Benner & Kemper, 2001: 13-15）。

在「教育學」與「政治學」的關係上，邊納爾主張「教育學」與「政治學」之間存在著兩種不同的關係，他認為國家、教育制度、教育政策

和改革教育學具有密切的關係。教育改革如果從國家出發，教育制度的政
治改革將會隨後跟進，這是在「正常情況」（Normalsituation）下教育與政
治的關係。在國會民主政治制度中，教育政策屬於國家政治行動的範圍。
因此，教育改革屬於國家改革的一環。在這種情況下，教育制度必須隨著
國家的「現代化」（Modernisierung）不斷地革新，以符合社會的期待和需
要。但是在「特殊情況」（Sondersituaton）下，教育改革並不追隨國家改
革的行動。此時，國家政治和教育反思進入一種新的關係。因為當一個社
會陷入「危機狀態」（Kriesensituation），無法單獨依靠政治力量和教育成
規解決。在這種情況下，特別需要經由政治和教育的努力，在理論和實踐
中建立新的方向，帶領整個國家渡過危機狀態，回到常規狀態。這種特殊
情況對於改革教育學和教育政策的革新發展，具有相當深刻的意義（Ben-
ner, 1998: 18; Benner & Kemper, 2001: 16-18）。

在改革教育學歷史撰寫（Geschichtsschreibung）的型式上，邊納爾提出
三種不同改革教育學歷史撰寫的方式（Benner, 1998: 19-21；Benner & Kem-
per, 2001: 25-30；梁福鎮，2004：478-479）：第一種是從歷史傳記學的觀點
出發，著重在改革教育倡議者的看法，教育運動的發展，教育改革的理論
與實踐和國家教育政策的論述。而且，侷限於從「文化批判」或教育理論
與陶冶理論的觀點，來進行政治和社會的反思。這種改革教育學的著作
可以塞柏（Wolfgang Scheibe）的《改革教育運動》（*Die reformpädagogische
Bewegung*）為代表。第二種是將「常規階段」（Normalisierungsphase）與
「改革教育的天真」（reformpädagogische Naivität），按照個人的主觀好惡
安排，以便於進行片面的描述。這種方式容易偏重教育改革人物，而忽略
了教育改革的問題。並且，會陷入改革階段描述不實和忽略反省問題的危
險當中。這種改革教育學的著作可以盧曼（Niklas Luhmann）的「編碼化
與程式化」（Codierung und Programmierung）為代表。第三種是在改革教育
階段與教育常規狀態交替中，進行教育科學歷史的描述。將教育理論與教
育實際的討論作為對象，進行反思的和系統的歷史書寫。並且，探討現代
教育科學中的知識如何來自於教育制度的改變，以及這些知識對於教育過
程的觀察、引導和批判有何意義。這種改革教育學著作可以歐克斯（Jür-

gen Oelkers）的《改革教育學：一種批判的教條史》（*Die Reformpädagogik. Eine kritische Dogmengeschichte*）為代表。

邊納爾也談到「改革教育學」與「常規教育學」的關係，他認為今天教育科學在大學院校被傳授和學習，並且被當作研究來進行。在這種看法之下，「改革教育學」被視為一種科學史的結果，從相當不同的方式出發，以探討特定教育理論和教育實踐的問題。教育理論可以預先趕上教育實踐，並且為改變的實踐提出理論的概念。當然，教育理論也可以在其實踐中追隨和體驗，或是在事後進行反思和研究。相反地，教育實踐也可以預先趕上教育理論，並且從其受到理論刺激的實踐規劃，回答社會的改變和革新的情形。這些影響的因素來自教育理論和教育實踐兩方面，我們可以從「改革教育學」理論、實踐和經驗豐富的意義，或教育運動的事實來說明。當理論的革新和實際的改革一致時，「改革教育學」就成為一種「常規教育學」，或是到達特定的常規階段。「改革教育學」和「常規教育學」的差異只在於，「常規教育學」的理論與實踐是「改革教育學」改革的對象，而「改革教育學」致力於改革理念的實踐，以便使自己成為「常規教育學」（Benner & Kemper, 2001: 26；梁福鎮，2004：479）。

二、教育運動與現代改革教育學

邊納爾在《改革教育學理論與歷史》一書的第二冊中，首先探討教育運動與現代的「改革教育學」，其次談到教育運動改變的問題地位，主張「改革教育學」是一種「兒童本位教育學」（Pädagogik vom Kinde aus），強調兒童在團體中自然的發展。接著分析德國的教育改革運動，包括李茲（Hermann Lietz）的「鄉村教育之家」、魏尼肯（Gustav Wyneken）的「自由學校區」、格黑柏（Paul Geheeb）的「歐登森林學校」、羅提希（William Lottig）的「漢堡生活團體學校」（Hamburger Lebensgemeinschaftsschulen）、奧圖（Berthold Otto）的「家庭教師學校」（Hauslehrerschule）、皮特森（Peter Petersen）的「耶納計畫學校」（Jena-Plan-Schule）、嚴森（Adolf Jensen）的「律特利學校」（Rütlischule）、卡爾森（Fritz Karsen）的「卡爾‧馬克斯學校」（Karl-Marx-Schule）。然後闡述教育行動理論再度的發現，以及教育科學作為研究學科新的建構等問題（Benner & Kemper,

2002）。邊納爾認為「改革教育學」的概念與事實和兩種現代「政治學」與「教育學」的觀點有密切的關係，一種指向國家、教育制度、教育政策和「改革教育學」關係中的常規狀態（Normalsituationen）；另一種指向國家、教育制度、教育政策和「改革教育學」關係中的特殊狀態（Sondersituationen）。一種從國家出發的教育改革，會緊跟著教育制度的政治改革，這在今天是一種教育學與政治學關係中的正常狀況。在國會民主這種情況中，教育政策被定義為一種在國家必要的政治行動領域之下形成的必要之特殊領域，因此教育改革被描述為一種國家改革的特殊範圍。教育改革必須促進對其他社會系統反應中的改變和分化社會系統新形成之教育制度的適應過程，我們可以將國家改革和教育改革努力關係中的常規狀態，使用「現代化」（Modernisierung）的概念來描寫。由此顯示教育制度不斷地適應新的改變的需求和接受者的期待，而這必須符合現代化的潮流（Benner & Kemper, 2002: 13）。

　　這種常規狀態歷史和系統一次性的與持續影響的特殊狀態有所不同。當社會陷入危機之中，無法再使用傳統的媒介加以解決。在這種情況下，教育改革不再單純的追隨國家改革，國家政治（Staatliche Politik）和教育反思（Pädagogische Reflexion）進入一種新的關係。在這種關係中教育改革和教育政策很少成為政治或其他專業政策直接應用的領域，「教育學」與「政治學」面對的課題既非經由管理的政治實踐，亦非經由教育傳遞的媒介被處理。因此，需要教育的和政治的特殊努力，不是提出已經完成處理的理論和語用學，而是必須加以規劃、合法化和嘗試。相對於「教育學」和「政治學」關係中的常規狀態，特殊狀態必須發展出新的教育和政治的思想和行動，以確保能夠繼續存在，並且在改革實驗中帶來新的事物。這種觀點在國家政治、教育政策和「改革教育學」的常規狀態中也是有效的，教育計畫和教育政策中的「國家權限」（Staatliche Befugnisse）問題開始於「近代」（Neuzeit），今天國家教育改革和「改革教育學」中的常規關係無法再回到舊的常規狀態，而是走向介於宗教、審美、政治、倫理、教育和經濟行動等機構分化領域之間複雜的交互影響，作為一種理論和機構史形式的和重要的規準，國家教育改革可以用來區分「常規教育學」和

「改革教育學」。改革教育階段緊接著發展舊常規教育階段的教育制度和走向未來，其政治的特色在於教育制度和陶冶制度新的確定，這是國家教育改革有效的和能夠被傳遞的功能，所以改革教育階段的目的在於將舊的「常規教育學」朝向改革的道路，而轉化為一種新的「常規教育學」（Benner & Kemper, 2002: 13-14）。

邊納爾指出現代教育學自身作為「影響史」（Wirkungsgeschichte）的生產者，有力的匯集了新的「教育」（Erziehung）概念和「陶冶」（Bildung）的概念。現代改革教育學在德國的發展有三個階段（Benner, 1998: 22-28；Benner & Kemper, 2001: 19-24; Benner & Kemper, 2002: 15-16；梁福鎮，2004：477-478）：

第一個階段──邊納爾主張改革教育學的第一階段開始於中世紀之後的宗教戰爭。到了18世紀時，英格蘭、荷蘭、法蘭西和德意志的啟蒙運動先後興起，社會體制逐漸從封建制度進入到公民社會。由於「絕對主義國家」（Absolutistische Staaten）和「重商主義」（Merkantilismus）經濟制度的發展，無法滿足社會大眾的需求，導致泛愛主義學校的改革，帶動「學校教育學」（Schulpädagogik）和「社會教育學」（Gesellschaftspädagogik）的探討。當時，泛愛主義者巴斯道在德紹（Dessau），薩爾茲曼在斯納芬塔（Schnepfenthal）、亞赫曼在嚴考（Jenkau）都設立了學校，進行傳統學校教育的改革，並且提出許多「教育理論」（Theorie der Erziehung）、「陶冶理論」（Theorie der Bildung）和「教育機構理論」（Theorie Pädagogischer Institutionen）的思想。這些教育改革的思想，後來在普魯士王國改革中得到真正的實現。在這個階段中，改變了人類個體的可塑性、傳統世代關係的互動和師生之間的關係（Lehrer-Schüler-Beziehungen）。這些教育改革者主要受到盧梭「兒童概念」（Begriff der Kinder）、康培爾「教育反思」（Pädagogische Reflexion）、康德「判斷與行動」（Urteilen und Handeln）、費希特「自由的自我活動」（Freie selbsttätigkeit）、赫爾巴特「教育性教學」（Pädagogischer Unterrichten）、洪保特多種情境中「人類與世界的交互作用」（Interaktion zwischen Menschen und Welt）和史萊爾瑪赫「世代關係」教育思想的影響。

　　第二個階段——邊納爾主張改革教育學的第二階段開始於20世紀對於學校的批判。這個階段的「改革教育學」具有國際的性質,包括美國和俄國教育學的發展。他們從行動理論反思、教育學的歷史探討和教育科學的經驗研究出發,著重在新的教育職業和專業性師資培育制度的建立。這個階段的教育改革並非受到費希特、赫爾巴特、洪保特和史萊爾瑪赫等人「教育理論」、「陶冶理論」和「教育機構理論」的影響,而是受到「兒童本位教育學」的啟發,兼顧自然天賦和社會地位的看法。但是,這種見解也受到新康德主義者、精神科學和實證科學反思形式和理論形式的批判。其後,「實證教育科學」(Empirische Erziehungswissenschaft)擴充「兒童本位教育學」強調「教學方法」、「教學內容」和「教學結果」可以獨立研究的見解。「詮釋教育科學」(Hermeneutische Erziehungswissenschaft)將「兒童本位教育學」有關「直接引導」和「任其生長」的想法擴大,以便獲得未成年人「主體化成」(Subjekt werden)與「客觀文化」內涵之間的關係。「先驗—批判教育學」(Transzendental-kritische Pädagogik)則藉此證明:教育不是一種兒童的活動,而是一種經由「教育」和「陶冶」的方式,形成的一種自由的自我活動。

　　第三個階段——邊納爾主張改革教育學的第三階段開始於當前,主要的目的在於促進教育政策、改革教育學和教育科學的發展。這可以從1960年代教育科學的擴張、傳統學校批判和教育改革批判的現象,看到第三次大規模教育改革運動的興起。這個階段的教育改革運動中,不僅教育行動理論、社會科學經驗與歷史傳記學關係的確定,教育制度、政治制度、職業制度三者之間相互依賴關係的探討,都將成為核心的問題。而且,教師與學生關係的新觀點,教育領域中「理論」(Theorie)、「經驗」(Empirie)與「實踐」(Praxis)的關係,教育過程和陶冶過程成功的社會前提,這些都是此階段重要的問題。

(三)改革教育的倡議、國家學校改革與現代教育科學的興起

　　邊納爾在《改革教育學理論與歷史》一書的第三冊中,首先探討1945年之後德國改革問題的地位,包括介於「教育制度」(Bildungssystem)與「政治制度」(Politiksystem)之間決定的問題,教育與經濟、學校與宗

教、教育與科學的關係，學校「普通教育」（Allgemeinbildung）和「職業教育」（Berufliche Bildung）的過渡，以及後代進入社會行動領域的問題。其次分析「蘇聯占領區」（Sowjetische Besatzungszone, SBZ）和「德意志民主共和國」（Deutsche Demokratische Republik, DDR）的國家學校改革與改革教育學，包括1945至1949年「蘇聯占領區」的學校改革和改革教育學；1949至1959年統一與分化緊張領域中的學校，說明10年制「多元技術學校」（Polytechnische Schule）的引進；1960至1970年社會主義系統中，在科學技術發展要求下，教育制度的現代化；1971至1989年服務於「共產主義教育」（Kommunistische Erziehung）的學校；1989至1990年的危機意識與改革的努力。最後闡述「蘇聯占領區」和「東德」的公共教育、陶冶、學校和學校改革的問題（Benner & Kemper, 2004）。

　　邊納爾在導論中首先主張「改革教育學」與「常規教育學」交互影響對現代的三項改革運動，也就是啟蒙運動和新人文主義的改革教育學，19世紀轉向20世紀到威瑪共和國結束的改革教育學，以及戰後兩德民主的學校改革具有理論史的重要性。改革教育學處理德國教育運動的發展和從那時起有關國家教育改革、改革教育倡議和教育科學三者關係的確定。其次，邊納爾介紹了這三項教育改革運動改變的問題地位，探討1945年之後德國教育改革、改革教育學和教育科學的情形（Benner & Kemper, 2004: 10）。主要的問題包括下列三項（Benner & Kemper, 2004: 10）：1. 教育制度對於教育民主化有何貢獻，如何引導去解構根源於社會及其後來產生的不平等；2. 教育的科學化開啟何種機會，以及其界限位於何處；3. 普通教育的學校系統對於職業教育和世代間關係的改變具有何種意義。這些問題在1945年之後改革之下的德國有許多爭議性的討論和不同的回答，在二次大戰後兩德的改革討論中，其答案存在著差異，這些差異不僅介於這些改革討論之中，而且可以在個別的改革階段中得到證明。接著邊納爾探討了改革教育學、國家學校改革、教育科學理論發展和研究在「蘇聯占領區」和「德意志民主共和國」（東德）的演變，然後按照時間的順序介紹了國家的學校改革，其中不僅涉及國家的倡議，而且有些是被選出的事件，它們是在研究中迄今很少被注意到的改革概念、取向和經驗的分析，在國

家的範圍中被發展或是嘗試被引進。在此顯示出國家教育政策本質上影響了教育制度的發展，而且在其中顯示出自我邏輯的影響，也設定了國家影響措施的界限。哪些教育改革倡議在教育制度的發展中實施，其影響是可以比較的，這些影響並非來自其與國家計畫的聯結能力，而有賴於它對現代教育制度的結構如何解釋，以及對其發展問題意義的改變。最後邊納爾說明普通教育與學校結構關係的問題，這些問題來自第一次和第二次教育運動中改革教育學的發展和國家的教育改革，不僅決定了二次大戰後兩德的教育改革，而且決定了新德國未來的發展（Benner & Kemper, 2004: 10-11）。

㈣西方占領區和西德的國家學校改革和學校實驗

邊納爾在《改革教育學理論與歷史》一書的第四冊中，首先探討西方占領區和西德國家學校改革、改革教育學和教育科學的發展。在導論中重複了前面著作三個階段教育運動的區分，在國家學校改革、改革教育的倡議和教育科學理論建構與研究的關係中，討論「教育理論」、「陶冶理論」和「學校理論」（Theorie der Schulen）協調一致的問題。經由其提出的聯結問題使德國的第三個教育運動與前兩個教育運動有所不同，它與第三冊中戰後兩德發展的平行處理聯結，而作為論述統一之後德意志聯邦共和國教育運動的基礎。其次，邊納爾研究了西方占領區和西德改革教育學、國家學校改革和教育科學理論發展與研究。在國家學校改革的重大事件之下，他探討了教育改革和教育制度的發展問題，並且與改革教育的實踐相互參照。這些探究不僅分析了國家的倡議，而且分析了選出的一些教育改革的概念、取向和經驗，探討其對國家改革措施的影響。指出國家教育政策對教育制度的發展產生本質上的影響，而且顯示出自我邏輯的作用，它設定了國家影響措施的界限，這在改革教育倡議對教育制度發展的執行上也一樣有效，這種影響不是單獨來自於其與國家計畫的可聯結性上，而是依賴於其對於現代教育制度結構如何詮釋，以及其發展問題意義的改變（Benner & Kemper, 2007: 11）。

邊納爾接著返回到導論的問題立場去，探討一些普通教育與學校結構關係的問題。邊納爾探討了改革教育學的發展和國家學校改革、教育運

動、戰後兩德教育改革的確定、新德意志聯邦共和國與未來的發展。他認
為其中有下列幾個問題：第一個問題是現代學校三個不同的階段，解釋學
校與生活機構的差異，這種差異對學校組織教育的歷程和教學的歷程不只
是建構的，而且顯示出在學校與教學的兩端必須人為的被聯結。第二個問
題是在教育和科學之間充滿了緊張關係。這種緊張關係經由矛盾在理論史
的關係中被確定，而且被不同的論述所澄清，嘗試將教育建立在現代科學
之上，或是在教育理論與科學問題之間加以區別。第三個問題是普通人類
教育與學校的普通教育存在著許多差異，最初和最後是無法等量齊觀的，
但是其視野因此而被定義。第四個問題是現代學校從普魯士王國改革的概
念化開始，就確定以降低社會的不平等為課題，但是不可避免的也製造了
新的不平等。第五個問題是學校如何能夠如此的機構化，學校不是國家教
育的功能化和教育國家的合法化，而是能夠作為一種在國家監督之下的公
共教育制度發揮作用（Benner & Kemper, 2007: 11-12）。

三、綜合評價

根據個人對邊納爾改革教育學相關文獻的分析，其改革教育學具有下
列幾項優點：

㈠擴大改革教育學的探討範圍

「改革教育學」（Reformpädagogik）起源於歐洲大陸的德意志帝國，
由哥廷根大學的教育學家諾爾（Herman Nohl, 1879-1960）在1933年所創
立。傳統的定義主張改革教育學是一門研究19世紀以來，一些重要教育改
革運動的學科。這些重要的教育運動包括藝術教育運動、鄉村教育之家運
動、工作學校運動、青少年運動、學校改革運動、社會教育運動和進步教
育運動等等（Böhm, 2000: 443-444）。邊納爾的改革教育學探討從啟蒙運動
到現代，德國改革與實驗學校、國家學校改革和現代教育科學發展中理論
與實踐的重要關係，以重建介於實際的改革教育學、國家教育改革和教育
科學理論發展與研究之間的發展與學習歷程。這種做法不僅擴大了改革教
育學的範圍，也改變了改革教育學的意義，對當代改革教育學的發展具有
重要的貢獻。

㈡轉變改革教育學的撰寫方式

邊納爾指出改革教育學的歷史撰寫（Geschichtsschreibung）有三種不同的型式（Benner, 1998: 19-21; Benner & Kemper, 2001: 25-30）：第一種是從歷史傳記學的觀點出發，致力於改革教育倡議者的論點，教育運動的發展，教育改革的理論與實際和國家教育政策的描述。而且，僅僅從「文化批判」（Kulturkritik）或「教育理論」與「陶冶理論」的角度來進行政治社會的批判。第二種是將「常規階段」與「改革教育的天真」按照個人的喜好安排，以便於進行片面的描寫。這種方式容易偏愛教育改革倡議者，而忽略了教育改革的問題。並且，會陷入改革階段描述錯誤和反省問題消失的危險當中。第三種是在改革教育階段與教育常規狀態交替中，進行教育科學歷史的建構。將教育理論與教育實際的討論作為對象，進行反省的和系統的歷史描述。並且，探討現代教育科學中的哪些知識是出自於教育制度的改變而來的，這些知識對於教育過程的觀察、引導和批判有何意義。邊納爾的改革教育學融合了第一種和第三種撰寫方式，一方面從歷史傳記學的觀點出發，致力於改革教育倡議者的論點，教育運動的發展，教育改革的理論與實際和國家教育政策的描述。另一方面在改革教育階段與教育常規狀態交替中，進行教育科學歷史的建構。將教育思想與教育行動的討論作為對象，進行反省的和系統的歷史描述。並且，探討現代教育科學中的哪些知識是出自於教育制度的改變而來的，這些知識對於教育過程的觀察、引導和批判有何意義，可以幫助我們瞭解改革教育學探討的問題和論述的重點，對於改革教育學撰寫方式的改善具有重要的貢獻。

㈢澄清改革教育學的核心關係

有些改革教育學的著作只探討教育運動與教育科學的發展，忽略了他們與國家政策的關係，例如諾爾（Herman Nohl, 1879-1960）的《德國教育運動及其理論》（*Die Pädagogische Bewegung in Deutschland und ihre Theorie*）一書，著重在教育國民運動、教育改革運動、學校教育運動和教育理論關係的探討（Nohl, 1933），並未談論到國家政策與教育運動和教育科學發展的關係。有些改革教育學著作只探討教育運動與國家政策的關係，但是卻沒有將教育運動、國家政策和教育科學三者加以關聯。例如樂爾斯

（Hermann Röhrs）的《改革教育學》（*Reformpädagogik*）一書，偏重在藝術教育運動、鄉村教育之家、青少年運動、工作學校運動、進步主義教育運動、道爾頓制或學校生活的個別化、世界教育運動的論述，雖然注意到改革教育學的批判、政治的立場、改革教育學作為現在發展的基礎、回顧、展望與發展的趨勢（Röhrs, 1979），但是卻沒有將教育運動、國家政策和教育科學的發展聯結。因此，無法有效的釐清教育運動、教育科學與國家政策之間的關係。邊納爾《改革教育學的理論與歷史》一書，不僅詳盡的探討啟蒙運動時期到兩德統一後的各種教育運動，而且適切的融入教育科學各種理念的觀點，說明其對教育運動產生的影響，更難得的是能夠緊密的與國家政策的轉變結合，反思國家政策對教育運動和教育科學發展的影響，探討教育運動、國家政策與教育科學之間的關係。

㈣充實改革教育學的實質內涵

在改革教育學的探討中，有些學者只注重19世紀和20世紀的教育運動，忽略18世紀和21世紀教育運動的探討，這使得改革教育學的內涵顯得相當不完整，對於改革教育學的發展有不利的影響。例如歐克斯（Jürgen Oelkers）的《改革教育學》（*Reformpädagogik*）一書，偏重在19世紀和20世紀教育運動的分析（Oelkers, 1989），對於18世紀和21世紀的教育運動完全沒有談到，使得改革教育學的內涵非常不完整。又如溫克勒（Michael Winkler）主編的《具體的改革教育學》（*Reformpädagogik konkret*）一書，側重在蒙特梭利學校、耶納計畫學校、佛雷納學校、鄉村教育之家和華德福學校等20世紀教育運動的探討（Winkler, 1993），忽略18世紀、19世紀和21世紀教育運動的介紹。邊納爾《改革教育學的理論與歷史》一書，從啟蒙運動開始到現在，詳細的介紹和分析不同時期的教育運動，至今還沒有一本著作的論述能夠超越。在邊納爾的改革教育學著作中，可以找到各種德國教育運動的分析和評述，而且蒐集了大量的改革教育學文獻，充實了改革教育學的內涵，可以說對改革教育學的研究貢獻相當大。

㈤指出教育改革運動的成敗得失

過去許多改革教育學的著作不是注重教育改革歷史的描寫，就是注重教育改革運動的說明，或者強調教育科學理論的影響，很少能夠兼顧三

者關係的探討，並且融入國家政策因素的論述，指出教育改革運動的成敗得失。例如塞柏的《改革教育運動》一書，也偏重在教育改革運動和教育科學理論的探討，而比較忽略國家教育政策的研究（Scheibe, 2010）。又如潘慧玲主編的《教育改革：法令、制度與領導》一書，偏重在國家教育政策與教育改革運動的探討，而比較忽略教育科學理論的研究（潘慧玲主編，2005）。再如鮑爾（Stephen J. Ball）的《教育改革：批判與後結構主義取向》一書，則偏重在國家教育政策與教育科學理論的探討，而比較忽略教育改革運動的研究（Ball, 1994）。綜合而言，前述這些著作雖然有的談到教育改革運動與教育科學理論；有的探討國家教育政策與教育改革運動；有的注重國家教育政策與教育科學理論，但是都未能分析教育改革運動的成敗得失。邊納爾的改革教育學則能兼顧這些面向的探討，將其整合起來做為改革教育學研究的方向，而且指出教育改革運動成敗的原因。他在《改革教育學的理論與歷史》一書中，分析許多教育改革運動的成敗得失，不僅探討各項教育運動產生的時代背景和政經因素，詳述教育改革運動的經過，指出該項教育改革運動的理念，釐清教育改革運動與國家政策，而且說明受到何種教育科學理論的影響，這種改革教育學的觀點可以提供各項教育改革運動成敗的經驗，作為他國從事教育改革活動的參考，以解決各國所遭遇到的教育改革問題，因此其改革教育學不僅具有建構教育改革理論的參考價值，而且對於教育改革活動的推展相當重要。

　　但是，邊納爾的改革教育學仍然存在著下列幾個問題：

一、誤解教育學典範之間的關係

　　邊納爾應用庫恩的科學哲學典範理論來說明教育科學的演變，將教育學區分為「常規教育學」和「改革教育學」。但是庫恩的科學哲學典範理論主張不同的科學典範之間有取代的現象，例如愛因斯坦（Albert Einstein）的現代物理學典範可以取代牛頓（Isaac Newton）的古典物理學典範（Kuhn, 1966），這種觀點意味著「改革教育學」的教育典範將取代「常規教育學」的教育典範，然而在教育學領域中不可能有典範取代的現象，因為不同的教育典範都有其存在的價值，無法完全由另一個教育典範所取

代。即使是自然科學領域的典範，也無法由一個典範取代另一個典範。意即，華德福學校（Waldorf Schule）無法完全取代傳統公私立學校；斯泰納（Rudolf Steiner）的教育理論不可能完全取代赫爾巴特的教育理論。因此，邊納爾誤解教育學典範之間的關係，其改革教育學引用庫恩的科學哲學典範理論也有相同的問題。

二、偏重德國改革教育學的論述

　　邊納爾的改革教育學比較偏重德國教育運動、國家政策和教育科學的關係，側重在德國教育運動的論述，例如普魯士王國的國家主義教育運動；泛愛主義學校運動；康拉第主義學校運動；而忽略其他國家教育運動的介紹，例如美國的進步主義運動；英國的夏山學校運動；法國的新教育運動。邊納爾的改革教育學不同於樂爾斯或歐克斯的改革教育學，樂爾斯和歐克斯的改革教育學對於世界其他國家的教育運動都有詳盡的論述（Oelkers, 1989; Röhrs, 1979），可以說比較能夠兼顧德國改革教育學和外國改革教育學的內容，而邊納爾的改革教育學屬於德國改革教育學，比較忽略外國改革教育學的介紹，這是邊納爾改革教育學的限制，使得邊納爾的改革教育學限制在德國教育運動的探討，忽略其他國家重要教育運動的研究。

第五節　歐克斯的改革教育學

　　歐克斯（Jurgen Oelkers, 1947-）1947年出生於布斯特胡德（Buxtehude），1968年進入伯恩大學就讀，主修教育科學、歷史學和德國語文學。1975年獲得伯恩大學哲學博士學位，應聘科隆萊蘭教育高等學校擔任助教，1979年應聘律納堡高等學校，擔任普通教育學教授。1983年當選律納堡教育高等學校校長，1985年成為《教育學雜誌》（Zeitschrift für Pädagogik）諮詢委員，1986年擔任德國教育科學會「教育學與哲學」（Pädagogik und Philosophie）委員會主席，1987年轉往瑞士伯恩大學任教。現任蘇黎士大學教育科學研究所普通教育學講座教授，歐克斯的主要著作有

《19與20世紀的教育學史》（*Geschichte der Pädagogik im 19. Und 20. Jahrhundert*）、《教育理論與陶冶理論》（*Erziehungs- und Bildungstheorie*）、《教育學中理論與實際的聯結》（*Die Vermittlung zwischen Theorie und Praxis in der Pädagogik*）、《教育與教學：分析觀點中的教育學基本概念》（*Erziehung und Unterricht: Grundbegriffe der Pädagogik in analytischer Sicht*）、《主體真正的要求》（*Die Herausforderung der Wirklichkeit durch das Subjekt*）、《學科教育理論與師資培育》（*Fachdidaktik und Lehrerbildung*）、《教育學、教育科學與系統理論》（*Pädagogik, Erziehungswissenschaft und Systemtheorie*）和《改革教育學》（*Reformpädagogik. Eine kritische Dogmengeschichte*）等書（Winkel, 1988: 186）。

一、思想淵源

根據個人對歐克斯相關文獻的分析，其改革教育學的思想淵源主要有下列幾個：

㈠康德（Immanuel Kant, 1724-1804）的批判哲學

康德在《道德形上學的基礎》一書中，從批判哲學的觀點反思當時社會既存的道德規範。康德反對過去傳統倫理學的道德學說，認為意志「他律」（Heternomie）並非道德真正的原理。他強調意志「自律」（Autonomie）才是道德最高的原理，一個意志能夠自律的人，才是真正擁有自由的人（Kant, 1994）。其次，康德也在《實踐理性批判》一書中，探討人類意志的功能，研究人類憑藉什麼原則去指導道德行為。他不但預設意志自由、神存在和靈魂不朽（Kant, 1990: 25-71），並且強調人類本身就是最終的目的，沒有其他的東西可以替代它。由於人類具有自由意志，能夠擺脫自然法則的限制。同時可以自己立法，達到意志自律的要求。因此，人類的生命才有別於其他動物（Kant, 1990: 65-72）。康德的倫理學建立在公民社會的基礎上，提出實踐理性的學說，主張對現存的道德規範加以反省批判，這些觀點都影響到歐克斯的改革教育學，他主張應用康德的觀點對過去教育理念的歷史進行反省，以批判獨斷和錯誤的意識型態（Oelkers,

1988）。因此，歐克斯深受康德批判哲學的影響。

(二)席勒（Friedrich Schiller, 1759-1805）的審美教育理論

席勒主張人類在感覺、悟性和意志三種官能之外，還有一種美感官能，針對這種官能的教育稱為審美教育。他鑑於18世紀以來，因為學科知識分工發展，導致個體偏頗發展，個體的完整性因而喪失，造成人格分裂的現象，因而提倡「審美教育」以促進人類感性與理性的和諧發展（Schiller, 1993）。歐克斯深受席勒審美教育理論的影響，主張改革教育學應該注重美學的層面，如果沒有美學的層面，改革教育學的成效是難以被理解的，因為許多教育改革運動都與美學的批判有關，例如文化批判運動、藝術教育運動和學校改革運動，是以特別強調「新教育」（neue Erziehung）必須是一種審美教育，才能彰顯人性的意義，實現人類自然的目的，使教育成為自由的自我活動（Oelkers, 1988）。因此，歐克斯深受席勒審美教育理論的影響。

(三)杜威（John Dewey, 1859-1952）的實用主義

杜威認為在道德上所以有動機論和結果論之爭，這是由於道德上的二元論看法不同所致。傳統哲學的二元論是以心與物、靈魂與肉體對立，在道德上乃有主內與主外之分。杜威以「聯結」的觀念調和道德二元論的對立，由具體的道德生活入手，以分析道德行為的因素。杜威以為完全的道德行為，應兼顧內外各種因素，行為未發之前，有動機、慾望、考慮等因素；行為出現之後，應有實際的結果。動機與結果在行為判斷上，都是重要的決定因素，不容有所偏頗（Dewey, 1916）。歐克斯的教育倫理學深受杜威實用主義的影響，從杜威道德哲學的觀點，既批判康德動機論倫理學的錯誤，也批判邊沁（Jeremy Bentham, 1748-1832）結果論倫理學的不足，歐克斯提出其道德哲學的看法，認為道德不但具有普遍性，也具有特殊性。道德的概念不是永恆不變的，它會隨著時空的不同而改變，因此道德的意義必須經由不斷的溝通論辯，才能隨著社會變遷更新其意義，符合時代潮流的需要。而這種道德的溝通必須透過教育，才能真正的落實到日常的生活之中，所以教育是一種道德溝通的活動（Oelkers, 1992）。除此之外，歐克斯也出版《杜威與教育學》（*John Dewey und die Pädagogik*）一

書，探討杜威實用主義的教育哲學，將其觀點應用到教育史學的探討、研究和撰寫上（Oelkers, 2009），足見歐克斯深受杜威實用主義的影響。

㈣米德（George Herbert Mead, 1863-1931）的科學社會學

米德在《19世紀的思想運動》（*Movements of Thought in the Nineteenth Century*）一書中，主張社會適應總是理智的適應和繼續學習的歷程，他聯結整個進化歷程和社會組織，強調現代社會需要超越社會習慣和形式的社會控制之理智形式，指出社會是一種合作和高度複雜的活動，奠基在人類的能力以獲得所屬團體的態度，而非僅只是奠基在得或失之上。指出「思考」（thinking）是「公共的考量」（public consideration）和他人態度的獲得，與他人進行談話，然後使用他們的語言回答，那就是建構的思考（Mead, 1936）。歐克斯主張「教育理論」（theory of education）必須與「社會理論」（social theory）聯結，不需依賴過去的歷史，在社會分化的過程中，教育傳統失去其規範的力量，歷史是過去的解決方案，或許可以產生建議，但是無法聯結傳統，而且為政治化的策略所用。歷史無法提供確定性和最終的真理，因此歷史必須被理解為開放的研究問題。歐克斯深受米德科學社會學的影響，認為德國形式的教育學史在性質上是「最終的」（final），類似第一哲學探求最終的本質，注重形上抽象理論的詮釋，缺乏解決實際問題的能力，這種教育學史在面對我們今天所擁有的資訊和知識中既站不住腳，而發展的「後柏拉圖主義」（post-platonism）也無法固守，因為這些觀點都使過去與現在分離，無法反映實際的問題。在這種情況下，我們沒有其他的選擇，只有一再的重寫教育史，並且將歷史撰寫（Histographie）中的選擇過程盡可能的放在理性的基礎上（Oelkers, 2004: 361-365），注重科學方法的應用，結合教育理論與社會理論，才能聯結過去與現在，建立科學的教育學史。

㈤莫爾（George E. Moore, 1873-1958）的分析哲學

莫爾從分析哲學的觀點出發，對善的概念進行分析。他在《倫理學原理》（*Principia Ethica*）一書中，主張倫理學不僅僅指出哪些事物會普遍的與善性質發生關係，而且要指出與這些事物發生普遍關係的性質是什麼東西。如果定義被瞭解為是一種對於思考對象的分析，那麼只有複合的對象

才能夠被定義。莫爾認為善的本質是單純的，不是複合的概念，所以無法再做進一步的分析。他指出過去對於善的概念之定義有規範性、辭典性和實質性[4]三種，主張應該從實質性來定義善的概念。他從後設倫理學的觀點出發，批評了自然論、快樂論、形上學和實踐倫理學的錯誤。莫爾主張一項行動的價值，不能單獨的經由其最可能的效果來衡量，而是每一種價值的描述預設了與其他行動可能性的比較（Moore, 1988）。這種倫理道德概念的分析和人類行動非決定論的觀點，對歐克斯的改革教育學產生相當大的影響。因為哲學的分析可以澄清陶冶概念的意義，讓我們對於陶冶概念的歷史演變有更清楚的認識，幫助我們瞭解教育問題的來龍去脈。歐克斯深受莫爾分析哲學的影響，應用分析哲學的方法，探討18世紀德國陶冶概念的發展，說明陶冶概念深受德國國家文化的影響（Oelkers, 1998）。

(六)哈伯瑪斯（Jürgen Habermas, 1929-）的論辯倫理學

哈伯瑪斯將倫理學從意識哲學到溝通理論，做了一種先驗哲學的轉化，以克服康德方法上的唯我論（Apel, 1973: 375）。同時有感於現代社會工具理性過度膨脹，造成意義的喪失與自由的淪喪，因此提出論辯倫理的主張。一方面，排除道德觀念中「教條主義」（Dogmatismus）和「懷疑主義」（Skeptizismus）的出發點，藉以瞭解和評價任何新學科；另一方面，排除狹隘的「效益主義」（Utilitarismus），避免功利的要求與需要，而無視理論的自律性和過程性，因為效益主義注重他律性和行為的結果。哈伯瑪斯強調，一個社會文化生活形式的主體不能彼此沒有交往互動，為此不能不與別人發生理解關係。一個主體孤立生存，進行獨白，這是不可能的，但是只要和其他主體發生關係，進行交往互動和對話，就必然是在一定前提下行事，也就必定以這種形式承認和遵循一些規範的要求，在這個意義上，主觀性意味著「互為主體性」（Intersubjektivität）。哈伯瑪斯提出論辯倫理學的普遍化原則和與之相應的原則，如溝通倫理原則。按照溝通倫理原則，道德與主體間相互平等不可分割，道德在於主體之間作平

4　規範性是指概念的定義具有提出一套規範以供遵循的性質；辭典性是指概念的定義只具有辭典解釋的性質；實質性是指概念的定義具有實質的性質。

等理解、交往互動與溝通（Habermas, 1991; Habermas, 2001）。歐克斯深受哈伯瑪斯論辯倫理學的影響，主張道德不再只是抽象意識形態的反思而已，而是一種具體的溝通論辯的行動，將教育定義為道德溝通的活動。經由人與人之間溝通的「論辯」，不斷的更新教育和道德的意義，說明教育與道德的關係（Oelkers, 1992）。

二、主要內涵

歐克斯改革教育學的主要內涵如下：

㈠諾爾改革教育學的批判

歐克斯在1989年出版《改革教育學》（Reformpädagogik）一書，從歷史傳記學的觀點出發，探討19世紀教育改革的歷史。根據歐克斯的研究，改革教育學是一種歷史時代的表現。他發現諾爾對德國教育運動的建構及其原理的連續性並不成立，這就是改革教育學先前歷史觀點，廣泛受到注意和時代特殊性問題被提出的原因。「教條史」（Dogmengeschichte）這個名詞應該在理論的連續性和歷史未被中斷的語義學中得到指引，除非研究有意避開教育改革「中斷」的現象，否則「中斷」（Brüche）並未結束，而應該詳細地確定「中斷」出現在何處和「中斷」形成了什麼。教條史的批判應該將「行動者意識」（Akteursbewußtsein）、「歷史的真相」（Historische Wirklichkeit）和「改革教育學尚未證實的起源的觀察」同等看待。並且自行動者語言和術語的意識出發，來探究教育改革的問題（Oelkers, 1996: 7）。

諾爾有關教育運動歷史的建構，注重改革意識和當時行動者的決定，經由關聯給予標準的先前時期和忽略直接的先前歷史兩種策略，來進行19世紀德國教育運動的理解。因為如果不這樣的話，一種爭論的對象根本無法形成。諾爾將19世紀末的「教育運動」轉向古典世界人性的理想，並且與1770至1830年的「德意志運動[5]」（Deutsche Bewegung）相關聯。諾爾借

5　是指普魯士王國1770至1830年之間發生的一種經由新生活情感和人類化成的新目標，從知性文化返回，克服啟蒙思想，發現人類個體性、整體性、獨創性和創造力的運

助於歷史哲學來建構其改革教育學，預設一種起源與衰落的辯證法。他從
文化批判或對象安全的動搖出發，形成一種新的教育能量，對科學、國家
或技術的對象提出質疑，轉向人類的教育，與過去傳統的形式對立，建立
一種新的教育理論，主張經由整個民族文化的形式，進行所有個體的教育
（Oelkers, 1996: 18-19）。歐克斯採用「行動者意識的詮釋學」（Hermeneu-
tik des Akteursbewußtseins）的方法，將當時改革教育學的觀點與歷史上比較
重要的事件銜接起來，進行德國教育運動的撰寫。他認為從1880年代起，
有三個因素促成教育改革運動的興起：一是教育學的自主；二是教育工作
範圍新的擴張；三是教育理念全部傾向的統一。最後，從自主教育制度永
恆真理的觀點，來進行真實運動的重建。這種改革教育學的重建包括三方
面：一是具有共同理念運動的團體之建構；二是接受特定發展的運動之建
構；三是對教育和陶冶整體實際的影響之建構。諾爾提出了一個時期，這
個時期將和一個先前圖像的時期銜接，這個時期將使存在於教育運動中的
人性理想再度的被提出來。其改革教育學的第一個建構著重在1890至1930
年改革教育運動上，從教育理念的對照，諾爾看到了不同理念的統一性，
但是這種歷史化的統一性，遠比哥廷根學派的歷史學要來得多。諾爾的第
二個建構與德意志運動相銜接，從生命哲學和文化批判的觀點，進行改革
教育學的建構（Oelkers, 1996: 20-23）。

(二)改革教育學歷史的撰寫

歐克斯首先談到改革教育學在建構時「時期強調」（Epochenbehaup-
tung）的問題，這個問題從一開始就可以被證明，而且與弔詭一起使用，
必須被作為建構時現存的事物加以接受。獨立於行動者意識普遍的被包
含在其中，亦即作為歷史建構的問題。想要成為教育學史中一個歷史的
時期，至少必須滿足三項條件：一是界定持續的範圍：一個歷史的時期
必須結束，不允許重複出現。開始和結束都是確定的，雖然兩者都無法
使其形成個別的日期，但是文藝復興、巴洛克或啟蒙運動必須彼此相

動。包括狂飆、古典、人文主義、浪漫主義和觀念主義五個時期（Böhm, 2000:123-
124）。

隨，後期必須接替前期，不允許出現重複的現象；二是可區別性（Unters-cheidbarkeit）：一個時期的可區別性決定在其「獨特性」（Originalität），這種「獨特性」是先前的時期所沒有的，而且是在後來的時期中一定要回溯談到的。例如：理論的創新、新的主題、獨特的形式、特定的風格；三是前後人物的關聯：風格、形式、主題和理論的發展必須從屬於人物，雖然介於歷史建立者和歷史追隨者之間的相關必須再度被接受，時期自身還是會建構關於其獨一無二的人物。在改革教育學中再度發現是可能的，但是預設了時期和人物的論述。如果後來歷史的撰寫在進行中帶來完全新的人物，將會危害到「時期強調」的觀點（Oelkers, 1996: 14-15）。歐克斯主張最近對於「改革教育學」的興趣是一種教育的本性，而不是一種歷史的本性。教育的興趣經常詢問「連續性」（Kontinuität）與「善的先前圖像」（Vorbildern des Guten），改革教育學是一種時代的概念（Oelkers, 1996: 13）。教育反思經常對於缺失產生積極的反應，例如：處理缺失問題和道德的編碼。每一種弊端都能被解釋為缺失，並且成為教育改革的對象。所以，「改革教育學」是一個永恆的主題。現代意義下的教育學，就是一種「改革教育學」。它能夠適用於缺失的情況，也能夠帶來實際的革新，並且產生新的弊端，成為反思持續的憂慮。因此，反思自身必須應用一個教育上可以區分的和能夠思慮道德結果的穩定核心、溝通形式和論證方式（Oelkers, 1996: 15）。

(三)改革教育學歷史的性質

歐克斯指出改革教育學中獨一無二的中斷和連續性的辯證法，使得19世紀末到20世紀初的改革教育學，成為一種集體的「教育新聞學」（Erz-iehungspublizistik），不必注意改革自身的連續性，就能夠顯示出持續不斷的動機和改革的模式，在社會和文化現代化的背景之前，歷史並沒有前例可以讓我們忽視教育的轉變，但是它不必被認同或同意。改變剛好讓自己成為一種異化的經驗，以要求改革教育學的反應。這種反應最初是一種批判，後來也成為一種實踐。這種批判的語意學強烈的受到傳統的影響，「現代化」（Modernisierung）並未對「教育反思」（Erziehungsreflexion）產生影響，「現代化」反而受到「教育反思」負面的增強，其歷史的結

構還是維持不變,因此一種弔詭的情況必須被證實:也就是從傳統的思想來看,改革教育學無法獲得一種可以嚴格區別的時期,但是從時間的範疇來看,改革教育學卻成為一種深具意義的時期(Oelkers, 1996: 16)。歐克斯從連續性的觀點出發,強調改革總是被過去的經驗所確定,不必去質問這些經驗是否適合於現在,語言的連續性來自文本的連續性,總是能夠被更新的權威性所產生,康美紐斯、盧梭、裴斯塔洛齊和福祿貝爾都不依賴於他們的時代,而能夠成為現代的英雄。因為他們的觀點存在於其人格、作品和實踐中,對於現代教育依然產生相當大的影響。任何教育結構的轉換,都必須有不同於傳統的創新之處,呼應歷史積極的先前圖像,中斷阻止現在的缺失,在公開溝通的媒體中形成,被改革的團體加以確定和穩定的維持。舊教育和新教育的對立並不是一種歷史的決定,而是一種道德的決定(Oelkers, 1996: 17)。

㈣改革教育學歷史的論述

歐克斯認為最早的學校改革,開始於德意志帝國國王威廉二世(Kaiser Wilhelm II)。他在1890年柏林學校會議中,批判古文中學的弊端,倡議「學校改革」(Reform der Schule)。在這篇演講中,威廉二世國王提出三方面的批判:第一是學校與國家的生活缺乏聯繫;第二是學校教學包含太多材料,造成學生負擔過重的現象;第三是對於學校教育任務的忽略。經由這次教育改革產生了積極的結果,學校教育開始注重為生活服務,考慮教材的實用性。並且,減輕學生課業的負擔,注重人格的教育(Oelkers, 1996: 27)。歐克斯在《改革教育學》一書中,分析19世紀德國教育改革的社會、科學和文化因素,注重教育反思的重建、改革動機的連續性和文化批判對19世紀末的影響。他談到了希爾德斯漢古文中學教授希勒布蘭(Joseph Hillebrand)1816年從觀念主義精神出發的教育學說,尋求一種非經驗的教育規律與法則,企圖從人性的力量,依照主要的目的來教育人類整個的天性。歐克斯進一步引用教育學家費希特的觀點,來闡釋「人性」(Humanität)的意義,按照費希特的看法「人性」是人類實現其自然目的和達成自己決定所進行自由的自我活動。這種定義根據一般的目的論來決定教育的目的,並且從人類學的角度說明了人類本性的形成,以及人類應

該如何被教育（Oelkers, 1996: 28-36）。歐克斯在《改革教育學》一書的最後提到，改革教育學除了論證的語義學和教條的分析之外，其公開的作用還有美學的層面。沒有美學的層面，改革教育學的成效是無法被解釋的。所謂的「新教育」不僅只是簡單的在舊趨勢中加上新的看法，而且也涉及不同時代之間語言和溝通共識的問題。歐克斯主張一個特定的世代，如果想要改變自己的傳統，光是強調「現代性」是不夠的。他們基本上有三種選擇：第一是考慮宣傳一種新的技術，這種技術是以前所沒有的，而且能夠改善和簡化以往的處理過程；第二是徹底的對舊教育學的缺失提出問題；第三是在遊戲中帶來新的主題，並且對於以前不認識的或只是隱藏的信念加以增強。1900年的「新教育」嘗試著實現前述所有的規準，但是它實際上只實現了第三項。這不僅開展了新的主題和信念，同時擴展了當時教育新聞學的範圍（Oelkers, 1996: 303-304）。

㈤19世紀教育學的發展

歐克斯認為19世紀的教育學幾乎未曾與當時的「達爾文主義」（Darwinismus）、「歷史主義」（Historismus）和「悲觀主義」（Pessimismus）等危險性的理論思潮進行論辯，並且將存在於教育活動中「奮鬥以求存在」的理念、向善負責的正確之人類教育、價值接受確定性的歷史相對主義等問題納入教育學當中。這些在19世紀的教育文獻中，不是非常稀少就是不夠徹底。其中，生物學的演化論質疑人類中心的世界圖像觀點，根本沒有被教育學接受。歷史相對主義對於價值教育的要求，一直到19世紀末尚未出現。至於悲觀主義則被視為違反教育，而遭到教育學領域的拒絕（Oelkers, 1996: 43）。歐克斯在《改革教育學》一書中，說明了20世紀初教育學的發展。教育改革深深受到霍爾（Stanley Hall）和繆曼（Ernst Meumann）實驗兒童心理學的影響，裴斯塔洛齊宗教觀點和福祿貝爾浪漫主義的教育理論，已經無法解決教育所面臨的問題。醫學─生物學的人類學開始回應「演化論」（Evolutionstheorie），社會科學隨著機率測量的工具開始擴張，心理學開始應用經驗─實證的研究方法，哲學上的「實用主義」（Pragmatismus）逐漸形成，與傳統觀念主義的教育理論對立。歐克斯將「改革教育學」當作一種「教育新聞學」（Erziehungspublizistik），由

於學校的批判促成了學校的改革。隨著心理學和神話研究的興起，教育學中「兒童」（Kindheit）的概念開始受到注意。甚至，產生了「兒童本位教育學」（Pädagogik vom Kinde aus）。教育學家也開始注意到「發展」（Entwicklung）的概念，並且廣泛地應用於教育理論的探討中，成為一種教育學的主要概念（Oelkers, 1996: 75-111）。

　　綜合前面所述。歐克斯的改革教育學的主要目的如下（Oelkers, 1996: 7-11）：㈠ 指出諾爾有關德國教育運動堅持時期的建構並不是固態的，從其原理和動機的連續性來看是無法成立的。這就是諾爾改革教育學的先前歷史為什麼受到廣泛注意和時期特殊性受到質疑的原因。㈡ 歐克斯認為「教條史」（Dogmengeschichte）這個名詞應該經由理論的連續性和歷史繼續不斷的語義學予以證明。教條史的開始基本上對行動者意識和歷史實在是相同有效的，同時都來自於改革教育學開始時幾乎無法證明的觀察。㈢ 改革教育學撰寫的主要問題在於將知覺置於應用詮釋學的觀點和直接的價值興趣之下，使改革教育學與真正的實際處在相同的地位，並且使用統一性的標準，以達成其合法性的需求。㈣ 改革教育學的探討必須在問題的視野中納入審美、政治和社會的發展，然後從自身產生新的問題，這樣有助於歷史的行動者不會對改革教育學有很大的影響，能夠保持批判的距離來建構主體和意義，關聯分析以達到教育事物完美的呈現。㈤ 歐克斯之所以應用「教條」（Dogmen）這個名詞，是因為在其教育呈現中將批判的進行溝通，人們相信教育呈現在批判之前，這種現象未曾中斷過，因為這是局部知識的特徵。㈥ 歐克斯主張改革教育學的教條，非常成功的占據了今天教育的道德，將「教育」關聯「兒童本位」加以理解，似乎是理所當然的。在這種情況下，「反教育學」（Antipädagogik）的出現是理論發展自然的結果。但是，歐克斯反對兒童導向的教育理論。他認為這種20世紀初興起的「新教育」（neue Erziehung）的建構，忽略公共的和社會的教育，將教育的對象化約為「個別的兒童」（individuelles kind），雖然批判了傳統教育的缺失，但是卻無法掌握到教育實際的全貌。

三、綜合評價

根據相關教育文獻的分析，歐克斯改革教育學具有下列優點：

㈠歐克斯指出諾爾有關德國教育運動堅持時期的建構並不是固態的，從其原理和動機的連續性來看是無法成立的。這就是諾爾改革教育學的先前歷史為什麼受到廣泛注意和時期特殊性受到質疑的原因。歐克斯的論述可以提醒我們採用批判的眼光，探討諾爾的改革教育學，避免陷入盲從的錯誤當中，在改革教育學的研究上具有重要的意義。

㈡歐克斯主張改革教育學撰寫的主要問題在於將知覺置於應用詮釋學的觀點和直接的價值興趣之下，使改革教育學與真正的實際處在相同的地位，並且使用統一性的標準，以達成其合法性的需求。歐克斯的觀點可以幫助我們瞭解改革教育學撰寫的方式，掌握改革教育學歷史的內涵，並且比較不同改革教育學之間的差異。

㈢歐克斯強調改革教育學的探討必須在問題的視野中納入審美、政治和社會的發展，然後從自身產生新的問題，這樣有助於歷史的行動者不會對改革教育學有很大的影響，能夠保持批判的距離來建構主體和意義，關聯分析以達到教育事物完美的呈現。歐克斯的觀點可以補充傳統看法的不足，從寬廣的視野分析改革教育學的歷史，得到比較客觀和正確的改革教育學歷史的真相。

㈣歐克斯雖然介紹了兒童本位的教育改革，但是他也能夠從後設分析的觀點出發，批判兒童本位教育學的缺失，這種兼顧兒童本位和成人本位的改革教育學觀點，對於偏頗的改革教育學研究具有針砭的效果，可以分析教育改革活動的問題，指引改革教育學理論的發展，相當值得我們加以重視。

根據相關教育文獻的分析，歐克斯的改革教育學也有下列問題：

㈠歐克斯主張德國最早的學校改革開始於德意志帝國國王威廉二世（Kaiser Wilhelm II），他在1890年柏林學校會議中批判古文中學

的弊端，倡議「學校改革」（Reform der Schule）。但是，事實上不然。因為普魯士國王腓特烈一世（Friedrich Wilhelm I）在1713年和1717年頒布教育法令，強迫父母令其子女接受教育，當地政府為貧苦兒童負擔學費。而且以教育學家法蘭克（August Hermann Francke, 1663-1727）的主張為典範，設立了幾百所學校，進行學校教育的改革。1737年一般教育法規通過後，授權政府支應學校建築校舍，並且支付教師薪俸。因此，歐克斯的說法是錯誤的。

㈡ 歐克斯改革教育學的論述從19世紀末年開始，儘管他強調改革教育學的連續性，也談到改革教育學之前的改革教育學，但是並沒有詳細的說明18世紀，普魯士王國建立之後許多重要的教育改革運動，使得改革教育學的歷史顯得不夠完整。目前，教育學家已經將改革教育學研究的範圍，擴大到啟蒙運動時期，完整的論述改革教育學歷史的演變，這一點是歐克斯改革教育學美中不足的地方。

㈢ 歐克斯主張文化批判是改革教育學的源頭，這也是一種錯誤的說法。因為文化批判起源於19世紀中葉，尼采首先對哲學思想、社會文化和教育機構的批判。接著，拉嘉德主張建立一種國家的宗教，批判猶太文化，提倡國家主義的教育。而朗邊也從文化哲學的觀點出發，批判德意志的藝術風格，希望透過藝術觀念的改革，培養新的生活形式。因此，促成文化批判的運動。但是，文化批判只是當時教育改革運動的重要影響因素之一，而不是整個改革教育學的最終源頭。

㈣ 歐克斯主張從1880年代起，有三個因素促成教育改革運動的興起：一是教育學的自主；二是教育工作範圍新的擴張；三是教育理念全部傾向的統一。這種觀點可能過於武斷，因為教育改革運動的興起，涉及許多不同的因素，不可能單獨受到教育因素的影響，舉凡政治的介入、社會的變遷、經濟的發展、文化的批判、學術的交流，都可能成為教育改革興起的原因。所以，歐克斯的觀點不是非常的周延，相當值得加以商榷。

（五）歐克斯主張諾爾對德國教育運動的建構及其原理的連續性並不成
立。這就是改革教育學先前歷史觀點廣泛受到注意和時代特殊性
問題被提出的原因。強調除非研究有意避開教育改革「中斷」的
現象，否則「中斷」（Bruche）並未結束，而應該詳細地確定「中
斷」出現在何處和「中斷」形成了什麼。其實，歐克斯的觀點深
受後現代主義的影響，主要的目的在否認改革教育學歷史的連續
性，強調改革教育學歷史的殘缺和中斷。但是，從改革教育學的
歷史中，盧梭教育思想的延續和華德福學校的擴展，可以反駁歐
克斯教育改革中斷的看法，證實改革教育學的歷史也具有連續
性。而且，教育改革運動的重建沒有單一的標準，只要論述能夠
有根有據，都可以被教育學者所接受。

第六節　溫克勒的改革教育學

　　溫克勒（Michael Winkler）1953年2月24日出生於奧國的首都維也納
（Wien），在當地就讀基礎學校，學業成績表現極為優異。1963年進入
維也納文理中學就讀，對人文科學頗感興趣。1973年「高中畢業會考」
（Abitur）之後，進入紐倫堡的葉爾朗根大學（Universität Erlangen-Nürn-
berg）就讀，主修教育學（教育哲學和教育史）、德國語文學、歷史學和
哲學。1979年在辛克爾（Wolfgang Schinkel）指導之下，取得葉爾朗根大
學哲學博士學位，1986年在葉爾朗根大學通過「任教資格審查」（Habili-
tation）。1987年應柏林藝術學院（Hochschule der Künste in Berlin）邀請，
擔任普通教育學與審美教育學系的客座教授。1990年獲得「德國研究協
會」（Deutsche Forschungsgemeinschaft）海森堡（Werner Karl Heisenberg, 1901-
1976）獎學金，1991年應基爾大學的邀請，出任普通教育學與媒體教育學
講座教授。同年，應邀擔任格拉茲大學（Universität Graz）的社會教育學
客座教授。1992年應耶拿大學（Universität Jena）的邀請，擔任普通教育學
講座教授。1996年應維也納大學（Universität Wien）的邀請，擔任普通教
育學客座教授。在此期間，哥廷根大學（Universität Göttingen）曾經邀請他

前往出任講座教授，但是溫克勒並沒有接受。2000至2005年溫克勒成為耶拿大學教育科學研究所的所長，2006年再度應維也納大學的邀請，前往擔任普通教育學客座教授。2008年耶拿大學成立了「教育與文化研究所」（Institut für Bildung und Kultur），溫克勒被任命為第一任所長。同年，應臺灣教育社會學學會邀請，參加國際學術研討會，並且至國立政治大學、國立中正大學、國立嘉義大學和國立屏東教育大學演講。2012年溫克勒再度應邀到臺灣參加「道德教育研究與實踐：反思、對話與互動國際學術研討會」，並且到國立中興大學和國立中正大學演講。目前溫克勒仍然擔任「教育與文化研究所」所長的職務，其專長領域是普通教育學、社會教育學和改革教育學。溫克勒不僅是「德國教育科學會」（Deutsche Gesellschaft für Erziehungswissenschaft）、「國際教育協助學會」（Internationale Gesellschaft für erzieherische Hilfen）、「資訊教育學會」（Gesellschaft Information Bildung）、「史萊爾瑪赫學會」（Schleiermacher-Gesellschaft）、「國際黑格爾學會」（Internationale Hegel-Gesellschaft）和「康德學會」（Kant-Gesellschaft）的會員，「圖林根邦組織諮詢」（Organisationsberatung in Thüringen）的諮詢委員，《社會科學文獻展望》（*Sozialwissenschaftliche Literatur Rundschau*）、《教育協助論壇》（*Forum Erziehungshilfen*）、《社會教育學的衝動》（*sozialpädagogische Impulse*）、《社會額外的》（*Sozial Extra*）等期刊的編輯委員，同時也是「史萊爾瑪赫基金會」（Schleiermachersche Stiftung）的委員。2011年9月擔任「德國研究協會」《史萊爾瑪赫教育學與心理學演講錄》（*Vorlesungen Schleiermachers zu Pädagogik und Psychologie*）的編輯（Böhm, 2000: 572）。

一、思想淵源

根據個人對溫克勒相關文獻的分析，其改革教育學的思想淵源如下：

㈠康德（Immanuel Kant, 1724-1804）的教育學

康德在《實踐理性批判》（*Kritik der praktischen Vernunft*）一書中，不但預設意志自由、神存在和靈魂不朽，並且強調人類本身就是最終的目的，沒有其他的東西可以替代它。由於人類具有自由意志，能夠擺脫自

然法則的限制。同時可以自己立法，達到意志自律的要求。因此，人類的生命才有別於其他動物（Kant, 1788/1990）。而且在《教育學演講錄》（*Vorlesung über Pädagogik*）一書中，主張在道德教育的實施上，不能讓獎懲的方式變成習慣，否則會讓受教者誤以為：善行必定有好報，惡行必定有惡報。等到進入社會之後，發現事實並非如此，就會從利害關係的考量出發，不再實踐道德的行為。因此，道德教育應該從個人的義務出發，自己訂定道德的原則，自己遵守道德的原則行事，不受個人利害關係的影響，才能培養一個自律的人（Kant, 1982）。溫克勒深受康德觀點的影響，注重人類自律和自由的追求，主張陶冶應該能夠讓人類贏得自律，人類可以自我控制，自己從事有意願的教育，以培養一個自由和自律的人（Winkler, 2012）。

(二)洪保特（Wilhelm von Humboldt, 1767-1835）的教育理論

洪保特在〈理念的一種嘗試：國家影響界限的確定〉（Ideen zu einem Versuch, die Gränzen der Wirksamkeit des Staats zu bestimmen）一文中，指出陶冶不僅僅只是作為人類真正的目的，而在透過理性的規定和均衡的教育，以培養能力完整的個體作為目的，而且在於經由陶冶達到自由的狀態，完成陶冶（Bildung）、理性（Vernunft）和自由（Freiheit）三方面兼顧的人類概念。他希望透過這種陶冶的概念，建立普魯士王國的教育制度，以培養能力完整的公務員，促成國家的現代化（Humboldt, 1792/1969）。而且在〈人類陶冶理論〉（Theorie der Bildung des Menschen）一文中，帶著人類力量法則的觀點，探討陶冶對於人類最終意義的學術問題（Humboldt, 1793/1969）。溫克勒深受洪保特觀點的影響，主張陶冶的概念應該兼顧綜合性和實用性的目的，不僅必須注重能力完整的個體，而且能夠注重國家實用的目的（Winkler, 2012）。「教育」（Erziehung）包含「生活實踐」（Lebenspraxis）和「自我反思」（Selbstreflexion）的層面，追求自律和自由的理想，才是教育概念真正的意義[6]（Winkler, 2006）。

6　溫克勒的「陶冶」概念深受洪保特（Wilhelm von Humboldt）的影響，主張「陶冶的概念應該兼顧綜合性和實用性的目的，不僅必須注重能力完整的個體，而且能夠注重

闫史萊爾瑪赫（Friedrich Ernst Daniel Schleiermacher, 1768-1834）的教育理論

1810年史萊爾瑪赫、洪保特和費希特（Johann Gottlieb Fichte, 1762-1814）奉普魯士國王之命，創立佛里德里希－威廉大學（Friedrich-Wilhelms Universität），史萊爾瑪赫成為柏林大學第一位神學講座教授，並且參與普魯士王國教育改革的工作，對於德國教育制度的革新貢獻很大（梁福鎮，2004）。1814年應普魯士「科學院」（Akademie der Wissenschaft）之聘，發表「論國家對教育的職責」（Über den Beruf des Staates zur Erziehung）的演講，在這篇演說中，他主張國家應該負起教育國民的責任，才能提高國民的素質，使國家富強（Schleiermacher, 1814）。1826年史萊爾瑪赫出版《教育理論》（*Theorie der Erziehung*）一書，他在書中應用辯證法來解決理論與實踐對立的問題，使得許多教育問題得到澄清，對於教育學術的發展貢獻很大（Schleiermacher, 1826）。溫克勒深受史萊爾瑪赫觀點的影響，在其改革教育學著作中，說明史萊爾瑪赫對於普魯士王國教育改革的貢獻（Winkler, 2008）。而且應用史萊爾瑪赫的辯證法，解決陶冶概念注重「綜合性」和「實用性」目的的對立，指出陶冶概念應該兼顧兩者，才能符合現代社會的需要，達成教育的理想（Winkler, 2012）。

四諾爾（Herman Nohl, 1879-1960）的改革教育學

諾爾在1933年出版《德國教育運動及其理論》一書，探討改革教育學的基本理念和重要問題。主要包括下列幾項（Nohl, 1933）：㈠ 教育運動：包括國民教育運動、教育改革運動和學校教育運動。㈡ 教育理論：包括普遍有效理論的可能性和教育學的自主性。㈢ 精神和立場（Geist und Haltung）：包括教育的理想和國民教育。㈣ 教育者的本質：必須具有教育愛的精神，能夠提供學生發展的幫助。㈤ 可塑性和教育的意志：包括教育的使命和精神建構的基礎、精神過程的建構及其教育的意義、活動的價值、想像媒介的功能、精神生活和記憶中格式塔建構的歷史性質、精

國家實用的目的」。此處的「綜合」是指透過大學普通（通識）教育（Allgemeinbildung）的實施，讓學生接觸不同領域的知識，以涵養其通觀的視野和健全的人格。

神的清晰、意識和自由、責任。㈥ 教育內容和教育形式：包括經由生活
自我教育的形式、遊戲、習慣、教育團體中道德意志的發展、意志教育的
形式、方法、沉思、真實性和真理、精神的基本方向、目標和內容、教育
運動及其法則。溫克勒深受諾爾觀點的影響，用以說明教育改革運動的法
則，探討1890至1930年之間發生在德國的教育改革運動，詮釋教育改革運
動的意義，建立其改革教育學的理論（Winkler, 1991）。

㈤雷柏勒的教育學史

雷柏勒（Albert Reble, 1910-2000）在其《教育學史》（*Geschichte der
Pädagogik*）一書中，將教育學的歷史區分為古代、基督教與中世紀、文
藝復興、宗教改革與反宗教改革、巴洛克世紀、啟蒙時代、古典─觀念
主義時期、工業化時代、20世紀等八個時期。在20世紀時期探討1933年之
前的許多教育運動，包括青少年運動、藝術教育運動、兒童本位教育學
（Pädagogik vom Kinde aus）、工作學校運動、生產學校、鄉村教育之家、
生活團體學校、耶納計畫、華德福學校和1933年為止教育制度的發展，提
出改革教育學的觀點（Reble, 1971: 283-325）。溫克勒深受雷柏勒觀點的影
響，對17世紀以來的教育機構史進行探討（Winkler, 2012），主張對改革
教育學的實踐和批判而言，有五項有效的試金石（Winkler, 1991: 10）：一
是兒童作為已經化成人格的尊重，這種觀念的發展必須反對教學計畫的專
制，而且必須被師範學校所守護；二是改革教育學的學校必須從接近兒童
生活的觀點出發，朝向生活場所前進，讓兒童在其中快樂的學習；三是必
須不斷的實施手工的活動和身體的活動；四是必須讓教師與兒童的想像力
參與其中；五是改革教育學校的教學必須應用社會互動原理和團體原理。
溫克勒主張改革教育學的實踐必須遵守這些原則，才能使改革教育學獲得
較佳的發展。

二、主要內涵

根據個人對溫克勒相關文獻的分析，其改革教育的主要內涵如下：

㈠改革教育學的基本理念

溫克勒在1991年發表的〈過去學校的現況─關於改革教育學現實性的

紐倫堡會議〉（Die Gegenwart der Schul-Vergangenheit. Nürnberger Tagung über die Aktualität der Reformpädagogik）一文中，談到改革教育學事實上總是著迷於其基本理念、具體的建議和實現的模式，使改革教育學無法清楚的確定，在其表達背後所掩蓋的是什麼。首先，改革教育學只描述介於1890至1930年的教育時期，發生在整個歐洲、蘇聯和美國許多改革思潮的教育思想。透過已經建立的社會教育學，嘗試著在無法忍受的學校制度中發展出變通方案。不同的動機給予這些教育運動衝擊，就像諾爾在1920年代所說的：尼采（Friedrich Nietzsche, 1844-1900）的「文化批判」（Kulturkritik）是對於當時文明的不滿，由於感受到人類的失落，透過自由精神和社會主義的努力，引導人類思考去改變社會和團體的形式，指出新的人類圖像，經常伴隨著非理性的要素去貫徹，將整個人類的感覺、思想和行動變成主題，走向自由和自律的人類教育，而與平行發展的「兒童發現」（Entdeckung des Kindes）觀念聯結。經過幾乎半個世紀之後，教育制度受到「赫爾巴特主義」（Herbartismus）的影響，兒童和青少年還停留在只是紀律訓練的對象和愚蠢的刻苦學習之中。相反的，改革教育學校的學生卻在自由而非統一的方案中學習。從此之後，改革教育學必須將來自不同淵源的學者納入，包括蒙特梭利（Maria Montessori）、杜威（John Dewey, 1859-1952）、斯泰納（Rudolf Steiner, 1861-1925）、奧圖（Berthold Otto, 1859-1933）、凱欣斯泰納（Georg Kerschensteiner, 1854-1932）、皮特森（Peter Petersen, 1884-1952）、卡爾森（Fritz Karsen, 1885-1951）、歐斯特萊希（Paul Oestreich, 1878-1959）、諾爾、斯普朗格（Eduard Spranger, 1882-1963）和李特（Theodor Litt, 1880-1962）等人（Winkler, 1991: 8）。

其次，溫克勒指出改革教育學具有三個基本理念。第一是標示出個別兒童和個別青少年無法替換的獨特性，這些獨特性必須成為所有教育行動的標準。改革教育學的學校不允許透過教師、學校和教學計畫的方法來建立，而是在教學和教育上追隨學生的需求，必須與他們的好奇心銜接，透過他們的方式理解世界。最重要的是必須根據他們個別的學習速度來指導，因此強調「就業導向」（Job-Mentälität）的概念對教師職業來說是不具有地位的。第二是兒童和青少年「自發性」（Selbsttätigkeit）的發現，

在改革教育學的論述中，所有的傳統學校都是權威的。傳統學校必須致力於教學的成功，因此傳統學校無法理解從兒童的學習出發。現在更多的顯示出：當人們讓兒童追隨其好奇心，能夠讓兒童自由的進行學習的工作，而且自己謹慎的和勇敢的，讓自己的經驗與教學的對象產生互動，兒童能夠很好的理解學習的材料，而且自己學會這些材料。第三是在教學中不僅僅只是應用手、腦、心學習而已，而必須確定和保留手、腦、心三者「彼此的關聯」（Zusammenhänge）。學科和時間對教學都會產生影響，因此改革教育學的學校比一般的學校需要更多的時間。溫克勒認為極少像今天一樣，公立學校制度必須從教育的過去學習。只有自身與學校政策、教師在職進修和學校行政共同作用，改革教育學的理念才能貫徹實施。而最後有賴於「教師的承諾」（Engagement der Lehrer），教師不只必須熱愛改革教育學，而且必須發展「教育」和「教學」（Unterricht）的課題（Winkler, 1991: 9-10）。

㈡改革教育學與印刷術的關係

溫克勒在1995年發表的〈反對書籍者說了什麼？年輕的[7]改革教育學教育理論的八種探究式思考〉（Was spricht gegen Bücher？Acht versuchsweise vorgetragene Überlegungen zur Bildungstheorie der jüngeren Reformpädagogik）一文中，談到改革教育學與印刷術的歷史關係。首先，他指出教育學全然的與書籍存在著緊密的關係，近代教育學與書籍印刷的發展無法分離。「教育」和「教學」的結構與社會的條件關係在書籍中被具體化，因此不是從原理的和系統描述的觀點，而是從經驗的觀點來看，所有的教育學都是一種文字的事件。其次，早期古登堡（Gutenberg）印刷技術的發明和印刷事物逐漸的實施，作為現代的催化劑而產生影響，使得文字的發展成為一種特定的教育問題結構和事實結構，而且造成不友好的教育學反思的教育。教育學家康美紐斯（Johann Amos Comenius, 1592-1670）對此有敏銳的察覺。他看到書籍印刷的媒介，應用這種科技的刺激，將其神學的世

7　改革教育學由德國學者諾爾（Herman Nohl）建立於1933年，至今不到一百年的時間，因此溫克勒將其稱為年輕的改革教育學。

界教學化方案加以實現。書籍印刷的觀念成為隱喻，表達出近代理性教育的概念。這不僅只是科技過程的介紹，而是經由個體藉助文字將近代教育的內容全部顯示出來。接著，溫克勒認為真正的歷史是字母化、文字化和對書籍信任的歷史過程。人們可以看到歐洲地區的蘇格蘭，其改革者諾克斯（John Knox, 1514-1572）在16世紀，就將「學校義務」（Schulpflicht）和「閱讀學習」（Lesenlernen）加以實施，一直持續到20世紀「文盲的消除」（Abschaffung des Analphabetismus）為止。許多地區書籍一直到今天，仍然停留在陌生的處境，這或許與教育學的發展有關，因為教育學雖然與「文字文化」（literale Kultur）不可分離。但是教育學卻經常與書籍對立，這種現象似乎是18世紀的產物，因為人文主義（Humanismus）、宗教改革（Reformation）和巴洛克（Barock）時期都還注重書籍的陶冶。最後，19至20世紀轉換的改革教育學，經常只有少數潛藏著「盧梭主義」（Rousseauismus）和反對書籍的主張，面對這種發展幾乎不讓人感到訝異。雖然改革教育學者克拉特（Fritz Klatt, 1888-1945）主張學校應該允許學生對紙張、墨水和書籍保持未知，但是高第希（Hugo Gaudig, 1860-1923）不僅支持書籍，而且認為伴隨著書籍可以建立文化的基本關係，這兩種觀點雖然爭論不休，但是都可以成為改革教育學的典範，促進改革教育學的發展（Winkler, 1995: 203-213）。

溫克勒指出當歷史的改革教育學自身無法發現一種有效的決定時，事實上只是停留在一種「確定性」（Gewißheit）的階段。這種「確定性」的組成作為關係，是經由自我描述而達到的，它最終開啟了一種現代改革教育學詮釋的觀點。最近的爭論在對缺乏決定性的觀察上，比其他的歷史先行者遭遇到更高的標準。這種對「確定性」不確定性的立場（Feststellung von Unbestimmtheit）無法改變兩方面的問題：其一是標記從外在逼近當前的討論，這樣人們可以站在系統關係的一端，在改革教育學的辯護之下，嘗試去形成一種自我和歷史興趣的確定性，而且從真正的動機去形成服從歷史編纂的理想。另一是改革教育學概念的內容討論，還停留在沒有意義的階段。例如在東德結束之後，改革教育學的議題可以被視為一種公民禁

忌傳統[8]（bürgerlich tabuisierten Traditionen）的教育反思。儘管許多教育學被遺忘的觀念還處在爭論中，東德地區教育制度內在和外在改變的衝動，仍然被期待和被盼望著，以便將教育學的理論和實踐區分開來。其次，改革的觀點可以作為一種無概念的概念[9]（Konzeptlose Konzept），在不同的關係中具有彈性的被接受。而且在改革教育學的名稱之下，可以讓每個人瞭解其意義。改革教育學可以拯救學校的災難和給予合法性的承諾，不必強制教育去接受規準，而且不必在其成果上付出代價。事實上，改革的推動不需要控制，也不需要加以限制。接著，教育學意味著「教育」和「教學」自身奠基在信念上，而且不會錯過這些信念，如果教育學失去其前提或假定（Voraussetzungen），則「既有的規範」（verbürgten Normen）將會不再有效，而其基礎和內容也將會持續的改變。改革教育學作為「改革計畫」（Projekt der Reform）的改革，認知、社會、道德和情感等重要的工作，將在其中陸續的被完成，而贏得社會自身不斷改變的「無可避免性」（Unvermeidlichkeit），這也使個別的主體退回到一種新的地位。最後，現代社會發展自身成為電子媒體的社會，使得印刷的文字成為無用的事物。書籍和雜誌相對於電腦和其他新的媒體，其銷售數量不斷的下滑，變成一種終結的模式，在社會上逐漸失去其地位。在這種情況下，溫克勒認為改革教育學應該在其教育理論中加以探討（Winkler, 1995: 214-227）。

(三)文理中學性質的重新思考

溫克勒在2004年出版的《閱讀：從間接的實在[10]出發論改革教育學的困境》（*Lesen. Über Schwierigkeiten der Reformpädagogik im Umgang mit einer*

8　「公民禁忌傳統」是指東德時期由於實施極權專制統治，公民權利受到限制的關係，雖然社會存在一些不合理的問題，但是公民也不敢加以批判或改革，形成一種忌諱批判改革的現象。

9　「無概念的概念」是指改革的概念屬於一種沒有特定內涵的普遍性概念，可以泛指改變一切傳統事物的活動，因此比其他特定內涵的概念更具有彈性，而且更能被社會大眾所接受。

10　所謂「間接的實在」是指「國際學生評量方案」實施之後的結果，而教育現場的情況則是「直接的實在」。

Wirklichkeit aus zweiter Hand）一書中，探討閱讀重要性的問題。他指出德國在2001年的「國際學生評量方案」（Programme for International Student Assessment, PISA）中，有許多德國的青少年有閱讀的困難，無法在測驗中理解文本，掌握資訊和解決課題。他們無法閱讀，至少比其他國家同年齡的青少年來得差。這對於過去有「詩人和思想家國度」美譽的德國而言，引起許多學者的重視，進而探討「什麼是閱讀」的問題（Winkler, 2004: 11）。溫克勒指出德國沒有「喜愛閱讀者協會」（Gesellschaft von begeisterten Lesern），經由大眾調查和詢問的方式發現，德國有三分之一的民眾不喜歡閱讀。只有十分之一的民眾會天天閱讀，研究發現閱讀的社群也呈現性別的差異，在德國女性的閱讀比較是隨興的，而男性的閱讀比較是目的導向的，大部分是為了拯救他們的電腦而閱讀。男性比較少作為顧客而進入書店，男性比較喜歡從事其他的活動。從2001年「國際學生成就評量方案」的競賽結果，反映出德國閱讀文化的實在。德國沒有一種閱讀團體的閱讀文化，這與英國相當不同，英國具有歷史悠久的閱讀協會和閱讀文化。由於德國將經濟的成功與科技的發展和自然科學的發現聯結，這使得社會大眾對閱讀文化的缺乏不感到憂慮，他們認為科技的發展和自然科學的發現，不依賴於人類閱讀的興趣。溫克勒認為這種觀點是錯誤的，因為閱讀能力和閱讀文化關係著人類文明的存亡，閱讀帶領人類走向人性，以便我們對世界的掌握和自我的生產，使人類的經濟整個走向人類的存有。閱讀屬於一種「神話」（Mythos），因為它能夠將人類高級情感的論辯，透過隱喻的藝術表達加以呈現。閱讀讓人類變聰明和變得有知識，並且因此獲得啟蒙。閱讀不僅能夠使個體獲得自由，而且使個體成為有教養的人（Winkler, 2004: 13-15）。

溫克勒主張閱讀不是人類自然的天性，相反的它建構了人類物種的歷史。人類大約自250,000年前開始在地球繁殖，而「文本」（Text）的閱讀則大約開始於7,000年前的美索布達米亞（Mesopotamien），從此揭開人類閱讀的歷史，這種歷史具有下列幾項意義（Winkler, 2004: 17-22）：㈠閱讀對人類文化的演進具有重要的意義；㈡ 閱讀不作為自我的理解來看待；㈢ 閱讀的歷史性和社會性被強化，當人類現代化之後，閱讀經常不只是

閱讀；(四) 讀者的進化不允許低估，閱讀建構了公民化的一面；(五) 閱讀不能只走向技能，或是朝向「識讀」（Literacy），不能只重視文學的經驗和教育，更要重視其背後隱藏的統治策略的觀點；(六) 閱讀是一種社會和文化的發現，人類進化巨大的成就，急遽的改變和強制人類。溫克勒認為閱讀是一種「藝術」（Kunst），將其視為文化的表達。閱讀意謂著建構和發現，可以有效整合人類大腦的功能。因此學校應該重視閱讀，提供各種讀物給學生，例如刺激的故事和緊張的閱讀經驗，教導學生使用書籍尋找資訊，發展學生閱讀的樂趣（Winkler, 2004: 23-29）。他提出閱讀的十個理念（Winkler, 2004: 31-37）：(一) 閱讀不保證安全，這表示我們作為教師和父母必須自我要求，開啟學生的閱讀之路；(二) 教導學生閱讀的前提是：我們自己必須是一位讀者；(三) 不允許將書籍拋開，這與用餐時玩遊戲一樣糟；(四) 在教育關係中進行閱讀，而且必須非常清楚明確；(五) 關聯閱讀與思考，或是關聯閱讀、寫作與說話，讓學生能夠自己產生觀念；(六) 引起學生對書籍產生閱讀的動機；(七) 閱讀是生產性的事件，允許學生將閱讀與其他活動銜接；(八) 透過閱讀在提出要求的環境中，培養主動學習的主體；(九) 不要限制學生閱讀學習的注意力和敏感性；(十) 閱讀是一種引導人類貢獻於適應世界和美好社會的技術，但是閱讀不在於識讀能力的獲得，控制新媒體的能力贏取，或是國家與經濟的勝利。

溫克勒認為教育改革、學校和書籍具有緊密的關係，三者之間彼此相互影響。所有教育的核心都在培養主體語言的能力和閱讀的能力，因此文理中學（Gynasium）必須從「人文主義學校」（humanistische Schule），改變成為「書本學校」（Buchschule），在不斷進步的現代條件下，去解釋學校的精神立場，以達成其改革的理想。溫克勒主張大學與文理中學的關係必須保持距離，因為文理中學如果完全出自大學的觀點，將會使其自身面對社會產生觀念的異質性，而大學的教育制度只有作為研究的課題被接受才有意義。其次，溫克勒指出當前學校面臨公立教育制度的結構危機、財務危機、人事危機、接受危機和無法培養滿足現代社會需求能力的危機。是以，必須去強化文理中學的效果（Effekt）、知識（Erkenntnisse）、實際的社會成就（faktischer sozialer Erfolg）和品質（Qualität）。現代社會的

存在奠基在系統的分化上，這可以從自我為中心的教育制度得到證明，因為如果不這樣的話，社會的再製將無法獲得確切的保證。文理中學是一種學校，因此文理中學必須趕快認識自己的功能。溫克勒指出過去文理中學有五項缺失：第一是文理中學比其他學校更忽略倡導、要求和支持學生的發展過程和學習過程。第二是文理中學的教學對話和討論，過度依賴教師的推動，自我理解的學習、探索和研究只扮演邊緣的角色。第三是文理中學的教學只建立在狹隘的成就概念基礎上，教學集中在孤立的學科內容上。第四是文理中學的歷史和成功使其只傳遞「優化」（Optimierung）和完美，在教學材料上只注重偉大的內容，忽略其他較好知識的類型。第五是過度注重屬於學習過程和發展過程中錯誤的經驗，忽略其他途徑的價值。基此，溫克勒主張文理中學必須是一種「書本學校」，才能與現代社會需要的知識聯結，發揮學校教育的功能。因為大學需要年輕人，好奇的與文本聯結的內容和批判的與其產生互動，能夠使用語言加以注意和將這些知識加以應用，以便理解自己的處境，將許多計畫置於現代社會中加以發展（Winkler, 2004: 65-84）。

　　綜合而言，溫克勒指出德國沒有一種閱讀團體的閱讀文化，這與英國相當不同，英國具有歷史悠久的閱讀協會和閱讀文化。由於德國將經濟的成功與科技的發展和自然科學的發現聯結，這使得社會大眾對閱讀文化的缺乏不感到憂慮，他們認為科技的發展和自然科學的發現，不依賴於人類閱讀的興趣。溫克勒認為這種觀點是錯誤的，因為閱讀能力和閱讀文化關係著人類文明的存亡，閱讀帶領人類走向人性，以便我們世界的掌握和自我的生產，使人類的經濟整個走向人類的存有。溫克勒認為所有教育的核心都在培養主體語言的能力和閱讀的能力，因此文理中學必須從「人文主義學校」，改變成為「書本學校」，在不斷進步的現代條件下，去解釋學校的精神立場，以達成其改革的理想。

㈣學校教育機構史的探討

　　溫克勒對於17世紀以來的學校教育機構史也有專精的研究，他在〈黑格爾與紐倫堡窮人學校〉（Hegel und die Nürnberger Armenschulen）一文中，探討紐倫堡窮人學校改革的歷史。溫克勒指出隨著工業革命的興起，許

多手工業因為不適應新的生產方式，紛紛關門大吉，造成貧窮階級人口的增加，歐洲各國相繼設立「窮人學校」（Armenschulen）。但是由於窮人實在太多，傳統窮人學校不足以因應，所以德國也在17世紀末，創立「免費學校」（Freischulen）來滿足社會大眾的需求。1699年首先設立「羅倫徹窮人學校」（Lorenzer Armenschule），1704年衛爾特（Ambrosius Wirth）神父在自己的住所收容300名兒童，進行基礎教育的活動。直到1719年的年底才在斯皮塔（Spital）興建校舍。1727年雅可布主教區設立「哈勒窮人學校」（Hallersche Armenschule），18世紀中葉設立「羅德爾窮人學校」（Lödelsche Armenschule），最早提供獎學金給有需要的兒童。當時這些窮人學校的設立，都受到「博愛精神」（caritativer Geist）和「施捨學說」（Almosenlehre）的影響，學校課程包括基督教義、閱讀、書寫和計算。除此之外，因為「重商主義」（Merkantilismus）盛行，國家為了安撫階級衝突的潛在威脅，滿足新的生產方式的需要，在窮人學校入學時，也逐漸要求學生必須具備良好紀律、實用知識和閱讀能力。1806年巴伐利亞王國頒布法令，要求紐倫堡進行學校制度的改革，在民眾學校的教學中，對公民實施實在主義的教育，以提升國家的福祉。1808年尼特哈莫（Friedrich Immanuel Niethammer, 1766-1848）應錢特納公爵（Georg Friedrich Freiherr von Zentner, 1752-1835）的邀請，從伍茲堡大學的基督教神學講座教授，出任內政部「中央學校諮議會」（Zentralschulrat）主席的職務，進行巴伐利亞王國學校制度的改革。尼特哈莫聘請黑格爾（Georg Wilhelm Friedrich Hegel, 1770-1831）擔任「皇家城市委員會」（Königliches Stadtkommissariat）學校與學習事務部門的顧問。1812年黑格爾提出「窮人學校新規定」（Neuordnung der Armenschulen），統一慈善團體的權利，引進三種班級制度，將窮人學校變成免費學校，接受所有的市民的子弟入學，紐倫堡劃分為五個學校區，每區設立一所窮人學校，每個學校招收1,000名學生，規定教師數量和學校部門，課程內容以基督教義、閱讀、書寫和計算為主，每60個學生必須編制1位教師，而且免除窮人學校的學費，因此紐倫堡有一半的學生進入免費學校（窮人學校）接受教育（Winkler, 1982: 29-31）。

㈤教育學經典人物的研究

溫克勒曾經對許多教育學經典人物進行歷史研究，茲按照歷史先後顧列說明如下：

1. 洛克（John Locke, 1632-1704）：1981年溫克勒在《教育學史》（Paedagogica Historica）雜誌，發表〈洛克作為教育情境的理論家：洛克教育漫談134-146的系統學〉（John Locke als Theoretiker der pädagogischen Situation. Zur Systematik der , 134-146 in John Lockes Some Thoughts Concerning Education）一文，探討洛克《教育漫談》的教育思想。溫克勒從教育情境理論的觀點出發，指出洛克希望建立一種「教育理論」（Theorie der Erziehung），以發現和澄清教育與社會的關係。洛克的「情境概念」（Begriff der Situation）聯結人類學基本原理的理論，奠基在達成需要滿足的活動和理性社會秩序的原理上。「教育情境」（pädagogische Situationen）只有在主體性原理塑造的制度中，可以讓個別的主體自由和平等的發生，才能夠真正的成立。雖然洛克的教育思想過於實用，而且缺乏系統，最後受到許多學者拒絕。但是洛克卻在盧梭（Jean-Jacques Rousseau）的自然主義教育學和愛爾維修（Claude Adrien Helvétius）的社會主義教育學之外，開啟自由主義的教育學典範。同時，在許多問題上影響了史萊爾瑪赫的教育理論（Winkler, 1981）。

2. 康德：1990年12月6日溫克勒曾經應邀到伍茲堡大學教育學研究所，進行一場學術演講，演講的主題是「康德論教育學」（Immanuel Kant über Pädagogik），開啟他對教育學經典人物康德的研究。1991年溫克勒將康德研究的結果發表在「科學教育學季刊」（Vierteljahrsschrift für wissenschaftliche Pädagogik）上。主要的內容包括四個部分：第一是哲學、哲學家與教育學的關係；第二是概覽康德對於教育學的貢獻；第三是詮釋康德的《教育學演講錄》（*Vorlesung über Pädagogik*）；第四是探討康德《教育學演講錄》的意義和引起的問題（Winkler, 1991b）。2009年溫克勒也在波姆（W. Böhm）、福克斯（B. Fuchs）和塞希特（S. Seichter）主編的《教育

學主要作品》（*Hauptwerke der Pädagogik*）一書中，發表〈康德：論教育學〉（Immanuel Kant: Über Pädagogik）一文，探討康德的教育學思想（Winkler, 2009a）。

3. **費希特**：1994年溫克勒和魏維格（Klaus Vieweg）主編《費希特：耶納1794年論學者的責任演講錄》（*Johann Gottlieb Fichte: Vorlesungen über die Bestimmung des Gelehrten. Jena 1794*）一書，在重印版的跋文中，探討《論學者的責任演講錄》在費希特哲學脈絡中的地位，說明學者的責任與教育學的問題，指出費希特思想的真相是一種普遍的人文主義，對18世紀德國教育學的發展具有重要的貢獻（Winkler & Vieweg, 1994: pp.I-XXXVIII）。2009年溫克勒也在波姆（W. Böhm）、福克斯（B. Fuchs）和塞希特（S. Seichter）主編的《教育學主要作品》（*Hauptwerke der Pädagogik*）一書中，發表〈費希特：論學者的責任〉（Johann Gottlieb Fichte. Über die Bestimmung des Gelehrten）一文，探討費希特的教育學思想（Winkler, 2009b）。

4. **史萊爾瑪赫**（Friedrich Schleiermacher）：1989年溫克勒在樂爾斯（Hermann Röhrs）和歐克斯（Jürgen Oelkers）應《教育學雜誌》（*Zeitschrift für Pädagogik*）邀請，主編的《法蘭西大革命與教育學》（*Die französische Revolution und die Pädagogik*）專輯中，發表〈從教育的規範概念到教育情境的詮釋學：史萊爾瑪赫與現代教育思想〉（Vom Normalbegriff der Erziehung zur Hermeneutik der pädagogischen Situation: Friedrich Schleiermacher und das moderne Erziehungsdenken）一文，探討史萊爾瑪赫的教育學思想（Winkler, 1989a）。1997年在布林克曼（W. Brinkmann）與華特勞德（H.-P. Waltraud）主編的《自由—歷史—理性：精神科學教育學的基本路線》（*Freiheit - Geschichte - Vernunft. Grundlinien geisteswissenschaftlicher Pädagogik*）一書中，發表〈尚未解決的開端：史萊爾瑪赫（1768-1834）與精神科學教育學〉（Uneingelöster Anfang: Friedrich Schleiermacher (1768-1834) und die geisteswissenschaftliche Pädagogik）一文，探

討史萊爾瑪赫的教育學思想，以及這些思想對精神科學教育學的影響（Winkler, 1997a）。其後，溫克勒也在許多著作中，指出史萊爾瑪赫不僅是一位神學家和哲學家，而且也是一位（社會）教育學家。史萊爾瑪赫致力於教育獨特性的探討，提出「父母之家」（Elternhaus）改革的觀念，在兄弟會團體中擴散開來，對於教育理論的建立和社會教育的推展具有重要貢獻。探討史萊爾瑪赫的教育概念和世代關係的看法，對於現代教育的意義。史萊爾瑪赫所構思的啟蒙哲學，銜接先驗哲學和理想主義，對浪漫主義產生相當大的影響（Winkler, 1898; Winkler, 1998a; Winkler, 2006）。

5. **黑格爾**：1979年溫克勒在拜爾（W. R. Beyer）主編的《黑格爾年刊》（*Hegel-Jahrbuch*）一書中，發表〈同一化成的差異：論司法形式中的黑格爾教育學〉（Die Differenz beim Werden der Identität. Über Hegels Pädagogik in juridischer Form）一文，從黑格爾法理哲學的觀點出發，探討黑格爾的教育學思想（Winkler, 1979）。1982年溫克勒也在拜爾（W. R. Beyer）主編的《知識的邏輯與教育問題》（*Die Logik des Wissens und das Problem der Erziehung*）一書中，發表〈黑格爾與紐倫堡窮人學校〉（Hegel und die Nürnberger Armenschulen）一文，從17世紀歐洲工業化以來，經濟、政治、社會和教育的衝突對立出發，談到手工業不足以適應時代的變遷，造成社會上貧窮階級的出現，傳統的窮人學校無法滿足需要，因此紐倫堡從1800至1821年陸續建立許多窮人學校。溫克勒探討黑格爾1813至1816年擔任紐倫堡中學校長期間，提出許多教育措施的建議，對於紐倫堡窮人學校的影響（Winkler, 1982）。

溫克勒肯定教育學經典人物和基礎文本研究的價值，認為經典人物和基礎文本歷史的探討，可以作為當前教育理念的刺激者，或是重要教育理念的發現者，經由分析、檢驗、批判和論辯的過程，可以產生嶄新的知識，進而促成教育學術的進步（Sting, 2002: 43-51）。因此他對許多教育學經典人物和重要文獻進行歷史研究，主要包括洛克、康德、費希特、史萊爾瑪赫和黑格爾等人。除此之外，溫克勒也對福祿貝爾（F. W. A. Fröbel）、狄爾泰（Wilhelm Dilthey）、馬卡連科（Anton Makarenko）、涂爾幹（Emile Durkheim）、愛倫凱（Ellen Key）和莫連豪爾（Klaus Mollenhauer）等教育學的經典人物都有深入的研究（Winkler, 1985; Winkler, 1989b; Winkler, 1997b; Winkler, 1998b; Winkler, 2000; Winkler, 2002a; Winkler, 2002b; Winkler, 2009c; Winkler, 2010）。

(六)陶冶概念的歷史分析

溫克勒在2012年和衛維格（Klaus Vieweg）主編的《陶冶與自由：一種遺忘的關係》（*Bildung und Freiheit. Ein vergessener Zusammenhang*）一書中，發表〈陶冶作為失去自主能力？實際陶冶論辯中新時代自由承諾的否定〉（Bildung als Entmündigung? Die Negation des neuzeitlichen Freiheitversprechens in den aktuellen Bildungsdiskursen）一文，探討18世紀以來「陶冶」概念的歷史演變。他指出陶冶論辯的能量來自宏偉敘事，作為現代創造神話的一種類型，包含著人性和個體的提升。普羅米修斯（Prometheus）和「陶冶」彼此有著緊密的關係，這種創造的神話相當具有吸引力，使得「修道院的歷史」（Münchhausengeschichte）非常受到歡迎。從陶冶的功能而言，它能夠讓人從泥淖中掙脫。18世紀時康德認為「陶冶」不單單只是「自我生產」（Selbstzeugung），更多的是一種「自我生產」的推動，陶冶是動機的來源，而且能夠立即與其結合。其後，孟德爾頌（Moses Mendelssohn, 1729-1786）主張「陶冶」是一種對解放、成熟到自律的生活引導之誘發。費勞梅（Peter Villaume, 1746-1825）指出人們為了追求完美和幸福，而犧牲「效益性」（Nützlichkeit）和「有用性」（Brauchbarkeit），最終偏愛「綜合性」（Gesamtheit）的陶冶，或是各邦的貴族為了保護所有個人的財富，最後選擇「實用性」（Pragmatische）的陶冶，這兩種觀點的對立到今天仍然無解。費勞梅認為美國教育關切的是讓美國成為世界上最富裕的社會，美國的大學也必須接受「學術成就」（Wissenschaftsleistungen）世界第一的「模式」（Vorbild）。主張陶冶的概念應該注重實用性的概念。但是，溫克勒指出面對現代工業社會中貧窮人口不斷的增加，前述美國社會的教育意義也受到質疑。到了19世紀，洪保特認為陶冶不僅僅只是人類真正的目的，而在透過理性的規定和均衡的教育，以培養能力完整的個

體作為目的，而且在於經由教育達到自由的狀態，完成陶冶、理性（Vernunft）和自由（Freiheit）三方面兼顧的人類概念。他希望透過這種陶冶的概念，建立普魯士王國的教育制度，以培養能力完整的公務員，促成國家的現代化。但是這種陶冶的概念並不一定適合於所有的社會和文化，因此陶冶必須開啟多種選擇，參照客觀的內容，但是必須與其他人類的經驗和建議聯結（Winkler, 2012: 17-19）。

　　到了20世紀，陶冶概念被視為「心理模型」（mentales Muster）而被接受，造成集體分配的動機不再受到重視。陶冶只注重「能力」（Kompetenz）的養成，而非自己與世界概念的學習。陶冶的作用變成「媒介」（Medien），陶冶變成滿足同質性的要求，表達同質性的意見。陶冶朝向這樣的方向發展，將會產生許多「弔詭」（Paradox）的現象。首先，陶冶的過程應該是個體自己控制和組織的活動，同質性的要求根本違反自我活動的陶冶概念，而且個別的主體必須在運動中自我維持，才能符合個人是動機來源的意義。其次，朝向自律之路必須由主體自己推動，可以說是一種反思的成就。陶冶過程如果變成符應要求的活動，則讓個體不僅失去自由的意志，而且沒有反思的作為，違反陶冶追求自由和注重反思的意義。18世紀在學習者的成就上要求完美的狀態，這種完美的狀態稱為「能力」。「能力」按照法則標準分化，大部分作為事物、方法、社會和自我的能力，但是保持著本質的「不確定性」（Unbestimmtheit），因此不是舊範疇的技術或能力所能產生，沒有人知道能力如何形成，這種狀態如何到達。「識讀」也是如此，它是由「能力」這個平行概念所帶來的，作為書寫和閱讀的基本能力，使人類的自我強調、自律和自由成為可能。這種「識讀」注重「世界可讀性」（Lesbarkeit der Welt）能力的培養，兼顧自然科學、數學、歷史、社會、道德和審美事物的學習，到了今天已經逐漸被電視和網路所取代。19世紀時福祿貝爾探討世界結構可讀性的問題，企圖應用「恩物」（Spielgabe）作為世界數學和物理基本原理的具體表達，使人類應用「恩物」去認識這些原理，而且彼此可以透過語言來表達。到了20世紀，這些觀念仍然保留在「國際學生成就評量方案」測驗項目教學的內容連接點上，被聰明的數學教學理論家揭露為完全不適當的。因此，

溫克勒主張陶冶應該能夠讓人類贏得自律，人類可以自我控制，自己從事有意願的教育，因為陶冶承諾自由和自律，使人類成為「冒險的存在」（riskante Existenzen）（Winkler, 2012: 19-28）。

三、綜合評價

根據溫克勒相關文獻的分析，其改革教育學具有下列幾項優點：

㈠澄清改革教育學的基本理念

溫克勒指出改革教育學只描述介於1890至1930年這個時期，發生在整個歐洲、蘇聯和美國許多改革思潮的教育思想。經由已經建立的社會教育學，嘗試著在無法忍受的學校制度中發展出變通方案。說明改革教育學探討的範圍集中在1890至1930年這一段時間內，各國教育改革運動和教育改革思潮的詳細情形。其次，說明兒童和青少年的獨特性，應該作為所有教育行動的標準。教師必須追隨兒童的好奇心，讓兒童自由快樂的進行學習活動。在教學中手、腦、心應該並用，而且保持三者彼此的關聯。同時，由於學科和時間對教學都會產生影響，因此改革教育學的學校需要較長的時間，才能看到其實施的成效。這些觀點不僅澄清改革教育學的基本理念，而且有助於我們對改革教育學內涵的瞭解，可以促進改革教育學的發展（Nyssen & Schön, 1995）。

㈡說明改革教育學與印刷術的關係

溫克勒說明古登堡印刷術的發明，促成書籍印刷媒介的誕生，對教育學術的發展產生影響。教育學與書籍有密切的關係，但是教育學也經常與書籍對立。人文主義、宗教改革和巴洛克時期都還注重書籍的陶冶，到了18世紀開始出現「盧梭主義」和許多反對書籍的主張。在改革教育學中同時存在著支持書籍和反對書籍的看法，溫克勒認為這兩種觀點都可以成為改革教育學的典範，有利於改革教育學的發展。隨著電腦和其他媒體的興起，使得印刷文字喪失其功用，書籍的銷售量急遽下降。溫克勒主張應該在改革教育學的教育理論中，探討書籍角色和功能變化的問題，這是改革教育學無可迴避的課題。溫克勒的觀點讓我們對改革教育學與印刷術的關

係，有更進一步的瞭解，可以開啟改革教育學新的議題，對改革教育學的探究做出貢獻。

(三)指出文理中學必須注重閱讀

溫克勒認為德國學校由於受到裴斯塔洛齊的觀念影響，反對書籍閱讀的教育方式，過度強調實物教學的觀念，導致學校教育忽略閱讀的活動，社會尚缺乏閱讀文化，也沒有喜愛閱讀協會的組織，大眾普遍沒有閱讀的習慣，造成德國在2001年的「國際學生成就評量方案」中，閱讀成績表現不如其他國家。他主張閱讀能力和閱讀文化關係著人類文明的存亡，閱讀帶領人類走向人性，以便我們世界的掌握和自我的生產，使人類的經濟整個走向人類的存有。閱讀屬於一種「神話」，因為它能夠將人類高級情感的論辯，透過隱喻的藝術表達加以呈現。閱讀讓人類變聰明和變得有知識，並且因此獲得啟蒙。閱讀不僅能夠使個體獲得自由，而且使個體成為有教養的人。因此，文理中學的性質必須從「人文主義學校」，注重古典語言的學習和經典著作的背誦，改變成為「書本學校」，重視閱讀的教學，建立閱讀的文化，才能解決閱讀能力不佳和文化意義喪失的問題，符合現代社會的需要。

(四)增進我們對教育機構歷史的瞭解

溫克勒探討17世紀工業革命以來，由於機器的發明和使用，使得工廠走向大量生產，造成手工業者的沒落，社會上貧窮階級人口不斷的增加。政府為了安撫貧窮階級，促進國家經濟的發展，因此紛紛設立窮人學校，實施免費的基本教育，教導窮人基督教義、閱讀、書寫和計算。黑格爾應尼特哈莫的邀請，擔任紐倫堡「皇家城市委員會」學校與學習事務部門的顧問。1812年開始對窮人學校進行改革，提出「窮人學校新規定」，統一慈善團體的權利，引進三種班級制度，將窮人學校變成免費學校，接受所有的市民的子弟入學，紐倫堡劃分為五個學校區，每區設立一所窮人學校，每個學校招收1,000名學生，規定教師數量和學校部門，每60個學生必須編制1位教師，而且免除窮人學校的學費。透過溫克勒對紐倫堡窮人學校的研究，可以幫助我們對17世紀以來教育機構的改革，在學校制度、師資編制、班級組織和課程教學上有更清楚的認識（Kade & Nolda, 2002:

29-42）。

㈤肯定教育經典與人物研究的價值

溫克勒2001年在〈教育學的經典人物——一種質樸觀察者可能方式的思考〉（Klassik der Pädagogik-Überlegungen eines möglicherweise naiven Beobachters）一文中，談到教育學中經典歷史人物研究的重要性。他指出許多教育學家害怕陷入「紀念主義[11]」（Monumentalismus）的窠臼，對於教育運動的倡議者、教育方案的作者、教育機構的建立者、新方法的改革者和發現者、有價值主題變通方案的批判者和奮鬥者，不敢像社會學家一樣，連接「經典」（Klassik）的觀念，以評定其意義和重要性。溫克勒主張我們應該將「經典人物」（Klassiker）視為刺激者和發現者，不僅蒐集探討其相關的文獻，而且與「基礎文本」（grundlegende Texte）進行批判的論辯，分析「經典人物」的理解能力，檢驗其假設和情況。在「客觀主義」（Objektivismus）和「文本脈絡化」（Kontextualisierung）之間尋求平衡，才能讓「經典人物」和「基礎文本」真正的變成「知識」（Erkenntnis），促進教育學的發展（Winkler, 2001: pp.77-81）。

㈥闡明陶冶概念的歷史演變

溫克勒說明陶冶概念在18世紀時，比較偏重整體性的意義，例如康德就主張陶冶不只是一種「自我生產」，更是「自我生產」的推動，而且陶冶是動機的來源。孟德爾頌則認為陶冶是一種對解放、成熟到自律的生活引導之誘發。由此可見，這個時期的陶冶概念比較偏重在個體的意義上，講求對個體進行整體性的陶冶，同時比較忽略實用性的要求。到了19世紀，洪保特希望透過這種陶冶的概念，建立普魯士王國的教育制度，以培養能力完整的公務員，促成國家的現代化。這個時期的陶冶概念已經超越整體性的意義，開始注重陶冶概念的實用性意義。20世紀之後，陶冶概念偏重能力的培養，要求同質性的標準，讓陶冶逐漸喪失其自律和自由的意

11　「紀念主義」是一種來自藝術哲學的主張，講求在公共空間呈現莊嚴和權威社會力量的學說。其後，在藝術哲學中興起「反紀念主義」（Anti-Monumentalismus），批判「紀念主義」的權威性質和意識型態。

義。因此，溫克勒主張陶冶概念應該加以改變，兼顧整體性和實用性的目的。「教育」包含「生活實踐」和「自我反思」的層面，追求自律和自由的理想，才是教育概念真正的意義。溫克勒闡明陶冶概念的歷史演變，可以幫助我們更瞭解陶冶概念的意義，避免教育活動產生偏頗，兼顧「綜合性」和「實用性」的陶冶，有助於人類教育工作的推展（Hörster, 2002: 43-52）。

不可諱言的，溫克勒的改革教育學也存在著下列幾個問題：

㈠窄化改革教育學的範圍

溫克勒認為改革教育學只描述介於1890至1930年這個時期，發生在整個歐洲、蘇聯和美國許多改革思潮的教育思想。將改革教育學的範圍界定在19世紀到20世紀前半葉，但是並沒有詳細的說明18世紀和18世紀之前，歐洲許多國家重要的教育改革運動和教育改革思想的演變，例如國家主義教育改革運動、泛愛主義學校改革運動、康拉第主義學校改革運動和新人文主義教育改革運動等等，使得改革教育學的範圍顯得不夠完整。目前，教育學家已經將改革教育學研究的範圍，擴大到啟蒙運動時期（梁福鎮，2004；Benner & Kemper, 2001），甚至希臘羅馬時期（Benner & Brüggen, 2011; Reble, 1989），完整的論述教育改革運動和教育改革思想的歷史演變，這一點是溫克勒改革教育學美中不足的地方，有可能會窄化改革教育學的範圍。

㈡限制了書本學校的類型

溫克勒主張文理中學應該從過去的人文主義學校，改變為書本學校的類型，才能滿足現代社會的需要，培養學生的語言能力和閱讀能力，實現文理中學的教育功能，解決德國「國際學生成就評量方案」閱讀成績不佳的問題。但是，溫克勒將書本學校限制在文理中學的類型上，在整體教育改革上明顯得有所不足，因為文理中學只是德國中等學校的一種。除此之外，還有主幹學校（Hauptschule）、實科中學（Realschule）、職業中學（Berufschule）和綜合中學（Gesamtschule）等幾種，如果只有將文理中學改變為書本學校，而忽略其他學校類型，甚至忽略幼稚園（Kindergarten）、基礎學校（Grundschule）和高等學校（Hochschule）的閱讀教學，

都無法全面的提升學生的語言能力和閱讀能力，建立社會喜愛閱讀的文化，進而解決「國際學生成就評量方案」閱讀成績不佳的問題，這是溫克勒改革教育學思慮不周延之處，有可能會限制了書本學校的類型。

(三)忽略學生也具有被動性

溫克勒在改革教育學的基本理念中主張，由於兒童和青少年「自發性」的發現，在改革教育學的論述中，所有的傳統學校都是權威的。傳統學校必須致力於教學的成功，因此傳統學校無法理解從兒童的學習出發。現在更多的顯示出：當人們讓兒童追隨其好奇心，能夠讓兒童自由的進行學習的工作，而且自己謹慎的和勇敢的，讓自己的經驗與教學的對象產生互動，兒童能夠很好的理解學習的材料，而且自己學會這些材料。這種改革教育學的理念奠基在盧梭（Jean-Jacques Rousseau, 1712-1778）的教育學（兒童中心）、康德的教育學（教育反思）、費希特的教育理論（自由的自我活動）和裴斯塔洛齊的教育理論（給予兒童自由）之上，假設人類具有自由意志，兒童能夠自發性的學習，應該讓兒童快樂的進行學習，認為教育過程就是自我活動的過程。溫克勒支持前述改革教育學的觀點，但是這種觀點過度強調個體的自發性，忽略個體也具有被動性，無法完整的說明個體的本質，容易誤解個體的運作方式，對個體做出錯誤的解釋（Benner, 1987: 165），這是溫克勒改革教育學論述偏頗的地方，有可能會忽略學生的被動性。

綜合前面所述，溫克勒改革教育學的思想淵源來自康德的教育學、洪保特的教育理論、史萊爾瑪赫的教育理論、諾爾的改革教育學和雷柏勒的教育學史。其改革教育學的主要內涵包括改革教育學的基本理念、改革教育學與印刷術的關係、文理中學性質的重新思考、學校教育機構史的探討、教育經典與人物的研究和教育概念的歷史分析。溫克勒的改革教育學具有澄清改革教育學的基本理念，說明改革教育學與印刷術的關係，指出文理中學必須注重閱讀，增進我們對教育機構歷史的瞭解，肯定教育經典與人物研究的價值和闡明陶冶概念的歷史演變等優點，但是也存在著窄化改革教育學的範圍，限制了書本學校的類型和忽略學生也具有被動性等問題。溫克勒的改革教育學不僅可以裨益改革教育學的發展，提醒各級學校

重視閱讀教學，注重教育機構歷史的探討，鼓勵教育經典與人物研究和釐清陶冶概念的真正意義，而且能夠提供我國作為從事實驗學校改善教學，學校閱讀教學實施，促進高中職均優質化改革的參考，相當值得我們加以重視。

第六章

改革教育學的未來展望

　　教育改革運動的興起通常與當時的政治情勢、社會狀況、經濟發展和文化交流有關，由於國家政治發展的需要，政治人物經常藉由教育改革活動的提倡，改善國家制度的缺失，促成國家政治的穩定發展。其次，社會狀況的需要也會影響教育制度的變革。許多教育改革運動的興起，與社會要求倫理道德的改善，或是滿足社會大眾接受教育的權利有關。再次，國家經濟發展的現況也對教育制度的興革具有決定性的力量，特別是教育國家化之後，整個國家經濟發展的狀況，深深的影響教育的改革。另外，文化的交流使得教育制度受到不同文化觀念的挑戰，隨時有可能因為批評的反省，造成教育改革活動的興起。因此，教育改革的歷史深受整個國家政治、社會、經濟、文化等因素的影響。教育科學依其性質的特徵可以區分為兩種類型：一種是「改革教育學」（Reformpädagogik）；一種是「常規教育學」（Normalpädagogik），兩者的關係非常密切。如果從教育科學的

演變來看，「普通教育學」是一門「常規教育學」（Normalpädagogik），但是由於教育學者不間斷的進行論辯，使得「普通教育學」在概念上不斷的推陳出新。因此，「普通教育學」也是一門「改革教育學」。如果從庫恩（Thomas S. Kuhn）科學理論的觀點來看，「普通教育學」是一門「常規科學」（Normal Science），那麼「改革教育學」就是一門「革命科學」（Revolutionary Science），兩者不斷的循環，促成教育科學的進步。「改革教育學」起源於歐洲大陸的德意志共和國，由哥廷根大學的教育學家諾爾（Herman Nohl, 1879-1960）在1933年所提出。改革教育學是指一門從教育反思的觀點出發，探討歐洲啟蒙運動時期迄今，各國重要的教育改革運動和教育改革思想，提出教育改革的理論，以改善教育實際的學科。在德國的教育學術體系中，「改革教育學」包含「德國改革教育學」（Deutsche Reformpädagogik）和「外國改革教育學」（Reformpädagogik des Auslands）兩大類。隨著政治的合作、經濟的競爭和學術的交流，兩者的關係愈來愈密切。因此，有必要整合兩者建立一門「國際改革教育學」（Internationelle Reformpädagogik），採用綜合分析的方法，詮釋啟蒙運動時期、文化批判時期到國家主導時期教育改革的理論和歷史，以提供我國作為建立教育改革理論和推展教育改革活動的參考。

在國際比較和知識經濟的觀念影響之下，各國普遍重視教育改革問題的探討。因為教育改革可以提高國家的競爭力，迅速的促進社會文化的進步。因此，「國際改革教育學」日漸受到學者的重視，研究教育改革問題的學者也愈來愈多。不僅德語系國家的大學開設有改革教育學的課程，就是其他語系的國家也在大學中，廣泛的設立相關的單位，積極進行教育改革問題的研究。在這種情況下，改革教育學以「學校教育革新」、「整體課程改革」、「學校行政革新」、「教學系統改革」和「教育政策改革」的名稱，普遍的存在於教育系所的課程當中。但是，由於缺乏理論的基礎和整體的觀照，往往成效不彰。因此，如何有效的整合教育改革的各項主題，從反思教育科學的觀點出發，對其來龍去脈進行詳細的研究，可以說是改革教育學相當重要的課題。面對21世紀政治情勢的詭譎，社會結構的快速變遷，科學技術的突飛猛進和新興議題不斷的出現，教育學者必須精

確的掌握改革教育學的現況發展，瞭解改革教育學面臨的問題，理性客觀的評價改革教育學的觀點，才能促進改革教育學蓬勃的發展。本章將從現況發展、面臨問題和綜合評價出發，說明改革教育學未來的發展。

第一節　改革教育學的現況

　　根據相關教育文獻的分析顯示，改革教育學的現況如下：

　　一、強調改革教育學核心理念的探討：樂爾斯（Hermann Röhrs, 1915-）在1998年所出版的《改革教育學》一書中，探討國際改革教育學演進的歷史和影響教育改革的幾種教育科學取向。樂爾斯主張國際性改革教育學有兩項重要的課題：第一是解釋和理解以前教育改革的動機與經驗；第二是要求從科學的觀點解釋、說明和推動改革教育學的國際性（Röhrs, 2001:17）。他認為改革教育學建構了現在發展的部分基礎，因為這種持續的影響來自於1880年代文化批判和教育制度的批判，形成一種教育思想與行動新的標準，對於現在的教育產生直接的影響。以往舊的條件關係確定的在改革教育學中扮演重要的角色，第一次世界大戰前後的世代都在改革教育學領域中共同作用，其理論與實際直接與1945年之後的重建相連接。這些當時的論辯都存在文獻資料中，不同教育取向的精神及其特殊的倫理，都可以在改革教育學中重新經歷。因此，改革教育學是一種歷史的現象（Röhrs, 2001:19）。樂爾斯主張改革教育學受到19世紀中葉文化生活情境批判論辯的引導，其中尼采（Friedrich Nietzsche）、拉嘉德（Paul de Lagarde）和朗邊（Julius Langbehn）在文化批判的精神歷史中占有重要的地位。他們強調文化只有在教育的媒體中才能維持和繼續發展，同時文化批判就是一種教育批判。樂爾斯主張教育改革不僅是一種歷史的現象，同時也是一種全世界共同的趨勢。改革教育學的核心基礎來自於「文化批判」的概念，主要的目的在於以文化作為人類的探究，進而改善人類的本質，拓展和加深人類生活的領域。並且，從人類到人類生活所創造人為環境建構的問題，以提升人類的歷史達到人性存在的境界（Röhrs, 2001: 25）。

　　二、注重國際性教育運動的研究：樂爾斯認為改革教育學具有多元性，不是特定國家的產物，而是一種國際性的趨勢。他在《改革教育學》不僅分析德國的藝術教育運動、鄉村教育之家運動、青少年運動和工作學校運動，同時也探討美國的進步教育運動和學校生活個別化的運動。樂爾斯主張教育改革的努力和運動雖然是在教育的範圍中追求革新和完美，並且以國家的形式作為前提，但是不與國家的界限相關聯。相反地，教育改革的意志不斷地從超越國家的影響力得到證明，同時經由思想的交流和教育的旅遊促進了教育改革的國際化。例如：美國教育學家庫辛（Victor Cousin）、曼恩（Horace Mann）和霍爾（Stanley Hall）等人都曾經在德國的學校制度中學習，把凱欣斯泰納勞動教育的思想帶到美國。同時，杜威（John Dewey）、華斯朋（Carleton Washburne）和卡恩斯（Georges Counts）的思想也經由這些方式傳遞到俄國。因此，教育改革是一種世界教育運動（Röhrs, 1998: 98-99）。

　　三、重視各種教育改革思潮的分析：佛利特納（Andrea Flitner, 1922-）在1996年出版的《教育改革》（Reform der Erziehung）一書中，從古典改革教育學、心理分析、1960年代權威的解體、女性運動、生態學思想和東西德基本民主經驗的觀點，探討了20世紀教育的改變。佛利特納主張教育學中「改革」（Reform）這個字，與20世紀前1/3的「改革教育學」或「教育運動」（Pädagogische Bewegung）相關聯。「改革者」（Reformer）被以前的世代所命名，包括宗教育改革者、啟蒙時代的教育學家。教育改革是20世紀重要的主題，不僅涉及學校結構的改造，而且包括了學校內外、職業工作場所、家庭中和工作世界中的教育。先前幾個世紀的改革教育學經由思想和實際累積下來的財富開啟了這個主題，有時其著作、建立與實際工作的方式從古典教育問題的探討中獲得意義（Flitner, 1996: 9-10）。佛利特納主張「教育改革」（Bildungsreform）是現代持續發展的主題，當科技、經濟形成、媒體的影響，甚至個人所有生活的領域不斷地改變時，也會促使教育的條件和要求急速產生變化。教育改革不僅是一種對社會現代化贊同或反對的回答，而且也是一種生產性的設計，在改變的環境中尋求一種新的形式。教育位於生活世界與組織的系統之間，並且尋求從任何一方關

聯兩者。20世紀教育改革所標示的不是共同的運動，而在於展現其多元的特性，共同設計和形成一種改革的實際，朝著人性化的生活邁進（Flitner, 1996: 232-236）。

四、強調教育改革理論的建立：邊納爾（Dietrich Benner, 1941-）1996年應邀在柏林的「政治改革教育學會議」（Tagung Politische Reformpäda-gogik）中發表演講，演講的主題是「改革教育學的延續性」（Die Per-maenz der Reformpädagogik）。在這篇演講文中，邊納爾首先分析「延續性概念」（Begriffen der Permanenz）的意義。他主張「延續性概念」具有三種涵義（Benner, 1996: 1-3）：第一種延續性表示教育機構的建立或關閉，依照教育機構創立者的個人名義來進行。例如：「蒙特梭利學校」，偏重從「常規教育學」（Normalpädagogik）到「改革教育學」不斷返回或轉換的過程。第二種延續性表示改革教育學時代特定的延續性，例如：20世紀初藝術教育運動的興起到結束。這時「延續性概念」偏重在「連續性」（Komtinuität）與「非連續性」（Diskontinuität）的意義上，強調一個時代的「連續性」或不同時代之間的「非連續性」。第三種延續性表示一個時代不同地點的教育機構，彼此具有相同的觀點，經由這些教育機構的建立和關閉，延續著一種教育思想。例如：皮特森（Peter Petersen）從國家社會主義觀點出發的「耶納計畫」（Jenaplan），就是一個典型的範例。邊納爾對教育與政治之間的關係提出說明。他認為國家、教育制度、教育政策和改革教育學具有密切的關係。教育改革如果從國家出發，教育制度的政治改革將會隨後跟進，這是在「正常情況」（Normalsituation）下教育與政治的關係。在國會民主政治制度中，教育政策屬於國家政治行動的範圍。因此，教育改革屬於國家改革的一環。在這種情況下，教育制度必須隨著國家的「現代化」（Modernisierung）不斷地革新，以符合社會的期望和需要。但是在「特殊情況」（Sondersituaton）下，教育改革並不追隨國家改革的行動。此時，國家政治和教育反思進入一種新的關係。因為當一個社會陷入「危機狀態」（Kriesensituation），無法單獨依靠政治力量和教育成規解決。在這種情況下，特別需要經由政治和教育的努力，在理論和實際中建立新的方向，帶領整個國家度過危機狀態，回到常規狀態。這種

特殊情況對於改革教育學和教育政策的革新發展。具有相當深刻的意義
（Benner, 1996: 4）。

　　五、注重教育改革問題的探究：歐克斯（Jürgen Oelkers, 1947-）在1989
年出版《改革教育學》一書，從歷史傳記學觀點出發，探討19世紀教育改
革的歷史。根據歐克斯的研究，改革教育學是一種歷史時代的表現。他
發現諾爾對德國教育運動的建構及其原理的連續性並不成立。這就是改
革教育學先前歷史觀點廣泛受到注意和時代特殊性問題被提出的原因。
「教條史」（Dogmengeschichte）這個名詞應該在理論的連續性和歷史未被
中斷的語義學得到指引，除非研究有意避開教育改革「中斷」的現象，否
則「中斷」（Brüche）並未結束，而應該詳細地確定「中斷」出現在何處
和「中斷」形成了什麼。教條史的批判應該將「行動者意識」（Akteurs-
bewußtsein）、「歷史的真相」（Historische Wirklichkeit）和「改革教育學尚
未證實的起源的觀察」同等看待。並且自行動者語言和術語的意識出發，
來探究教育改革的問題（Oelkers, 1996: 7）。歐克斯主張最近對於「改革
教育學」的興趣是一種教育的本性，而不是一種歷史的本性。教育的興
趣經常詢問「連續性」（Kontinuität）與「善的先前圖像」（Vorbildern des
Guten），改革教育學是一種時代的概念（Oelkers, 1996: 13）。教育反思經
常對於缺失產生積極的反應，例如：處理缺失問題和道德的編碼。每一
種弊端都能被解釋為缺失，並且成為教育改革的對象。所以，「改革教
育學」是一個永恆的主題。現代意義下的教育學，就是一種「改革教育
學」。它能夠適用於缺失的情況，也能夠帶來實際的革新，並且產生新的
弊端，成為反省持續的憂慮。因此，反省自身必須應用一個教育上可以
區分的和能夠思慮道德結果的穩定核心、溝通形式和論證方式（Oelkers,
1996: 15）。

第二節　改革教育學的問題

　　波姆（Winfried Böhm, 1937-）和歐克斯曾經在1999年共同主編《改革
教育學的爭論》一書，從比較分析的觀點出發，探討改革教育學發展中一

些爭議性的問題。其中波姆提出的第一個問題是：什麼叫做改革教育學的歷史研究？第二個問題是從事改革教育學歷史研究的目的是什麼？波姆主張改革教育學的歷史研究是一種教育學史（Geschichte der Pädagogik），目的在探討社會、經濟、政治因素影響下，教育和學校日常生活的實際狀況。主張從生產者、消費者和研究消費者三個方向，進行改革教育學歷史的研究。波姆認為改革教育學的歷史研究是一種歷史教育學，目的在於從教育思想理論家的觀點出發，解釋、沉思和說明教育的生活和實際的影響（Böhm, 1999: 9-22）。歐克斯提出第三個改革教育學爭議性的問題是：改革教育學究竟是一種真相，還是一種歷史學？他從辯證的觀點出發，說明改革教育學歷史研究的對象是一種真相，對後來的學校教育改革產生相當大的影響。同時，改革教育學的性質，具有確定的時期、確定的人物和確定的主題，彼此關聯成一個系統。所以，改革教育學的歷史研究也是一種歷史學（Oelkers, 1999a: 23-48）。接著，歐克斯提出第四個改革教育學爭議性的問題：改革教育學的界限在哪裡？歐克斯批判許多教育學者不同的看法，主張改革教育教育學的興起在1890年代，而界限應該在1940年代（Oelkers, 1999b: 49-69）。舒泰斯（Klaudia Schultheis）則提出第五個改革教育學爭議性的問題：改革教育學是不是一種成人本位的教育學？舒泰斯指出過去的改革教育學，完全從成人的觀點出發，論述教育改革運動和教育理論的建構。到了現在，已經有愈來愈多的學者注意到兒童觀點的重要性。她主張改革教育學不要再從成人本位的觀點出發，應該注重兒童的想法和需要，這樣建立的改革教育學，才能真正幫助兒童，達到學習的目的（Schultheis, 1999: 89-102）。哥農（Philipp Gonon）提出第六個改革教育學爭議性的問題：改革教育學的研究應該從國家化的觀點出發，還是國際化的觀點出發？哥農談到19世紀和20世紀轉換時，德國的改革教育學面臨了兩難的問題。由於文化批判的影響，德意志精神瀰漫在各種學術研究當中，使他們成為「德意志科學」（Deutsche Wissenschaft）。因此，阻礙了改革教育學國際化的發展，造成研究觀點的偏頗。哥農認為在「國際主義」（Internationalismus）的影響之下，「反國家化」（Denationalisiereung）的現象正風起雲湧。改革教育學應該逐漸的朝向國際化發展，才能促進國

家之間的溝通，掌握國際的潮流，有效改善人類的教育實際（Gonon, 1999: 175-195）。雖然，教育學者對這些問題提出自己的見解，但是爭議依然存在，值得我們繼續的進行探究，尋求能夠令人滿意的答案。

除了前述的問題之外，根據相關教育文獻的分析顯示，當前改革教育學面臨的問題主要有下列幾項：

一、涉及的年代比較廣泛，造成學術研究的困難：佛利特納（Wilhelm Flitner, 1889-1990）將改革教育學的演進區分為下列五個階段（Röhrs, 1998: 354-356; Flitner, 1987: 232-242）：第一個階段開始於1890年代，由單一改革的不同觀點出發，對教育制度提出改革的要求。第二個階段開始於第一次世界大戰前，由單一改革者、孤立的出發點和改革系統所形成的時代，揭露所有教育工作隱藏的媒介和形式，進行全面性的教育改革。第三個階段開始於1924年，對教育改革運動提出批判，並且從教育科學作為精神科學的觀點，對整個教育處境進行思考。第四個階段開始於1945年，第二次世界大戰後，教育學家批判國家社會主義教育學和相似的教育過程，並且進行反納粹化、反軍事化和民主化的教育改革。第五個階段開始於1970年代，一方面從斯泰納、蒙特梭利（Maria Montessori）和佛雷納（Célestin Freinet）等人的觀點，建立改革教育的另類學校。另一方面進行改革教育學有關學校問題的討論。美國教育學家李克佛（Admiral Rickover）和瑞佛第（Max Rafferty）也開始批判杜威的進步主義教育，「國際性」（Internationalität）逐漸成為改革教育學整體的特徵。但是，邊納爾和康培爾卻將改革教育學討論的起點上溯到啟蒙運動時期（Benner & Kemper, 2000: 9-12），使得改革教育學涉及的年代比以前廣泛，而且造成不同學者之間時期劃分的爭論，增加不少學術研究上的困難。

二、討論的國家數目較多，造成資料蒐集的不易：早期的改革教育學以德國的教育改革運動和教育改革理論為內容，但是如今改革教育學所討論的國家比以前還多。因此，增加改革教育學研究在資料蒐集上的難度。如今，樂爾斯認為改革教育學具有多元性，不是特定國家的產物，而是一種國際性的趨勢。他在《改革教育學》中不僅分析德國的藝術教育運動、鄉村教育之家運動、青少年運動和工作學校運動，同時也探討美國的進步

教育運動和學校生活個別化的運動。樂爾斯主張教育改革的努力和運動雖然是在教育的範圍中追求革新和完美，並且以國家的形式作為前提，但是不與國家的界限相關聯。相反地，教育改革的意志不斷地從超越國家的影響力得到證明，同時經由思想的交流和教育的旅遊，促進了教育改革的國際化。例如：美國教育學家庫辛（Victor Cousin）、曼恩（Horace Mann）和霍爾（Stanley Hall）等人都曾經在德國的學校制度中學習，把凱欣斯泰納勞動教育的思想帶到美國。同時，杜威（John Dewey）、華斯朋（Carleton Washburne）和卡恩斯（Georges Counts）的思想也經由這些方式傳遞到俄國。因此，教育改革是一種世界性的教育運動（Röhrs, 2001: 98-99）。

　　三、遭遇的思潮比以前多，造成因果分析的困難：根據樂爾斯的研究顯示，19世紀以來的教育改革主要受到下列教育科學思想的影響（Röhrs, 2001: 235-317）：(一) 人類學—精神科學取向：包括奧圖（Berthold Otto）和柯雷斯曼（Johannes Kretschmann）等人的教育思想。歐圖非常重視兒童期和青少年期生活的體驗，其教育思想主要來自於柏林大學的著名學者拉札奴斯（Moritz Lazarus）、斯坦塔（Hajin Steinthal）和包爾生（Friedrich Paulsen）等人。柯雷斯曼主張建立鄉村學校，以作為社區的核心，批評傳統學校的缺失，進行教育改革。(二) 人類學—自然科學取向：包括蒙特梭利（Maria Montessori）、德克洛利（Ovide Decroly）以及舒爾徹（Otto Schultze）等人的教育思想。蒙特梭利從盧梭的觀點出發，批評成人對於兒童需要的忽略，並且主張兒童自由發展的重要性，對於20世紀的教育改革影響很大。德克洛利則從醫學的角度出發，強調遊戲學習的重要性，主張遊戲能夠增強兒童感官的功能，建立一種醫學導向的教育學。舒爾徹則是從自然科學的觀點出發，希望將教育學建立成為一門「診斷—治療的價值科學」（Diagnostisch-therapeutische Wertwissenschaft），提倡直觀的教學方式，對於教育革新影響至鉅。(三) 人類學—社會科學取向：主要受到皮特森（Peter Petersen）教育思想的影響。皮特森從社會科學的觀點出發，主張教學的活動與社會生活具有密切的關係，強調團體教學的重要性，並且提倡教育事實的研究，對於教學方法和教育研究的改革貢獻很大。(四) 存在主義對話原理取向：主要受到布伯（Martin Buber）教育思想的影響。布

伯從存在主義提出的對話原理，強調教師與學生之間的關係，主張從「互為主體性」（Intersubjektivität）的觀點來進行對話，促成教學過程的改革和師生關係的探究，對於20世紀教育理論的影響相當大。但是到了今天，改革教育學研究遭遇的思潮比以前多，例如：詮釋學、現象學、後現代主義、女性主義、建構主義、批判教育學、行動教育學等等。因此，造成改革教育學因果分析上的困難。

四、面對的現象比較複雜，形成詮釋理解的不易：哲學家迦達瑪（Hans-Georg Gadamer, 1900-2002）主張當我們力圖從我們的詮釋學情境，具有根本性意義的歷史距離出發，去理解某個歷史現象時，我們總是已經受到影響史的種種影響。這些影響首先規定了哪些問題對於我們來說是值得探究的，哪些東西是我們研究的對象，我們彷彿忘記了實際存在東西的一半，甚至更嚴重，如果我們把直接的現象當成全部真理，那麼我們就忘記了這種歷史現象的全部真理。如果沒有過去，現在的視野（Horizont）就根本不能形成。正如沒有一種我們誤認為有的歷史視野一樣，也沒有一種自為的現在視野。理解其實總是這樣一些被誤認為是獨立存在的視野融合（Horizontverschmelzung）的過程。我們首先是從遠古時代和它們對自身及其起源的素樸態度中，認識到這種融合的力量的。在傳統的支配下，這樣一種視野交融的過程是經常出現的，因為舊的東西核心的東西在這裡總是不斷地結合成某種更富有生氣有效的東西，而一般來說這兩者彼此之間無需有明確的突出關係（Gadamer, 1990: 306-312）。今天，改革教育學面對的現象比以前複雜，要達到一種視野交融的情境相當不容易。因此，形成教育改革事件詮釋理解上的困難。

五、採取的觀點比較多元，造成事件評價的差異：以前改革教育學的分析大多從特定的觀點出發，來看待教育改革運動的意義。現在的改革教育學則從比較多元的觀點來解釋教育改革的事件，因此容易造成事件評價上的差異。例如：邊納爾提出三種不同改革教育學歷史撰寫的方式（Benner, 1996: 5-7）：第一種是從歷史傳記學的觀點出發，致力於改革教育倡議者的論點，教育運動的發展，教育改革的理論與實際和國家教育政策的描述。而且，僅僅從「文化批判」或教育理論與陶冶理論的角度來進

行政治社會的批判。這種改革教育學的著作可以塞柏的「改革教育運動」為代表。第二種是將「常規階段」（Normalisierungsphase）與「改革教育的素樸性」（Reformpädagogische Naivität）按照個人的喜好安排，以便於進行片面的描寫。這種方式容易偏愛教育改革倡議者，而忽略了教育改革的問題。並且，會陷入改革階段描述錯誤和反省問題消失的危險當中。這種改革教育學的著作可以盧曼（Niklas Luhmann）的「編碼化與程式化」（Codierung und Programmierung）為代表。第三種是在改革教育階段與教育常規狀態交替中，進行教育科學歷史的建構。將教育理論與教育實際的討論作為對象，進行反省的和系統的歷史描述。並且，探討現代教育科學中的那些知識是出自於教育制度的改變而來的，這些知識對於教育過程的觀察、引導和批判有何意義。這種改革教育學著作可以歐克斯的《改革教育學》（*Die Reformpädagogik*）為代表。

第三節 改革教育學的評價

根據相關文獻的分析顯示，改革教育學主要的優點如下（梁福鎮，2002）：

一、改革教育學建立的歷史相當短暫，改革教育學的建立開始於教育學家諾爾的倡導，迄今雖然只有近80幾年的歷史，可說是一門相當新的教育學科，但是在許多教育學者的努力之下，不但提出改革教育學的理論，建立了改革教育學的體系，而且研究成果相當豐碩，隨著學術論文和專門著作的出版，改革教育學已經成為一門體系完整，內容豐富和獨立自主的教育科學。

二、在綜合大學中設有改革教育學的機構，從事教育改革理論的研究，對於教育改革學術的發展具有相當大的幫助。歐美各國綜合大學都設有教育學研究所、教育科學研究所或普通教育學研究所，開設改革教育學相關的課程，培養專門的學術人才，從事教育改革相關問題的研究。

三、綜合大學的改革教育課程非常多元，有利於教育改革人才的培養：改革教育學的課程內容非常豐富，而且非常多元廣泛。主要包括：教

育政策改革、整體課程改革、學校行政革新、教學系統革新、各國教育運動和改革教育學等課程，對改革教育學領域的教學、研究和發展有正面的幫助。

　　四、目前世界各國都出版有許多改革教育學相關的雜誌，從國際教育比較和提供政策制定參考的觀點出發，提供教育學者發表研究成果的園地，讓教育改革問題的探討逐漸受重視。這對於促進改革教育學術的傳播，增加教育學者之間的溝通有很大的貢獻。

　　五、改革教育學的發展逐漸兼顧本土化和國際化，一方面注重自己國家教育改革問題的研究，另一方面積極的透過國際會議、學術交流、參觀訪問和旅遊進修，進行教育改革相關問題的探討，能夠促進改革教育學的國際化，吸收外國教育改革的經驗，促進學者之間的對話溝通，作為解決教育改革問題的參考，對於教育改革運動的推展有很大的幫助。

　　六、改革教育學能夠從歷史傳記學的觀點出發，分析教育改革問題的來龍去脈，有助於教育改革原因的理解。同時能夠從教育反思的角度出發，比較能夠找出教育問題背後的癥結，有利於教育問題的解決。另外，改革教育學的探討注重整體性的觀照，比較能夠看到教育改革問題的多種面向，不會陷入治標而不治本的泥淖當中，能夠同時解決教育理念、教育政策、教育制度、教育機構、課程教學到教育實踐的問題，達成教育改革的理想。

　　七、改革教育學建立的理論可以幫助三種人：一是政策制定者，改革教育學理論的建立，可以幫助政策制定者，瞭解人類教育改革的歷史，掌握教育改革的理念，在制定教育改革政策時，避免重蹈歷史的覆轍，提高教育改革成功的機會。二是學校教育者，改革教育學理論的建立，可以讓學校教育者明瞭重要的教育理念，學習課程與教學的知識，重視兒童的興趣與需要，參與教育改革的活動，實現教育改革的理想。三是教育研究者，改革教育學理論的建立，可以幫助教育研究者瞭解教育發展的脈絡，避免教育研究者迷失在浩瀚的資料當中，達到以簡御繁的目標，指引教育改革活動的進行，以作為修改教育理論的依據和繼續從事教育研究的參考。

　　根據教育相關文獻的分析，當前的改革教育學也有下列問題：

　　一、改革教育學的研究迄今在各國的「教育學會」、「教育科學會」或「教育研究學會」中，還沒有專門的委員會來主導改革教育學的教學、研究與推廣，對於改革教育學的研究發展和學術地位的提升相當不利。

　　二、改革教育學相關課程多開設在教育相關研究所，由於師資專長的限制，往往沒有受到應有的重視。如果想要使改革教育學蓬勃的發展，改革教育學研究所的設立就相當重要。但是，目前世界各國在改革教育學研究所的設立上，仍然無法與其他學科相提並論，在這種情況下，容易阻礙改革教育學的發展，無法建立有效的改革教育學理論，對教育改革的活動做出積極的貢獻。

　　三、改革教育學深受哲學、社會學、心理學、人類學、醫學、人智學等學科觀念的影響，在論述改革教育學的主題時，經常會使用到許多學科專有名詞的概念，造成學習者的困擾。因此，改革教育學的理論應該講求清晰明白，以利於學習者的瞭解。但是，有些教育改革理論的建立過於抽象，根本與受教者的生活經驗完全分離，而且使用過多抽象的術語，所以無法真正改善教育的實際。

　　四、國際之間改革教育學的學術交流，由於受到語言隔閡和經費限制的影響，國際會議參與的國家往往不是很多。同時，許多學術會議的召開往往受到地區的限制，無法讓教育學者充分的對話溝通，違反了國與國之間教育改革經驗交流的美意。而且，因為國家之間經濟狀況的差異，學術交流的成效不是很好。因此，減緩了改革教育學國際化的腳步，這將會延誤改革教育學觀念的傳播和改革教育學理論的發展。

　　五、許多國家由於其他政治、經濟、社會、文化因素的影響，無法投注較多的教育經費，從事改革教育學的研究，對於改革教育學的教學、研究和推廣並不重視。因此，這些國家綜合大學的改革教育學研究機構、教育經費、圖書設備明顯不足。在這種情況下，相當不利於改革教育學的發展。

第四節　改革教育學的展望

　　展望未來改革教育學的發展，到底有哪些新的趨勢呢？教育學家佛利特納主張改革教育學中永無止境的改革主題，主要有下列幾項（Flitner, 1996: 210-231）：

　　一、兒童的理解：佛利特納認為兒童的理解不只意謂著兒童喜歡擁有其生活的依賴性、需求、歡樂和反映，同時希望拋棄我們成人的工作、要求和計畫。在我們的信任之下，去發展其他重要的經驗。兒童希望經由自己生活的規劃去反省和提問，是否對隱藏在我們之中這樣的過程和兒童經驗的反應感到高興？心理分析向我們指出：如何對兒童進行理解，以便我們重新認識自己和理解他人。因此，兒童的理解是改革教育學重要的主題之一。

　　二、自主性的鼓勵：佛利特納認為兒童人格與理解有密切的關係，自我的協助是現代教育核心的主題之一。這個主題包括了三個層面的意義：一是兒童心理學的研究顯示：兒童從很小開始，就具有獨特性，擁有不同的個體性、性格、興趣和獨創性。二是兒童在早期關係的結構中，就開始發展或隱藏其自我。自我是一種動力的概念，同時也是性別認同和情感認同發現和發展的一個因素。三是從學習的觀點來看，自主是一種需要極大注意和自我控制的活動。這種自主性需要教師的鼓勵，才能促進兒童的學習和成長。

　　三、表達和組織的實現：佛利特納認為兒童組織能力和表達能力的發現和協助是早期改革教育學家最重要的作為，浪漫主義的教育家只是概略的提到這個問題，但是現代的實徵研究提供了充分的證據和完善的理論：兒童確實具有表達自己情感和經驗的能力。兒童表達能力和組織能力的培養不僅成為學校教育重要的工作，同時也是改革教育學探討的重要主題。

　　四、整體性的教學和學習：佛利特納認為「整體性」（Ganzheit）將成為19世紀末改革教育學起源時生命科學主要的名詞，自從1890年起，在生物學中就應用形態學的問題進行實驗，當時葉倫費爾（Christoph von Ehrenfel）提出「整體的品質」（Gestaltqualität）；狄爾泰區分描述心理學和

分析心理學：人們不再相信精神生命可以經由分析來理解或透過要素加以綜合。兒童心理學和改革教育學也都從整體性的概念出發，提倡意義的理解和整體性的教學，才能真正的理解兒童，給予兒童良好的教育。因此，整體性的教學和學習成為教育改革重要的主題。

五、天賦的發現和協助：佛利特納認為兒童的「天賦」（Begabung）在學校中很快的就被判定，而且維持相當長久的時間。想將天賦視為一種客觀的和輕易確定的概念，這是相當不可能的。長久以來我們就知道，如何從學習條件和生活的條件來為天賦下定義，如何對學習者生活中的對象產生意義。從改革的意義來說，好的生活條件不只為了去發現好的學校天賦，而是為了使兒童自己具有學習的能力去進行體驗。也就是為兒童準備良好的途徑和條件，使兒童能夠成功的運用其天賦進行學習和經驗。

六、轉換團體的競爭：佛利特納主張學校如大家所知，是一個強制的團體，教師、學生和同學並非經過刻意挑選的。早期的改革者要求，學校教育在偶然的安排下形成生活的團體，以便從小建構民族的團體。學校是一個充滿邪惡競爭機制的地方，教育改革應該轉換團體的競爭，培養學生群體工作和互助合作的精神，使兒童不僅為了自己而工作和學習，而且能夠建立團體彼此合作學習，這是教育改革重要的主題之一。

七、給予兒童有益的評斷：佛利特納認為以往學校教育非常重視兒童學習成就表現好壞的判斷，對兒童進行考試和評量的活動，以作為獎勵學習、入學許可和評斷學生表現的依據，這種評量系統對於兒童並沒有幫助的效果。佛利特納認為學校教育應該將評量作為診斷教學和協助學習的工具，才能真正的改善兒童學習的效果，對兒童的學校生活有幫助。所以，如何建立評量的系統，協助兒童改善學習的效果也非常重要。

八、專注和安靜的練習：佛利特納主張專注和安靜的練習這個議題雖然不是當前改革討論的熱門主題，但是已經日漸受到重視。這個議題來自義大利教育家蒙特梭利的倡導，她曾經採用安靜的練習來提高兒童的注意力。安靜是集中注意的一種形式和前提，它是許多反省、觀察、傾聽和沉思經驗的基礎。專注則能提高學習的效果，不只是對宗教教學、倫理教學、圖畫觀察、動作練習和精確書寫非常重要，其實對所有科目的學習都

有正面的幫助。因此，如何促進兒童專注和安靜的能力也是教育改革的重要主題。

九、作為連接實在的橋樑：佛利特納認為學校是一個世界的縮影，兒童在學校中學習許多的觀念、經驗和課程，有助於將來適應社會的生活，瞭解外在世界的真實狀況。學校可以說是一座連接實在的橋樑，兒童可以透過學校教育，學到適應社會生活的技能，增進職業工作的能力，瞭解各種不同的生活實際。因此，如何發揮學校教育的功能，幫助兒童認識外在的世界，作為連接實在的橋樑也是教育改革的重要主題。

十、公共責任導入的課題：佛利特納指出許多教師都認為自己任教的學科和道德無關，只是一種教學的活動。因此，在學校教育中將教學活動與道德陶冶分開。這種做法不僅無法讓改革者滿足，同時也無法讓所有重要的教育學家感到滿意。他認為這種觀念是錯誤的，因為任何學科的教學都會影響到整個世界，不能夠將學校教育的目的停留在啟蒙的教學，忽略道德問題的討論。所以，佛利特納主張在各種學科的教學中應該適時的融入公共責任的議題，注重兒童人格道德的陶冶。

十一、發展生活和工作的文化：佛利特納認為學校應該發展一種導向生活和工作的文化，這是教育改革非常重要的一個主題。學校從拉克特和康美紐斯起，就發展一種理性的系統，組織人類的生活與學習。理性的結構是無法免除的，因為它能夠幫助我們提高工作的效率。例如：時間的劃分、空間的使用、教材的使用、對象的順序等等。佛利特納主張學校應該在自由國家的條件之下，發展民主化、改革導向和自我責任的文化，使人類的生活能夠更加美好。因此，發展一種新的生活和工作的文化，也是教育改革非常重要的主題。

除此之外，根據相關教育文獻的分析，個人認為改革教育學未來的發展有下列幾個趨勢：

一、改革教育學逐漸從普通教育學領域獨立出來，成為一門基礎學科，而不再僅僅只是普通教育學的一部分而已。

二、改革教育學與其他教育學科關係日益密切，許多大學教育科學研究所也開授改革教育學課程。

　　三、改革教育學逐漸與比較教育學、社會教育學、成人教育學和教育學史結合，不再只是教育政策、教育改革機構、教育改革思想和教育改革運動的探討而已。

　　四、隨著各種教育思潮發展的影響，改革教育學的研究方法日益多元化，不僅有量化的研究方法，也有質性的研究方法，甚至質量並用的研究方法。

　　五、改革教育學的內容雖然以德國教育為主，但是逐漸受到其他國家教育改革的影響，包容性愈來愈大，逐漸成為國際改革教育學，除了尊重其他國家的看法之外，同時也會進行改革教育學的自我批判。

　　六、改革教育學逐漸重視家庭、學校、社會和國家教育的配合，提出符合國家文化和社會需要的教育改革理論，以解決教育改革遭遇到的問題。

　　七、改革教育學的學術性質日益受到重視，開始有許多相關的文獻出現，進行改革教育學學術性質和教育改革相關問題的討論。

　　綜合前面所述，改革教育學起源於歐洲大陸的德意志共和國，最早由教育學家諾爾所建立。改革教育學是一門從教育反思的觀點出發，探討啟蒙運動時期迄今，各國重要的教育改革政策、教育改革運動和教育改革思想，提出教育改革理論，以改善教育實際的學科。主要的內容在探討改革教育學的起源建立、研究方法、歷史演變、思想內涵、教育運動、面臨問題和未來的趨勢。改革教育學強調核心理念的探討，注重國際性教育運動的研究，重視各種教育改革思潮的分析，強調教育改革理論的建立，注重教育改革問題的探究。改革教育學的目的在於重建教育改革運動，闡明教育改革的理念，反省學校改革的問題，批判教育科學的理論，提供政策制定者、學校教育者和教育研究者作為參考，以改善教育的理論和教育的實踐。改革教育學所研究的對象，都是存在於歷史當中的真相，曾經對教育的實際產生深遠的影響。同時，改革教育學的論述也是一種歷史，因為它具有明確的時期，特定的人物和確定的主題，彼此關聯成為一個邏輯的系統。所以，改革教育學的性質兼顧了真相與歷史。改革教育學的範圍包括啟蒙運動時期、文化批判時期和國家主導時期，一直延續到現在，而且

會隨著時代的演進持續下去，還沒有出現改革教育學界限的問題。以往改革教育學的研究多從成人的觀點出發，容易忽略兒童的興趣和需要，建立的教育理論無法有效的改善教育實際，指導兒童學校的學習和生活。因此，改革教育學的研究應該兼顧成人和兒童的觀點，才能符合時代潮流的需要。改革教育學的研究必須來自教育實際，應用於教育實際，注重本土問題的探討，才能發揮其指導教育改革和改善教育實際的作用。同時，改革教育學的研究也必須進行學術交流，吸收他國的經驗，重視國際問題的瞭解。因此，未來改革教育學的發展應該兼顧本土化和國際化的取向。雖然，改革教育學還是一門相當年輕的學科，但是隨著許多教育學家的積極倡導，教育改革理論得以逐漸建立，不僅能夠作為實施教育改革活動的指引，同時可以提供我國發展教育學術理論的參考，相當值得我們加以重視。

參考文獻

一、中文部分

中國教育部（2003）。**2003-2007教育振興行動計畫**。北京市：中國教育部。

王文俊（1983）。**人文主義與教育**。臺北市：五南。

王如哲（2000）。英國教育改革分析。**教育研究資訊**，8 (1)，1-23。

田培林（1976a）。德國教育之趨勢。載於田培林。**教育與文化（上）**（頁227-238）。臺北市：五南。

田培林（1976b）。西方近代教育思想的派別。載於田培林。**教育與文化（下）**（頁415-473）。臺北市：五南。

田培林（1976c）。德國學校教育發生的背景及其改革經過。載於田培林。**教育與文化（下）**。臺北市：五南。513-537。

田培林（1976d）。德意志大學制度的演進及其任務。載於田培林。**教育與文化（下）**（頁5538-5568）。臺北市：五南。

田培林（1976e）。孟特梭利與福祿貝爾教育理論的比較。載於田培林。**教育與文化（下）**。臺北市：五南。734-745。

田培林（1976f）。開善施泰耐與工作學校運動。載於田培林。**教育與文化（下）**（頁758-779）。臺北市：五南。

田培林（1976g）。懷念彼德生先生。載於田培林。**教育與文化（下）**（頁817-822）。臺北市：五南。

江欣霓（2002）。伊里希反學校化教育思想之評析。**教育研究**，10，147-156。

李巧石譯，戈巴契夫原著（1990）。社會主義思想與革命性改造。**問題與研究**，29 (7)，83-98。

李其龍（1992）。德國教育。載於吳文侃、楊漢清主編。**比較教育學**（頁193-228）。臺北市：五南。

李奉儒（1996）。英國教育改革機構、法案與報告書。載於黃政傑主編。**各國教育改革動向**（頁77-106）。臺北市：師大書苑。

李奉儒（2001）。**英國教育：政策與制度**。臺北市：濤石文化。

李園會（1995）。**教育家裴斯泰洛齊**。臺北市：五南。

李嵐清（2000）。**關於實施科教興國戰略工作情況的報告**。北京市：第九屆全國人民代表大會常務委員會第十七次會議。（尚未出版）

朱啟華（1999）。德國大學改革動向。**教育研究資訊**，7 (3)，55-58。

朱啟華（2003）。德國的PISA研究。**教育研究月刊**，112。153-163。

宋明順（1996）。日本第三次教育改革。載於黃政傑主編。**各國教育改革動向**（頁253-284）。臺北市：師大書苑。

沈姍姍（2000）。**國際比較教育學**。臺北市：正中書局。

何慧群（1996）。德國教育行政制度的改革。載於黃政傑主編。**各國教育改革動向**（頁135-146）。臺北市：師大書苑。

吳文侃（1992）。蘇聯教育。載於吳文侃、楊漢清主編。**比較教育學**（頁229-270）。臺北市：五南。

吳仁瑜（2003）。耶拿計畫──一份學校改革藍圖。**比較教育**，55，66-104。

吳明烈（2000）。德國終身學習的發展現況與趨勢。成人教育，58，8-16。

吳雅玲（1998）。伊里希反學校化教育思想及其對我國學校教育的啟示。**教育研究月刊**，6，279-292。

金世柏（1992）。中國大陸教育。載於吳文侃、楊漢清主編。**比較教學學**（頁271-318）。臺北市：五南。

林玉体（1997）。**西洋教育史**（十一版）。臺北市：文景。

林玉体（2003）。欠缺臺灣心的教改。**臺灣教育**，624，22-28。

林彩岫（1998）。美國進步主義時期教育行政集中化之研究。**臺中師院學報**，12，23-36。

林貴美、劉賢俊（2007）。法國初等教育現況與改革。**教育資料集刊**，33，189-210。

周玉秀（1996）。德國中小學教育改革。載於黃政傑主編。**各國教育改革動**

　　向（頁147-170）。臺北市：師大書苑。

高廣孚（1967）。**實驗主義教育原理透視**。臺北市：水牛。

徐宗林（1983）。**西洋教育思想史（修訂二版）**。臺北市：文景。

徐宗林（1991）。**西洋教育史**。臺北市：五南。

崔光宙（2000）。美學中人的概念及其教育內涵。載於崔光宙、林逢祺主
　　編。**教育美學**（頁179-224）。臺北市：五南。

張世英（1991）。**黑格爾辭典**。吉林市：人民。

張百春、劉東敏（1999）。當前俄國教育改革的十大趨勢。**比較教育研究，**
　　5，44-47。

張國蕾（2013）。法國大學系所評鑑之研究。**教育資料集刊，**60，119-140。

張鈿富、王世英、葉兆祺（2007）。美、日、德、法、英國家教育政策分
　　析。**教育資料集刊，**36，121-152。

張煌熙（1996）。九十年代美國聯邦的教育改革。載於黃政傑主編。**各國教
　　育改革動向**（頁1-20）。臺北市：師大書苑。

張鐸嚴（2005）。**臺灣教育發展史**。臺北縣：空中大學。

翁麗芳（2011）。日本學前與初等教育現況。**教育資料集刊，**49，105-122。

梁忠銘（2008）。日本高等教育發展趨勢。**教育資料集刊，**39，93-116。

梁福鎮（1998）。近年來德國高等教育的發展。**教育研究月刊，**63，12-18。

梁福鎮（1999）。**普通教育學**。臺北市：師大書苑。

梁福鎮（2002）。邊納爾普通教育學探究。**教育科學期刊，**2(2)，1-35。

邱兆偉（1995）。**美國教育改革研究**。臺北市：師大書苑。

黃光雄（1990）。英國國定課程評析。載於中華民國比較教育學會主編。**各
　　國中小學課程比較研究**（頁379-399）。臺北市：師大書苑。

黃政傑（1996）。**教育改革的理念與實踐**。臺北市：師大書苑。

黃照耘（2007）。法國中等教育改革分析。**教育資料集刊，**34，179-212。

黃照耘（2008）。法國初等與學前教育制度銜接之歷史回顧與現況分析。**教
　　育資料集刊，**37，191-223。

黃照耘（2011）。法國初等教育師資培育制度演進與現況改革分析。**教育資
　　料集刊，**49，185-224。

黃照耘、江湘玲（2008）。法國高等教育治理模式之演進與現況分析。**教育資料集刊**，39，227-261。

黃遙煌（1964）。盧梭教育思想。**臺灣省立師範大學教育研究集刊**，7，67-161。

黃藿（2000）。英國教育改革的回顧與前瞻。載於**英國學制手冊**。倫敦：駐臺灣英國代表處文化組。

黃耀卿（2007）。俄羅斯普通中等教育改革。**教育資料集刊**，34，63-86。

畢英賢（1992）。俄羅斯政經現況與發展趨勢。**問題與研究**，31 (10)，24-32。

馮朝霖（2004）。駱駝、獅子與孩童：尼采精神三變說與批判教育學及另類教育學的起源。**教育研究月刊**，121，5-13。

單文經（1998）。**美國教育研究—師資培育及課程與教學**。臺北市：師大書苑。

莊雅斐（2004）。日本教育改革的新動向。**教育研究月刊**，122，153-163。

楊思偉（1996）。日本臨時教育審議會的教育改革。載於黃政傑主編。**各國教育改革動向**（頁223-252）。臺北市：師大書苑。

楊思偉（2000）。日本臨教審後的教育改革評析。**教育研究資訊**，(8) 1，24-37。

楊瑩（1996）。一九八八年後英國的教育改革。載於黃政傑主編。**各國教育改革動向**（頁107-134）。臺北市：師大書苑。

楊國賜（1986）。**現代教育思潮**。臺北市：黎明。

楊深坑（1996）。序。載於中華民國比較教育學會主編。**教育改革──從傳統到後現代**（頁1-2）。臺北市：師大書苑。

楊深坑（2000）。迎向新世紀的教育改革—方法論之省察與國際改革趨勢之比較分析。**教育研究集刊**，44，1-34。

楊深坑（2002）。**科學理論與教育學發展**。臺北市：心理。

楊深坑（2006）。國家管理、市場機制與德國近年來師資培育之改革。**教育研究與發展期刊**，2(1)，119-143。

詹盛如（2004）。英國高等教育財政改革與爭論。**教育研究月刊**，121，140-

151。

詹棟樑（1991）。**各國社會教育運動**。臺北市：五南。

詹棟樑（1992）。**社會教育學**。臺北市：五南。

詹棟樑（1995）。**現代教育思潮**。臺北市：五南。

潘慧玲（主編）（2005）。**教育改革：法令、制度與領導**。臺北市：心理。

劉千美（1993）。從席勒的《美育書信》論美感教育的理想。**哲學雜誌，3**，178-196。

劉慶仁（2002）。從「沒有孩子落後法」看美國中小學教育改革。**教師天地，121**，76-80。

劉蕙敏（2001）。伊里希反學校化教育思想及其對我國教育改革的啟示。**教育研究月刊，9**，229-238。

劉賢俊（1996）。法國教育改革機構。載於黃政傑主編。**各國教育改革動向**（頁171-186）。臺北市：師大書苑。

劉樹範（1992）。日本教育。載於吳文侃、楊漢清主編。**比較教育學**（頁89-124）。臺北市：五南。

廖春文（1990）。英國1988年教育改革法案對我國中小學課程發展的啟示。載於中華民國比較教育學會主編。**各國中小學課程比較研究**（頁347-377）。臺北市：師大書苑。

陳至立（2002）。**全國教育工作會議講話**。北京市：全國教育工作會議。（尚未出版）

陳伯璋（1987）。**意識型態與教育**。臺北市：師大書苑。

陳亞伶（2004）。**普欽時代俄羅斯的教育改革**。教育研究月刊，118，140-145。

陳怡如（2003）。英國教育改革趨勢：新管理主義。**教育研究月刊，113**，146-159。

陳佩英、卯靜儒（2010）。落實教育品質和平等的績效責任制：美國《NCLB法》的挑戰與回應。**當代教育研究季刊，18(3)**，1-47。

陳惠邦（2000）。德國教育改革的理念與特色。**教育研究資訊，(8)1**，38-54。

歐陽教（1964）。康德的哲學與教育思想。**教育研究集刊**，7，163-274。

鄧安慶（1999）。**施萊爾瑪赫**。臺北市：東大。

鍾宜興（1999）。當代俄羅斯教育改革政策分析。**暨大學報**，3(2)，43-69。

鍾宜興（2002）。**俄羅斯教育研究**。高雄市：復文。

鍾宜興（2009）。俄羅斯教育。載於楊深坑、李奉儒主編。**比較與國際教育**（頁285-328）。臺北市：高等教育。

鍾宜興（2011）。俄羅斯公立高等教育機構整併與法人化的論述。**教育資料集刊**，52，135-166。

鍾宜興（2013）。俄羅斯技職教育的現況與發展失衡之探析。**教育資料集刊**，59，105-131。

羅志成（2013）。英國技職教育改革成效之評估2011年《渥夫報告》分析。**教育資料集刊**，59，85-104。

謝文全（2005）。**教育行政學**。臺北市：高等教育。

二、外文部分

Anonymus (1788). Brief an einen der Herausgeber dieses Journals,über die neue Dessauische Schulverordnung. In: Benner, D. & Kemper, H. (Hrsg.) (2000). *Quellentexte zur Theorie und Geschichte der Reformpädagogik.Teil 1: Die pädagogische Bewegung von der Aufklärung bis zum Neuhumanismus* (29-35). Weinheim: Deutscher Studien Verlag.

Anonymus (1789). Über die Frage ob sich der Staat in Erziehung mischen soll？Von dem Verf. des Briefs über die dessauische Schulverordnung im März 1788 dieses Journals. In : Benner, D. & Kemper, H. (Hrsg.) (2000). *Quellentexte zur Theorie und Geschichte der Reformpädagogik. Teil 1: Die pädagogische Bewegung von der Aufklärung bis zum Neuhumanismus* (43-46).Weinheim: Deutscher Studien Verlag.

Ball, S. J. (1994). *Education reform: a critical and post-structural approach*. Philadelphia : Open University Press.

Bartels, K. (1968). *Die Pädagogik Herman Nohls*. Weinheim: Beltz Verlag.

Basedow, J. B. (1768).Vorstellung an Menschenfreunde und vermögende Männer über Schulen, Studien und ihren Ein fluss in die öffentliche Wohlfahrt.Mit einem plane eines Elementarbuchs der menschlichen Erkenntnis. In: Benner, D. & Kemper, H. (Hrsg.) (2000). *Quellentexte zur Theorie und Geschichte der Reformpädagogik. Teil 1: Die pädagogische Bewegung von der Aufklärung bis zum Neuhumanismus* (51-83). Weinheim: Deutscher Studien Verlag.

Basedow, J. B. (1774). Das in Dessau errichtete Philanthropinum.Ein Schule für Menschenfreundschaft und gute Kenntnisse, für Lernende und junge Lehrer, Arme und Reiche: ein Fidel-Kommiss des Publikums zur Vervollkommnung des Erziehungswesens aller Orten nach dem Plane des Elementarwerks. In: Benner, D. & Kemper, H. (Hrsg.) (2000). *Quellentexte zur Theorie und Geschichte der Reformpädagogik. Teil 1: Die pädagogische Bewegung von der Aufklärung bis zum Neuhumanismus* (84-92). Weinheim: Deutscher Studien Verlag.

Benner, D. (1966). *Theorie und Praxis. Systemtheoretische Betrachtungen zu Hegel und Marx*. Wien: R. Oldenbourg Verlag.

Benner, D. (1973). *Hauptströmungen der Erziehungswissenschaft*. München: List Verlag.

Benner, D. (1986). *Die Pädagogik Herbarts*. München: Juventa Verlag.

Benner, D. (1987). *Allgemiene Pädagogik*. 1.Auflage. München: Juventa Verlag.

Benner, D. (1990). *Wilhelm von Humboldts Bildungstheorie*. München: Juventa Verlag.

Benner, D. (1991). *Hauptströmungen der Erziehungswissenschaft*. 3.Auflage. Weinheim: Beltz Verlag.

Benner, D. (1995). *Studien zur Theorie der Erziehung und Bildung*. München: Juventa Verlag.

Benner, D. (1996). *Die Permanez der Reformpädagogik*.Vortrag im Rahmen der Tagung Politische Reformpädagogik in Berlin.

Benner, D. (1999). Der Begriff moderner Kindheit und Erziehung bei Rousseau, im Philanthropismus und in der deutschen Klassik. *Zeitschrift für Pädagogik,* *45* (1), 1-18.

Benner, D. (2001a). *Hauptströmungen der Erziehungswissenschaft.* 4. Auflage. Weinheim: Beltz Verlag.

Benner, D. (2001b). Allgemiene Pädagogik. 4.Auflage. München: Juventa Verlag.

Benner, D. & Brüggen, F. (2011). Geschichte der Pädagogik. Vom Beginn der Neuzeit bis zur Gegenwart. Stuttgart: Philipp Reclam jun.

Benner, D. & Kemper, H. (Hrsg.) (2000). *Quellentexte zur Theorie und Geschichte der Reformpädagogik. Teil 1: Die pädagogische Bewegung von der Aufklärung bis zum Neuhumanismus.*Weinheim:Deutscher Studien Verlag.

Benner, D. & Kemper, H. (Hrsg.) (2001). *Theorie und Geschichte der Reformpädagogik. Teil 1: Die pädagogische Bewegung von der Aufklärung bis zum Neuhumanismus* .Weinheim:Deutscher Studien Verlag.

Benner, D. & Kemper, H. (Hrsg.) (2002). T*heorie und Geschichte der Reformpädagogik. Teil 2: Die pädagogische Bewegung von der Jahrhundertwende bis zum Ende der Weimarer Republik.* Weinheim: Deutscher Studien Verlag.

Benner, D. & Kemper, H. (Hrsg.) (2004). *Theorie und Geschichte der Reformpädagogik. Teil 3.1: Staatliche Schulreform und reformpädagogische Schulversuche in den westlichen Besatzungszonen und in der Bundesrepublik Deuschland.* Weinheim: Deutscher Studien Verlag.

Benner, D., & Kemper, H. (2007). *Theorie und Geschichte der Reformpädagogik. Teil 3.2: Staatliche Schulreform und Schulversuche in den westlichen Besatzungszonen und der BRD.* Weinheim, Deutschland: Deutscher Studien Verlag.

Benner, D., & Schmied-Kowarzik, W. (1967). Prolegomena zur Grundlegung der Pädagogik I: Herbarts praktische Philosophie und Pädagogik. Ratingen: Henn Verlag.

Bertelsmann-Stiftung (Hrsg.) (1999). *Zukunftgewinnen – Bildung* Erneuern. Gütersloh: Verlag Bertelsmann Stiftung.

Best, S. & Kellner, D. (1991). Postmodern Theory: Critical Interrogations. New

York: The Guilford Press.

Bildungskommission NRW (1995). *Zukunft der Bildung, Schule der Zukunft.* Luchterhand: Hermann Verlag.

BMBF (2003a). *Ganztagsschulen. Zeit für mehr.* Retrieved July 24.2006 from http://www.ganztagsschulen.org/5815.php

BMBF (2003b). *Zur Entwicklung nationaler Bildungsstandards.* Retrieved July 24. 2006 from bildungsstandards.pdf

BMBF (2004). *Expertisen zu den konzeptionellen Grundlagen für einen Nationalen Bildungsbericht - Berufliche Bildung und Weiterbildung/Lebenslanges Lernen.* Retrieved July 24.2006 from http://www.bmbf.de/pub/expertisen_zd_konzept_grundlagen_fn_bildungsbericht_bb_wb_lll.pdf

BMBF (2005a). *Auf den Anfang kommt es an: Perspektiven für eine Neuorientierung frühkindlicher Bildung.* Retrieved July 24.2006 from http://www.bmbf.de/pub/bildungsreform_band_16.pdf

BMBF (2005b). *Anforderungen an Verfahren der regelmäßigen Sprachstandsfeststellung als Grundlage für die frühe und individuelle Förderung von Kindern mit und ohne Migrationshintergrund.* Retrieved July 24. 2006 from http://www.bmbf.de/pub/bildungsreform_band_elf.pdf

BMBF (2005c). *Ganztagsangebote in der Schule. Internationale Erfahrungen und empirische Forschungen.* Retrieved July 24.2006 from http://www.bmbf.de/pub/bildungsreform_band_zwoelf.pdf

BMBF (2005d). *Ganztagsschule neu gestalten.* Retrieved July 24. 2006 from http://www.bmbf.de/pub/ganztagsschule_neu_gestalten.pdf

BMBF (2005e). *Förderung von Lesekompetenz.* Retrieved July 24. 2006 from http://www.bmbf.de/pub/bildungsreform_band_siebzehn.pdf

BMBF (2005f). *Die Reform der beruflichen Bildung.* Retrieved July 24. 2006 from http://www.bmbf.de/pub/Synoptische_Uebersicht_ Berufsbildungsreformgesetz.pdf

BMBF (2005g). *"Meister-BAföG" – Das Aufstiegsfortbildungs- förderungsgesetz*

(AFBG). Retrieved July 24. 2006 from http://www.bmbf.de/pub/das_neue_afbg.pdf

BMBF (2005h). *Berufliche Qualifizierung Jugendlicher mit besonderem Förderbedarf.* Retrieved July 24. 2006 from http://www.bmbf.de/pub/berufliche_qualifizierung_jugendlicher.pdf

BMBF (2006a). *Hochschulreform.* Retrieved July 24. 2006 from http://www.bmbf.de/de/655.php

BMBF (2006b). *Internationale Bildungszusammenarbeit.* Retrieved July 24. 2006 from http://www.bmbf.de/de/699.php

BMBF (2006c). *Internationale Zusammenarbeit in Bildung und Forschung.* Retrieved July 24. 2006 from http://www.bmbf.de/de/703.php

BMBF (2006d). *Die gesetzlichen Grundlagen der Dienstrechtreform.* Retrieved July 24. 2006 from http://www.bmbf.de/de/785.php

BMBF (2006e). *Juniorprofessur.* Retrieved July 24. 2006 from http://www.bmbf.de/de/820.php

BMBF (2006f). *Unterstützung der Selbstverwaltung.* Retrieved July 24. 2006 from http://www.bmbf.de/de/843.php

BMBF (2006g). *Aufstieg wird gefördert. Meister- BAföG, das Aufstiegsfördertbildungsförderungsgesetz.* Retrieved July 24. 2006 from http://www.bmbf.de/de/851.php

BMBF (2006h). *Studiengebühren.* Retrieved July 24. 2006 from http://www.bmbf.de/de/3211.php

BMBF (2006i). *Internationalisierung der Hochschulen.* Retrieved July 24. 2006 from http://www.bmbf.de/de/908.php

BMBF (2006j). *Ganztagsschulen- das Investitionsprogramm "zukunft Bildung und Betreuung".* Retrieved July 24. 2006 from http://www.bmbf.de/de/1125.php

BMBF (2006k). *Wettbewerb Exzellenxinitiative-Spitzenuniversitäten für Deutschland.* Retrieved July 24. 2006 from http://www.bmbf.de/de/1321.php

BMBF (2006l). *Weiterbildung.* Retrieved July 24. 2006 from http://www.bmbf.de/

de/1366.php

BMBF (2006m). *Die Reform der Hochschulzulassung*. Retrieved July 24. 2006 from http://www.bmbf.de/de/2570.php

BMBF (2006n). *Studiengebühren*. Retrieved July 24. 2006 from http://www.bmbf.de/de/3211.php

BMBF (2006o). *Der Bologna-Prozess*. Retrieved July 24. 2006 from http://www.bmbf.de/de/3336.php

BMBF (2006p). *Förderungsmöglicheiten für Schüler und Auszubildende*. Retrieved July 24. 2006 from http://www.bmbf.de/de/4971.php

BMBF (2012). Exzellenzinitiative für Spitzenforschung an Hochschulen: Die Gewinner stehen fest. Retrieved June 15. 2012 from http://www.bmbf.de/de/1321.php

Bulmahn, E. (2002). *Bildung und Innovation*. Retrieved July 24. 2006 from http://www.bmbf.de/

Böhm, W. (1999). Was heißt und zu welchem Ende studiert man die Geschichte der (Reform-)pädagogik? In: Böhm, W. & Oelkers, J. *Reformpädagogik kontrovers* (9-22). Würzburg : Ergon Verlag.

Böhm, W. (2000). *Wörterbuch der Pädagogik.*Stuttgart: Kröner Verlag.

Böhm, W. & Oelkers, J. (1999). *Reformpädagogik kontrovers*. Würzburg: Ergon Verlag.

Böhm, W. (2012). *Die Reformpädagogik: Montessori, Waldorf und andere Lehren*. München: Beck Verlag.

Bovet, P. (1952). Paul Geheeb. In: Rumbach, H. (Hrsg.). *Lexikon der Pädagogik* (79-80). Band II. Freiburg: Herder Verlag.

Brachmann, J. (2015). *Reformpädagogik zwischen Re-Education, Bildungsexpansion und Missbrauchsskandal: Die Geschichte der Vereinigung Deutscher Landerziehungsheime 1947-2012*. Stuttgart: Julius Klinkhardt Verlag.

Brezinka, W. (1978). *Metatheorie der Erziehung*. München:Reinhardt Verlag.

Brüggen, F. (1990). *Die Pädagogik F. E. D. Schleiermachers*. Hagen: Fernuniversität Hagen Verlag.

Brugger, W. (1978). *Philosophisches Wörterbuch*. Freiburg: Herder Verlag.

Bulmahn, E. (2002). *Bildung und Innovation*. Berlin: Bundes Ministerium für Bildung und Forschung.

Bund der freien Waldorfschulen (2016). Wardorf World List. October 27. 2016 Retrieved from https://www.freunde-waldorf.de/fileadmin/user_upload/images/ Waldorf_World_List/Waldorf_World_List.pdf

Bush, T. (1997). Crisis or crossroads? The discipline of educational management in the late 1990s. *Professional Development News*, 10, 5-6.

Butts, R. F. (1973). *The Education of the West*.New York: McGraw Hill Book Ltd..

Claußen, H. (1971). Gustav Wyneken. In: Rombach, H. (Hrsg.). *Lexikon der Pädagogik* (390). Band 4. Freiburg: Herder Verlag.

Cloer, E. (1992). Veränderte Kindheitsbedingung-Wandel der Kinderkultur. *Die Deutsche Schule, 84* (1), 10-27.

Copi, I. M. (1968). *Introduction to logic*. New York: Macmillan.

Coulby, D. (1989). From Educational Partnership to Central Control. In: Leslie, B. & Coulby, D. (Eds.). *The Education Reform Act: Competition and Control*. London: Cassell.

Department for Education (2011). *About the Department*. Retrieved October 1. 2011 from http://www.education.gov.uk/aboutdfe

Derbolav, J. (1969). Das Selbstverstandnis der Erziehungswissenschaft. In Oppolzer, S. (Hrsg.). *Denkformen und Forschungsmethoden der Erziehungswissenschaft* (119-158). Bd.1. München: Ehrenwirth Verlag.

Dewey, J. (1916). *Demacrecy and Education*. New York: The Macmillan Company.

Dewey, J. (1930). *Human nature and conduct*. New York: Henry Holt.

DES. (1988). Education Reform Act 1988. London: HMSO.

Dietrich, T. (1967). *Die Landerziehungsheimbewegung*. Bad Heilbrunn/Obb.: Julius Klinkhardt Verlag.

Dietrich, T. (1970). Paul Geheeb.In: Rombach,H. (Hrsg.). *Lexikon der Pädagogik* (79-80). Band 3. Wien: Herder Freiburg Verlag.

Dietrich, T. (1971). Hermann Lietz.In: Rombach,H. (Hrsg.). *Lexikon der Pädagogik*. Band 3. Wien: Herder Freiburg Verlag.

Dietrich, T. (1995). Die Pädagogik Peter Petersens: Der Jena-Plan, Beispiel einer humanen Schule. Bad Heilbrunn: Klinkhardt Verlag.

Dilthey, W. (1968). Der Aufbau der geschichtlichen Welt in den Geisteswissenschaften.In ders: *Gesammelte Shriften*. Band VII. Stuttgart: Teubner Verlag.

Dudek, P. (2001). *Peter Petersen: Reformpädagogik in der SBZ und der DDR 1945 – 1950*. Weinheim: Deutscher Studien Verlag.

Drews, U. (2001). *Unterricht in Deutschland. Schulreports zur Reformpädagogik*. Baltmannsweiler: Schneider Verlag.

Eichelberger, H. & Wilhelm, W. (2004). *Reformpädagogik als Motor für Schulentwicklung*. Weinheim: Deutscher Studien Verlag.

Fischer, A. (1966). Deskriptive Pädagogik. In: Oppolzer, S. (Hrsg.). Denformen und Forschungsmethoden der Erziehungswissenschaft (83-99). Bd.1. München: Ehrenwirth Verlag.

Flitner, A. (1996). Reform der Erziehung. Impulse des 20. Jahrhunderts. München: Piper Verlag.

Fink, E. (1987). *Existenz und Coexistenz: Grundprobleme der menschlichen Gemeinschaft*. Herausgegeben von Franz-A. Schwarz. Würzburg: Königshausen + Neumann.

Flitner, W. (1928). Die drei Phasen der PädagogischenReformbewegung und die Gegenwärtige Lage. In: ders. Die Pädagogische Bewegung (232-242). Paderborn: Ferdinand Schöningh Verlag.

Flitner, W. (1961). Zur Einführung in die deutsche Reformpädagogik. In: ders: *Die Pädagogische Bewegung* (463-493). Paderborn: Ferdinand Schöningh Verlag.

Flitner, W. & Kudritzki, G. (Hrsg.) (1995). *Die Deutsche Reformpädagogik: Die Pioniere der pädagogischen Entwicklung*. Stuttgart : Klett-Cotta Verlag.

Foucault, M. (1977). *Language, Counter-Menmory, Practice*. Ithaca: Cornell University Press.

Foucault, M. (1979). *Discipline and Punish*. New York: Vintage Books.

Foucault, M. (1980). *The History of Sexuality*. New York: Vintage Books.

Gaudig, H. (1922). *Die Schule im Dienste der werdenden Persönlichkeit*. Leipzig: Teubner Verlag.

Gaudig, H. (1923). *Didaktische Präludien*. Leipzig: Teubner Verlag.

Geheeb, P. (1910). Rede von Paul Geheeb am April 14.1910 zur Eröffnung der Odenwaldschule. In: Benner, D. & Kemper, H. (Hrsg.) (2001). *Quellentexte zur Theorie und Geschichte der Reformpädagogik. Teil 2: Die pädagogische Bewegung von der Jahrhundertwende bis zum Ende der Weimarer Republik* (159-160). Weinheim: Deutscher Studien Verlag.

Geheeb, P. (1931). Die Odenwaldschule im Lichte der Erziehungsaufgaben der Gegenwart. In: Benner, D. & Kemper, H. (Hrsg.) (2001). *Quellentexte zur Theorie und Geschichte der Reformpädagogik. Teil 2: Die pädagogische Bewegung von der Jahrhundertwende bis zum Ende der Weimarer Republik* (153-156). Weinheim: Deutscher Studien Verlag.

Geheeb, P. (1934). Die Schule der Menschheit. In: Benner, D. & Kemper, H. (Hrsg.) (2001). *Quellentexte zur Theorie und Geschichte der Reformpädagogik* (157-158). Weinheim: Deutscher Studien Verlag.

Geheeb, P. (1967). Rede zur Eröffnung der Odenwaldschule. Gehalten am 14. April 1910. In: Dietrich, T. (Hrsg.). *Die Landeserziehungsheimbewegung*. Bad Heilbrunn/Obb.: Julius Klinkhardt Verlag.

Gerhardt, V. (1995). *Friedrich Nietzsche*.München: C. H. Beck Verlag.

Göstemeyer, K.-F. (1993). Pädagogik nach der Moderne? *Zeitschrift für Pädagogik*, 39, 857-870.

Gonon, P. (1999). Kaisertreue statt Internationalismus: Amerkungen zur Reformpädagogik der Jahrhundertwende. In: Böhm, W. & Oelkers, J. . *Reformpädagogik kontrovers* (175-200). Würzburg: Ergon Verlag.

Habermas, J. (1987). *Theorie des kommunikativen Handelns*. Band 1. Frankfurt/M.:
Suhrkamp Verlag.

Habermas, J. (1991). *Erläuterungen zur Diskursethik*. Frankfurt/M. ,Deutschland:
Suhrkamp Verlag.

Habermas, J. (2001). *Moralbewußtsein und kommunikatives Handeln*. Frankfurt/
M., Deutschland: Suhrkamp Verlag.

Harles, G. C. (1766). Gedanken von den Real-Schulen. In: Benner, D. & Kemper,
H. (Hrsg.) (2000). *Quellentexte zur Theorie und Geschichte der Reform-
pädagogik. Teil 1: Die pädagogische Bewegung von der Aufklärung bis zum
Neuhumanismus* (13-28).Weinheim: Deutscher Studien Verlag.

Hansen-Schaberg, I. & Schonig, B. (2002). *Basiswissen Pädagogik, Reformpäda-
gogische Schulkonzepte, 6 Bd., Bd.1, Rezeptionsgeschichte der Reformpäda-
gogik*. Baltmannsweiler: Schneider Verlag.

Hegel, G. F. W. (1811). Schulrede vom 2. September 1811. In:Benner, D. & Kem-
per, H. (Hrsg.) (2001). *Quellentexte zur Theorie und Geschichte der Reform-
pädagogik. Teil 1: Die pädagogische Bewegung von der Aufklärung bis zum
Neuhumanismus* (438-443).Weinheim: Deutscher Studien Verlag.

Hegel, G. F. W. (1988). *Phanomenologie des Geistes*. Hamburg:Meiner Verlag.

Hegel, G. F. W. (1995). *Grundlinien der Philosophie des Rechts*. Hamburg: Meiner
Verlag.

Hegarty, S. (1998). Research and inspection: untidy bedfellows. *Journal of educa-
tion for Teaching*, 24, (3), 259-260.

Hellmich, A. & Teigeler, P. (Hrsg.) (2007). *Montessori-, Freinet-, Waldorfpäda-
gogik: Konzeption und aktuelle Praxis*. Weinheim: Beltz Verlag.

Herbart, J. F. (1802). Die erste Vorlesung über Pädagogik. In: Ders. *Systematische
Pädagogik* (55-58). Herausgegeben von Dietrich Benner und Wolfdietrich
Schmied-Kowarzik. Stuttgart: Klett-Cotta Verlag.

Herbart, J. F. (1810). Über Erziehung unter öffentlicher Mitwirkung. In: Benner, D.
& Kemper, H. (Hrsg.) (2001). *Quellentexte zur Theorie und Geschichte der*

Reformpädagogik. Teil 1: Die pädagogische Bewegung von der Aufklärung bis zum Neuhumanismus (432-437). Weinheim: Deutscher Studien Verlag.

Herbart, J. F. (1986). Allgemeine Pädagogik aus dem Zweck der Erziehung abgeleitet.In ders. *Systematische Pädagogik* (71-191). Herausgegeben von Dietrich Benner und Wolfdietrich Schmied-Kowarzik. Stuttgart: Klett-Cotta Verlag.

Herbart, J. F. (1991). *Sämtliche Werke*. 12 Bände. Herausgegeben von Gustav Hartenstein. München: Mikrofiches Verlag.

Herrmann, U. & Schlüter, S. (Hrsg.) (2012). *Reformpädagogik - eine kritisch-konstruktive Vergegenwärtigung*. Stuttgart: Klinkhardt Verlag.

Hessen, J. (1973). *Wertphilosophie*.Paderborn: Edinand Schöningh Verlag.

Hörster, R. (2002). Bildung. In H.-H. Krüger & W. Helsper (Hrsg.). *Einführung in Grundbegriffe und Grundfragen der Erziehungswissenschaft* (43-52). Opladen: Leske + Budrich.

Humboldt, W. v. (1792/1969). Ideen zu einem Versuch, die Gränzen der Wirksamkeit des Staats zu bestimmen. In ders.. *Werke in fünf Bänden*. Herausgegeben von A. Flitner, K. Giel. Band 1 (56-233). Darmstadt: Wissenschaftliche Buchgesellschaft.

Humboldt, W. v. (1792/1969). Theorie der Bildung des Menschen. In ders.. *Werke in fünf Bänden*. Herausgegeben von A. Flitner, K. Giel. Band 1 (234-240). Darmstadt: Wissenschaftliche Buchgesellschaft.

Humboldt, v. W. (1792). Über öffentliche Staatserziehung. In: Benner, D. & Kemper, H. (Hrsg.) (2001). *Quellentexte zur Theorie und Geschichte der Reformpädagogik. Teil 1: Die pädagogische Bewegung von der Aufklärung bis zum Neuhumanismus* (427-431).Weinheim: Deutscher Studien Verlag.

Humboldt, v. W. (1993). Zur Einrichtung eines Museums in Berlin. In des: *Werke. Band 4: Schriften zur Politik und zum Bildungswesen* (245-246). Stuttgart: Klett-Cotta Verlag.

Humboldt,v. W. (1993). Über geistliche Musik.In des *Werke. Band 4: Schriften zur*

Politik und zum Bildungswesen (38-41). Stuttgart: Klett-Cotta Verlag.

Humboldt, v. W. (1993). Über den Unterricht im Zeichnen.In ders *Werke. Band 4:Schriften zur Politik und zum Bildungswesen* (196-197). Stuttgart: Klett-Cotta Verlag.

Husserl, E. (1992). Die Krisis der europäischen Wissenschaften und die transzendentale Phanomenologie. In ders. *Gesammelte Schriften* (165-276). Band 8. Herausgegeben von Elisabeth Stroke. Hamburg: Meiner Verlag.

Illich, I. (1969). *Celebration of Awareness*. Berkeley: Herday Books.

Illich, I. (1970). *Deschooling Society*. New York: Harper & Row Publischers.

Jachmann, R. B. (1811). Über das Verhältnis der Schule zur Welt. In: Benner, D. & Kemper, H. (Hrsg.) (2001). *Quellentexte zur Theorie und Geschichte der Reformpädagogik. Teil 1: Die pädagogische Bewegung von der Aufklärung bis zum Neuhumanismus* (343-355).Weinheim: Deutscher Studien Verlag.

Jachmann, R. B. (1812a). Ideen zur Nationalbildungslehre. In: Benner, D. & Kemper, H. (Hrsg.) (2001). *Quellentexte zur Theorie und Geschichte der Reformpädagogik. Teil 1: Die pädagogische Bewegung von der Aufklärung bis zum Neuhumanismus* (358-367).Weinheim: Deutscher Studien Verlag.

Jachmann, R. B. (1812b). Beschreibung des Conradinum auf Jenkau bei Denzig. In: Benner, D. & Kemper, H. (Hrsg.) (2001). *Quellentexte zur Theorie und Geschichte der Reformpädagogik. Teil 1: Die pädagogische Bewegung von der Aufklärung bis zum Neuhumanismus* (388-400). Weinheim: Deutscher Studien Verlag.

Johnson, A. H. (1949). *The Wit and Wisdom of John Dewey*. London: The Beacon Press.

Jürgens, E. (2000). *Die neue Reformpädagogik und die Bewegung Offener Unterricht*. Sankt Augustin : Academia Verlag.

Kade, J. & Nolda, S. (2002). Erziehungswissenschaft im Diskurs medialer Öffentlichkeit. In H.-U. Otto, T. Rauschenbach & P. Vogel (Hrsg.). *Erziehungswissenschaft: Politik und Gesellschaft* (29-42). Opladen: Leske + Budrich.

Kaiser, A. (1976). Praxeologie: Integrationstheorie der Gesellschaft-Zwangstheorie der Politik. In: Derbolav, J. (Hrsg.). *Kritik und Metakritik der Praxeologie, im besonderen der politischen Strukturtheorie* (64-68). Kastellaun: Henn Verlag.

Kant, I. (1964). *The Doctrine of Vertue*. Transled by M. J. Gregor. Philadelphia: University of Pennsylvania Press.

Kant, I. (1965). *The metaphysicalelements of justice*. Transled by John Ladd. Indiana: Bobbs-Merrill Educational Publishing.

Kant, I. (1982).Vorlesung über Pädagogik. In ders. *Ausgewählte Schriften zur Pädagogik und ihrer Begrundung*. Paderborn: Ferdinand Schöningh Verlag.

Kant, I. (1990). *Kritik der praktischen Vernunft*. Hamburg: Felix Verlag.

Kant, I. (1994). *Grundlegung zur Metaphysik der Sitten*. Hamburg: Felix Verlag.

Kerschensteiner, G. (1926). *Theorie der Bildung*. Leipzig: Teubner Verlag.

Kerschensteiner, G. (1959). *Begriff der Arbeitsschule*. München: Oldenburg Verlag.

Kiersch, J. (1997). *Die Waldorf-Pädagogik. Eine Einführung in die Pädagogik Rudolf Steiners*. Stuttgart: Freies Geistesleben Verlag.

Kilpatrick, W. H. (1957). *Philosophy of Education*. New York: The MacMillan Company.

Klassen, T. (1968). *Die Bildungsgrundformen Gespräch, Spiel, Arbeit und Feier im Jena-Plan Peter Petersens*. Dissertation der Universität Münster.

KMK (2002). *Möglichkeiten der Einfürung von Bachelor-/Masterstrukturen in der-Lehrerausbildung sowie Strukturierung/Modularisierung der Studienangebote und Fragen der Durchlässigkeit zwischen den Studiengängen. Beschluss der Kultusministerkonferenz von 1.3.2002*. KMK AL 112, Oktober 2003, S.1.

KMK (2005). *Eckpunkte für die gegenseitige Anerkennung von Bechalor-und Masterabschlüssen in Studiengängen, mit denen die Bildungsvoraussetzung für ein Lehramt vermittelt warden*. Retrieved July 24. 2006 from http://www.kmk.org.intang/home.htm?pub

Kneller, G. F. (ed.) (1967). *Fundation of Education*. New York: John Wiley.

Kneller, G. F. (1984). *Movements of Thought in Modern Education*. New York: U.S. Wiley & sons Inc..

Koerrenz, R. (2001). Struktur als Reform-Prinzip. Zur Konzeption sozialen Lernens bei Peter Petersen. In: Koerrenz, R. & Lütgert, W. (Hrsg.) (2001). *Jena-Plan, über die Schulpädagogik* (11-26). Weinheim: Beltz Verlag.

Koerrenz, R. (2014). *Reformpädagogik. Eine Einführung*. Paderborn: Verlag Ferdinand Schöningh GmbH.

Kontze, A. (2001). *Der Reformpädagoge Prof. Dr. Ludwig Gurlitt (1855 - 1931)- bedeutender Schulreformer oder "Erziehungsanarchist"? : ein Lebensbild als Beitrag zur Historiographie der Reformpädagogik*. Göttingen: Cuvillier Verlag.

Koppmann, J. (1998). *Adolf Reichweins Reformpädagogik*. Weinheim: Beltz Verlag.

Kronhagel, K. K. (2004). *Religionsunterricht und Reformpädagogik*. Münster: Maxmann Verlag.

Kuhn, T. S. (1996). *The structure of scientific revolutions*. Chicago: University of Chicago Press.

Lagarde, P. d. (1892). Über das Verhältnis des deutschen Staats zu Theologie, Kirche und Religion. In ders. *Deutsche Schriften* (140-142). Göttingen: Dietrich Verlag.

Langbehn, A. J. (1925). *Rembrandt als Erzieher*. Leipzig: Hirschfeld Verlag.

Langewand, A. (1990). Von der Erziehungskunst zur Erziehungswissenschaft. In: Lenzen, D. (Hrsg.). *Kunst und Pädagogik* (18-27). Darmstadt: Wissenschaftliche Buchgesellschaft.

Lee, G. C. (1957). *An Inroduction to Education in Modern America*. New York: Henry Holt.

Lenzen, D. (1987). Mythos, Metapher und Simulation. Zu den Aussichten Systematischer Pädagogik in der Postmoderne. *Zeitschrift für Pädagogik*, 33, 41-60.

Lenzen, D. (1990a). Von der Erziehungswissenschaft zur Erziehungsästhetik ? In:

Lenzen, D. (Hrsg.). *Kunst und Pädagogik* (171-186). Darmstadt: Wissenschaftliche Buchgesellschaft.

Lenzen, D. (1990b). Das Verschwinden der Erwachsennen: Kindheit als Erlösung. In: Kamper, D. & Wulf, C. (Hrsg.). *Rückblick auf das Ende der Welt* (126-137). München: Boehr Verlag.

Lenzen, D. (1996). *Handlung und Reflexion*. Weinheim: Beltz Verlag.

Liang, F. (1997). *Pädagogische Handlungstheorie zwischen Negativität und Positivität: Eine systematische Studie zum Verhältnis von negativer und positiver Pädagogik im Beispil erziehungs- und bildungstheoretischen Reflexionen Wolfdietrich Schmied- Kowarziks*. Berlin: Dissertation der Humboldt Universität zu Berlin.

Lietz, H. (1895). Individual-und Sozialpädagogik. In: Benner, D. & Kemper, H. (Hrsg.) (2001). *Quellentexte zur Theorie und Geschichte der Reformpädagogik. Teil 2: Die pädagogische Bewegung von der Jahrhundertwende bis zum Ende der Weimarer Republik* (55-56). Weinheim: Deutscher Studien Verlag.

Lietz, H. (1906). Deutsche Landerziehungsheime. Erziehungsgrundsätze und Organisation. In: Benner, D. & Kemper, H. (Hrsg.) (2001). *Quellentexte zur Theorie und Geschichte der Reformpädagogik. Teil 2: Die pädagogische Bewegung von der Jahrhundertwende bis zum Ende der Weimarer Republik* (60-64). Weinheim: Deutscher Studien Verlag.

Lietz, H. (1910). Zile, Mittel und Grenzen der Erziehung. Ein Vortrag vor einem Zuhörer.In: Benner, D. & Kemper, H. (Hrsg.) (2001). *Quellentexte zur Theorie und Geschichte der Reformpädagogik. Teil 2: Die pädagogische Bewegung von der Jahrhundertwende bis zum Ende der Weimarer Republik* (57-59). Weinheim: Deutscher Studien Verlag.

Lietz, H. (1967). Die Deutschen Land-Erziehungs-Heime. In: Dietrich, T. (Hrsg.). *Die Landerziehungsheimbewegung* (15-16). Bad Heilbrunn/Obb.: Julius Klinkhardt Verlag.

Lin, T. -M. (1994). Die Waldorfpädagogik und Rudolf Steiner-Ein "reform" pädagogischer Versuch unter dem Aspekt der anthroposophischen Entwicklung des Menschen. *Soochow Journal of Foreign Languages and Cultures*, 10, 219-254.

Link, J. W. (1999). *Reformpädagogik zwischen Weimar, Weltkrieg und Wirtschaftswunder*. Hildesheim : Lax Verlag.

Lochner, R. (1963). *Deutsche Erziehungswissenschaft*. Meisenheim/Glan: Hain Verlag.

Lütgert, W. (2001). Die Permanenz des Jena-Plans. In: Koerrenz, R.& Lütgert, W. (Hrsg.). *Jena-Plan, über die Schulpädagogik* (145-158). Weinheim: Beltz Verlag.

Luhmann, N. (1984). *Soziale Systeme. Grundriseiner allgemeinen Theorie*. Frankfurt/M.: Suhrkamp Verlag.

Luhmann, N. (1986). Codierung und Programmierung. Bildung und Selektion im Erziehungssystem. In: Tenorth, H.-E. (Hrsg.). *Allgemeine Bildung : Analysen zu ihrer Wirklichkeit, Versuche über ihre Zukunft* (154-182). München: Juventa Verlag.

Luhmann, N. (2002). *Das Erziehungssystem der Gesellschaft*. Herausgegeben von Dieter Lenzen. Frankfurt/M.: Suhrkamp Verlag.

Lyotard, J. -F. (1984). *The Postmodern condition: A Report on knowledge*. Manchester: Manchester University Press.

Mager, F. (ed.) (1966). *Introductory Reading in Education*. California: Dickenson Publishing Co..

Mead, G. H. (1936). *Movements of thought in the nineteenth century*. Edited by M. H. Moore. Chicago: University of Chicago Press.

Meyer, A. E. (1949). *The Development of Education in the Twentieth Century*. New Jeasey: Prentice-Hall.

Miller, D. & Oelkers,J. (2014). *Reformpädagogik nach der Odenwaldschule - Wie weiter?* Weinheim: Beltz Juventa.

Mollenhauer, K. (1970). *Erziehung und Emanzipation*. München: Juventa Verlag.

Mollenhauer, K. (1990). Die vergessene Dimension des Ästhetischen in der Erziehungs-und Bildungstheorie. In Lenzen, D. (Hrsg.). *Kunst und Pädagogik* (3-17). Darmstadt: Wissenschaftliche Buchgesellschaft.

Moore, G. E. (1988). *Principia Ethica*. New York : Prometheus Books.

Morley, L. & Rassool, N. (1999). *School effectiveness:Fracturing the discourse*. London: Falmer.

Nietzsche, F. (1995). Über die Zukunft unserer Bildungsanstalten. In: Flitner, W. & Kudritzki, G. (Hrsg.). *Die deutsche Reformpädagogik* (37-41). Berlin: de Gruyter Verlag.

Nohl, H. (1933). *Die pädagogische Bewegung in Deutschland und ihre Theorie* (1.Auflage). Frankfurt/M.: Vittorio Klostermann Verlag.

Nohl, H. (1949). *Pädagogik aus dreißig Jahren*. Frankfurt/M.: Schulte-Bulmke Verlag.

Nohl, H. (1954). *Friedrich Schiller.Eine Vorlesung*. Frankfurt/ M.: Schulte-Bulmke Verlag.

Nohl, H. (1973). *Die ästhetische Wirklichkeit*. Frankfurt/M.: Vittorio Klostermann GmbH.

Nyssen, E. & Schön, B. (Hrsg.) (1995). *Perspektiven für pädagogisches Handeln. Eine Einführung in Erziehungswissenschaft und Schulpädagogik*. München, Deutschland: Juventa Verlag.

Oelkers, J. (1988). *Reformpädagogik. Eine kritische Dogmengeschichte*. 1. Auflage. München: Juventa Verlag.

Oelkers, J. (1992). *Pädagogische Ethik. Eine Einführung in Probleme, Paradoxien und Perspektiven*. München, Deutschland: Juventa Verlag.

Oelkers, J. (1996). *Reformpädagogik. Eine kritische Dogmengeschichte*. 3.Auflage. München: Juventa Verlag.

Oelkers, J. (1998). Das Konzept der Bildung in Deutschland im 18. Jahrhundert. In J. Oelkers, F. Osterwalder, & H. Rhyn (Hrsg.). *Bildung, Öffentlichkeit und*

Demokratie (45-70). Weinheim, Deutschland: Beltz Verlag.

Oelkers, J. (1999a). Reformpädagogik: Aktualität und Historie. In: Böhm, W. & Oelkers, J.. *Reformpädagogik kontrovers* (23-48). Würzburg : Ergon Verlag.

Oelkers, J. (1999b). Die Diskussion der Grenze der Reformpädagogik. In: Böhm, W. & Oelkers, J.. *Reformpädagogik kontrovers* (49-74). Würzburg : Ergon Verlag.

Oelkers, J. (2004). Nohl, Durkheim, and Mead: three different types of "history of education". *Studies in Philosophy and Education, 23*, 347-366.

Oelkers, J. (2009). *John Dewey und die Pädagogik*. Weinheim, Deutschland: Beltz Verlag.

Oelkers, J. & Lehmann, T. (1983). *Antipädagogik. Herausforderung und Kritik*. Braunschweig: Agentur Pedersen.

Oelkers, J. & Lehmann, T. (1990). *Antipädagogik. Herausforderung und Kritik*. Weinheim: Beltz Verlag.

Oelkers, J. (2011). *Eros und Herrschaft: Die dunklen Seiten der Reformpädagogik*. Weinheim: Beltz Verlag.

Passow, F. (1812). Die griechische Sprache, nach ihrer Bedeutung in der Bildung deutscher Jugend. In: Benner, D. & Kemper, H. (Hrsg.) (2001). *Quellentexte zur Theorie und Geschichte der Reformpädagogik. Teil 1: Die pädagogische Bewegung von der Aufklärung bis zum Neuhumanismus* (382-387). Weinheim: Deutscher Studien Verlag.

Pehnke, A. (1994). *Die Reform des Bildungswesens im Ost-West-Dialog*. Frankfurt/ M.: Peter Lang Verlag.

Pehnke, A. (2002). *Reformpädagogik aus Schülersicht*. Baltmannsweiler: Schneider Verlag.

Pestalozzi, J. H. (1950). *Die Abendstunde eines Einsiedlers*. Oldenburg: Stalling Verlag.

Petersen, P. (1924). *Allgemeine Erziehungswissenschaft*. Berlin: de Gruyter Verlag.

Petersen, P. (1926). *Die Neueuropäische Erziehungsbewegung*. Weimar: Böhlau

Verlag.

Petersen, P. (1930a). *Schulleben und Unterricht einer freien allgemeinen Volksschule nach den Grundsätzen Neuer Erziehung.* Weimar: Böhlau Verlag.

Petersen, P. (1930b). Disziplin und Autonomie in der sittlichen Erziehung. *Pädagogisches Zentralblatt,* 10 (12), 679-689.

Petersen, P. (1972). *Der Kleine Jena-Plan.* Weinheim: Beltz Verlag.

Petersen, P. (1984). *Führungslehre des Unterrichts.* Weinheim: Beltz Verlag.

Petersen, P. & Petersen, E. (1965). *Die pädagogische Tatsachforschung.* Paderborn: Schöningh Verlag.

Postman, N. (1983). *Das Verschwinden der Kindheit.* Frankfurt/M.: Fischer Taschenbuch Verlag.

Prondcynsky, A. v. (1993). *Pädagogik und Poiesis.Eine Verdrängte Dimension des Theorie-Praxis-Verhältnisses.* Opladen: Leske+Budrich.

Reble, A. (1971). *Geschichte der Pädagoik.* Stuttgart: Klett-Cotta Verlag.

Regan, T. (1980). The Foundation of Ivan Illich's Social Thought. *Educational Theory*, 30 (4), 293-306.

Reimarus, J. A. H. (1790). Bedenken über die Frage, ob der Staat Gesetze für die Erziehung und den Unterricht der Kinder vorschreiben solle ? In Benner, D. & Kemper, H. (Hrsg.) (2000). *Quellentexte zur Theorie und Geschichte der Reformpädagogik. Teil 1: Die pädagogische Bewegung von der Aufklärung bis zum Neuhumanismus* (47-49). Weinheim: Deutscher Studien Verlag.

Retter, H. (1996). Kann die Reformpädagogik einen Beitrag für die Allgemeine Grundbildung leisten? In: Hein Retter (Hrsg.).

Reformpädagogik zwischen Rekonstruktion, Kritik und Verständigung –Beiträge zur Pädagogik Peter Petersens (161-185). Weinheim: Deutscher Studien Verlag.

Retter, H. (Hrsg.) (2004). *Reformpädagogik. Neue Zugänge - Befunde – Kontroversen.* Bad Hilbrunn/Obb.: Klinkhardt Verlag.

Röhrs, H. (Hrsg.) (1965). *Reformpädagogik des Auslands.* Düsseldorf: H. Kupper

Verlag.

Röhrs, H. (1979). *Die Reformpädagogik. Ursprung und Verlauf unter internationalem Aspekt*. 1.Auflage. Weinheim: Deutscher Studien Verlag.

Röhrs, H. (1982). Kritische Erörterung der Reformpädagogik des Auslands. In ders. Reformpädagogik und innere Bildungsreform (9-37). Weinheim: Deutscher Studien Verlag.

Röhrs, H. (1987). Ein Übersehenes Kapital der Landerziehungsheime. *Pädagogische Rundschau*, 41 (3), 260-275.

Röhrs, H. (1991). *Die Reformpädagogik und ihre Persoektiven für eine Bildungsreform*. Donauwörth: Auer Verlag.

Röhrs, H. (1997). *Erinnerungen und Erfahrungen-Perspektiven fur die Zukunft*. Weinheim: Deutsche Studien Verlag.

Röhrs, H. (1998). *Reformpädagogik und innere Bildungsreform*. Weinheim: Deutscher Studien Verlag.

Röhrs, H. (2001). *Die Reformpädagogik. Ursprung und Verlauf unter internationalem Aspekt*. 6.Auflage. Weinheim: Deutscher Studien Verlag.

Röhrs, H. & Lenhart, V. (Hrsg.) (1994). *Die Reformpädagogik auf den Kontinenten. Ein Handbuch*. Frankfurt/M.: Peter Lang Verlag.

Rorty, R. (1989). *Contingency, Irony, and Solidarity*. Cambridge: Cambridge University Press.

Rousseau, J. J. (1995). *Emil oder Über die Erziehung*. Paderborn: Schöningh Verlag.

Rutt, T. (1978). Bildungstheoretische Beiträge in den Werken Max Schelers. *Pädagogische Rundschau*, 8, 589-614.

Salzmann, C. G. (1783). Grundungsbrief, Dessau, den 23. Oktober 1783. In: Benner, D. & Kemper, H. (Hrsg.) (2000). *Quellentexte zur Theorie und Geschichte der Reformpädagogik. Teil 1: Die pädagogische Bewegung von der Aufklärung bis zum Neuhumanismus* (260-262). Weinheim: Deutscher Studien Verlag.

Salzmann, C. G. (1784). Noch etwas über die Erziehung nebst Ankündigung einer Erziehungsanstalt. In: Benner, D. & Kemper, H. (Hrsg.) (2000). *Quellentexte zur Theorie und Geschichte der Reformpädagogik. Teil 1: Die pädagogische Bewegung von der Aufklärung bis zum Neuhumanismus* (227-259). Weinheim: Deutscher Studien Verlag.

Scheibe, W. (1974). *Die reformpädagogische Bewegung*. Weinheim: Beltz Verlag.

Schiller, F. (1993). *Sämtliche Werke*. V Bände. München: Hanser Verlag.

Schleiermacher, F. E. D. (1814). Über den Beruf des Staates zur Erziehung. In: Benner, D. & Kemper, H. (Hrsg.) (2001). *Quellentexte zur Theorie und Geschichte der Reformpädagogik. Teil 1: Die pädagogische Bewegung von der Aufklärung bis zum Neuhumanismus* (444-458). Weinheim: Deutscher Studien Verlag.

Schleiermacher, F. E. D. (1957). *Pädagogische Schriften*. 2 Bände. Düsseldorf: Küpper vorm. Bondi Verlag.

Schleiermacher, F. E. D. (1826). Theorie der Erziehung.In:ders. (1983): *Ausgewählte Pädagogische Schriften* (36-243). Paderborn: Ferdinand Schöningh Verlag.

Schleiermacher, F. E. D. (1990). The Hermeneutics: Outline of the 1819 Lectures. In: Ormiston, G. L. & Schrift, A. D. (Eds.). *The Hermeneutic Tradition. From Ast to Ricoeur* (85-100). New York: State University of New York Press.

Schmied-Kowarzik, W. (1993). *Bildung, Emanzipation und Sittlichkeit*. Weinheim: Deutscher Studien Verlag.

Schröder, G. (2003). *Agenda 2010*. Berlin: Deutsche Bundestag.

Schultheis, K. (1999). Reformpädagogik-eine Pädagogik VOM Erwachenen aus? In: Böhm, W. & Oelkers, J.. *Reformpädagogik kontrovers* (89-104). Würzburg: Ergon Verlag.

Seyfarth-Stubenrauch, M. & Skiera, E. (1996). *Die Reformpädagogik und Schulreform in Europa*. Baltmannsweiler: Schneider Verlag.

Sharp, P. & Dunford, J. (1990). *The Education System in England and Wales*. London: Longman.

Shirley, D. (2010). *Reformpädagogik im Nationalsozialismus: Die Odenwaldschule 1910 bis 1945*. München: Jeventa Verlag.

Skiera, K. (2003). *Reformpädagogik in Geschichte und Gegenwart*. München: Olderburg Verlag.

Steiner, R. (1965). *Philsophie und Anthroposophie. Vorbemerkungen zur Philosophie. Gesammelte Aufsätze 1904-1918*. Donach: Rudolf Steiner Verlag.

Steiner, R. (1973). *Theosophie. Einführung in übersinnliche Welterkenntnis und Menschenbestimmung*. Donach: Rudolf Steiner Verlag.

Steiner, R. (1979). *Allgemeine Menschenkunde*. Donach: Rudolf Steiner Verlag.

Steiner, R. (1986). *Anthroposophie-ihre Erkenntniswurzeln und Lebensfrüchte*. Donach: Rudolf Steiner Verlag.

Steiner, R. (1990). *Die Waldorfschule und ihr Geist*. Donach: Rudolf Steiner Verlag.

Sting, S. (2002). Soziale Bildung. Pädagogisch-anthropologische Perspektiven der Geselligkeit. In L. Wigger, E. Cloer, J. Ruhloff, P. Vogel & C. Wulf (Hrsg.). *Forschungsfelder der Allgemeinen Erziehungswissenschaft* (43-51). Opladen, Deutschland: Leske + Budrich.

Tell, C. (1998). Whose curriculum? A conversation with Nicholas Tate. *Educational Leadership*, 10, 64-69.

Tobler, E. (1951). Landerziehungsheime. In: Kleinert, H. (Hrsg.). *Lexikon der Pädagogik*.Band II. Freiburg: Herder Verlag.

Tobler, E. (1952). Cecil Reddie. In:Kleinert, H. (Hrsg.). *Lexikon der Pädagogik* (375-376). Band III. Bern: A. Francke AG. Verlag.

Trapp, E. C. (1792). Von der Notwendigkeit öffentlicher Schulen und ihrem Verhältnisse zu Staat und Kirche.In: Benner, D. & Kemper, H. (Hrsg.) (2000). *Quellentexte zur Theorie und Geschichte der Reformpädagogik. Teil 1: Die pädagogische Bewegung von der Aufklärung bis zum Neuhumanismus* (421-426). Weinheim: Deutscher Studien Verlag.

U.S. Department of Education (1994). *Goals 2000: Educate America Act*. Washington D.C.: Government Printing Office.

U.S. Department of Education (2002). *No Child Left Behind Act*. Washington D.C.: Government Printing Office.

Villaumer, P. (1788). Anmerkungen über die Frage：ob der Staat sich in Erziehung mischen soll？In Benner, D. & Kemper, H. (Hrsg.) (2000). *Quellentexte zur Theorie und Geschichte der Reformpädagogik. Teil 1: Die pädagogische Bewegung von der Aufklärung bis zum Neuhumanismus* (36-42). Weinheim: Deutscher Studien Verlag.

Wikipedia (2012b). France. Retrieved December 5. 2012 from http://en.wikipedia. org/wiki/France#Government

Wikipedia (2016). Deutschland. Retrieved October 27. 2016 from https:// de.wikipedia.org/wiki/Deutschland

Winkel, R. (Hrsg.) (1988). *Pädagogische Epochen*. Düsseldorf: Schwann Verlag.

Winkel, R. (Hrsg.) (1993). *Reformpädagogik konkret*. Hamburg: Bergmann + Helbig Verlag.

Winkler, M. (1979). Die Differenz beim Werden der Identität. Über Hegels Pädagogik in juridischer Form. In W. R. Beyer (Hrsg.). *Hegel-Jahrbuch 1979* (303-309). Köln: Pahl-Rugenstein Verlag.

Winkler, M. (1981). John Locke als Theoretiker der pädagogischen Situation. Zur Systematik der '' 134-146 in John Lockes Some Thoughts Concerning Education. *Paedagogica Historica*. 21, 187-210.

Winkler, M. (1982). Hegel und die Nürnberger Armenschulen. In W. R. Beyer (Hrsg.). *Die Logik des Wissens und das Problem der Erziehung* (28-39). Hamburg: Meiner Verlag.

Winkler, M. (1985). Wilhelm Dilthey und Emile Durkheim: Ansätze zueiner sozialwissenschaftlichen Begründung der Pädagogik. *Pädagogische Umschau*. 43, 49-78

Winkler, M. (1989a). Vom Normalbegriff der Erziehung zur Hermeneutik der päda-

gogischen Situation: Friedrich Schleiermacher und das moderne Erziehungs-
denken. In Herrmann/Oelkers (Hrsg.). *Die französische Revolution und die
Pädagogik. Beiheft des Jahrgangs 1989 der Zeitschrift für Pädagogik* (211-
226), Weinheim: Beltz Verlag.

Winkler, M. (1989b). Wilhelm Dilthey und das Problem der Bildung in der Mod-
erne. In O. Hansmann& W. Marotzki (Hrsg.). *Diskurs Bildungstheorie*. Band
II (249-272).Weinheim: Deutschet Studien-Verlag.

Winkler, M. (1991a). Die Gegenwart der Schul-Vergangenheit. Nürnberger Tagung
über die Aktualität der Reformpädagogik. *Bayerische Schule*, 12-13, 8-10.

Winkler, M. (1991b). Immanuel Kant über Pädagogik - eine Verführung. *Viertel-
jahrsschrift für wissenschaftliche Pädagogik*. 67, 241-261.

Winkler, M. (1995). Was spricht gegen Bücher? Acht versuchsweise Vorgetragene
Überlegungen zur Bildungstheorie der jüngeren Reformpädagogik. In W.
Böhm, J. Oelkers (Hrsg.). *Reformpädagogik kontrovers* (201-234). Würzburg:
ERGON-Verlag .

Winkler, M. (1997a). Uneingelöster Anfang: Friedrich Schleiermacher (1768-1834)
und die geisteswissenschaftliche Pädagogik. In W. Brinkmann & H.-P., Wal-
traud (Hrsg.). *Freiheit – Geschichte – Vernunft. Grundlinien geisteswissen-
schaftlicher Pädagogik* (39-63). Würzburg: Echter Verlag.

Winkler, M. (1997b). Der Briefwechsel zwischen Rainer Maria Rilke und Ellen
Key. Oder: Die Geburt der modernen Pädagogik im Prozeß der Individual-
isierung. *Neue Sammlung*, 37, 491-505.

Winkler, M. (1998a). Friedrich Schleiermacher revisited. Gelegentliche Gedanken
über Generationenverhältnisse in pädagogischer Hinsicht. In J. Ecarius (Hrsg.).
Was will die Jüngere mit der älteren Generation? Generationsbeziehungen in
der Erziehungswissenschaft (115-138). Opladen: Leske + Budrich Verlag.

Winkler, M. (1998b). Unordentliche Teile – Klaus Mollenhauer über Friedrich
Schleiermacher. *Neue Praxis*, 28, 473-480.

Winkler, M. (2000). Anton Makarenko (1888-1939). In M. Buchka, R. Grimm, & F.

Klein (Hrsg.). *Lebensbilder bedeutender Heilpädagoginnen und Heilpädago-gen im 20. Jahrhundert* (203-219). München: Reinhardt Verlag.

Winkler, M. (2001). Klassik der Pädagogik-Überlegungen eines Möglicherweise naiven Beobachters. *Zeitschrift für pädagogische Historiographie, 7* (2), 76-85.

Winkler, M. (2002a). In der Wildnis der Ideen. Wilhelm Dilthey und die Begründung der Geisteswissenschaftlichen Pädagogik. In K. P. Horn, H. Kemnitz (Hrsg.). *Pädagogik unter den Linden. Von der Gründung der Berliner Universität im Jahre 1810 bis zum Ende des 20. Jahrhunderts* (125-154). Stuttgart: Franz Steiner Verlag.

Winkler, M. (2002b). *Klaus Mollenhauer - ein pädagogisches Porträt*. Tübingen: Vandenhoeck & Ruprecht.

Winkler, M. (2004). *Lesen. Über Schwierigkeiten der Reformpädagogik im Umgang mit einer Wirklichkeit aus zweiter Hand*. Jena: Verlag IKS Garamond.

Winkler, M. (2006a). Friedrich Schleiermacher. In B. Dollinger (Hrsg.). *Klassiker der Pädagogik. Die Bildung der modernen Gesellschaft* (75-99). Wiesbaden: VS Verlag.

Winkler, M. (2006). *Kritik der Pädagogik. Der Sinn der Erziehung*. Stuttgart: Verlag W. Kohlhammer.

Winkler, M. (2008). Schleiermachers Beitrag zur preußischen Erziehungsreform. In A. Arndt / U. Barth / W. Grab (Hrsg.). *Christentum - Staat - Kultur. Akten des Kongresss der Internationalen Schleiermacher-Gesellschaft in Berlin März 2006* (497-516). Berlin: de Gruyter.

Winkler, M. (2009a). Immanuel Kant: Über Pädagogik. In W. Böhm, B. Fuchs, S. Seichter (Hrsg.). *Hauptwerke der Pädagogik* (220-222). Paderborn: Schöningh Verlag.

Winkler, M. (2009b). Johann Gottlieb Fichte. Über die Bestimmung des Gelehrten. In W. Böhm, B. Fuchs, & S. Seichter (Hrsg.). *Hauptwerke der Pädagogik* (125-128). Paderborn: Schöningh Verlag.

Winkler, M. (2009c). Menschenerziehung – lernen das Leben zu lesen. In Fröbel-Museum Bad Blankenburg (Hrsg.). *Fröbels Erbe* (57-88). Bad Blankenburg: Fröbel-Museum Bad Blankenburg.

Winkler, M. (2010). Der politische und sozialpädagogische Fröbel. In K. Neumann, U. Sauerbrey & M. Winkler (Hrsg.). *Fröbelpädagogik im Kontext der Moderne. Bildung, Erziehung und soziales Handeln* (27-51). Jena: IKS.

Winkler, M. (2011). *Erziehung in der Familie;Innenansichten des pädagogischen Alltags*. Stuttgart: Kohlhammer Verlag.

Winkler, M. (2012). Bildung als Entmündigung? Die Negation des neuzeitlichen Freiheitversprechens in den aktuellen Bildungsdiskursen. In K. Vieweg & M Winkler (Hrsg.). *Bildung und Freiheit. Ein vergessener Zusammenhang* (11-68). München : Schöningh Verlag.

Winkler. M. & Vieweg, K. (Hrsg.) (1994). Nachwort zur Reprint-Ausgabe. In ders. *Johann Gottlieb Fichte: Vorlesungen über die Bestimmung des Gelehrten. Jena 1794* (pp. I-XXXVIIII). Jena: Poser Verlag.

Witty, G. S. & Halpin, D. (1998). *Devolution & choice in education: the school, the state and the market*. Buckingham: Open University Press.

Wynecken, G. (1906). Die Gründung der Freien Schulgemeinde. In: Benner, D. & Kemper, H. (Hrsg.) (2001). *Quellentexte zur Theorie und Geschichte der Reformpädagogik. Teil 2: Die pädagogische Bewegung von der Jahrhundertwende bis zum Ende der Weimarer Republik* (96). Weinheim: Deutscher Studien Verlag.

Wynecken, G. & Geheeb, P. (1906). Programm der Freien Schul-Gemeinde Wickersdorf. In: Benner, D. & Kemper, H. (Hrsg.) (2001). *Quellentexte zur Theorie und Geschichte der Reformpädagogik* (99-101). Weinheim: Deutscher Studien Verlag.

Wynecken, G. (1907). Konzepte der Freien Schulgemeinde Wickersdorf. In: Benner, D. & Kemper, H. (Hrsg.) (2001). *Quellentexte zur Theorie und Geschichte der Reformpädagogik. Teil 2: Die pädagogische Bewegung von der*

Jahrhundertwende bis zum Ende der Weimarer Republik (102). Weinheim: Deutscher Studien Verlag.

Wynecken, G. (1911). Die Deutschen Landerziehungsheime. In: Benner, D. & Kemper, H. (Hrsg.) (2001). *Quellentexte zur Theorie und Geschichte der Reformpädagogik. Teil 2: Die pädagogische Bewegung von der Jahrhundertwende bis zum Ende der Weimarer Republik* (103-108). Weinheim: Deutscher Studien Verlag.

Wynecken, G. (1912). Programm einer Freine Schulgemeinde. In: Benner, D. & Kemper, H. (Hrsg.) (2001). *Quellentexte zur Theorie und Geschichte der Reformpädagogik. Teil 2: Die pädagogische Bewegung von der Jahrhundertwende bis zum Ende der Weimarer Republik* (109-112). Weinheim: Deutscher Studien Verlag.

Wynecken, G. (1913). Der Gedankenkreis der Freien Schulgemeinde. In: Dietrich, T. (Hrsg.) (1966). *Die pädagogische Bewegung "Vom Kinde aus"*. Bad Heilbrunn/Obb.: Julius Klinkhardt Verlag.

Young, M. (1998). Rethinking teacher education for a global future: lessons from the English. *Journal of Education for Teaching*, 24 (1), 51-62.

國家圖書館出版品預行編目資料

改革教育學：起源、內涵與問題的探究／
梁福鎮著. －－二版. －－臺北市：五南，
2017.04
　　面；　公分
ISBN 978-957-11-9084-6（平裝）

1.教育改革

520　　　　　　　　　106003003

1INY

改革教育
起源、內涵與問題的探究

作　　　者 ― 梁福鎮（229.1）

發 行 人 ― 楊榮川

總 編 輯 ― 王翠華

主　　編 ― 陳念祖

責任編輯 ― 李敏華

封面設計 ― 陳翰陞

出 版 者 ― 五南圖書出版股份有限公司

地　　址：106台北市大安區和平東路二段339號4樓

電　　話：(02)2705-5066　　傳　　真：(02)2706-6100

網　　址：http://www.wunan.com.tw

電子郵件：wunan@wunan.com.tw

劃撥帳號：01068953

戶　　名：五南圖書出版股份有限公司

法律顧問　林勝安律師事務所　林勝安律師

出版日期　2007年9月初版一刷
　　　　　　2017年4月二版一刷

定　　價　新臺幣660元